ALEXANDER
FEST
VERLAG

EDWARD SHORTER

Geschichte der Psychiatrie

Aus dem Amerikanischen
von Yvonne Badal

Alexander Fest Verlag

INHALT

5. KAPITEL
Der psychoanalytische Hiatus 223

6. KAPITEL
Alternativen 289

7. KAPITEL
Die zweite biologische Psychiatrie 359

8. KAPITEL
Von Freud zu Prozac 431

ANHANG

VORWORT

Als sich Historiker vor dreißig oder vierzig Jahren zum letztenmal mit der Geschichte der Psychiatrie befaßten, schienen die Karten offen auf dem Tisch zu liegen: Erst hatte es jene bösen, biologisch orientierten Irrenärzte des 19. Jahrhunderts gegeben, dann tauchten die Psychoanalytiker und Psychotherapeuten auf, brachten die biologistischen Eiferer zu Fall und setzten ihre These durch, daß Geisteskrankheit die Folge von problematischen frühkindlichen Erfahrungen und unbewältigtem Streß im Erwachsenenalter sei. Freuds Erkenntnisse hatten unseren Einsichten in die Leiden der Seele neue Horizonte eröffnet, und viel mehr brauchte darüber nicht gesagt zu werden.

Zwischen 1950 und 1990 fand in der Psychiatrie jedoch eine Revolution statt. Die alte Ansicht, daß das Unbewußte alle Seelenkonflikte verursacht, wurde über Bord geworfen und das Schlaglicht der Forschung auf das Gehirn gelenkt. Die Psychoanalyse wurde, wie der Marxismus, zum ideologischen Dinosaurier des 19. Jahrhunderts. Heute wissen wir, daß gravierende psychische Störungen ebensoviel mit Genetik und Hirnbiologie zu tun haben wie mit Streß und frühkindlichen Erfahrungen. Und die Symptome jener alltäglichen Ängste und leichteren Depressionen, welche das Los der Menschheit sind, können wir heute durch Medikamente beseitigen, die stundenlange fruchtlose Gespräche überflüssig machen. Wenn es am Ende des 20. Jahrhunderts eine intellektuelle Realität gibt, dann diese: Der biologische Denkansatz in der Psychiatrie, der psychische Krankheit als eine genetisch beeinflußte Störung der Hirnchemie betrachtet, hat sich als überwältigender Erfolg erwiesen. Freuds Ideen haben die Geschicke der Psychiatrie im vergangenen halben Jahrhundert gelenkt, doch nun schwindet ihre Bedeutung dahin wie die letzten Schneeflecken in der Sonne. Deshalb ist es an der Zeit, die Geschichte dieser Disziplin aus einem neuen Blickwinkel zu betrachten.

Dazu bedarf es einer kompakten Übersicht, die uns den Verlauf dieser Geschichte in ihren wesentlichen Zügen vor Augen führt. Sie braucht uns kein enzyklopädisches Wissen über landestypische Details zu vermitteln, aber sie sollte von Grundlegendem berichten, nationale Unterschiede beleuchten und beschreiben, wie sich Kultur und Psychiatrie gegenseitig beeinflußt haben. Das ist die Aufgabe, die sich dieses Buch gestellt hat. Ich habe nicht versucht, durch die spröde Aufzählung aufeinanderfolgender Theorien eine Ideengeschichte zu schreiben; mir ging es vielmehr um die sozialgeschichtlichen Aspekte, darum, das Leben einiger nahezu in Vergessenheit geratener Hauptdarsteller in den Blick zu nehmen, auf typische nationale Beiträge zur Entwicklung der Psychiatrie aufmerksam zu machen, ohne die Ereignisse allerorten chronologisch aufzuzeichnen, und zu zeigen, wie stark diese Geschichte, die meist als reiner Triumph der Wissenschaft vorgeführt wird, von Kultur und Kommerz durchdrungen ist.

Vor allem aber ging es mir darum, sie aus den Fängen all jener Sektierer zu befreien, die sie für ihre ideologischen Sandkastenspiele mißbraucht haben. In einem für andere medizinische Fachbereiche unvorstellbaren Ausmaß haben sich Fanatiker der Psychiatriegeschichte bemächtigt, um zu illustrieren, wie ihr jeweiliges historisches Schreckgespenst – der Kapitalismus, das Patriarchat, die Psychiatrie selbst – Außenseiter in Kranke verwandelte und alle in Irrenhäuser einsperrte, die als Gefahr für die etablierte Ordnung galten. Diese Vorstellung, unter Intellektuellen noch immer weitverbreitet, stimmt jedoch mit dem tatsächlichen Geschehen keineswegs überein. Zweifellos legt die Psychiatrie durch ihre Möglichkeit, zu bestimmen, was als »verrückt« gilt, die Regeln des akzeptierten Verhaltens fest. Doch Geisteskrankheit ist keine Schimäre, sie existiert unabhängig von geschlechts- und klassenspezifischen Konventionen; sie kann kartiert, verstanden und auf systematische, wissenschaftliche Weise behandelt werden. Niemand würde allen Ernstes behaupten, daß die Parkinsonsche Krankheit oder Multiple Sklerose soziale Ursachen habe; ebensowenig kann heute noch jemand den Standpunkt vertreten, daß Schizophrenie und Depression soziale Konstrukte ohne biologische Grundlage seien. Doch die Art und Weise, wie die Kranken selber solche Zustände erleben und wie die Gesellschaft sie deutet, unterliegt durchaus dem Einfluß von Kultur und Konvention.

Die Geschichte, die ich erzählen möchte, ist relativ geradlinig. Sie beginnt mit dem Aufkommen der ersten Irren-Heilanstalten im späten 18. Jahrhundert und endet in den stillen Praxen der niedergelassenen Psychiater des späten 20. Jahrhunderts. Sie setzt bei jenen Irrenärzten ein, die überzeugt waren, daß die Ursachen für Geisteskrankheiten im Gehirn zu finden seien, spürt dann der Unterbrechung dieses Denkens in jenem halben Jahrhundert nach, in dem unter der Vorherrschaft von Freuds Theorien Gehirn und Seele getrennt wurden, und schließt mit dem Siegeszug der modernen Erkenntnisse über den Primat des Gehirns.

Der Leser wird hier eine allenfalls semiapologetische Darstellung vorfinden. Wahre Apologeten waren diejenigen, die die Psychiatriegeschichte einst mit der Behauptung beherrschten, daß seit dem Aufkommen der Asyle ein kontinuierlicher Fortschritt für eine Linderung des menschlichen Elends gesorgt habe. In den sechziger Jahren unseres Jahrhunderts wurde diese Meinung zu Fall gebracht. Die Kinder der neuen Zeit waren der Überzeugung, daß die Irrenärzte in den Festungsmauern ihrer Anstalten der Menschheit keineswegs einen »Fortschritt« beschert hätten – eine Vorstellung, so spotteten sie, die selbst nur von »Irren« stammen konnte –, sondern, ganz im Gegenteil, einen Alptraum von atemberaubender historischer Dimension. Denn anstatt die seelischen Leiden zu lindern, hieß es, hätten die Erfinder jener »großen Gefangenschaft«, die der französische Philosoph Michel Foucault so vehement anprangerte, Menschen eingesperrt, deren einziges Vergehen Armut, Auflehnung gegen die herrschenden Bedingungen oder eine unkonventionelle Lebensweise gewesen sei. Die bloße Vorstellung, daß so etwas wie

Geisteskrankheit existiere, war den Aktivisten der sechziger Jahre suspekt. Lieber griffen sie – immer in ironisierende Anführungszeichen gesetzt – auf veraltete Formulierungen wie Idiotie und Schwachsinn zurück, deren schiere Lächerlichkeit die These diskreditieren sollte, daß Geistesstörungen ein naturgegebenes Phänomen seien. Zu meinem Bedauern dominieren diese Kritiker die akademische Psychiatriegeschichte bis heute, und die folgenden Kapitel sind nicht zuletzt dazu gedacht, ihrem Revisionismus, der seinerseits zur Orthodoxie geworden ist, die Stirn zu bieten.

Wenn Geisteskrankheit real existiert, dann stellen auch die Heilversuche der Vergangenheit nicht automatisch nur ein Komplott der herrschenden Klasse dar. Und Psychiater, die auf diese Realität verweisen, machen sich nicht automatisch verdächtig, damit nur ihren eigenen beruflichen Zwecken dienen zu wollen. Es gibt Historiker, die hinter jedem Wandel in der Psychiatriegeschichte den Versuch einer Professionalisierung und Medikalisierung vermuten; sie glauben, daß Ärzte nicht im Interesse ihrer Patienten oder der Wissenschaft handeln, sondern um ihre schwindende Autorität zu stärken. Natürlich wollen Mediziner (so wie andere auch) Einfluß und Autorität wahren, aber wer die Geschichte der Psychiatrie auf professionellen Eigennutz reduziert, wird kaum in der Lage sein, sie in ihrer ganzen Komplexität zu erfassen.

Diese Geschichte ist ein Minenfeld. Revisionisten wie Neoapologetiker, zu denen auch ich mich zähle, laufen gleichermaßen Gefahr, von den auf keiner Karte verzeichneten explosiven Beweisstücken in die Luft gejagt zu werden. Die zahlreichen vorhandenen Quellen machen es möglich, durch selektives Zitieren so gut wie alles zu belegen. Entscheidend ist daher ein Gespür für die wesentliche Richtung, das Gesamtbild. Nach langen Jahren des Quellenstudiums möchte ich behaupten, daß die Darstellung in den folgenden Kapiteln den historischen Ereignissen gerechter wird als die revisionistische Version. Doch handelt es sich bei der Psychiatriegeschichte um ein sehr junges Forschungsgebiet, das noch eine Menge Überraschungen für uns alle parat haben könnte.

Zur Entstehung dieses Buches haben mehrere Personen entscheidend beigetragen. Namentlich danken möchte ich David Healy für seine großzügige Bereitschaft, mir Abschriften seiner Gespräche mit bedeutenden Zeitgenossen aus der Psychiatrie zur Verfügung zu stellen und mich von seinem Manuskript über die Geschichte der Antidepressiva profitieren zu lassen; seine Erkenntnisse sind vor allem in die beiden letzten Kapitel eingeflossen. Thomas Ban hat dankenswerterweise Teile des Manuskripts gelesen, und Susan Bélanger war mir eine große Hilfe bei den bibliothekarischen Recherchen. Jedes Buch, das sich mit zweihundert Jahren Weltgeschichte der Psychiatrie befaßt, ist von bibliothekarischen Diensten abhängig. Bei der Bewältigung dieses Materials war mir Roy D. Peterson von der »Science and Medicine Library« der Universität Toronto ein unersetzlicher Ratgeber, und Andrea Clark hat unermüdlich für mich recherchiert. Last but not least möchte ich betonen, daß die Zusammenarbeit mit Jo Ann Miller, meiner Lektorin bei John Wiley & Sons, ein reines Vergnügen war.

1. KAPITEL

Die Geburt der Psychiatrie

Vor dem Ende des 18. Jahrhunderts gab es keine Psychiatrie. Zwar haben sich seit der Zeit der alten Griechen einzelne Ärzte mit Geisteskrankheiten beschäftigt und medizinische Handbücher verfaßt, aber als Disziplin, welcher sich Ärzte mit dem Verständnis einer gemeinsamen Identität verschreiben konnten, existierte die Psychiatrie ebensowenig wie andere medizinische Fachbereiche, von der Chirurgie einmal abgesehen. Das Aufkommen des medizinischen Spezialistentums war ein Phänomen des 19. Jahrhunderts.

Doch die Möglichkeit einer Verwirrung des Geistes war von alters her bekannt. Da sie zu einem gewissen Teil biologisch und genetisch begründet sind, können wir davon ausgehen, daß psychische Krankheiten so alt sind wie die Menschheit. Nicht alle wurzeln in den Tiefen des Nervensystems, aber einige werden mit Sicherheit von Störungen der Hirnchemie verursacht. Daraus folgt, daß die Menschheit psychische Krankheiten seit jeher gekannt und schon immer Mittel und Wege gefunden hat, mit ihnen umzugehen.

Eine Welt ohne Psychiatrie

Wie lebte es sich in einer Welt ohne Psychiatrie? In Irland sah das nach Darstellung eines irischen Mitglieds des britischen Unterhauses im Jahr 1817 so aus: »Es gibt nichts Schockierenderes als Idiotie in der Hütte eines irischen Landarbeiters ... Werden ein kräftiger Mann oder eine Frau von den Beschwerden befallen, bleibt [den

Familienmitgliedern] nichts anderes übrig, als ein Loch in den Boden der Hütte zu graben, nicht so tief, als daß ein Mensch aufrecht darin stehen könnte, mit einem Lattengerüst darüber, damit er nicht herausklettern kann. Das Loch ist ungefähr einen Meter fünfzig tief; dort hinein reichen sie dem bedauernswerten Wesen die Mahlzeit, und dort stirbt es im allgemeinen.« [1]

Man kann also jede romantische Vorstellung vom Irren früherer Tage, der unbehelligt auf dem Dorfanger herumhüpfen und im Schatten der Eiche vor sich hin grübeln durfte, getrost vergessen. Vor Mitte des 19. Jahrhunderts graute es Dorf- und Kleinstadtbewohnern sogar vor dem Andersartigen. Verhaltensweisen, die nicht ihren rigiden Normen entsprachen, stießen auf autoritäre Intoleranz. In den Dörfern Europas lebten die Menschen unter den wachsamen Augen der Allgemeinheit in straff organisierten Gemeinschaften. Für sie zählten in erster Linie ihre ererbten gesellschaftlichen Rollen, von der Tradition diktierte Sitten und Gebräuche und ein vom Wandel der Jahreszeiten bestimmtes Alltagsleben. Wer durch Geistes- oder Gemütskrankheit gezwungen war, anders zu sein und von diesen Rhythmen abzuweichen, wurde auf äußerst brutale und gefühllose Weise behandelt. Man denke nur an das Schicksal der Geisteskranken unter König Lear:

> Ihr armen Nackten, wo ihr immer seid,
> Die ihr des tück'schen Wetters Unbill duldet,
> Wie soll eu'r schirmlos Haupt, hungernder Leib,
> Der Lumpen offne Blöß' euch Schutz verleihn
> Vor Stürmen so wie der? [2]

Wurden die Irren aus ihren Häusern und Dörfern vertrieben, mußten sie sich in den Strom der Bettler einreihen, die durch die Straßen Europas zogen. Die Retardierung oder Schizophrenie vieler »Dorftrottel« rührte fast immer von einem Geburtstrauma durch die rachitische Beckenverengung her, unter der viele Frauen litten (und die den Wehenverlauf in die Länge zog). Auch wenn der »Narr« mit seinen Begleitern in nahezu allen Volksmärchen oder Bildgeschichten vorkam, bedarf die Vorstellung vom Irren, der schon immer in unserer Mitte gelebt hat, einer Differenzierung. Denn außerhalb Englands hatten die meisten psychisch Kranken das Recht, im Haus ihrer Geburt versorgt zu werden, das heißt, man konnte sie nicht einfach hinauswerfen. Ergo war es vor dem 19. Jahrhundert die Familie, nicht die Gemeinde, die sich mit ihnen auseinandersetzen und sie betreuen mußte. Aber häusliche Pflege in dieser versunkenen Welt war eine Horrorgeschichte. Anton Müller, 1798 Leiter der Irrenanstalt im königlichen Julius-Hospital zu Würzburg, hinterließ uns schaurige Berichte über frisch eingelieferte Patienten. Ein 16jähriger Junge zum Beispiel, der jahrelang im Schweinestall seines Vaters angekettet gewesen war, hatte den Gebrauch seiner Glieder und seines Geistes so vollständig verlernt, daß er Nahrung nur noch wie ein Tier aus dem Napf lecken konnte. Ständig stellte Müller bei der Einlieferung von Patienten, die bislang im eigenen Heim versorgt worden waren, blaugeschlagene Rücken und offene Wunden fest.[3] Ein Mann war von seiner Frau fünf Jahre lang an die Hauswand gekettet worden, bis er seine Beine nicht mehr bewegen konnte. Kehrten diese Menschen nach ihrer Entlassung aus der Anstalt in ihr Dorf zurück, mußten sie sich darauf gefaßt machen, daß ihnen sogar die Kinder nachliefen und Spottverse hinterherriefen. Solche Berichte sind keineswegs Einzelfälle, sondern in jeder Hinsicht typisch für die häusliche Pflege von Geisteskranken in jener Zeit.

Diese Zustände herrschten bis weit ins 19. Jahrhundert. Um 1870 führte der Schweizer Kanton Fribourg, kurz vor der Errichtung eines Asyls, eine statistische Erhebung unter den Geisteskranken durch. Die Beamten trauten ihren Augen nicht: Ein Fünftel der 164 von ihnen entdeckten Kranken waren von der Familie völlig entmündigt und in zumeist ungeheizten Räumen und Ställen eingesperrt worden, in »engen, dunklen, feuchten, stinkenden Verliesen«. Zwei in einem Stall dahinsiechende Personen »lagen in ihren eigenen Exkrementen auf Stroh, die Gesichter von Fliegen umschwärmt«[4]. Louis Caradec, ein Marinechirurg, der sich nach seiner Entlassung aus der Armee in der Bretagne niedergelassen hatte, berichtete 1860: »In unseren ländlichen Gebieten, wo die Menschen noch von absurden Vorurteilen durchdrungen sind, betrachtet das Volk Wahnsinn in der Familie als etwas, dessen man sich schämen muß, und ist nicht bereit, die betroffene Person in ein Asyl zu schicken. Das ist der eigentliche Beweggrund für unsere Bauern, diese armen, gequälten Menschen im Haus zu behalten. Ist der Irre friedlich, lassen ihn die Leute üblicherweise frei herumlaufen. Aber wenn er tobt oder Schwierigkeiten macht, wird er in einer Ecke des Stalls oder in einem abgelegenen Raum angekettet, wohin ihm dann täglich eine Mahlzeit gebracht wird ... Das geschieht auf dem Land ziemlich häufig, und oft können Jahre vergehen, bis die Behörden von diesem Verbrechen Kenntnis erhalten.«[5]

In England wurden die Kranken, sofern sie nicht ohnehin im eigenen Haus angekettet waren, in einem Arbeits- oder Armenhaus an Pflöcke gefesselt. Dr. William Perfect, der in Westmalling, Kent, eine kleine Herberge unterhielt, berichtete, wie er 1776 von Gemeindebediensteten aus Friendsbury gerufen wurde, um sich »einen Verrückten« anzusehen, »den sie in ihrem Arbeitshaus eingesperrt hatten ... Er war mit Fesseln an den Beinen an einen Eisenring gekettet, der an einem im Boden eingelassenen Pflock befestigt war, und er trug Handschellen.« War er etwa in die Gemeinschaft integriert? Durch die Gitterstäbe am Fenster »zeigten Neugierige mit dem Finger auf ihn, verspotteten und verstörten den Kranken und machten ihn zum Objekt der allgemeinen Belustigung ..., indem sie ihn zum Beispiel dazu brachten, verschiedene Kunststückchen, wie das Einfädeln einer Nadel mit den Zehen, vorzuführen«.[6] Soviel zum sozialen Verantwortungsbewußtsein in der angeblich so barmherzigen rücksichtsvollen »vorindustriellen Gesellschaft«!

In der Neuen Welt waren die Bedingungen kaum besser, wie die Sozialreformerin Dorothea Dix Anfang der 1840er Jahre entdecken mußte, als sie durch das ländliche Massachusetts ritt, um sich Vorkehrungen für »die armen Irren« anzusehen. In Lincoln fand sie »eine Frau in einem Käfig«; in Medford »ein schwachsinniges Subjekt in Ketten sowie ein weiteres, das seit 17 Jahren in einer verschlossenen Pferdebox gehalten wurde«; in Barnstable »vier Frauen in Pferchen und Boxen; von zweien weiß ich sicher, daß sie angekettet waren, aber ich glaube, sie waren es alle«.

Nicht alle Geisteskranken in Massachusetts wurden im eigenen Haus eingesperrt. Einige vegetierten, wie Dix herausfand, in Armenhäusern »in hölzernen, strohbedeckten und ständig verschlossenen Kojen« dahin. In Danvers konnte sie schon lange vor ihrer Ankunft am dortigen Armenhaus »wilde Schreie, Bruchstücke zotiger Lieder, Verwünschungen und obszöne Worte« hören; sie kamen aus dem Mund einer einst angesehenen jungen Frau, die als »unheilbar« aus einem nahegelegenen Hospital entlassen worden war. Sie hämmerte gegen die Gitterstäbe ihres winzigen, verdreckten Käfigs, »ein widerliches Schauspiel ..., die ungewaschene Gestalt in Fetzen verschmutzter Gewänder gehüllt, die Luft, obwohl von drei Seiten Frischluft zugeführt wurde, derart ekelerregend, daß es nicht möglich war, mehr als ein paar Augenblicke zu verharren, ohne zur Erholung nach draußen zu fliehen«.[7]

Auch das sind keine Berichte über Extreme, sondern Darstellungen der typischen Lage, in der sich Menschen mit ernsthaften Geistesstörungen in der Zeit vor dem Asyl befanden. In der Welt ohne Psychiatrie wurden Geisteskranke nicht toleriert oder gar gehätschelt, sondern mit roher Gefühllosigkeit behandelt. Vor dem Aufkommen der Heilanstalten gab es kein Goldenes Zeitalter, kein idyllisches Refugium für alle, die nicht den herrschenden Normen entsprachen. Wer etwas anderes behauptet, der phantasiert; so auch Michel Foucault, als er über die Frühmoderne schrieb: »Der Wahnsinn bildet eine recht vertraute Gestalt in der sozialen Landschaft. Man findet ein neues und sehr lebhaftes Vergnügen an den alten Bruderschaften der Narren, an ihren Festen, an ihren Treffen und ihren Gesprächen [...] Diese Welt vom Anfang des siebzehnten Jahrhunderts ist auf einmalige Weise gastfreundlich gegenüber dem Wahnsinn.«[8]

Das traditionelle Asyl

Asyle gab es bereits seit dem Mittelalter, sie waren also keine Erfindung des späten 18. Jahrhunderts. Wenden wir unseren Blick den Städten zu, dann stellen wir fest, daß die urbane Welt schon immer mit dem Problem von obdachlosen Psychotikern oder geistig Zurückgebliebenen konfrontiert war. Viele Städte gründeten Institutionen, um sie zu internieren, seien es Hospize für Kranke, Kriminelle und Vagabunden, seien es Gefängnisse, Arbeits- oder Armenhäuser. Es gab zwar Asyle, die ausschließlich Geisteskranken vorbehalten waren, aber auch sie hatten den Charakter reiner Verwahranstalten. Die herkömmliche Gesellschaft war noch nicht auf die Idee gekommen, daß man diesen Menschen Therapien angedeihen lassen konnte.

Zu den ältesten psychiatrischen Krankenhäusern Europas gehörte Bethlem, das im 13. Jahrhundert unter dem Namen »Priory of St. Mary of Bethlem« gegründet worden war und bereits 1403 unter anderem sechs geisteskranke Männer beherbergte. In späteren Jahrhunderten widmete sich das Hospiz schließlich nur noch den Geistesgestörten, weshalb der Volksmund aus dem Namen Bethlem unweigerlich »Bedlam« (Tollhaus) machte. 1547 übernahm die City of London die Verwaltung, und bis 1948 sollte die Anstalt ein städtisches Irrenhaus (später Nervenklinik genannt) bleiben.[9] Erst die jüngste Forschung hat das schaurige Bild von Bethlem, das uns durch Quellen wie die achte Szene aus William Hogarths Stichserie *The Rake's Progress* (1733) überliefert wurde, etwas abgemildert. Hogarth zeigte den beinahe nackten Rake in Handfesseln auf dem Boden liegend, den Kopf zur Entlausung kahlgeschoren, während ihn ein Pfleger oder Arzt untersucht. Privatpatienten, deren Familien für einen Anstaltsaufenthalt zahlen konnten, erging es in Bethlem zwar sicher etwas besser, doch das Wort »Bedlam« ist und bleibt im Englischen Synonym für Chaos und Wahnsinn.[10] Allerdings hatte dieses berühmteste aller damaligen Irrenhäuser 1815 nur noch 122 Patienten,[11] weshalb es kein repräsentatives Gesamtbild liefern kann.

Obwohl England im 18. Jahrhundert über sieben weitere Asyle oder öffentliche Wohlfahrtseinrichtungen wie zum Beispiel das 1713 gegründete Bethel in Norwich[12] verfügte, war wahrscheinlich eine ähnlich große, wenn nicht gar eine größere Anzahl von Patienten in Privatanstalten untergebracht, in einem der vielen Irrenhäuser also, die man später »private Nervenheilanstalten« nennen sollte und die sich über das ganze Land verteilten. Ob es sich dabei

William Hogarth, achte Szene aus der Serie *Der Weg des Liederlichen* von 1733. Hogarth illustriert mit diesem Stich die Zustände in Bethlem, einer der ältesten Anstalten Europas.

um das Privathaus eines Arztes handelte, der eine Handvoll Patienten bei sich unterbringen konnte, oder um Anstalten für vier- bis fünfhundert Personen – alle boten sie kranken Menschen, deren Versorgung von ihren Familien als Zumutung empfunden wurde, ausschließlich Verwahrung und niemals Therapie. Hier herrschten kaum bessere Verhältnisse als in den öffentlichen Einrichtungen.[13] John Haslam, der Arzt (Apotheker) von Bethlem, schrieb 1809 über den Privatsektor: »Es ist schmerzlich, mich der vielen interessanten Frauen in meiner Behandlung zu erinnern, die unter einer zeitweiligen geistigen Verwirrung gelitten hatten und in privaten Anstalten der brutalen Prozedur des Spreizens unterzogen worden waren [gewaltsames ›Eindringen in den Rachenraum durch die Barriere der zusammengebissenen Zähne‹], ohne daß ein einziger Vorderzahn im Kiefer zu ihren Lieben zurückgeschickt wurde.«[14]

1826 – aus dieser Zeit stehen die ersten nationalen Statistiken für England zur Verfügung – waren nur knapp 5000 Geistesgestörte in irgendeiner Art von Asyl registriert, 64 Prozent von ihnen in privaten, 36 Prozent in öffentlichen Einrichtungen. Bethlem und St. Luke's kamen zusammen auf 500 Patienten, weitere 53 Geisteskranke saßen in Gefängnissen – und das in einem Land mit zehn Millionen Einwohnern.[15] Auf England bezogen, ist es also schierer Unsinn, von einer »großen Gefangenschaft« zu sprechen.[16]

Im Gegensatz zur englischen Tradition privater Asyle hatte auf dem europäischen Kontinent immer die öffentliche Hand für die Unterbringung psychisch Kranker gesorgt. In Frankreich wurden im Zuge der 1656 von Ludwig XIV. verfügten Verwaltungsreform im Rahmen eines umfangreichen Programms zur Gründung von »Allgemeinkrankenhäusern« zwei große Hospize in Paris für »Kranke, Kriminelle, Obdachlose und Irre« eingerichtet – das Bicêtre für Männer und die Salpêtrière für Frauen. Doch auch diese *hôpitaux généraux* waren keine Krankenhäuser im heutigen Sinne, sondern reine Verwahranstalten ohne jede therapeutische Absicht. Obwohl das Bicêtre wie die Salpêtrière immer mehr Geisteskranke aufnahmen, fand bis zum späten 19. Jahrhundert keinerlei Umgestaltung in eine Heilanstalt statt. Beide erlangten traurige Berühmtheit als Häuser des Schreckens, deren Insassen regelmäßig ausgepeitscht, in Ketten gelegt und unter bestürzenden hygienischen Bedingungen verwahrt wurden.

Auch in mehreren Provinzstädten eröffnete der französische Staat nun Hospize, doch in keinem von ihnen gab es je einen nennenswerten Anteil an Psychiatriepatienten. Im Bicêtre befanden sich 1788 beispielsweise nur 245 »Irre« (inklusive Epileptiker und geistig Zurückgebliebene).[17] Und selbst im Jahr 1798, als Frankreich bereits über 177 Allgemeinkrankenhäuser verfügte, war die große Mehrzahl der Betten mit Patienten ohne psychische Krankheiten belegt. Geisteskranke wurden im wesentlichen in Armenhäusern (*dépots de mendicité*) oder Asylen (*hôpitaux, hôtels dieux*) untergebracht, die im ganzen Land verstreut waren.[18] Man weiß nach wie vor relativ wenig über die genaue Zusammensetzung der Patientengruppen in diesen Institutionen, aber immerhin scheint die Belegung mit Alten und organisch Kranken so hoch gewesen zu sein, daß man diese Häuser ausdrücklich nicht unter dem Begriff Irrenanstalten aufführte.[19] Also ist es auch in bezug auf Frankreich mit seinen beinahe dreißig Millionen Einwohnern – für Foucault das vertrauteste Terrain – absurd, von einer »großen Gefangenschaft« zu sprechen. Die Bettenzahl für psychisch Kranke war im Vergleich zur Einwohnerzahl verschwindend gering.

In Mitteleuropa, das aus einer Ansammlung von Kleinstaaten bestand, gab es keine zentralistische Verwaltung wie in Frankreich. Hier teilten sich Staat, Kirche und Gemeinden die Verantwortung für die psychiatrische Verwahrung in den Asylen, Spitälern, Armenhäusern und Gefängnissen. Ende des 18. Jahrhunderts hatte diese Form der »Betreuung« einen beklagenswerten Zustand erreicht. Johann Reil, Ordinarius für Medizin in Halle, beschrieb, welche psychiatrischen Internierungsmethoden in Deutschland um 1800 üblich waren. Sobald er »aus dem Tumult der Großstadt ein solches Kellergeschoß unserer Zuchthäuser« betrat, fühlte er sich vollkommen überwältigt. Was sich vor seinen Augen abspielte, war das reinste Vaudeville. Irre spielten in ihren Wahnvorstellungen die Rollen von Tyrannen und Sklaven, er sah Narren, die ständig grundlos lachten oder sich selbst marterten. »Wir sperren diese unglücklichen Geschöpfe gleich Verbrechern in Tollkolben, ausgestorbene Gefängnisse, neben den Schlupflöchern der Eulen in öde Klüfte über den Stadttoren, oder in die feuchten Kellergeschosse der Zuchthäuser ein, wohin nie ein mitleidiger Blick des Menschenfreundes dringt, und lassen sie, angeschmiedet an Ketten, in ihrem eigenen Unrat verfaulen.«[20] Diese grauenvollen »Tollkolben« gab es zwar schon seit dem Mittelalter, und im späten 18. Jahrhundert war nochmals eine beträchtliche Anzahl hinzugekommen, doch auch in Mitteleuropa finden sich nirgends Nachweise für jene »große Gefangenschaft«, in der die Irren seit der Zeit des absolutistischen Regimes des 17. Jahrhunderts angeblich gehalten wurden.[21]

Foucault glaubte, daß die Psychiatrie eine Erfindung des Zentralstaats gewesen sei. Aber das dirigistische Deutschland der Zeit vor dem 19. Jahrhundert hatte ihr keinerlei Beachtung geschenkt. Der Würzburger Arzt Müller schrieb zum Beispiel, daß jeder Mediziner im späten 18. Jahrhundert gewußt habe, wie wenig ein Medizinstudent über Geisteskrankheiten lernen konnte und wie gründlich dieses Gebiet insgesamt vernachlässigt worden sei. Natürlich kannte jeder Praktiker Arzneien, die er einem Irren verabreichen konnte, etwa wenn er ein Übermaß an »schwarzer Galle« diagnostizierte. Doch das Wissen über die Nieswurz, die Kunst der alten Ärzte, Irre zu heilen, war, so Müller, bereits verlorengegangen.[22]

Die amerikanischen Kolonien hatten wenig Gelegenheit, eine vergleichbare vormoderne Phase des Asyls zu durchleben. Im allgemeinen war es der Familie überlassen, sich um »Verwirrte« zu kümmern. Gelegentlich ließen die Stadtältesten kleine Verliese errichten, wie zum Beispiel jenen ein Meter fünfzig mal zwei Meter fassenden Schuppen, den die Stadt Braintree, Massachusetts, 1688 Samuel Speere zu erbauen half, um seine wahnsinnige Schwester, die Hebamme Witty, darin einzusperren. 1701 verfügten die Stadtoberen von Watertown, Massachusetts, die Pflegeunterbringung eines »verwirrten Kindes« und bewilligten regelmäßige Zahlungen für seinen Unterhalt. Als diese Vereinbarung im darauffolgenden Jahr aufgekündigt wurde, gestattete die Gemeinde einem Bürger, das Kind in »einem kleinen Karzer« zu verwahren, »wenn es der Verwirrung anheimfällt«.[23] Also hatten bestimmte Formen der Internierung Geisteskranker auch in den Kolonien eine lange Geschichte.

Was die Institutionen der Kolonialzeit betraf, so schuf das gerade neu gegründete Bostoner Armenhaus 1729 die erste psychiatrische Abteilung, indem es beschloß, Irre von anderen Insassen zu trennen.[24] Vor 1800 hatte es in den Vereinigten Staaten nur zwei Hospitäler gegeben: das Pennsylvania Hospital, das 1752 auf Initiative der *Religious Society of Friends* (Quäker) gegründet worden war, und das 1791 eröffnete New York Hospital. Irgendwann begannen beide, auch geistesgestörte Patienten aufzunehmen, bis das New York Hospital 1808 schließlich ein separates Gebäude, das sogenannte Lunatic Asylum, erhielt.[25] Die erste ausschließlich psychiatrische Anstalt wurde 1773 in Williamsburg, Virginia, gegründet, »als Vorkehrung für die Unterstützung und Pflege von Idioten, Irren und anderen Personen krankhaften Gemüts.«[26]

Die Geschichte der Psychiatrie begann also auf beiden Seiten des Atlantiks mit Verwahranstalten, mit Institutionen für die Internierung von aufsässigen oder tobsüchtigen Menschen, die als Gefahr für sich selbst und als Last für andere galten. Erst die Entdeckung, daß diese Anstalten auch eine therapeutische Funktion haben konnten, führte zur Geburt der Psychiatrie als einer eigenständigen Disziplin.

Die Vorläufer der Irren-Heilanstalt

Nicht die Vorstellung, daß »Irrsein«, wie es damals hieß, heilbar sei, brachte Ende des 18. Jahrhunderts den Stein ins Rollen; die traditionelle Medizin hatte ja durchaus über ein gewisses therapeutisches Selbstvertrauen verfügt, bedenkt man, daß Aderlaß, Klistierspülung und das Verabreichen von Brechmitteln durchweg zur Heilung gedacht waren. Die Wende kam vielmehr mit der Idee, daß die Anstalten selbst imstande waren, eine Heilfunktion zu übernehmen, daß bereits ein Aufenthalt dort zur Genesung der Patienten beitragen konnte und nicht nur dazu dienen mußte, der verdrossenen Familie oder den besorgten Dorfältesten Ärger vom Hals zu schaffen. Diese Erkenntnis setzte sich mit beinahe revolutionärer Macht durch.

Doch die Aufklärung des 18. Jahrhunderts hatte übertriebene Vorstellungen von den Möglichkeiten, die therapeutischen Methoden der früheren Generationen allein durch Vernunft wesentlich voranzubringen. Die Vorstellung, daß auch Irrsein heilbar sein müßte, war bestes Aufklärungsdenken und Bestandteil des größeren Vorhabens, die allgemeinen Lebensumstände durch soziale, politische oder medizinische Maßnahmen zu verbessern: Wenn das revolutionäre Frankreich eine Verfassung erhalten und man die Gesetze des Marktes erkennen konnte, dann mußte es auch möglich sein, Krankheiten mit der entsprechenden therapeutischen Einstellung systematisch zu behandeln! Ausgehend von Zentren wie Edinburgh, begann sich dieser therapeutische Optimismus, der sich auch auf die Psychiatrie erstreckte, in der zweiten Hälfte des 18. Jahrhunderts in der gesamten medizinischen Welt auszubreiten. In den Irrenhäusern wuchs eine neue Medizinergeneration heran, erfüllt vom Vertrauen in ihre Fähigkeit zu heilen.

So viele waren von diesem neuen Geist durchdrungen, daß es schwerfällt, die Entwicklung der Heilanstalt dem Engagement einzelner Personen zuzuschreiben. Schon Johann Reil aus Deutschland sprach von einer internationalen Bewegung, die sich das Ziel gesteckt habe, die Misere der Irren zu lindern. Mediziner aus England, Frankreich und Deutschland, schrieb er 1803, seien gemeinsam angetreten, um das Los der Irren zu verbessern. Er, der Kosmopolit, sah darin den besten Beweis für das unermüdliche Streben des Menschen nach dem Wohlergehen seines Nächsten. Endlich seien die Schrecken der Gefängnisse und Kerker vorüber. Ein kühnes Geschlecht, so Reil, wagt sich an die gigantische, für den Normalbürger geradezu schwindelerregende Aufgabe, eine der verheerendsten Seuchen vom Erdball zu tilgen.[27] Man beachte: Hinter dieser wunderbaren Aufklärungsrhetorik verbarg sich nichts Geringeres als das Vorhaben, den Wahnsinn als solchen auszurotten.

Immerhin ist es möglich, eine Handvoll Anstaltsmediziner zu nennen, deren Schriften der übrigen psychiatrischen Welt als Leuchtfeuer dienten. Angesichts der allgegenwärtigen Kontroversen um dieses Thema fällt als erstes auf, daß die psychiatrische Reformbewegung dieser Zeit in der Tat international war. Einige schreiben den Aufstieg der Psychiatrie zwar noch immer den Einflüssen des Kapitalismus oder des Zentralstaats zu,[28] doch in Wirklichkeit entwickelte sich der plötzliche therapeutische Optimismus unter ganz unterschiedlichen gesellschaftlichen und wirtschaftlichen Bedingungen, weshalb es auch sehr unwahrscheinlich ist, daß man die Antwort in einer einzigen sozialen Kraft wie etwa dem Kapitalismus finden kann. Das von der Aufklärung beeinflußte wissenschaftliche Denken überspannte alle Kontinente: Fachzeitschriften zirkulierten, wichtige Fachbücher wurden schnellstens übersetzt, und Mediziner unternahmen Reisen in andere Länder, um zu erfahren, was dort vor sich ging. Und genau diese Art des von spezifischen gesellschaftlichen Bedingungen relativ unabhängigen wissenschaftlichen Denkens gab der Psychiatrie ihren ersten entscheidenden Schub.

Der erste Psychiater, der den therapeutischen Nutzen von Anstaltsaufenthalten beschwor, war der Mediziner William Battie, eine bemerkenswerte Persönlichkeit. Neben seinen beiden großen Privatanstalten gründete er 1751 auch das Londoner St. Luke's und war für eine Weile Präsident des »College of Physicians«. Das Standardwerk der britischen Psychiatrie nennt ihn »den führenden Psychiater der damaligen Zeit«.[29] 1758, im Alter von 54 Jahren, verfaßte er seine *Treatise on Madness*, in der er dem Asyl ausdrücklich therapeutische Aufgaben zuschreibt. Zum Beispiel zitiert er einen ungenannten Kollegen mit dem Satz: »Führung [*management*] hat viel mehr bewirkt als Medizin, und die Erfahrung hat mich gelehrt, daß oft allein schon die Absonderung [vom gewohnten sozialen Umfeld] für eine Genesung ausreicht, immer aber so grundsätzlich notwendig ist, daß ohne sie jede bislang für die Heilung von Irrsein angewandte Methode erfolglos bleiben mußte.« Tatsächlich empfahl Battie eine Art von Isolationstherapie, während deren der Patient keine Besuche empfangen und auch nicht von seinen eigenen Bediensteten, sondern ausschließlich durch die Pfleger des Asyls versorgt werden durfte.[30] Dies ist meiner Kenntnis nach die erste folgenreiche Aussage über das Asyl als Behandlungszentrum.

Zudem betonte Battie ausdrücklich die Heilbarkeit von Geistesstörungen: »Irrsein ist ... ebenso behandelbar wie viele andere Unpäßlichkeiten, die gleichermaßen schrecklich und hartnäckig sind und dennoch nicht als unheilbar betrachtet werden; diese unglücklichen Subjekte dürfen keinesfalls aufgegeben werden, und schon gar nicht darf man sie wie Kriminelle oder gesellschaftliche Übel in ekelerregenden Gefängnissen zum Schweigen verurteilen.«[31] Unter dem Einfluß der psychoanalytisch orientierten Geschichtsschreibung wurden Gründer der modernen Psychiatrie wie Battie einfach übergangen.[32] Doch er war es, der die Geburt der Psychiatrie einleitete.

Wenden wir uns nun nach Florenz, wo 1785 im überfüllten Hospiz Santa Dorotea ein 26jähriger Arzt namens Vincenzio Chiarugi arbeitete und dem reformfreudigen österreichischen Erzherzog Leopold, Großherzog der Toskana, vorschlug, das alte Hospiz Bonifazio zu renovieren und die Irren aus dem Santa Dorotea dorthin zu

Vincenzio Chiarugi, Irrenarzt in Florenz, gründete im späten 18. Jahrhundert eine der ersten Irren-Heilanstalten.

verlegen. 1788 wurde diese neue Irrenanstalt eröffnet. Kaum ein Jahr später wurden sauber gedruckte Regeln über ihre Führung ausgegeben, offenbar von Chiarugi selbst verfaßt. 1793 und 1794 veröffentlichte er schließlich sein dreibändiges Werk *Über den Irrsinn*, in dem er ausdrücklich hervorhob, daß die Aufgabe von Asylen nicht die Absonderung von Geistesgestörten, sondern deren Heilung sei. Wie dies geschehen sollte, beschrieb er in einem detaillierten Szenario, auf das ich später zu sprechen kommen werde.[33] Somit sind die ersten Richtlinien über die Führung einer Heilanstalt Chiarugi zu verdanken.

In Frankreich war derweil die Revolution in vollem Gange. 1793, einen Monat nachdem Charlotte de Corday Marat ermordet hatte, baten die Jakobiner den damals 38jährigen Arzt Philippe Pinel, das Bicêtre-Hospiz zu übernehmen. Pinel war das klassische Beispiel eines Emporkömmlings, dem die Revolution zur Prominenz verhalf.

Philippe Pinel, Pariser Irrenarzt des frühen 19. Jahrhunderts, gilt als Gründer der modernen Psychiatrie.

1745 als ältestes von sieben Kindern einer ärmlichen Medizinerfamilie in einem Dorf im Südwesten Frankreichs geboren, hatte er Mathematik an der Universität von Toulouse und anschließend Medizin in Montpellier studiert. In Paris entwickelte er sich zu einer Art Mediziner-Literaten, schrieb, übersetzte, brillierte in den Salons und kam schließlich aufgrund seiner nie ganz geklärten Verbindung zu einem privaten Irrenhaus im Besitz der Familie Belhomme auf die Idee, Patienten in der Praxis zu beobachten – zu einer Zeit, wohlgemerkt, in der medizinische Lehrbücher reine trockene Theorie waren.

1789 tauchte Pinel in den revolutionären Kreisen auf, wo seine ärmliche provinzielle Herkunft keine Rolle spielte und er trotz seines ungehobelten Dialekts als Mann mit einer politischen Zukunft gelten konnte. Durchdrungen von der Aufklärungspsychologie und jener progressiven Sozialphilosophie, die ihm in den 1780er Jahren in den Pariser Salons in Fleisch und Blut übergegangen waren, hatte er den Kopf voller Reformideen und humanitärer wie therapeutischer Ideale.[34] Sein Ruhm war ihm sicher, seit es hieß, er habe 1793 die Irren im Bicêtre von ihren Ketten befreit (in Wirklichkeit hatte der Krankenhausdirektor Jean-Baptiste Pussin diese Anordnung gegeben). 1795, nachdem Pinel Direktor der Salpêtrière geworden war, verfügte er dort dann in der Tat die Abschaffung der Ketten.

Daß Pinels Name bis heute als ein Meilenstein der Psychiatriegeschichte gilt, liegt allerdings weniger an seinem Ruf als großer Befreier der Irren; schon andere Irrenärzte vor ihm, darunter auch Chiarugi, hatten ihren Patienten die Ketten abgenommen (außerdem war es Pinel, der diese gegen Zwangsjacken tauschen ließ). Bleibende Bedeutung erlangte er durch ein Lehrbuch, das er 1801 veröffentlichte. Nach seinen Erfahrungen im Belhomme, in dem Bicêtre und der Salpêtrière war er zu dem Schluß gekommen, daß in einem Asyl sehr wohl psychische Therapien durchgeführt werden konnten – womit er noch nicht Psychotherapien meinte, sondern den Versuch, den Erfahrungen, die er in reinen Verwahranstalten gemacht hatte, die Idee der Heilung oder Besserung entgegenzusetzen. »Es gibt wohlbegründete Hoffnung«, schrieb er 1801, »daß man Individuen, die als hoffnungslose Fälle gelten, in die Gesellschaft zurückführen kann. Unsere emsigste und unermüdlichste Aufmerksamkeit muß jenen unzähligen gemütsgestörten Patienten gelten, die konvaleszieren oder wenigstens lichte Momente haben; diese Gruppe sollte in einer abgetrennten Abteilung des Hospizes untergebracht werden … und einer psychologischen Behandlung [*institution morale*] unterzogen werden, welche dem Zwecke dient, die Fähigkeiten ihres Verstandes zu entwickeln und zu schärfen.«[35] Zwar war dies nicht die erste Aussage über das therapeutische Potential eines Asyls, historisch betrachtet jedoch gewiß die einflußreichste: In den meisten konventionellen historischen Darstellungen der Disziplin beginnt die moderne Psychiatrie mit Pinel.

In diesem 1801 verfaßten Text äußerte sich Pinel allerdings ziemlich vage über die Art und Weise, wie man ein Asyl organisieren sollte, um es in eine Heilanstalt zu verwandeln. Aber wir wissen, daß

Pinels *Befreiung der Irren von ihren Ketten* in der Salpêtrière, der Pariser Frauenanstalt, Ende des 18. Jahrhunderts.

er ausgesprochen liebevoll mit seinen Patienten umging, sie mit warmen Bädern beruhigte und ihnen mit Arbeit und systematischen Aktivitäten die Zeit vertrieb.[36] Die therapeutischen Feinheiten zu formulieren, blieb Pinels Schüler Jean-Etienne Esquirol überlassen. 1772 als Sohn einer einflußreichen, später von der Revolution in die Armut getriebenen Familie in Toulouse geboren, ging er auf der Suche nach einer beruflichen Aufgabe nach Paris, wo er sich schließlich mit Medizin zu befassen begann. Er zog von Hospital zu Hospital und hörte sich Vorlesungen an, bis er in der Salpêtrière Pinel begegnete. Sofort entwickelte sich zwischen den beiden Männern eine enge Beziehung, und schon bald galt Esquirol – wie ein Jahrhundert später Carl Jung durch seine Beziehung zu Sigmund Freud – als Kronprinz der reformierten Psychiatrie. Einen eigenen Namen machte er sich 1802 mit seiner Dissertation über die Rolle von »Passionen« bei Geisteskrankheiten; 1811 folgte er dem Nichtmediziner Pussin als Direktor der psychiatrischen Abteilung der Salpêtrière.[37]

Jean-Etienne-Dominique Esquirol, Pariser Irrenarzt des frühen 19. Jahrhunderts. Er vertrat jenen gemeinschaftsorientierten therapeutischen Ansatz, der als Vorgänger der späteren Sozialpsychiatrie gilt.

Esquirol wollte Pinels Reformideen in die Praxis umsetzen. Deshalb begann er 1817, den Medizinstudenten in seinen Psychiatrievorlesungen zuerst einmal dessen Lehren zu predigen. Bis er acht Jahre später zum Chefarzt des großen Asyls im Pariser Vorort Charenton avancierte, setzte er sich vehement für die Entrümpelung der französischen Anstalten – vor allem in der Provinz – ein.[38] Die vielleicht bedeutsamste von Esquirol in die Tat umgesetzte Idee Pinels war die der Heilkommune: Patienten und Ärzte wurden als Mitglieder ein und derselben psychiatrischen Gemeinschaft betrachtet. In seiner Privatklinik gegenüber der Salpêtrière (später wurde sie nach Ivry umgesiedelt) aßen zum Beispiel alle Patienten gemeinsam am Tisch mit der Familie Esquirol.[39] Im übrigen glaubte auch Esquirol fest an die positiven Auswirkungen der »Isolation«. Das Fernhalten von Familie und Freunden konnte seiner Meinung nach eine Menge dazu beitragen, Patienten von den »ungesunden Passionen« abzulenken, die ihr bisheriges Leben bestimmt hatten.[40]

Pinels und Esquirols Ideen und Erfahrungen flossen in der gesamten atlantischen Gemeinschaft des 19. Jahrhunderts in die psychiatrische Praxis ein. Erst als die Anstalten durch Überfüllung unter massiven Druck gerieten, stellte man ihren therapeutischen Nutzen wieder in Frage. Doch die Konzepte, die diesen Heilanstalten zugrunde lagen, waren von Anfang an durch regionale Besonderheiten gekennzeichnet.

In Mitteleuropa zum Beispiel war Pinels Stimme nur gedämpft vernehmbar, da sich Reil, der in puncto Reformen die größte Autorität darstellte, für den Weisen aus dem Bicêtre nicht interessierte und Chiarugi bevorzugte.[41] Reil selbst war ein typischer Vertreter des Universalgelehrten des späten 18. Jahrhunderts. Sein Ruf gründete sich auf seine Beschäftigung mit der Anatomie des Nervensystems und der inneren Medizin; der Psychiatrie sollte er sich erst später zuwenden. Tatsächlich ist bis heute nicht klar, ob er – abgesehen von seinen Pflichten als Arzt des Halleschen Gefängnisses, wo er auch einigen psychiatrischen Fällen begegnet sein muß – überhaupt je viel Kontakt zu Geisteskranken hatte. Aber er steckte voller Ideen, die er in seinem 1803 im Alter von 44 Jahren veröffentlichten, vielgelesenen Buch mit dem seltsamen Titel *Rhapsodieen über die Anwendung der psychischen Curmethode auf Geisteszerrüttungen* wortreich ausbreitete.

Entsetzt über die Zustände in den Anstalten, fragte Reil in bester Aufklärungsmanier, wo die Früchte unserer berühmten Kultur, die Nächstenliebe, der Gemeinschaftssinn, all die vermeintlichen Bürgerrechte und der edle Uneigennutz geblieben seien, wenn es darum gehe, anderen zu helfen. In den Irrenhäusern bot sich ihm ein düsteres Bild. Also forderte er, daß wenigstens die »Medizinergilde« etwas dagegen unternehmen müsse. Ärzte könnten es sich leisten, mutig und entschlossen zu handeln, weil ein jeder ihrer bedürfe. Und da sie überdies Schüler des großen Lehrmeisters Natur seien, welche sich weigere, den Menschen vom Menschen zu unterscheiden, könne man von ihnen auch erwarten, daß sie aufbegehrten, wenn dieses natürliche Prinzip gefährdet sei. (Eine Ode an die Freude, die der Schillerschen in nichts nachstand.)

Was genau, fragte er, können Ärzte gegen das Problem des Irrseins tun? Zuallererst sollten sie sich um die Anstalten kümmern. Die Pflege des Irren sei in der Familie weit weniger effektiv als in einer Anstalt, da es dort an Bädern oder Duschen, den nötigen Freiräumen und all den anderen therapeutischen Hilfsmitteln mangele, über die der Arzt in einer öffentlichen Anstalt verfüge. Obendrein sei es angesichts der wenigen Mediziner, die sich überhaupt für die Behandlung von Irren interessierten, viel sinnvoller, diese Ärzte in Anstalten zu konzentrieren, als jeden für sich in den einzelnen Familien arbeiten zu lassen. Kurz: Eine angemessene Behandlung dieser Kranken konnten nur öffentliche Anstalten bieten.[42]

Aber Reil forderte eine klare Unterscheidung zwischen Institutionen für heilbare und solchen für unheilbare Fälle. Für die Heilbaren entwickelte er ein ausgeklügeltes Behandlungssystem, das sowohl physische wie psychische Therapien beinhaltete und zu sinnlicher Wahrnehmung anregen sollte, zum Beispiel, indem ein anstaltseigenes Theater eingerichtet oder indem es den männlichen Patienten gestattet wurde, Prostituierte zu empfangen.[43] Allerdings blieb das meiste davon Wunschdenken. Konkrete Pläne zur Integration solcher Maßnahmen ins Anstaltsleben wurden nie gemacht. Reils umfangreiches therapeutisches Programm hatte nicht das geringste mit Pinels Ideen und nur wenig mit Chiarugi zu tun, aber es bildete einen spezifisch mitteleuropäischen Sonderweg bei dem Versuch, die Psychiatrie in eine Heilkunst zu verwandeln.

Reil repräsentiert die liberale Strömung in der deutschen Psychiatriegeschichte. Denn zur selben Zeit entwickelte sich auch eine autoritäre Schule, verknüpft mit der Figur Ernst Horns, eines 1806 32jährigen ehemaligen Militärarztes, der als Lehrer an die Universität gewechselt und später als zweiter Arzt in die Berliner Charité eingetreten war. Dort wurde er mit der Leitung der Irrenabteilung betraut, die nach dem Brand im Berliner Irrenhaus 1798 gegründet worden war. Um Horns Vorschläge zu verstehen, muß man wissen, daß die Charité ein Lehrkrankenhaus für Stabsärzte war, in dem preußische Zucht und Ordnung herrschten. Verglichen mit dem zügellosen Chaos in den traditionellen Irrenhäusern konnten sich jedoch eine gewisse Strenge und ein geregelter Tagesablauf durchaus günstig auf die Genesung auswirken. Nehmen wir zum Beispiel die vordergründig völlig belanglose Frage, welche persönlichen Dinge Patienten in ihren Sälen gestattet waren. Horn berichtet von den Zuständen bei seinem Dienstantritt: Jeder habe mitbringen können, was ihm beliebte. Ein jeder wollte sich sein kleines Nest bauen, ohne zu bedenken, daß dem einen nur gestattet werden konnte, was auch allen anderen erlaubt war, und so seien die Säle über kurz oder lang mit unnützen Dingen überladen gewesen, die nur zu weiterer Unordnung beigetragen hätten. Die bedauerlichen Folgen hätten nicht lange auf sich warten lassen. Er sei gezwungen gewesen, die Wünsche des einzelnen dem Wohle aller zu opfern.[44]

Es stimmt, daß Horn bei seiner Ankunft 1806 chaotische Bedingungen vorgefunden hatte. Das Ordnungssystem, das er dem »goyaesken Zustand« aufzwang, trug sicher nicht nur zu jener Reinlichkeit bei, die die Beamtenseele als Wohltat empfand, sondern diente auch als therapeutische Maßnahme. Er diktierte den Patienten einen Alltag unter militärischem Drill, ersetzte Müßiggang und Leerlauf durch einen straff organisierten Tagesplan und erhob Regeln, die den Patienten Grenzen aufzeigten und ihnen das Gefühl vermittelten, daß sie ihr Leben wieder selbst in die Hand nehmen konnten. Eine Menge Geisteskranker, schrieb Horns Biograph, dankten ihm später für ihre glückliche Genesung.[45]

In den Vereinigten Staaten dominierten die europäischen Modelle bis in die dreißiger Jahre des 20. Jahrhunderts, was zugleich heißt, daß es relativ wenige, typisch amerikanische psychiatrische Traditionen gibt – oder zumindest wenige, die anderenorts nachgeahmt wurden. Wenn wir die amerikanischen Anfänge angemessen würdigen wollen, müssen wir uns vor jener Engstirnigkeit hüten, die einen Großteil der landeseigenen Literatur zu diesem Thema kennzeichnet.[46] Auch die amerikanische Geschichte ist von Bedeutung, und auch sie beginnt mit einer Gründerfigur.

1965 wurde Benjamin Rush, ein Mediziner aus Philadelphia, von der American Psychiatric Association offiziell zum »Vater der amerikanischen Psychiatrie« erklärt.[47] Doch Rush, Oberarzt am

Pennsylvania Hospital, trug wenig dazu bei, den Weg in die Zukunft zu weisen, auch wenn er sich mit seinen europäischen Kollegen prinzipiell einig war, daß die Ursprünge jeder Geisteskrankheit im Gehirn lägen: »Menschen, die unter der Zerrüttung oder dem Unvermögen ihrer Geistesgaben leiden«, schrieb er im Jahr 1786, »werden völlig zu Recht als Objekte der Medizin betrachtet; im übrigen sind viele Fälle aufgezeichnet, die beweisen, daß sich ihre Leiden der Heilkunst fügen.«[48] Aber in seinem 1812 veröffentlichten umfangreichen psychiatrischen Lehrbuch konstatierte er dann kühn: »Die Ursache für Irrsein ist in erster Linie in den Blutbahnen des Gehirns zu finden und hängt von denselben pathologischen und unregelmäßigen Vorgängen ab, die auch zu anderen arteriellen Krankheiten führen.«[49] Das war Kraut- und Rübenorganizismus und in keiner Weise typisch amerikanisch.

Rushs Parteigänger haben behauptet, daß seine gelegentlichen Betrachtungen über das sittliche Empfinden spätere psychologische Therapien vorweggenommen hätten. Doch in Wahrheit war psychologische Sensibilität seiner eigenen Praxis kaum anzumerken. Ein Mediziner, der das Pennsylvania Hospital besucht hatte, erinnerte sich 1787 an Rushs Visiten: »Als nächstes warfen wir einen Blick auf die Irren. Ihre Zellen lagen im Untergeschoß, das sich teilweise unter der Erde befindet. Diese Zellen sind etwa drei Quadratmeter groß und so massiv verstärkt wie in einem Karzer ... In jeder Tür befindet sich ein Loch, das groß genug ist, um Mahlzeiten und andere Dinge hineinzureichen, und das mit einem von starken Riegeln gesicherten Türchen verschlossen wird.« Die meisten Patienten lagen einfach auf Stroh. »Einige von ihnen waren außerordentlich aufgebracht und tobten in ihrer fast vollständigen oder ganzen Nacktheit.«[50] Das klingt nicht gerade nach »moralischer Therapie« oder Beschäftigungstherapie, und es steht im krassen Gegensatz zu den Reformen im Pennsylvania Hospital, die Rush in seinem Lehrbuch auf so idyllische Weise beschreibt: »[Die Patienten] bekommen wieder einen Geschmack von den Segnungen der frischen Luft, des Lichts und der Bewegung bei wohltuenden sommerlichen Spaziergängen im Schatten ... Sie haben ihr menschliches Aussehen wiedererlangt und damit auch ihre lang vergessenen Beziehungen zu ihren Freunden und der Gesellschaft.«[51] Rush, der angebliche Begründer der Psychiatrie, war wohl eher ein Scharlatan.

Was haben nun all diese vielen Gründerväter der modernen Psychiatrie gemein? Wie steht es mit der Foucaultschen Behauptung, die Psychiatrie sei aus einer teuflischen Allianz von Kapitalismus und Zentralstaat hervorgegangen, welche die Psychiater dafür gewinnen konnte, Abweichler zu internieren, nur um einer unmotivierten, rückständigen Bevölkerung Arbeitsdisziplin beizubringen? Sicher, sowohl Battie als auch Rush agierten auf den Tummelplätzen des entstehenden kapitalistischen Wirtschaftssystems – Philadelphia und London –, wo der Geist des Marktes herrschte. Aber Chiarugis verschlafenes Florenz des späten 18. Jahrhunderts hätte kaum weniger kapitalistisch sein können, und es wäre völlig absurd, behaupten zu wollen, daß Erzherzog Leopold das toskanische Gesundheitssystem den staatsbildenden Interessen und Erlassen der k.u.k.-Monarchie untergeordnet hätte.[52] Die Wiener Finanzwelt hatte zu dieser Zeit absolut kein Interesse an der Toskana, und der junge Leopold (er war 18, als er 1765 die Herrschaft antrat) galt wie seine Mutter Maria Theresia eher als traditionell aufgeklärter Despot denn als Staatsbildner mit Rückendeckung der Industrie. Auch Reils Halle war ein wirtschaftlich rückständiger Ort, der ihn, den großen Menschenfreund, wohl kaum auf die Idee bringen konnte, die industrielle Arbeitsdisziplin fördern zu müssen. Foucaults Aussage steht und fällt demnach mit Pinel und Esquirol, die von völlig unterschiedlicher gesellschaftlicher Herkunft und intellektueller Haltung waren (Pinel ein *philosophe,* Esquirol ein früher Romantiker). Das einzige, was die beiden – abgesehen von ihrer Freundschaft – verband, war ihre umfangreiche Erfahrung in Privatanstalten. Esquirols Denken war mit Sicherheit vom Leben in seiner eigenen Einrichtung beeinflußt; wie sich Pinels erste fünf Jahre in der Psychiatrie, seine Zeit in der Belhomme-Anstalt, auf ihn ausgewirkt haben, ist dagegen schwierig festzustellen.

Warum spielt es überhaupt eine Rolle, ob sich diese Männer in einer Privatanstalt profiliert haben? Weil der Aufstieg von privaten Institutionen das gesamte Foucaultsche Dogma ad absurdum führt: Wenn die Psychiatrie ihre wesentlichen Wurzeln in privaten »Irrenhäusern« hatte, denen Familien aus der oberen Mittelschicht und Aristokratie riesige Summen zahlten, damit sie ihnen ihre verrückten Verwandten abnahmen – was bleibt dann noch von Foucaults These einer »großen Gefangenschaft«?

Andere wissenschaftliche Darstellungen sind kaum überzeugender als Foucaults Interpretationen. Manche behaupten, daß eine »Standessolidarisierung« nur stattgefunden habe, weil Irrenärzte die Hegemonie über den Wahnsinn beanspruchten, um ihren eigenen Wohlstand und ihre Macht zu konsolidieren.[53] In der Tat haben Ärzte, beispielsweise Battie, im Privatsektor große Vermögen angesammelt. Und in der Tat begann sich die Psychiatrie in jenen Jahren als eine eigene Disziplin zu etablieren, womit auch die Überzeugung verbunden war, daß zur Ausübung dieses Berufes spezifische geistige und emotionale Fähigkeiten vonnöten seien. Doch das kann nicht nur als Griff nach der Macht, sondern ebenso als legitimer Ausdruck von therapeutischem Selbstbewußtsein verstanden werden.

Die Psychiater des späten 18. Jahrhunderts glaubten jedenfalls fest daran, daß sich eine neue Disziplin herauszubilden begann. Reil listete beispielsweise die Eigenschaften auf, die gute Irrenärzte – wie die Praktiker dieses Fachs noch bis ins 20. Jahrhundert hinein genannt wurden – seiner Ansicht nach auszeichneten: Scharfblick, Beobachtungsgabe, Intelligenz, guter Wille, Beharrlichkeit, Geduld, Erfahrung, eine imposante Statur und ein Gesicht, das Respekt gebot. Doch diese »für die Cur der Irren erforderlichen Eigenschaften« seien derart selten anzutreffen, daß die Ausstattung der Anstalten mit professionellem Personal äußerst schwierig gewesen sei.[54] 1808 schließlich prägte Reil den Begriff »Psychiaterie«, den er 1816 zu »Psychiatrie« verkürzte.[55]

Auch britische Ärzte glaubten, daß die Psychiatrie eine eigenständige Disziplin darstellte. John Ferriar, Chefarzt des Asyls von Manchester, schrieb 1810, daß die Symptome des Irrseins besser verstehen könne, wer Shakespeare gelesen habe, als einer, der die Schriften des griechischen Mediziners Aretaios[56] kenne. »In Ermangelung jener Sensibilität für die Feinheiten von Wesensmerkmalen, welche einen Menschen eher zum Verfassen von Dichtung oder Romanen befähigen als zum Gespräch über Pathologien, waren die Vorstellungen, die sich einige Mediziner von Geistesstörungen machten, einfach zu beschränkt.« Manche hätten »Irrsein« schlicht mit einem »zeitweiligen Übermaß an Leidenschaft«[57] gleichgesetzt. Ferriar war also der Überzeugung, daß die Spezialisierung auf Geisteskrankheiten ein Verständnis für Kultur- und Persönlichkeitsmerkmale erforderte.

In jenen Jahren entstand also »die psychische Medicin als Wissenschaft«, wie einer von Reils Mitarbeitern es ausdrückte.[58] Irrenärzte beanspruchten für sich das Recht auf den Status einer Gilde, da die Leitung einer Heilanstalt ihrer Meinung nach als Kunst und Wissenschaft der Chemie oder Anatomie gleichzustellen war.

Die Ordnungsstruktur der Heilanstalt

Zwei Aspekte des Anstaltslebens wurden von den Gründervätern als therapeutisch betrachtet: Zum einen der Rahmen selbst mit seiner Routine und dem Gemeinschaftsgeist und zum zweiten die Beziehung zwischen Arzt und Patient, die häufig »moralische Therapie«[59] genannt wurde. In beiden Aspekten unterschied sich das Konzept der neuen Anstalten grundlegend vom traditionellen Irrenhaus.

Die Lehrbücher des 18. Jahrhunderts gingen davon aus, daß Irrsein durch eine Überreizung der Nerven hervorgerufen werde und zur Heilung daher eine beruhigende Umgebung angezeigt sei. Battie versuchte in seiner Anstalt eine Art goldene Regel aufzustellen: »Jeder übermäßige Appetit muß in Schach gehalten und jede fixe Vorstellung, wo möglich, abgelenkt werden.« Körper und Zimmer des Patienten seien sauber zu halten, die Kost habe leicht zu sein, »weder alkoholhaltig noch stark gewürzt«. »Zeitvertreib unterschiedlichster Art« sollte wohldosiert, weder zu umfangreich noch zu amüsant sein: die private Heilanstalt als Sanatorium.[60]

Die Ärzte des späten 18. Jahrhunderts betonten außerdem

ausdrücklich die Notwendigkeit, den Patienten zur Selbstbeherrschung anzuleiten, weil sie ihr einen therapeutischen Effekt zuschrieben. Ferriar zum Beispiel meinte, daß ein hartes Regiment im Irrenhaus dem Patienten helfen würde, jene Selbstdisziplin zu erlernen, die es ihm erlaube, »für sich selbst zu sorgen«. »Eine disziplinierende Ordnungsstruktur, gerecht, aber genau, die den Patienten zur Selbstbeschränkung führt, ohne dabei Schmerz oder Angst zu erzeugen, ist dieser Art von Beschwerden am besten zuträglich.« Erfolge, so Ferriar, stellten sich bald schon ein: »Dank der Fähigkeit zur Selbstbeherrschung genesen Irre schneller, wenn sie von der häuslichen Umgebung ferngehalten werden.« Die Aufmerksamkeit, die ihnen im eigenen Haus zuteil werde, trage nur zur Verschlechterung der Krankheit bei. »Unter Fremden erfahren sie es als notwendig, ihre vorhandenen Fähigkeiten zu nützen; und mit dem ersten Ansatz zu systematischem Denken beginnt die Genesung.« Der Anstaltsalltag sollte also Grenzen setzen und den Patienten zur Konzentration zwingen. Der nützlichste Teil solcher Disziplin aber, betonte Ferriar, sei »die Erweckung von Hoffnung und Verstand im Patienten. Kleine Gefälligkeiten, dargebotenes Vertrauen und deutlich ausgesprochenes Lob beschleunigen die Genesung.«[61]

Wie aber konnte man bei Geisteskranken Hoffnung und Verstand wecken? Wie verwandelte man ein »Irrenhaus« in eine »Heilanstalt« nach dem Muster Reils? Zum Beispiel, so Reil, indem man zunächst einen harmloser klingenden Namen für die Institution wählte, etwa Anstalt oder Hospital für psychologische Heilung. Man solle sie in einer »anmutigen Gegend« inmitten von Bächen und Seen erbauen, umgeben von Hügeln und Feldern, in Form kleiner Villen, die sich um das Verwaltungsgebäude scharten. Vor den Fenstern dürften keine Gitter angebracht sein. Da der Irre starke Ausdünstungen habe, müsse überwiegend Material verbaut werden, das leicht zu reinigen sei, außerdem seien Bäder vonnöten, ein »magischer Tempel« und andere Vorkehrungen »für die Beeindruckung«.[62] Es sollte noch Jahrzehnte dauern, bis solche Heiltempel für das wohlhabende Großstadtbürgertum errichtet wurden. Doch Reils therapeutische Vorstellungen waren erstaunlich weitblickend.

Der Wiener Narrenturm, 1784.

Die typische Irren-Heilanstalt Mitteleuropas war in allererster Linie ordentlich. In der Charité entwickelte Horn einen strengen Stundenplan für seine Patienten – was etwas völlig Neues war:

5–6 Uhr »Unverzügliches Aufstehen, Waschen und Frühstück«.

6–7 Uhr »Religiöse Erbauung durch Verlesen von Passagen, die dem Verständnis der Patienten angemessen sind«.

Derart eingeteilt ging der Tag weiter. Auf dem Plan standen Holzhacken, militärische Leibesübungen, Zeichnen und Malen, Geographieunterricht und zwischen sieben und acht Uhr dreißig abends (»bei gutem Wetter«) »Ballspiele mit kleinen Preisen«.[63] Horns Stundenplan spiegelt die Lebensphilosophie wider, daß Ordnung per se restaurativ sei.

Pinel drang darauf, den Tag mit geregelter Arbeit auszufüllen.[64] Doch es war sein Schüler Esquirol, der mit den Neuerungen in seiner Privatanstalt in Frankreich der Überzeugung zum Durchbruch verhalf, daß eine strukturierte Lebensweise therapeutische

Qualität habe. »Der Irre, dem durch die Harmonie, die Ordnung und die Regeln des Hauses Schranken auferlegt werden, wird seine Impulsivität besser steuern können und sich weniger zu exzentrischen Handlungen hinreißen lassen.« Fast möchte man meinen, Esquirol, der diese Zeilen 1816 verfaßte, habe sich an einen Rat erinnert, den Battie bereits ein halbes Jahrhundert zuvor erteilt hatte (doch das ist unwahrscheinlich): »Die Ruhe, welche die Geistesgestörten weit entfernt von Getöse und Lärm genießen, sowie die gebotene Erholung des Gemüts [*repos moral*], da sie von ihren Geschäften und häuslichen Problemen ferngehalten werden, ist ihrer Genesung sehr dienlich. Indem sie sich einem geordneten Leben, Disziplin, einer wohlaustarierten Lebensweise fügen müssen, werden sie gezwungen, über die Veränderungen in ihrem Leben nachzudenken. Die Notwendigkeit, sich zu zügeln [*se contenir*], sich Fremden gegenüber wohl zu verhalten, mit ihren Leidensgenossen zusammenzuleben, sind mächtige Verbündete für das Wiederauffinden der verlorengegangenen Vernunft.«[65]

Die Anstalt des späten 18. Jahrhunderts vollzog noch in anderer Hinsicht einen historischen Bruch mit der Vergangenheit: Die Mediziner begannen sich Methoden zuzuwenden, die weder etwas mit der Verabreichung von Arzneien noch mit körperlichen Prozeduren zu tun hatten. Es war der Beginn der Psychotherapie, der methodischen Ausnutzung des Arzt-Patienten-Verhältnisses. Dabei war die Erkenntnis, daß zwischen Psychiater und Patienten eine besondere Beziehung bestehe, die man für den Genesungsprozeß nutzen könne – also jene nach Pinels 1801 geprägter Formulierung *le traitement moral* auch »moralisch« genannte Therapie (obwohl das französische »moral« in diesem Kontext gar nicht »moralisch«, sondern »mental« bedeutet[66]) –, im Prinzip nichts Neues. Die unmethodische psychologische Intervention war eine Technik, mit der Ärzte von jeher vertraut waren. Im 17. Jahrhundert läßt Molière seinen Dr. Clitander sagen:

> »Mein Herr, meine Mittel sind wesentlich verschieden von denen der anderen Ärzte ... Da das geistige Befinden einen

großen Einfluß auf das Körperliche hat und viele Krankheiten nur durch geistige Störungen verursacht werden, beginne ich meine Kuren damit, die geistigen Leiden zu heilen, ehe ich mich mit körperlichen befasse.«[67]

Auch Reil war sich bewußt, daß seit der Antike viele Ärztegenerationen seine »psychische Curmethode« bereits vorweggenommen hatten;[68] Frankreich wurde 1750 von Schriften über *la médicine de l'ésprit* geradezu überschwemmt;[69] und wie der Historiker Roy Porter aufzeigte, war der Begriff des *moral management* im 18. Jahrhundert auch in der psychologischen Medizin Englands allgegenwärtig.[70]

Neu war, daß die Irrenärzte des späten 18. Jahrhunderts versuchten, diese altbekannten Techniken im Sinne einer methodischen Psychotherapie in den Anstalten einzuführen. Der erste klinische Psychiater, der mit »moralischer Therapie« experimentierte, war Chiarugi im Bonifazio-Asyl von Florenz. 1793 schrieb er über die Behandlung von Depression: »Es ist vor allem in Fällen echter Melancholie unerläßlich, *Hoffnung* zu schüren, die das vollkommene Gegenteil von Trauer und Angst ist. Es wird dadurch ermöglicht, zu einer Veränderung der körperlichen und geistigen Verfassung einer Person beizutragen ... Zu berücksichtigen ist, daß dieses neue Gefühl auf die natürlichste Weise hervorgerufen werden muß, damit weder Widerstand noch Verdruß beim Melancholiker verursacht werden.«[71] Damit sprach Chiarugi eindeutig von einer direkten psychologischen Beeinflussung des Anstaltspatienten.

Chiarugis Schriften waren in England, wo eine ganze Generation von Irrenärzten in den ersten drei Jahrzehnten des 19. Jahrhunderts die Lehren des *moral treatment* predigte (siehe Kapitel 2), fast niemandem bekannt. Dort war dieser Begriff vielmehr durch ein Privatasyl propagiert worden, das 1796 von dem Quäker und Teehändler William Tuke in York gegründet worden war, um die Qualität der Pflege zu verbessern, die den geistesgestörten Mitgliedern der lokalen Quäker-Gemeinde bis dahin zur Verfügung gestanden hatte. Obwohl dieses Yorker Heim unter medizinischer Leitung stand, war sein guter Ruf in bezug auf die Pflege und den liebenswürdigen Umgang mit den Patienten größtenteils Laienmitarbeitern zu verdanken. 1813 schrieb Samuel Tuke, Williams Enkel und Kaufmann wie er, in seinem Bericht über das Heim: »Die umsichtige Freundlichkeit scheint beim Patienten allenthalben Dankbarkeit und Zuneigung hervorzurufen.« Er war überzeugt, daß der freundliche Umgang den Patienten als therapeutischer »Haltegriff« diente, an dem sie sich selbst wieder aus den Tiefen der Krankheit heraufziehen konnten.[72] Auch wenn dieses Buch mit seiner idealistischen Vorstellung von der Rolle, die die Macht des Willens bei der Heilung von »Manie« und »Melancholie« – jenen beiden Kategorien, denen damals alle Geisteskrankheiten zugeordnet wurden – spielen konnte, etwas naiv wirkt, hatte es eine enorme Wirkung und kann, auch wenn es aus der Feder eines Laienautors stammt, als eines der berühmtesten Dokumente in der Geschichte der Psychiatrie betrachtet werden.

Pinel in Frankreich hatte offenbar nie etwas von der Tuke-Familie und dem Yorker Heim gehört. Dafür konnte er Madame Pussin in Aktion erleben, die Frau des Verwalters vom Bicêtre, die zwischen 1793 und 1795 ihre eigene Art von Psychotherapie betrieb. »Ich nahm erstaunt wahr, daß sie im Bicêtre auf die tollwütigsten Irren zuging, sie mit tröstenden Worten beruhigte und dazu brachte, Mahlzeiten zu sich zu nehmen, die sie aus jeder anderen Hand hartnäckig verweigert hätten. Einmal versuchte ein Irrer, der durch seine halsstarrige Essensverweigerung bereits Gefahr lief zu verhungern, gegen sie aufzubegehren. Er verunglimpfte sie mit den empörendsten Worten und stieß die Mahlzeit, die sie ihm servieren wollte, weit von sich. Daraufhin begab sich diese kluge Frau einfach auf die Ebene seiner Wahnvorstellungen; sie hüpfte und tanzte vor ihm herum, redete mit ihm auf dieselbe Weise wie er mit ihr, bis es ihr gelang, ihn zum Lächeln zu bringen. Indem sie die Gunst der Stunde nutzte und ihn dazu bewegte, etwas zu sich zu nehmen, rettete sie ihm das Leben.«[73] Zweifellos hatte Pinel viele Möglichkeiten, solche zufälligen Beweise menschlicher Empathie mitzuerleben, doch, wie Louis Pasteur später einmal sagte: Der Zufall bevorzugt den Geist, der auf ihn gefaßt ist,und Pinel war auf ihn gefaßt, sensibilisiert von den philosophischen und psychologischen Diskursen der Aufklärer. Schnell kam er zu der Überzeugung, daß es, »um den Patienten wieder Hoffnung zu geben« und das Irrenhaus therapeutisch zu nutzen, entscheidend war, »ihr Vertrauen zu gewinnen«. Normalerweise, so Pinel, versuchten Patienten zu verbergen, was sie wirklich dachten. Nur indem man »mit Gutmütigkeit auf sie zugeht und völlig offen mit ihnen spricht, kann man in ihre geheimsten Gedanken eindringen, ihre Ängste lösen und Widersprüche aufklären, indem man ihre Probleme mit denjenigen anderer vergleicht«.[74]

Pinels 1801 veröffentlichtes Werk war derart einflußreich, daß seine »moralische Therapie« sofort überall angenommen wurde. Ihr einziger Konkurrent war Reils komplizierte »psychische Curmethode«, die letzten Endes jedoch von rein akademischem Interesse blieb, da er seine Ideen ganz offensichtlich im Lehnstuhl erdacht und niemals umgesetzt hatte.[75] Was die Engländer »moral therapy« und die Franzosen »le traitement moral« nannten, wurde nun also zur goldenen Regel aufgeklärter Anstaltsärzte. Haslam, der medizinische Leiter Bedlams, spottete zwar über Pinel, dessen aufdringliches Gebaren und dröhnende Stimme er anmaßend fand, beugte sich aber der Einsicht, daß man »einige Zeit und Aufmerksamkeit aufwenden muß, um den Charakter eines Patienten kennenzulernen und festzustellen, woraus und in welcher Hinsicht sein Irrsein besteht«. Um das Vertrauen des Patienten zu gewinnen, so Haslam, müsse man »in Umgang und Ton freundlich sein, seinen Erzählungen Aufmerksamkeit widmen und so tun, als schenke man ihnen Glauben«.[76] Eine prägnantere Zusammenfassung der vom Arzt geforderten Qualitäten im Rahmen des Arzt-Patienten-Verhältnisses wird man kaum finden.

War die Entdeckung der »moralischen Therapie« also der Geniestreich einer Handvoll großer Männer? Oder entsprang sie der inneren Logik der Situation, in der sich die Anstaltsärzte des späten 18. Jahrhunderts befanden? Entschlossen, ihre Patienten von ihren Qualen zu erlösen oder diese doch wenigstens zu lindern, hatten sie erkannt, daß irgendein psychologischer Ansatz Einlauf und Aderlaß ergänzen mußte. Allzu deutlich war es, daß Patienten in einer Atmosphäre, in der Wert auf sinnvollen und erbaulichen Zeitvertreib gelegt wurde, besser gesundeten, als wenn sie auf Stroh in ihren eigenen Exkrementen dahinvegetierten. Und vollends unübersehbar war, daß alle Patienten positiv auf die Tröstungen des gesprochenen Wortes und ärztlicher Anteilnahme reagierten – zwei uralte Ingredienzen, die nun auch den Kern jener »moralischen Therapie« bildeten, um die soviel Aufhebens gemacht wurde. Erstaunlich war nicht so sehr, daß die Vorteile dieser Therapie erkannt wurden, sondern daß sie später wieder so vollständig aus dem Anstaltsalltag verschwinden sollte.

Nervenkrankheiten und Laienpsychiater

Nicht nur schwere geistige Leiden haben die Menschheit seit eh und je begleitet, sondern auch geringfügigere wie Angst, neurotische Depression oder Zwangsneurosen – allerdings empfindet sie, wer darunter leidet, keineswegs als »geringfügig«. Seit dem 18. Jahrhundert nannte man sie »Nervenkrankheiten«, später sprach man dann von »neurotischen« oder »psychoneurotischen« Störungen. Jede Zeit hatte ihr eigenes Vokabular. Die alten Juden zum Beispiel glaubten, daß die »Liebeskrankheit« einen Menschen bis auf das Skelett abmagern lassen konnte;[77] das 16. Jahrhundert sprach von »Hysterie« und das 18. von den »Nerven«.[78] All diese Bezeichnungen waren jedoch unpräzise und konnten nahezu jedes vorstellbare Symptom einschließen. Jacob Isenflamm, Ordinarius für Medizin in Erlangen, schrieb 1774 zum Beispiel eine Dissertation über den tödlichen Verlauf von Hysterie und Hypochondrie.[79]

Doch diese sogenannten Nervenleiden wurden Ende des 18. Jahrhunderts nicht als Sache der Psychiatrie betrachtet, sondern der Allgemeinmedizin oder einem organischen Spezialfach wie der Neurologie zugeordnet. Leichtere psychische Störungen wurden meistens von Kurärzten behandelt. Europäer suchten traditionell Linderung in Bädern wie Bath in England, Rigi-Kaltbad in der Schweiz,

Wiesbaden in Deutschland oder Plombières in Frankreich. Theoretisch erwartete man von den Heilwässern einen beruhigenden Effekt, ihr praktischer Nutzen lag aber vor allem in ihren verdauungsfördernden Eigenschaften. Die Blütezeit des Heilbäderbetriebes im hohen Mittelalter und in den Jahren vor dem Dreißigjährigen Krieg war allerdings, auch wegen der gestiegenen Holzpreise und einer Syphilisepidemie, längst vorbei.[80]

Ihren historischen Tiefpunkt erreichte die Bäderkultur um 1800. Das englische Bath wandelte sich vom Kurparadies der Reichen zum Magneten für die Armen.[81] Doch selbst zu dieser Zeit wurden Kurorte noch regelmäßig von Leidenden der Mittel- und Oberschicht aufgesucht, bei denen kein organischer Krankheitsgrund diagnostiziert werden konnte (was in der damaligen Medizin gang und gäbe war). In Deutschland galten Kurbäder wie Doberan in Mecklenburg, Nenndorf bei Hannover oder Teplitz in Böhmen als besonders geeignet, um Nervenleiden zu heilen.[82] Augustus Bozzi-Granville, ein Mailänder Arzt, der sich 1813 in London niedergelassen und dort eine große Praxis aufgebaut hatte – zu seinen Patienten zählte auch der Archduke of Clarence –, berichtete von unzähligen »Nervenleiden«, denen er bei seiner Reise durch die deutschen Bäder in den 1830er Jahren begegnet sei. In Wiesbaden zum Beispiel traf er hauptsächlich den Typ des Hypochonders. »Er ist trübsinnig, nachdenklich oder geistesabwesend sogar inmitten einer fröhlichen Schar. Während er ständig über seinem Schicksal brütet, verschlingt seine Krankheit seine ganze Aufmerksamkeit. Er verschmäht selbst die belangloseste Unterhaltung mit seinen Mitmenschen und flieht vor flüchtigen Bekanntschaften, die sich in Kurbädern gerade deshalb so leicht schließen lassen, weil es wenig bedeutet, daß sie schnell wieder vergessen sind ... Auf diesen Charakter trifft man in Wiesbaden, aber ich bin ihm auch in Gastein [Österreich] und Karlsbad [Böhmen] sowie in Teplitz begegnet.«[83]

Noch eindeutiger neurotischen Kurgästen wollte »Granville«, wie er sich nach dem Namen seiner Mutter als Autor nannte, in »Bad Deinach« (Teinach in Württemberg) begegnet sein, dessen »Sauerbrunnen« angeblich nicht nur gegen Gicht und Rheumatismus wirkte, sondern auch »für die Cur von Irren ... und anderen dieser Patientenschicht, wie Hypochonder und Melancholiker«, geeignet war, auf die Granville während seines Aufenthalts bei den Quellen stieß.[84] Demzufolge müssen die Kurärzte in Wiesbaden und Bad Teinach relativ erfahren im Umgang mit psychisch Kranken gewesen sein, auch wenn sie sich weder Irrenärzte nannten, noch eine andere der damals gängigen Bezeichnungen für Mediziner, die sich der Behandlung von seelischen Leiden widmeten, für sich in Anspruch nahmen. Es wäre auch sicher niemand, den man schlicht für verrückt hielt, ermuntert worden, sein Leiden in einem Heilbad zu lindern (aber versucht haben es viele, wodurch für die Bäderverwaltungen ein chronisches Problem entstand).

Aber nicht nur unter deutschen Nervenleidenden galt es als chic, sich in einem der eleganten Bäder behandeln zu lassen. Bereits im Juni 1693 wurde Lady Berisfords 19jährige Tochter aufgrund von Symptomen nach Bath gebracht, »die üblicherweise das Jungfrauenleiden begleiten«. Was heißen sollte, daß sie unter »großer Handgelenksschwäche und Gesichtsblässe« litt, die ein Dr. Peirce ihrem frühzeitigen Menstruationsbeginn im Alter von zwölf Jahren zuschrieb, sowie an Appetitlosigkeit, »Hirngespinsten und merkwürdigen Anfällen«. Peirce heilte sie mit einem siebenwöchigen Kuraufenthalt und äußerte sich überzeugt, daß ein Rückfall verhindert werden könne, indem man »sie einem guten Ehemann übergebe«.[85]

Wohlhabende Nervenleidende, die sich nicht in einen Kurort begaben, landeten zumeist in den Händen eines Gesellschaftsarztes. In London hieß das: bei Fellows des »Royal College of Physicians«, die sich seit den 1860er Jahren zunehmend in der Harley Street und nahegelegenen Adressen im West End niederließen. Bereits im 18. Jahrhundert hatte es einen Kreis von Ärzten gegeben, die sich, wie jeder wußte, um die Neurosen einer aristokratischen Gesellschaft kümmerten, in der das »Irrsein« keinen Platz hatte. Der vielleicht typischste unter ihnen war George Cheyne. In seinem 1733 veröffentlichten Buch über die *English malady* sowie in anderen Texten hatte er den Begriff »Nervenleiden« geprägt und erklärt, daß es sich dabei um eine Erkrankung der Nerven selbst handele. Der

1671 geborene Schotte Cheyne hatte in Edinburgh studiert und war um 1701 nach London übergesiedelt, um dort eine Praxis zu eröffnen. Wie sein Biograph berichtete, gewann er Patienten, indem er »die Gesellschaft der jüngeren Gentry und unkonventionellen Freigeister suchte, unter welchen er außerordentliche Beliebtheit erlangte«. Jahrelang ließ Cheyne es sich bei ausschweifenden Tavernenabenden wohl ergehen und gewann Vertraute aus seinen Kreisen als Patienten. Im Laufe der Zeit wurde er immer beleibter, kurzatmiger und gichtgeplagter. Als seine Gesundheit schließlich vollends ruiniert war, verordnete er sich Behandlungen in Bath. So begeistert war er von dieser neuen Lebensweise, daß er von nun an alle Winter dort verbrachte und nur noch während der Sommer in London praktizierte. Im hypochondrischen, von Kränklichkeit geprägten Klima der Oberschicht gelangte er schließlich zu der Erkenntnis, daß Nervenleiden nicht mit Irrsein gleichzusetzen, sondern eine rein körperliche Erkrankung der Nerven seien (»eine körperliche Verstimmung ... wie Blattern oder Fieber«[86]).

Und ach, welches Leid diese Nerven verursachten! »Von allen Schmerzen, die das menschliche Leben befallen und in erster Linie dem Körper entspringen, halte ich in diesem Tal der Tränen Nervenleiden in ihrer ausgeprägtesten und schwersten Form für die beklagenswertesten und allerschlimmsten.«[87] Nun durften sich seine Patienten in der Sicherheit wiegen, daß die wahre Natur ihrer Leiden organisch und somit der Kontrolle des Verstandes vollständig entzogen war. »Seine Reputation in der Öffentlichkeit war immens«, wird uns erklärt. »Er pflegte vertrauten Umgang mit den bedeutendsten Ärzten und herausragenden Persönlichkeiten seiner Zeit.«[88] Wenn man zwei Jahrhunderte weiterspult, mögen einem hier Namen wie Karl und William Menninger in den Vereinigten Staaten einfallen. Die Menninger-Brüder und Cheyne waren auf denselben Patiententypus spezialisiert, doch Cheyne brachte niemand mit Irrsinn in Verbindung, während die Menningers als Psychiater gefeiert wurden.

Viele Gesellschaftsärzte folgten dem Beispiel Cheynes. Charles Perry, der seinen medizinischen Abschluß in Oxford gemacht hatte, hinterließ uns mit seiner Widmung in den Tagebüchern seiner Weltreise – an seinen »Freund, den Earl of Sandwich« – einen klaren Hinweis auf seinen sozialen Umgang. 1755 schrieb er einen Artikel über die »hysterische Leidenschaft«. Eine Erkrankung des Geistes? Keineswegs, eher ein durch »Schwächen und Defekte in unseren Akkreten und Sekreten verursachtes Nervenleiden«. Perrys Ansicht nach standen »viele Tausende von Frauen (vermutlich könnte ich auch von vielen Millionen sprechen) Tag für Tag mehr oder weniger stark unter der Kuratel« dieses Leidens. Davon konnte er selbst Zeugnis ablegen. »Ich hatte im Verlauf einer langen Praxis und bei einem ziemlich großen Bekanntenkreis eine Unmenge von hysterischen Patientinnen unter meiner Obhut: In der Tat habe ich im Laufe weniger Jahre mannigfaltige, äußerst bemerkenswerte Fälle dieser Art betreut. Im allgemeinen habe ich sie mit ungewöhnlichem Erfolg behandelt.«[89] Und das war vermutlich nicht einmal übertrieben. Denn es gibt genügend Nachweise, daß diese Mediziner ihre Patientinnen mit Kuren und Placebo-Methoden in der Tat von der Last eines Nervenleidens befreien konnten.

Solche Nervenärzte der besseren Gesellschaft tauchten während des 18. Jahrhunderts in allen Ländern auf, ausgestattet mit einem Repertoire an Diagnosen wie Hysterie, Hypochondrie und Überspanntheit. 1763 hatte Pierre Pomme in Frankreich das »Hirngespinst« eingeführt, ein Leiden, das den Engländern zu dieser Zeit längst bekannt war. Pomme, der aus Arles nach Paris gezogen war und dort als Konsiliarius des Königs große gesellschaftliche Erfolge feierte, nahm sich offenbar einer unter Depressionen, »Erschöpfung, Unlust und einer Art Mattigkeit« leidenden *beau monde* an. »Betrübtheit, Melancholie und Entmutigung vergiften all ihre Vergnügungen.« Pomme war überzeugt, daß Hühnersuppe und kalte Bäder Wunder gegen solche Leiden wirkten.[90]

Nach Aussagen der Gesellschaftsärzte lagen zwischen Nervenleiden und Irrsinn Welten. Doch in Wirklichkeit kamen sie sich in ihrer Praxis ziemlich nahe. Denn auf »Nerven« spezialisierte Mediziner bekamen natürlich auch Patienten mit schweren psychischen Störungen zu Gesicht, weil deren Familien lieber an eine organische

Erkrankung glaubten, als das Stigma des Wahnsinns zu riskieren. Joseph Daquin, Konsiliarius in Chambéry (das damals zum italienischen Herzogtum Savoyen gehörte), pflegte aus diesem Grund sogar die massiven Probleme reicher Damen zur Folge von »Hirngespinsten« zu erklären. In seiner 1787 veröffentlichten *Medizinischen Topographie der Stadt Chambéry* schrieb er: »Nervenleiden sind in Chambéry an sich nicht oft anzutreffen, doch stellen wir heute ein höheres Ausmaß fest als früher; sie befallen nun sogar Bäuerinnen aus dem Umland der Stadt.« Diese von den Nerven verursachten »Hirngespinste«, deren Ursprünge er im Uterus lokalisierte, könnten »alle Funktionen des Gehirns durcheinanderbringen«.[91] Angesichts der Erkrankung von Frauen, die »ein angenehmes und seßhaftes Leben« führten, erscheinen einem Wahnvorstellungen, die in der Lage sind, Hirnfunktionen – und was nicht sonst noch alles – durcheinanderzubringen, nicht gerade als ein geringfügiges Leiden. Aber waren diese Frauen so »irre«, daß sie Kandidatinnen für einen Anstaltsaufenthalt gewesen wären? Offenbar nicht. Denn ihre Familien behielten sie im Haus.

Daquin war zugleich der medizinische Leiter des Hospizes – Hôtel-Dieu – von Chambéry, wo er die armen Irren behandelte. Mit Sicherheit hatten einige der Frauen dort dieselben Symptome wie seine Privatpatientinnen. Doch Daquin sorgte dafür, daß sich diese beiden Welten nicht begegneten. Nicht einmal die lange Inschrift auf der Titelseite seiner *Topographie* enthält einen Hinweis auf die Irrenabteilung des Hôtel-Dieu. Wann immer er seine Ideen der Öffentlichkeit präsentierte, hielt Daquin die »Nerven« säuberlich vom Irrsinn getrennt und ließ im übrigen nichts davon verlauten, daß er auch als Irrenarzt in einem Asyl tätig war.[92]

Die Irrenärzte des 18. Jahrhunderts beschäftigten sich nur mit einem winzigen Ausschnitt des breiten Spektrums jener Leiden, die heutzutage unter dem Begriff »Psychiatrie« zusammengefaßt werden. Der gesamte Rest wurde von Allgemeinmedizinern übernommen, die im öffentlichen Bewußtsein möglichst nicht mit Geisteskrankheiten in Verbindung gebracht werden wollten und als Kur- oder Gesellschaftsärzte firmierten. Und doch waren sie alle an der Geburt der Psychiatrie beteiligt.

Auf dem Weg zu einer biologischen Psychiatrie

Die Psychiatrie war von jeher in zwei Richtungen gespalten. Die eine hat einen neurowissenschaftlichen Ansatz, legt ihren Schwerpunkt auf die Chemie und Anatomie des Gehirns, befaßt sich mit der Medikation und sucht die Ursachen von psychischen Leiden in der Biologie des Gehirns. Die andere betont die psychosozialen Zusammenhänge im Leben eines Patienten und führt seine Symptome auf soziale Probleme oder unbewältigte Streß-Situationen zurück (dabei legen übrigens beide Versionen großen Wert auf Psychotherapie, weshalb es falsch wäre, diese als das Monopol nur einer von ihnen zu betrachten). Die neurowissenschaftliche Variante wird gewöhnlich als »biologische Psychiatrie« bezeichnet, die soziale und/oder Streßversion hingegen als »biopsychosoziales« Modell. Es mag zwar Psychiater geben, die sich von beiden Richtungen gleichermaßen angezogen fühlen, doch hinsichtlich der Behandlung einzelner Patienten sind sie einander diametral entgegengesetzt: Sie können nicht beide richtig sein. Entweder wird Depression durch ein biologisch erzeugtes, vielleicht auch durch Streß aktiviertes Ungleichgewicht der Neurotransmitter hervorgerufen, *oder* sie resultiert aus einem unbewußten psychodynamischen Prozeß. Daher ist es von größter Bedeutung, welche dieser beiden Vorstellungen in der Psychiatrie gerade die Oberhand hat.

Diese Spaltung der Disziplin gab es von Anfang an. Zu Beginn dominierte die biologische Version. Mit Ausnahme von Esquirol und seinen romantischen Theorien von den »Passionen« glaubten alle Irrenärzte der Gründergeneration, daß Geisteskrankheiten in den Hirnschichten entstünden und die Psychiatrie daher gewissermaßen auf Neurologie reduzierbar sei. (Beide Disziplinen galten als ein und dieselbe.) 1758 arbeitete William Battie ein kompliziertes Erklärungsmuster für die Entstehung von Geisteskrankheit aus, das auf den medizinischen Theorien von Hermann Boerhaave basierte, eines Klinikers aus Leyden, der die Pathologie der »festen Stoffe« derjenigen der »Körpersäfte« gegenübergestellt hatte. Batties Vorstellung nach führten muskuläre »Spasmen« zu einer »Laxheit« der

Blutgefäße im Gehirn, welche wiederum eine »Obstruktion« der Gefäße und in der Folge eine von wahnhaften Empfindungen begleitete »Kompression« der Nerven hervorrufe. Somit könne es buchstäblich zu einer »Nervenschwäche« kommen, die laut Battie unter anderem auch zu Ängsten führte.[93] Daß er über keinerlei empirische Beweise zur Untermauerung seiner Theorien verfügte, bereitete ihm nicht das geringste Kopfzerbrechen. »Irrsein, obzwar ein schreckliches und zur Zeit sehr häufiges Unheil, ist vermutlich ebenso unverstanden wie jedes andere Leid, das jemals die Menschheit befiel«, schrieb er und forderte angesichts der seiner Meinung nach völlig nutzlosen vorliegenden Texte zu diesem Thema weitere Forschungen. Bis neue Erkenntnisse vorlagen, wollte er die Laxheit der »Hirnfasern« schlicht mit angemessener »medizinischer Sorgfalt« behandeln.[94] (Vermutlich verwendete er dazu die typischen »Entkrampfungsmittel« seiner Zeit: Assafetida, einen Übelkeit hervorrufenden Pflanzenextrakt, und Moschus.)

Auch Chiarugi bezweifelte nicht, daß das Nervensystem die Basis aller Geisteskrankheiten sei: »Irrsein kann als chronisches und permanentes idiopathisches Leiden [unbekannter Herkunft] des wichtigsten Teils des Nervensystems, des Gehirns, bezeichnet werden.«[95] Er führte häufig Autopsien durch, und da so viele seiner Patienten an Infektionen gestorben waren (die sie sich meist erst in seinem Asyl geholt hatten), fand er natürlich auch oft Hirnläsionen vor.[96]

Benjamin Rush wiederum war überzeugt, daß »Irrsein ursächlich in den Blutgefäßen des Hirns« entstehe und Geisteskrankheit an sich nichts Besonderes sei. Vielmehr betrachtete er sie als »Teil des krankheitlichen Ganzen, insbesondere des Fiebers, dessen chronische Form ein Wahn ist, welcher jenen Teil des Hirns befällt, der Sitz des Geistes ist.«[97] Beiläufig erwähnte Pinel die Versuche des deutschen Arztes Johann Greding, bei der Autopsie von Geisteskranken Hirnschädigungen zu finden beziehungsweise, mit Pinels eigenen Worten, nach »strukturellen Läsionen oder Entwicklungsanomalien« zu suchen, »welche charakteristisch zu sein scheinen«. Doch zugleich kritisierte er, daß man sich nicht um Kontrollgruppen bemühe, denn er vermutete, daß viele vergleichbare Hirnschädigungen auch bei gesunden Menschen gefunden werden könnten.[98] Was Pinel und Rush über dieses Thema schrieben, blieb jedoch so skizzenhaft, daß keiner von beiden als Vorläufer der biologischen Psychiatrie eingestuft werden kann.

Bei Johann Reil liegen die Dinge schon anders. Er betrachtete Irrsinn derart dogmatisch als hirnbiologisches Phänomen, daß er in der Tat als erster medizinischer Autor gelten muß, der eine Vorahnung von der biologischen Psychiatrie vermittelte. Während Chiarugi kaum eine Vorstellung von Methodik oder der Art und Weise hatte, wie Veränderungen in der Struktur und Chemie des Gehirns zu Irrsinn führen können, steckte Reil voller Theorien, die allesamt auf der Idee von »Irritabilität« beruhten (und auf die Erkenntnisse des Schweizer Physiologen Albrecht von Haller sowie des schottischen Arztes John Brown aus der Mitte des 18. Jahrhunderts zurückgingen). Um Geisteskrankheiten zu heilen, so Reil, müsse man die Reizbarkeit der Hirnmasse reduzieren. »Indem die zu stark gereizten Hirnfasern zur Ruhe gebracht werden, werden die trägen erregt. Das Gleichgewicht in der Dynamik des Seelenorgans ist wiederhergestellt, und der beherrschende Wahn schwindet.«[99] Einmal abgesehen von der moralischen Therapie, verfügte Reil über ein ganzes Arsenal an körperlichen Behandlungsweisen zur Beeinflussung der von ihm vermuteten Veränderungen im Gehirn, beispielsweise indem er Wärme verordnete, den Körper des Patienten streichelte oder die rotglühenden Eisen und Senfpflaster aus der Trickkiste der »Gegenreizung« (Versuche, die Haut zu irritieren, um darunterliegende Reizungen »auszutreiben«) zur Anwendung brachte.[100]

Spätere Generationen sollten zu anderen Methoden greifen, etwa zur Phrenologie[101], die im späten 19. Jahrhundert ihrerseits anderen Hypothesen über die ursächlichen Korrelationen von Gehirn und Wahnsinn weichen mußte. Wichtig ist hier nur, daß diese frühen Vertreter der Psychiatrie intuitive Vorstellungen von den organischen Zusammenhängen der Erkrankungen ihrer Patienten hatten – das Leid war zu groß, die Wahnvorstellungen schienen zu bizarr, und der gesamte physische Habitus der Patienten war zu stark verändert, als daß das Gehirn keinerlei Anteil daran haben konnte.

Die Psychiater der Gründergeneration nahmen die spätere biologische Psychiatrie noch in einer anderen Hinsicht vorweg, nämlich mit der Betonung auf der Erblichkeit, ein Phänomen, über das die Ärzte schon immer »Bescheid wußten«, da schwere psychische Erkrankungen von jeher die Tendenz zeigen, in den Stammbäumen einzelner Familien gehäuft aufzutreten, was einem Arzt, der Kenntnis von der Familiengeschichte eines Patienten hatte, kaum verborgen bleiben konnte. Das wiederholte Vorkommen von Melancholie und Selbstmord in bestimmten Züricher Familien zwischen dem 17. und 18. Jahrhundert stach zum Beispiel derart ins Auge, daß Gelehrte dieser Stadt immer wieder darauf Bezug nahmen. So hieß es zum Beispiel, einer gewissen Familie Schmid habe die Schwermut »im Blut« gelegen. Der Begriff *malum hereditarium* (Erbleiden) war im Zürich des 18. Jahrhunderts sehr geläufig.[102] Tatsächlich aber ist eine Häufung solcher Fälle innerhalb einer Familie über Generationen hinweg noch kein Nachweis für den genetischen Einfluß, denn jede Familie überträgt von Generation zu Generation nicht nur Gene, sondern auch soziale Verhaltensmuster. Dennoch waren solche Beobachtungen natürlich Anlaß genug, über sie nachzudenken.

So stellte zum Beispiel auch William Battie Überlegungen über Erblichkeit als »originäre« oder primäre Ursache von Irrsein an. 1785 schrieb er, daß angesichts ganzer Familien, die offenbar seit Generationen dem Irrsinn verfallen seien, »noch mehr Grund zur Besorgnis vorliegt, daß dieses Leiden erblich und somit auch originär ist«.[103] Damit reihte sich Battie in eine lange Tradition britischen Denkens über die Erblichkeit von Irrsinn ein. Auch Haslam von der Bedlam-Anstalt schrieb 1809: »Wo ein Elternteil schwachsinnig ist, ist es mehr als wahrscheinlich, daß auch die Nachkommen betroffen sein werden.«[104] Als Beleg führte er Familienstammbäume auf, die eine auffällige Kontinuität von Irrsinn zeigten. Hier sein erstes Fallbeispiel: »R. G. Sein Großvater war verrückt, aber es gab keinen Schwachsinn in der Familie seiner Großmutter. Sein Vater war gelegentlich schwermütig und hatte einmal einen Tobsuchtsanfall. Die Familie seiner Mutter war bei gesundem Verstand. Der Bruder seines

Vaters starb in geistiger Umnachtung. R. G. hat einen Bruder und fünf Schwestern; sein Bruder wurde nach St. Luke's eingewiesen und befindet sich immer wieder im Zustand geistiger Verwirrung. Seine Schwestern waren allesamt verrückt; bei den drei jüngsten trat die Krankheit nach einer Entbindung zutage.«[105]

Auch andere Irrenärzte der Gründergeneration waren sich des Erbfaktors bewußt. Pinel und Esquirol beispielsweise widmeten Hirnschädigungen nur wenige Zeilen, ließen sich aber dafür seitenlang über die Erblichkeit aus. »Es ist kaum denkbar«, schrieb Pinel, »keine erbliche Übertragung von Irrsinn zu konzedieren, wenn man sich bewußtmacht, daß Mitglieder bestimmter Familien allerorts in mehreren aufeinanderfolgenden Generationen davon betroffen waren.«[106] Esquirols Ansicht nach lag bei 110 von den 482 schwermütigen Patienten in der Salpêtrière eine erbliche »Ursache« für das Leiden vor.[107] Auch von den 264 wohlhabenden Patienten in seiner Privatanstalt konnten seiner Meinung nach 150 ihre Probleme auf die Erbanlagen zurückführen. »Vererbung ist die am weitesten verbreitete aller Ursachen, die einen Menschen zum Irrsinn prädisponieren«, schlußfolgerte er.[108] Auch Reil sprach von der »Anlage« zum Irrsein,[109] wie auch Chiarugi den Irrsinn eines 26jährigen Mannes, dessen Eltern beide »idiotisch« waren, seiner »Erbanlage« zuschrieb.[110] Weder für diese Gründergeneration noch für ihre medizinischen Zeitgenossen gab es den geringsten Zweifel, daß Personen mit einer entsprechenden familiären Vorgeschichte größerer Gefahr ausgesetzt waren, selbst psychisch zu erkranken, als Mitglieder einer geistig gesunden Familie. Es gab also in der Tat bereits zur Geburtsstunde der Psychiatrie eine genetische Perspektive.

Die romantische Psychiatrie

Dieser neurowissenschaftlichen Perspektive mit ihrer Betonung der Hirnbiologie und Genetik steht die psychosoziale Variante gegenüber, die die Probleme des Patienten mit seiner persönlichen Geschichte und dem individuellen sozialen Umfeld zu erklären versucht. Diese Sichtweise gab es zu Beginn der Psychiatrie zwar noch nicht, aber sie sollte sich ziemlich schnell entwickeln. Mediziner, die die seelischen Nöte ihrer Patienten aus der Perspektive solcher Kategorien wie Moral und Leidenschaft betrachteten, wurden später »Romantiker« genannt (wohingegen sie zu ihrer Zeit als »Psychiker« bekannt waren).

Welchen Stellenwert man den Leidenschaften beimaß, war auch eine Generationenfrage. Mitglieder der Gründergeneration wie Battie interpretierten Irrsein in der Tradition von John Locke als »Wahrnehmungstrübung«, welcher unweigerlich eine »Ideenverwirrung« folgte.[111] Die nächste Generation der Romantiker hingegen glaubte an Leidenschaften, die unkontrollierbar aus der menschlichen Seele aufwallten. Die Spannungen in der Psychiatrie entwickelten sich also nicht zuletzt aus den grundlegenden Unterschieden zwischen der auf die Vernunft setzenden sozialen und intellektuellen Aufklärungsbewegung des 18. Jahrhunderts einerseits und der Romantik des späten 18. und frühen 19. Jahrhunderts andererseits, die das Gefühl in den Vordergrund stellte. So gelang es einer kleinen Gruppe von Fachautoren in Deutschland schließlich, die Diskussion von der Vernunft auf das Gemüt und die Leidenschaften zu verlagern. Sie gingen davon aus, daß Leidenschaften von sozialen Bedingungen (welche die Versuchung zur Sünde regulierten) und nicht von der Biologie bestimmt würden und daß eine strikte Einhaltung ethischer Normen erforderlich sei, um diese Leidenschaften zu zügeln.

Im Gegensatz zu ihren biologisch argumentierenden Kollegen hatten die romantischen Psychiater wenig Interesse an Erblichkeit oder Hirnpathologie. Sie zogen es vor, mit ihren Patienten lange Gespräche über deren subjektive Erfahrungen zu führen. Otto Braus, Psychiater an der Berliner Charité, erinnerte sich an den Kontrast zwischen dem älteren Psychiker Karl Wilhelm Ideler, damals Leiter der Psychiatrie in der Charité, und seinem spröden jungen Stellvertreter Karl Westphal, der stark biologisch orientiert war. Die Geschichte muß sich irgendwann Ende der 1850er Jahre zugetragen haben: Unmittelbar nach Braus' Eintritt in das Kollegium stellte er sich Westphal vor, der sofort klagte, daß sich der »gute alte

Professor Ideler« noch immer an die alten Zeiten klammere und auf Rezepte aus dem Arzneibuch der Seelenheilkunde baue, nur weil er Geistesstörungen als vom Körper unabhängige Gebrechen betrachte. Er versuche, so Westphal, den Patienten weiszumachen, daß sie Opfer ihrer Wahnvorstellungen seien, und erkläre ihnen sogar, woraus diese bestünden und woher sie kämen. Es würde Braus also gar nichts anderes übrigbleiben, als diese endlosen, langweiligen Gespräche mit ihm über sich ergehen zu lassen. Wenn er sich jedoch auf dem für ihn offenbar neuen Gebiet hervortun wolle, sei er, Westphal, gerne bereit, ihm seine Bücher zu überlassen. Überdies könne er ihm bei Autopsien und der Arbeit am Mikroskop zur Hand gehen, denn eine erfolgreiche Behandlung von Geisteskranken könne künftig nicht mehr allein im Ordinationszimmer stattfinden.[112]

Diese Vignette stammt aus einer Zeit, als sich die romantische Psychiatrie bereits ihrem Ende zuneigte und Westphals Stern als künftiger Ordinarius für Psychiatrie in Berlin aufging. Zu Beginn hatte die romantische Periode jedoch zwei wortgewaltige junge Anwälte gehabt. Der eine – der sich selber die Einstufung als romantischer Psychiater wohl verbeten hätte – war Esquirol: der erste Fachmann von Rang, der psychosoziale Fakten als Ursachen für psychische Krankheiten in Erwägung zog. Er war sozusagen eine Übergangsfigur, mit einem Fuß im biologischen Lager, loyal gegenüber Pinel, und mit dem anderen im psychosozialen Feld; jedenfalls zeigte er bereits Interesse an statistischen Analysen und den Auswirkungen von Alter, Geschlecht und Beruf auf psychische Krankheiten.[113] Allerdings vermied Esquirol den arg moralisierenden Ton, der für die deutschen Vertreter der romantischen Psychiatrie typisch war.

Die wichtigste Figur der romantischen Psychiatrie in Deutschland war der Leipziger Professor Johann Christian Heinroth, der Esquirol gut kannte und sich ihm offenbar seelenverwandt fühlte.[114] Heinroth, Jahrgang 1773, war im fundamentalistisch-protestantischen Pietismus des frühen 19. Jahrhunderts gefangen. In den 1790er Jahren hatte er in seiner Heimatstadt Leipzig und in Wien Medizin studiert, sich anschließend, motiviert durch einen Todesfall in seiner Familie, der Theologie zugewandt, dann aber 1805 doch zum Doktor der Medizin promoviert. Nachdem er gegen Napoleon in den Krieg gezogen war, trat er 1811 in Leipzig seine akademische Laufbahn an und erhielt 1827 als erster in Deutschland einen Lehrstuhl für »psychologische Therapie« an der Universität Leipzig.

Die psychosoziale Sichtweise entwickelte Heinroth aus seiner Fixierung auf Moral und Sünde. Die Leidenschaften des Menschen, behauptete er, trieben ihn dazu, sich für das Böse zu entscheiden, was zu einer Art »innerer Entsittlichung« führe. Sei dies erst einmal geschehen, könne durch äußere Einflüsse wie Schreck, Verdruß oder Enttäuschung leicht die Seele erkranken. In seinem 1823 veröffentlichten *Lehrbuch der Seelengesundheitskunde* beschrieb Heinroth eine ganze Skala von Faktoren, die das seelische Wohlergehen bestimmten, angefangen beim Essen und Trinken, über Schlaf und Leibesübungen bis hin zu schlechter Luft und der Vernachlässigung der körperlichen Reinlichkeit. Leidenschaften verhielten sich wie glühende Kohlen, die in den Quell des Lebens geworfen würden, sie seien Schlangen, die ihr Gift in die Blutbahn verspritzten, Aasgeier, die sich über die Eingeweide hermachten. Wer von Leidenschaft befallen sei, zerstöre augenblicklich jede Ordnung im ökonomischen System seines Lebens. Und welchen Schutz gab es seiner Meinung nach dagegen? Freiheit! Aber die irdische Welt werde uns niemals in die Freiheit entlassen. »Nur Gott macht uns frei.«[115] Das war wohl kaum, was man von einem psychiatrischen Lehrbuch erwartete.

Heinroths Werk war von einem frömmelnden Pietismus durchzogen, dem seine Zeitgenossen wenig abgewinnen konnten. Carl Carus, später Gerichtsmediziner in Dresden, der Heinroth während einer Herbstreise 1817 in Leipzig begegnet war, schrieb die Unfruchtbarkeit seiner Ideen schlicht der Unfruchtbarkeit seiner Ehe zu.[116] Vermutlich wäre Heinroth völlig in Vergessenheit geraten, hätten spätere Kritiker der Psychoanalyse nicht Freud mit den romantischen Psychiatern verglichen und ihn damit derart in Rage gebracht, daß das Interesse der psychoanalytischen Historiker an den Romantikern neu geweckt wurde.[117] Doch Heinroth gehörte in der Tat zu den ersten Deutschen, die Esquirols Lehren gefolgt waren und einen Zusammenhang zwischen individuellen Lebensumständen und psychischen Störungen herstellten. Heinroths entfernte Nachfahren aber, die wie er soziale Probleme für die Verwirrungen des Geistes verantwortlich machten, ohne dabei jedoch seinen moralisierenden Ton zu übernehmen, verdienten es wirklich nicht, als seine geistigen Erben geschmäht zu werden.

Natürlich gab es noch andere romantische Psychiater, doch diese waren derart unbedeutend, daß sie in einer Geschichte der Psychiatrie zu vernachlässigen sind. Wichtig erscheint mir hier vor allem die Feststellung, daß der neurowissenschaftliche Zweig bereits kurz nach der Geburt der Psychiatrie sein Gegenstück im psychosozialen Zweig gefunden hatte. Glücklicher- oder unglücklicherweise, je nachdem, war sein Einfluß allerdings so schwach, daß die biologische Psychiatrie die Disziplin während des gesamten 19. Jahrhunderts bis hin zur Zeit von Emil Kraepelin dominieren konnte.

2. KAPITEL

Die Ära der Irren-Heilanstalt

Die Entwicklung der Irren-Heilanstalt ist die Geschichte von guten Absichten mit schlechten Folgen. Daß die Träume der frühen Psychiater fehlschlugen, steht außer Frage: Bis zum Ersten Weltkrieg sollten sich die Heilstätten wieder zu Verwahranstalten für chronisch Geisteskranke und Hirngeschädigte zurückverwandeln. Ob dies allerdings in der Natur der Sache lag, ist umstritten. Manche glauben, daß diese Anstalten, von den im 19. Jahrhundert ständig steigenden Patientenzahlen hoffnungslos überfordert, zum Scheitern verurteilt gewesen seien. Andere meinen, es seien viel zu viele an sich gesunde Personen eingewiesen worden, nur weil sie als soziale Einzelgänger der Gesellschaft unbequem waren. Gekennzeichnet ist auch diese Debatte, wie die Psychiatrie selber, von einer tiefen Kluft zwischen dem neurowissenschaftlichen und dem sozialpsychiatrischen Denkansatz. Wo die neurowissenschaftliche Psychiatrie immer mehr pathologische Zustände entdeckt, sieht die sozialpsychiatrische ein gesellschaftliches Universum, das Abweichungen immer weniger toleriert.

Diese Auseinandersetzung ist eine der spannendsten in der Geschichte der Sozialmedizin. Daher möchte ich gleich zu Beginn meine eigene Position klarstellen: Ich stehe auf seiten derjenigen, die die steigende Zahl der Psychiatriepatienten sich wandelnden Vorstellungen von Geisteskrankheit zuschreiben. Allerdings glaube ich auch, daß eine sozialpsychiatrische Komponente hinzukommt, die sich aus der »Umverteilung« bereits psychisch erkrankter Personen aus ihren Familien in die Heilanstalten ergibt. »Bereits erkrankt«

muß hier ausdrücklich betont werden, weil manche behaupten, daß letztlich alle Personen, die von Verwandten oder Armenhäusern in eine Irrenanstalt eingewiesen wurden, gesellschaftliche Außenseiter oder Störenfriede und keineswegs krank gewesen seien.

Jedenfalls endet die Geschichte damit, daß die Irren-Heilanstalt scheiterte, was aber nicht bedeutet, daß auch die biologisch orientierte Diagnostik oder die biologischen Behandlungsmodelle der Psychiatrie fehlschlugen. Vielmehr wurden hier tragischerweise die besten therapeutischen Absichten vom Lauf der Dinge einfach überrollt. Den Standpunkt der Sozialkonstruktivisten, diese Absichten der Psychiater seien nur fauler Zauber gewesen und hätten als Vorwand gedient, um dem eigenen Berufsstand zu mehr Macht zu verhelfen, teile ich nicht. In Wirklichkeit ist die Geschichte der Irren-Heilanstalt ein Beispiel dafür, wie progressive humanitäre Bestrebungen immer wieder enttäuscht werden. Fast alle gutgemeinten Initiativen, die in den Anstalten unternommen wurden und ein so wichtiger Bestandteil des Erbes sind, das die Psychiatrie der Vergangenheit ihrer heutigen Nachfolgerin hinterlassen hat, waren angesichts der erdrückenden Patientenflut schlicht zum Scheitern verurteilt.

Bis etwa um das Jahr 1800 waren in den Irrenhäusern vergleichsweise wenig Menschen asyliert gewesen. Sogar in den berühmtesten Asylen wie dem Londoner Bedlam, dem Pariser Bicêtre oder dem Wiener Narrenturm war die Zahl der Betten auf ein paar Dutzend oder knapp über hundert beschränkt. Doch im Laufe des 19. Jahrhunderts explodierten diese Zahlen. 1904 befanden sich in amerikanischen Nervenkliniken insgesamt 150 000 Insassen, was beinahe zwei pro tausend Einwohnern entsprach;[1] in Frankreich gab es 1891 108 Asyle;[2] und allein zur Londoner Stadtregion gehörten wenige Jahre später bereits 16 Irrenhäuser, darunter auch solche Giganten wie das London County Asylum at Colney Hatch (»Nut Hatch«) mit seinen 2200 Betten oder das Hanwell Asylum (wo John Conolly 1840 die Abschaffung aller Zwangsmaßnahmen angeordnet hatte) mit 2600 Betten.[3] Im Index von Heinrich Laehrs 1891 veröffentlichtem Buch über die Irren-Heilanstalten des deutschsprachi-

Porträt einer Kranken am Tag ihrer Einlieferung in die älteste Irrenanstalt Europas in Valencia.

gen Europa sind nicht weniger als 202 öffentliche und 200 private Anstalten aufgeführt, ganz zu schweigen von den unzähligen Einrichtungen für Alkoholiker, Morphinisten, Epileptiker und geistig Behinderte.[4] Im Laufe eines einzigen Jahrhunderts war aus der eher die Ausnahme bildenden, aus der Not geborenen und auf die Städte beschränkten Asylierung von Geisteskranken die erste und üblichste Maßnahme geworden, auf die die Gesellschaft bei psychotischen Erkrankungen verfiel.

Nationale Traditionen

Als Schauplatz der angewandten Psychiatrie spielen diese Irren-Heilanstalten in der Geschichte der Disziplin eine zentrale Rolle. Sie wurden überall, in Ländern mit höchst unterschiedlichen Gesellschaftsstrukturen und Wirtschaftsstandards, ungefähr zur selben Zeit gegründet. Als die Psychiatrie Anfang des 19. Jahrhunderts in den

Vereinigten Staaten ihren Aufstieg begann, geschah das in einem ausgedehnten, dezentralisierten Land mit einer öffentlichen Dienstleistungskultur, die traditionell auf freiwilligen Initiativen beruhte. Erst nach dem Zweiten Weltkrieg sollte die psychiatrische Fürsorge nationalen Gesetzen unterstellt werden. Die Landkarte der ersten amerikanischen Irrenhäuser weist keinerlei logische Muster auf; die Verteilung war ganz und gar zufällig: hier das 1798 gegründete Spring Grove State Hospital in Catonsville, Maryland, dort das seit 1824 bestehende Eastern State Hospital von Lexington, Kentucky, hier das 1825 erbaute Manhattan State Hospital von New York City und immer so weiter.[5] Auch in Großbritannien war eher private Initiative ausschlaggebend als staatliche Regulierung. Trotz eines 1808 erlassenen Gesetzes, das die Counties zur Errichtung von Irrenhäusern ermächtigte, blieb ihre Führung bis zum Lunacy Act im Jahr 1890 eine rein lokale Angelegenheit.[6]

Auf dem europäischen Kontinent bestimmten andere Traditionen das Geschehen. In Frankreich, wo mit Gründung der allgemeinen Krankenhäuser im 17. Jahrhundert auch die Medizin verstaatlicht worden war, tauchten im 18. Jahrhundert die ersten Amts- und Bezirksärzte auf. Das gesamte Gesundheitswesen, die Psychiatrie eingeschlossen, wurde zentral von Paris aus geregelt. Auch die Errichtung der Asyle des 19. Jahrhunderts war einer Anordnung von oben (also nicht, wie in den Vereinigten Staaten, einer Entwicklung von unten) zu verdanken. In Deutschland, Österreich und der Schweiz reichten die Traditionen staatlicher Medizin ähnlich weit zurück. Der Gedanke, die Medizin einer zentralen Kontrolle zu unterstellen, war beispielsweise bereits im Konzept enthalten, das der badensische Arzt Johann Peter Frank in seinem zwischen 1779 und 1788 verfaßten vierbändigen Werk *System einer vollständigen medicinischen Policey* erläuterte. »Medicinische Policey« schloß eine Überwachung der Psychiatrie ausdrücklich ein. Frank war es auch, der sofort nach seiner Übernahme des Wiener Narrenturms 1795 einen Garten hatte anlegen lassen, damit sich die Patienten die Füße vertreten konnten.[7]

Der Verwaltungsapparat in Mitteleuropa war ähnlich wie in Frankreich vertikal strukturiert, von den zentralen Ämtern ausgehend bis hinunter zu den Anstaltsärzten in den ländlichen Gebieten. Der Unterschied zwischen Frankreich und Deutschland war der, daß Frankreich ein einheitlich zentralistischer Staat war und Deutschland vor 1871 eine Konföderation aus 39 verschiedenen Staaten mit jeweils eigenen Traditionen und Verwaltungszentren bildete. Einige davon spielten bei der Gründung von Irren-Heilanstalten eine Vorreiterrolle, andere hinkten weit hinterher. Preußen, der mit Abstand größte Staat, verhielt sich zum Beispiel ausgesprochen innovativ, während Bayern, obwohl es mit dem Münchner Institut über eine der berühmtesten medizinischen Fakultäten auf dem Kontinent verfügte, die Nachhut war. Eine Reihe von kleineren Staaten wie Baden, Württemberg und die verschiedenen sächsischen Länder hatten vorzügliche Universitäten von internationalem Ruf und spielen daher in der Geschichte der Psychiatrie eine bedeutendere Rolle, als es ihre Größe vermuten ließe.

Aufgrund dieser Verteilung der akademischen Kompetenz auf mehrere Universitäten, die alle von den dynastischen Ambitionen der jeweiligen Landesherren profitierten, wurde Deutschland im 19. Jahrhundert weltweit führend auf dem Gebiet der Psychiatrie. Der deutsche Staat verfügte über etwa zwanzig Universitäten und zwei medizinische Hochschulen, die miteinander im lebendigen Wettstreit um wissenschaftlichen Fortschritt, Ruhm und Ehre standen. Und in fast jedem deutschen Land erstreckte sich diese akademische Kompetenz auch auf die Verwaltung von Anstalten, einfach weil es die Innen- und Erziehungsministerien so verfügt hatten. Frankreich hingegen konnte nur mit einer einzigen Universität von Rang aufwarten, der Pariser Sorbonne. Denn obwohl einige Provinzstädte ihre eigenen Fakultäten hatten, konnten diese im Vergleich zu der in Paris konzentrierten Kompetenz kaum bestehen. Noch heute pflegen Pariser den Rest des Landes abfällig als »die Provinz« zu bezeichnen; und wer auf eine große wissenschaftliche Karriere hofft, muß – heute wie damals – in diese »Stadt des Lichts« übersiedeln.

Der deutsche Föderalismus führte dazu, daß die Anstalten in den verschiedenen Ländern miteinander konkurrierten. Alle waren begierig auf staatliche Anerkennung, und sei es nur die Auszeichnung mit so relativ bedeutungslosen Titeln wie dem des »Geheimrats« in Preußen (der dem österreichischen »Hofrat« entsprach). Um ihre Pflicht und Treue zu demonstrieren, versuchten die Anstaltsleiter so einfallsreich wie nur möglich zu sein und sich durch eigene Reformen von den anderen abzuheben. Das ist der Grund, weshalb die Geschichte der Reform eine deutsche und nicht etwa französische Handschrift trägt – denn in Frankreich konnte man sich in irgendeinem Provinznest schlechterdings keine Meriten erwerben.

Trotz dieser nationalen Unterschiede begannen die Irrenärzte im 19. Jahrhundert letztlich überall mit denselben hohen Erwartungen. So gut wie alle wollten die von den Gründungsvätern aufgestellten Prinzipien – geregelter Tagesablauf und »moralische Therapie« – in die Praxis umsetzen. So kann man unterscheiden zwischen einzelnen frühen Initiativen, die allesamt ins Nichts führten (wie etwa Chiarugis Bestrebungen im Florenz des späten 18. Jahrhunderts), und einer anhaltenden Welle von Gründungen immer weiterer Irren-Heilanstalten.

Im ersten Jahrzehnt des 19. Jahrhunderts ließ sich diese Entwicklung vor allem in Deutschland beobachten, wo Ministerialbeamte beschlossen hatten, den Ideen von Pinel und Reil eine Chance zu geben.[8] Vorreiter war hier das Königreich Sachsen, das die Grundsatzentscheidung getroffen hatte, künftig alle Irren von Kriminellen zu trennen. Die sächsische Regierung entsandte einen Allgemeinmediziner namens Christian August Hayner zur Ausbildung zu Pinel und ernannte ihn nach seiner Rückkehr 1806 zum leitenden Arzt des »Zuchthauses Waldheim«. Wie damals gang und gäbe, befanden sich dort heilbare und unheilbare Irre, Epileptiker, Körperbehinderte, Waisenkinder und Kriminelle aller Art in wirrem Durcheinander.[9] Hayner erschien es am allerwichtigsten, die heilbaren von den unheilbaren Fällen zu trennen. 1808 beauftragte ihn die sächsische Regierung, zu sondieren, ob die ehemalige Festung Sonnenstein zu diesem Zweck genutzt werden könnte. Zwei Jahre später legte Hayner seinen Vorschlag vor, Sonnenstein in ein »Clinicum physicum« für die Heilbaren und Waldheim in eine Pflegeanstalt für »meine unheilbaren Brüder und Schwestern« umzuwandeln.

Diese Maßnahme schien eine kluge Idee zu sein. Doch in Wirklichkeit war die Vorstellung, Heilerfolge durch die Trennung von akuten und chronischen Fällen zu erzielen, eine Illusion.[10] Denn bei den meisten Patienten bilden sich Krankheiten wie Depression, Wahn und in vielen Fällen sogar Schizophrenie ganz von selbst zurück (im Gegensatz zur Demenz, von der sich niemand erholt). Die meisten Psychotiker gehörten also zu den potentiell »Heilbaren« und wären früher oder später ohnehin genesen.

1811 wurde die staatliche Irren-Heilanstalt Sonnenstein eröffnet. Doch zu Hayners Verdruß wurde nicht er, sondern der 34jährige Irrenarzt Ernst Pienitz zum Direktor ernannt. Auch Pienitz war in Frankreich in die Lehre gegangen und hatte sich zur selben Zeit wie Hayner bei Pinel und Esquirol fortgebildet. Außerdem hatte er in Wien beim Direktor des Narrenturms, Johann Peter Frank, studiert und ihn bei seinen Visiten begleiten dürfen. Pienitz repräsentierte eindeutig jenen liberalen humanistischen Geist, von dem diese Medizinergeneration geprägt war.

Die Heilung der Geisteskrankheit war das oberste Gebot in Sonnenstein. Wie in vielen anderen Irren-Heilanstalten dieser Zeit standen den Patienten ein Billardzimmer zur Verfügung, Gartenanlagen, ein Musiksaal mit drei Flügeln für Konzerte, die jede zweite Woche stattfanden, und ein Lesesaal mit »ernsthaften« Büchern (»keine törichten französischen Romane«).[11] Pienitz hielt außerordentlich viel von Bädern und Wasserkuren und bemühte sich unermüdlich, vertrauenswürdige Pfleger zu finden, die seine Patienten nicht schlagen würden. Bei den Visiten ließ er sich von einem Chirurgen und einem Geistlichen begleiten und versuchte in einer Art Rundumschlag gegen die menschliche Unvernunft grundsätzlich alle Beschwerden zu heilen, die ihm zugetragen wurden.[12] Pienitz machte seine Sache gut. Sonnenstein wurde als »Sonnenaufgang« der neuen Psychiatrie gefeiert und Pienitz für sein Bemühen später mit dem Titel »Geheimer Medizinalrat« belohnt.[13]

Noch ein anderer Aspekt von Sonnenstein ist interessant: Zum neuen Geist, der um 1811 unter Direktor Pienitz durch die Anstaltskorridore wehte, gehörte auch, daß er begann, Patienten mit zu sich nach Hause zu nehmen. Bald darauf gründete er in der Nähe von Pirna ein Privatsanatorium für Gemütskranke mit ungefähr zwanzig Betten, das dritte seiner Art in Deutschland. In den kommenden Jahren sollten viele Reformpsychiater beiderseits des Atlantiks seinem Beispiel folgen und sozusagen als eigene klinische Versuchsstationen solche Privatetablissements gründen.

Mittlerweile hatte im preußischen Rheinland eine weitere bahnbrechende Irren-Heilanstalt ihre Tore geöffnet. Wie im Königreich Sachsen mischten sich auch in Preußen höhere Beamte in das Geschehen ein, da sie in der Psychiatrie Mittel sahen, ihre Gesundheitsreformpläne umzusetzen. Daher waren sie auch bereit, Praktiker wie Hayner und Pienitz zu unterstützen. Begonnen wurde mit dieser Praxisreform im Jahr 1805 in der Stadt Bayreuth (die bis 1807 zu Preußen gehörte), als die Behörden beschlossen, Johann Langermann bei der Reform des städtischen Irrenhauses zu helfen. Nach dem Ende der Napoleonischen Kriege begannen sie sich sofort Reformen größeren Ausmaßes zuzuwenden. 1817 sicherte sich der mächtige preußische Erziehungsminister Karl von Altenstein Langermanns Dienste,[14] um in ganz Preußen die Pinel-Reil-Reformen durchzusetzen. Als erstes wurde beschlossen, das ehemalige Kloster Siegburg, etwa zwei Stunden Kutschfahrt von Bonn entfernt, in eine Modellanstalt für heilbare Geisteskranke zu verwandeln. Als leitenden Arzt wählte der Minister einen Experten für die öffentliche Gesundheitspflege: Maximilian Jacobi.

Jacobi, Jahrgang 1784, hatte in der progressiven Atmosphäre Edinburghs Medizin studiert und sich mit der Reorganisation des bayerischen Sanitätswesens bereits einen Namen gemacht. Verdrossen von dieser Art des öffentlichen Dienstes beschloß er jedoch, sich der Psychiatrie zuzuwenden, und kam dabei in Kontakt mit Altenstein. Nachdem er 1820 eine Tour durch acht deutsche Irrenanstalten unternommen hatte, wurde er mit der Planung der Modellanstalt in Siegburg betraut. 1825 wurde sie eröffnet.[15]

Im Grunde war es die Siegburger Anstalt und nicht Sonnenstein, die zum Wegweiser der mitteleuropäischen Reform wurde. Denn im Gegensatz zu Pienitz oder Langermann pflegte Jacobi seine

Bäder und Wasserkuren fanden auch in der psychiatrischen Behandlung großen Anklang. Dargestellt ist ein Dauerbad in einer Münchner Klinik. Der Patient links im Bild liegt auf einem gespannten, am Boden befestigten Tuch, sein Kopf wird von einem Luftkissen gestützt.

Erkenntnisse zu veröffentlichen und setzte zu Heilzwecken mehr als nur Bäder und gute Absichten ein. Beinahe buchstabengetreu hielt er sich an die Rezepte der Gründergeneration, überzeugt von der restaurativen Wirkung eines geregelten Tagesablaufs und dem Einfluß, den der Arzt als Vorbild an Anstand und Tugend ausüben konnte. Sein 1834 veröffentlichtes Werk über die Organisation von Irren-Heilanstalten wurde in zahlreiche Sprachen übersetzt und motivierte Ärzte aller Länder, nach Siegburg zu reisen, um den dortigen Betrieb zu beobachten. Nach Jacobis Verständnis war eine Irren-Heilanstalt ein Krankenhaus, das ausschließlich zur Linderung jener organischen Beschwerden diente, die mit geistigen Schäden einhergingen. Wie jedes Krankenhaus müsse, so meinte er, auch eine solche Anstalt über Vorrichtungen und Methoden jenseits von Arzneien verfügen, etwa über die Möglichkeit, Wasser- und Gleichstrombehandlungen durchzuführen und anderes, was in der psychiatrischen Heilkunde ebenso relevant sei wie in der somatischen, wozu natürlich auch eine entsprechende Ernährung, gutes Klima, angenehme Raumtemperaturen und körperliche Betätigungen zählten.[16]

Wie ging Jacobi konkret mit seinen Patienten um? Hier die Geschichte von Heinrich N., einem Bauern »von mächtiger Gestalt«, der seit seinem neununddreißigsten Lebensjahr unter psychotischen Anfällen litt. Sie dauerten jeweils mehrere Wochen, bis er schließlich wieder »zu Sinnen« kam und irgendwann der nächste Schub einsetzte. Jacobi behandelte ihn mit den damaligen medizinischen Standardtherapien: Aderlaß, Einlauf und so fort. Aber er wendete auch viel Zeit für nichtmedizinische Maßnahmen auf. So kümmerte er sich zum Beispiel um eine bestimmte Diät für den Patienten, versuchte in Gesprächen sein Vertrauen zu gewinnen, stellte durch ständige Pulsabnahme körperlichen Kontakt her und verhandelte mit ihm. Wenn Heinrich sich bei einem neuerlichen Anfall mit seinen Exkrementen beschmierte, drohte ihm Jacobi mit Zwangsjacke und Isolation, was den Patienten so erschreckte, daß er schließlich beteuerte, sich künftig friedlich und ordentlich verhalten zu wollen. Jacobi lenkte ein, und Heinrich hielt Wort. Bereits wenige Tage darauf befand er sich auf dem Wege der Besserung. Später stellte Jacobi im Gespräch mit ihm fest, daß er unter einer massiven Angstpsychose litt. Heinrich erzählte ihm, daß er während seiner Anfälle auf einem Strohlager im Heuschober angekettet worden sei, über dem eine niedrig angebrachte Laterne gehangen habe. Er sei von der Vorstellung besessen gewesen, ein Funke könne das Stroh entzünden; seither habe er panische Angst, bei lebendigem Leibe zu verbrennen.[17] Obwohl auch unter Jacobis Leitung so manches an das traditionelle Irrenhaus mit seinen Zwangsmaßnahmen und den Versuchen erinnerte, die Körpersäfte und vermeintlich krankheitserregende »Irritationen« wieder ins Gleichgewicht zu bringen, war seine therapeutische Ausnutzung des Arzt-Patienten-Verhältnisses doch insofern eindeutig reformistisch, als er mit Überzeugungskraft und der Verordnung eines geregelten Tagesablaufs zur Genesung der Patienten beizutragen hoffte.

Jedenfalls erlebte Siegburg unter Jacobi sein Goldenes Zeitalter. (Drei Jahre vor seinem Tod im Jahre 1858 war er zum Geheimen Medizinalrat ernannt worden.) Der Psychiater Karl Pelman, der nach seiner Assistenzzeit in Siegburg die ärztliche Leitung einer anderen Anstalt übernahm, erinnerte sich später an diese glücklichen Tage der deutschen Psychiatriegeschichte: Man müsse es ihm nachsehen, wenn seine Gedanken immer wieder in die alten und in mancher Hinsicht besseren Tage zurückschweiften. Denn nun, als Leiter einer Anstalt, müsse er Stunden am Schreibtisch verbringen und Fragebögen beantworten, deren Sinn und Zweck sich ihm nie ganz erschließen würden. In Siegburg seien noch keine forensischen Gutachten gefordert worden. Damals habe man sich ganz den Patienten widmen können, und es habe eine beinahe familiäre Atmosphäre geherrscht. Jeder habe am Wohl und Wehe des einzelnen Anteil genommen. Wenn es im Leben eines Arztes einmal einen Trauerfall gegeben habe, hätten sich sogar die Patienten auf der geschlossenen Station irgendwie verpflichtet gefühlt, ruhig zu sein und weniger Lärm zu machen.[18] Dieser Geist war es, der die Reform des »Irrenwesens« in Deutschland auf den Weg brachte.

In Frankreich kam die Reform kaum über Esquirols Pariser Anstalt hinaus. Die Asyle in der französischen Provinz blieben desolate Verwahranstalten, die sich kaum von Gefängnissen unterschieden. Es gab nicht die geringste Bereitschaft zu Innovationen oder vorsichtigen Experimenten.[19] Im dezentralisierten Deutschland, wo alles »Provinz« war, hatten regionale Innovationszentren wie Siegburg und Sonnenstein entstehen können, Perlen in den Kronen der kleinen Landesherrscher. Im zentralistischen Frankreich hingegen, wo eine einzige Stadt inmitten einer provinziellen Wüste erstrahlte, machten sich weder Esquirol noch die Beamten des Innenministeriums viele Gedanken um das, was dort draußen geschah. Der Historiker Jan Goldstein schrieb: »Esquirol nahm als gegeben hin, daß sich das gesamte Wissen Frankreichs über die Behandlung von Irren auf Paris konzentrierte und somit jede Erkenntnis über neue Behandlungsmöglichkeiten aus dem Pariser Zentrum in die unaufgeklärte Peripherie exportiert werden mußte.«[20]

Unter diesen Bedingungen konnte Esquirol den Gang der Dinge entscheidend beeinflussen. Nachdem er 1825 Chefarzt der Irrenanstalt von Charenton geworden war, die sowohl vom Staat eingewiesene als auch private, finanziell von ihren Familien unterstützte Patienten aufnahm, gelang es ihm bald, dieser Anstalt einen internationalen Ruf zu verschaffen. Er ließ eine neue, saubere Frauenabteilung errichten, von der er sich positive Auswirkungen auf die Genesung versprach. Den Privatpatienten stellte er einen Salon zur Verfügung, »wo sie sich den verschiedensten Gesellschaftsspielen hingeben können, der Musik und dem Tanz miteinander oder mit Angehörigen des Personals«. Sie hatten Billardtische und einen großen Garten, in dem sie nach Lust und Laune flanieren konnten. Männer bekamen tageweise Ausgangserlaubnis. (»Frauen gehen niemals alleine aus.«) Aber auch den nichtzahlenden Patienten stand eine eigene Gartenanlage zur Verfügung, und auch sie wurden beschäftigt, die Frauen mit Nähen, die Männer mit Leibesübungen. »Derart organisiert, bietet Charenton sehr zuträgliche Bedingungen für die Behandlung von Irren«, schrieb Esquirol. Und was genau machte den therapeutischen Effekt aus? »Die angenehme Örtlichkeit, die Verläßlichkeit und fortschrittliche Einstellung [*douceur*] der Verwaltung, die Hingabe der Ärzte, die umfassenden Pflegeeinrichtungen, die allgemeine Atmosphäre dieses Ortes …«, all dies habe dazu beigetragen, Gemütskrankheiten in Charenton behandelbar zu machen.[21]

Doch in dieser Weise »behandelbar« wurde Geisteskrankheit in Frankreich ausschließlich in Charenton. Was Esquirol mit *douceur* bezeichnete, breitete sich von dort nicht wellenförmig über das Land aus. Bürokratische Trägheit und politischer Widerstand blockierten alle Versuche Esquirols, seine Reformen in die 86 Départements zu exportieren. Obwohl er mehrere seiner Studenten in Irrenhäuser der Provinz schickte – beispielsweise Achille-Louis Foville ins Asyl von Saint-Yon nach Rouen (in der später die verhängnisvolle Degenerationslehre ausgebrütet wurde) –, blieb das provinzielle Frankreich weit hinter dem provinziellen Deutschland zurück.

Die Anstalt von Charenton, einem Vorort von Paris. Unter Esquirol wurde sie erweitert und international bekannt.

1838 erließ die französische Bürokratie schließlich ein nationales Gesetz für die Verwaltung der Anstalten von Paris und in den Départements, das jedoch im wesentlichen nur die Einweisungsumstände regulierte (so hob es zum Beispiel die Notwendigkeit einer gerichtlichen Verfügung auf) und auf die Entwicklung eines Netzwerks von Anstalten im ganzen Land abzielte. Eine »moralische Therapie« stand jedenfalls nicht im Zentrum dieser Reform, der im übrigen selbst das Parlament wenig Aufmerksamkeit schenkte.[22] Noch ein halbes Jahrhundert später verfügte fast kein Distrikt über eine öffentliche Anstalt, was bedeutete, daß Patienten in heruntergekommenen privaten Irrenhäusern landeten, die die reinsten Abstellkammern waren.[23] Alles in allem gewährleistete der mit dem Gesetz aus dem Jahr 1838 geschaffene Versorgungsapparat das absolute Minimum an staatlicher Fürsorge. Als die Patientenflut schließlich die Anstalten in der gesamten westlichen Welt zu überschwemmen drohte, konnte das die Situation in Frankreich kaum noch verschlimmern.

Großbritannien ähnelte mit seiner fehlenden Zentralisation eher Deutschland. Seit seinen Anfängen war der britische Staat äußerst sorglos mit der medizinischen Versorgung und Forschung umgegangen, ja, er beschränkte seine Macht überhaupt darauf, Steuern einzutreiben und mehr schlecht als recht für Sicherheit auf den Straßen zu sorgen. Für dieses mangelnde Engagement auf dem Gebiet der Medizin sollte England später in der Laborforschung einen hohen Preis zahlen. (In Deutschland war die Macht des Staates zwar auch fragmentiert, aber zumindest verfügte jeder Kleinstaat über uralte eigene Herrschaftsreflexe.) Doch die entscheidende Frage bei der Umsetzung von neuen Ideen im Bereich der Medizin und Psychiatrie war, ob das Zentrum die Peripherie unterdrückte oder nicht. In Frankreich war das der Fall; in England und Deutschland nicht. Die schnell wuchernden Verwaltungs- und Industriestädte Englands und Deutschlands ließen mehr Entwicklung zu als die verknöcherte Verwaltungsbürokratie des französischen Staates, für die eine »moralische Therapie« mit all den Freiheiten, die sie den Patienten versprach, ein rotes Tuch war.

Bei englischen Psychiatern dagegen fielen das Konzept der *moral therapy* und die Vorstellung, daß ein geregelter Tagesablauf von therapeutischem Nutzen sei, im ersten Drittel des 19. Jahrhunderts auf fruchtbaren Boden. John Ferriar, ein Allgemeinmediziner, der sich auch um das Irrenhaus in Manchester kümmerte, schrieb 1810 in seinen *Medical Histories*: »Heute wird im allgemeinen eine Haltung der Milde und Konzilianz eingenommen, die zwar nicht immer die Heilung fördert, aber wenigstens das Schicksal des Leidenden mildern kann.«[24] William Tukes *moral treatment* wurde in England zum geflügelten Wort. 1813 veröffentlichte sein Enkel Samuel seine vielgelesenen Memoiren, in denen er die Details dieser Therapie beschrieb: »Den Wunsch nach Achtung hält man im Heim für eine stärkere Kraft [als die Angst vor Bestrafung]. Wie positiv sich dieses Prinzip auswirkt ... ist am Verhalten der Irren selbst zu erkennen.« Die Erfahrung, daß man die eigenen »krankhaften Eigenschaften« überwinden könne, führe zur »Stärkung des Geistes«; »sie fördert die Gewohnheit einer heilsamen Selbstbeschränkung; diese Zielsetzung ist aller Erfahrung nach äußerst wichtig, um Irrsein mit moralischen Mitteln heilen zu können.«[25] Das sind klassische Zeilen aus der

Psychiatriegeschichte, auch wenn sie von einem Laien verfaßt wurden. Die guten Nachrichten aus dem Yorker Heim verbreiteten sich nicht nur im ganzen Vereinigten Königreich, sondern auch auf dem Kontinent und zeigten allen, was möglich war.

Aber es kamen auch Reformimpulse vom Kontinent nach Großbritannien: der Irrenhausbesitzer George Man Burrows beispielsweise scheint seine liberale Psychiatrie vom europäischen Festland übernommen zu haben. 1816 hatte sich Burrows aus der Allgemeinmedizin zurückgezogen, in der er zu einem prominenten Wortführer geworden war, und ein kleines Privatasyl in Chelsea eröffnet. Nachdem er im Jahr darauf den Pariser Irrenärzten einen Besuch abgestattet hatte, gründete er 1823 eine größere private Irren-Heilanstalt in Clapham, die er *The Retreat* nannte. Burrows gehörte zu den ersten, die anstelle des gängigen Begriffs »Irrenhaus« einen Namen wählten, der auf die heilende Aufgabe der Anstalt verwies. In einem 1828 veröffentlichten Lehrbuch über Geisteskrankheit legte er die Grundregeln der »gütigen« Anstaltsführung dar, wie sie auf dem Kontinent bereits weitgehend praktiziert wurden. »Wenn unsere Zeitgenossen einen Anspruch auf Überlegenheit bei der Heilung von Irrsein geltend machen können«, erklärte er, »dann gewiß nur, weil sie zu jenen Mitteln greifen, die man moralisch nennt.« Zu den Richtlinien, die Burrows aufstellte – etwa daß man nicht versuchen dürfe, Patienten im akuten Zustand ihre Symptome auszureden –, zählte er auch den therapeutischen Nutzen der »tröstenden Stimme der Freundschaft«, um den Schmerz, der häufig durch Erinnerung hervorgerufen wird, zu mildern.[26] Die tröstende Stimme der Freundschaft – welch angemessene Methode für Ärzte der oberen Mittelschicht bei der Behandlung von sozial gleichgestellten Patienten. Tatsächlich waren diese Methoden ausgesprochen effektiv. Sein Lehrbuch war »die bei weitem vollständigste und praxisnächste Abhandlung über Irrsein, die bis dahin in diesem Land erschienen war«[27].

Der englischer Psychiater aber, der diese neue Denkweise am nachdrücklichsten vertrat, ist heute nahezu vergessen, da spätere Medizinhistoriker in ihm nur den Phrenologen sahen – einen Anhänger jener in der Tat unerfreulichen Lehre, daß Geisteskrankheit anhand der Schädelform diagnostiziert werden könne. Er hieß William Charles Ellis, war der Gründer und Leiter zweier Anstalten – des Wakefield im Westen Yorkshires (1818 eröffnet) und des Middlesex County Lunatic Asylum in London (das von 1831 bis 1838 bestand) – und sollte sich von allen am entschiedensten für die Einführung der neuen kontinentalen Methoden in England einsetzen. Die Heilanstalt betrachtete er ganz im Sinne Esquirols und Jacobis als große Familie und die Anstaltstherapie als angewandte Nächstenliebe. 1838 schrieb er: »Die moralische Behandlung ist der bei weitem schwierigste Teil der Angelegenheit. Ihre wichtigste Komponente ist konstante, unermüdliche Freundlichkeit, denn selbst unter den Irren gibt es nur wenige, die, so noch ein winziger Teil des Verstandes übrig ist, nicht mit liebevoller Fürsorge gewonnen werden können.« Und es funktionierte offenbar: »In vielen Fällen wird man das Vergnügen haben, Zeuge einer sukzessiven Rückkehr zu Vernunft und Glück zu sein.«[28]

Nach dem Vorbild Edward Parker Charlesworths, der 1821 im Asyl von Lincoln das *Non-Restraint*-System eingeführt hatte, schaffte auch Ellis in der Londoner Irrenanstalt Hanwell alle Zwangsmaßnahmen ab. Und wie Horn in der Charité füllten er und seine Frau den Tag der Patienten mit handwerklicher Beschäftigung und anderen Aktivitäten aus. 1837 leisteten zwei Drittel der 612 Patienten von Hanwell irgendeine nützliche Arbeit.[29] Sogar seine exzentrische Phrenologie war von den Prinzipien der »moralischen Therapie« geprägt, denn wenn er seinen Patienten über den Kopf streichelte und sich dabei mit ihnen unterhielt, beruhigte und tröstete er sie damit auf eine Weise, wie es der zuvor praktizierten Medizin mit Einlauf und Aderlaß wohl kaum gelungen war.[30]

Was das Londoner Hanwell als Zentrum der *moral therapy* für England war, wurde für den schottischen Teil der Insel Dumfries. Auf der Suche nach Möglichkeiten, das Erbe ihres verstorbenen Mannes der Behandlung von Irren zugute kommen zu lassen, stieß Elizabeth Crichton aus Dumfries auf W. A. Francis Brownes 1837 veröffentlichtes Buch *What Asylums Were, Are and Ought to*

Be.[31] Browne arbeitete zu dieser Zeit im nahegelegenen Asyl von Montrose in Schottland. Er hatte bei Esquirol in Charenton studiert und sich in den 1830er Jahren, während er Montrose leitete, als einer der ersten für die Abschaffung von Zwangsmaßnahmen eingesetzt.[32] Browne war erfüllt von der Idee, daß die Anstalt eine therapeutische Verpflichtung habe. »Das ganze Geheimnis des neuen Systems«, schrieb er 1837, »und jener moralischen Behandlung, mit der man die Zahl von Genesungen verdoppeln kann, ist mit zwei Worten zusammenzufassen: Güte und Beschäftigung.«[33] Das war genau das, was Mrs. Crichton anstrebte. Sie besuchte Browne in Montrose und beschloß, 100 000 Pfund zu stiften, um eine 120-Betten-Anstalt zu errichten, die Crichton Royal Institution, die auf diesen Prinzipien aufbauen und Patienten aller Schichten aufnehmen sollte.[34] 1839 wurde sie mit Browne als ihrem ersten medizinischen Direktor in Dumfries eröffnet.

Damit hatte spätestens 1839 der neue Ansatz in der Behandlung von Geisteskranken auch in Großbritannien Fuß gefaßt. Wie auf dem Kontinent ging man fortan ganz selbstverständlich davon aus, daß eine Anstalt heilende Aufgaben habe und klinische Psychiater sich sämtlicher Methoden bedienen mußten, die das Arzt-Patienten-Verhältnis und der geregelte Tagesablauf ihnen erschlossen hatte, um Krankheiten zu lindern, die von Hirnstörungen verursacht wurden.

Nordamerika, weit entfernt auf der anderen Seite des Atlantiks, wurde von der Reformwelle als letztes erfaßt. Wie in Europa ging auch hier die Initiative von erfahrenen Irrenärzten aus, die von ebenso großen Visionen motiviert waren wie Jacobi oder Ellis. 1811 war den Quäkern in Philadelphia bewußt geworden, daß die Irrenabteilung des Pennsylvania Hospital, für deren Gründung sie 1752 so viel Geld zur Verfügung gestellt hatten, allmählich aus allen Nähten platzte. Daher beschlossen sie, auf einem Stück Land, das sie im nahen Frankford erwarben, eine eigene Anstalt zu errichten, die im Mai 1817 ihre Pforten öffnete. Ihr Vorbild war das Yorker Retreat. In einem späteren Jahresbericht des Heims in Frankford hieß es stolz: »Dieses Asyl war das erste seiner Art diesseits des Atlantiks, das Patienten nicht mehr an die Kette legte.« Die Regel in Frankford lautete wie in allen Anstalten Großbritanniens und auf dem europäischen Kontinent, die in diesem Geiste geführt wurden: »Komme, was wolle, das Gesetz der Güte muß obsiegen.«[35] Im Gegensatz zum Yorker Retreat verfügte die Anstalt von Frankford mit Charles Lukens von Anbeginn auch über einen eigenen Arzt.

Nun folgte eine ganze Reihe von Neugründungen. Beeindruckt von dem Beispiel Frankfords, beschlossen die Ärzte Eli Todd und Samuel Woodward, die State Medical Society von Connecticut dazu zu bewegen, ein entsprechendes Heim in Hartford zu errichten. Nachdem sich viele Bürger für diese nach typisch angelsächsischer Art durch Privatspenden finanzierte Institution engagiert hatten, konnte das Hartford Retreat – dem Charakter nach halb öffentlich, halb privat, doch stand es allen Armen offen – 1824 mit der Patientenaufnahme beginnen. Todd, der in Yale Geisteswissenschaften studiert und wie die meisten Ärzte seiner Zeit sein medizinisches Grundwissen als Praktikant erworben hatte, war bereits an der Gründung maßgeblich beteiligt gewesen und wurde daher zum Direktor ernannt. Woodward, ebenfalls Yale-Absolvent und bei seinem Vater, einem Arzt, in die Lehre gegangen, stand dem Retreat und einer Strafanstalt im nahegelegenen Wethersfield als Arzt zur Verfügung. Aber es war zweifellos Todds Philosophie, die sich in Hartford durchsetzte: »Ich erklärte das Gesetz der Güte zum herrschenden Prinzip der moralischen Disziplin im Retreat und forderte, daß den Insassen der Anstalt von jedem Mitarbeiter bedingungslose Freundlichkeit und Achtung entgegengebracht werde.«[36] Später wurde das Hartford Retreat vollständig privatisiert und mehrfach umbenannt. Es existiert noch heute als exklusive Nervenklinik unter dem Namen »Institute for Living«.

Beinahe gleichzeitig wurde auch in Massachusetts eine neue Anstalt errichtet. 1810 hatten die Handelskönige von Boston beschlossen, ein privat finanziertes allgemeines Krankenhaus zu errichten. Doch da sich der Bau immer mehr in die Länge zog, nahm die ursprünglich nur als Teil des Krankenhauses geplante Irrenabteilung 1818, noch vor Eröffnung des eigentlichen Krankenhauses, als separate Anstalt ihren Dienst auf (das Massachusetts General Hospital öffnete 1821 seine Pforten). Von 1826 an hieß die Anstalt McLean Asylum, nach dem Bostoner Geschäftsmann John McLean, der ihr sehr viel Geld hinterlassen hatte. Ihr erster Direktor war Rufus Wyman, ein Harvard-Absolvent, der seine medizinischen Lehrjahre in Boston verbracht hatte, die Werke von Pinel und Tuke kannte und zu einem vehementen Verfechter der Methoden des *moral management* geworden war. In seinem 1822 veröffentlichten ersten Bericht schrieb er: »Unterhaltungsangebote wie Dame, Schach, Backgammon, Kegeln, Schaukeln, Holz sägen, Gärtnern ... lenken die Aufmerksamkeit von unangenehmen Gedanken ab und ermöglichen körperliche wie geistige Ertüchtigung.« Um den Patienten auch Aktivitäten außer Haus zu erlauben, erstand Wyman 1828 eine Kutsche und ein paar Pferde. Später erklärte er stolz, daß »Ketten oder Zwangsjacken in dieser Anstalt niemals benutzt« worden seien und kein Wärter je Hand an einen Patienten habe legen dürfen. (In Wirklichkeit waren zumindest die ersten Patienten im McLean Asylum durchaus Zwangsmaßnahmen ausgesetzt gewesen.)[37] Wie das Hartford Retreat wurde auch das McLean Asylum privatisiert, sobald öffentliche Betten für Psychiatriepatienten in Massachusetts zur Verfügung standen.

Etwa zur selben Zeit begann überall in den USA die Verantwortung vom Privatsektor an die Öffentlichkeit überzugehen. Das erste staatliche Asyl war 1773 in Williamsburg gegründet worden; die erste staatliche Anstalt nach neuem Muster wurde sechzig Jahre später, im Januar 1833, in Worcester, Massachusetts, eröffnet, nachdem sie der Regierung 1830 vom Reformpädagogen Horace Mann abgerungen worden war. Ihr Direktor wurde Samuel Woodward, der dafür seinen Dienst im Hartford Retreat quittiert hatte. (Nur in den Vereinigten Staaten flossen auf solche Weise Erfahrungen aus dem privaten in den staatlichen Sektor ein.) Woodward war allerdings nicht gerade ein Vorbild an therapeutischer *douceur*. Beispielsweise pflegte er die Haut von Patienten mit ätzenden Lösungen zu verbrennen, um schlechte Körpersäfte auszutreiben, und sperrte sie in Gummizellen, wenn sie aufsässig waren. Trotz alledem brachte er

Ruhe und Ordnung in das Leben der »tobsüchtigen Irren« von Worcester. »Von den vierzig Personen, die sich einst sogar in den unbarmherzigsten Jahreszeiten ihrer Kleidung zu entledigen pflegten«, hieß es im Bericht der Kuratoren von 1833, »tun dies heute nur noch acht. Auf den Korridoren herrscht weit weniger Aufruhr, dafür mehr Friedfertigkeit, mehr Artigkeit und mehr Freundlichkeit zueinander. Das Jammern der Verzweifelten und das Toben der Wahnsinnigen sind verbannt.«[38]

Wenig später hatten viele staatliche Institutionen in den USA das Jammern der Verzweifelten verbannt. In den 1840er Jahren gab es eine Menge neuer Anstalten, die therapeutische und nicht mehr nur verwahrende Ziele verfolgten, angefangen beim Utica State Hospital (wo Amariah Brigham wirkte, 1848 Mitbegründer jener Organisation, aus der die American Psychiatric Association hervorgehen sollte) bis hin zu einer Anstalt in Milledgeville, Georgia, die zu Beginn die besten therapeutischen Absichten hatte (ihr Direktor pflegte neuen Patienten bei ihrer Einweisung persönlich die Handfesseln abzunehmen), später jedoch zu einer Hölle mit 8000 Betten verkam.[39]

In den 1840er Jahren schossen Irren-Heilanstalten also beiderseits des Atlantiks wie Pilze aus dem Boden. In Europa wie in den Vereinigten Staaten schien für junge Psychiater der Sieg zum Greifen nahe: Sie wähnten sich im Begriff, in ihren Reforminstitutionen die Krankheiten des Geistes zu besiegen.

Die Überfüllung der Anstalten

Es waren jedoch die Reformer, die besiegt wurden – nicht, weil ihre Konzepte falsch gewesen wären, sondern weil sie der völligen Überfüllung ihrer Anstalten nichts entgegenzusetzen hatten. Eine Heilanstalt trägt den Keim des Erfolges im Prinzip bereits in sich, denn die Not psychisch kranker Menschen kann tatsächlich gelindert werden, wenn man ihnen Schutz an einem Ort gewährt, an dem sie sich sicher fühlen, ihnen hilft, ihren Alltag zu organisieren, oder ihnen die notwendigen Medikamente verabreicht. Genau das beabsichtigten die frühen Irren-Heilanstalten. Damit sie jedoch mehr für ihre Patienten tun konnten, als sie zu verwahren, brauchten die Ärzte genügend Zeit für sie, die ihnen bald schon fehlte, weil die neuen Heilanstalten vom Ansturm der Patienten schier überwältigt wurden. Um die Jahrhundertwende schließlich waren alle Versuche, die Ideale der frühen Reformer in die Realität umzusetzen, an der bloßen Menge der Patienten gescheitert.

Die ersten Warnsignale gab es in den Vereinigten Staaten, wo 1869 im Staate New York eine Institution für chronisch Geisteskranke gegründet wurde, das Willard State Hospital; es war die erste amerikanische Anstalt, die von vornherein keinen Anspruch mehr auf Heilung und Entlassung ihrer Patienten formulierte.[40] Unter dem Druck der Patientenströme sollten bald überall solche Willards entstehen. In den Vereinigten Staaten stieg die durchschnittliche jährliche Einweisungsrate pro Asyl von 31 im Jahr 1820 auf 182 im Jahr 1870, die durchschnittliche Patientenzahl pro Anstalt von 57 auf 473.[41] Doch erst in den siebziger Jahren des 19. Jahrhunderts nahmen die Fachleute diese erbarmungslos wachsenden Zahlen und den ständig steigenden Bedarf an neuen Anstalten zur Kenntnis. Ein New Yorker Bankier sagte 1875 zu einem englischen Psychiater: »Ich weiß nicht, was los ist. Sie haben uns schon genug gekostet, aber wir können gar nicht so schnell gucken, wie uns das Geld aus den Händen fließt. Immer gibt es irgendwo ein neues Loch zu stopfen.«[42] In den 1880er Jahren sollten die meisten staatlichen Anstalten ihren therapeutischen Anspruch endgültig aufgeben. Der Historiker David Rothman sprach vom Untergang der Rehabilitation und von der Rückkehr zur reinen Asylierung.[43]

1895 arbeitete der junge Schweizer Psychiater Adolf Meyer in dem berühmten Asyl von Worcester, der amerikanischen Geburtsstätte staatlich verantworteter Therapie. Eigentlich hätte er sich nur der Forschung widmen und keine klinischen Aufgaben wahrnehmen sollen. Doch zu dieser Zeit gab es dort nur vier Ärzte, die sich um 1200 Patienten kümmern mußten und 600 Neuzugänge pro Jahr zu bewältigen hatten. Meyer protestierte gegen die völlige Überforderung der Ärzte (300 Patienten pro Mediziner) und erreichte schließlich, daß das medizinische Personal wenigstens verdoppelt wurde. »Und wie beschäftigen Sie die Jungs nun?« fragte ihn ein amerikanischer Mediziner, der die Anstalt besichtigte.[44] Von der Vorstellung, daß hier eine therapeutische Aufgabe zu bewältigen war, hatte sich der durchschnittliche amerikanische Psychiater also offenbar längst verabschiedet.

Auch in Deutschland standen die Psychiater unter keinem geringeren Druck; lebte im Jahr 1852 noch einer von 5300 Einwohnern in einer Anstalt, so stieg diese Rate bis zum Jahr 1911 auf eins zu 500.[45] Die deutschen Ärzte waren genauso ratlos wie ihre amerikanischen Kollegen. Sobald eine neue Anstalt fertiggestellt worden war, bedurfte es bereits einer weiteren. »Bettenmangel wurde zum ständigen Problem aller Gesundheitsbehörden«, schrieb ein Arzt 1911.[46] Ein anderer klagte: »Es ist beunruhigend, wieviel mehr Patienten heute der Versorgung in einer Anstalt bedürfen, [ihre Zahl] steht in keinem Verhältnis zum Bevölkerungswachstum.«[47] Ein Spaßvogel aus Oberbayern prognostizierte 1907, wenn sich die Dinge mit dieser Geschwindigkeit weiterentwickelten, werde in 222 Jahren die gesamte Bevölkerung Oberbayerns im Irrenhaus sitzen.[48]

In den 14 Pavillons des Sainte-Anne-Asyls in Paris, das 1867 für 490 Patienten erbaut worden war, vegetierten 1911 1100 Patienten. Die Anstalt von Vaucluse nahe Epinay-sur-Orge war bei ihrer Eröffnung 1869 für 500 Patienten ausgelegt; im Jahr 1911 hatte sie 1000 zu versorgen. Ähnliche Zuwächse erlebte nahezu jede nach 1867 gegründete Anstalt im Pariser Bezirk.[49] In den klassischen Irrenhäusern herrschten vollends katastrophale Zustände. Ein Besucher des Bicêtre beschrieb in den 1880er Jahren, welche Bedrückung er beim Anblick der völlig überfüllten Säle empfunden habe.[50]

Auch in England hatte sich die Zahl der Anstaltsinsassen von 1,6 pro 1000 Einwohner im Jahr 1859 auf 3,7 im Jahr 1909 mehr als verdoppelt. 1827 waren in einer Anstalt durchschnittlich 116 Patienten untergebracht gewesen, 1910 waren es 1072.[51] Kurz vor dem Ersten Weltkrieg vermerkte der Leiter der Landesanstalt von Staffordshire im Register: »Die Zahlen haben sich völlig unproportional zu unseren räumlichen Möglichkeiten entwickelt. Vergangenen Samstag hatten wir mit 916 Patienten die höchste Zahl zu verzeichnen, die es in dieser Anstalt je gegeben hat ... 36 Männer schlafen ohne eine Bettstelle. Ich habe 20 eiserne Bettgestelle zum Preis von je 30/3d. bestellt.«[52] Montagu Lomax, ein Allgemeinmediziner, der während des Ersten Weltkrieges zur Unterstützung in eine Anstalt geschickt wurde, schrieb später: »Unsere Anstalten verwahren, aber ganz gewiß heilen sie nicht. Und wenn sie einmal einen Heilerfolg haben, dann nur durch Zufall und trotz, nicht wegen des Systems.« Er hatte nie weniger als 350 bis 400 Patienten in Behandlung, wobei sich diese Zahl »manchmal um das Doppelte oder Dreifache erhöhte, es war schlicht unmöglich, jedem einzelnen Aufmerksamkeit zu schenken«. Hatte der Anstaltsleiter wenigstens noch Hoffnung auf Therapie? »Falls Heilbehandlungen und auf Heilung ausgerichtete Methoden als Pflicht eines Anstaltsarztes betrachtet wurden, so kann ich nur sagen, daß ich während meiner gesamten Dienstzeit keinen Hinweis darauf erhalten habe.« Sein Schluß: »Staatliche Anstalten dienen im wesentlichen nur noch dazu, Irre zu verwahren, nicht, sie zu heilen.«[53] Die einst von einem Battie oder Ellis gehegten Hoffnungen hatten sich aufgrund der schieren Patientenmassen zerschlagen.

Warum dieser Anstieg?

Der Grund für diese Patientenflut ist in der Sozialgeschichte der Psychiatrie nach wie vor höchst umstritten. Es haben sich mehrere, klar unterscheidbare Richtungen herausgebildet. Seit etwa zwei Jahrzehnten wird dieses Forschungsgebiet von Wissenschaftlern beherrscht, die an der Existenz von Geisteskrankheit überhaupt zweifeln und sie für ein soziales Konstrukt halten. Sie verharmlosen die Leiden der Anstaltsinsassen und glauben, die industriekapitalistische Gesellschaft habe sich an Menschen gerächt, die arbeitsunwillig gewesen seien, einen unkonventionellen Lebenswandel geführt oder sich gegen die Vorherrschaft des Mannes aufgelehnt hätten. Nur auf die wachsende Intoleranz sei es zurückzuführen, daß immer mehr

»untragbare« Individuen interniert worden seien.[54] Es ist erstaunlich, daß diese Interpretation derart viele Anhänger gefunden hat, denn es gibt nichts, das sie untermauern könnte.

Eine andere Forschergruppe vertritt den Standpunkt, daß Geisteskrankheit zwar etwas sehr Reales und keineswegs nur ein Etikettenschwindel sei, ihr Auftreten im Laufe der Zeit jedoch kaum großen Schwankungen unterlegen haben könne, weswegen in der Tat nach sozialen Ursachen für die Patientenschwemme im 19. Jahrhundert gesucht werden müsse.[55] Dieses Denkmodell ist durchaus ernst zu nehmen, wird jedoch dadurch geschwächt, daß seine Vertreter »Irrsein« nicht in seine Bestandteile zu zerlegen und zu prüfen bereit sind, was jeden einzelnen Teil ausmacht. Eine Geschichte der Psychiatrie, die nicht zwischen Demenz, Psychose und Schwachsinn differenziert, gleicht einer Geschichte des Lärms, die das Geräusch eines Computers nicht von dem eines Panzers unterscheidet. Einige Geisteskrankheiten könnten sich in der Tat als historische Konstanten erweisen, andere jedoch nicht. Wer völlig undifferenziert von Verrückten, Wahnsinnigen, Zerstreuten usw. spricht, verzichtet von vornherein auf jede Möglichkeit, tiefere Einblicke zu gewinnen. Die Suche nach sozialen Ursachen muß daher mit der Frage beginnen: Ursachen wofür?

Eine dritte Gruppe argumentiert, daß Geisteskrankheit real existiert, die Häufigkeit ihres Auftretens jedoch je nach den herrschenden sozialen Bedingungen, die möglicherweise auch Verstand und Gehirn beeinflussen, wechseln kann.[56] Dieser Schule gehöre ich selbst an. Meiner Ansicht nach ist es von entscheidender Bedeutung, Verrücktheit aufzuschlüsseln und die vielen unterschiedlichen Krankheitsbilder und Syndrome zu untersuchen, deren Zusammenspiel am Ende zu nervöser Unruhe, Psychose oder Demenz führen kann. Der Ansturm auf die Anstalten im 19. Jahrhundert scheint mir von zwei Komponenten geprägt worden zu sein: erstens von einem »Redistributionseffekt« und zweitens von einem realen Zuwachs an Krankheiten. Um dies zu verstehen, ist es erforderlich, in den Monolithen »Wahnsinn« einzudringen und betroffene Personen und ihre Lebensumstände im einzelnen zu betrachten.

Eine nicht unwesentliche Rolle spielte mit Sicherheit der sogenannte Redistributionseffekt, also die Umverteilung von Kranken. Im Laufe des 19. Jahrhunderts wurden immer mehr psychisch Kranke aus der Familie oder dem Armenhaus in eine Anstalt verlegt. Dies hatte jedoch nichts mit einer steigenden Anzahl von Geisteskranken zu tun, sondern schlicht mit einer Neuorganisation der Pflege.

Doch einige Formen von psychischen Krankheiten begannen sich tatsächlich auszubreiten: Während des 19. Jahrhunderts häuften sich in der Tat die Fälle von Neurosyphilis, Trinkerpsychosen und offenbar auch – wenngleich dies weniger gewiß ist – von Schizophrenie.

Die historischen Belege für diese beiden Prozesse – der Umverteilung von psychisch Kranken und der Ausbreitung von Krankheiten des Geistes – sind so überwältigend, daß manche nicht länger ignoriert werden können, nur weil sie aus ideologischen Gründen ungelegen kommen. Viele Psychiatriehistoriker, die in den sechziger und siebziger Jahren unseres Jahrhunderts geprägt wurden, gehören einer Art verlorener Generation an, weil sie beschlossen haben, Hirngespinste zu verfolgen, anstatt Interesse an der Frage zu zeigen, was in einer gegebenen historischen Epoche jeweils geschehen mußte, damit Verstand und Gehirn auf Abwege gerieten. Wenn wir die Geschichte der Psychiatrie mit Empathie erzählen wollen, müssen wir uns mit der Entwicklung der Krankheiten befassen, anstatt einfach zu behaupten, daß es gar keine gäbe oder daß uns nicht genügend Erkenntnisse über sie zur Verfügung stünden.

Die Umverteilung von Krankheit

Betrachten wir einmal die hoffnungslose Lage mittelloser Familien mit einem geisteskranken Verwandten im Haus. Wir befinden uns im Wien des 19. Jahrhunderts. »Wenn Arme ihre geisteskranken Verwandten über eine beträchtliche Zeit in ihren überfüllten Unterkünften versorgen müssen«, schrieb der Wiener Ordinarius für Psychiatrie Julius Wagner-Jauregg 1901, »leiden viele Familienmitglieder unter den ständigen Unterbrechungen ihrer Nachtruhe. Sie sind durch das Verhalten des Patienten permanent verängstigt oder aufgebracht, können sich jedoch keine angemessene medizinische Versorgung leisten, weil Geld knapp ist. Es kommt zur Krise. Diese Menschen tragen die eigentliche Last der überfüllten Anstalten.«[57]

Die Pflege des Geisteskranken oblag in erster Linie der Familie. Und die Familie war es auch, die die Entscheidung fällte, den Betroffenen im Haus zu behalten oder um Hilfe nachzusuchen. »In der gesamten Zeit von 1843 bis 1900«, schrieb ein amerikanischer Psychiatriehistoriker, »haben die Familien über den Einweisungsprozeß bestimmt.«[58] Damit die Zahl der Patienten überhaupt wachsen konnte, mußten also zuerst einmal die Familien beschlossen haben, sie außer Haus zu geben.

Doch warum wurde diese Entscheidung ausgerechnet im 19. Jahrhundert so häufig getroffen? Weil es zuvor keine Anstalten gegeben hatte, in die man ein Familienmitglied schicken konnte? Oder hatte sich die Dynamik in den Familien verändert?

Es ist wahr, daß Familien in Ermangelung entsprechender Anstalten gar nichts anderes übrigblieb, als einen gestörten Verwandten im Haus zu behalten oder auf die Straße zu schicken. Das galt jedoch nur für arme Familien. Reiche Familien hingegen, die ebenfalls von jeher mit dem Problem der Geisteskrankheit konfrontiert waren, hätten es sich leisten können, sich irgendeine Lösung zu erkaufen. Es gab zwar immer einige, die betroffene Familienmitglieder bei der Kirche abluden, aber wir wissen, daß es in der Oberschicht gang und gäbe war, geisteskranke Verwandte im Haus zu behalten. Zur Zeit der deutschen Renaissance wurden verrückte Fürsten einfach in ihre Gemächer oder andere sichere Räume gesperrt.[59] Andrew Boorde, ein Arzt und Priester aus Montpellier, widmete zum Beispiel das ganze Kapitel über »Irrsein« in seinem 1552 erschienenen *Gesundheitsbrevier* dem häuslichen Umgang mit Irren.[60] Bis zu einem bestimmten Zeitpunkt zeigten wohlhabende Familien also keinerlei Interesse an privaten Irrenhäusern – in England ist so gut wie kein Fall vor dem 18. Jahrhundert, auf dem europäischen Kontinent keiner vor dem 19. Jahrhundert belegt.

Wie läßt sich die plötzliche Bereitschaft der Wohlhabenden, ihre Familienmitglieder abzuschieben, also erklären? Ich denke, daß das etwas mit den veränderten Gefühlsmustern im Familienleben zu tun hatte.[61] Je mehr sich die Familie als emotionale Einheit zu betrachten begann, als um so untragbarer wurden problematische Verwandte, die dieses Gefüge zu zerstören drohten, empfunden. Vor dem 18. Jahrhundert hatten sich Familienbande eher auf Besitz und Abstammung gegründet denn auf Gefühle. Es gab wenig Nähe, die hätte zerstört werden können. Familiäre Einheit wurde nicht am gemeinsamen Eßtisch oder in anderen privaten Momenten – von denen es ohnehin kaum welche gab – zelebriert. Doch gegen Ende des 18. Jahrhunderts änderte sich dies. Die Beziehungen zueinander wurden intimer, man versammelte sich um den Abendbrottisch, um, wie die Franzosen sagen: *la petite familie bien unie*, die »glücklich vereinte Kleinfamilie« zu feiern. In diesem Bild der Glückseligkeit war kein Platz mehr für verrückte Verwandte.

Bruno Goergen, Besitzer einer »Privat-Irren-Heilanstalt für Gemüthskranke« im Wien des frühen 19. Jahrhunderts, erklärte, weshalb sich wohlhabende Familien an ihn wandten: Geisteskrankheiten brächten es mit sich, daß der Betroffene die tröstenden Worte der Familie, das händeringende Erschaudern der Verlobten oder die Tränen und Seufzer all jener, die ihm nahestünden, völlig anders erlebte, als sie in Wirklichkeit gemeint seien. Seine überspannte Vorstellungskraft und sein krankhaftes Mißtrauen gegenüber jeder Art von Harmonie führten nur allzuoft dazu, im liebenden Weib die Giftmischerin zu sehen, seine liebevollen Kinder für Teufel, seine angenehme Umgebung für ein Gefängnis zu halten. Er höre Stimmen, die sonst keiner höre, sehe Formen, die sonst keiner sehe. Und in seiner Verwirrung habe er, der an sich herzliche Liebe für seine Familie empfinde, weder Auge noch Ohr für ihre Qualen gehabt, die durch Gesten und Wörter doch so laut zu ihm gesprochen hätten.[62] Solche eindringlichen Bilder wird man in der medizinischen Literatur oder den Laienschilderungen vorangegangener Epochen kaum finden. Wir haben es hier mit einer ganz neuen Art von Familienkultur zu tun. Die Symptome von Geisteskrankheit bei einem geliebten Familienmitglied zu sehen, war den Angehörigen unerträglich geworden.

Anhand von Statistiken läßt sich nachweisen, daß sich die Familie um so schneller von einem kranken Verwandten befreite, je massiver dieser den Familienfrieden störte. Wilhelm Svetlin, Ende des 19. Jahrhunderts Besitzer einer privaten Wiener Irren-Heilanstalt für die Oberschicht, pflegte Angehörige über die Dauer der Erkrankung eines Patienten zu befragen, bevor er ihn in seine Anstalt aufnahm: Bei 56 Patienten, deren Diagnose Melancholie lautete, waren ein Drittel der Familien (36 Prozent) bereit gewesen, ein halbes Jahr oder länger zu warten, bevor sie sie in die Anstalt brachten; nur 18 Prozent der Melancholiker wurden innerhalb eines Monats oder einer noch kürzeren Zeit nach Ausbruch der Krankheit eingeliefert. Keine Familie der 16 Paranoiker hatte sich vor Ablauf von drei Monaten zum Handeln veranlaßt gesehen. Doch 68 Prozent der 22 manischen Patienten – ein Leiden, das seine Opfer Tag und Nacht zu ständiger Unruhe treibt – waren vor Ablauf eines Monats nach Ausbruch der Krankheit in die Anstalt gebracht worden.[63] Das bedeutet, grob gesprochen, daß sich in den siebziger und achtziger Jahren des 19. Jahrhunderts zwei Drittel der wohlhabenden Wiener Familien mit manischen Verwandten außerstande sahen, deren Gepfeife, Geklatsche, Gesinge, Geschreie und Zerstörungswut länger als einen Monat zu ertragen.

Implizit heißt das aber auch, daß solche Familien in den 1670er und 1770er Jahren *imstande* gewesen waren, manische Verhaltensweisen zu erdulden. Verändert hatte sich nicht die Verfügbarkeit von institutioneller Pflege, denn auch im 17. Jahrhundert hätten sich wohlhabende Familien einen solchen Ausweg leisten können, sondern das Klima innerhalb der Familie. Die Anwesenheit eines sich ständig befremdlich aufführenden Familienmitglieds in dem kleinen emotionalen Gefüge, das die Familie inzwischen bildete, war schlicht nicht mehr vorstellbar. Die Zahl der Anstaltseinweisungen wuchs also auch deshalb, weil die Familie die Aufgabe der Versorgung psychisch Kranker an die Anstalten abgetreten hatte.

Ähnlich verhielt es sich vermutlich auch im Falle von Altersdemenz. Wo Familien einst willens waren, einen altersdementen Menschen zu tolerieren, begannen sie spätestens Ende des 19. Jahrhunderts nach Pflegemöglichkeiten außer Haus zu suchen. 1908 führte ein englischer Mediziner die steigenden Patientenzahlen in den Anstalten »auf die Einweisung von harmlosen alten Leuten« zurück, »Opfern einer mehr oder weniger ausgeprägten Altersdemenz, die bislang in Armenhäusern untergebracht wurden oder bei Verwandten und Freunden bleiben durften, welche bereit waren, sich um sie zu kümmern«.[64] In der Landesirrenanstalt von Buckinghamshire stieg der Anteil der über 60jährigen von 18,7 Prozent im Jahr 1881 auf 24 Prozent im Jahr 1911.[65] Derselbe Trend zeigte sich in den Vereinigten Staaten. Auch im Utica State Hospital war der Prozentsatz von Patienten, die aufgrund von »Senilität« eingewiesen wurden, Ende der 1870er Jahre beträchtlich gestiegen.[66] Die ersten Daten, die für das Warren State Hospital in Pennsylvania zur Verfügung stehen, verzeichnen für 1916 einen Anteil von 14,8 Prozent Patienten, die unter den »für das Senium typischen Geistesstörungen« litten. Zwischen 1946 und 1950 stieg diese Zahl auf 26,4 Prozent.[67] Der Historiker Gerald Grob kam zu dem Schluß, daß amerikanische Heilanstalten im 20. Jahrhundert zunehmend zur Abladestelle für Alte wurden,[68] auch sie Opfer der Umverteilung von Kranken und ihrer Auslagerung aus dem Familienverband.

Eine andere Form von Umverteilung fand mit der Verlegung von Insassen aus Gefängnissen und Armenhäusern in die Asyle statt. In England wurden mit einem Gesetz von 1874 staatliche Gelder für die Verlegung mittelloser Geisteskranker in die Landesirrenanstalten zur Verfügung gestellt, was zugleich eine klare Verlagerung der Verantwortung mit sich brachte.[69] Einige Forscher haben behauptet, daß diese armen Irren mehr arm als irre gewesen seien – also, nicht Kranke, sondern unerwünschte Personen, die die Gemeinden nur allzugern loswurden.[70] Doch zeitgenössische Experten waren offenbar der Meinung, daß Almosenempfänger, die im Irrenhaus gelandet waren, tatsächlich irgendein massives psychisches Leiden hatten. Der Bericht des Burntwood Asylum in Steffordshire für das Jahr 1887 zeugt zum Beispiel von dem leidenschaftlichen Humanismus des

Anstaltsleiters, der diese Neuzugänge in seiner Anstalt sogar begrüßte: »Einweisungen von hilflosen, chronischen Fällen aus den Armenhäusern, die einer besonderen Pflege bedürfen, gab es nicht wenige. Manch einer beklagt nun, daß die Asyle mit diesen Fällen nur belastet würden; doch ich für meinen Teil bin hoch erfreut bei dem Gedanken, daß die uns zur Betreuung und Pflege dieser armen und gequälten Kranken zur Verfügung stehenden Mittel trefflich und vorteilhaft zur Linderung der schweren Last ihres Leids angewendet werden können.«[71]

Erst wenn wir die Armen und all die anderen, die verlegt oder umverteilt wurden, rückblickend Fall für Fall anhand ihrer Krankenakten diagnostizieren würden, wären wir in der Lage zu sagen, ob sie geisteskrank waren oder einfach nur abgeschoben wurden, weil sie anderen zur Last fielen. Die uns zur Verfügung stehenden Berichte sprechen sehr dafür, daß Personen, die von ihren Familien oder den örtlichen Behörden in einer Anstalt untergebracht wurden, in der Tat irgendein ernsthaftes psychisches Problem hatten und keinesfalls nur deshalb asyliert wurden, weil sie sich gegen das Kapital, die patriarchalische Ordnung oder irgendein anderes jener beliebten Schreckgespenster der Forschung aus den sechziger Jahren des 20. Jahrhunderts aufgelehnt hatten.

Die Zunahme von Geisteskrankheiten

Eine zweite Komponente des Ansturms auf die Anstalten war die tatsächliche Zunahme von Geisteskrankheiten während des 19. Jahrhunderts. Zwischen 1800 und 1900 stieg das Risiko des Durchschnittsbürgers deutlich, irgendwann in seinem Leben von einer gravierenden psychischen Krankheit heimgesucht zu werden. Betrachten wir diese Risiken der Reihe nach, angefangen bei den kaum umstrittenen bis hin zu den umstrittensten Faktoren.

Besonders eine psychische Krankheit trat während des 19. Jahrhunderts nachweislich immer häufiger auf: die Neurosyphilis. Der syphilitische Befall des zentralen Nervensystems ist für die

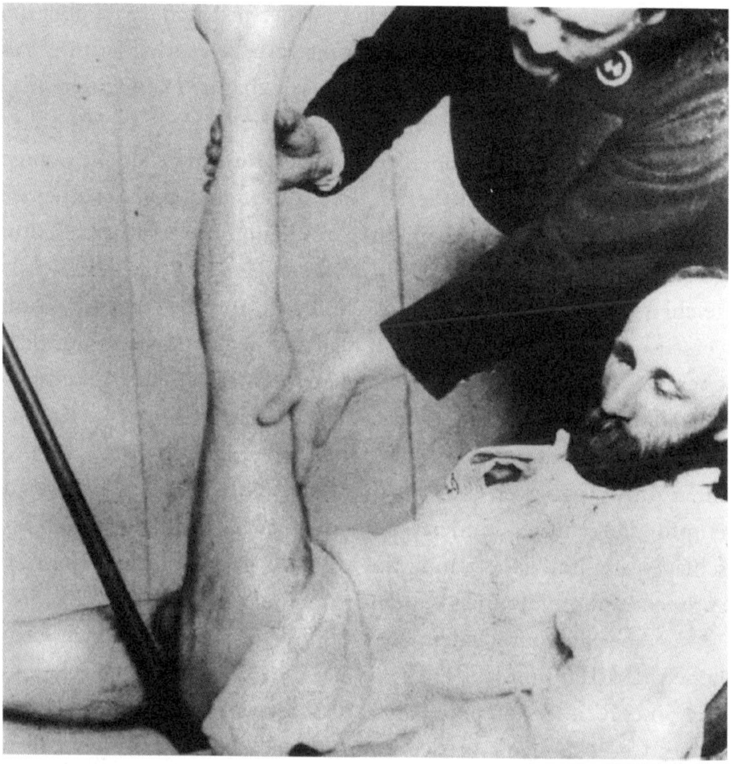

Patient mit Neurosyphilis (Tabes dorsalis), aufgenommen im Colney Hatch Asylum von London um das Jahr 1900. Deutlich sichtbar sind die hypotonische Muskulatur und die für diese Krankheit typischen herabhängenden Oberlider (Ptosis).

Psychiatriegeschichte sehr wichtig, weil er sich klinisch meist mit psychosomatischen Symptomen ankündigte und die Endstadien von Neurosyphilis fast immer in staatlichen Anstalten oder Privatkliniken behandelt wurden. Das enorm gestiegene Risiko, an diesem Leiden zu erkranken, erklärt zumindest einen Teil der wachsenden Patientenzahlen. Einst »die Krankheit des Jahrhunderts« genannt, ist Neurosyphilis heute völlig in Vergessenheit geraten und wird von den meisten Psychiatriehistorikern ignoriert, was bis zu einem gewissen Maße auch erklärt, weshalb unwidersprochen soviel über die Geisteskrankheit als soziales Konstrukt geredet werden konnte. An der Neurosyphilis war absolut nichts gesellschaftlich konstruiert.[72]

Zu einer Zeit, in der »anständige Mädchen« vor der Ehe keinen Geschlechtsverkehr haben durften, vergnügten sich nicht wenige junge Männer mit Prostituierten. Unter Umständen entdeckten sie dann irgendwann eine Entzündung am Penis, vielleicht auch schon geschwollene Lymphknoten in der Leistengegend – die ersten Anzeichen von Primärer Syphilis. Doch die Symptome einer Infektion verschwanden wieder, und der Betroffene dachte nicht weiter darüber nach. Das erklärt, weshalb so viele Männer, die dann im mittleren Alter der Syphilis zum Opfer fielen, abstritten, sich diese Krankheit jemals zugezogen zu haben. Die Späterkennung erfolgte also nicht unbedingt, weil diese Krankheit als peinliche Angelegenheit empfunden wurde, sondern weil in einer Zeit, in der Hautausschläge gang und gäbe waren, die ersten Krankheitsanzeichen meist gar nicht wahrgenommen wurden.

Aber die Spirochäten, die syphiliserregenden Bakterien, verließen den Blutkreislauf eines einmal betroffenen jungen Mannes nicht mehr. Innerhalb eines Jahres konnten sie sich an der Hirnhaut und im Rückenmark niederlassen, ohne klinisch aktiv geworden zu sein. Die jungen Geschäftsleute und Akademiker, die zur höchsten Risikogruppe gehörten, konnten jahrelang völlig symptomfrei sein. Nach einem Jahrzehnt hatte das Immunsystem des Körpers die Krankheit entweder überwunden, so daß sie tatsächlich verschwunden war, oder der Betroffene zeigte plötzlich erste Symptome, die beispielsweise darin bestehen konnten, daß er bestimmte Wörter nicht mehr richtig auszusprechen imstande war. Um Schizophrenie von Neurosyphilis unterscheiden zu können, pflegte der junge Doktor Lewis Thomas in Boston seine Patienten daher aufzufordern, den Satz »God save the Commonwealth of Massachusetts« zu wiederholen.[73]

Auch die von den Spirochäten verursachte frühe Meningitis konnte psychische Symptome hervorrufen, die etwa in Form eines typischen Größenwahns sogar noch deutlicher zutage traten. Bezeichnend ist der Fall eines bekannten Frankfurter Chemieprofessors, der mitten in einer Vorlesung innehielt und Klatschgeschichten aus der Stadt zum besten gab. Am Vortag hatte er die Vorlesung verlassen, um zehn Automobile und hundert Armbanduhren zu erstehen.[74] Eine solch plötzliche Manifestation von psychischen Symptomen vor allem unter Geschäftsmännern und Akademikern mittleren Alters ließ die Ärzte dieser Zeit augenblicklich an Neurosyphilis denken. Doch das Symptom, das auch noch die letzten Zweifel ausräumte, war eine Art Euphorie: Die Patienten behaupteten unablässig, nicht krank zu sein (im Gegenteil, sie fühlten sich großartig!), und waren fast immer auf bestem Wege, ihre Familien in den finanziellen Ruin zu treiben (was nicht selten gelang).

Mit fortschreitender Krankheit bildete sich dann eine von zwei möglichen Formen heraus. War hauptsächlich das Rückenmark betroffen, entwickelte sich die sogenannte Tabes dorsalis (auch lokomotorische Ataxie) oder Rückenmarksschwindsucht. Tabes verursacht bohrende Schmerzen im Unterleib und eine seltsam steife Art zu laufen. Die Patienten fühlten sich, als gingen sie »auf Watte«. (Im 19. Jahrhundert war noch nicht nachgewiesen, daß diese Symptome das Ergebnis einer primären syphilitischen Infektion waren, welche man sich Jahre früher zugezogen hatte; deshalb konnte auch noch nicht von Neurosyphilis gesprochen werden.) Hatte die Krankheit jedoch hauptsächlich das Gehirn befallen, standen psychische Symptome, gefolgt von Demenz und Paralyse, im Vordergrund. Diese Form war unter den Bezeichnungen »progressive Paralyse« oder »paralytische Demenz« bekannt und in ihren Endstadien am häufigsten in den Anstalten anzutreffen. Tabes-Patienten aus dem gehobenen Bürgertum dagegen suchten meist Linderung in einem der Kur- und Bäderorte.

Beide neurosyphilitischen Krankheitsformen verliefen tödlich – sobald sich die ersten Symptome zeigten, war der oder die Erkrankte unweigerlich verloren. Madame Maria Rivet, die in den 1870er Jahren eine private Nervenklinik in Paris unterhielt, schrieb: »La paralysie générale ... ne pardonne jamais« (die progressive Paralyse kennt kein Erbarmen).[75] Die frühen Stadien der Krankheit konnten sich auf unterschiedliche Weise manifestieren, aber nur von erfahrenen Ärzten entdeckt werden, die in der Lage waren, geringfügige Veränderungen der Pupillen, Augenlider oder Reflexe zu erkennen. Spätere Stadien, besonders die der progressiven Paralyse, waren hingegen unmißverständlich. Es gibt keine andere Krankheit, die zur plötzlichen Demenz von Männern mittleren Alters führt, welche vor allem betroffen waren, und nach heftigen Krämpfen und einem letzten Aufbäumen mit dem Tod endet. Daher können wir auch mit ziemlicher Sicherheit davon ausgehen, daß die aus jener Zeit überlieferten Statistiken das tatsächliche Ausmaß der Neurosyphilis widerspiegeln.

Neurosyphilis ist nicht eine jener uralten Krankheiten wie Melancholie. Vor dem letzten Viertel des 18. Jahrhunderts scheint sie nahezu unbekannt gewesen zu sein. Weshalb das so ist, bleibt ein Geheimnis, da Syphilis in Europa ja schon seit dem Mittelalter auftrat. Doch die ersten ärztlichen Berichte über Fälle, bei denen das zentrale Nervensystem betroffen war, stammen aus den 1780er Jahren.[76] Jedenfalls wurden die diagnostischen Bezeichnungen »Tabes dorsalis« und »progressive Paralyse« erst im 19. Jahrhundert geprägt. William Perfect, Autor eines 1787 erschienenen psychiatrischen Lehrbuchs, schilderte zum Beispiel den Fall eines Patienten, von dem ihm ein Kollege berichtet hatte. Es ging um einen Mann mittleren Alters, »extrem leidenschaftlich und im höchsten Maße misanthropisch. Sein Wahn begann folgendermaßen in Erscheinung zu treten: Er versuchte seinen Bankier zu zwingen, ihm Summen auszuzahlen, die weit über das auf seinem Konto zur Verfügung Stehende hinausgingen, reagierte mürrisch, wenn er abschlägig beschieden wurde, und stellte unverzüglich Zahlungsanweisungen in enormer Höhe für Häuser aus, zu welchen er nicht den geringsten Bezug hatte.« Dann glaubte er, Lordkanzler zu sein, der König von Spanien oder der Herzog von Bayern. Das waren alles noch Standardsymptome der Manie. Aber dann begann die Demenz – ein Zustand, den Manie üblicherweise nicht zur Folge hat. Die letzte Nachricht, die Perfect über diesen Patienten erhielt, war, daß er »Schritt für Schritt in den totalen Verfall, bis zum Rande der Idiotie«

abgeglitten sei.[77] Das klingt ganz nach einem frühen Fall von progressiver Paralyse.

Beinahe zur gleichen Zeit berichtete auch Vincenzio Chiarugi in Florenz von Patienten, die mit an Sicherheit grenzender Wahrscheinlichkeit unter Neurosyphilis litten: etwa ein 40jähriger Soldat, dessen Pupillen starr und ungleich waren (Anzeichen für eine Hirnschädigung) und dessen Verhalten immer unkontrollierter wurde, bis er schließlich »vollständig die Beherrschung seiner unteren Extremitäten verlor« und an »fortgeschrittener Atrophie« starb; oder ein 37jähriger Buchhalter, der nach einem manischen Anfall zunehmend den Verstand verlor und »an allmählichem Marasmus [Kräfteverfall]« starb, nachdem er zuvor »nahezu vollständig paraplegisch [doppelseitig gelähmt] geworden war«.[78]

Zwei Jahrzehnte später begannen Irrenärzte aller Länder von Fällen einer mit Wahn kombinierten Paralyse zu berichten. 1809 schrieb John Haslam aus Bedlam: »Ein langwährender ausschweifender Lebenswandel endet aller Wahrscheinlichkeit nach mit Paralyse ... Paralyse führt häufig zur Verwirrung des Geistes.« Er registrierte eine deutliche Zunahme dieses Problems: »Paralytische Erkrankungen sind nicht nur ein viel häufigerer Grund für Irrsein, als bislang angenommen, sondern auch eine weit verbreitete Auswirkung desselben; mehr Irre sterben an Hemiplegie [einseitiger Lähmung] und Apoplexie [Schlaganfall] als an jeder anderen Krankheit.«[79] Die mittlerweile hergestellte Verbindung zwischen außerehelichem Geschlechtsverkehr und Wahnsinn hatte seine Zeitgenossen zu weiteren Überlegungen angeregt und schließlich sogar dazu verleitet, vor Onanie zu warnen, da sie im Samenerguß an sich eine Ursache für »Gehirnerweichung« erkannt zu haben glaubten. Doch mit solchen Erklärungsversuchen handelten sie sich nur den Spott der kommenden Generationen und den Ruf von Moralaposteln ein.

In den Asylen der Napoleonischen Zeit gehörte die Kombination aus Paralyse und Demenz zum alltäglichen Bild. Esquirol beispielsweise beschrieb viele Fälle von Demenz, die er in der Salpêtrière und in seiner privaten Anstalt zu Gesicht bekommen hatte, wobei die meisten davon betroffenen Patienten jünger als fünfzig waren. Unter den 235 von ihm dargestellten Fällen wiesen über die Hälfte »bestimmte Symptome der Paralyse« auf. Er kam zu dem Schluß, daß eine durch Paralyse verkomplizierte Demenz ziemlich häufig auftrete und unheilbar sei, stellte aber noch keine Unterschiede zwischen Männern und Frauen fest.[80]

Das war im Jahr 1814. Viel später befaßte er sich erneut mit diesem Thema, denn inzwischen war ihm aufgefallen, daß Demenz und Paralyse bei jungen und mittelalten Patienten besonders häufig vorkamen. Außerdem hielt er nun auch fest: »Paralyse tritt unter männlichen Irren häufiger auf als bei Frauen ... Als ich vor 18 Jahren die Irrenabteilung des Bicêtre leitete ..., nahm ich erstaunt die unterschiedlichen Zahlen von paralysierten männlichen Irren im Bicêtre-Hospiz und den paralytischen Frauen in der Salpêtrière wahr.« Sein Schüler Achille-Louis Foville, der inzwischen das Asyl St.-Yon leitete, habe ihm das bestätigt: Ein Zehntel der Patienten im St.-Yon hätten Paralyse, zwei Drittel davon seien Männer, ein Drittel Frauen. Diese seltsame »Irrenparalyse« sei im übrigen in der Pariser Region viel häufiger vorgekommen als im Süden Frankreichs oder in Italien, was Esquirol mit Statistiken von Kollegen belegte. Doch eigentlich konnte diese Krankheit kein so großes Geheimnis für ihn gewesen sein, denn 1826 hatte sein junger Kollege Antoine-Laurent Bayle bewiesen, daß sowohl die Paralyse als auch der sie begleitende Größenwahn Resultate einer chronischen Hirnhautentzündung waren.[81] Man hatte also erkannt, daß die psychischen Symptome durch eine organische Hirnerkrankung hervorgerufen wurden; nur den Grund für diese Erkrankung hatte man noch nicht gefunden.

Esquirols und Bayles Beobachtungen über die progressive Paralyse wurden weltweit bekannt. Was häufig vergessen wird, ist, daß sich die Neurosyphilis in der Napoleonischen Zeit auch in Deutschland epidemisch auszubreiten begann. 1814 schrieb der Erlanger Ordinarius für Medizin, Christian Friedrich Harless, daß die das Rückenmark befallende Variante der Neurosyphilis eine altvertraute konstitutionelle Erkrankung sei und bekanntermaßen tödlich verlaufe, sobald die ersten Anzeichen einer Paralyse aufträten.[82] Drei Jahrzehnte später erklärte der große Berliner Neuropathologe Mo-

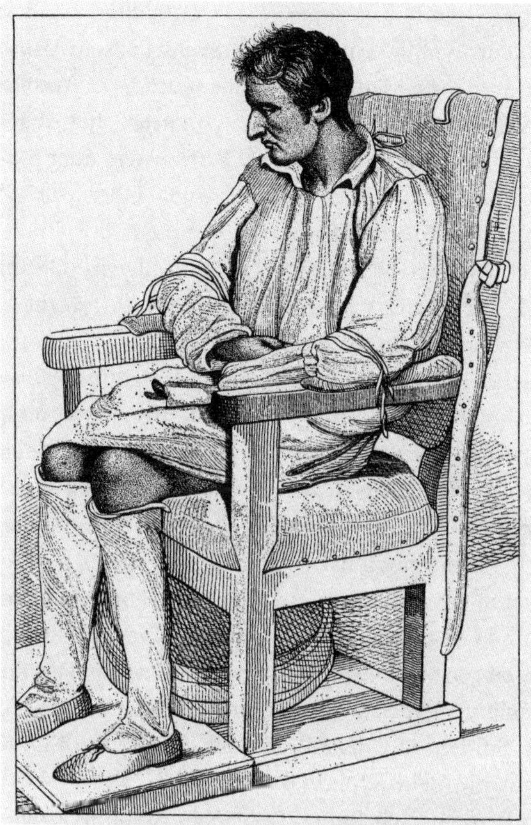

Darstellung eines Patienten mit Demenz von Esquirol, der sich zunächst 1816 in einem Artikel, später, 1838, in seiner Publikation *Von den Geisteskrankheiten* damit beschäftigte.

ritz Romberg, daß diese Krankheit nach den großen militärischen Feldzügen seiner Epoche zugenommen habe. Er taufte sie Tabes dorsalis.[83]

Als sich im 19. Jahrhundert Geschlechtskrankheiten seuchenartig über Europa und Nordamerika ausbreiteten, brach die Neurosyphilis-Epidemie erst zehn bis fünfzehn Jahre später aus, was genau ihrer langen Inkubationszeit entsprach. Von ihr betroffen waren viele: fünf bis zwanzig Prozent der Bevölkerung hatten sich eine lebenslange Syphilis zugezogen.[84] Davon sollten wiederum sechs Prozent Neurosyphilis entwickeln.[85] Sechs Prozent von Millionen Menschen sind eine Menge. Nicht alle wurden in Anstalten eingewiesen; einige starben aus reiner Scham in häuslicher Abgeschiedenheit, andere siechten in vornehmen Bädern wie dem pyrenäischen Lamalou dahin oder verübten mit einer Überdosis Morphium Selbstmord. Die Anstaltsinsassen bildeten nur die Spitze des Eisbergs. Tatsache aber ist, daß Paralytiker [teilweise Gelähmte] und Tabiker [Rückenmarksschwindsüchtige] im 19. Jahrhundert zum Alltagsbild aller Anstalten gehörten.

Da die Neurosyphilis vor allem im Bürgertum auftrat, war sie in den Männerabteilungen der privaten Irren-Heilanstalten auch überproportional vertreten. Von 111 männlichen Patienten, die sich Anfang der 1860er Jahre in der Irrenanstalt Pöpelwitz bei Breslau aufhielten, litten 32 Prozent unter progressiver allgemeiner Paralyse; von den 75 Patientinnen hatte keine einzige dieses Leiden.[86] Unter den schweren psychischen Krankheiten in einem Sanatorium für Nerven- und Geisteskrankheiten in Kansas City, Missouri, rangierte in den Jahren 1901 bis 1907 »allgemeine Parese« (Teillähmung) gleich hinter Manie und noch vor Schizophrenie (»Dementia praecox«).[87] Dutzende Studien aus dem Privatsektor belegen, wie vergleichsweise häufig die Neurosyphilis damals vorkam.

Nach und nach bahnte sich die Neurosyphilis ihren Weg auch in die staatlichen Anstalten beiderseits des Atlantiks. Vor 1850 war zum Beispiel unter den jüdischen Patienten in der städtischen Anstalt von Frankfurt kein einziger Fall von Neurosyphilis verzeichnet gewesen; zwischen 1871 und 1880 stieg ihr Anteil auf 21 Prozent, wobei die meisten aus Kaufmannskreisen und anderen zahlungsfähigen Schichten stammten.[88] »Als ich 1853 an die Irrenanstalt von Toronto kam«, schrieb Joseph Workman, der sie bis 1875 leiten sollte, »gab es dort, soweit ich das beurteilen kann, keinen einzigen Fall [von progressiver Paralyse], aber es dauerte nicht lange, bis wir die ersten bekamen.« In den zehn Jahren zwischen 1865 und 1875 starben 65 Männer und sieben Frauen an Parese. »Es ist ein schmerzliches Bekenntnis, aber die Wahrheit, daß die Aufzeichnungen über

Parese [mit tödlichem Ausgang] in der Anstalt ziemlich genau mit der Anzahl der Fälle übereinstimmen, die mit dieser Krankheit eingeliefert wurden.«[89] Englands Montagu Lomax berichtete, daß Patienten mit progressiver Paralyse »häufig die Mehrheit der Fälle in den Männerabteilungen der Anstalt bilden«.[90] Auf diese Weise hielten die Tabiker mit ihrer charakteristischen Gangart und die Paralytiker mit ihrem gestörten Sprechvermögen und den ungleichen Pupillen Einzug in die Irrenanstalten.

Was bedeutet das alles für die Sozialgeschichte der Psychiatrie? Werfen wir einen Blick in Karl Edels privates »Asyl für Gemüthskranke« in Berlin. Es verfügte über zwei Flügel, einen luxuriösen für Privatpatienten aus der Oberschicht und einen, der nur mit dem Nötigsten ausgestattet war, für alle, die aus Berlin und dem Umland eingewiesen wurden. Im späten 19. Jahrhundert war Neurosyphilis in Edels Asyl im wesentlichen eine Angelegenheit des Bürgertums: 46 Prozent der 976 Männer, die durch seine private Männerabteilung gingen, litten darunter; unter den Armen gab es viel weniger Paralytiker. Umgekehrt bei den Frauen: Von den zwölf Prozent, die an Neurosyphilis erkrankt waren, stammten fünf Prozent aus dem Bürgertum, sieben Prozent aus armen Verhältnissen.

Interessant ist, was mit den Patienten aus Edels Asyl geschah, nachdem die Diagnose »Parese« gestellt worden war. Etwa die Hälfte der männlichen wie weiblichen Privatpatienten wurde von ihren Familien zurückgeholt, um zu Hause zu sterben. Und während auch von den männlichen Arbeitern immerhin noch 30 Prozent von ihren Familien aufgenommen wurden, starben alle 22 Frauen aus der Arbeiterklasse, die sich mit dieser Diagnose in Edels Asyl befanden, ausnahmslos in der Anstalt.[91] Hier haben wir einen Anhaltspunkt, weshalb so viele Wissenschaftler, die die Geschichte der Psychiatrie in erster Linie nach gesellschaftlichen Manipulationen durchforsten, auf das falsche Pferd gesetzt haben: Denn nicht die medizinischen Diagnosen, die auf eine Hirnerkrankung hindeuteten, waren gesellschaftlich manipuliert, sondern die Erfahrungen der Patienten, die unter solchen Störungen litten. Es ist sinnlos, behaupten zu wollen, daß das Etikett »psychisch krank« ein Schwindel sei, in dem sich nur der Wunsch der Gesellschaft ausdrücke, Abweichler zur Konformität zu zwingen, wenn wir zugleich von Tausenden von Patienten wissen, die nicht mehr in der Lage waren, ihre Beine zu bewegen, oder von Bettlägerigen, die sich eitrige Wunden zuzogen, weil sie von den Pflegern nicht oft genug umgebettet wurden. Mit diesen armen Frauen, die von ihren Familien abgeschoben wurden, weil sie eine Krankheit hatten, derer sie sich schämen mußten, haben wir hingegen eine wirkliche Aussage über die Gesellschaft.

Ein weiterer Grund für den ungeheuren Patientenanstieg war der Alkohol. Das Trinken großer Mengen Alkohols kann sich unterschiedlich auf das Nervensystem auswirken. Die Droge kann zu Halluzinationen führen. Alkoholentzug kann Psychosen, Anfälle und Delirium tremens hervorrufen, chronischer Alkoholmißbrauch den Trinker dazu verleiten, andere Kalorienquellen zu vernachlässigen, was mitunter wiederum zu einer chronischen Psychose und zu einer besonderen Form von Gedächtnisschwund führt, benannt nach dem russischen Nervenarzt Sergei Korsakow, der diesen Zustand 1887 beschrieb (er beruht auf Thiaminmangel, einem Mangel an Vitamin B; der deutsche Professor und klinische Psychiater Garl Wernicke hatte die Symptome der akuten Alkoholvergiftung, begleitet von geistiger Verwirrung und dem typisch schwankenden Gang, allerdings bereits 1881 dargestellt). Auch eine Trinkerleber kann eine Erkrankung der Psyche zur Folge haben. Kurzum, es gibt eine Menge Gründe, weshalb ein stark vermehrter Alkoholkonsum in der Bevölkerung einen Anstieg von kurz- wie langfristigen Anstaltsaufenthalten mit sich bringen konnte.[92]

Die Trinkgewohnheiten im »Goldenen Zeitalter des Rausches«, wie ein Historiker schrieb, hatten sich völlig verändert.[93] In England stieg der Alkoholkonsum zwischen 1801 und 1901 um 57 Prozent von weniger als einer halben Gallone pro Person auf über eine dreiviertel Gallone jährlich.[94] 1845 trank der Durchschnittsamerikaner 1,8 Gallonen reinen Alkohols, 1910 bereits 2,6 Gallonen.[95] In Frankreich stieg zwischen Ende des 18. und dem beginnenden 20. Jahrhundert die Gesamtproduktion von harten Getränken und Bier um das Vierzehnfache – von 1 170 000 Hektolitern im Jahr 1781 auf 16700000 Hektoliter 1913.[96] In Bayern verdoppelte sich der Bierkonsum Mitte des 19. Jahrhunderts.[97] Verantwortlich dafür waren der steigende Lebensstandard und die Möglichkeit der billigen Alkoholgewinnung aus Zuckerrüben. Ein französischer Bauer trank nun regelmäßig Wein zum Essen, ein deutscher Handwerker griff wie selbstverständlich zu allem Alkoholischen, was gerade zur Hand war.

Dieser gesteigerte Konsum führte nicht zuletzt auch dazu, daß vermehrt Personen mit Alkoholvergiftung in Irrenanstalten eingeliefert wurden. 1875 hatte es in Preußen kaum 600 solcher Fälle gegeben, 1900 waren es bereits 1300.[98] Karl Bonhoeffer, später ein bedeutender Vertreter der wissenschaftlichen Psychiatrie, schrieb, daß in den 1890er Jahren, als er Nervenarzt in einer Klinik der Industriestadt Breslau war, der Warteraum ständig mit Alkoholikern überfüllt gewesen sei. Ihr Bettzeug hinter sich herschleppend, seien sie im Delirium in den Klinikfluren umhergewandert. An jedem Sommertag habe er mindestens einen Deliriumspatienten behandelt. Heutzutage, so Bonhoeffer später, sei einfach nicht mehr vorstellbar, wie viele Patienten in den Psychiatrien der Großstädte damals im Delirium eingeliefert worden seien. Ende der 1880er Jahre litten 39 Prozent aller Patienten in der Berliner Charité unter Delirium tremens.[99] Zwar war die Alkoholikerrate in Städten wie Berlin und Breslau im Vergleich zur Gesamtbevölkerung höher (für die Zeit zwischen 1875 und 1900 wurden nur drei Prozent der Insassen aller preußischen Irrenhäuser als Alkoholiker registriert[100]), doch im Vergleich zu früheren Zeiten war überall ein deutlicher Anstieg festzustellen.

Dieses Phänomen war nicht auf Deutschland beschränkt. Bei den etwa 8000 Patienten, die zwischen 1886 und 1888 durch die forensische Psychiatrie der Pariser Polizeipräfektur gingen (Infirmerie Spéciale), war Alkoholismus die häufigste Diagnose (27 Prozent aller Fälle).[101] In die Pariser Irrenhäuser wurde ein Drittel aller Männer wegen Trunksucht eingewiesen (und ein Zehntel der Frauen). Valentin Magnan, Leiter des Sainte-Anne-Asyls, hielt Alkohol für die Hauptursache der Überfüllung der Anstalten.[102]

In England ertrank die Psychiatrie regelrecht in Äthanol. Zwischen 1874 und 1894 machten Alkoholiker in den diversen Abteilungen des Royal Edinburgh Asylum zwischen 15 und 20 Prozent aller männlichen Insassen aus (die Rate bei den Frauen lag viel niedriger).[103] Privatkliniken, die sich ausschließlich dem Entzug wohlhabender Alkoholiker widmeten, schossen wie Pilze aus dem Boden. Beispielsweise das Rivermere für »Trunksucht und Drogenmißbrauch« in der Nähe von Maldon, Essex, »ein ideales Privatheim für die Behandlung der Damen und Herren der Oberschicht«; oder das Tower House in Leicester, »ein erstklassiges Heim für Damen«, ebenso auf Alkoholismus und Drogenmißbrauch spezialisiert. Das *Medical Directory* des Vereinigten Königreichs für das Jahr 1908 enthielt 24 Anzeigen derartiger »Heime«.[104] Gewohnheitstrinker waren in der zweiten Hälfte des 19. Jahrhunderts für die Psychiatrie ganz offensichtlich zu einem Problem beträchtlichen Ausmaßes geworden.

Bei Neurosyphilis und Alkoholismus liegt der Fall also relativ klar auf der Hand. Beide Krankheiten häuften sich, was deutliche Folgen für die Anstalten hatte. Doch letztlich waren auch sie nur für einen geringen Teil der Neuaufnahmen verantwortlich (im Zeitraum von 1875 bis 1900 in Preußen etwa für nur elf Prozent).[105] Denn die meisten Menschen wurden mit Diagnosen eingewiesen, die uns heute nicht mehr verständlich sind, »epileptisches Irrsein« etwa oder »hysterischer Wahn«. Um die wirkliche Krankheit aus der Diagnostik der damaligen Zeit herauslesen zu können, müssen wir uns selbst ein Urteil über die einzelnen Patienten bilden, das heißt, wir müssen retrospektiv unsere eigenen Diagnosen stellen, indem wir aus den in den Patientenakten festgehaltenen Anzeichen und Symptomen neue Schlüsse ziehen. Diese Art der Forschung ist jedoch außerordentlich zeitaufwendig; sie erfordert Kenntnisse über individuelle Zusammenhänge ebenso wie über typische Krankheitssymptome und steckt noch in den Kinderschuhen. Deshalb muß ich betonen, daß meine Aussagen über die dritte für die Zunahme von Geisteskrankheiten verantwortliche Kategorie – die Schizophrenie – nicht endgültig sein können. Ich glaube aber, daß uns bereits genügend Nachweise vorliegen, um die Annahme zuzulassen, daß auch die Zahl der Fälle von Schizophrenie im 19. Jahrhundert beträchtlich gestiegen war.

Heute wissen wir, daß Schizophrenie eine genetisch beeinflußte Störung der Hirnentwicklung ist, die bereits pränatal oder mit einem Geburtstrauma einsetzen kann. Das kindliche Hirn wächst nicht normal, und die betroffene Person ist meist bereits im Jugendalter unfähig, normale Beziehungen einzugehen, mit Alltagsstreß umzugehen oder logisch zu denken. Diese Krankheit kann in einer deutlich nachweisbaren Psychose münden, das heißt zu Halluzinationen, Wahnvorstellungen und Illusionen führen. Obwohl mit dem Begriff »Schizophrenie« wahrscheinlich mehrere unterschiedliche Krankheitsprozesse zusammengefaßt werden – einige genetischer Art, andere nicht –, besteht kein Zweifel, daß sie nichts Ungewöhnliches ist und etwa ein Prozent der Bevölkerung befällt. Auch im 19. Jahrhundert hat es sie zweifellos bereits gegeben. Aber wie häufig? Und wieso hat sich ihre Häufigkeit im Laufe der Zeit verändert?

Die ersten Studien über Geisteszustände, die als Schizophrenie erkennbar sind, tauchten 1809 auf und stammten von Pinel in Frankreich und Haslam in England. »Es gibt eine Art Irrsein, die bei jungen Menschen auftritt und mit Gedächtnisschwund kombiniert ist«, schrieb Haslam. Jugendliche, die zuvor von »flinker Auffassungsgabe und lebhafter Veranlagung« waren, wurden introvertiert und teilnahmslos. »Das Empfindungsvermögen scheint beträchtlich abgestumpft; sie hegen nicht mehr dieselbe Zuneigung zu den Eltern und Verwandten.« Sie verloren das Interesse an ihren Freunden, konnten nicht nacherzählen, was sie gerade gelesen hatten, und nicht mehr als ein oder zwei zusammenhängende Sätze zu Papier bringen. War das nur der typische »Pubertäts-Blues«? »Je mehr ihre Apathie zunimmt, desto nachlässiger werden sie, was ihre Kleidung und persönliche Reinlichkeit betrifft.« Es konnte sogar zu unwillkürlicher Harn- und Stuhlentleerung kommen. »Ich mußte schmerzlich berührt diese hoffnungslose und entwürdigende Verwandlung junger Männer mit ansehen. In kurzer Zeit wurde aus dem vielversprechendsten und kraftvollsten Geist ein sabbernder und aufgedunsener

Idiot.« Haslam schilderte den Fall eines jungen Mannes, der sich während eines Tobsuchtsanfalls den Penis abgeschnitten hatte. Nach seiner Einweisung ins Bedlam schien er sich zu erholen. Doch Haslam war argwöhnisch. »Da war etwas in seinem verschlossenen Verhalten und seinem eigentümlichen Blick, das mich überzeugte, daß es ihm gar nicht gut ging, wiewohl im Gespräch mit ihm kein Mangel an Kohärenz zu entdecken war.« Haslam bemerkte, daß der Patient seltsam hinkte und sich gelegentlich seine Schuhe auszog, um sich die Füße zu reiben. Schließlich behauptete er, daß seine Füße voller Blasen seien, weigerte sich aber, sie dem Arzt zu zeigen. Eines Tages, nachdem Haslam erneut beobachtet hatte, wie er sich die Füße rieb, bestand er auf einer Untersuchung. »Sie waren völlig gesund. Nun erklärte er mir einigermaßen verlegen …, daß die Dielen unter seinen Füßen von unterirdischen Feuern erhitzt seien, auf Geheiß unsichtbarer und bösartiger Mächte, die, davon war er fest überzeugt, ihn allmählich aufzehren wollten.«[106]

Derselbe Patiententyp tauchte auch auf der anderen Seite des Kanals auf. Im Zusammenhang mit »Idiotie« unter jungen Menschen berichtete Pinel von einem 28jährigen Bildhauer, der, »von exzessiven Ausschweifungen und Liebesvergnügungen vollständig ausgezehrt«, in starrer Haltung verharrte, »nahezu immer unbewegt und schweigsam, nur daß er hin und wieder mit völlig ausdruckslosem Gesicht ein idiotisches, blödes Lachen ausstieß. Er hatte keinerlei Erinnerung an sein früheres Leben. Doch sein Appetit war erstaunlich, schon wenn er die Speisen kommen sah, begann sein Kiefer zu mahlen.«[107] Es ist zwar unmöglich festzustellen, ob diese beiden jungen Patienten tatsächlich unter jener Krankheit litten, die man später Schizophrenie nennen sollte. Wenn wir jedoch viele andere Fälle mit ähnlichen Symptomen aufgezeichnet finden, können wir davon ausgehen, daß zumindest einige dieser Patienten davon schizophren waren.

Haslam und Pinel machten die Psychiatrie auf ein augenscheinlich neues Krankheitsbild aufmerksam, das unter jungen Erwachsenen in Form einer Psychose zum Ausbruch kam und sich zu chronischem Irrsein entwickelte. In der Sprache der damaligen Zeit nannte man diese Krankheit »Schwachsinn«, aber in Wirklichkeit beeinträchtigte sie die Intelligenz in keiner Weise, sondern führte zum chronischen Auftreten von Wahnvorstellungen und Halluzinationen, begleitet von einer Störung des logischen Denkvermögens. Vor 1800 hatte es so gut wie keine Darstellungen dieses Krankheitsbildes in der medizinischen Literatur gegeben. Danach wurden sie zusehends häufiger.

Der Historiker Edward Hare bemerkte, daß es im 19. Jahrhundert eine beträchtliche Zunahme von Patienten gab, die von akustischen Halluzinationen berichteten – von Stimmen, die zu ihnen oder über sie sprachen. Anhand solcher Nachweise stellte er seine sogenannte Neuheitshypothese auf: Schizophrenie sei eher eine Krankheit jüngeren Datums als eine uralte Geißel der Menschheit wie etwa Depression.[108] Mit Nachdruck sagte er: »Der Zustand, den wir heute Schizophrenie nennen …, war höchstwahrscheinlich die Hauptursache für die steigende Zahl von Asylierungen.«[109]

Hares Neuheitshypothese wird von zwei Seiten attackiert: einmal von jenen Wissenschaftlern, die die Existenz von Geisteskrankheit grundsätzlich abstreiten, zum anderen aber auch von denen, die behaupten, Schizophrenie habe schon immer existiert. Die Vertreter der Antipsychiatrie meinen, daß erst die verrücktmachende Umgebung in den Irrenanstalten des späten 19. Jahrhunderts Menschen mit eingangs vermutlich nur leichten Problemen in »chronische« Fälle verwandelt habe, denen dann von Medizinern das Etikett »irre« verpaßt worden sei.[110]

Die andere Gruppe behauptet, daß Schizophrenie »wahrscheinlich sehr alt« und keineswegs eine neu aufgetretene Krankheit sei, was aus einigen eindeutigen Schilderungen in der bruchstückhaften vormodernen medizinischen Literatur hervorgehe.[111] Was sich verändert habe, sei nur die Exaktheit und der Umfang medizinischer Literatur, nicht aber das Krankheitsphänomen selbst.

Die von Hare formulierte und von mehreren Forschern vertretene Neuheitshypothese begründet eine dritte Forschungsrichtung. Sie stellt anhand einzelner Patientenakten aus diversen Irrenanstalten retrospektive Diagnosen und zieht daraus den Schluß, daß

Schizophrenie eine neuartige Krankheit war, die sich erst im Laufe des 19. Jahrhunderts immer mehr ausbreitete.

Diese Dreiecksdebatte hat zu einer Menge neuer Forschungsprojekte geführt. Der Einsatz ist hoch, denn immerhin geht es hier um die Frage, ob die Ursprünge der Psychiatrie in der Manipulation von Krankheiten und dem Eigennutz der Ärzte lagen oder in dem Wunsch, eine Flut von Patienten zu versorgen, für deren Krankheiten es keine historischen Präzedenzfälle gab. Es ist zwar noch nicht möglich, diese Frage abschließend zu klären, doch alle bislang vorliegenden Forschungsergebnisse sprechen eher für die Neuheitshypothese als für eine gesellschaftliche Manipulation von Verrücktheit.

Ein Wissenschaftler, der seine retrospektiven Diagnosen auf alte Krankenblätter von Patienten stützte, fand zum Beispiel heraus, daß im Pennsylvania Hospital von Philadelphia vor 1790 nur sehr selten Symptome beschrieben wurden, die auf Schizophrenie deuteten, während Unterlagen des Bethlem Royal Hospital aus dem Jahr 1823 nahelegen, daß Schizophrenie zum Klinikalltag gehört hatte. »Damit erhalten bereits vorliegende Nachweise für die Neuheitshypothese noch mehr Gewicht.«[112]

Auch andere Historiker haben in Patientenakten aus mehreren privaten und staatlichen Anstalten des 19. Jahrhunderts Psychosesymptome gefunden, die zweifelsfrei auf Schizophrenie schließen lassen. Beispielsweise scheint es unter den Kindern, die 1830 in Bethlem aufgenommen wurden, mehrere gegeben zu haben, die unter akustischen Halluzinationen und Wahnvorstellungen litten, was in jedem Fall auf Schizophrenie hindeutet.[113] Auch bei 31 Prozent der 118 zwischen 1880 und 1884 ins Yorker Retreat eingewiesenen Patienten waren Wahnvorstellungen und Halluzinationen als Aufnahmegrund angegeben. Diese Forschergruppe, die übrigens keine Beweise für die umstrittene Behauptung fand, daß viktorianische Mediziner »Irrsein mit Unmoral oder anderen Arten nonkonformistischen Verhaltens verwechselten«, kam zu dem Schluß, daß die meisten der in diesen Jahren in das Yorker Retreat eingewiesenen Patienten »schwer geistesgestört« waren.[114] Zu ähnlichen Erkenntnissen über die Existenz von Schizophrenie in den Irrenhäusern des 19. Jahrhunderts gelangten nach entsprechenden retrospektiven Diagnosen mittlerweile auch andere Studien.[115]

Demnach lagen die Mediziner im 19. Jahrhundert mit ihrer Beobachtung, daß sich Irrsein unter jungen Menschen immer mehr häufte, gar nicht so falsch. Karl Kahlbaum, Psychiater und Eigner einer privaten Nerven-Heilanstalt in Görlitz, stellte als einer der ersten eine chronische »Gemüthskrankheit« bei Jugendlichen fest, der er als einer deutlich von anderen unterscheidbaren, eigenständigen klinischen Krankheit den Namen »Hebephrenie« gab. 1884 schrieb er, alle Irren-Heilanstalten machten gerade die Erfahrung, daß die Zahl jugendlicher Patienten stark ansteige.[116]

Maria Rivet, Tochter des berühmten Pariser Psychiaters Alexandre Brierre de Boismont, war zwar keine Ärztin, aber im Umfeld von Psychiatriepatienten aufgewachsen und führte die Familienklinik, ein elegantes Etablissement im St.-Mandé-Viertel. Dort notierte sie 1875, daß etwas Ungewöhnliches und Merkwürdiges um all die jungen Frauen sei, die mit schweren Gemütskrankheiten zu ihr kämen. Hier ein Beispiel: »Mlle. N. betrieb Studien an der Universität, die ihren Geist völlig erschöpften. Auch das Lesen medizinischer Literatur trug so sehr zum Aufruhr ihres Gemüts bei, daß sie, trotz ihrer Jugend, von Demenz befallen wurde, obwohl diese unheilbare Krankheit im allgemeinen doch nur Ältere befällt.« Wie äußerte sich dieser Aufruhr bei Mlle. N.? Zuerst glaubte sie, die biblische Eva zu sein, »und beschrieb uns in beredten und beschwörenden Worten die Herrlichkeit des irdischen Paradieses zur Zeit der Schöpfung, bei der sie zugegen gewesen sein wollte«. Dann weigerte sie sich, Eier zu essen, weil sie fürchtete, sich in ein Huhn zu verwandeln. »Als nächstes glaubte sie, Gott zu sein und die Sonne erschaffen zu haben, und wir mußten sie mit Zwang davon abhalten, sie ständig anzustarren. Sie war außer sich und beschimpfte uns, die wir es gewagt hätten, ihre Allmacht in Frage zu stellen. ›Ich selbst habe die Sonne erschaffen‹, sagte sie.« Eine Wahnvorstellung folgte auf die andere, wie auch aus den Briefen ersichtlich ist, die Mlle. N. von Zeit zu Zeit schrieb, »wenngleich in beinahe unverständlichem Stil«. Schließlich zähmte sie drei Gänse aus dem Anstaltsgarten. Eine pickte zutraulich in ihren Taschen herum, während ihr die beiden anderen auf der Schulter saßen. »Sie sitzt fast immer auf dem Rasen und richtet lange Tiraden an die Viecher, die ihr tatsächlich zuzuhören scheinen.«[117] Solche Berichte waren in der medizinischen und psychiatrischen Literatur vor Ende des 18. Jahrhunderts praktisch nirgends zu finden. Es fällt daher schwer, diese Studien aus der Rivetschen Privatanstalt zu lesen, ohne den Eindruck zu gewinnen, daß sich der Welt der Psychiatrie hier ein völlig neues Krankheitsbild zeigte.

Die Sackgasse

Um die Jahrhundertwende geriet die Psychiatrie in eine Sackgasse. Fast alle Praktiker drängten sich mittlerweile in den Irren-Heilanstalten, die längst wieder zu Verwahranstalten verkommen waren. Jede Hoffnung auf Therapie war Illusion. Auch die Psychiater selbst hatten in Medizinerkreisen einen ziemlich schlechten Ruf. Sie galten als zweitklassige Ärzte und rangierten bestenfalls eine Stufe über den Kurärzten und Homöopathen.

Die mit chronischen Paralytikern, katatonischen Schizophrenen und an Demenz Leidenden überfüllten Anstalten waren so trostlos geworden, daß es der ersten Reformergeneration das Herz gebrochen hätte. William Anderson White, Leiter des St. Elizabeths Hospital in Washington, der im Blackwell's Island Asylum von New York ausgebildet worden war, erzählte, wie er eines frühen Morgens von Manhattan hinübergerudert sei und an einem Pier in der Nähe des Asyls festgemacht habe. »Ein paar hundert Meter entfernt lag das Gebäude, in dem die Frauen untergebracht waren. Ich sehe noch vor mir, wie jedes Fenster hell erleuchtet war, und noch heute höre ich die Geräusche, die dort herausdrangen wie aus einem Bienenstock. Die verwirrten Frauen, wie man sie nannte, waren offenbar die ganze Nacht lautstark aktiv.« Was geschah, wenn eine von ihnen zu aktiv wurde? Im Binghampton State Hospital wurden aufrührerische Patientinnen in den 1890er Jahren in Ermangelung (damals tabuisierter) technischer Hilfsmittel einfach wie Mumien in Leinenbahnen eingewickelt. »Eine vor allem bei Hitze im wahrsten Sinne des Wortes höllische Erfindung; ich weiß, daß ich mindestens zu einer Patientin gerufen wurde, die auf diese Weise an Hitzschlag gestorben war.«[118] Solche Anstalten waren natürlich schrecklich für die Patienten, aber auch demoralisierend für die Ärzte. Ein Berufsstand, dessen Vertreter sich ihren Lebensunterhalt damit verdienten, derartige Dinge zu tun, konnte kein Renommee erwerben.

In Großbritannien sah es nicht anders aus. Nach Aussage eines altgedienten Psychiaters, der einst im County Pauper Lunative Asylum in Buckinghamshire gearbeitet hatte, »waren die britischen Asyle zwischen etwa 1860 und 1930 allesamt rückständig«.[119] Die Irrenärzte hatten ihren Bezug zur Medizin völlig verloren. Das Leben eines Anstaltsleiters glich mehr dem eines Gutsbesitzers, »er wurde in der Gemeinde zum Tennisspielen, Fischen oder gar zu Parforceritten eingeladen«, wie Eliot Slater, in den 1930er Jahren Psychiater im Londoner Maudsley Hospital, berichtete.

»Für die Patienten war das Leben nicht ganz so angenehm«, fuhr Slater fort. »Eingesperrt in geschlossenen Abteilungen mit von Mauern umgebenen Höfen zum Luftschnappen, wurden Patienten sogar, wenn die stürmische Phase ihrer Krankheit längst vorbei war und kaum noch wahrnehmbare Symptome hinterlassen hatte, Jahr für Jahr dort festgehalten, untätig, jeglicher Verantwortung für ein selbstbestimmtes Leben beraubt, in der zusehends enger werdenden Zwangsjacke eines immer gleichen Alltags.«[120]

In den 1830er Jahren hatten die Briten stolz darauf verwiesen, alle technischen Zwangsmaßnahmen abgeschafft zu haben. Dafür setzten sie nun auf etwas, das Montagu Lomax in einem biblischen Vergleich »Mücken seihen und Kamele verschlucken« nannte – nämlich auf die (angeblich illegalen) Isolationszellen, die den Patienten noch mehr demütigten als eine Fesselung. Eines Abends wurde Lomax in die Anstalt zurückgerufen, weil ein Paralytiker aus dem Bett gefallen war und sich das Bein gebrochen hatte. »Als ich auf meinem Weg zur Krankenstation durch einen der Flure ging, kam ich an einer Einzelzelle vorbei, in der ein störrischer Patient ›abgesondert‹ worden war. Es war nach 7 Uhr abends und kein Pfleger weit und breit. Der Patient schlug mit Fäusten und Füßen gegen die Tür, stieß Verwünschungen aus und flehte verzweifelt: ›In Gottes Namen, lassen Sie mich raus, Doktor! Lassen Sie mich in Gottes Namen hier raus! Die bringen mich noch um! In Gottes Namen, lassen Sie mich raus!‹«

»Als ich auf dem Rückweg, nachdem ich das gebrochene Bein geschient hatte, wieder dort vorbeikam, empfingen mich erneut diese grauenvollen Schreie. Ich war sicher, daß sie noch stundenlang andauern und alle auf der Station wachhalten würden und daß man mich schließlich erneut holen müßte, um dem Mann eine Spritze zu geben. Meine Gedanken waren düster.« [121]

Die deutschen Anstalten waren um die Jahrhundertwende wahrscheinlich noch am besten geführt. Erstens wurden sie von den deutschen Ländern großzügig unterstützt, und zweitens hatten die Anstaltsärzte Mitteleuropas ihren Forschungsdrang noch nicht verloren, was für sich genommen schon ein Garant für bessere Pflege war (verantwortlich dafür waren nicht zuletzt die Hoffnungen der Ärzte auf einen Geheimratstitel). Doch selbst im Geburtsland der Reform herrschten mittlerweile in den Psychiatrien wieder empörende Bedingungen. Als Emil Kraepelin, später einer der prominentesten Psychiatrieprofessoren, 1878 seine Stelle als Assistenzarzt im städtischen Irrenhaus von München antrat, wurde ihm fast schlecht. Als Mecklenburger waren ihm die Verhältnisse in Bayern noch sehr fremd. Der Anstaltsleiter unterstellte ihm die Männerabteilung, wo er 150 »schwachsinnige und schmutzige« (das heißt, in ihren eigenen Fäkalien liegende), mehr oder weniger aufgelöste Gestalten vorfand. Viele waren zur Arbeit unfähig und lungerten in den Gängen und Höfen herum, wo sie auf und ab rannten, sich die Seele aus dem Leib schrien, in Kämpfe miteinander verstrickten, mit Steinen warfen und rauchten oder schwatzten. Die Gewaltbereitschaft war hoch, kaum eine Visite verging, ohne daß von einem Kampf, einer zerbrochenen Fensterscheibe oder zerschlagenem Geschirr berichtet wurde. Häufig mußte Kraepelin Wunden nähen oder verbinden.

Am furchterregendsten war offenbar die Abteilung G, in der

Ein gefährlicher Patient mit Handfesseln, die durch Ketten an einem eisernen Gürtelring befestigt sind. Die Aufnahme entstand 1934 in der Anstalt Valencia.

die gewalttätigsten männlichen Patienten untergebracht waren. Einer mußte zum Beispiel zwangsisoliert werden, nachdem er einem anderen Patienten den Kopf mit einer Scheuerbürste eingeschlagen hatte. Später gelang es ihm, in die Stadt zu fliehen, indem er einen unachtsamen Pfleger beinahe erdrosselte, um ihm die Schlüssel abzunehmen. Gerade als er einen Passanten in die Isar stoßen wollte, wurde er überwältigt und in die Anstalt zurückgebracht. Niemand, so Kraepelin, habe seine Abwesenheit überhaupt bemerkt.[122] Das war wohl nicht gerade, was Jacobi vorgeschwebt hatte.

Aber nicht nur die Anstalten, auch der Berufsstand der Psychiater selbst war an einem historischen Tiefpunkt angelangt. Wer wird Psychiater? fragte der deutsche Nervenarzt Werner Heinz 1928 bissig. Erstens: Anwärter auf den Posten eines Amtsarztes, die befürchteten, das Psychiatrieexamen nicht zu bestehen, sofern sie nicht zuvor einige praktische Erfahrungen gesammelt hätten; zweitens: Leute mit körperlichen Unzulänglichkeiten wie Rheumatismus oder einem Herzleiden und solche, die sich nicht den Anforderungen einer Landpraxis und vermutlich nicht einmal denen einer städtischen Praxis gewachsen fühlten; drittens: alle, die mit keinem allzu großen Verstand gesegnet seien und sich instinktiv eine Nervenanstalt aussuchten, weil sie dort weniger auffielen. Die Letztgenannten, fügte er noch hinzu, würden später Anstaltsleiter.[123]

Anfang 1908 bat der Leiter der Rheinauer Anstalt in der Schweiz einen jungen Arzt namens Karl Gehry, bei ihm mitzuarbeiten. Gehry war hin- und hergerissen. Er hatte die – riskante – Möglichkeit, eine Privatpraxis auf dem Land zu eröffnen, und ihm war bewußt, daß allgemein tiefes Mißtrauen gegenüber der Psychiatrie herrschte. Sein berühmter Lehrer Carl Jung hatte ihn einst in Zürich gewarnt, daß die Psychiatrie das Stiefkind der Medizin sei, weil sie nicht zu den Naturwissenschaften gezählt werde und weder etwas wiege noch etwas vermesse. Außerdem, so Gehry, glaubten die Menschen, daß ein Psychiater ohnehin nicht viel ausrichten könne und einfach jeden für mehr oder weniger verrückt erkläre. Niemand fände etwas Besonderes daran, wenn er Chirurg würde, denn mit der Chirurgie könne man eine Familie ernähren und Ansehen erwerben. Die Psychiatrie hingegen verbanne einen in eine Anstalt, wo man weitgehend isoliert lebe. Der Psychiater müsse Menschen behandeln, die nicht glaubten, daß sie einer Behandlung bedürften, weshalb er täglich alle möglichen Beleidigungen herunterschlucken müsse.[124]

Zur Jahrhundertwende war das Ansehen der Psychiater also, wie gesagt, an einem Tiefpunkt angelangt – eine erstaunliche Wendung angesichts der arroganten Weigerung der frühen Irrenärzte, sich mit Furunkelstechern und Klistierern in einem Atemzug nennen zu lassen. Noch 1853 hatte der neugegründete Verband der amerikanischen klinischen Psychiater einen Zusammenschluß mit der American Medical Association abgelehnt.[125] Aber diese selbstgewählte Isolation sollte sich gegen sie selber kehren. Verlegen rutschten die Psychiater auf ihren Stühlen herum, als ihnen der Neurologe und Gesellschaftsarzt Weir Mitchell aus Philadelphia 1894 die Leviten las: »Ich will ganz offen meinen Vorbehalt gegen ... all diejenigen zum Ausdruck bringen, die noch immer den absurden Titel eines ›medizinischen Anstaltsleiters‹ tragen«, sagte er ihnen bei ihrer Jahresversammlung. »Wo sind die Jahresberichte ihrer wissenschaftlichen Forschung über die Psychologie und Pathologie ihrer Patienten? Gewöhnlich besteht ihr Beitrag zur Wissenschaft darin, sonderbare kurze Statements abzugeben, ein oder zwei Fälle vorzustellen, ein paar nutzlose Seiten über Todesfälle zu verfassen und das Ganze auch noch zwischen unverständlichen Statistiken und Wirtschaftsbilanzen zu verstecken.« Ihre Therapie? Ein Schwindel! erklärte Mitchell. »Was immer die leichtgläubige Öffentlichkeit von ihrer Behandlung halten mag, wir [Neurologen] sind der Ansicht, daß sich niemand in ihre Anstalten begeben sollte, es sei denn, es wäre der allerletzte Ausweg.«[126] Diese Tagung konnte wohl kein Psychiater verlassen, ohne sich zu fragen: Bin ich eigentlich noch ein Arzt?

Kaum, antwortete William Bullard, Präsident der American Neurological Association, 1912 beim Bostoner Jahrestreffen seines Verbandes. Gewiß, spottete er, Psychiater hätten Wunderbares geleistet, »indem sie Anweisungen zum Erhalt und für die Beheizung ihrer Gebäude, für den Ankauf von Kohle und Lebensmitteln gegeben und bis ins kleinste Detail darüber Buch geführt hätten«. Das Problem sei nur, daß ihnen dabei der Bezug zur Medizin vollständig abhanden gekommen sei.[127] 1933 erklärte White das Gros der Anstaltsärzte schlicht zu »dead wood«.[128]

»Erstarrt auf dem Schauplatz chronischer Krankheit, weit entfernt von der eigentlichen Medizin«, wie ein reuiger Psychiater viele Jahre später sagen sollte, war die Anstaltspsychiatrie am Ende einer langen Sackgasse angekommen.[129] Um zu beweisen, daß es doch so etwas wie eine Wissenschaft des Gehirns und des Verstandes gab und daß die Anwendung dieser Wissenschaft dazu beitragen konnte, Patienten zu helfen, mußte die Fackel in andere Hände übergeben werden.

3. KAPITEL

Die erste biologische Psychiatrie

Seit zwei Jahrhunderten wird die Psychiatrie von der Frage umgetrieben, wie man Wissenschaft und Therapeutik verbinden kann. Die Psychiater in den Irren-Heilanstalten des 19. Jahrhunderts gerieten bei der Verfolgung dieses Ziels in eine Sackgasse, doch auch außerhalb der Institutionen fragten sich die Irrenärzte – Vertreter, wenn man so will, einer »ersten biologischen Psychiatrie« –, wie sich die Neurowissenschaften für die Behandlung der Patienten nutzbar machen ließen. Es scheiterte jedoch nicht nur der Versuch, wirkliche Heilanstalten zu etablieren, sondern auch das Bemühen, die Psychiatrie auf eine wissenschaftliche Grundlage zu stellen. Was mit dem Unterfangen, die biologischen und genetischen Wurzeln psychischer Krankheiten freizulegen, durchaus vielversprechend begonnen hatte, endete mit dem Gespenst der Degeneration, jener Vorstellung, daß angeborene Geisteskrankheit von Generation zu Generation verstärkt weitergegeben werde. Die Parallelen zwischen der Geschichte der Irren-Heilanstalten und derjenigen der biologischen Psychiatrie sind auffällig, doch in beiden Fällen bedeutet die mißlungene Umsetzung der Idee noch nicht, daß diese an sich falsch war. Vielmehr änderte sich mit der Jahrhundertwende die gesamte Art und Weise, wie Krankheit betrachtet wurde.

Die Ausgangsideen

Die erste biologische Psychiatrie war in erster Linie eine ideelle Bewegung. Sie versuchte zu klären, auf welche Weise Erbmaterial und Hirnchemie Krankheiten verursachen und welche Therapien erfolgversprechend sein könnten. Antworten darauf konnten nicht in der Eintönigkeit des Anstaltslebens gefunden werden, es bedurfte der Forschung an Universitäten und neuen wissenschaftlichen Instituten. Was die erste biologische Psychiatrie von allen vorangegangenen Humoraltheorien unterschied, war nicht der Glaube, daß psychische Krankheiten und das Nervengewebe etwas miteinander zu tun hätten – davon gingen Mediziner schon seit dem Altertum aus –, sondern der Wunsch, durch systematische Forschung die Zusammenhänge zwischen Geist und Gehirn aufzudecken. Neu war das Bestreben, mit Mensch und Tier zu experimentieren, Arzneimittel zu testen und Gehirne pathologisch zu erkunden.

In der Psychiatrie setzte im 19. Jahrhundert derselbe Forschungsdrang ein wie in der Medizin im allgemeinen. Alle Mediziner begannen sich klinisch-pathologischer Methoden zu bedienen, das heißt: Rückschlüsse zu ziehen, indem sie bei Autopsien gewonnene Erkenntnisse mit den Symptomen verglichen, die ihnen bei dem jeweiligen Patienten vor dessen Tod aufgefallen waren. Diese Verknüpfung von Erkenntnissen ermöglichte es ihnen, die Charakteristika unterschiedlicher Krankheiten zu identifizieren. Ein Emphysem oder eine Lungenentzündung etwa waren nicht nur bei einer Autopsie deutlich unterscheidbar, sondern verursachten auch beim lebenden Patienten unterschiedliche Geräusche. Auch die Psychiatrie wandte sich im 19. Jahrhundert dieser klinisch-pathologischen Methode zu, in der Hoffnung, die Gültigkeit des biologischen Ansatzes, der bislang eine reine Glaubenssache gewesen war, belegen zu können. Im allgemeinen fanden solche Versuche nicht in Irrenanstalten, sondern an Universitäten statt.

Damit haben wir also zwei Geschichten zu verfolgen, die sich allerdings in vielen Bereichen überschneiden. Zum einen die Geschichte der Forschung: Wie kam die biologische Psychiatrie voran?

Zum anderen die der Lehre: Wie wurde aus der allgemeinen Psychiatrie ein eigener Fachbereich? In der Praxis liefen beide vielfach zusammen: Ein Hausarzt mußte einfach etwas über psychische Krankheiten wissen, um sich mit aufgebrachten Familien und ihren geistesgestörten Angehörigen befassen zu können. Da nun aber der durchschnittliche Medizinstudent dieselben Vorurteile hatte wie der Rest der Bevölkerung, mußte ihm erst einmal begreiflich gemacht werden, daß psychische Krankheiten ein bekanntes Phänomen jeder medizinischen Praxis waren und kein teuflischer Fluch, den irgendwelche dunklen Mächte über den Unglücklichen kommen ließen. In ihrem Alltag würden sie immer wieder auf Wahn, Depression, Panikattacken und Demenz treffen, deshalb war es außerordentlich wichtig, daß sie zu unterscheiden imstande waren, wer krank war und wer nicht, wer im Kreise der Familie behandelt werden konnte und wer in eine Klinik eingewiesen werden mußte.

Allgemeinmediziner für dieses Thema zu sensibilisieren, bedeutete zugleich psychische Krankheit in den Wirkungskreis der medizinischen Praxis einzubeziehen. Das geschah nun zur selben Zeit, in der auch Krankheiten wie Tuberkulose und Nierenentzündung als medizinische Probleme erkannt worden waren. Beiden Krankheitsarten lag dieselbe Logik zugrunde: Allgemeinmediziner mußten etwas über die Lunge wissen, um TB behandeln zu können, und sie mußten mit dem Gehirn und dem zentralen Nervensystem vertraut sein, um psychische Krankheit behandeln zu können. »Ist es nicht notwendig für den Arzt«, fragte 1884 der Pariser Irrenarzt Ernest Billod rhetorisch, »sich das beste zur Verfügung stehende Wissen über Krankheiten anzueignen ... angesichts der schwerwiegenden Folgen, die eine Einweisung in die Anstalt für den Patienten hat?« Die Folgen eines Fehlers seien fatal und könnten einer ganzen Familie das »Stigma« des Wahnsinns aufdrücken.[1] Ein Arzt, so Billod, müsse einfach wissen, was er tue.

Dieser Einsicht folgend, begann man im 19. Jahrhundert beiderseits des Atlantiks die Lehre der Psychiatrie in die medizinischen Fakultäten aufzunehmen. Für dieses neue medizinische Fachstudium mußte nicht nur der Vorlesungsbetrieb umgestellt werden, man brauchte auch Universitätspsychiatrien und auf lange Sicht große psychiatrische Forschungsinstitute. Kurzum, die erste biologische Psychiatrie war ebenso von einem Bedarf an Lehre und Ausbildung wie von wissenschaftlichem Forschungsdrang motiviert.

Schon in den allerersten Reformanstalten des 18. Jahrhunderts hatten Irrenärzte begonnen, Medizinstudenten Vorlesungen zu halten. William Battie zum Beispiel bot seit 1753 im Londoner St. Luke's Hospital Kurse an, nachdem ihm der Krankenhausvorstand gestattet hatte, »mehr Herren der Fakultät ... für diesen Zweig der Heilkunde zu interessieren und ihn zum Gegenstand ihrer besonderen Aufmerksamkeit und zu einem Schwerpunkt ihres Studiums zu machen«.[2] 1805 begann auch Vincenzio Chiarugi in seiner Florentiner Anstalt Kurse abzuhalten.[3]

Das war ein interessanter Anfang. Doch in den kommenden hundert Jahren sollte die psychiatrische Forschung und Lehre von Deutschen beherrscht werden.

Ein deutsches Jahrhundert

Wenn man einem Land oder einer Sprache in einer Weltgeschichte der Psychiatrie besondere Aufmerksamkeit schenken will, bedarf das einer Erklärung – sie lautet schlicht, daß die Deutschen dieses Gebiet absolut dominierten. Fast alle Eponyme der modernen Medizin tragen einen deutschen Namen. Schlägt man in einem medizinischen Fachwörterbuch unter »Symptome« nach, unter den pathologischen Phänomenen, die der Arzt am Patienten feststellen kann, findet man einen deutschen Begriff nach dem anderen: das »Bergersche Zeichen«, das eine Pupillendilatation im Frühstadium der Neurosyphilis bezeichnet und nach dem österreichischen Augenarzt Emil Berger benannt wurde; das »Möbiussche Zeichen«, das für das typische Unvermögen bei Schilddrüsenerkrankungen steht, die Augäpfel analog zu bewegen, und nach dem Leipziger Neurologen Paul Julius Möbius benannt wurde (der mit seinem 1900 erschienenen Buch *Über den physiologischen Schwachsinn des Weibes* berühmt-berüchtigt wurde);

oder das »Westphalsche Zeichen«, das den Verlust des Kniereflexes infolge von Nervenkrankheiten bezeichnet.[4] Diese Dominanz verdankte sich nicht zuletzt den vielen staatlich geförderten Universitäten und Anstalten, in denen seit etwa 1800 Forschung und Lehre Hand in Hand gingen.

Der Zusammenschluß von Forschung und Lehre an den deutschen Universitäten wurde von zwei grundlegenden Anforderungen begünstigt: zum einen von der Dissertationspflicht – im Gegensatz zu vielen anderen Ländern mußte jeder Mediziner eine Doktorarbeit geschrieben haben, um als Arzt approbiert zu werden (das galt auch für Frankreich, nur gab es sehr viel mehr deutsche Studenten als französische); zum anderen war im Anschluß an die Dissertation eine Habilitation nötig, um an einer Universität lehren zu dürfen. Im Gegensatz zur Doktorarbeit, die oft reine wissenschaftliche Schaumschlägerei war, ging der Habilitation ein ernstzunehmendes Forschungsprojekt voraus, das einen wesentlichen Beitrag zum aktuellen Stand des Wissens leisten mußte. Nach einer Habilitation wurde man Privatdozent mit Lehrbefugnis, dann außerordentlicher Professor und schließlich ordentlicher Professor. In keinem anderen Land der Welt waren derart viele Studenten, Doktoranden und Habilitanden zu Publikation und Forschung gezwungen. Diese akademische Struktur und die reichlichen Forschungsgelder, die aus den Ministerien flossen, garantierten Deutschland bis 1933 einen gewaltigen wissenschaftlichen Vorsprung.

Der psychiatrische Lehrbetrieb in Mitteleuropa begann 1811 mit Johann Heinroth in Leipzig. Ernst Horn, der bereits 1806 zum zweiten Arzt der Berliner Charité ernannt worden war und dort die Verantwortung für die Irren übertragen bekam, hielt seine ordentlichen Vorlesungen nicht vor 1818, und die Psychiatrie in der Charité wurde erst nach ihrer Übernahme durch Karl Wilhelm Ideler im Jahr 1832 zu einem eigenständigen Bereich.[5] Allerdings entsprach keiner dieser ersten Professoren dem späteren Typ des Lehrstuhlinhabers, der gleichzeitig einem universitären Fachbereich und einer Universitätspsychiatrie vorstand. Heinroth hatte keinen Zugang zu Psychiatriepatienten. Nach seinem Tod 1843 sollte die psychiatrische Disziplin wieder vollständig aus Leipzig verschwinden (um erst mit der Ernennung des Neurologen Paul Flechsig, der die Gehirnoberfläche in Sinnes- und Assoziationsfelder einzuteilen versuchte, im Jahr 1877 wieder aufgenommen zu werden).[6] Im Prinzip wurde vor 1865 also nur sporadisch unterrichtet, auch wenn an einigen Universitäten (Würzburg 1834, München 1861) der Lehrbetrieb bereits aufgenommen worden war.

Die klinische Psychiatrie war der Universitätspsychiatrie in jenen Tagen sogar noch so weit voraus, daß ein mächtiger Mann wie Christian F. W. Roller den 1826 begonnenen Lehrbetrieb in Heidelberg völlig zum Erliegen bringen konnte, als er 1842 alle Patienten der Heidelberger »akademischen Irrenklinik« in seine eigene neue Anstalt nach Illenau verlegen ließ.[7]

Außerdem hatten diese frühen Versuche den Medizinstudenten noch kaum etwas über Psychiatrie beibringen können. Erstens wurden die Vorlesungen meistens in Irrenanstalten abgehalten, die für die Studenten viel zu weit vom übrigen Lehrbetrieb entfernt lagen; zweitens war die Patientenvorstellung nicht sehr erhellend, da in den Anstalten fast ausnahmslos chronische Fälle mit mehr oder weniger gleichartigen Symptomen untergebracht waren; und drittens waren die Irrenärzte oft zu sehr mit der Anstaltsverwaltung beschäftigt, um dem Unterrichten große Aufmerksamkeit widmen zu können.[8] Hinzu kam, daß sie in ihrer ländlichen Abgeschiedenheit völlig von der Medizin abgeschnitten waren. Ein Psychiatrieprofessor späterer Jahre schrieb, daß es in keinem Bereich der Medizin so viele »sonderbare Eigenbrötler« gegeben habe wie unter den älteren Irrenärzten.[9]

Dringend erforderlich waren also psychiatrische Fachbereiche in räumlicher Nähe zu medizinischen Fakultäten, die auch Patienten aufzunehmen vermochten, damit die Professoren in ihren Vorlesungen konkrete Fälle vorführen und die Psychiatrie überzeugend als Bestandteil der Medizin darstellen konnten. In Deutschland gelang dies 1865, nachdem sich der damals 48jährige Wilhelm Griesinger, dessen berufliche Karriere bis dahin ein ständiges Hin und Her zwischen innerer Medizin und Psychiatrie gewesen war, entschieden

Wilhelm Griesinger, von 1865 bis 1868 Professor für Psychiatrie in Berlin, gilt als Begründer der »ersten biologischen Psychiatrie«.

hatte, einen Ruf an die Berliner Charité als Professor für Psychiatrie anzunehmen. Der Somatiker Griesinger sollte nicht nur der einflußreichste Repräsentant der ersten biologischen Psychiatrie werden, sondern auch das moderne Modell einer universitären Psychiatrie begründen, die Lehre und Forschung an die Stelle der reinen Asylierung setzt. Ihm war es zu verdanken, daß die wissenschaftliche Psychiatrie schließlich über die Anstaltspsychiatrie triumphierte.

Griesinger, 1817 in Stuttgart geboren, hatte Medizin im nahen Tübingen und anschließend in Zürich bei Johann Schönlein studiert. Für seine Promotion kehrte er wieder nach Tübingen zurück. Schönlein war es, der den Schwerpunkt der deutschen Medizin vom philosophischen Diskurs über die Natur des Lebens auf die Naturwissenschaften verlagerte. Man begann damals, erste Fragen nach dem biologischen Substrat von Erkrankungen im Körpergewebe zu stellen und die Methoden der Chemie, Physiologie und Mikroskopie anzuwenden, um Antworten zu finden. Bei Schönlein begann Griesinger zu verstehen, daß ein Arzt zum Wissenschaftler ausgebildet werden und Patienten durch direkte Beobachtung studieren mußte, anstatt sich auf Aussagen über Körperflüssigkeiten zu verlassen, die tausend Jahre zuvor gemacht wurden.

Kurz nach seiner Promotion 1838 in Tübingen trat Griesinger eine Stelle als Assistenzarzt in der neuen Anstalt Winnenthal nahe Stuttgart an, die zu dieser Zeit von einem dynamischen jungen Arzt namens Albert Zeller geleitet wurde; er gehörte noch jener Generation von Reformern an, die von Jacobi in Siegburg inspiriert war. Seine Zeit in Winnenthal beendete Griesinger 1845 mit einem für einen 28jährigen Arzt erstaunlich vermessenen Projekt – er veröffentlichte ein psychiatrisches Lehrbuch, das einige Anerkennung finden sollte.[10]

Doch dann verabschiedete sich Griesinger von der Psychiatrie und trat eine Stelle an der Tübinger »Medicinischen Klinik« an, durchlief in der Folge Zwischenstationen als Ordinarius der »Medicinischen Klinik Kiel«, als Leibarzt des Vizekönigs von Kairo (anhand der dort gesammelten Erfahrungen konnte er ein umfangreiches Werk über Infektionskrankheiten veröffentlichen), bis er schließlich 1854 als Direktor der Medizinischen Klinik nach Tübingen zurückkehrte – weit abseits der Psychiatrie. 1860 nahm er einen Lehrstuhl für Innere Medizin in Zürich an und kehrte damit nach beinahe dreißig Jahren an seinen Studienort zurück. Es ist bemerkenswert, daß die Karriere dieses berühmtesten deutschen Psychiaters vor Kraepelin die längste Zeit in völlig anderen Bahnen verlief.

Doch in all den Jahren, die er sich mit innerer Medizin befaßte, hatte Griesinger die Psychiatrie nie ganz aus den Augen verloren. In der Medizinischen Klinik von Tübingen stellte er seinen Studenten, wann immer möglich, auch psychiatrische Fälle vor, an der Züricher Klinik organisierte er sogar spontan psychiatrische Vorlesungen. 1861 wandte er sich nochmals seinem Lehrbuch zu und veröffentlichte es in einer völlig überarbeiteten Fassung. Nun entsprach der Text ganz seiner revidierten Einstellung, daß psychische Krankheiten Störungen des Hirns beziehungsweise »Nervenkrankheiten« seien. Im Gegensatz zur ersten Ausgabe sollte diese zweite Fassung ein enormer wissenschaftlicher Erfolg und das vielleicht einflußreichste psychiatrische Lehrbuch der westlichen Welt werden, bis in den 1890er Jahren Kraepelins umfangreiches Werk erschien.[11]

Als der »romantische« Psychiater Wilhelm Ideler 1860 starb und in Berlin der Lehrstuhl für Psychiatrie frei wurde, schien Griesinger der nächstliegende Kandidat zu sein. 1865 nahm er den Ruf an. Die Universitätspsychiatrie der Charité sollte er zwar in völlig vernachlässigtem Zustand vorfinden, doch der Berliner Boden war für die Saat seiner Idee, daß Geisteskrankheit eine Erkrankung des Gehirns sei, gut bereitet. In jenen Jahren konkurrierte Berlin immer heftiger mit Wien um den Platz des medizinischen Weltzentrums. 1840 hatte auch Griesingers einstiger Lehrer Schönlein einen Ruf nach Berlin erhalten, wo er als Pathologe der inneren Medizin eine wissenschaftliche Basis verschaffte, indem er zum Beispiel darauf bestand, die Patientenuntersuchung grundsätzlich mit Laborbefunden zu vergleichen. Ein anderer großer Berliner Arzt, der Pathologe Rudolf Virchow, widmete sich zu dieser Zeit bereits intensiv dem Hirnstudium. (Der Psychiater Carl Wernicke sollte über Virchows Sektionen später verächtlich sagen, daß er Gehirne »wie Käse« zerschnitten habe.[12]) In Berlin befand sich Griesinger also in der Gesellschaft von Medizinern, die sich als Wissenschaftler verstanden und begierig darauf waren, das Feld der psychiatrischen Forschung anzuführen.

Griesinger teilte die Charité in zwei Bereiche auf: eine »Nervenklinik« für rein neurologische Hirnerkrankungen und eine »Psychiatrische Klinik« für Krankheiten mit dem primären Erscheinungsbild von Geistesstörungen. Pro Semester hielt er drei klinische Vorlesungen in der Woche, jeweils von sieben bis neun Uhr morgens. Im Frühjahrssemester 1867 sollten bereits 46 Medizinstudenten regelmäßig daran teilnehmen (eine beeindruckende Zahl angesichts der Tatsache, daß Psychiatrie kein Examensfach war). Außerdem waren immer auch jüngere Psychiater aus diversen Irren-Heilanstalten sowie ausländische Mediziner als Gasthörer zugegen. Den Medizinstudenten war im übrigen gestattet, mit Patienten in den Klinikgarten zu gehen, um ihre Kniereflexe zu testen und sich ihre Augen anzusehen.[13]

Mediziner, die in der Charité ihre psychiatrische Facharztausbildung machten, waren, anders als es in einer Anstalt der Fall gewesen wäre, ständig auch in anderen klinischen Bereichen gefordert. Robert Wollenberg, zu dieser Zeit psychiatrischer Assistenzarzt, schilderte, wie er erstmals zitternd vor Angst auf die Entbindungsstation zitiert wurde, um eine Geburt einzuleiten. Unter den kritischen Augen der Hebammen mußte er ein schwieriges, »Versio« genanntes Manöver durchführen, nämlich die Füße des Babys ergreifen und es mit einer Drehung herausziehen – ein Verfahren, das selbst für einen erfahrenen Geburtshelfer eine Herausforderung war.[14] (Heute dagegen zittern künftige Psychiater schon bei dem Gedanken an ein Neurologie-Examen.)

Den Assistenzärzten in der Charité pflegte Griesinger klarzumachen, daß sie dort vor allem eines lernen mußten: eine Diagnose zu stellen. Der neuen Anschauung zufolge hatte man zuerst einmal die Entwicklung einer Krankheit zu beobachten, bevor man ihre Art bestimmte, was zum Beispiel auch durch städtische Anstalten ermöglicht werden sollte, die Patienten kurzfristig und ohne große Formalitäten aufnahmen (und damit auch nicht von vornherein stigmatisierten), um sie dann entweder als gesund zu entlassen oder an eine reguläre Klinik beziehungsweise Heilanstalt zu überweisen.[15]

1867 ließ Griesinger mit einer wissenschaftlichen Publikation das Flaggschiff der neuen, neurologisch orientierten Psychiatrie, das *Archiv für Psychiatrie und Nervenkrankheiten*, vom Stapel, das die alte *Allgemeine Zeitschrift* der Anstaltsärzte bald in den Schatten stellen sollte. Griesingers Vorwort zur ersten Ausgabe des *Archivs* enthielt eine programmatische Aussage, die hinsichtlich ihres historischen Echos mit Lenins *Was tun?* vergleichbar war: Die Psychiatrie habe sich in ihrem Verhältnis zur übrigen Medizin vollständig gewandelt, was der Erkenntnis zu verdanken sei, »dass die sogenannten ›Geisteskranken‹ hirn- und nervenkranke Individuen sind«. Damit müsse sie nun endlich aus der Abgeschiedenheit ihrer Zunft hervorkommen und zu einem wesentlichen Bestandteil der Allgemeinmedizin werden, wo sie allen medizinischen Kreisen zugänglich sei.[16] Dies gehörte zu den folgenschwersten Worten, die jemals in der Psychiatriegeschichte geäußert wurden. Sie waren es, die die neue Ära der dem Studium des Hirns und Nervengewebes gewidmeten Universitätspsychiatrie einläuteten. Im Oktober 1868, ein Jahr nachdem diese erste Ausgabe des *Archivs* erschienen war, starb Griesinger im Alter von 51 Jahren an einem Blinddarmdurchbruch.[17]

Kliniken nach Griesingers Modell wurden nun an zahlreichen Universitäten eingerichtet. Bereits 1866 wurde Ludwig Meyer – der sich als Leiter der Hamburger Irrenanstalt einen Namen gemacht hatte, indem er die Zwangsmaßnahmen abschaffte – zum Leiter einer neuerbauten, einer Anstalt angegliederten Universitätspsychiatrie in Göttingen ernannt. Meyer, Mitherausgeber von Griesingers *Archiv*, gehörte dem inneren Zirkel der akademischen Nervenärzte an.[18] Weitere Neugründungen folgten: 1872 verwandelte der brillante Hirnforscher Bernhard von Gudden die 1859 eröffnete Münchener Psychiatrie in eine bedeutende Forschungseinrichtung. (Gudden starb 1886, weil einer seiner Patienten, der geistig umnachtete bayerische König Ludwig II., ihn mit sich auf den Grund des Starnberger Sees zog.)[19] Und Carl Fürstner gründete 1878 eine bescheidene Universitätspsychiatrie in Heidelberg (die erste einer Universität angegliederte Psychiatrie, die ausdrücklich nach Griesingers Richtlinien gestaltet wurde).

In Österreich hatten die Dinge mittlerweile ihren eigenen und von Griesinger unabhängigen Gang genommen. 1848 war der 15jährige Theodor Meynert mit seiner Familie aus seiner Geburtsstadt Dresden nach Wien umgezogen, wo sich sein Vater als Journalist niederlassen wollte (Meynerts Mutter war eine gebürtige Wienerin).[20] Während seines Medizinstudiums hatte er dann das Glück, von dem großen Wiener Pathologen Carl von Rokitansky als vielversprechendes Talent erkannt zu werden. Nach seiner Promotion 1861 spezialisierte er sich bei Rokitansky auf Aufbau und Funktion des Gehirns und des Rückenmarks. Er war also formal nie als Psychiater geschult worden, sondern Neuropathologe, und als solcher ging er auch an die Wiener Irrenanstalt. 1868 begann er jedoch psychiatrische Vorlesungen zu halten. 1870 ernannten ihn die österreichischen Behörden zum außerordentlichen Professor der Psychiatrie, was ihm augenblicklich Probleme mit der älteren Generation humanitär eingestellter und psychologisch orientierter Anstaltskliniker einbrachte. Meynert war Anhänger der Wiener naturwissenschaftlichen Schule und ein therapeutischer Nihilist, das heißt, er beharrte darauf, daß die Behandlung nicht behandelbarer Krankheiten sinnlos sei. Außerdem hatte er sich, wie er sagte, nicht der Psychiatrie zugewandt, um Patienten zu heilen, sondern um zu forschen. Tatsächlich sollte er Pionierarbeit auf dem Gebiet der Mikrostruktur von Hirn und Rückenmark leisten. Er entwickelte die Färbungstechnik (in Meynerts Fall mit Karminrot), um Hirnzellen unter dem Mikroskop sichtbar zu machen und Anordnung wie Aufbau der einzelnen Nervenzellen aus der Großhirnrinde und anderen Hirnregionen unterscheiden zu können (Zytoarchitektonik).[21] Unermüdlich saß er in seiner Wohnung im vierten Stock tief über das Mikroskop gebeugt, auf der Jagd nach den Strukturen und pathologischen Schädigungen von Neuronen. Wegen dieser Art von Forschung sollten sich spätere Generationen psychoanalytisch orientierter Historiker – die sich in der Sicherheit wiegten, daß der Meynert-Schüler Sigmund Freud den einzig richtigen Weg erkannt habe – über Meynert lustig machen. Doch daß er letztlich kaum mehr als die bei Neurosyphilis auftretenden Läsionen entdeckte, heißt nicht, daß er insgesamt falsch lag, sondern nur, daß er mit den falschen Werkzeugen suchte.

Während Meynerts Konzentration auf die Großhirnlappen generationenlang Heiterkeit auslöste, geriet völlig in Vergessenheit, daß er, der nach Griesinger vermutlich bekannteste Repräsentant der ersten biologischen Psychiatrie des 19. Jahrhunderts, damit die zweite biologische Psychiatrie des 20. Jahrhunderts vorweggenommen hatte. 1890 schrieb er, daß sich das Studium der menschlichen Anatomie von seiner gegenwärtigen Form einer rein deskriptiven Wissenschaft zu etwas Höherem wandeln müsse, zu einem Forschungszweig, der versuche, die Dinge zu erklären. Erst wenn die Psychiatrie sich wissenschaftlich auf die genaue Kenntnis des anatomischen Aufbaus des Gehirns stützen könne, würde sie sich in den Stand einer Ursachenforschung erheben.[22] Das waren prophetische Worte.

Theodor Meynerts Objektträgerschatulle mit Sektionen aus verschiedenen Hirnregionen.

Doch Meynerts Achillesferse waren die Patienten – was allerdings auf viele Vertreter seiner Generation zutraf. Er hatte einfach kein Interesse an ihnen und glaubte ohnehin, daß für die meisten jede Hilfe zu spät kam. Der österreichische Arzt und Dramatiker Arthur Schnitzler, der »auf der psychiatrischen Abteilung des Professor Meynert, dem sogenannten Beobachtungszimmer, ein halbes Jahr als Sekundararzt verbracht« hatte, vermittelte eine Vorstellung von Meynerts Stil: »Er war ein großer Gelehrter, ein vorzüglicher Diagnostiker, als Arzt im engeren Sinn, im persönlichen Verkehr mit den Kranken, zum mindesten auf der Klinik – in der Privatpraxis habe ich ihn nie gesehen –, rang er mir keine Bewunderung ab. So überlegen er immer dem Krankheitsfall gegenüberstehen mochte – vor dem kranken Menschen erschien mir seine Haltung manchmal kühl, unsicher, wenn nicht gar ängstlich ...«[23] Vermutlich war auch wenig hilfreich, daß Meynert Alkoholiker war.[24] Böse Zungen behaupteten, daß sein einziger Berührungspunkt mit der Psychiatrie die eigene Erfahrung mit dem Delirium tremens gewesen sei.

Trotzdem war Meynert ein Pionier. 1868 forderte er eine grundlegende Neuorientierung der Psychiatrie – ganz unabhängig von Griesingers gleichlautender Forderung in Berlin. Er wollte von der reinen Symptometikettierung wegkommen und Erkenntnisse über die anatomischen Ursachen von psychischen Krankheiten erwerben.[25] Meynerts Arbeit war der Beginn der letzten Phase der ersten biologischen Psychiatrie, der Konzentration auf die Anatomie.

In den 1880er Jahren arbeitete man an deutschen, österreichischen und Schweizer Universitäten wie besessen am Mikroskop, um Fortschritte in der Psychiatrie zu machen. Heute wissen wir, daß diese Manie in eine Sackgasse führte und daß die erste biologische Psychiatrie zum Scheitern verurteilt war, weil sie sich zu stark von den Patienten und ihren Problemen abschottete. Aber davon abgesehen haben diese Wissenschaftler versucht, mehr zu tun als nur die Struktur der grauen und weißen Substanz zu erforschen. Wie es schon bei der Neurosyphilis gelungen war, wollten sie die Hirnschäden im Falle von Krankheiten identifizieren, die primär psychischen und nicht neurologischen Ursprungs schienen. Mit anderen Worten, sie betrachteten sich eher als Psychiater denn als Nervenärzte (vielerorts wurde die Neurologie als Teil der inneren Medizin betrachtet). Und fast alle führenden Forscher auf diesem Gebiet waren Schüler von Meynert.

Zwei Giganten der Neuroanatomie, der Erforschung und Lokalisierung von Hirnschäden, gründeten in den 1880er Jahren neue Universitätspsychiatrien: Paul Flechsig 1882 in Leipzig und Eduard Hitzig 1885 in Halle. Flechsig teilte die Gehirnoberfläche in Sinnes- und Assoziationsfelder ein und versuchte zu klären, welche Funktionen sie hatten. Hitzig entdeckte, daß das Gehirn auf elektri-

Paul Flechsig, von 1877 bis 1921 Professor für Psychiatrie in Leipzig, war ein Pionier auf dem Gebiet der Hirnforschung, aber unfähig im Umgang mit Patienten.

sche Stimulanz reagiert. Beide leisteten Großes.[26] Und beide waren grauenvolle Kliniker.

In diesem Bereich warf die deutsche Psychiatrie ebensolche Schatten wie die österreichische. Im festen Glauben, daß psychische Krankheiten unheilbar seien, konzentrierten sich viele Professoren auf Grundlagenforschung und zeigten wenig Interesse an klinischer Psychiatrie. Sie hatten sich dieser Disziplin nicht zugewandt, um Patienten zu helfen. Emil Kraepelin, der kurzfristig als Sekundararzt bei Flechsig gearbeitet und ihm schließlich voller Abscheu den Rücken gekehrt hatte, berichtete, daß dieser völlig desinteressiert an den Patienten und ihren Problemen gewesen sei.[27] Daniel Paul Schreber, ein Jurist, der offenbar unter Neurosyphilis gelitten und um 1884 einige Zeit in Flechsigs Klinik verbracht hatte, nannte ihn den »Urheber des Seelenmords«.[28] (Es war derselbe Schreber, den Freud 1911 retrospektiv zu psychoanalysieren versuchte.[29]) Hitzig wurde allgemein als »untragbar« empfunden. Er hatte kaum Ahnung von Psychiatrie, und es wäre ihm nach Ansicht eines Kollegen niemals gelungen, in das Kollegium einer großen psychiatrischen Klinik aufgenommen zu werden, hätten ihn seine wissenschaftlichen Forschungen nicht zum Leiter einer solchen gemacht.[30] Während also die anatomische und physiologische Hirnforschung intensiviert wurde, wandte sich die biologische Psychiatrie mit immer größerem Nihilismus gegen die Möglichkeit einer klinischen Versorgung und widmete sich lieber der Forschung.

Ihr Ende fand die erste biologische Psychiatrie mit der Arbeit von Carl Wernicke, die sozusagen einen Spagat zwischen »Neuromythologie« und Hirnanatomie zu machen versuchte. Wernicke, der wohl ehrgeizigste unter den damaligen Nervenärzten, wollte beweisen, daß bestimmte Symptomenkomplexe (Syndrome) spezifischen Hirnregionen zugeordnet werden könnten. Und damit sollte er derart durchschlagenden Erfolg haben, daß er sich bereits im Alter von 24 Jahren einen bleibenden Namen machte. Gleich nach seiner Promotion 1870 in Breslau ging er zu Meynert nach Wien. 1874 gelang ihm der Nachweis, daß der Mensch nach einem Schlaganfall durch die Schädigung einer bestimmten Hirnregion (in einem Rindenfeld der hinteren linken Großhirnhälfte) nicht mehr in der Lage ist, gesprochene Worte zu verstehen und selbst nur noch unverständliches Kauderwelsch von sich geben kann. Diese Hirnregion sollte als »Wernicke-Zentrum« und die Sprachstörung als »Wernicke-Aphasie« in die Literatur eingehen. Dieser unerwartete wissenschaftliche Erfolg blieb für Wernickes Interessen prägend. Die folgenden Jahre verbrachte er in Berlin mit dem Versuch, weitere Hirnregionen zu identifizieren, der in seinem zwischen 1881 und 1883 verfaßten, dreibändigen Werk über Hirnkrankheiten gipfelte.[31]

Dann aber wandte er sich einem noch abstrakteren Thema zu, eben jener Frage, ob es psychische Syndrome gab, die in bestimmten Regionen des Gehirns lokalisiert werden könnten. 1885 wurde er Professor der Psychiatrie in Breslau und verbrachte nahezu den gesamten Rest seines Lebens mit dem Versuch, die bei seinen Patienten auftretenden Syndrome angenommenen Hirnanomalien zuzuordnen[32], wobei er ein eigenwilliges Vokabular zur Beschreibung von psychischen und neurologischen Beschwerden entwickelte. Einige Monate nachdem er 1904 in die Nervenklinik Halle übergewechselt war, wurde er auf seinem Fahrrad von einem Lastwagen angefahren und tödlich verletzt. Im Sterben sagte er, Kliniker bis zuletzt: »Ich gehe an autopsychischer Desorientierung zugrunde!«[33] Sein Vokabular hat ihn nicht überlebt.

Mit Wernicke war auch jene Entwicklung in der biologischen Psychiatrie gestorben, von der Karl Jaspers später als »Hirnmythologie« sprechen sollte.[34] Emil Kraepelin erklärte schon kurze Zeit darauf, daß man die deutlichsten Hinweise auf die Art einer psychischen Krankheit durch ihren Verlauf erhalte, nicht aber, wie Wernicke geglaubt hatte, durch Symptome, die ein Patient zu irgendeiner gegebenen Zeit zeigte. Kraepelin hatte einen langzeitanalytischen und Wernicke einen stichprobenartigen Ansatz gewählt. Der historische Sieg von Kraepelins über Wernickes Vorstellungen markierte das Ende der ersten biologischen Psychiatrie.

1911 gab es in Deutschland 16 Universitätspsychiatrien nach dem Modell von Griesinger sowie 187 staatliche und 225 private Nervenanstalten, ganz zu schweigen von den vielen Anstalten in Österreich und der deutschsprachigen Schweiz. Im selben Jahr verfügte Deutschland über 1400 Ärzte, die sich auf Psychiatrie spezialisiert hatten.[35] Ein solches Sammelbecken wissenschaftlicher Energie gab es nirgendwo sonst auf der Welt, was auch den Primat Mitteleuropas auf dem Gebiet der Hirn- und Verstandesforschung erklärt.

Die Entwicklungen in den deutschen Ländern hatten der Wissenschaftspolitik ihren unauslöschlichen Stempel aufgedrückt. Genauso prägten die Ereignisse anderenorts die dortige Wissenschaft vom Nervensystem auf ihre Weise.

Katastrophen in Frankreich

Anders als in Deutschland ging die Geschichte der Universitätspsychiatrie in Frankreich nicht Hand in Hand mit der Entwicklung des biologischen Denkansatzes, da vor allem Esquirol wenig Interesse an der Oberflächenstruktur des Gehirns hatte. Faszinierend an der französischen Geschichte ist, daß die Politik praktisch alle Versuche zunichte machte, eine Universitätspsychiatrie zu begründen, sei sie neurowissenschaftlicher oder sozialpsychiatrischer Art, bis 1877 ein Dekret der Regierung für die Einrichtung von Psychiatrien an den vier wichtigsten Universitäten sorgte.

Nur Pinel hatte schon vor 1815 Studenten an der Salpêtrière neben seinen Universitätsvorlesungen in innerer Medizin und Pathologie auch klinische Kurse in Psychiatrie angeboten, allerdings nicht lange. 1817 begann auch Esquirol dort Psychiatrievorlesungen zu halten, beides aber waren rein private und von der Fakultät völlig unabhängige Initiativen. Die ersten von der Fakultät organisierten Vorlesungen hielt Antoine Royer-Collard im Jahr 1821. Auch sie wurden jedoch eingestellt, nachdem die Regierung aus politischen Gründen die gesamte Medizinische Hochschule von Paris schließen ließ.[36] Und damit endete für ein halbes Jahrhundert jeder offizielle psychiatrische Lehrbetrieb in Paris.

Frankreich hatte begabte Psychiater, von denen viele einen bleibenden Beitrag zu ihrer Disziplin leisteten. Doch ihre Fähigkeiten wurden nie so systematisch gefördert, wie es in Deutschland mit seinen über zwanzig Universitäten und seinen Heerscharen von Privatdozenten und Professoren möglich war.[37] Bezeichnend sind die Erfahrungen des brillanten jungen Antoine-Laurent Bayle. 1822 hatte er in seiner Dissertation die typischen psychischen Symptome bei Neurosyphilis auf chronische Hirnhautentzündung zurückgeführt und war damit der erste, der beweisen konnte, daß einer psychischen Krankheit organische Ursachen zugrunde lagen, zumal er entdeckte, daß sich bei einer Zuspitzung der ursächlichen Erkrankung auch die psychischen Symptome verschlechterten.[38] Was aber war nun das Schicksal dieses französischen Wernicke? Wurde er zum Professor der Psychiatrie in Lyon ernannt (was ungefähr Wernickes Professur in Breslau entsprochen hätte)? Kaum. Ständige politische Intrigen sorgten dafür, daß er nicht einmal eine Stelle in einem Asyl bekam, geschweige denn einen Lehrstuhl. Und das nur, weil man glaubte, daß er politisch Royer-Collard nahestand, der in Charenton sein Lehrer gewesen war und sich einen Disput mit dem Pinel-Esquirol-Zirkel geleistet hatte. Gleich nach Royer-Collards Tod im November 1825 zwang dieser Kreis Bayle dazu, eine Anstellung als Hilfsbibliothekar in der Pariser medizinischen Fakultät anzunehmen. Als er sich Jahre später wieder der Anstaltspsychiatrie zuwandte, war sein Hunger nach Entdeckungen vermutlich gestillt, jedenfalls leistete er keinen wichtigen Beitrag mehr zur Forschung.[39]

Solche Manöver waren in Frankreich gang und gäbe. Ein anderes Opfer war Joseph Babinski, ein begabter Psychiater und Entdecker des nach ihm benannten Reflexes (streicht man am Fußsohlenrand mit einem harten Gegenstand, verursacht dies eine reflexartige Anhebung des großen Zehs, sofern eine Hirnschädigung vorliegt; anhand dieses Reflexes läßt sich dann eine Ausfallerscheinung in der Pyramidenbahn diagnostizieren). Auch Babinski hinderten die politischen Rivalitäten der 1890er Jahre daran, jemals einen akademischen Posten zu bekommen.[40] Das zentralistische System, das alles von einem einzigen ministeriellen Schreibtisch aus kontrollieren wollte, feuerte mit solchen Machenschaften allerdings einen Schuß nach hinten ab. Denn da in der Provinz kaum Möglichkeiten vorhanden waren, boten sich Leuten wie Bayle oder Babinski keine Alternativen. Im Gegensatz zu deutschen Psychiatrieprofessoren konnten sie nicht von Lehrstuhl zu Lehrstuhl wandern – man denke nur an Wernicke, der, nachdem sich der Breslauer Stadtrat in seinen Praxisstil eingemischt hatte, 1904 einfach nach Halle ging.

Damit hatte die Politik in Frankreich dekretiert, daß psychiatrische Forschung in Asylen und nicht an Universitäten stattfinden mußte. Der wohl berühmteste – beziehungsweise berüchtigste – unter den Anstaltsforschern war Bénédict-Auguste Morel, einer der ersten, der Schizophrenie beschrieb. Aber er war es auch gewesen, der den Begriff »Degeneration« auf seine schicksalhafte Reise schickte. Als Sohn einer nach dem Tode des Vaters verarmten Familie war Morel auf ein kirchliches Internat im Osten Frankreichs gegangen. Nach seiner Entlassung lebte er zunächst als mittelloser Bohemien in Paris und spielte mit der Idee, Journalist zu werden. Seine Wohnung teilte er sich mit dem jungen Claude Bernard (der später ein berühmter Arzt werden sollte, damals aber wie Morel völlig verarmt lebte). Schließlich entschieden sich beide für die Medizin. 1839 reichte Morel seine Doktorarbeit ein, in der er am Rande auch Irrsinn behandelte. Er beschloß, sich weiter mit Psychiatrie zu befassen, und bat Bernard (zu dieser Zeit in der Facharztausbildung an der Salpêtrière), ihn mit dem Leiter des Hospizes, Jean-Pierre Falret, bekannt zu machen. Von da an beschäftigte sich Morel mit klinischer Psychiatrie. 1841 begleitete er einen Patienten auf eine Auslandsreise und stieß dabei auf die von Johann Jakob Guggenbühl im Schweizer Abendberg geführte Anstalt für geistig behinderte Kinder. Guggenbühl hatte sich auf kindlichen Kretinismus spezialisiert (erst später erkannte man Jodmangel als Ursache). Dieser Aufenthalt in Abendberg begründete Morels Interesse an geistiger Retardierung; angesichts des organischen Ursprungs bestimmter Retardierungen, etwa des Down-Syndroms, sollte Morel schon bald in der Psychiatrie im allgemeinen Zusammenhänge mit organischen Störungen annehmen.

1848 übernahm Morel die Stelle des Anstaltsarztes von Maréville in der Nähe von Nancy, wo er sich als großer Reformer präsentierte, indem er die Patienten aus ihren gefängnisartigen Zellen befreite. Drei Jahre später, 1851, begann er dort psychiatrische Lehrveranstaltungen anzubieten. Seine Ansichten mochten zwar gelegentlich einen romantischen Anstrich haben – das Ergebnis seiner tiefen Frömmigkeit –, aber es besteht kein Zweifel, daß er fest in der biologischen Tradition verankert war. »Ich glaube, daß das Hirn das

Organ der Seele ist«, erklärte er.[41] Als er 1856 ärztlicher Leiter des St.-Yon-Asyls wurde, war die *dégénération* in ihren verschiedenen Ausdrucksformen, einschließlich der geistigen Retardierung, längst zu einer fixen Idee für ihn geworden. Damit gehörte Morel – nach Esquirol und Royer-Collard der erste Franzose von Rang, der Psychiatrievorlesungen hielt – klar auf die Seite der Biologen.[42]

Um im Rahmen des französischen Universitätssystems lehren zu dürfen, mußte man eine schwierige, *agrégation* genannte Prüfung ablegen. (Ein weiterer Grund, weshalb die französische Psychiatrie so hinterherhinkte: Junge Wissenschaftler verbrachten ihre ganze Zeit mit dem Auswendiglernen von Fakten, anstatt zu forschen.) Morel wurde kein *agrégé*. Dafür bestand ein anderer Freund aus Morels und Claude Bernards Studententagen das Examen: Charles Lasègue.

Und er war es auch, der den psychiatrischen Lehrbetrieb an der Universität von Paris wieder in Gang bringen sollte (nichtakademische Kurse in den Hospitälern hingegen hatten seit 1840 bereits mehrere Kliniker abgehalten – zum Beispiel Jules Baillargar in der Salpêtrière). Dem sieben Jahre jüngeren Lasègue war derselbe Karriereeinstieg wie Morel gelungen: Er hatte Claude Bernard gebeten, ihn mit Falret bekannt zu machen. Und wie Morel war auch er seither von der Psychiatrie fasziniert. Beide promovierten im Alter von dreißig Jahren in Medizin. Doch statt wie Morel in irgendeiner abgelegenen Anstalt zu verschwinden, zog Lasègue es nach seiner Promotion 1846 vor, in Paris zu bleiben und sich bei der Gerichtsmedizin der Polizeipräfektur zu verdingen. Nach seiner Prüfung 1853 gehörte er den Kollegien diverser Pariser Hospitäler an. 1862 erhielt er schließlich die Erlaubnis, einen Psychiatriekurs an der medizinischen Fakultät abzuhalten – allerdings ohne dabei Zugang zu Patienten zu haben. Er begann seine Vorlesungen am 28. November im riesigen und einzigen Hörsaal der Fakultät und bot in der Folge auch klinisch-medizinische Kurse im Necker-Hospital an.

Nun könnte man daraus schließen, daß damit endlich auch das französische System ans Ziel gekommen und Lasègue – ein wirklich begabter Mann, der mehrere wissenschaftliche Beiträge zur

Psychiatrie geleistet hatte (1873 sollte er erstmals Anorexia nervosa als charakteristisches Krankheitsbild beschreiben) – an einem vergleichbaren Punkt angelangt wäre wie Griesinger 1865 in der Charité oder Meynert 1870 in Wien. Aber weit gefehlt. 1867, fünf Jahre nachdem er den Vorlesungsbetrieb aufgenommen hatte, wurde Lasègue zum Professor der allgemeinen Pathologie berufen – und nicht der Psychiatrie, für die es noch immer keinen Lehrstuhl gab. 1869 erhielt er den Lehrstuhl für klinische Medizin am Pitié-Hospital.[43] Nur wenige bedeutende Psychiater wurden von ihm ausgebildet. Wieder einmal hatte sich das System selber blockiert.

Inzwischen waren auch dem Ministerium und dem Parlament, die einen eigenen psychiatrischen Lehrbetrieb stark befürworteten, die Zustände der Ausbildung in Psychiatrie und Neurologie zu einem Dorn im Auge geworden. 1875 empfahlen zwei Kommissionen die Einrichtung eines Lehrstuhls für Geisteskrankheiten *(maladies mentales)*. 1877 erließ die Regierung ein Dekret, nach dem in jeder der vier medizinischen Fakultäten Frankreichs – an der Sorbonne in Paris und an den Fakultäten von Lyon, Nancy und Marseille – auf der Basis ordentlicher Professuren Psychiatrie gelehrt werden sollte. Doch auch damit schufen sich Regierung und Universitäten ihr eigenes Problem. Denn zu dieser Zeit hielten bereits mehrere angesehene Irrenärzte Vorlesungen in Pariser Kliniken. Wer von ihnen sollte nun Professor werden? Nach langem politischem Tauziehen trug schließlich Lasègues Kandidat den Sieg davon – ein obskurer 45jähriger Psychiater namens Benjamin Ball, Sohn eines Engländers und einer Schweizerin. Für Ball sprach praktisch nichts außer seinem mächtigen Mentor, auf dessen Betreiben er Anfang der 1870er Jahre einen psychiatrischen Ergänzungskurs an der medizinischen Fakultät angeboten hatte. Also begann Ball 1879 als erster Inhaber des Lehrstuhls für Psychiatrie mit seinen Vorlesungen im Sainte-Anne-Asyl. Doch leider hatten es die Behörden versäumt, den Lehrstuhlinhaber zugleich zum medizinischen Leiter der Anstalt zu machen, woraufhin Ball während seiner Amtszeit beständigen innerbetrieblichen Querelen ausgesetzt war. Eine große Enttäuschung für jedermann, starb er 1893 desillusioniert im Alter von 58 Jahren.[44]

Über solche Händel zu berichten ist wichtig, weil sie illustrieren, weshalb Frankreich in der Psychiatrie weiterhin zweitrangig blieb. Kaum etwas vermag die Unfähigkeit dieses Landes, sich aus der professionellen Mittelmäßigkeit zu erheben, so deutlich zu vermitteln wie die Geschichte von Jean-Martin Charcot, der als großer Psychiater gepriesen wurde, obwohl er in Wirklichkeit Internist und Pathologe war und so gut wie nichts von psychischen Krankheiten verstand. 1825 als Sohn einer Arbeiterfamilie geboren, hatte sich Charcot schon in seiner Schulzeit autodidaktisch fortgebildet und schließlich allein kraft seiner geistigen Fähigkeiten den Weg in ein System gebahnt, das von Klinikern und Bürokraten des gehobenen Bürgertums dominiert wurde. Nachdem er die üblichen akademischen Hürden genommen hatte, wurde er 1862 leitender Arzt der Salpêtrière, die neben dem psychiatrischen Stab, dem Charcot nicht angehörte, über ein eigenes Medizinerkollegium verfügte. 1866 begann er dort Vorlesungen über chronische Krankheiten zu halten. Da in diesem Hospiz viele alte (und zumeist nicht irre) Frauen lagen, war es eine Art Schatzgrube für Pathologen, und so begann sich auch Charcot bald für das Studium der Nervenkrankheiten zu interessieren – vergleichbar mit Meynert, der den biologischen Forschungsbereich durch seine Verbindung zu Rokitansky entdeckt hatte. Doch Meynert hatte wenigstens in einer psychiatrischen Klinik gelehrt, was Charcot nicht tat. In den 1860er Jahren gelangen Charcot einige grundlegende Entdeckungen auf dem Gebiet der Neuropathologie, beispielsweise bezüglich der Zusammenhänge zwischen klinischen Symptomen und anatomischen Veränderungen bei Multipler Sklerose oder der Darstellung der ALS (amyotrophische laterale Sklerosis oder »Lou-Gehrigsche-Krankheit«). Das waren wichtige Beiträge zur Forschung, die ihm genügend Anerkennung verschafften, um in den 1870er Jahren zum bekanntesten Mediziner Frankreichs zu avancieren. 1882 wurde schließlich eigens für ihn ein Lehrstuhl für Neurologie geschaffen.

Anfang der 1870er Jahre hatte sich Charcot auch mit jener undifferenzierten Vielfalt neurotischer Beschwerden zu beschäftigen begonnen, die er unter dem Begriff »Hysterie« zusammenfaßte. Im festen Glauben, daß Hysterie eine organische Erbkrankheit sei, über deren Zusammenhänge mit Veränderungen im Nervengewebe er jedoch nur mutmaßen konnte, baute er eine Art Luftschloß der »eisernen Gesetze der Hysterie« – einer Krankheit also, die ihren eigenen Gesetzmäßigkeiten folgte. Seit den frühen 1870er Jahren bis zu seinem Tod 1893 widmete er seine ganze Energie der Hysterieforschung und schaffte es, indem er auch das Interesse seiner vielen Studenten auf dieses Gebiet lenkte, eine ganze Generation von Forschern – darunter zahlreiche Nervenärzte – in seinem Sinne heranzubilden beziehungsweise zu verbilden. Er besaß eine geradezu übermenschliche Autorität. Ganz Europa glaubte an Charcots »Hysterie«, die unwillkürlich ins Zentrum der französischen Psychiatrie gerückt war.

Doch nach seinem Tod sollte das Hysteriegebäude schnell in sich zusammenfallen. Die vermeintlich organische Nervenkrankheit Hysterie stellte sich als Kunstprodukt und reine Suggestion heraus, mitsamt all ihren »Stigmata«, jenen angeblich so untrüglichen Kennzeichen wie zum Beispiel dem Tunnelblick. Eine ganze Ärztegeneration war dazu verleitet worden, an eine Reihe von »eisernen Gesetzen« zu glauben, die nie existiert hatten, und eine ganze Generation von Patienten hatte prompt deren Symptome reproduziert.[45] Es war eine Katastrophe für die französische Psychiatrie, von der sie sich noch in der Zwischenkriegszeit nicht erholt hatte. (Ein Bericht über ein Pariser Symposium, das 1925 zum einhundertsten Geburtstag von Charcot veranstaltet wurde, ist ein einziges Armutszeugnis.[46])

Diese Misere war größtenteils hausgemacht. Nur in Frankreich konnte eine Handvoll Lehrstuhlinhaber in einer einzigen Stadt die medizinische Ausbildung eines ganzen Landes mit fast vierzig Millionen Einwohnern bestimmen. Wenn ein derart extrem zentralistisches System einen Pasteur hervorbringt, hat es das Potential, Talent zu konzentrieren und zu mobilisieren; bringt es jedoch jemanden wie Charcot hervor, der keinerlei gesunden Menschenverstand hatte, dafür aber ganz und gar von seiner eigenen Größe überzeugt war, birgt es das Potential für großes Unheil.

Jean Martin Charcot 1887 in der Salpêtrière in Paris bei der Vorführung einer Hysterie-Patientin.

Doch in den Kulissen der französischen Psychiatrie des 19. Jahrhunderts wartete in Gestalt Valentin Magnans, des leitenden Arztes des Sainte-Anne-Asyls[47] und neben Morel vielleicht berühmtesten Vertreters der biologischen Psychiatrie Frankreichs, noch weiteres Unheil. Jahrgang 1836, hatte Magnan in Lyon Medizin studiert und anschließend ein begehrtes Praktikum in Paris ergattert, das 1864 im Bicêtre bei dem Somatiker Victor Marcé und dem Vererbungstheoretiker Prosper Lucas begann und ihn 1865 in seinem zweiten Ausbildungsjahr an die Salpêtrière führte, wo auf dem Gebiet der Neurologie und der organisch orientierten Psychiatrie »ungeheure Aktivität« herrschte, wie Magnans Biograph schrieb.[48] Magnan beteiligte sich rückhaltlos an der Forschung solcher Lehrer wie Jean-Pierre Falret, von dem er vermutlich auch seine Vorliebe für die Klassifikation übernahm, die sich später so verhängnisvoll auf die französische Psychiatrie auswirken und sie international völlig isolieren sollte.

Gleich im Anschluß an seine Doktorarbeit 1866 wurde Magnan eine Stelle im Aufnahmebüro des Sainte-Anne-Asyls zugesichert, das ein Jahr später eröffnen sollte. (Das seltsame Pariser Einweisungsverfahren sah vor, daß Patienten erst zum forensischen Dienst der Polizeipräfektur mußten, dann an die Aufnahme des Sainte-Anne weitergeleitet und erst dort auf die diversen Anstalten im Pariser Bezirk verteilt wurden.) Hier befand sich Magnan im Zentrum des psychopathologischen Eifers, der die Metropole erfaßt hatte. Allein 1868 untersuchten er und seine Kollegen 2600 Patienten. Im selben Jahr begann Magnan im Sainte-Anne mit klinischen Vorlesungen, wie sie bereits in anderen Anstalten und Hospitälern gehalten wurden. (Die Fortführung des Kurses wurde 1873 von den Behörden untersagt, da es im Zusammenhang mit der Vorführung von Patienten zu einem öffentlichen Skandal gekommen war; vier Jahre später wurde der Lehrbetrieb wieder aufgenommen.[49]) Nachdem er zugunsten Balls auf einen Lehrstuhl hatte verzichten müssen, blieb Magnan als graue Eminenz der französischen Psychiatrie bis zu seiner Pensionierung 1912 am Sainte-Anne.

Unter den Patienten, die ihm zur Aufnahme vorgestellt wurden, interessierten Magnan vor allem die Alkoholiker, Epileptiker und alle, die an den typischen, durch das damals beliebte Getränk Absinth hervorgerufenen Nervenschädigungen litten (Absinth wurde später als Nervengift erkannt und aus dem Verkehr gezogen). Kurzum, er wählte all diejenigen aus, die nach Morels Klassifikation als »degeneriert« galten. Magnans Schriften über die »Degeneration« verbreiteten sich bald in ganz Europa. Damit hatte er der französischen Psychiatrie einen ersten Bärendienst erwiesen.

Es blieb nicht der einzige. Ganz im Stile Charcots entwickelte er eine Reihe von ehernen Gesetzen über die vermeintliche Evolution von Psychosen. Eine Krankengeschichte, die zum Beispiel mit »Reizbarkeit« begonnen habe, behauptete er, ende unweigerlich im »Schwachsinn« – das heißt, mit jener nur in Frankreich üblichen Diagnose: »systematisch fortschreitendes chronisches Delirium« (*délire chronique à évolution systématique*). Mit Ausnahme von Neurosyphilis und der Alzheimerschen Krankheit gibt es jedoch keine psychische Erkrankung, die auf diese Weise verläuft, und die Idee, chronische Wahnzustände als Sonderkategorie hervorzuheben, hat wenig Sinn, da solche Zustände auch im Zusammenhang mit anderen Symptomen und bei nahezu allen Psychosen auftreten. Doch Magnans charakteristische Einstellung zum Delir sollte der französischen Psychiatrie erhalten bleiben und zur nationalen Tradition werden. Sie verhinderte, daß Frankreich Schizophrenie als Krankheit anerkannte, isolierte das Land damit vom Rest der psychiatrischen Welt und blockierte jede Weiterentwicklung.[50]

Magnan wurde zum Synonym für den Höhepunkt der ersten biologischen Psychiatrie in Frankreich. Aber diese französische Version war viel zu stark von Magnans erbbiologischem Reduktionismus durchdrungen, um überleben zu können. Gleich nach dem Ersten Weltkrieg sollten jedenfalls sozialpsychiatrische Schlagworte wie »Psychohygiene« das Feld beherrschen.

Die angelsächsischen Nachzügler

Als im Jahre 1904 ein junger amerikanischer Irrenarzt namens Clarence Farrar auf einer Informationsreise durch Europa nach London kam, wollte er natürlich auch das Bethlem Royal Hospital, die berühmteste aller Irrenanstalten Großbritanniens, kennenlernen. Der Anstaltsarzt William Stoddart, eine »hünenhafte, wohlbeleibte Gestalt, herausgeputzt mit Cut und Zylinder«, erklärte sich bereit, ihn durch das Haus zu führen und ihm den Stand der englischen Psychiatrie zu schildern. »Stoddart sagt, daß die englische Psychiatrie weit hinter der kontinentalen zurückliege und daß keine eigene psychiatrische Fakultät zur Verfügung stehe«, notierte Farrar in sein Tagebuch. »In Bethlem gibt es weder einen Pathologen, noch wird Pathologie betrieben, es sei denn, Dr. Stoddart ›findet Zeit‹ dafür. Was die histologische Diagnose betrifft, so hält er G.P. [general paralysis; progressive Paralyse] für die einzig identifizierbare Krankheit. Es wird auch keine Psychologie betrieben. Man findet, sie mache zuviel Arbeit und bringe wenige Ergebnisse.«[51] Farrar, der gerade aus den großen Pathologielaboren Heidelbergs gekommen war, in denen so überragende Wissenschaftler wie Franz Nissl und Aloys

Alzheimer Nacht für Nacht über ihre Mikroskope gebeugt saßen, um die Ursachen für Psychosen und Demenz zu finden, konnte die Rückständigkeit der englischen Psychiatrie kaum fassen.

In Großbritannien, wo alles von wohltätigen Spendern und nicht von öffentlichen Geldern abhing, gab es so gut wie keine Forschung auf dem Gebiet der biologischen Psychiatrie. »Die folgende Schilderung«, schrieb der Chirurg Walter Rivington 1879 in einer Darstellung der Medizin des Vereinigten Königreichs, »wird zeigen, wie äußerst unterschiedlich die Systeme in Paris und London sind. In Paris gibt es 1 medizinische Hochschule, 1 Professorenkollegium, 1 Gruppe von Laboratorien und Museen, Hör- und Sektionssälen ... Verantwortlichkeit dem Staat gegenüber und Zentralisierung sind die Charakteristika. In London gibt es 11 Hochschulen, 11 Professoren- und Sekundararztkollegien, 11 verschiedene Kurse zu jedem Forschungsgegenstand, 11 unterschiedliche Amts- und Lehrgebäude mit jeweils eigenen Hörsälen und Laboratorien ... Die Krankenhausbelegschaften werden ohne Mitbewerber von den Laienbehörden der Kliniken ernannt, auf der Basis privater Einflußnahme oder der Empfehlung künftiger Kollegen.«[52] Im extrem dezentralisierten englischen System könne kein Geld für Labore oder Forschungsinstitute aufgetrieben werden, und die klinischen Pflichten ließen kaum Zeit für die Arbeit am Mikroskop. Mit einem Wort, Stoddart war nicht der einzige, den die Möglichkeit, die Geheimnisse der Natur im Labor zu lüften, gleichgültig ließ.

Das besagt aber nicht, daß die britische Psychiatrie nicht dennoch biologisch orientiert gewesen sei. Von Anbeginn hatten britische Mediziner physische Ursachen bei psychischen Krankheiten vermutet. Bedlams John Haslam schrieb 1809: »Aus früheren Autopsien von Irren kann geschlossen werden, daß Irrsein schon immer mit einer Erkrankung des Hirnes und seiner Membranen zu tun hatte.«[53] Und William Charles Ellis sah bei den in Hanwell durchgeführten Autopsien seine Theorie bestätigt, daß »das Blut bei einsetzendem Irrsein zunehmend aktiv wird«.[54] Der somatische Gedanke war in der gesamten britischen Psychiatrie des 19. Jahrhunderts vorhanden, aber dominiert hat er nur in den akademischen Zirkeln. Die

Herren, die britische Medizinstudenten in Psychiatrie unterrichteten, waren ausnahmslos biologisch orientiert.

Schon zu Zeiten Batties waren in den Londoner Hospitälern ab und zu klinische Vorlesungen über Psychiatrie gehalten worden. Doch eine regelmäßige Vorlesungsreihe scheint erst 1851 von David Skae, einem Arzt aus dem Royal Lunatic Asylum von Edinburgh, angeboten worden zu sein. Der Somatiker Skae schlug vor, die spezifische Art einer Geisteskrankheit anhand ihrer körperlichen Begleiterscheinungen zu klassifizieren, was zu einer Liste von 25 solcher Bezeichnungen wie »Masturbationswahn« und »Schwangerschaftspsychose« führte: »Jede davon kann als *eine Krankheit* beschrieben werden, welche sich durch eine bestimmte Anzahl und Art geistiger Symptome darstellt.«[55] In Dr. Skaes Hörsaal im Edinburgher Morningside-Asyl liefen die Vorstellungen von Krankheit Amok.

In London bot erstmals William Sankey Mitte des 19. Jahrhunderts am University College einen Kurs in Psychiatrie an. Sankey hatte sich im Alter von vierzig Jahren mit dem Thema Irrsein zu befassen begonnen, nachdem er seine ersten Berufsjahre im Londoner Fever Hospital verbracht hatte. Da viele fiebrige Erkrankungen ein Delirium, also einen mit psychotischen Symptomen einhergehenden Orientierungsverlust, verursachen, wird sich Sankeys Interesse an der Psychiatrie vermutlich ganz von selbst eingestellt haben. Als typischer Somatiker zweifelte er nicht daran, daß Melancholie mit einer krankhaften Anatomie einherging, auch wenn er sich über die genaue Art der Schädigung nicht im klaren war.[56] 1854 wurde er Leiter der Frauenabteilung des Middlesex County Asylum in Hanwell, die er ein Jahrzehnt später wieder verließ, um eine Privatanstalt auf dem Land, das Sandywell Park Lunatic Asylum in Gloucestershire, zu übernehmen. Etwa seit 1865 hielt er am University College Vorlesungen über Geisteskrankheiten.[57]

Die Möglichkeit dazu bot sich ihm durch die fehlgeschlagene Initiative eines jungen Fellows des University College namens Henry Maudsley. Maudsley, damals dreißig, hatte sich bereits als Student einen hervorragenden Ruf erworben und 1856 als MB (*medical bachelor*, das britische Äquivalent zum amerikanischen »MD«) seinen

Abschluß gemacht. Schon im Alter von 24 Jahren wurde er zum medizinischen Leiter des Manchester Royal Lunatic Hospital ernannt. Drei Jahre später ging er nach London, um dort das *Journal of Mental Science*, das wichtigste Organ der britischen Psychiatrie, herauszugeben. 1865 schlug er dem University College vor, in London einen psychiatrischen Lehrbetrieb einzurichten, wie es ihn längst schon in Edinburgh, Paris, Wien und Berlin gab, denn »ein jeder Mediziner muß sich in seiner Praxis ebenso mit Irrsein wie mit allen anderen Krankheiten befassen; und für gewöhnlich fällt es ihm zu, diese Krankheit in jenem frühen Stadium zu Gesicht zu bekommen, in dem die Hoffnungen am größten sind ... eine Genesung herbeizuführen«. Das Berufungskomitee des College war von dieser Logik zwar überzeugt, überging Maudsley aber bei der Postenvergabe zugunsten von Sankey.[58]

Doch Maudsley stand mehr als nur sein eigenes Können zur Verfügung. 1866 hatte er die jüngste Tochter des berühmten Irrenarztes John Conolly geheiratet, der sich 1850, wie schon seine Vorgänger in Hanwell, vehement für die Abschaffung von Zwangsmaßnahmen eingesetzt hatte.[59] Mit einemmal hatte er also die ganze Autorität seines Schwiegervaters hinter sich (der einen Monat nach der Hochzeit starb). Er übernahm die kleine private Nervenklinik Lawn House, die Conolly in seinem eigenen Anwesen in Hanwell mit Zimmern für acht – reiche – Patientinnen eingerichtet hatte. Lawn House und Maudleys Praxis an seinem zweiten Wohnsitz am Hanover Square in London sollten den Grundstock eines beträchtlichen Vermögens bilden.[60]

1869 wurde Maudsley als Professor für Gerichtsmedizin an das University College Hospital berufen, was einer Professur für Psychiatrie entsprach. Er sollte zum berühmtesten Psychiater des viktorianischen England werden. Psychische Krankheiten waren für ihn körperliche Leiden wie jedes andere auch. »Wenn ein Mensch verrückt ist«, schrieb er 1870, »dann ist er ... verrückt bis in die Fingerspitzen.« Für Maudsley stand wie für Griesinger fest: Der erkrankte Geist war nichts anderes als das erkrankte Gehirn. »Geistige Leiden sind nichts mehr und nichts weniger als Nervenleiden, bei welchen geistige Symptome vorherrschen.«[61] Aus Sicht des viktorianischen Irrenwesens war diese Theorie weder gewagt noch ikonoklastisch. Maudsley sprach nur aus, was so gut wie jeder Irrenarzt und Mediziner damals glaubte. Der Unterschied war nur, daß er höchstes Ansehen genoß und damit die Möglichkeit hatte, Bedingungen für den Beweis der Gültigkeit seiner Behauptung zu schaffen.

1907 bot Maudsley dem Londoner County Council, der die Irrenanstalten der Hauptstadt verwaltete, 30 000 Pfund für den Bau einer neuen Anstalt nach genau festgelegten Prinzipien an (Griesinger hätten die Ohren geklungen): Sie sollte nur gerade erst erkrankte Personen aufnehmen, Möglichkeiten für Lehre und Forschung bieten und in der Nähe der medizinischen Hochschulen im Zentrum der Stadt liegen. 1915 wurde sie fertiggestellt, allerdings sofort zum Militärkrankenhaus umfunktioniert. Erst vier Jahre nach Maudsleys Tod im Jahr 1923 wurde daraus die von ihm geplante Institution für die »exakte Wissenschaft von den Ursachen und Pathologien der Geisteskrankheiten«.[62] England hatte also beinahe sechzig Jahre warten müssen, bis es die erste Universitätspsychiatrie nach dem Modell erhielt, das 1865 Griesingers Ruhm begründet hatte.

Die Achillesferse – oder, je nach Standpunkt, der Vorzug – der englischen Psychiatrie war, daß ausschließlich klinische Medizin und kaum Forschung betrieben wurde. Die Engländer glanzten in der Beobachtung und Untersuchung der Patienten und ihrer Krankheitsbilder, aber ihren Erkenntnissen fehlte jener Zusammenhang mit den Naturwissenschaften, den herzustellen die Deutschen so außerordentlich begabt waren. Ein junger Schweizer Medizinstudent namens Adolf Meyer bemerkte 1891 nach Besuchen in London und Edinburgh: »Man kommt der Wahrheit über die englische Medizin am nächsten, wenn man sagt, daß sie als Heilkunst verstanden wird, welcher die Wissenschaft untergeordnet ist. Allenthalben haben praktische Fragen Priorität.«[63] Dabei waren die Briten keineswegs von Natur aus pragmatischer oder weniger exakt; sie arbeiteten nur in einem System, das Kliniken, an denen Lehre und Forschung betrieben wurden, von Spenden abhängig machte. Wo, wie in Deutschland, der Staat die Wissenschaft finanzierte, tat er das, weil ihre Triumphe zum nationalen Prestige beitrugen; private Geldgeber wie in England hingegen handelten aus rein humanitären oder dynastischen Motiven. So wirkte sich das System der Finanzierung, das ein Land angenommen hatte, entscheidend auf die Art der Psychiatrie aus, die es betrieb.

Um die Rückständigkeit der amerikanischen Psychiatrie zur Jahrhundertwende zu verstehen, muß man sich ins Gedächtnis rufen, welches Mittelmaß zu dieser Zeit generell in der Medizin der Vereinigten Staaten herrschte. »1900«, schreibt die Historikerin Rosemary Stevens, »waren weniger als zehn Prozent der praktizierenden Ärzte in den USA Absolventen medizinischer Hochschulen. Ungefähr zwanzig Prozent hatten nie medizinische Vorlesungen besucht. Die Mehrheit hatte eine Lehre durchlaufen oder war privat ausgebildet worden.«[64] Es kann daher nicht überraschen, daß auch die psychiatrische Forschung und Ausbildung in den Vereinigten Staaten einen verzögerten Start hatte. 1868, nach der Veröffentlichung von Griesingers Manifest, überzeugte John Gray, der progressive Leiter des Utica State Hospital, den Klinikvorstand, ein Pathologielabor für Hirn- und Rückenmarksektionen einzurichten. Zu diesem Zweck wurde der junge Arzt Edward Hun aus Albany eingestellt, der erst zwei Jahre zuvor sein Studium an der Medical School der Columbia University abgeschlossen hatte. Es gibt nur wenige Unterlagen über seine Arbeit dort; immerhin wissen wir, daß er Utica 1873 wieder verließ, nachdem er über Themen wie »Der Puls des Irren« oder »Haematoma auris«, das Auftreten von Blutblasen im Ohr, geschrieben hatte; letzteres wurde auch »Irrenohr« genannt und galt als ein typisches Merkmal von Irrsein (tatsächlich waren diese Blasen das Ergebnis der Schläge, die den Patienten von Pflegern verabreicht wurden).[65] Eine derart armselige Gestalt auf vergleichbarem Posten wäre in Europa schlicht undenkbar gewesen.

Huns Nachfolger wurde John Deecke, der als handfester Wissenschaftler galt und sogar in den Augen ausländischer Mediziner, die sich in den USA aufhielten, eine bedeutende Figur war. Der englische Irrenarzt John Bucknill stellte 1867 beispielsweise fest, daß »sich Dr. Theodore [sic!] Deecke ausschließlich pathologischen Untersuchungen widmet und derzeit damit befaßt ist, Fotografien von Hirn- und Rückenmarksektionen in wunderbarer Größe und Exaktheit anzufertigen«.[66] Ein Sieg der Wissenschaft, sicher. Doch ein besserer Kenner der Szene berichtete, daß Deecke, »der eher Techniker als Pathologe« war, zwar »zu sezieren verstand, aber diese Sektionen gar nicht deuten konnte«.[67] Deecke hatte niemals Hirnanatomie an einer Universität studiert. Und Bucknill diskutierte (im Gegensatz zum jungen Dr. Farrar aus London) mit Deecke nicht darüber, was er da eigentlich betrachtete. Das »Pathologielabor« von Utica hörte mit dem Tod des Anstaltsleiters John Gray im Jahr 1886 auf zu existieren, und die Episode der »Histopathologie in der Tradition des Utica State Hospital« galt unter künftigen amerikanischen Psychiatern bestenfalls als Witz.[68]

Hier wendet sich die Geschichte nun jenem jungen Adolf Meyer zu, der 1891 eine Reise durch die europäischen Anstalten angetreten hatte. Nach seiner Promotion in Zürich war Meyer in die Vereinigten Staaten ausgewandert, um, wie er sagte, Neurologie zu studieren.[69] Diese doch sehr seltsame Entscheidung traf er, nachdem er in Berlin einem amerikanischen Neurobiologen begegnet war, der ihm von der Universität von Chicago vorgeschwärmt hatte (vielleicht glaubte Meyer ja tatsächlich, in den USA auf seinem Fachgebiet bessere Möglichkeiten zu haben als in der Schweiz).[70] In Chicago angekommen, mußte er jedoch feststellen, daß er in einem wissenschaftlichen Ödland gelandet war.[71] 1893 wurde er Pathologe in einer Irrenanstalt in Kankakee, Illinois, die 1879 als erstes Heim in den Vereinigten Staaten Patienten in gemauerten Bungalows anstatt in riesigen Baracken unterbrachte (*noncongregate asylum*).[72] Doch so fortschrittlich Kankakee architektonisch auch gewesen sein mochte, so hoffnungslos war die Belegschaft bei Meyers Eintreffen »in Routine versunken – und dabei absolut zufrieden«. Meyer bot sofort einen Kurs in Neurologie an, mußte aber schnell feststellen, daß er damit auf wenig Begeisterung stieß. »Als mir das klar wurde, überlegte ich mir etwas, das dem Alltagsinteresse der Ärzte mehr entsprach. Ich begann, sie die Patienten in Gegenwart des gesamten Kollegiums untersuchen zu lassen, ganz inoffiziell in der Stunde, die sie normalerweise zu ihrer Entspannung zur Verfügung hatten.«[73] Charakteristisch für Meyer war der große Wert, den er auf ausgiebige Anamnesen, umfassende Untersuchungen und genaue Notizen legte. Wo die Briten *Nonrestraint* (Abschaffung von Zwangsmaßnahmen) und die Deutschen das Mikroskop zu ihrem Fetisch machten, waren für Meyer das Nonplusultra »die Fakten«. Von da an sollte er als eine Art Johnny Appleseed[74] durch die Landschaft der amerikanischen Psychiatrie wandern und überall den Samen der »Allgemeinmedizin« aussäen (für ihn waren Medizin und Psychiatrie Synonyme).

1895 verließ Meyer Kankakee, um an das Worcester-Heim in Massachusetts zu wechseln, das im Zuge der Reformwelle 1833 gegründet worden war, bis zur Jahrhundertwende aber wieder zur reinen Verwahranstalt verkommen sollte. Daß Meyer ausgerechnet dort landete, war letztlich reiner Zufall. Während eines Psychiatriekonvents im Jahr 1895 hatte er mit Edward Cowles, dem Leiter des McLean Hospital in Boston, die Notwendigkeit diskutiert, in staatlichen Anstalten wie Worcester solche Pathologielabore einzurichten wie Cowles es im McLean bereits getan hatte. Daraufhin hatte ihm der Direktor von Worcester geschrieben und ihm eine Stelle angeboten, nicht ohne ihm zu versichern, daß er in Forschung und Lehre völlig freie Hand haben würde und sich nicht auf Autopsien würde beschränken müssen. Meyer war zu diesem Zeitpunkt ohnehin der Autopsien müde und hatte sich mehr und mehr für »den lebenden Patienten« zu interessieren begonnen.[75] Die Psychiatrie, die er in Worcester einführte, war entschieden biologisch orientiert. »Das Grundprinzip, auf dem die heutige Psychiatrie aufbaut«, schrieb er 1897, »ist ohne Zweifel das biologische Verständnis des Menschen.« Ganz auf einer Linie mit seinen europäischen Lehrmeistern, betrachtete Meyer in seinen ersten Jahrzehnten in den Vereinigten Staaten das Gehirn als Substrat allen menschlichen Handelns: »Wir können uns eine Störung des Geistes nicht ohne eine Funktionsstörung der Zellmechanismen [im Gehirn] vorstellen.«[76]

Nach sechs Jahren in Worcester wurde Meyer 1901 zum Direktor des Pathologischen Instituts von New York City ernannt, das 1895 eingerichtet worden war, um Hirnsektionen aus staatlichen

Anstalten zu untersuchen, unter seinem ersten Direktor jedoch mehr schlecht als recht verwaltet worden war. Von Meyer wurde nun erwartet, das Institut mit der Gründlichkeit deutscher Wissenschaft zu reorganisieren.[77] 1902 veranlaßte er den Umzug in ein unbenütztes Backsteingebäude des Manhattan State Hospital for the Insane auf Ward's Island in New York.[78] Während dieser Jahre kam er immer mehr zu der Überzeugung, daß das Studium der Psychiatrie in erster Linie am Krankenbett und nicht im »Leichenschauhaus« stattzufinden habe. Doch nach wie vor waren seine Interessen eindeutig biologischer und nicht psychosozialer Art. 1903 rief er beispielsweise klinische Psychiater aus staatlichen Hospitälern zusammen, um ihnen seine neue Agenda vorzustellen. »Ich umriß die allgemeinen Prinzipien der an die Psychiatrie angepaßten Pathologie sowie Methoden der körperlichen Untersuchung von Irren und stellte die häufigsten Probleme und Schwierigkeiten bei der allgemeinen physischen und neurologischen Diagnose dar, darunter einige meiner jüngsten Beobachtungen über die einseitige Apraxie [die Unfähigkeit, zweckbestimmte Bewegungen auszuführen] und das einseitige Delirium.«[79]

Als Meyer 1910 als Professor der Psychiatrie an die Johns Hopkins Medical School berufen wurde, blickte er auf wissenschaftliches Ödland. Von den wenigen Laboren, die auch nur annähernd europäischem Standard entsprachen, hatte er zwei selbst ins Leben gerufen (Kankakee und Worcester); wenige staatliche Hospitäler verfügten über Labore nach deutschem Muster, beispielsweise Iowa und Minnesota; und nur das 1855 eröffnete Government Hospital for the Insane (später St. Elizabeths Hospital) in Washington errichtete gerade eine eigene Forschungsabteilung. Am ehesten entsprach wohl das McLean Hospital mit seinem großen Kollegium und der geringen Bettenzahl dem europäischen Modell.[80] Kaum eine amerikanische Universität bot ein systematisches Psychiatriestudium an, auch wenn viele dieses Fach in ihren Vorlesungsbetrieb aufgenommen hatten.[81]

Die Trennung von Forschung und Lehre, das Gegenteil des kontinentaleuropäischen Prinzips also, war typisch für die Entwicklung der Psychiatrie in den Vereinigten Staaten. Deshalb war die

Gründung der Johns Hopkins Medical School im Jahre 1893 auch von so großer Bedeutung, denn sie versprach endlich eine Zusammenführung von Wissenschaft und Praxis, die im Bereich der Psychiatrie mit Meyers Übersiedlung an diese Universität 1910 auf den Weg gebracht werden sollte. Es entbehrt allerdings nicht einer gewissen Ironie, daß ausgerechnet Meyers Professur an der Johns Hopkins University der ersten biologischen Psychiatrie in den Vereinigten Staaten ein Ende bereiten sollte.

Degeneration

Die Irrenärzte des 19. Jahrhunderts bereiteten den modernen genetischen und biologischen Sichtweisen der Neurowissenschaften den Weg. Aber sie gingen noch einen Schritt weiter, indem sie behaupteten, daß schwere Geisteskrankheiten sich bei ihrer Weitergabe von Generation zu Generation sukzessiv verstärkten, also zu einer progressiven Degeneration im Stammbau einer Familie und somit in der gesamten Bevölkerung führten. Damit hatte sich die Psychiatrie auf äußerst gefährliches Terrain begeben, was sich vollends katastrophal auswirken sollte, als Politiker sich dieser Ideen bemächtigten und sie zur Richtlinie ihres Handelns machten.

Tatsächlich steckt im Konzept der Degeneration ein Körnchen Wahrheit, auch wenn wir am Ende des 20. Jahrhunderts äußerst sensibel auf eine solche Aussage reagieren, die unweigerlich Erinnerungen an seinen Mißbrauch während des Holocaust wachruft. Doch einige Krankheiten mit psychischen und neurologischen Erscheinungsformen verstärken sich in der Tat durch Vererbung. Die krankheitsverursachenden Gene nehmen bei ihrem Weg durch den Familienstammbaum an Größe zu (in der Fachsprache nennt man das repetitive Trinukleotidmutation). Die Anzahl der DNA-Basenpaare steigt. Beispiele hierfür sind das »Fragile-X-Syndrom«, die zweithäufigste Ursache für geistige Retardierung nach dem Down-Syndrom, oder Huntington-Chorea, auch »Veitstanz« genannt, weil die Patienten, dem geistigen Verfall anheimgegeben, auch unwillkürliche, ruckartige Bewegungen ausführen.[82] Allerdings übertrugen die Anhänger der Degenerationstheorie am Ende des 19. Jahrhunderts diese Vorstellung auf nahezu die gesamte Psychiatrie und Anthropologie, was schließlich nicht nur sozialpolitischen Maßnahmen wie Sterilisation und Euthanasie Tür und Tor öffnete, sondern am Ende benutzt wurde, um die Verfolgung der Juden als eines »entarteten Volkes« zu rechtfertigen.

Es war Benedict-Augustine Morel, der das Konzept der Degeneration 1857 auf seinen schicksalhaften Weg schickte. Schockiert beobachtete er, daß solche Übel wie progressive Paralyse, Epilepsie, Selbstmord und Kriminalität in Europa »unaufhörlich fortschritten«, und versuchte, die zugrundeliegenden, das Schicksal der Menschheit bestimmenden »Naturkräfte« ans Licht zu bringen. Verblüfft stellte er fest, daß viele seiner Patienten eigenartig aussahen. »Kretins« zum Beispiel hatten zumeist einen Kropf (das Ergebnis von Jodmangel). Aber nicht nur sie, alle Irrenhausinsassen schienen ihm »ein physiognomisches Merkmal« zu tragen. Was war mit ihnen los? Morels Ansicht nach litten sie nicht einfach nur unter erblichem Irrsinn – alle Irrenärzte seiner Zeit glaubten, daß Geisteskrankheit erblich sei –, nein, »es wiederholen sich in ihren Körpern die pathologischen Charakteristika der Organe einer Reihe von früheren Generationen«, das heißt, sie trugen das ganze Gewicht generationenalten Irrseins mit sich herum. Also borgte sich Morel einen Terminus aus der vergleichenden Zoologie seiner Tage und beschloß, dieses pathologische Phänomen innerhalb eines Familienstammbaums Degeneration zu nennen. Er sah darin nicht nur ein äußerstes Übel für die betroffene Familie, sondern die Gefahr einer Schädigung der ganzen Gesellschaft:

»Der degenerierte Mensch fällt, sofern er sich selbst überlassen wird, einer progressiven Entartung anheim. Es ist ihm nicht nur ... unmöglich, Teil eines fortschrittlichen Gliedes in der Erbkette der menschlichen Gesellschaft zu sein, er ist durch seinen Kontakt mit dem gesunden Teil der Bevölkerung sogar das größte Hindernis für diesen Fortschritt.« Doch glücklicherweise »ist seine Lebensspanne, wie die aller Monstrositäten, begrenzt«.[83]

So wurde Morels Theorie der Degeneration in Umlauf gebracht: Am Anfang stehe womöglich ein erworbenes Übel wie Alkoholismus oder eine der Krankheiten, die man sich in dem Elendsviertel in den Großstädten zuziehen könne. Dieses dringe dann in die Keimbahn ein und werde durch Vererbung weitergegeben, um sich von Generation zu Generation zu verschlimmern. Was zum Beispiel mit Tuberkulose in der mütterlichen Linie begonnen habe, könne sich drei oder vier Generationen später zu Schwachsinn oder Sterilität entwickelt haben. Damit kam eine wahrhaft große Aufgabe auf die Sozialhygieniker zu (Säuberung der Elendsviertel und Spelunken), aber auch auf alle heilenden Berufe, denn wenn sogar erworbene Merkmale vererbt werden konnten, war schnellstes Handeln gefordert, wollte man gegen diese Übel angehen. Doch es gab auch noch eine andere Möglichkeit: Morel glaubte – auch wenn er diesen Gedanken selbst nicht weiterverfolgte –, daß alle Degenerierten ausgesondert werden müßten.[84]

Morel fand in jedem Land vehemente Anhänger, die es sich nun zur Aufgabe machten, die Degenerationslehre in ihren psychiatrischen Gemeinden zu verbreiten. In Mitteleuropa übernahm dies der Wiener Irrenarzt Richard von Krafft-Ebing. Der Nachwelt blieb er vor allem als Verfasser seiner 1886 erschienenen *Psychopathia Sexualis* in Erinnerung, einer Art Masturbationskompendium für Pubertierende über, wie man später gesagt hätte, alternative Sexualpraktiken. Doch dieses Machwerk sollte Krafft-Ebings Ruf erst später ruinieren. Zu seiner Zeit brachten ihm seine in den 1870er Jahren verfaßten Lehrbücher über forensische und allgemeine Psychiatrie größten Respekt ein.

Krafft-Ebing, in Deutschland geboren und aufgewachsen, griff Morels Degenerationstheorie erstmals in den späten 1860er Jahren auf. Während seiner Zeit als Irrenarzt in der Illenauer Anstalt von Baden[85] erklärte er Degeneration zu einer möglichen Ursache für angeborene Kriminalität. Später sollte er behaupten, daß Irrsein nur das letzte Glied einer Kette psychopathischer Anlagen oder Degenerationsveranlagungen sei.[86] Das war beste Morelsche Doktrin, die sich in Mitteleuropa in dem Maße, in dem Krafft-Ebings Auto-

Richard von Krafft-Ebing, Psychiatrieprofessor in Wien von 1892 bis 1902, bei der Visite im Allgemeinen Spital zu Wien. Krafft-Ebings Bekanntheit gründet sich vor allem auf die von ihm entwickelte Degenerationstheorie und auf seine Studie über das Geschlechtsleben, *Psychopathia Sexualis* (1886).

rität wuchs, verbreitete. 1874 wurde er Direktor der Landesirrenanstalt von Graz und erhielt zugleich den Lehrstuhl für Psychiatrie an der dortigen Universität. Fünf Jahre später schrieb er ein Lehrbuch, das zur deutschen Bibel der Degenerationstheoretiker werden sollte. Nur ein Beispiel daraus: Der Geschlechtstrieb sei unter Degenerierten besonders häufig anomal – in solchen Fällen gebe es entweder überhaupt keinen oder aber einen abnorm starken Trieb, der sich ausbruchsartig manifestierte und impulsiv nach Befriedigung strebte oder sich bereits in frühester Kindheit regte und in zwanghafter Onanie zum Ausdruck komme; eine pervertierte Form habe er immer dann, wenn seine Befriedigung nicht der Fortpflanzung diene.[87] 1886, als er diese *Psychopathia Sexualis* schrieb, kurz bevor er einen Lehrstuhl in Wien erhalten sollte, witterte Krafft-Ebing schließlich in jedem Bett Degeneration. All die Onanisten, Homosexuellen und Ejakulationsgestörten, die durch die Seiten dieses Werks geistern (spätere Ausgaben waren sogar noch phantastischer), trugen ausnahmslos den Stempel: degeneriert.[88] Bis heute ist dieses Buch ein klassisches Beispiel für die Entgleisungen der Psychiatrie und für den Mißbrauch wissenschaftlicher Autorität zur Verteufelung kultureller Präferenzen. Ein Kollege Krafft-Ebings sagte einmal über ihn, daß er zwar literarisch begabt, wissenschaftlich und analytisch aber so unfähig gewesen sei, daß es an Schwachsinn grenzte.[89]

In Frankreich wurde Valentin Magnan nach Morels Tod 1873 zum Fahnenträger der Degenerationslehre. Erstmals hatte er sich 1882 bei seinen Vorlesungen im Sainte-Anne-Asyl für dieses Thema erwärmt, über das er ein Jahrzehnt später ein vielgelesenes Kompendium veröffentlichte. Ganz Sozialdarwinist, bezeichnete er Degenerierte als Verlierer in einem epochalen Überlebenskampf der Arten. Eine Gesellschaft, die im »Erbkampf um das Leben« nicht untergehen wolle, müsse sich ihrer Degeneriertenlast entledigen, schrieb er 1895 gemeinsam mit seinem Koautor Maurice Paul Legrain.[90] »Degeneration ist mehr als eine individuelle Krankheit, sie ist eine gesellschaftliche Bedrohung, die mit sozialhygienischer Rigorosität zu bekämpfen ist. Man darf nicht vergessen, daß der Degenerierte oft ein gefährliches Subjekt ist, gegen den sich die Gesellschaft das Recht der Selbstverteidigung vorbehalten sollte und muß.« Das war noch nicht alles. Im letzten Satz ihres Machwerks erklärten die Autoren noch schnell, daß man gut beraten sei, »dieses Problem mit den Wurzeln auszureißen«.[91] Die Entwicklung sollte sie nicht enttäuschen.

England verdankte den Import von Morels Ideen Sankey, der sie dort seit 1857 verbreitete. Doch zu ihrem größten Anhänger sollte Henry Maudsley werden.[92] Bereits 1870 schlug Maudsley seinen Kollegen ganz im Sinne Morels vor, nach Degenerationsanzeichen in Form von »mißgebildeten Ohren ... Ticks, Fratzen oder anderen Muskelkrämpfen im Gesicht, an den Augenlidern oder Lippen, oder nach Stottern und Sprachdefekten ... einem leeren, abwesenden oder halb verängstigten, halb argwöhnischen Blick [Ausschau zu halten]. Diese Kennzeichen sind meines Erachtens die äußeren, sichtbaren Zeichen einer inneren, unsichtbaren Abart der Hirnstruktur.«[93]

Im späten viktorianischen England wurden solche Lehren von Patienten wie Ärzten gleichermaßen geschluckt.[94] Samuel Strahan, leitender Arzt im Berrywood Asylum von Northampton, berichtete, wie schwierig es geworden war, von den Verwandten seiner Patienten etwas über die Krankengeschichte der Familie zu erfahren, seit sich alle vor dem Gespenst der familiären Degeneration fürchteten. »Es ist uns nur allzu vertraut, wie sogar Patienten ärmerer Schichten mit allen Mitteln versuchen, uns einen solchen Familienmakel zu verschweigen.« Derartige Patienten gab es laut Statistiken zwar eine Menge, doch Strahans Ansicht nach belegten diese Zahlen vor allem »das Ausmaß an Ausflüchten und Unwahrheiten, zu welchen sich die Verwandten der Irren versteigen«. In Wirklichkeit habe in fast allen Fällen eine »ererbte Diathese [Prädisposition] zum Irrsein« vorgelegen.[95] Und genau davon waren offenbar nahezu alle britischen Irrenärzte in den letzten beiden Jahrzehnten des 19. Jahrhunderts überzeugt. Im Brookwood Asylum von Surrey stieg der Anteil an Patienten, bei denen Ärzte eine solche Prädisposition aufspürten, von vier Prozent zwischen 1870 und 1872 auf vierzig Prozent in den Jahren 1890–1892.[96] Zweifellos wird es Patienten mit einer positiven Familiengeschichte gegeben haben, aber interessant ist hier, daß sich so viele Psychiater in Großbritannien und anderen Ländern von einem generationenalten Erbmoloch überzeugen ließen, der sich nun plötzlich auf ihre Patienten stürzte – eine völlig andere Auffassung als die Ansicht, daß die genetische Komponente bei psychischen Krankheiten nur eine von vielen Ursachen ist.

In der Psychiatrie selbst war der Glaube an die Degeneration im Sinne eines sich unerbittlich zusammenbrauenden Schicksals jedoch relativ schnell diskreditiert. Mit der Belle Époque geriet sie unter den Irrenärzten aus der Mode. Magnan starb 1916 als einsamer, unglaubwürdig gewordener alter Mann.[97] Der Sozialdarwinist Samuel Strahan kehrte der Medizin ganz den Rücken und wandte sich dem Rechtswesen zu. Degeneration war unter Medizinern zum Gegenstand des Spotts geworden. Freuds Schüler Wilhelm Stekel beispielsweise erfand in einer 1911 erschienenen Schmähschrift ein Wiener Kaffeehaus namens »Zur Degeneration« als Treffpunkt von Ärzten.[98]

Eine neue Psychiatergeneration begann diese Lehren mit kühler Distanz zu betrachten. Oswald Bumke schrieb 1908 als 31jähriger Privatdozent an der Universität Freiburg, daß das große, von der Erblehre errichtete Gebäude in den letzten Jahren Stück für Stück abgetragen worden sei und nun in Schutt und Asche läge. Sein größtes Problem sei es inzwischen, Allgemeinmediziner davon abzubringen, den von ihnen behandelten Psychotikern ständig eine »erbliche Belastung« unterzuschieben. Der Erbfaktor spiele zwar in der Tat eine Rolle, ließ er die künftigen Hausärzte – seine Zielgruppe – wissen, aber man möge ihn doch bitte nicht überbewerten.[99] Nichtbiologische Interpretationen, wie Karl Jaspers' 1913 erschienene »Phänomenologie« (die zur Empathie mit den subjektiven Symptomen des Patienten aufforderte[100]), schafften sich immer mehr Raum. Zu Beginn des Ersten Weltkrieges war das Thema Degeneration in der Psychiatrie vollends in Verruf geraten. Wer in den Zwischenkriegsjahren noch immer predigte, daß Geisteskrankheiten wie Schnellzüge durch die Generationen rasten, wurde als exzentrische Randfigur betrachtet.

Aber der Geist war seiner Flasche entkommen. Im letzten Drittel des 19. Jahrhunderts fand das Thema Degeneration seinen Weg aus den geschlossenen Diskussionszirkeln der wissenschaftlichen Psychiatrie in die Boulevardblätter. Wie zur Demonstration der Macht von Ideen (und der Tatsache, daß sich Ärzte sehr sicher über die Gültigkeit ihrer Annahmen sein sollten, bevor sie damit an die Öffentlichkeit treten) eignete sich nun eine entsetzte Bevölkerung die Vorstellung von der Degeneration an. Das Bildungsbürgertum versteifte sich auf die Idee, daß die europäische Gesellschaft dem Untergang geweiht war, sofern der vergiftete Brunnen des Erbguts nicht zum Versiegen gebracht wurde.

Émile Zola schildert in seinem Roman *Germinal* das Schicksal der Familien Rougon und Macquard. Antagonistische gesellschaftliche Kräfte bekämpfen sich, von den ehernen Gesetzen des Sozialdarwinismus getrieben. Die Degenerierten sind zum Untergang verdammt. Kaum erfahren wir, daß Étienne Lantiers Mutter eine Macquard ist, wissen wir auch schon, daß sein Schicksal besiegelt ist:

> »›Du sollst nicht trinken‹, sagte sie in ernstem Tone.
> ›Oh, sei ohne Angst, ich kenne mich.‹
> Er schüttelte dabei den Kopf. Er haßte den Branntwein; es war der Haß des letzten Sprößlings eines Säufergeschlechtes, der das Übel der ganzen, vom Alkohol durchtränkten und verdorbenen Sippe so im Fleische hatte, daß ein Tropfen davon für ihn zum Gift wurde.«

Auch Catherine hat ihre Erbprobleme. Als der verruchte Chaval sie vergewaltigen will, fällt sie »rücklings auf das alte Tauwerk hin, gab den Widerstand auf und erlag dem Manne noch vor dem Alter, mit jener ererbten Unterwerfung, die die Mädchen ihres Stammes, schon im Kindesalter, unter Gottes freiem Himmel sich hinwerfen ließ«.[101] Und immer so fort, während die Protagonisten, allesamt Opfer der Degeneration, von ihren Genen durch das Leben getrieben werden.

Die schicksalhafte Idee der Degeneration wurde nach und nach von Eugenikern aufgegriffen: von Sozialhygienikern, die entschlossen waren, »Schwachsinn« durch Sterilisation auszurotten, und von faschistischen politischen Kräften, die darin eine Chance sahen, ihren gewalttätigen Haß gegen »entartete« Gruppen wie Juden und Homosexuelle auszuleben. Für diese Entwicklung trägt die Psychiatrie in der Tat einen Teil der Verantwortung. Doch die psychiatrischen Forscher der zwanziger Jahre können nicht alle in einen Topf mit den faschistischen Rassenhygienikern geworfen werden, trotz solcher Figuren wie der Schweizer Irrenarzt Ernst Rüdin, der seit 1907 an der Universitätspsychiatrie von München lehrte, oder der Freiburger Professor Alfred Hoche, der 1920 als Koautor eine Rechtfertigung der Euthanasie verfaßte.[102] Es besteht allerdings kein Zweifel, daß die gesamte medizinische Forschung Deutschlands bis zum Hals in der Nazikloake stand und schwere Verantwortung trägt. 1933 wurde die »Entartung« zum offiziellen Bestandteil der nationalsozialistischen Ideologie. Juden, geistig Behinderte und alle anderen, die man als biologisch degeneriert einstufte, wurden von Hitlers Todesmaschinerie selektiert und ermordet.[103]

Der Mißbrauch, den die Nationalsozialisten mit genetischen Konzepten trieben, machte noch viele Jahre nach 1945 jede Diskussion darüber unzulässig. Für das Bildungsbürgertum waren die Begriffe Degeneration und Erblichkeit eins geworden. Beide waren zum Synonym für die Greueltaten der Nationalsozialisten geworden. Nach dem Zweiten Weltkrieg war jede Überlegung hinsichtlich einer genetischen Übertragung von psychischen Krankheiten tabuisiert, ob man sie nun für einen möglichen Faktor unter vielen hielt oder für einen unerbittlich fortschreitenden Prozeß. Schon die Diskussion über eine genetische Psychiatrie sollte in der zivilisierten Welt jahrzehntelang ein Ding der Unmöglichkeit sein.

Das Ende der ersten biologischen Psychiatrie

Die erste klinische biologische Psychiatrie starb jedoch schon lange vor der Machtübernahme der Nationalsozialisten. Sie wurde nicht durch die Forschung diskreditiert. So finden Paradigmenwechsel in der Medizin normalerweise nicht statt, in diesem Fall aber verlor man das Interesse an der Hirnanatomie einfach, als eine neue Betrachtungsweise psychischer Krankheiten am Horizont auftauchte. Man ging mehr und mehr dazu über, die momentanen Probleme des Kranken quasi vertikal in einen Kontext mit seiner Lebensgeschichte zu stellen, wohingegen der biologische Ansatz gegenwärtige Symptome mit Erkenntnissen aus der Neurologie und den bei Autopsien entdeckten Hirnschädigungen korreliert hatte. Der Begründer dieser neuen, vertikalen Sichtweise hieß Emil Kraepelin.

Kraepelin, nicht Freud, ist die zentrale Figur der Psychiatriegeschichte. Freud war Nervenarzt und behandelte keine psychotischen Patienten. Seine psychoanalytische Lehre, die auf Intuition und überbordender Phantasie beruhte, konnte dem Test der Zeit nicht standhalten. Kraepelin und seine Karteikarten hingegen förderten die bei weitem wichtigsten Einsichten in schwere psychische Krankheiten zutage, die das ausgehende 19. und beginnende 20. Jahrhundert anzubieten hatten. Er erkannte, daß es unterschiedliche Grunderkrankungen gibt, die einen jeweils völlig anderen Verlauf haben, und daß man diese erkennen kann, indem man systematisch so viele Fälle wie möglich studiert. Dennoch war ausgerechnet er es, mit seiner Ungeduld gegenüber hypothetischen Hirntheorien, der der ersten biologischen Psychiatrie ein Ende setzte.

Der amerikanische Kraepelin, mit dessen Hilfe ein Schlußstrich unter der ersten biologischen Psychiatrie in den USA gezogen wurde, war Adolf Meyer. Er gewann zwar nie ein vergleichbares internationales Renommee (ungeachtet seiner vorübergehenden Popularität in Großbritannien), doch vor dem Zweiten Weltkrieg war er der prominenteste Psychiater in den Vereinigten Staaten, und sein spezifischer Stil sollte eine Menge zur Gestaltung wie Mißgestaltung der amerikanischen Psychiatrie beitragen. Man kann Kraepelin und Meyer daher durchaus in einem Atemzug nennen, sollte aber nicht vergessen, daß der Einfluß des ersten weltweit und dauerhaft war, der des anderen vorübergehend und auf die amerikanische Geschichte beschränkt.

Kraepelin begann seine psychiatrische Laufbahn als Gegner der biologischen Psychiatrie.[104] 1856 in Norddeutschland geboren, promovierte er 1878 in Würzburg und machte anschließend seine Facharztausbildung in München bei dem Hirnbiologen Bernhard von Gudden. Die 1859 noch vor Griesingers Psychiatrie gegründete Münchener Klinik war eine der ersten Universitätspsychiatrien überhaupt. Ihr zweiter Arzt Gudden gehörte noch der Generation an, die überzeugt war, die Geheimnisse der Psychiatrie unter dem Mikroskop entschlüsseln zu können. Viele einflußreiche Forscher, wie der Schweizer August Forel, hatten bei ihm in München promoviert.

Der kühle Norddeutsche Kraepelin freundete sich in München schnell mit einem jungen Pfälzer namens Franz Nissl an, der dort wie er seine Facharztausbildung machte. Doch während Nissl, Gudden und all die anderen damit beschäftigt waren, Hirnsektionen durch ihre Mikroskope zu betrachten, mußte Kraepelin aufgrund eines Augenleidens zurückstehen. Außerdem war er im Gegensatz zu den anderen außerordentlich an den psychologischen Dimensionen psychischer Krankheiten interessiert. Seit seiner Jugend hatte er sich mit Psychologie befaßt, und auch als Medizinstudent stürzte er sich sofort begierig auf die Arbeiten des Experimentalpsychologen Wilhelm Wundt, der als eigentlicher Vater der modernen Psychologie gilt. Als Wundt 1879 in Leipzig sein Institut der experimentellen Psychologie gründete, schwor sich der junge Psychiater Kraepelin, alles daranzusetzen, dort mit ihm forschen zu können. Also verließ er München 1882 mit Guddens Segen.

Kraepelins großes Interesse für die Psychologie und seine Abscheu vor der anatomisch orientierten Psychiatrie verstärkten sich noch durch seine Erfahrungen in Leipzig. Um seinen Lebensunterhalt zu verdienen, mußte er sich als Assistent von Paul Flechsig verdingen, dessen einzige Interessen das Mikroskop und der Seziertisch waren. Kraepelin empfand eine derart starke Abneigung gegen Flechsig, daß er ihm nach drei Monaten seine Mitarbeit aufkündigte, um sich noch mehr in die psychologischen Studien mit Wundt zu vertiefen. Wie Griesinger, der sich, ebenfalls jung und unerfahren, an die Aufgabe gewagt hatte, ein Lehrbuch zu verfassen, veröffentlichte 1883 auch der 27jährige Kraepelin ein dünnes *Compendium*, dem allerdings kein großer Erfolg beschieden war.[105] Er hatte es nur geschrieben, weil er heiraten wollte und Geld brauchte.[106]

Kraepelin befand sich zu dieser Zeit in einer ähnlichen Lage wie Freud: Weil er eine Ehe eingehen wollte, mußte er Geld verdienen. Aus denselben Gründen also, aus denen Freud 1886 seine Privatpraxis eröffnete, wurde Kraepelin 1884 Anstaltsarzt. Doch im Gegensatz zu Freud sollte er schon bald Glück haben. 1886 erhielt er eine Professur für Psychiatrie an der Universität von Dorpat, jener estnischen Stadt, die nach dem Ersten Weltkrieg Tartu heißen sollte.

In Dorpat begann sich Kraepelin fasziniert mit Dingen zu befassen, für die die Gudden-Schule kein Auge gehabt hatte: In welchem Zustand befanden sich Patienten bei einem voll ausgeprägten Krankheitsbild? Wie entwickelten sich ihre Krankheiten? Da er jedoch kein Estnisch sprach, konnte er diesen Fragen nicht systematisch nachgehen.

1890 verließ er das unbedeutende Dorpat und trat eine Professur an der Universitätsklinik von Heidelberg an, dem Epizentrum

Emil Kraepelin (untere Reihe rechts, Hut in der Hand) und seine Kollegen bei einem Treffen der »Wanderversammlung der südwestdeutschen Neurologen und Irrenärzte«, vermutlich irgendwann zwischen 1902 und 1904. Kraepelin war zu dieser Zeit Professor für Psychiatrie in Heidelberg. Von links nach rechts in der oberen Reihe stehend: Albrecht Bethe (Straßburg) und Aloys Alzheimer (Heidelberg). Franz Nissl (Heidelberg), links von Kraepelin sitzend, mit seinem Spazierstock im Arm. Robert Gaupp, ein späterer Gegner Kraepelins, der damals ebenfalls in Heidelberg arbeitete, sitzt in der unteren Reihe links, die Hand auf dem Knie.

der deutschen Wissenschaften jener Tage. Hier standen Psychiater nicht unter dem Druck, sich mit Neurologie befassen zu müssen, da für diesen Fachbereich eine eigene Klinik zur Verfügung stand, und hier fand Kraepelin zu sich selbst. Er konnte nun sein Interesse am Verlauf einer Krankheit mit dem psychologischen Denkansatz verknüpfen und die anatomische Psychiatrie einbringen, die er in München erlernt hatte und die damals noch de rigueur war. Im übrigen begann er für jeden seiner Patienten kleine Karteikarten anzulegen, auf denen er ihre Krankengeschichte und ihren Zustand bei der Entlassung vermerkte; und es gelang ihm – ganz nach den Vorstellungen Griesingers –, sich mit den besten zur Verfügung stehenden Forschern zu umgeben.

Die Liste der Mediziner, die er an die Universitätspsychiatrie von Heidelberg holte, liest sich denn auch wie ein Who's Who der Neurowissenschaftler der Jahrhundertwende. 1895 lockte er seinen alten Münchener Kumpanen Franz Nissl aus der städtischen Irrenanstalt Frankfurt – aus der unter dem dynamischen Emil Sioli fast schon ein Forschungszentrum geworden war – nach Heidelberg. Nissl war damals bereits ein berühmter Neurohistologe. Er hatte die Färbung des Nervengewebes mit Methylenblau erfunden und damit die Sichtbarmachung der neurophysiologisch wichtigen intrazellulären »Nissl-Schollen« (charakteristischen Strukturen im Neuroplasma) ermöglicht.[107] Ein eigenartiger Mann mit einem großen Muttermal im Gesicht und ungehobeltem Benehmen, der sich nicht im geringsten um sein Äußeres scherte, verbarrikadierte Nissl sich von sieben Uhr abends bis zur Dämmerung in seinem Labor.[108] Neben Nissl hatte in der Frankfurter Irrenanstalt noch ein anderer begabter junger Neurohistologe gearbeitet: Aloys Alzheimer, der 1906 die später nach ihm benannte Krankheit entdeckte.[109] Alzheimer und Nissl waren enge Freunde und notorisch arbeitswütig; auch Alzheimer war bekannt dafür, den Tag zu verschlafen und die Nächte an seinem Mikroskop zu verbringen. 1903 folgte er seinem Freund an die Heidelberger Klinik. (Ansonsten waren die beiden so verschieden wie Tag und Nacht: Alzheimer begeisterter Familienmensch, Nissl ein zwangsneurotischer Junggeselle.) So verfügte Heidelberg nun über die beiden großen Erforscher kleinster Hirnstrukturen.

Kraepelins Interesse an der Psychologie begann zwar nachzulassen, doch nach wie vor schloß seine Methodik Prüfungen der geistigen Fähigkeiten seiner Patienten ein. Zudem versuchte er, vielversprechende, psychologisch orientierte Mediziner wie Willy Hellpach (der wie Kraepelin mit Wundt gearbeitet hatte) für seine Arbeit zu interessieren.[110] Mit ihnen hoffte er sein umfassendes Psychiatriekonzept zu verwirklichen, das die Träume seiner Patienten wichtig nahm wie die Struktur ihrer Großhirnrinden. Aber die

Betonung sollte weder auf der Psychologie noch auf der Neuroanatomie liegen, sondern auf der langfristigen Beobachtung des Krankheitsverlaufs.

Die Methode der Beobachtung und die Differenzierung verschiedenartiger Erkrankungen anhand ihres unterschiedlichen Verlaufs waren das Wesen der Kraepelinschen Revolution. Als wichtigstes Medium zur Verbreitung seiner Ideen wählte Kraepelin nicht wissenschaftliche Artikel, sondern sukzessive Ausgaben eines Lehrbuchs, das er 1883 zu schreiben begann. Von der dritten Ausgabe im Jahr 1893 an folgte eine revidierte Auflage der anderen. Und seine darin geäußerten Ansichten waren derart aufrührerisch, daß die gesamte psychiatrische Welt höchst gespannt auf die jeweils nächste Ausgabe wartete.[111]

Führen wir uns vor Augen, auf welchem Stand die psychiatrische Diagnostik gewesen war, bevor sich Kraepelin ihrer annahm. Ein halbes Jahrhundert Forschung auf dem Gebiet der Neuroanatomie und Neuropathologie hatte beinahe nichts gebracht, was der klinischen Psychiatrie von konkretem Nutzen gewesen wäre, abgesehen davon, daß man sich nun ein Bild von der Neurosyphilis machen konnte. Die biologisch orientierten Irrenärzte hatten Unmengen von klinischen Etikettierungen in die Welt gesetzt, die sich entweder auf angeblich krankheitsverursachende Umstände bezogen (»Masturbationswahn«, »Hochzeitsnachtpsychose«) oder auf spezifische Symptomkombinationen (»chronische Wahnvorstellung«), welche, mit Ausnahme der Multiinfarktdemenz (»Binswanger-Krankheit«), Neurosyphilis, Schilddrüsenstörung und einiger anderer, in keiner Beziehung zur Hirnpathologie standen.

Doch schon vor Kraepelin war es gelungen, einige grundlegende Fragen zu klären. Die Idee, Krankheiten anhand ihres Verlaufs oder Ausgangs zu klassifizieren, hatte bereits Karl Kahlbaum vorgebracht, eine der vernachlässigten Figuren der Psychiatriegeschichte. Als junger Arzt in der preußischen Irrenanstalt Allenberg war Kahlbaum zutiefst irritiert von der 1859 geäußerten Behauptung Heinrich Neumanns, daß Psychosen nicht in unterschiedliche Krankheiten unterteilt werden könnten, da es nur eine einzige »Einheitspsychose« gäbe.[112] 1863 erwiderte Kahlbaum, daß es, ganz im Gegenteil, viele unterscheidbare Psychosen gebe, darunter zum Beispiel das »Jugendirresein«, das er »Hebrephrenie« taufte.[113] Drei Jahre später verließ er den staatlichen Sektor, um Sekundararzt in der privaten Nerven-Heilanstalt von Görlitz zu werden. Nachdem er 1867 ihre Leitung übernommen hatte, richtete er eigens eine Jugendabteilung ein, das »Medicinische Paedagogium«, das ihm reichlich Möglichkeiten bot, Psychotiker im Jugendalter und als junge Erwachsene zu beobachten. Zugleich holte er sich aus Allenberg seinen 24jährigen Kollegen Ewald Hecker, mit dem er von da an eng zusammenarbeitete. 1871 schrieb Hecker einen Artikel, in dem er Kahlbaums Hebrephrenie auf diverse klinische Fälle bezog und sie detailliert als eine schleichende und insbesondere junge Menschen befallende Krankheit beschrieb, bei der geistige Verwirrtheit und Psychosen aufträten und der Zustand sich offenbar stetig verschlechtere.[114] Dies war die erste klinische Beschreibung der Schizophrenie als einer eigenständigen Krankheit. Ergo konnte Kraepelin bereits auf Kahlbaum und Hecker aufbauen.

Obendrein standen ihm die Arbeiten zweier Ärzte aus der Salpêtrière zur Verfügung – Jean-Pierre Falret und Jules Baillarger –, die bereits Anfang der 1850er Jahre festgestellt hatten, daß Manie und Depression oft nicht als isolierte Symptome, sondern in Kombination auftraten und von da an als »zirkuläres Irrsein« über das Leben eines Menschen bestimmten.[115] (Kraepelin sollte diesen Zustand 1899 in »manische Depression« umtaufen.) Demnach hatten auch diese beiden französischen Mediziner Kraepelin einen Baustein geliefert, mit dem er seine Vorstellung untermauern konnte, daß psychische Krankheiten aus einzelnen Krankheitsbildern mit jeweils eigenen Symptomen und unterschiedlichem Verlauf bestünden.

Kraepelin und seine Kollegen legten nun für jeden Patienten eine Karteikarte an und verstauten diese im sogenannten Diagnosekasten. Nach der ausgiebigen Beobachtung eines Patienten vervollständigten sie dessen Karte und trugen die revidierte Diagnose unter seinem Namen in eine separate Liste ein. Wurde der Patient entlassen, vermerkten sie dort ihre abschließende Beurteilung. Auf diese

Weise, so Kraepelin, waren sie in der Lage, sich einen Überblick zu verschaffen und festzustellen, welche Diagnose falsch gewesen war und aus welchen Gründen sie zu dieser falschen Beurteilung gelangt waren.[116] In seinen Urlaubstagen pflegte Kraepelin dann zu versuchen, sich einen Reim auf die Notizen in all den Karten und Listen zu machen.

Während er an der 1893er Ausgabe seines Lehrbuchs arbeitete, begannen sie endlich einen Sinn für ihn zu ergeben. Im Vorwort betonte er, daß er sein Wissen nur durch Beobachtung erworben habe und jede seiner Behauptungen von Patientendaten gestützt werde. Sein Ziel war »die Erreichung möglichster Naturwahrheit«,[117] seine Klassifikationsmethode zu diesem Zeitpunkt jedoch noch ziemlich konventionell – sie beruhte zumeist auf Konzepten, die er von seinen Vorgängern übernommen hatte. Doch seine Typologie des geistigen Degenerationsprozesses – womit er Krankheiten meinte, die mit Demenz endeten – basierte ausschließlich auf Erkenntnissen, die er durch das Anlegen seiner Karteikarten gewonnen hatte. Eine Unterkategorie davon war Dementia praecox, die zu frühe Demenz.

Kraepelin hinterließ uns keinen Hinweis darauf, ob er wußte, daß Morel bereits 1852 und 1860 von Dementia praecox gesprochen hatte.[118] Selbst vor Morel – wie auch nach und ganz unabhängig von ihm – hatten andere dieses Phänomen erwähnt. Der Edinburgher Irrenarzt Thomas Clouston beschrieb 1873 zum Beispiel das »Irrsein der Pubeszenz«, das er mit einigem Zögern auch »ererbtes Irrsein der Adoleszenz« nannte.[119] 1891 griff er dieses Thema nochmals auf und sprach nun vom »Irrsein der Adoleszenz und seiner Sekundärdemenz«.[120] Im August 1890 hielt der Pariser Irrenarzt Albert Charpentier bei einem Psychiatriekongreß in Rouen einen Vortrag über »les démences précoces«, zu welchen er auch »les démences de la puberté« zählte.[121] 1893 lag der Begriff »démence précoce« also bereits in der Luft.

Kraepelins 1893 veröffentlichtes Lehrbuch ist ein historisches Dokument. Er beschrieb darin im Detail, was Hecker – den Kraepelin für seinen wichtigsten Vorgänger hielt – 1871 nur angedeutet hatte. Kraepelin war überzeugt, daß Dementia praecox biologische Ursachen hatte, wofür er den Begriff »psychopathische Veranlagung« wählte (das 1890er Äquivalent jener schönfärberischen Umschreibung, »zentralnervöse Fehlentwicklung«, zu der man in den 1990er Jahren greifen sollte).[122] Mit dieser sorgfältigen Darstellung der Dementia praecox oder Schizophrenie als einer eigenständigen Krankheit lieferte Kraepelin der Psychiatrie ihren bedeutsamsten Fachterminus des 20. Jahrhunderts.

In den späteren Revisionen seines berühmten Lehrbuchs wartete er mit weiteren Überraschungen auf. 1896 zum Beispiel, nachdem er seine Karteikarten für die fünfte Ausgabe neu gemischt hatte, stampfte er das ganze Kapitel über die Degeneration ein. Dementia praecox war nun zur »Stoffwechselstörung« geworden, die zu jedermanns Erstaunen neben Hyperthyreose (Erkrankung der Schilddrüse mit psychotischen Begleiterscheinungen) und Neurosyphilis gestellt wurde. Doch was seine Leser am meisten faszinierte, war die Erklärung im Vorwort, daß er der Kategorisierung von Krankheiten anhand ihrer Symptome müde sei und sich nunmehr ihrem inneren Wesen zuwenden wolle: »In dem Entwicklungsgange des vorliegenden Buches bedeutet die jetzige Bearbeitung den letzten, entscheidenden Schritt von der symptomatischen zur klinischen Betrachtungsweise des Irrseins. Diese Wandlung des Standpunktes ... zeigt sich vor allem in der Abgrenzung und Gruppirung [sic!] der Krankheitsbilder. Ueberall hat hier die Bedeutung der äusseren Krankheitszeichen hinter den Gesichtspunkten zurücktreten müssen, die sich aus den Entstehungsbedingungen, aus Verlauf und Ausgang der einzelnen Störungen ergeben haben. Alle reinen ›Zustandsbilder‹ sind damit aus der Formenlehre verschwunden.«[123] Das war eine klare Aussage über seine Abkehr von der Ursachenforschung, von den möglichen erb- oder hirnbiologischen Ursachen etwa, und seine Hinwendung zu einer Klassifizierungsweise, die eine Voraussage des Krankheitsverlaufs ermöglichte. Prognose, nicht Ursachenforschung, ist der wichtigste Begriff für das Verständnis von Kraepelins Werk.

In dieser fünften Ausgabe erklärte Kraepelin also, daß er die biologische Psychiatrie hinter sich lassen und sich statt dessen auf eine Methode konzentrieren wolle, die sich auf die direkte Beobachtung des Patienten stütze. Dabei sprach er der biologischen Psychiatrie keineswegs ihren Wert ab; er erklärte sich ihr gegenüber nur zum Agnostiker. Solange man klinisch nicht in der Lage sei, Krankheiten anhand ihrer Ursachen zu gruppieren und unterschiedliche Ursachen voneinander zu trennen, blieben ätiologische Einschätzungen notgedrungen unklar und widersprüchlich.[124] Mit anderen Worten, Ursachen waren nach seiner Überzeugung bei dem damaligen Wissensstand nicht auffindbar.

In der sechsten Revision von 1899 nahmen Kraepelins Ideen dann ihre endgültige Form an, und zwar mit jener Klassifikation von Krankheiten, die zur Grundlage für das spätere *Diagnostic and Statistical Manual of Mental Disorders* der American Psychiatric Association werden sollte, des noch heute maßgeblichen Standardwerks der Psychiatrie. Kraepelin legte großen Wert auf die Feststellung, daß es sich dabei keinesfalls um Luftschlösser handele, sondern um die Entwicklung einer Psychiatrie, die für die Patienten und ihre Familien sinnvoll sei. Der Arzt solle mit der Identifizierung eines Krankheitsbildes zum Beispiel in der Lage sein, die Frage einer Ehefrau zu beantworten: Wird sich mein Mann von dieser Krankheit erholen? Seine vordringlichste Aufgabe am Krankenbett sei es, sich eine Meinung über den wahrscheinlichen Verlauf des Falles zu bilden, denn darüber wollten die Menschen Bescheid wissen. Der Wert einer Diagnose in der praktischen Arbeit eines Psychiaters bestehe darin, ihm einen verläßlichen Blick in die Zukunft zu gestatten.[125]

Kraepelin beschloß nun, alle psychischen Krankheiten in dreizehn große Gruppen einzuordnen. Die meisten davon waren bereits bekannt (Neurose, Fieberwahn, Demenz usw.). Doch zwei Gruppen ließen seine Leser aufhorchen, weil Kraepelin damit all die unzähligen Psychosen ohne erkennbare organische Ursachen in zwei deutlich voneinander verschiedene Lager aufteilte: Krankheiten mit einer affektiven Komponente und solche ohne affektive Komponente (Affekt im Sinne seelischer Verstimmung, ob nun in Form von Depression, Manie oder Angst). Diese Verdichtung nahezu aller Affektstörungen zu einer einzigen Krankheit rechtfertigte er mit der Aussage, er habe sich im Laufe der Jahre immer stärker davon überzeugen können, daß alle periodisch wiederkehrenden Psychosen und Manien letztlich nur Manifestationen eines einzigen Prozesses seien, nämlich des »manisch-depressiven Irrseins«.[126]

Mit dieser Aufteilung in zwei große Gruppen wurde eine Diagnose relativ einfach. War der Patient melancholisch oder euphorisch, weinte er unentwegt, war er ständig grundlos müde oder zeigte andere Anzeichen von Depression oder Manie, gehörte er zur Kategorie manisch-depressiv. War er psychotisch ohne affektive Komponente, so litt er unter Dementia praecox. Im ersteren Fall würde es ihm vermutlich bald von alleine besser gehen; litt er jedoch unter der Krankheit, die bald jedermann als »D.p.« abkürzen sollte, war eine Besserung kaum zu erwarten.

Damit hatte Kraepelin 1899 die beiden schwereren, nichtorganischen (»funktionellen«) Psychosen – manisch-depressive Erkrankung und Schizophrenie – an die Spitze der Pyramide befördert, wo sie in nur leicht modifizierter Form bis zum heutigen Tag als Objekt gewissenhafter psychiatrischer Forschung geblieben sind. All solche Diagnosen wie »Altjungfernwahn«, »Lunatismus« oder »Monomanie« waren auf diese beiden Krankheitsformen reduziert worden, die anhand der Krankengeschichten von Patienten und ihrer akuten Symptome unterscheidbar waren und deren Verlauf vorhergesagt werden konnte. Das Konzept der Prognose war der Grundstein des gesamten Gebäudes: Manisch Depressive litten unter einer periodisch wiederkehrenden Störung, die sich auf natürlichem Wege bessern würde; Patienten mit Dementia praecox – zumindest Dreiviertel von ihnen (ein Viertel von Kraepelins Dementia-praecox-Patienten hatten sich wieder erholt) – würden in einen Zustand der Demenz verfallen. Doch anstatt beruhigt zu sein, reagierten Kraepelins Patienten und ihre Familien aufgebracht und entsetzt; im nachhinein betrachtet völlig zu Unrecht: Tatsache ist, daß Schizophrene nicht der Demenz anheimfallen und ihre Intelligenz von der Krankheit unberührt bleibt, auch wenn ihr Denkvermögen gestört sein kann.

Angesichts der Tatsache, daß diese Patienten nicht schwachsinnig waren und der Ausbruch ihrer Krankheit nicht notwendigerweise früh zu erwarten war, schlug der Züricher Psychiatrieprofessor Eugen Bleuler – der von sich selbst behauptete, ein getreuer Schüler Kraepelins zu sein – 1908 vor, »das Wort Schizophrenie zur Bezeichnung des Kraepelinschen Begriffes [Dementia praecox] zu benützen«.[127] Doch beim Treffen der Deutschen Psychiatrischen Gesellschaft, wo er diesen Vorschlag machte, wie auch in seinem 1911 erschienenen Buch über Schizophrenien lenkte er die Diskussion dann von körperlichen Symptomen wie Katatonie (Krampfzustände der Muskulatur) auf die psychischen Prozesse, die er dahinter vermutete, zum Beispiel auf die vom französischen Psychiater Pierre Janet postulierte »Bewußtseinsspaltung«.[128] So gesehen war die Wahl des Begriffes Schizophrenie ziemlich unglücklich, denn Generationen von Medizinern wie Nichtmedizinern sollten diese Krankheit von nun an mit irgendeiner Form von Bewußtseinsspaltung assoziieren. Tatsache aber ist: Bei Schizophrenie ist gar nichts gespalten. Die charakteristischen Merkmale dieser Krankheit sind Wahnzustände, Halluzinationen und Störungen des Denkprozesses.

Aber diese Details sind nicht so wichtig. Der entscheidende Punkt ist, daß Kraepelins erhabenes Denkgebäude die psychiatrische Welt faszinierte. Alle bestehenden Interpretationen psychischer Symptomatik wurden entthront. Der Inhalt einer Psychose spielte keine Rolle mehr. Die genauen Symptome eines Patienten waren unbedeutend, sofern sie nicht einen Nachweis für Ursachen erbrachten (Neurosyphilis, Schilddrüsenstörungen usw.) oder eine Voraussage über Verlauf und Ausgang zuließen. 1904 schrieb Adolf Meyer fassungslos: »Begriffe mit einer über zweitausendjährigen Tradition sind ungültig geworden.«[129]

Kraepelin hatte nicht nur eine neue Klassifikationsweise aufgebracht, sondern behauptete überdies, daß es eine Reihe eigenständiger, jeweils deutlich voneinander unterscheidbarer psychischer Leiden gebe. Depression und Schizophrenie hielt er für ebenso unterschiedliche Krankheiten wie Mumps und Lungenentzündung. Später, als sich die Fronten längst verhärtet hatten, betrachtete sich als »Kraepelinianer«, wer seine Diagnosen anhand eines »medizinischen Modells« anstatt eines »biopsychosozialen« traf. Ein medizinisch orientierter Psychiater nähert sich einer psychischen Krankheit wie ein Kardiologe einer Herzerkrankung, allerdings in dem Bewußtsein, daß die Psyche im Gegensatz zum Herzen auch kulturellen Einflüssen unterliegt. Ein Psychiater, der den Freudschen oder Meyerschen biopsychosozialen Weg einschlägt, betrachtet psychische Krankheit eher als Resultat der Mißgeschicke im Leben des Patienten denn als Ergebnis anlagebedingter Kräfte.

Kraepelins Lehrsätze fanden keineswegs überall Zustimmung. Einige Psychiater wollten sich zum Beispiel nicht von den Syndromen verabschieden (Symptome, die als Ganzes ein scheinbar verläßliches Krankheitsbild ergeben, unabhängig vom langfristigen Krankheitsverlauf) und weigerten sich, alle Krankheiten seinen beiden großen Kategorien zuzuordnen. Der Freiburger Psychiater Alfred Hoche, stolz auf seiner eigenen Lehre von angeblich unveränderlichen Syndromen beharrend, spottete über Kraepelins »Jahresmeinungen«, womit er natürlich auf die ständigen Revisionen seines Lehrbuchs anspielte.[130] Andere lehnten Kraepelins selbstbewußte Didaktik ab, zum Beispiel der kosmopolitische Wiener Psychiater Constantin von Economo, der ihn schlicht für einen »norddeutschen Dorfschulmeister in Riesenformat« hielt.[131] Die biologisch orientierten Psychiater waren höchst unglücklich über die Entthronung ihrer Lehre. Wernicke verhöhnte Kraepelins Arbeit beispielsweise als »feuilletonisch«.[132]

Den größten Widerständen auf internationaler Bühne begegnete Kraepelins Schema in Frankreich, wo man wild entschlossen an Magnans komplizierten Kategorien festhielt, noch lange nachdem man andernorts von ihnen abgelassen hatte. Ein wunderbares Beispiel dafür ist eine Begebenheit in Paris. Nissl hatte den jungen amerikanischen Psychiater Clarence Farrar in Magnans Klinik mitgenommen. »Magnan«, erinnerte sich Farrar viele Jahre später, »ließ alles stehen und liegen, um mit uns Feldforschung in seiner Klinik zu betreiben ... Der Höhepunkt des Tages sollte eine brillante, detaillierte Vorstellung eines spezifischen Falles durch Magnan selbst sein.«

Magnan beschrieb den Patienten als »unzweifelhaftes Beispiel« für jenes systematisch fortschreitende chronische Delirium (*dé-*

lire chronique à évolution systématique), das er einst selbst in die Literatur eingeführt hatte. »Nissl hörte aufmerksam zu, nickte hie und da verständnisvoll, während der Franzose komplizierte Angaben zur psychologischen Symptomatik machte. Als die Vorstellung beendet war, wartete Magnan hoffnungsvoll auf Nissls Kommentar.«

Der war kurz und bündig: »Ein typischer Fall von Dementia praecox.«

Am nächsten Tag erfuhren Farrar und Nissl, Magnan sei nach ihrer Verabschiedung »in sein Büro gegangen, habe seinen Kopf auf den Tisch gelegt und geweint«.[133]

Kraepelin und seine Mitstreiter bereiteten der Herrschaft der biologischen Psychiatrie also ein Ende (auch wenn sich einzelne Anhänger dieser Schule noch bis in die zwanziger Jahre unseres Jahrhunderts damit aufhielten, ihre Mikroskope zu adjustieren). Aber das lag nicht nur daran, daß Kraepelin nicht an die Bedeutung von Ursachen glaubte und die Anatomie für unwichtig erklärt hatte. Auch seine Kollegen an ihren Mikroskopen trugen letztlich zur Abkehr von der Vorstellung bei, daß es für jede psychische Störung eine Ursache im Hirn geben müsse: Denn was Nissl und Alzheimer unter ihren Mikroskopen finden konnten, erklärten sie zu einer Sache der Neurologie, was sie nicht finden konnten schlicht und einfach zur Psychiatrie. 1908 schrieb Nissl, es sei ein schwerer Fehler gewesen, nicht begriffen zu haben, daß die Erkenntnisse der Hirnanatomie in keinem Bezug zu den Erkenntnissen der Psychiatrie stehen konnten, solange die Zusammenhänge zwischen Hirnanatomie und Hirnfunktionen nicht geklärt waren – aber genau das sei zu dieser Zeit noch nicht der Fall gewesen.[134] Erst im Verlauf der zweiten biologischen Psychiatrie sollte man erkennen, daß Nissl zuviel an Boden verschenkt hatte.

Ein amerikanisches Postskriptum

Die Geschichte der ersten biologischen Psychiatrie hat eine amerikanische Nachschrift. In den Vereinigten Staaten war das Umdenken dem amerikanischen Kraepelin Adolf Meyer zu verdanken. Anfänglich ein begeisterter Anhänger Kraepelins, machte er dessen Theorien über Dementia praecox und manische Depression in den Vereinigten Staaten bekannt und trug dazu bei, daß man auch hier mit der alten biologischen Psychiatrie brach. Seine spätere Abkehr von Kraepelin sollte wiederum mitverantwortlich dafür sein, daß sich die Vereinigten Staaten in das psychoanalytische Abenteuer stürzten.

Meyer war jedoch nicht der einzige amerikanische Psychiater, der Kraepelins neues System übernahm. Ganze Heerscharen junger Forscher pendelten regelmäßig zwischen der Heidelberger Klinik und ihren Heimatorten in den USA hin und her. August Hoch zum Beispiel – ursprünglich Schweizer, hatte er seinen medizinischen Abschluß an der University of Maryland gemacht – war 1893 als überzeugter Anhänger der biologischen Psychiatrie vom McLean Hospital in Bermont als Pathologe eingestellt worden. Nachdem er mehrmals nach Heidelberg gereist war, verlor er jedoch (sehr zum Leidwesen des Leiters von McLean) das Interesse an der Laborforschung und wandte sich der klinischen Arbeit nach dem Vorbild Kraepelins zu. Mitte der 1890er Jahre brachte er die Krankenhausleitung schließlich dazu, das Kraepelinsche System zu übernehmen und sämtliche Krankenblätter neu zu klassifizieren.[135]

1896 importierte auch Meyer das Kraepelinsche System und versuchte sofort, es in Worcester, wo er als Pathologe arbeitete, umzusetzen.[136] Später, als Meyer als begeisterter Anhänger der Psychoanalyse gefeiert wurde, geriet weitgehend in Vergessenheit, daß er anfänglich ein ebenso unverbrüchlicher Kraepelinianer gewesen war (1897 berichtete er von Kraepelins »exzellenter Arbeit über die klinische Psychiatrie«[137]). Jahrelang stand er unter Kraepelins Einfluß. Eine Professur für Psychiatrie an der Johns Hopkins University nahm er 1910 nur an, um dort eine Universitätspsychiatrie nach deutschem

Adolf Meyer, Professor für Psychiatrie an der Johns Hopkins University von 1910 bis 1941. Der berühmteste amerikanische Psychiater seiner Zeit vertrat wahllos alle nur vorstellbaren psychiatrischen Denkschulen, von der biologischen bis hin zur psychoanalytischen.

Muster aufzubauen, die bereits geplant war und 1913 schließlich eröffnet wurde. Die Klinik war in einem eleganten, vierstöckigen Gebäude mit gesicherten, aber nicht vergitterten Fenstern, einem Dachgarten und weiteren Annehmlichkeiten untergebracht, die Kritiker im Klinikkollegium veranlaßte, sie als »Traum eines Paralytikers« zu verhöhnen.[138] Zweifellos hatte Meyer dabei Emil Kraepelins brandneue Psychiatrie in München vor Augen gehabt (Kraepelin war 1904 von Heidelberg nach München übergesiedelt), denn seine Phipps-Klinik mit ihren umfangreichen Möglichkeiten der psychologischen Betreuung und Laborforschung war das Abbild des Kraepelinschen Modells.

Aber Meyer ging noch weiter. Er bestand auf der Integration der Psychiatrie in den allgemeinen Krankenhausbetrieb und behandelte Psychiatriepatienten auf eine weit über das deutsche Beispiel hinausgehende »medizinische« Weise. Außerdem wurden Patienten in der Phipps-Klinik nie in Handschellen vorgeführt, sondern mit Ambulanzen gebracht, und normalerweise gab es keine Zwangseinweisungen.[139]

Merkwürdig also, daß ausgerechnet Meyer den Ruf eines von Anbeginn dezidierten Gegners Kraepelins erwerben sollte.[140] Eine Erklärung ist, daß seine frühen Schriften in Vergessenheit gerieten und der Großteil seiner gesammelten Werke erst nach seinem Tod (er starb 1950) erschien. Mit Sicherheit aber hat das kollektive Gedächtnis der amerikanischen Psychiatrie verdrängt, daß Meyer – der meistverehrte amerikanische Psychiater des 20. Jahrhunderts – einst ein glühender Verfechter der Degenerationsthese gewesen war. 1895 hatte er beispielsweise über das Ohr gesagt, es sei ein »Führer durch die unendliche Vielfalt, die die Natur an unterschiedlichen Degenerationstypen hervorbringt«.[141] Und er war absolut empört gewesen, als Kraepelin die Degenerationsidee verwarf![142] Hier liegt wohl wirklich ein Fall von Gedächtnisschwund vor.

Das größte Hindernis, um Meyer richtig einschätzen zu können, war allerdings Meyer selbst. Er war wahrlich kein Denker von Rang und überdies ein höchst geschwätziger Schreiber, der unfähig war, absolut unvergleichbare Denkschulen auseinanderzuhalten, und daher einfach alles Neue übernahm. So begrüßte er beispielsweise begeistert die Methoden des verrückten Irrenarztes Henry Cotton aus Trenton, der glaubte, er müsse nur die Zähne seiner Patienten ziehen und ihnen den Dickdarm entfernen, um ihr »autointoxikatives Irrsein« zu heilen. Meyer propagierte diese Vorgehensweise nicht nur als »außerordentliche Errungenschaft des Pioniergeistes«, sondern bestand nach Cottons Tod im Jahr 1933 sogar darauf, sie selbst fortzuführen.[143]

Später in seinem Leben lehnte Meyer Kraepelin dann ebenso entschlossen ab, wie er sich von der biologischen Psychiatrie abwandte, was allerdings keineswegs dasselbe bedeutete. Denn nun machte er sich daran, seine eigenen psychosozialen Krankheitsmodelle zu entwickeln. Die Kraepelinsche Klassifikation ersetzte er durch eine höchst absonderliche Terminologie, in der das Wort »Reaktionstypen« neben solchen Neologismen wie »Ergasiologie«,

»Pathergasias« oder »Kakergasias« stand.[144] (Die Idee an sich hatte er von deutschen Anti-Kraepelianern wie Ludwig Binswanger übernommen.) Was die Ursachen psychischer Krankheiten anbelangte, so zog sich Meyer schlicht auf die Position zurück, daß sie eine äußerst komplizierte Angelegenheit seien.[145] Das mag ja durchaus zutreffen, doch ein derart ignorantes Achselzucken, verbunden mit dem Ansammeln von immer mehr »Fakten« (Meyers Lieblingsbeschäftigung), war Gift für die Entwicklung einer wissenschaftlichen Disziplin.

Wie auch immer, Meyers Ruhm und Höhenflug bereitete jedenfalls der ersten biologischen Psychiatrie in den Vereinigten Staaten ein Ende. In den vierziger Jahren ging er dazu über, Schizophrenie als »psychogen« zu bezeichnen und Psychotherapie zur einzig wahren Behandlungsmethode zu erheben.[146] Damit waren die Hirnforschung und alle Bemühungen, Erkenntnisse über die Ursprünge psychischer Krankheiten zu gewinnen, auf beiden Seiten des Atlantiks eingestellt worden.

4. KAPITEL

Die Nerven

Was die Mediziner als biologische Psychiatrie bezeichneten, nannten die Patienten »Nerven«. Anfang des 19. Jahrhunderts brachten Familien ihre Angehörigen nicht mehr wegen »Irrseins« in eine Anstalt, sondern weil sie »nervenkrank« waren. Und diese »Nervenkrankheiten« ermöglichten es den Psychiatern zu Beginn des 20. Jahrhunderts, Privatpraxen zu eröffnen und Neurosen zu behandeln. Daher sind »die Nerven« auch ein zentraler Bestandteil der Psychiatriegeschichte, was angesichts der Tatsache, daß Nervenkrankheiten im eigentlichen Sinn des Wortes zur Neurologie und nicht zur Psychiatrie gehören, paradox erscheint.

Hier betritt nun die Sozialgeschichte der Psychiatrie die Bühne. Patienten fanden es wesentlich beruhigender, unter einer physischen Störung des Nervensystems zu leiden, als gesagt zu bekommen, daß sie irre seien; und Mediziner ließen sich bis zum Sieg der Psychoanalyse in den 1940er Jahren bereitwillig auf die Mär ein, daß sowohl schwere als auch leichte psychische Erkrankungen »nervlicher« Natur seien. Man sollte sich aber ins Bewußtsein rufen, weshalb sie ihren Patienten dieses Feigenblatt konzedierten, denn nur so sind manche der Kräfte zu verstehen, die in der Geschichte der Psychiatrie eine so große Rolle gespielt haben: Den Psychiatern bot sich damit die Möglichkeit, den Irrenhäusern zu entfliehen und lukrative Privatpraxen für das gehobene Bürgertum einzurichten, und die Patienten bekamen die Chance, der Schmach des Irrseins und dem Ruch von Erbkrankheit und Degeneration zu entgehen. Denn im Gegensatz zu einer psychischen Krankheit hielt man Nervenkrankheiten im Prinzip nicht für erblich und empfand sie daher auch nicht als Stigmatisierung. Daraus ergab sich eine perfekte Symbiose zwischen Arzt und Patient: Die Psychiater (das heißt jene Mediziner, die nach dem Zweiten Weltkrieg als solche bezeichnet werden sollten) übersprangen gleich mehrere Stufen auf der sozialen Leiter und konnten als Nervenspezialisten, Elektrotherapeuten, Fachärzte für Nerven- und Gemütsleiden oder ähnliches entschieden mehr verdienen als zuvor; und die Patienten konnten sich erleichtert damit trösten, daß ihre Probleme »organischer« Natur waren und nicht etwa auf eine Degeneration ihrer Familie hindeuteten oder darauf, daß in ihrem Kopf »eine Schraube locker« war.

Besser die Nerven als Verrücktsein

»Wahrhaftig! – reizbar – sehr, fürchterlich reizbar waren meine Nerven gewesen, und sie sind es noch; doch warum meinen Sie, ich sei verrückt?« läßt Edgar Allen Poe seinen Protagonisten in der Kurzgeschichte *Das Verräterische Herz* fragen.

Ja, weshalb sollte man ihn für verrückt halten? Nun, immerhin behauptete er ja, aus der Ferne einen »leisen, dumpfen, hastigen Pochlaut« hören zu können. »Es war das Herz des alten Mannes, das da schlug«, des Mannes, den er zu töten beabsichtigte. »Derweilen wuchs das höllische Getrommel des Herzens immer mehr. Es wurde rascher und rascher in jedem Augenblick und lauter und immer lauter. Des alten Mannes Entsetzen muß schier ohne Maß gewesen sein! Lauter, so sagte ich, pocht' es, lauter in jedem Moment! – hören Sie auch gut zu? Ich sagte Ihnen doch, daß meine Nerven reizbar sind: das sind sie.«[1]

Der flehentliche Wunsch dieses offenbar verwirrten Mannes, als Nervenkranker, aber nicht als Verrückter zu gelten, ist charakteristisch für das 19. Jahrhundert als das Jahrhundert der Nerven. Die in den Irrenhäusern herrschenden und von den Irrenärzten verbreiteten Schrecken machen uns leicht verständlich, weshalb man so bestrebt war, von Nervenleiden und nicht von Irrsinn zu sprechen.

Die Vorstellung, in eine Irrenanstalt gesperrt zu werden, verbreitete seit jeher Angst und Schrecken. Wie hätte es auch anders sein können, wo doch überall Geschichten wie die des armen William Norris kursierten, der zehn Jahre lang in Bethlem angekettet gelebt hatte.[2] Das städtische Wiener Irrenhaus, so schrieb Bruno Goergen, Besitzer einer »Privat-Heilanstalt für Gemüthskranke«, um 1820, habe in der Bevölkerung derart verbreitete Abscheu ausgelöst, daß er es sich sparen könne, näher auf Einzelheiten einzugehen.[3] Die Klagen der Bevölkerung klangen über Jahrzehnte gleich: Irrenhäuser waren gesetzlose Verwahranstalten, Orte des Mißbrauchs und Schreckens. Nicht einmal die vehementesten Proteste der Irrenärzte – noch niemals sei ein Mensch gesunden Verstandes eingesperrt worden, Irrenärzte seien ehrenhafte Mediziner und keine Bestien – konnten daran etwas ändern. Geschichten wie Charles Reade's 1863 erschienener »Tatsachenroman« *Hard Cash* trugen das Ihre dazu bei.

Sein Protagonist Alfred, zu Unrecht im Irrenhaus eingesperrt, versucht einen Wärter mit hundert Pfund zu bestechen, damit er ihn laufen läßt.

> Sein Vorschlag erntete ein heiseres Lachen. »Du hättest gleich tausend daraus machen können, wo du schon dabei warst.« »Das werde ich«, sagte Alfred, »und dir auch noch auf meinen Knien danken.« Alfred beteuerte, daß er soviel Geld besitze. »Du bist vielleicht ein Idiot«, erwiderte der Wärter. »Glaubst du, wer dich hierhergeschickt hat, läßt dich noch an dein Geld 'ran? Nein, dein Geld gehört jetzt anderen.«[4]

Je mehr sich das Gerücht von der Degeneration in den 1860er Jahren verbreitete, desto verzweifelter versuchten die Menschen unter allen Umständen zu verhindern, daß jemand aus der Familie in ein Irrenhaus eingewiesen wurde. Auch bei den Eltern eines zutiefst melancholischen jungen Zürichers stieß der Vorschlag, ihren Sohn in eine Anstalt einzuweisen, auf wenig Begeisterung: »Es ist einfach rücksichtslos von ihm, daß er sich nicht zusammenreißt ... Seine drei Schwestern kommen in das heiratsfähige Alter, und [eine Einweisung] würde ihre Bewerber mit Sicherheit verschrecken. Niemand will in eine Familie mit Geisteskrankheit einheiraten.« Ein anderes Elternpaar entschloß sich erst zum Handeln, nachdem ihr Sohn drei Jahre lang reglos im Bett gelegen und in dieser Zeit kein einziges Wort von sich gegeben hatte. Wieder andere konnten sich erst zu einer Entscheidung durchringen, nachdem sie feststellen mußten, daß ihr Sohn »sich einbildete, ein Pferd zu sein«.[5]

Die Degenerationslehre hatte zur Folge, daß Familien ihre Ehre nicht erst durch die Einweisung eines Verwandten in eine Irrenanstalt bedroht sahen, sondern bereits durch die drohende Diagnose eines Psychiaters. Alle damals üblichen Bezeichnungen für psychische Krankheiten hatten in den 1860er Jahren einen schrecklichen Beigeschmack angenommen. Die Vorstellung, daß schwere Geistesstörungen einem vergifteten Erbgut zu verdanken seien, löste in der Öffentlichkeit permanente Furcht davor aus. »Erzählen Sie Ihren Patienten niemals, daß sie unter Hypochondrie leiden«, rieten die Besitzer einer privaten Nervenklinik in Österreich ihren Kollegen, »sie werden im Lexikon nachschlagen und feststellen, daß es dasselbe wie Irrsein bedeutet.«[6] Sir Andrew Clark, ein bekannter Internist am London Hospital, hatte einmal bei einer Diagnose das Wort »Melancholie« fallengelassen. »Das Ergebnis dieser Visite war katastrophal und zog allenthalben massive Probleme nach sich, denen auch Sir Andrew selbst nicht entging, da er noch wochenlang durch Briefe belästigt werden sollte, in denen er gefragt wurde, ob er mit dem Wort ›Melancholie‹ etwa Irrsein gemeint habe.«[7]

Die deutschen Psychiater der Jahrhundertwende waren entsetzt über die Unwissenheit, die in dieser Panik vor dem »Odium psychiatricum« zum Ausdruck kam.[8] Das Volk glaubte noch den abenteuerlichsten Geschichten. Der Herausgeber einer psychiatrischen Zeitschrift erinnerte sich zum Beispiel an einen Artikel über einen Bürgermeister, der einen Irren in die Anstalt bringen sollte: Nach ein paar Gläsern Bier auf dem Wege sei der Beamte eingeschlafen, was der Irre sofort genützt habe, um die Ausweise auszutauschen. In der Anstalt habe sich der Patient dann als Bürgermeister ausgewiesen und seinen entsetzten Begleiter eingeliefert. Erst nach Tagen höchster Verzweiflung sei dieses Mißverständnis aufgeklärt worden. Die deutschen Boulevardblätter waren gespickt mit solchen Geschichten und bestätigten damit den Eindruck der Leser, daß Psychiatrie gleichbedeutend war mit Gefahr.[9]

So kann es auch nicht überraschen, daß in Deutschland schon zur Jahrhundertwende antipsychiatrische Gruppen aktiv waren. Wir verdammen die menschenunwürdige Heimlichtuerei, Irreführung und Heuchelei, verkündete 1909 die aufstrebende antispychiatrische Reformbewegung. Das Zentralorgan der Antipsychiatrie war voller Geschichten des Typs: »Wie Stadtrat Lubecki aus Beuthen im Irrenhaus gefoltert wurde.«[10]

Angesichts solcher Zeitungsartikel konnte der Psychiatrie weder in Deutschland noch anderenorts eine große Zukunft beschieden sein. Im Gegensatz zu allgemeinmedizinischen Patienten, so der Freiburger Psychiater Alfred Hoche, betrachte der psychisch Kranke seinen Arzt nicht als Freund, sondern als Feind. Junge Mediziner, die sich der Psychiatrie zuwenden wollten, müßten begreifen, daß ihnen hier ein ganz anderes Verhältnis zum Patienten bevorstand. Normalerweise sähen Kranke den Arzt als Helfer und hofften, er würde sie von ihren Symptomen befreien und sie auf den Weg der Besserung bringen. Der psychisch Kranke lehne die Vorstellung, krank zu sein und einen Doktor zu brauchen, jedoch ab, weshalb er Ärzte zu seinen Feinden erkläre. Hoche fügte noch die interessante Anmerkung hinzu, daß dies weit weniger auf Kliniken zutreffe, die »Nervenkranke« behandelten.[11]

Es war also keine große Kunst, dahinterzukommen, daß die Psychiatrie, wenn sie denn eine Zukunft außerhalb der Anstalten haben wollte, mit dem Wort »Nerven« operieren mußte, da der Begriff »Psychiatrie« mittlerweile untrennbar mit der Vorstellung von erblichem Irrsein verknüpft war. Eine »Nervenkrankheit« hingegen ließ auf eine organische Störung schließen, die weder notwendigerweise erblich sein mußte, noch die Heiratsaussichten der Töchter gefährdete. Und da diese Erkenntnis den Psychiatern bereits mit der Gründung ihrer Disziplin dämmerte, fand ein Großteil der psychiatrischen Behandlung unter dem Etikett »Nervenkrankheit« und unter Umgehung der Bezeichnung Psychiatrie statt.

Obwohl schon um 1730 zu Zeiten von Cheyne die unterschiedlichsten Psychoneurosen als »Nervenkrankheit« kategorisiert wurden, avancierten »die Nerven« erst Anfang des 19. Jahrhunderts zum Euphemismus für Psychosen. Ab 1830 wurden immer mehr psychische Krankheiten – oder Zustände von »Irrsein« – von der Öffentlichkeit zu Nervenkrankheiten erklärt. Also gewöhnten es sich die »Nerven«-Ärzte an, grundsätzlich von »Nerven«, »nervlich« oder anderen Variationen dieses Begriffes zu sprechen, wenn sie eigentlich organisch, hirnbiologisch, erblich oder ähnliches meinten. Das war schon eine gewaltige Manipulation, eine ein Jahrhundert währende Irreführung der Öffentlichkeit, so daß am Ende jedermann von Nervenkrankheit sprach, wenn in Wirklichkeit ein Hirndefekt vorlag. Während die Patienten glaubten, daß ihre »nervlichen« Probleme durch Überanstrengung oder ein Ungleichgewicht der Körpersäfte hervorgerufen worden seien (erstere Vermutung überwog im Bürgertum, letztere in der Unterschicht), meinten die Ärzte, daß die Ursachen in der natürlichen Anlage eines Patienten zu suchen seien und eine entscheidende erbliche Komponente hätten. Mediziner und Patienten benützten dieselben Worte, aber deren Bedeutung hätte nicht unterschiedlicher sein können.

Warum schien den Ärzten diese Irreführung – die heute von ihnen in ähnlicher Weise betrieben wird, wenn sie ihren Patienten sagen, sie litten unter »Streß«[12] - überhaupt nötig? Mediziner standen schon immer unter dem Druck, ihren Patienten zu sagen, was sie hören wollten. Und das trifft auf Psychiater in noch höherem Maße zu, da ihre Behandlung ja in erster Linie zu einer Stimmungsaufhellung führen soll. Was George Bernard Shaw 1911 über das Arzt-Patienten-Verhältnis schrieb, war zwar nicht ausdrücklich auf die Psychiatrie gemünzt, könnte aber wortwörtlich für sie übernommen werden:

»Der Arzt mag dem Patienten ganz despotische Vorschriften machen in Fragen, über die der Patient keine Meinung hat, aber wenn der Patient ein Vorurteil hat, muß der Arzt es entweder unterstützen, oder er wird seinen Patienten verlieren. Wenn die Leute davon überzeugt sind, daß die Nachtluft gesundheitsgefährlich sei und die frische Luft Erkältungen zur Folge habe, wird es dem Arzt, der Ventilation vorschreibt, nicht möglich sein, seinen Lebensunterhalt durch eine Privatpraxis zu verdienen … Im allgemeinen lernt der Arzt also erkennen, daß er ein ruinierter Mann ist, falls er sich seinen abergläubischen Patienten überlegen zeigt. Infolgedessen trachtet er instinktiv danach, sie an Aufklärung nicht zu übertreffen.«[13]

Auch die Psychiater des 19. Jahrhunderts fühlten sich gedrängt, ihren Patienten genau die Version von Ursache und Art ihrer Krankheit zu vermitteln, die sie hören wollten.

»Ich wurde als Nervenpatient bezeichnet«, berichtete John Perceval, ein englischer Gentleman, der 1831 in die Privatanstalt von Brisslington eingewiesen worden war. Er hatte Stimmen gehört und halluziniert. Auch seine Mutter »litt unter außerordentlicher Nervenschwäche« und konnte kaum ein Geräusch ertragen. »Sie verbat sich in ihrem Zimmer sogar das Umblättern einer Zeitung, so groß war ihr Bedürfnis nach Ruhe.«[14] Froh, so wohlhabende Familien wie die Percevals zu seinen Patienten zählen zu dürfen, verstieg sich Evans Riadore, ein Londoner Harley-Street-Arzt, 1835 zu der Behauptung, daß Nervenkrankheiten insbesondere »in den oberen Gesellschaftsschichten« aufträten; dies vermöge deren »Leben so (zu) verbittern, daß sie beinahe ebensowenig weltliche Freuden hätten wie die arme und arbeitende Bevölkerung«.[15]

Auch die Franzosen wagten zu dieser Zeit nicht mehr von Melancholie zu sprechen – eine Diagnose, die einen ins Irrenhaus brachte –, sondern zogen den »nervösen Erethismus« vor, eine Formulierung, die alle Arten von Reiz- und Erregbarkeit sowie emotionale Instabilität und Depression abdeckte. Ein Anstieg dieses Erethismus, behaupteten sie, sei vor allem unter den an »Luxus« gewöhnten Großstädtern zu verzeichnen.[16]

In Deutschland mit seinen vielen Privatkliniken ließ sich die Popularität des Begriffs »Nervenkrankheiten« schon bald an den Umbenennungen psychiatrischer Institutionen erkennen. Adolf Albrecht Erlenmayers 1847 gegründete »Privat-Anstalt für Irre und Schwachsinnige« hieß zehn Jahre später »Privatanstalt für Hirn- und Nervenkrankheit«. 1858 erklärte Erlenmayer, daß seine Anstalt sowohl für die voll ausgeprägten (heilbaren wie unheilbaren) Formen von Gemütskrankheit als auch für jene frühen Stadien geeignet sei, welche man nunmehr als Nervenkrankheiten zu bezeichnen pflege.[17] Auch die Privatanstalt Eitorf am Rhein begann irgendwann zwischen 1858 und 1876 die Formulierung ihrer Aufnahmebedingungen zu revidieren: aus »nur für Irre« wurde »für Nervenkranke«.[18] Aber zeugten diese Maßnahmen von wissenschaftlichem Fortschritt? Ewald Hecker, der 1881 seine Zusammenarbeit mit Karl Kahlbaum aufgekündigt und in Johannisberg am Rhein seine eigene »Kuranstalt für Nervenleidende« gegründet hatte, meinte, es sei in Fachkreisen ein offenes Geheimnis gewesen, daß solche Bezeichnungen nur gewählt wurden, um es den Familien von Geisteskranken, die das Wort Irrenanstalt schreckte, zu erleichtern, sie in einer solchen abzuliefern.[19] Bis zur Jahrhundertwende hatte nahezu jede große Privatanstalt in Mitteleuropa Begriffe wie »Geistesgestörtheit« oder »Irrsein« in ihrem Namen zugunsten von Bezeichnungen wie »Nerven« oder das »Gemüt« abgeschafft. Im privaten Sektor war die Täuschung perfekt.

Die Abneigung der Öffentlichkeit gegen »die Psychiatrie« war inzwischen so stark, daß sogar der staatliche Sektor veraltete Begriffe gegen neue einzutauschen begann. 1906 gelang es zum Beispiel dem Gießener Psychiatrieprofessor Robert Sommer, die Zustimmung des Gesundheitsministeriums zu einer Namensänderung der von ihm geleiteten Universitätspsychiatrie zu erwirken. Seine »akademische Irrenklinik« wurde in »Klinik für Gemüts- und Nervenkrankheiten« umbenannt; er tue das, um dem Wunsch der nach eigenem Ermessen nervenkranken Patienten zu entsprechen, die nicht mehr als »geisteskrank« bezeichnet werden wollten.[20] Als Ferdinand Kehrer 1924 in München eine neuropsychiatrische Klinik eröffnete, nannte er sie »der Öffentlichkeit zuliebe« schlicht Nervenklinik.[21]

In England hatte man vergleichbare Kliniken gar nicht erst »psychiatrisch« genannt. Als dem Edinburgher Irrenhaus Morningside in den 1920er Jahren ein Hospital mit einer poliklinischen Abteilung angegliedert wurde, beschloß man, es »Jordanburg Nerve

Hospital and Psychological Institute« zu taufen. Der Chefarzt dieser Institution berichtete, daß mittlerweile sogar das Wort »Nerven« und alles, was man mit ihnen verbinde, »in der Öffentlichkeit negativ besetzt ist. Aber das ist kein Drama. Ich persönlich ziehe ›nervlich‹ noch immer dem schrecklichen Begriff ›psychopathisch‹ vor.« Das hinderte ihn jedoch nicht daran, die »Nerven« bei jeder Erwähnung in ironische Anführungszeichen zu setzen – er wußte nur zu gut, was er in Wirklichkeit behandelte.[22]

Keine dieser Namensänderungen hatte einen wissenschaftlichen Grund. Mediziner wußten, daß sich Griesingers »Nervenkrankheit« auf eine biologische Hirnerkrankung und nicht auf eine Krankheit des peripheren Nervensystems bezog. Die Umbenennungen fanden ausschließlich zur Beruhigung der Öffentlichkeit statt. Alle deutschen Anstalten befaßten sich weiterhin mit dem klassischen Hauptgegenstand der Psychiatrie, der Psychose. »Doch die Öffentlichkeit will, daß sie ›Nerven‹-Kliniken genannt werden, um den mißtönenden Begriff ›Irren‹-Anstalt oder das Fremdwort ›psychiatrisch‹ zu umgehen«, schrieb ein klinischer Psychiater nach dem Ersten Weltkrieg.[23]

Diese Flucht vor der Psychiatrie machte sich auch in der inneren Medizin und bei den allgemeinen Krankenhäusern bemerkbar. Alles, nur keine Irrenanstalt! forderten die Familien. Welche Logik verbirgt sich hinter dieser Abspaltung der Neurologie von der Psychiatrie? fragte der klinische Psychiater Paul Näcke, der ausdrücklich für diese Trennung eintrat. Nervenkranke fänden es unerträglich, in einer Psychiatrie untergebracht zu werden, selbst wenn diese separiert oder in einem eigenen Gebäude angesiedelt sei. Die Anwesenheit von Geisteskranken bedrücke sie, und viele entwickelten so große Furcht vor ihnen, daß sich ihr Genesungsprozeß verzögere. In einem Allgemeinkrankenhaus eingerichtete psychiatrische Abteilungen ermöglichten es Psychotikern hingegen, sich in aller Stille zu erholen, ohne in der Öffentlichkeit als Irre abgestempelt zu werden.[24] Es war schlicht unmöglich geworden, offen Psychiatrie zu praktizieren. Mediziner, die psychisch Schwerkranke aus dem Bürgertum oder leichtere Fälle aus allen Gesellschaftsgruppen behandeln wollten, mußten nach Möglichkeiten Ausschau halten, die die wirkliche Art der Krankheit verschleierten.

Die Flucht des Irrsinns in die Kurbäder

Vor dem Aufkommen des modernen Krankenhauses um die Zeit des Ersten Weltkrieges pflegte das Bürgertum Linderung in Bädern und Kuranstalten zu suchen. Dafür gab es eine Menge Gründe: Seit dem Altertum wurden dem Wasser heilende Kräfte zugeschrieben, und die Spurenelemente der Mineralquellen halfen in der Tat gegen Darmträgheit und Verstopfung. Stark jod- oder eisenhaltige Quellen lösten genau die Probleme, die durch einen Mangel an diesen Stoffen hervorgerufen wurden; und das ruhige Gleichmaß des Tagesablaufs in den Kurorten ermöglichte es vielen, sich von den Anstrengungen des Geschäfts- oder Gesellschaftslebens zu erholen. Solche Faktoren erklären, weshalb seit Beginn des 18. Jahrhunderts der Trend immer stärker wurde, auch psychische Beschwerden in Heilbädern behandeln zu lassen.

Im 19. Jahrhundert sahen sich die Kurbäder einem immer größeren Andrang gegenüber. Auf einmal galten Wassertherapien als äußerst wirksam gegen psychische Leiden und nicht mehr nur als Allheilmittel gegen alle möglichen Unpäßlichkeiten. Wie bei vielen Modeerscheinungen waren auch hierfür die unzähligen sozialen Veränderungen im 19. Jahrhundert verantwortlich – der wachsende Wohlstand des Bürgertums (zuvor war die Kur ein Privileg des Adels gewesen) oder der Wunsch der Mittelschichten nach sozialem Aufstieg, der das Bedürfnis nach eigener Entfaltung und eine größere Aufmerksamkeit gegenüber dem eigenen Körper mit sich brachte. Obendrein gab es bessere Transportmittel, vor allem neue Schienenwege in die Kleinstädte und Dörfer, die mit einer Quelle aufwarten konnten. Die Nachfrage stieg gewaltig. Auf Wasserkuren spezialisierte Kliniken, geleitet von Ärzten, die ihrerseits sehr daran interessiert waren, das Kurerlebnis zu kommerzialisieren, schossen wie Pilze aus dem Boden. In allen Ländern, auch jenseits des Atlantiks, fand diese Entwicklung statt. Bis zur Jahrhundertwende sollte die Kur zur bevorzugten Methode des Bürgertums werden, seine chronischen Krankheiten behandeln zu lassen. Und als sich die Heilbäder zunehmend auf psychische Probleme einrichteten, wurden sie zur wichtigsten Zuflucht vor dem Irrenhaus.

Am kürzesten hielt dieser Trend vielleicht in England vor. Briten waren schon immer zu Anwendungen in Bäder wie Bath gefahren, doch auch ihre Kurorte profitierten in den 1840er Jahren vom plötzlichen Boom der »Hydros«, der privaten Wasserheilanstalten, in denen nun auch das Bürgertum zu umfassenden Therapien Zuflucht nehmen konnte. Joseph Weiss, ein österreichischer Kur-Veteran, eröffnete um 1841 in Stansteadbury, Hertfordshire, die erste Wasserheilanstalt Englands, gefolgt von den Engländern James Wilson und James Gully, die es ihm ein Jahr später in Malvern gleichtaten.[25] 1850 gab es in Großbritannien mindestens zwei Dutzend solcher Etablissements. Und zweifellos befanden sich unter den Tausenden, die nun in diese Heilbäder strömten, auch Patienten mit schweren psychischen Problemen. Gefördert wurde dieser Trend von einem 1843 verabschiedeten »Irrengesetz«, das es Privatanstalten sehr erschwerte, Patienten aufzunehmen, die freiwillig kamen. Wer also sichergehen wollte, daß er eine Klinik jederzeit wieder verlassen konnte, mußte sich nach anderen Möglichkeiten umsehen.[26] Charles Darwins Kuren in Malvern gegen seine chronische Hypochondrie sind in die Literatur eingegangen. Auch Edward Bulwer-Lytton, erster Baron von Lytton, bekannter Parlamentarier und Schriftsteller, suchte in Malvern Linderung von Symptomen, die er für nervlich bedingt hielt.

1846 berichtete er, daß er sich völlig überarbeitet gefühlt und nicht einmal mehr in Ruhepausen Entspannung gefunden habe. Bei seinen Versuchen, sich zu regenerieren, »versammelten sich all meine Leiden um mich – wurden noch greifbarer und fühlbarer. Ich hatte keinen anderen Ausweg, als vor mir selbst zu fliehen – in die andere Welt der Bücher, Gedanken oder Träumereien ... Solange ich pausenlos arbeitete, schien ich keine Muße zu haben, um krank zu sein. Ruhe war meine Hölle.«

Nun entwickelte Baron Lytton eindeutig psychische Symptome. »Die Erschöpfung durch Plackerei und Studium wurde von großer Angst und Sorge ergänzt.« Nach dem Tode eines Familienmitglieds schien er »selbst kaum noch am Leben zu sein«. Im Januar 1844 war er schließlich »vollständig niedergeschmettert«. Die kleinste Anstrengung erschöpfte ihn. »Die Nerven gaben schon bei geringster Reizung nach«, was er »einer chronischen Irritation jener großen Oberfläche« zuschrieb, »die wir die Schleimhaut nennen«. Der offensichtlich bereits völlig mutlose Baron Lytton wurde, wie so viele seiner Landsleute, durch Anwendungen in der Wasserheilanstalt Malvern wiederhergestellt.[27]

Doch Wassertherapien blieben in den englischen Bädern eine vorübergehende Erscheinung. In den 1880er Jahren begannen wohlhabende englische »Nervenkranke«, denen die Quellen im eigenen Land zu kraftlos und die Bäder nicht mondän genug waren, ihr Heil auf dem Kontinent zu suchen (wohin sich reiche Engländer zur Behandlung von Lungenerkrankungen ohnehin bereits seit den 1820er Jahren zurückgezogen hatten). Die neue Aufmerksamkeit für die »Nerven« kam den Ärzten, die ihren Lebensunterhalt bislang mit den Lungenerkrankungen ihrer britischen Klientel bestritten hatten, natürlich höchst ungelegen.[28] Doch kaum hatten die Franzosen in den 1880er Jahren begonnen, die Tuberkulose (von der man mittlerweile wußte, daß sie ansteckend war) an der Riviera herunterzuspielen und die Nerven zu betonen, paßten auch die englischen Mediziner schleunigst ihre Diagnosen an.

Führend bei diesem Umdenkungsprozeß waren zwei Generationen einer Medizinerfamilie namens Weber aus der Londoner Harley Street, die einen Großteil ihrer Praxis der Psychiatrie (beziehungsweise dem jeweils zeitgemäßen Äquivalent) widmeten, obwohl sie Allgemeinmediziner waren. Der Vater, Hermann Weber, stammte aus Deutschland und hatte Ende der 1840er Jahre bei seinem Onkel, dem Psychiater Friedrich Nasse, in Bonn studiert. Nach einer Begegnung mit Thomas Carlyle Anfang der 1850er Jahre beschloß er, nach England zu reisen. Er heiratete eine Engländerin und entschied, dort zu bleiben und sich, nachdem er 1855 die Zulassung des Royal College of Physicians erhalten hatte, als Mediziner nieder-

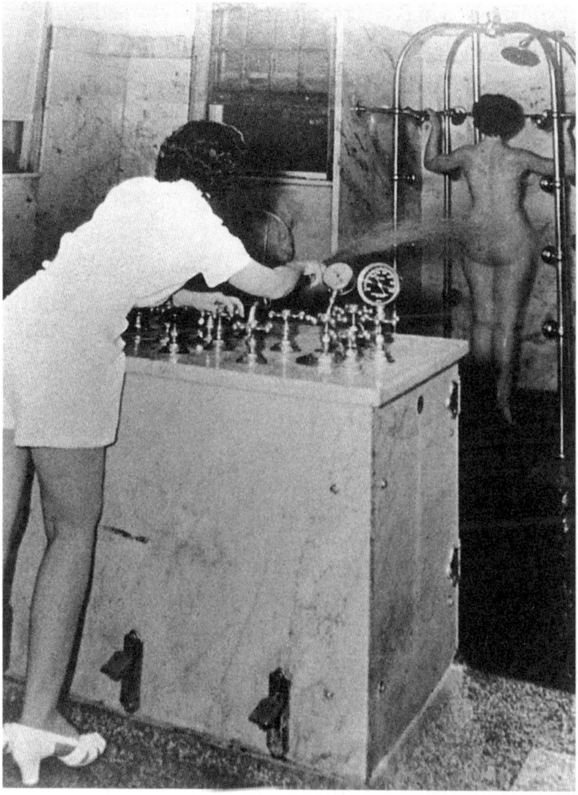

Vor dem Aufkommen der Körpertherapien in den dreißiger Jahren des 20. Jahrhunderts wurde die Wassertherapie eingesetzt, um überreizte Patienten zu beruhigen. Hier im Mississippi State Hospital, Whitfields, um 1920.

zulassen. Dank seines großen Charmes stieg er schon bald zum gefragten Hausarzt der Gesellschaft auf (fünf Premierminister zählten zu seinen Patienten) und stilisierte sich zum Badearzt, zum Spezialisten für Kurbehandlungen. In seinem 1880 veröffentlichten und vielgelesenen Handbuch der Kurbehandlungen riet er seinen Kollegen, Nervenkranken die italienische Riviera zu empfehlen.[29] In der revidierten Ausgabe, die Weber 1898 gemeinsam mit seinem Sohn Frederick, ebenfalls Arzt, herausgab, rühmten sie hingegen das hügelige Hinterland der Riviera: »Für Neurotiker und Patienten, die unter Neuralgien leiden, sind die benachbarten, höhergelegenen Regionen wie Grasse und Cimiez vorzuziehen.«[30]

Die Unterlagen aus Frederick Parkes Webers großer Harley-Street-Praxis blieben erhalten. Aus ihnen wird ersichtlich, wie viele Patienten er zu Kuren auf den Kontinent schickte, die im Grunde ein psychisches Problem hatten. Ein nicht untypisches Beispiel war Miss X., 25, aus Durham, die im Oktober 1908 nach London gekommen war, um Parkes Weber (sprich »Vaybier«) zu konsultieren. Sie berichtete von gelegentlichen Schmerzen im Bereich der Narbe einer acht Jahre zurückliegenden Blinddarmoperation. Doch Parkes Weber spürte ein viel näherliegendes Problem auf: Die »ziemlich zarte, ziemlich blasse« junge Frau pflegte sich nach jeder Mahlzeit eine Stunde lang pausenlos zu übergeben. Zudem neigte sie »in diesem Jahr zu Kopfschmerzen (dem Gefühl, daß ihr der Kopf zerspringe)«. Parkes Weber diagnostizierte »Übelkeit unbekannter Ursache und seelische Depression« und riet ihr, sich in Friedrich Denglers und Anton Freys Nervensanatorium nach Baden-Baden zu begeben oder nach Val-Mont, ebenfalls ein Nervensanatorium, im Schweizer Territet, und »die anschließende Wintersaison in St. Moritz« zu verbringen.[31] Dem Einfluß solcher Ärzte wie den Webers war es zu verdanken, daß englische Patienten mit psychischen Problemen, aber ohne akute Psychosen, en masse in die Kurbäder auf dem Kontinent flüchteten.

Das Kurgeschäft auf englischem Boden selbst flaute im Ersten Weltkrieg so stark ab, daß es sich nie mehr erholen sollte. 1922 wurde der Betrieb der Sonderzüge, die während der Kriegszeit Kurgäste nach Schottland gefahren hatten, endgültig eingestellt, da es nun »billiger war, ein französisches oder Schweizer Bad zu besuchen, als die Reise nach Schottland anzutreten«, wie es in einem medizinischen Journal hieß.[32] »Es ist doch gar keine Frage«, schrieb ein Londoner Society-Arzt, »daß die Kurbäder auf dem Kontinent besser sind. In den dortigen erstklassigen Etablissements kann man einfach alles behandeln lassen.«[33]

In Frankreich blieb die Beliebtheit von Bädertherapien und

Wasserkuren wesentlich länger bestehen, nicht nur weil das Land mit einem sonnigeren Klima und sehr viel mehr Mineralquellen gesegnet ist, sondern auch, weil die Franzosen so inbrünstig an die Heilkräfte der sprudelnden Quellen glaubten; viele Kuranstalten konnten sich bis heute halten. Ausgebrochen war dieses »Thermalfieber« in den 1820er Jahren. Die jährliche Zahl der Kurbesucher stieg von 31000 im Jahr 1822 über 100000 Ende der 1830er auf 200000 Ende der 1860er Jahre. Im ausgehenden 19. Jahrhundert gab es schließlich 300000–400000 Kurgäste jährlich, und Orte wie Aix-en-Savoie und Vichy erlangten weltweite Berühmtheit.[34] In diesen »ländlichen Republiken der Wassertrinker« – die Formulierung stammt aus dem Bericht einer jungen Frau, die unter hysterischen Anfällen litt und während ihres Kuraufenthalts eine »multiple Persönlichkeitsstörung« entwickelte[35] - herrschte eine von ängstlicher Hypochondrie und Neurosen geprägte Atmosphäre.

Frankreichs Wasserheilstätten ertranken sozusagen in Nervenkrankheiten. Octave Mirbeau läßt in seiner 1901 veröffentlichten Novelle *Les vingt et un jours d'un neurasthénique* einen »Dr. Triceps« ausrufen: »Névrose! névrose! névrose! ... Tout est névrose!«[36] Von den Quellen in Royat im Département Puy-de-Dôme hieß es, daß sie vor allem »neuropathische Symptome« wie Migräne, Muskelschmerzen und »bestimmte psychopathische Probleme« linderten. Laut Fernand Levillain, einem Hydro- und Elektrotherapeuten aus Nizza, der Kurgäste in Royat betreute, bot dieses Heilbad »beste Hilfe bei Neurasthenie«. »Heutzutage [1894] ist dieses Leiden außerordentlich häufig anzutreffen, nicht selten begegnet man bestimmten Symptomen der Neurasthenie auch bei unseren Rheuma- und Gichtpatienten.«[37] Also nahm auch Levillain, der im Grunde Physiotherapeut war und unzählige Orthopädiepatienten behandelte, in Royat die Aufgaben eines Psychiaters wahr.

Was für die englische Psychiatrie *Non-Restraint* war, war für die Franzosen also das Heilbad – und zwar für jede Indikation und jede Art von Beschwerden ein eigenes. In bester kartesischer Manier wurden Hunderte von französischen Kurbädern nach ihrem Eignungsgrad für bestimmte Beschwerden kategorisiert. Die therapeutischen Indikationen umfaßten das ganze Spektrum der Medizin: die Heilbäder von Salins im Jura, Salies-de-Béarn und Lamotte etwa halfen bei »Uteruskongestion«; Bourbonne und Balaruc bei Leberproblemen. Am häufigsten aber wurden Kuraufenthalte bei psychiatrischen Indikationen verschrieben. Litt ein Patient infolge einer Depression unter Kachexie[38], halfen angeblich die Quellen von Royat, Saint-Nectaire, Sainte-Marguerite und Châteauneuf; hatte ein Nervenkranker auch Magenbeschwerden (Enteralgie), wurde er nach Néris, Bagnères-de-Bigorre oder Plombières geschickt. Bei *nervosisme* (Nervenschwäche) waren Luxeuil und Luchon die richtigen Orte, kam Hysterie hinzu, eigneten sich Saint-Sauveur, Evian und Ussat am besten – und so weiter und so fort, durch die ganze Liste von Neuralgie über »Hirnerweichung« bis Paralyse. Rückenmarksverursachte Paralyse wurde in Lamalou behandelt (wo bis heute eine Statue von Charcot am Hauptplatz steht), hysterische Lähmung in Olette.[39] Mit solchen ausgeklügelten »Indikationen« zeigten die Kurärzte auf spektakuläre Weise, wie man aus nichts etwas machen kann – denn die meisten dieser Quellwasser, die man heute in Flaschen abgefüllt zum Mittagessen trinkt, waren nichts als Placebos. Bei den angeblichen Indikationen, meist von Ärzten diktiert, die zufällig gerade in einem Kurort zugelassen waren, handelte es sich um nichts weiter als den Triumph einer großangelegten PR-Aktion.[40]

Die Bäder in Frankreich und der französischen Schweiz profitierten zudem außerordentlich von der Verlagerung von Tuberkulose auf Nervenkrankheit, die in den 1880er Jahren stattgefunden hatte. An der französischen Riviera entdeckte man plötzlich, daß das Klima den Nerven wesentlich besser bekam als der Lunge.[41] Auch Montreux verzeichnete einen Besucherzuwachs von 22000 im Jahr 1896 auf 62000 1908, nachdem sich der Ort von TB-Kranken auf Nervenleidende umgestellt hatte, »ob es sich dabei nun um eindeutige Neurastheniker handelt oder um Patienten, die einfach nur unter Erschöpfung und Überanstrengung leiden«.[42] Der gesamte Hochalpenbereich Frankreichs und der französischen Schweiz richtete sich auf Nervenleiden ein, nachdem die Tuberkulosekranken in so abgeschiedene Bäder wie Leysin umgesiedelt worden waren. Zur

Jahrhundertwende war das französischsprachige Europa um ein Vielfaches mehr auf Nervenkranke eingestellt als im Jahrhundert zuvor.

Wie in England wurden nun auch in Frankreich die privaten Wasserheilanstalten zu medizinischen Kurzentren. Hier fand der psychiatrische Aspekt einer Bädertherapie seinen deutlichsten Ausdruck. Wasserheilanstalten wurden überall im Land gegründet, aber nirgendwo so viele wie in Paris (zur Jahrhundertwende gab es allein dort vierzig an der Zahl). Und genau dort, wo das Wasser aus dem Hahn und nicht aus einer Quelle sprudelte, traf sich dasselbe Pariser Bürgertum mitsamt seinen Diagnosen Neurasthenie oder Hysterie, das sich siebzig Jahre später geschlossen der Psychoanalyse zuwenden sollte. Typisch war die *clinique hydrothérapeutique* von Alfred Béni-Barde, einem Hydrotherapeuten mit vierzigjähriger Erfahrung, der zur Jahrhundertwende aus der Pariser Innenstadt in den noblen Vorort Auteuil umgezogen war. Er berichtet von zwei Patientinnen, die ihn um 1908 herum aufgesucht hatten: »Zwillingsschwestern, von denen die eine alle wesentlichen Merkmale von Hysterie, die andere von Neurasthenie aufwies. Als Töchter einer von unzähligen Nervenleiden und schwerer Arthritis stigmatisierten Adelsfamilie, hatten sie eine exzentrische Erziehung genossen, die sich katastrophal auf beide auswirkte.« Die eine war sanft, bekümmert, gedankenverloren und neigte dazu, sich abzusondern. Sie schien unter Gedächtnislücken und unerklärlichen Erinnerungstäuschungen zu leiden. Die andere war lebendig und aufmerksam, liebte dafür aber die schmutzigen Geschichten, die ihr von ihren Brüdern erzählt wurden, und litt unter hysterischen Anfällen.

Béni-Barde arbeitete für beide eine geeignete Hydrotherapie aus. »Für die Neurasthenikerin griffen wir zur beruhigenden Dusche, wobei wir ganz allmählich zu kälteren Temperaturen übergingen. Um die Hysterikerin zu behandeln, war die Anwendung der schottischen Dusche notwendig [heiß-kalt im schnellen Wechsel], für den Kälteschock wurde sie von Zeit zu Zeit gezwungen, in ein Becken mit eiskaltem Wasser einzutauchen.« Nach diesen Behandlungen seien beide genesen, »wiewohl ihnen eine gewisse Beeindruckbarkeit geblieben ist«.[43]

Béni-Bardes psychohydraulische Theorie war simpel: »Gegen die hybride Neuropathie, welche die Hysterikerinnen befällt, hilft keine Beruhigung. Solche Patientinnen müssen gezähmt werden. Deshalb ist kaltes Wasser so erfolgreich.«[44] So klang es, wenn Hydrotherapeuten psychodynamische Theorien entwickelten.

In den Jahren unmittelbar vor dem Ersten Weltkrieg teilten die französischen Kurbäder dann bis zu einem gewissen Grad das Schicksal der englischen Bäder. Beide verloren die obere Schicht ihrer Klientel an die großen deutschen »Weltbäder« oder andere, international beliebte Kurorte.[45] Die Anwendung von Wasserkuren bei psychischen Erkrankungen war in deutschen Bädern schon im Mittelalter üblich gewesen, bald darauf auch im restlichen Mitteleuropa. Doch ihr rasanter Aufstieg fand erst im 19. Jahrhundert statt, als auch das urbane Bürgertum regelmäßig zur Kur fuhr. Und diese neuen Kurgäste brachten weder Fieber noch Infektionskrankheiten mit, wie einst die Aristokratie, sondern Neurosen. Im böhmischen Karlsbad (Karlovy Vary) war der Anteil adliger Besucher beispielsweise von 32 Prozent im Jahr 1793 auf 11 Prozent 1814 und nur noch 1 Prozent 1911 zurückgegangen. Demgegenüber stieg der Anteil von Geschäftsleuten von 12 Prozent 1814 auf 59 Prozent 1911.[46] Der stärkste Zuwachs war mit den steigenden Einkommen, die die Industrialisierung mit sich brachte, und dem Ausbau des Eisenbahnnetzes nach 1870 zu verzeichnen. Zwischen 1871 und 1911 sollte sich die Besucherzahl von Bad Kissingen von 8000 jährlich auf 34000 mehr als vervierfachen; in Wiesbaden, einem der wichtigsten »Nervenbäder«, stieg sie von 60000 im Jahr 1871 auf 127000 im Jahr 1900; und die Zahl der Kurgäste von Baden-Baden – ein ebenso bedeutendes Nervenheilbad – erhöhte sich von 50000 im Jahr 1871 auf 79000 1911.[47]

Eine Verbindung zwischen Kuranstalt und Psychiatrie wurde schon relativ früh hergestellt. Die Quellen von Baden bei Zürich wurden zum Beispiel für so wirkungsvoll gehalten, daß 1818 ein Arzt forderte, sie Patienten mit einem schwachen Nervenkostüm vorzuenthalten, da nach ihrer Anwendung ein Anstieg von nervösen Anfällen zu befürchten sei und sie obendrein nervöse Kopfschmer-

Brunnen in Karlsbad. Das Heilwasser wurde von sogenannten Brunnenmädchen an die Kurgäste ausgeschenkt.

zen auslösten.[48] Defätistische Bemerkungen dieser Art sollten jedoch schon bald im allgemeinen Jubel untergehen. Nach einer Tour d'Horizon durch die Bäderlandschaft pries 1837 ein Mediziner die Erfolge, die Gleißen bei »Nervenschwäche« zu verzeichnen habe oder Teplitz bei Störungen des »Nervensystems«, und zwar vor allem bei jungen Frauen, die unter hysterischen Lähmungen litten. Auch die Quellen von Meinberg betrachtete er als vorzüglich gegen die »hysterischen Anfälle« von jungen Frauen geeignet, wohingegen Karlsbad bei Hysterie im allgemeinen Wunder wirke.[49]

Auch psychisch Schwerkranke kamen in die Kurorte, obwohl sie dort nicht gern gesehen waren. Bis in den 1860er Jahren die ersten »offenen« privaten Nervenkliniken (das heißt Patienten wurden auch ohne ärztliche Einweisung aufgenommen) gegründet wurden, hatten Irrenärzte Psychotiker regelmäßig zur Kur geschickt. Unter den 7063 Patienten, die der Kurarzt von Bad Oeynhausen zwischen 1858 und 1879 behandelte, litten 2111 (oder 30 Prozent) unter psychischen oder neurologischen Problemen (wobei Neurosyphilis am häufigsten vorkam). Von diesen 2111 waren wiederum 118 Psychotiker. In Relation zum gesamten Anteil von Nervenkranken, die zur Kur kamen, waren das nicht eben viele, aber man kann sich vorstellen, was es für das kleine Oeynhausen bedeutete, mit Menschen konfrontiert zu sein, die Halluzinationen und Wahnvorstellungen hatten oder »schwer gestört« waren. Allerdings verzeichnete der ansässige Kurarzt sogar in solchen Fällen gute Ergebnisse – insbesondere bei Problemen, die durch »früheres Onanieren« verursacht worden seien.[50]

Die Therapien gegen Neurosen und Psychosen fanden nicht in öffentlichen Badehäusern, sondern in den Anlagen von privaten, offiziell auf Wasseranwendungen spezialisierten Kurkliniken statt, die in Wirklichkeit noch eine Reihe zusätzlicher Verfahren anboten: Elektrotherapien, Massagen und anderes. Alle Kurkliniken hatten ihr Therapieangebot erweitert, um sich im harten Kampf um wohlhabende Kurgäste von den Konkurrenten abheben zu können. Zu den ersten mitteleuropäischen Wasserheilanstalten gehörte die von Johann Christian Reil – einem der Väter der modernen Psychiatrie – 1809 in Halle gegründete Klinik. (Unter den ersten Patienten Reils befand sich auch der Märchendichter Wilhelm Grimm.[51]) Doch die regelrechte Versessenheit auf Wasserheilkuren entstand erst um 1833, nachdem Vincenz Prießnitz, ein Bauernsohn ohne jede medizinische Vorbildung, in Gräfenberg (Jesenik Lazné) Unterkünfte für Wasserheilbedürftige eingerichtet hatte. Die von ihm ins Leben gerufene Bewegung – Förderung der natürlichen Selbstheilungskräfte durch die Anwendung von feuchten Umschlägen, Teilbädern (Arme, Beine) und Vollbädern in den kalten Quellen von Gräfenberg – glich bald schon einem religiösen Kult.[52] Nicht nur die ersten Anbieter von Wasserheilkuren in England, eine ganze Generation von Hydrotherapeuten und Naturheilkundlern, die sich nun überall in Mitteleuropa niederließen, sollten Prießnitz' Lehre blind folgen.

Ursprünglich waren Kaltbäder wohl hauptsächlich für Fieberpatienten gedacht, denn in solchen Fällen konnte kaltes Wasser in

Übungen im Freien, wie hier in Buch bei Berlin (1930), gehörten ebenso zum Angebot vieler Kliniken wie Wasseranwendungen, Elektrotherapien, Massagen und Diäten.

der Tat zur Linderung führen. Als dann jedoch im Laufe der Zeit immer mehr Nervenkranke zu den Kurgästen gehörten, begann man, die Bäder zu erwärmen, da kaltes Wasser für ein geschwächtes Nervenkostüm angeblich zuviel war. Nach Prießnitz' Tod 1851 verlagerte sich das Zentrum der Wasserheilkunst daher von den Kaltquellen im Osten auf die Warmquellen Baden-Badens, Wiesbadens und anderer ärztlich geleiteter Kurstätten im Westen.[53]

Die Modebäder, die nun um Wien, am Bodensee, im Schwarzwald und im Rheintal entstanden, hatten alle von Anfang an eine psychiatrische Komponente. Wilhelm Winternitz zum Beispiel, Professor für Hydrotherapie an der Universität von Wien, gründete 1865 eine Wasserheilanstalt in Kaltenleutgeben vor den Toren der Stadt. Stolz behauptete er, die Wasserbehandlung auf eine wissenschaftliche Grundlage gestellt zu haben. Winternitz hatte zuvor in einer Irrenanstalt praktiziert.[54] In seiner Broschüre versprach er, daß diese Behandlung auch vorzüglich gegen Nervenleiden geeignet sei. Psychotiker erwähnte er nicht, aber wie man gleich sehen wird, zählten auch sie zu seinen Patienten.

An einem frühen Novembertag im Jahr 1894 schrieb sich Barbara T., 41, in Winternitz' Wasserheilanstalt ein, weil sie unter ständigen »Gliederzuckungen« litt. Sie wurde mit einer schwachen Elektrotherapie behandelt, in deren Verlauf sie »zunehmend agitierter« wurde. Sie hielt lange Monologe, »versuchsweise sogar auf Hochdeutsch«, pflegte nachts stundenlang zu beten und kehrte jedem, der sie ansprach, den Rücken. Schließlich begann sie unablässig und mit lauter Stimme einem Tintenfaß oder einem Stein Ereignisse aus ihrem Leben zu berichten. Manchmal versuchte sie sich unvermittelt zu entkleiden, und bei Untersuchungen zeigte sie unverhüllt erotische Gelüste – so die Aufzeichnungen der Ärzte der Wiener Irrenanstalt, in die man sie eingewiesen hatte, nachdem sie aus der Wasserheilanstalt mit der Diagnose »Manie« entlassen worden war.[55]

Die Welt der Wasserheilanstalten war voll mit Patienten wie Barbara T., sehr zum Leidwesen der Irrenärzte, die die Praktiken der Bäderärzte schlicht für Kurpfuscherei hielten. Bei einer Konferenz 1874 empörte sich ein erzürnter Irrenarzt, daß Wasserheilanstalten und Kurbäder Patienten mit ersten Anzeichen schwerer Verstimmungen niemals eine angemessene Behandlung bieten könnten, auch wenn im Laufe des vorangegangenen Jahres mehrere Wasserheilanstalten in Deutschland und der Schweiz entstanden seien, die von erfahrenen Irrenärzten geleitet würden und daher gerade auf die Behandlung solcher anfänglichen Verstimmungen ausgerichtet seien. Nur damit man sie nicht als Irrenhäuser brandmarken könne, gäben sie sich als Wasserheilanstalten aus.[56]

Aber die Familien zogen die Bäder den Irrenhäusern ganz offensichtlich vor. Der Leiter einer bekannten privaten Nervenheilanstalt in Bendorf am Rhein drängte seine Kollegen sogar, ihre Patienten an Kuranstalten zu überweisen. Bereits unzähligen Geisteskranken sei es dort gut ergangen, und man wisse aus Erfahrung, daß viele von ihnen als geheilt von dort entlassen werden könnten – was er jedoch im wesentlichen auf die Trennung von der Familie zurückführte.[57]

Die Wasserheilanstalt Marienberg zu Boppard am Rhein war das typische Beispiel einer Kuranstalt für das gehobene Bürgertum. Ihren Statistiken ist jedoch eindeutig zu entnehmen, daß es sich in erster Linie um eine psychiatrische Einrichtung handelte. Von den 1185 Patienten, die zwischen 1883 und 1888 dort behandelt wurden, gehörten nur ein Fünftel dem nichtpsychiatrischen Spektrum an (Thoraxkrankheiten, Anämie, Übergewicht). 52 Prozent litten unter »Neurosen« (Neurasthenie, Hysterie, Hypochondrie), 5 Prozent unter organischen Erkrankungen des zentralen Nervensystems wie zum Beispiel Neurosyphilis, 13 Prozent waren Alkoholiker, und 9 Prozent hatten Beschwerden, die als »Psychosen« eingestuft wurden, wobei es sich im wesentlichen um Zwangsneurosen und Depressionen handelte.[58] Folglich befanden sich in Marienberg hauptsächlich Psychiatriepatienten, und zweifellos hätte man Karl Hoestermann, den Leiter dieser Anstalt, nach allen späteren Kriterien als Psychiater eingestuft, auch wenn er sich als Hydrotherapeut bezeichnete. Einrichtungen wie Marienberg dürfen mithin in einer Psychiatriegeschichte nicht fehlen, denn sie waren es, die das Bürgertum psychiatrisch behandelten. Um die Jahrhundertwende verloren die Wasserheilanstalten ihr Cachet jedoch, denn mittlerweile waren sie auch in den Augen der Öffentlichkeit die »Vorstufe zu Irrenanstalten« geworden.[59] Wer das Bürgertum psychiatrisch versorgen wollte, mußte sich neue institutionelle Möglichkeiten suchen, die den Patienten nicht so umstandslos als »Irren« abstempelten.

Nervenschwäche und Ruhekur

An diesem Punkt betreten die Amerikaner die Szene: Sie definierten eine neue Krankheit namens Neurasthenie und entdeckten die Ruhe als deren Heilmittel. Damit legitimierten sie nicht nur die Gründung neuer offener Anstalten für die Behandlung von psychisch Kranken, sondern lenkten international die Aufmerksamkeit der Mediziner auf psychologische Methoden zur Förderung des Genesungsprozesses.

Bis dahin hatte den Irrenärzten ein sehr begrenztes Vokabular zur Beschreibung leichterer psychischer Krankheiten zur Verfügung gestanden. Nerven, Hysterie, Hypochondrie, diese Worte waren Überreste des 18. Jahrhunderts und eigentlich austauschbar: »Hysterie« verwendete man für Frauen, die psychosomatische Beschwerden hatten oder als emotional instabil galten, »Hypochondrie« für Männer mit den gleichen Symptomen, und die »Nerven« waren bei jedem schuld, der unter Depression, einem Zwangsverhalten oder Ängsten litt. All diese Zustände galten als funktionelle Nervenkrankheiten, was bedeutete, daß man sie zwar für organisch hielt, aber keine Gewebeveränderungen feststellen konnte.

In der zweiten Hälfte des 19. Jahrhunderts wurde es dann durch die Fortschritte in der klinischen Neurologie einfacher, noch zu Lebzeiten eines Patienten eine organische Ursache zu finden und nicht erst bei der Autopsie. Seit den 1860er Jahren war man beispielsweise in der Lage, Multiple Sklerose von Hysterie zu unterscheiden oder progressive Paralyse von Hypochondrie. Wenn man einen Patienten aufforderte, mit geschlossenen Augen aufrecht stehen zu bleiben, und er einfach umkippte (Romberg-Zeichen), konnte man davon ausgehen, daß er Neurosyphilis und kein Nervenleiden hatte.

Diese Erkenntnisse verunsicherten allerdings viele Mediziner. Der Wiener Kliniker Salomon Federn (Vater des Psychoanalytikers Paul Federn) schrieb später, daß es nun zwar lauter neue Methoden wie die Überprüfung der Reflexe oder der Pupillenreaktionen und komplizierte neue Untersuchungen von Haut und Muskeln gegeben habe, die Hinweise auf »pathognomonische Symptome« [charakteristische Kennzeichen eines Krankheitsbildes] geben sollten; doch die meisten der auf diese Weise entdeckten Krankheiten seien in der Literatur bis dahin nicht vorgekommen, und wohl kaum ein Neuropathologe – von einem Kliniker ganz zu schweigen – sei mit diesen Prozeduren vertraut genug gewesen, um eine eindeutige Diagnose zu stellen.[60] Also bedurfte es eines möglichst dehnbaren neuen Begriffs.

In der Unfähigkeit der Mediziner, zu definieren, was wirklich und was nur hypothetisch organisch war, spiegelte sich die Unfähigkeit der Patienten, den Unterschied zwischen Irrsein und Nerven zu erkennen. Ärzte wie Patienten brauchten eine Brücke, um diese Unsicherheit zu überwinden – einen organisch *klingenden* Begriff, der ein psychisch *wirkendes* Krankheitsbild beschreiben konnte. 1869 wartete der New Yorker Elektrotherapeut George Beard mit dem Wort »Neurasthenie« auf, das eine angeblich eigenständige Krankheit bezeichnete. Wie ihre Enkelkinder, das chronische Erschöpfungssyndrom und die multiple chemische Empfindlichkeit einhundert Jahre später, diente sie als Bindeglied zwischen angenommenen organischen Ursachen und Symptomen, die auf eine psychische Verstimmung hindeuteten. Beard erklärte, daß die meisten nervlichen Symptome einem physischen Erschöpfungszustand der Nerven zu verdanken seien, den er Neurasthenie nannte. Und da man die Nervenschwäche im Gegensatz zur Neurosyphilis nicht unter dem Mikroskop feststellen konnte, mußte es sich um eine funktionelle Störung handeln, die allerdings zweifellos real war, sonst würden sich die Patienten schließlich nicht so niedergeschlagen fühlen. Damit war die Neurasthenie zum Prototyp aller funktionellen Nervenkrankheiten geworden.

Die Bandbreite der Symptome, die diese neue Diagnose abdeckte, war gewaltig. Beard schrieb: »Sie kann zu Dyspepsie [Verdauungsschwäche], Kopfschmerzen, Lähmungserscheinungen, Schlaflosigkeit, Schmerzunempfindlichkeit, Neuralgie, rheumatischer Gicht, Spermatorrhöe [›feuchten Träumen‹] beim Mann und Menstruationsunregelmäßigkeiten bei der Frau führen.« Und die Ursache dafür? »Das zentrale Nervensystem wird dephosphorisiert und verliert vielleicht sogar einige seiner festen Bestandteile.«[61] Beards Neurasthenie beruhte nicht gerade auf der allersolidesten wissenschaftlichen Grundlage.

Und doch wurde diese neue Diagnose äußerst populär, vor allem nachdem Beard 1880 ein ausführliches Buch darüber veröffentlicht hatte. (Er verglich sich darin mit den Entdeckern Zentralafrikas, die »in unerforschtes Gebiet vordringen, auf das sich nur wenige Menschen wagen«.)[62] Das Werk wurde schon im Jahr darauf ins

Deutsche übersetzt, später in noch viele andere Sprachen. Bis zum Ersten Weltkrieg sollte Beards Neurasthenie die Standarddiagnose bei allen funktionellen Nervenstörungen bleiben, weil sie zwischen Depression und Psychose auf der einen und der noch immer im wesentlichen auf Frauen beschränkten »Hysterie« auf der anderen Seite angesiedelt war. Mit »Neurasthenie« hatte man den gesuchten dehnbaren Begriff. Federn schrieb später, daß dieser Terminus das Gebiet der chronischen funktionellen Organerkrankungen auf dieselbe Weise beherrscht habe wie die bakteriologische Lehre das Gebiet der Infektionskrankheiten.[63]

Stellen wir uns doch einmal einen neurasthenischen Patienten vor. Was konnte man für ihn tun? Hier kommt der amerikanische Nervenarzt Silas Weir Mitchell ins Bild, der 1875 eine Behandlung namens Ruhekur erfand, welcher ein ebenso kometenhafter Aufstieg beschieden war wie der Neurasthenie, die zu bekämpfen sie angetreten war.

Weir Mitchells Kur war vermutlich die berühmteste, aber nicht die erste Behandlung in der Psychiatriegeschichte, die auf der Verschreibung von Ruhe basierte. Ruhe und Abgeschiedenheit waren schon lange als Therapien für Nervenkranke eingesetzt worden. William Perfect zum Beispiel hatte 1787 eine Psychotikerin in sein eigenes Haus aufgenommen. »Ich untersagte ihr alle Kontakte mit Verwandten und Bekannten.« Er verbannte sie »in ein stilles, ruhiges und beinahe vollständig verdunkeltes Zimmer. Ich duldete nicht, daß mit ihr gesprochen wurde … noch gestattete ich irgend jemandem, sie zu besuchen.« Perfect hatte nicht nur vollständig die Verantwortung über seine Patientin übernommen und sie gegen alle äußere Einflüsse abgeschottet, sondern auch verschiedene diätetische und physische Therapien angeordnet, so etwa Mahlzeiten, die »leicht, erfrischend und leicht verdaulich« waren, oder warme Fußbäder. Nach vier Monaten Behandlung war der »geistige Gesundheitszustand« wiederhergestellt.[64] Das war den Ansätzen nach bereits eine Mitchellsche Ruhekur. Auch zur Behandlung von Melancholie waren auf dem europäischen Kontinent schon seit längerem Zimmer abgedunkelt und Patienten von jeglichen Geräuschkulissen abgeschirmt worden.[65] Nicht einmal die Idee, Anstaltspatienten von Freunden und Familien fernzuhalten, war neu.[66] Historisch betrachtet sind dies schlicht Techniken, die jede Psychiatergeneration für sich entdeckte.

Auch Mitchell erfand letztlich nur eine Variation dieses uralten Themas. Der Unterschied war, daß 1875 die Zeit für diese Idee reif schien, denn Ruhekuren wurden idealerweise in Privatkliniken durchgeführt, die gerade im Entstehen begriffen waren. Mitchell, 1829 geboren, hatte seinen medizinischen Abschluß an der Universität von Philadelphia gemacht und ein Jahr bei Claude Bernard in Paris studiert. Im amerikanischen Bürgerkrieg diente er als Chirurg in der Unionsarmee. In dieser Zeit, als ihm erstmals Phänomene wie der Phantomschmerz begegneten – bei Soldaten, denen Gliedmaßen amputiert worden waren –, begann er sich für das Nervensystem zu interessieren. Doch sein arrogantes, unkollegiales Wesen machte ihn zu einem schlechten Kandidaten für den militärärztlichen Dienst – dafür eignete es sich um so besser für die Behandlung nervöser Damen der Gesellschaft, als deren Arzt er sich nach seiner Rückkehr nach Philadelphia denn auch einen Namen machen sollte.

Im Januar 1874 wurde eine Mrs. G. aus Maine Patientin des privaten »Infirmary for Nervous Diseases«, dessen Leitung auch Mitchell angehörte. Sie litt unter tiefer Erschöpfung und sah sich außerstande, Treppen zu steigen, zu lesen oder zu schreiben. »Jede Beanspruchung der Augen verursachte ihr Kopfschmerzen und Übelkeit.« Nach mehreren erfolglosen Kuraufenthalten hatte sie sich in ein Leben in Abgeschiedenheit gefügt. Doch es gab auch einen positiven Aspekt: »Sie war in der Lage, ihre Mahlzeiten wenigstens teilweise zu verdauen und bei sich zu behalten, sofern sie in einem ruhigen und abgedunkelten Raum lag.«

»Ich saß Tag für Tag neben dieser Frau«, schrieb Mitchell, »und hörte mir ihre mitleiderregende Geschichte an.« Daß sie überhaupt etwas bei sich behalten konnte, fand er höchst interessant.

»Ja«, sagte sie, »weil man mir beigebracht hat, dazu im Bett zu liegen.« Aber sie mochte diese ständige Bettruhe nicht und flehte Mitchell an, sie ihr zu ersparen.

Doch er bestand darauf, woraufhin sie sich prompt auf einen Machtkampf mit ihm einließ und alle Mahlzeiten zu erbrechen begann. Das brachte Mitchell nicht etwa auf die Idee, daß hier ein komplexes Autoritätsproblem im Arzt-Patienten-Verhältnis aufgetreten sein könnte. Vielmehr überzeugte es ihn, daß sie Bewegung brauchte. Ruhe und Bewegung, sagte er sich, seien nun gleichermaßen gefordert. »Aber wie kann ich beides unter einen Hut bringen?« Da kam ihm der zündende Gedanke: Massage! Sie brauchte »Bewegung ohne Anstrengung«. Also brachte er einer jungen Frau Massagetechniken bei und ließ sie auf Mrs. G. anwenden. Einige Tage später begann er mit Elektrobehandlungen. »Da es ihr immer am besten ging, wenn sie völlig isoliert war, bestand ich zudem auf absoluter Ruhe und hielt Freunde, Verwandte, Bücher und Briefe von ihr fern.« Nach zehn Tagen war Mrs. G. »wie eine Rose erblüht«. Da sie nun auch in der Lage war, Speisen bei sich zu behalten, begann Mitchell sie mit einer stark milchfetthaltigen Diät aufzupäppeln. Nach zwei Monaten hatte sie vierzig Pfund zugenommen und fuhr glücklich zurück nach Maine.[67]

Die Weir-Mitchell-Ruhekur war geboren: Isolation von der Außenwelt bei strikter Bettruhe, Mastkur, Elektrobehandlungen und Massage. Mitchell war überzeugt, daß die Wirkung seiner Heilmethode auf der organischen Behandlung eines organisch bedingten Zustandes beruhe. Für den Rest seines Lebens blieb er taub gegenüber jedem Einwand, daß hier auch eine psychologische Komponente eine Rolle spielen könnte. Er räumte lediglich ein, daß für den Erfolg dieser Kur »kindlicher Gehorsam« nötig und sie daher besser für Frauen als für Männer geeignet sei.[68] Doch das organische Moment stand für ihn immer im Mittelpunkt: Es müsse gelingen, den Blutfluß zu den »geschwächten Spinalganglien« wieder in Gang zu bringen, erklärte er Kollegen im April 1875, als er seine Ruhekur erstmals der medizinischen Fachwelt vorstellte. 1877 veröffentlichte er sein Buch *Fat and Blood*, in dem er die Mechanismen seiner Kur erläuterte. Es wurde eine Sensation, und Mitchells »Infirmary for Nervous Diseases« zum »Mekka für Patienten aus aller Welt«.[69]

Allerdings war eine Ruhekur ziemlich teuer und daher auf

die Nervenkranken einer internationalen Elite beschränkt, die auf der Suche nach Hilfe nach Belieben den Atlantik überqueren konnten. Von überall her schickten Ärzte Patientinnen zu Kuren von sechswöchiger bis dreimonatiger Dauer zu Mitchell. Einen seiner ersten Fälle hatte Hermann Weber an ihn überwiesen, der später überrascht erklären sollte: »Sie war völlig geheilt.«[70] Da sich diese Ruhekur so ideal für Privatsanatorien eignete, entwickelte sich schon bald eine symbiotische Beziehung zwischen Kurkliniken, Nervenärzten und nervenschwachen Damen der Gesellschaft beiderseits des Atlantiks. Alles ergänzte sich aufs beste: der Boom der Privatkliniken Ende des 19. Jahrhunderts, die Diagnose Neurasthenie (die Hauptzielscheibe aller Ruhekuren) und das Aufkommen der psychiatrischen Privatpraxen (die allerdings noch nicht so genannt wurden).

1881 führte der Gesellschaftsarzt und Gynäkologe William Playfair in seiner Praxis in der Curzon Street im Londoner Mayfair die Ruhekur auch in England ein: »Ich bin einfach Dr. Mitchells Anweisungen gefolgt, und das mit derart erstaunlichen und zufriedenstellenden Ergebnissen, sogar in Fällen, die mir fast das Herz brachen, da sie sich so hartnäckig allen üblichen Behandlungen widersetzten, daß ich mit Gewißheit sagen kann, [Mitchells Methode] gebührt weitere Aufmerksamkeit.«[71] Offenbar benützte Playfair zur Durchführung der Kur in London Privatunterkünfte und heuerte als Krankenschwestern wahre Dragoner an, damit der nötige Gehorsam der Patientinnen gewährleistet war. Seine Kollegen verließen sich eher auf Pflegeheime, »Hysterikerheime« oder Privatkliniken, die besser gerüstet waren, um eine Isolation zu erzwingen, Elektrotherapien und Massagen zu koordinieren, spezielle Diätkost zuzubereiten und die Patientinnen gegen Ende der Kur am gemeinsamen Abendbrottisch wieder an Gesellschaft zu gewöhnen.[72]

In Frankreich wurde die Ruhekur 1885 durch Charcot eingeführt, der allerdings nicht Mitchell als Urheber anerkannte, sondern behauptete, die von ihm so genannte »Isolationskur« selbst entdeckt zu haben.[73] Er pflegte seine Patientinnen an ein Netzwerk von Wasserheilanstalten zu überweisen und sie dann von seiner Praxis im

XVII. Arrondissement aus zu überwachen. Unter den äußerst aufnahmebereiten deutschen Ärzten bedurfte diese Kur gar nicht erst einer offiziellen Einführung. Bis 1884 sollten fast alle Privatkliniken die Mastkur oder »Mitchell-Playfair-Kur« in ihr Repertoire der Therapie gegen Hysterie und Neurasthenie aufgenommen haben.[74]

Um die Jahrhundertwende war die Ruhekur allerorts zur üblichen Behandlungsmethode gegen Neurasthenie avanciert – falls man sie sich leisten konnte. In all den eleganten neuen, offenen Anstalten, Nervenkliniken und Sanatorien, die nun in vielen Ländern gegründet wurden, war die Mitchell-Behandlung selbstverständlicher Bestandteil des therapeutischen Programms geworden. Auch in den Vereinigten Staaten, wo die Diagnose »Neurasthenie« nie soviel Resonanz wie in Europa gefunden hatte, kam die Ruhekur in Mode. Zum Beispiel konnten in einer Privatklinik für Nerven- und Geisteskranke, »The Retreat«, in Des Moines, Iowa, »Neurastheniker und leicht gestörte Fälle« eine Behandlung in Form von »Ruhe, Bädern, Massagen, Elektroanwendungen ... durch angemessen geschultes Personal« erhalten. Das »Crystal Springs Sanitarium for Nervous and Mental Diseases« in Portland, Oregon, empfahl sich zur Linderung von »Nervenschwächen, vor allem für die von Neurasthenie hervorgerufene Schlaflosigkeit«, mit der Anwendung von Elektrotherapien und den ergänzenden Behandlungsmethoden in speziellen »cottage homes«.[75]

In Mitteleuropa herrschte nahezu grenzenlose Auswahl. Die Marienberger Wasserkuranstalt in Boppard schlug die Trommeln für ihre »Playfair-Kur« zur Behandlung von Neurasthenie, und in Richard Jaenischs Sanatorium Wölfelsgrund konnten Neurastheniker unter einem großen Therapieangebot auch die Mastkur wählen.[76] Die Ruhekur hatte ihren weltweiten Siegeszug angetreten.

Vielen Medizinern sollte jedoch bald bewußt werden, daß im Zentrum der Mitchell-Kur die Autorität des Arztes und nicht etwa die spezifischen physischen Komponenten dieser Methode standen. Was ihrer Ansicht nach den Patientinnen zur Besserung verhalf, war der Zwang, sich dem Arzt zu unterwerfen – ein eindeutig psychologisches und kein physiologisches Moment. Der Nervenarzt Alfred

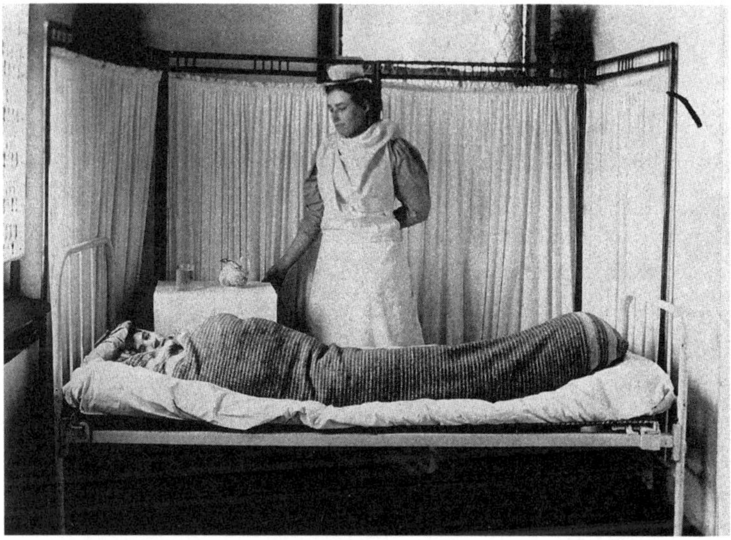

Ruhe- und Isolationskuren als Therapieform gegen Neurasthenie, so wie in dieser amerikanischen Klinik, waren ein Schritt auf dem Weg zur Psychotherapie, erhöhten sie doch die Bedeutung des Arzt-Patienten-Verhältnisses.

Taylor Schofield aus der Londoner Harley Street beschrieb den Fall einer »scheinnervenkranken« Patientin, die derart schwach war, daß sie nicht einmal mehr laufen konnte. Also wies er zwei Krankenschwestern an, sie in einem abgelegenen Teil des Gartens vor sich herzutreiben. »In dieser Nacht versuchte die Patientin über ein Treppengeländer zu springen und sich die Beine zu brechen, damit sie nicht mehr laufen mußte; nachdem ihr das nicht gelang, verweigerte sie jede Nahrung und mußte vierzehn Tage lang durch eine Nasensonde ernährt werden, bis sie endlich aufgab. Erst riß sie die Uniform einer Schwester in Fetzen, dann aber wurde sie eines Sonntagmorgens belauscht, wie sie sich zuflüsterte: ›Annie, du hast deinen Meister gefunden.‹ Anschließend ging sie aus und lief drei Meilen, ohne innezuhalten.«[77] Das ganze Drum und Dran war zu nichts anderem gedacht, als der Patientin das Eingeständnis zu entlocken, daß sie vor der ärztlichen Autorität kapitulieren mußte. Daß das so außerordentlich gut funktionierte, beweist, wie verschieden das damalige soziale Klima von dem unserer heutigen Zeit war.

Wie die Ruhekur in der Praxis funktionierte, beschrieb auch die angloamerikanische Schauspielerin und Schriftstellerin Elizabeth Robins in ihrer Erzählung über eine sechswöchige Kur, der sie sich bei »Dr. Garth Vincent« (in Wirklichkeit war es ein Arzt aus dem Londoner West End namens Vaughan Harley) unterzogen hatte:

»Keine Briefe, keine Telegramme, keine Mitteilungen, keine Tageszeitungen, keine welch auch immer geartete Kommunikation in den nächsten sechs Wochen«, verfügte er. Ungewöhnlicherweise führte sie die Ruhekur im eigenen Haus durch, überwacht von einer Krankenschwester.

Die Schwester trifft ein, ist aber unsicher, ob sie »Katherine« erlauben kann zu lesen. Dr. Vincent »ist sehr selten bereit, eine Patientin zu einer Ruhekur anzunehmen, die diese nicht im Sanatorium antritt«.

Warum?

»Weil – nun ja, im Sanatorium läuft alles nach festen Regeln ab, funktioniert alles wie ein Uhrwerk. Er glaubt, daß der Mensch und vor allen Dingen Frauen nicht diszipliniert genug sind, um freiwillig Befehle zu befolgen.«

Dr. Vincent kommt zur Visite. »Er trat wehenden Mantels ein, ging direkt zum nächstgelegenen Fenster, das bereits einen Spalt geöffnet war, und zog es einen halben Meter herunter. ›Es ist zu heiß für Sie hier drinnen‹, sagte er, blieb einen Moment stehen, zog ein Stethoskop aus der Tasche, setzte es zusammen und blickte mißfällig auf sie herab. Katherine spürte, wie sie ein Schauder durchfuhr.«

Ständig gab es Auseinandersetzungen wegen der Mahlzeiten. Katherine aß nur wenig. An diesem Abend hatte sie zum Beispiel ihre Butter nicht gegessen. Die Schwester drohte, Dr. Vincent zurückzuholen.

»Hierher? Nochmal? Heute nacht?« fragte Katherine.

»Ja«, sagte die Schwester. Sie werde ihn wohl anrufen müssen.

»Mußten Sie das schon jemals tun?«

»O ja«, sagte die Schwester.

»Was geschah dann?«

»Er bekommt immer einen Tobsuchtsanfall, wenn man ihn extra holt.«

Sofort begann Katherine die Butter auf ihrem Toast zu verstreichen.

Nach sechswöchigen Kämpfen um Massagen, Mastkur und anderes – Katherine verliert sie alle – bessert sich ihre Neurasthenie. Sie erfährt, daß sie am nächsten Tag aufstehen und ihre Post lesen darf. Ganz aufgeregt ist sie bei dem Gedanken, ausgehen zu können, ihre Symptome überwunden zu haben. Die Geschichte endet mit ihrem Freudenschrei: »Ich bin ein neuer Mensch!«[78]

Ein Arzt mußte schon sehr wenig von Psychologie verstehen, um eine Patientin auf diese Weise zu behandeln und noch immer zu glauben, daß Neurasthenie eine organische Erkrankung des Nervensystems sei, die man mit einer Mastkur heilen könne. Katherine verdankte ihre Besserung eindeutig der psychischen Unterwerfung unter ihren medizinischen Zuchtmeister Dr. Vincent. Während Ärzte in den Vereinigten Staaten, Frankreich, Großbritannien und Deutschland also Tausende und aber Tausende solcher Kuren überwachten, durchfuhr sie schließlich eine Art kollektiver Geistesblitz: Hier hatten sie es mit einer Störung zu tun, die in beträchtlichem Maß psychologisch bedingt war.

Kurz bevor er Paris verließ, um seine neue Praxis in Nizza zu eröffnen, schrieb Charcots Schüler Ferdinand Levillain, der sich selbst zum Psychiater und »klinischen Neurologen« ernannt hatte, eine Neubewertung der Weir-Mitchell-Kur für französische Ärzte. All die Maßnahmen wie Elektrotherapie, schrieb er, seien im Grunde zweitrangig. Das Wesentliche bei der Ruhekur sei die Isolation von der Außenwelt, damit die »Seelenkraft ... gegen gewisse psychische Formen der Neurasthenie« mobilisiert werden könne.[79]

Auch in den Vereinigten Staaten begannen Ärzte diese psychologische Komponente zu erkennen. Der Neurologe Francis Dercum zum Beispiel, Professor für Nervenkrankheiten am Jefferson Medical College von Philadelphia, ein großer Anhänger der Organlehre, schrieb die Erfolge der Ruhekur dennoch im wesentlichen dem Phänomen der Suggestion zu. Mastkuren und alle anderen Bestandteile der Kur dienten nur dazu, die »pathologischen Assoziationen« der Patientinnen »zu lösen«, erklärte er 1908 bei einer Psychiatrietagung in Boston.[80] Bald darauf meldete sich auch ein anderer Zweifler, der Neurologe George Waterman aus Harvard, zu Wort: Der wesentliche Heilfaktor bei Weir Mitchells berühmter Kur sei vermutlich dessen eigene starke Persönlichkeit gewesen. »Der allgemeine Erfolg ... verdankt sich dem suggestiven Einfluß und nicht einer irgendwie gearteten körperlichen Veränderung.«[81]

In Großbritannien war es Edwin Bramwell, Mitglied der berühmten Edinburgher Medizinerdynastie gleichen Namens und Lehrbeauftragter für Neurologie an der dortigen Universität, der dieser vom bekanntesten amerikanischen Neurologen erfundenen, angeblich neurologischen Kur den Nimbus nahm: »Sogar heute noch«, sagte er 1923, »wollen viele nicht erkennen, daß Isolation bei der Behandlung von Neurosen nur ein Hilfsmittel ist ... In der Mehrheit aller Fälle, bei denen eine Ruhekur angeraten ist, dient die Isolation nur dazu, dem Arzt freies Spiel zu geben, damit der Eindruck, welchen er durch die von ihm angewandten Zwangsmaßnahmen hervorruft, nicht durch Gegensuggestion abgeschwächt werden kann.«[82] Wichtig ist hier, daß alle, die gegen die vermeintlich organische Wirkungsweise der Ruhekur zu Felde zogen, Neurologen und keine Psychiater waren, deren Schlußfolgerung nicht lange auf sich warten ließ: Wenn die Erfolge der Ruhekur psychischer Natur waren, dann konnte Neurasthenie auch psychotherapeutisch behandelt werden.

Das wichtigste Resultat von Ruhekur und Neurasthenie, vom Ansturm auf all die Privatkliniken, in denen man seine angeblich neurologische Krankheit medizinisch behandeln lassen konnte, war also etwas ganz anderes, nämlich die Tatsache, daß der Psychotherapie der Weg bereitet wurde und man schließlich erkannte, daß bestimmte psychische Krankheiten der heilenden Kraft der menschlichen Stimme nachgeben. Ruhe- und Isolationskuren sind insofern von historischer Bedeutung, als durch sie nachgewiesen werden konnte, daß der Verstand im Rahmen der Zweierbeziehung zwischen Arzt und Patient behandelbar ist. Das biologische Modell war, so wie es sich bis zum Ende des 19. Jahrhunderts entwickelt hatte, noch weit davon entfernt, den Verstand als das Bindeglied zwischen Hirn und Verhalten zu begreifen. Diese Erkenntnis kam den Ärzten in den Privatkliniken erst ganz allmählich, als sie sich zu fragen begannen, wieso ein Placebo wie die Mastkur in der Lage war, das Leben ihrer Patientinnen so vollständig zu verändern.

Die Neurologie entdeckt die Psychotherapie

Die von biologischen Annahmen geprägte Psychologie jener Tage hatte starke Ähnlichkeiten mit der Neurologie. Allerdings spielte das in der psychiatrischen Praxis keine große Rolle, denn da es weder für die eine noch für die andere Disziplin Fachexamina gab, waren Mediziner einfach das, als was sie sich bezeichneten. Ein »Psychiater« oder Irrenarzt war im Grunde jeder, der einige Zeit in Irrenanstalten verbracht hatte; ein »Neurologe« – worunter man ursprünglich einen Spezialisten für die Anatomie des Nervensystems verstand[83] – jeder, der in allgemeiner Pathologie und innerer Medizin ausgebildet worden war. Psychiater erkannte man an ihrer Spezialisierung auf die Irrenhaus-Medizin: Von den 124 Ärzten, die 1910 am Jahrestreffen der American Medico-Psychological Association teilnahmen, standen nur vier nicht mit einer Irrenanstalt oder privaten Nervenklinik in Verbindung.[84] Neurologen waren ebenfalls als Spezialisten anerkannt, die allerdings eher in Privatpraxen als in Institutionen zu finden waren. 1875 gründeten die amerikanischen Neurologen ihre erste eigene Organisation (1907 folgten die deutschen).[85]

Die frühen Neurologen waren eigentlich weniger an »den Nerven« interessiert gewesen als an den neurologischen Implikationen, die bei Krankheiten wie Schilddrüsenfehlfunktionen, Beriberi[86], Schlaganfall, Nierenversagen und anderen mehr zu beobachten waren. Doch irgendwann sahen sie sich gezwungen, sich mit »den Nerven« zu befassen, weil »Nervenstörungen« wesentlich häufiger und auch lukrativer waren als etwa die neurologischen Komplikationen von Urämie. Das Unbehagen der Patienten an allem, was nach »Psychiatrie« roch, führte die Neurologen, ob sie es wollten oder nicht, in die Welt der Psychoneurosen. Wenn Irrenärzte für Angehörige des gehobenen Bürgertums nicht in Frage kamen, mußten eben die Nervenärzte herhalten.

So kam es, daß die Behandlung von Psychoneurosen von Anfang an einen stark neurologischen Einschlag hatte. Freud, Janet, Charcot, all die großen Namen auf dem Gebiet der Behandlung von Hysterie, waren Neurologen. Und so gut wie alle privaten Nervenkliniken, die nach 1880 die Staffette von den Wasserheilanstalten übernahmen, wurden von der Öffentlichkeit als Stätten der Behandlung organischer Nervenkrankheiten betrachtet. Wer dort praktizierte, galt als Neurologe. Welcher besorgte Nervenkranke der Jahrhundertwende wäre nicht erleichtert gewesen, bei seiner Ankunft im Sanatorium Friedrichshöhe zu Wiesbaden zu hören, daß dessen Eigner und Chefarzt Richard Friedländer »Schilddrüsenfehlfunktionen, Veitstanz, periphere und zentrale Lähmungen, Schwindsucht, Nervenentzündung, Muskelschwund und Morphinismus« behandelte, aber auch Fälle von »Nervosität, Neurasthenie, Hysterie, Hypochondrie und depressiver Melancholie«. Bei ihm gebe es Wassertherapien, Thermalbehandlungen, Kiefernnadelbäder ebenso wie Elektrotherapien, Massagen und Physiotherapien. Das klang wunderbar organisch, vor allem, wenn Friedländer auch noch ausdrücklich hinzufügte, daß die Aufnahme von Geisteskranken ausgeschlossen war.[87]

Einer seiner therapeutischen Ansätze klang allerdings nicht so organisch: »Die psychologische Beeinflussung spielt bei der Behandlung eine entscheidende Rolle.« Tatsächlich waren es Mediziner – im wesentlichen Neurologen – wie Friedländer und nicht Psychiater, die sich der Psychotherapie annahmen. Der Grund dafür war, daß die Neurologie den Patienten ein Feigenblatt bot, indem sie zu sagen schien: Wir halten Ihre Probleme zwar für organisch, können sie aber vielleicht dennoch mit dieser neuen Methode beeinflussen. Unter diesem Deckmäntelchen sowie dem Vorwand, somatische, vom zentralen Nervensystem ausgelöste Beschwerden zu behandeln, konnten die Neurologen nun auch Patienten mit leichteren psychischen Krankheiten übernehmen.

Die Psychotherapie bahnte sich ihren Weg in die Medizin also aus zwei letztlich wenig psychiatrischen Richtungen: Zuerst überzeugten die frühen Heilhypnotiseure Mediziner davon, daß Symptome mittels Suggestion auf hypnotischem wie nichthypnotischem Wege behoben werden könnten; dann begannen die privaten »Nervenkliniken« Milieutherapien anzubieten.

Uns interessiert hier nur das letzte Kapitel der Hypnosegeschichte.[88] Aufgekommen war die medizinische Hypnose Ende des 18. Jahrhunderts mit Franz Anton Mesmer und seinen Anhängern in Frankreich. Im Laufe des 19. Jahrhunderts erlebte sie viele Schwankungen, und gerade als sie auf bestem Weg war, in Vergessenheit zu geraten, wurde sie in den 1880er Jahren von der medizinischen Gemeinde Frankreichs wiederbelebt (im Jahrzehnt vor dem Ersten Weltkrieg sollte sie dann wieder mehr oder weniger aus dem Blickfeld der Medizin verschwinden). An dieser Wiederbelebung waren zwei französische medizinische Schulen beteiligt: die Gruppe um Jean-Martin Charcot, Kopf der Salpêtrière-Schule, und die um Hippolyte Bernheim, der die Nancy-Schule vertrat (nachdem die Deutschen das Elsaß besetzt hatten, war die medizinische Fakultät von Straßburg 1871 nach Nancy, Hauptstadt der Lorraine, geflohen). Charcots Ansicht nach war die Hypnotisierbarkeit eines Menschen höchstens ein Nachweis für dessen Hysterie, die Hypnose an sich jedoch von keinerlei therapeutischem Wert, es sei denn als Bestätigung der Diagnose, daß der Patient hysterisch war. Der Internist Bernheim hingegen glaubte, daß Hypnose eine medizinische Therapie sei und keinerlei Hinweise auf eine Hysterie gebe. (Er hielt das Phänomen Suggestion für ein Charakteristikum aller Psychoneurosen: Wem sie »einsuggeriert« werden konnten, dem konnten sie auch wieder »aussuggeriert« werden.) Bernheim, der sich selbst unter der Anleitung eines alten Landarztes namens Ambroise-Auguste Liébault medizinische Hypnosetechniken beigebracht hatte, wandte sie mit unterschiedlichem Erfolg bei einer Reihe von organischen und psychischen Störungen an. Doch er sollte schon bald feststellen, daß nichthypnotische Suggestion – also schlicht gutes Zureden – genauso effektiv war, vor allem bei Patienten aus dem Bürgertum, die das prätentiöse Autoritätsgehabe, das von einem medizinischen Hypnotiseur gefordert war, rundweg ablehnten. So begann Bernheim von 1883 an auch die nichthypnotische Suggestion zu propagieren, und damit steht er für den Beginn der modernen medizinischen Psychotherapie.[89]

Das nächste Kapitel dieser Geschichte spielt in Amsterdam. Ein holländischer Medizinstudent namens Frederik Willem van Eeden reiste im November 1885 nach Paris, um Material für seine Dissertation über Tuberkulose zu sammeln. Nachdem er zufällig in die Vorlesungen von Charcot geraten war, wandte er sich jedoch sofort begeistert der hypnotischen Suggestion zu. Nach seiner Promotion 1886 in Amsterdam fuhr er nochmals nach Paris und anschließend auch nach Nancy. »Jetzt hatte ich erlebt«, schrieb er später, »wie der Körper durch den Geist geheilt werden konnte, und das hielt ich für die einzig wahre und dauerhafte Kur.«[90] Zurück in Amsterdam traf Eeden einen anderen Hypnose-Anhänger, Albert Willem van Renterghem, der gerade aus Frankreich von Liébault zurückgekehrt war.[91] Renterghem ließ sich mit einer hypnotherapeutischen Praxis in einer holländischen Kleinstadt nieder, war aber vom Ansturm der Patienten bald schon so überwältigt, daß er gemeinsam mit Eeden beschloß, eine hypnotherapeutische Poliklinik in Amsterdam zu eröffnen. Im August 1887 nahm sie als »Klinik für psychotherapeutische Suggestion« ihre Arbeit auf. Renterghem kümmerte sich um das Geschäft, Eeden um die Hypnose.[92] Die Klinik blühte und gedieh, obwohl Eeden nicht nur Arme kostenlos behandelte, sondern auch von Reichen keine Honorare nehmen wollte. Er verließ sie nach sieben Jahren, um sich aus der aktiven Medizin zurückzuziehen und zu schreiben. Diese Amsterdamer Klinik, in der ohne Zweifel ausschließlich Hypnose betrieben wurde, steht für die erste »Psychotherapie« im modernen Sinne des Wortes.[93]

Mit Eeden begann die Psychotherapie in Form von hypnotischer und nichthypnotischer Suggestion ihren Siegeszug durch die Welt der Psychoneurosen anzutreten.[94] Zu dieser Zeit waren Psychotherapie und biologische Psychiatrie nicht unvereinbar, da sich die eine ja eher mit der Behandlung und die andere mit den Ursachen befaßte.

Betrachten wir zum Beispiel August Forel, von 1879 bis 1898 Professor der Psychiatrie in Zürich. Ein noch überzeugterer Organologe als er war kaum vorstellbar. Einen Großteil seiner Zeit verbrachte er mit Neuroanatomie, und aus seiner Korrespondenz mit Kollegen wird ersichtlich, daß er sich wesentlich mehr für die Gehirne von Fröschen interessierte als für klinische Psychiatrie. Und doch war er ein Meister der Hypnose.[95] Sein Ruf war so groß, daß ihm ein Kollege sogar eine Patientin überwies, die ein anderer Hypnotiseur in einen üblen Trancezustand versetzt hatte, und ihn bat, sie wieder daraus zu befreien.[96] Später ging Forel sogar über Hypnotik hinaus und sprach von dem therapeutischen Nutzen, den »Liebe« und »intime Kenntnisse« über das Leben des Patienten im Arzt-Patienten-Verhältnis haben könnten. Dennoch vergaß er nie, auf die Pathologie des Gehirns zu verweisen.[97] Für Forel gab es also keinen Widerspruch zwischen neurowissenschaftlicher Psychiatrie und Psychotherapie.

Auch außerhalb der Universitäten setzte sich die Psychotherapie unter Medizinern, die sich im Prinzip mit der organischen Seite der Psychiatrie und mit Neurologie befaßten, allmählich durch. Allerdings hatte sie noch nichts mit den späteren psychotherapeutischen »Systemen« wie Familientherapie, Gruppentherapie, Tiefenanalyse und so weiter zu tun. In der Stunde ihrer Geburt verstand man unter Psychotherapie ausschließlich jene therapeutische Ausnutzung des Arzt-Patienten-Verhältnisses im Bernheimschen Sinne im Rahmen einer von Vertrauen geprägten informellen Atmosphäre.

In Mitteleuropa mit seinen vielen Privatkliniken faßte die Psychotherapie als erstes in den offenen, fast immer von Neurologen und Internisten geleiteten Nervenkliniken Fuß. Heinrich Obersteiner in Wien, ein so ausdrücklich neurologisch orientierter Psychiater, daß er der Universität sogar ein Labor für Hirnforschung stiften sollte, scheint einer der ersten gewesen zu sein, der in seiner mondänen privaten Nervenklinik im Wiener Vorort Ober-Döbling Hypnose anwandte. An die Öffentlichkeit trat er mit diesem Thema 1885 mit einer Rede vor dem Wiener Wissenschaftsverein.[98] Sechs Jahre später erklärte er, daß sein Konzept von »Psychotherapie« im wesentlichen auf die »Beruhigung und Ablenkung« des Patienten abziele. Das Kollegium in seiner Heilanstalt betreibe zwar auch ein wenig Hypnose und Suggestion, doch Psychotiker seien keiner von beiden zugänglich.[99] Richard von Krafft-Ebing wiederum wandte sich in der 1886 von ihm gegründeten privaten Nervenheilanstalt bei Graz eindeutig der psychischen Behandlung zu.[100]

Diesen beiden einflußreichen Somatikern folgten nun viele Kollegen mit der Eröffnung kleinerer Kliniken. Rudolph von Hösslin, der bei Charcot studiert hatte und Assistent an der Münchener Psychiatrie gewesen war, setzte die Hypnotik bereits 1887 in seiner Neuwittelsbacher Klinik in München ein.[101] Karl Gerster betrieb sie in einem Sanatorium, das er 1893 in Braunfels an der Lahn gegründet hatte (später wandte er sich der Psychoanalyse zu).[102] Der Begriff »psychische Behandlung« (oder Suggestionstherapie) kam so in Mode, daß die Ärzte einer Privatanstalt in Berlin sogar das Unterhaltungsangebot für ihre Patienten – Konzerte und anderen Zeitvertreib – unter diesem Rubrum planten.[103] Mitte der 1890er Jahre wurde Psychotherapie in der einen oder anderen Form in allen Privatkliniken Mitteleuropas betrieben.

In Frankreich, wo es nach wie vor kaum Privatkliniken gab und die Medizin noch immer zentralistisch von den Pariser Behörden gelenkt wurde, fand die Psychotherapie zuerst nur in solch großen Instituten wie der Salpêtrière Eingang. Doch hier muß man vorsichtig sein: Die Tradition der moralischen Therapie war so fest in der französischen Psychiatrie verankert, daß man letztlich keinen Anlaß sah, irgendeine Psychotherapie von ein paar unerfahrenen holländischen Hypnotiseuren zu übernehmen. Morel, Anhänger der Degenerationsthese, hatte 1857 gefordert, grundsätzlich nur die Bezeichnung »moralische Therapie« für das zuzulassen, was »der Arzt bei einigen Degenerierten in unseren Irrenhäusern anzuwenden versucht«.[104] Doch zwei Jahrzehnte später führte der Physiologe Claude Bernard eine Untersuchung über die Hypnotik durch – ergo über eine informelle Art von Psychotherapie. 1881 begann dann auch Amédée Dumontpallier am Pitié-Hospital Hypnose zu lehren.[105] Die nichthypnotische Suggestion tauchte 1888 erstmals in einer »Clinique de Psychothérapie« in Paris auf, die ein Schüler Dumontpalliers und Anhänger der Nancy-Schule, Edgard Bérillon, in der Rue Saint-André-des Arts an der Rive Gauche eröffnet hatte.[106] Betont sei, daß auch Dumontpallier und seine Schüler Neurologen und Internisten, aber keine Psychiater waren.

Der große französische Neurologe Charcot selbst hatte wenig Interesse am Arzt-Patienten-Verhältnis, doch kurz nach seinem Tod 1893 hielt die Psychotherapie auch auf den medizinischen Stationen der Salpêtrière Einzug. 1890 war Pierre Janet nach bestandenem Psychologie-Examen zu Charcot an die Salpêtrière gekommen, um dort psychologische Studien zu betreiben. Anschließend promovierte er in Medizin (1892) und praktizierte als psychologisch orientierter Neurologe. 1895 verließ er die Salpêtrière, um am Collège de France zu lehren, ließ aber den Kontakt zur Klinik und zu Charcots Nachfolger Fulgence Raymond nie abbrechen. Schon zu Charcots Zeiten war Janet an psychotherapeutischen Vorgehensweisen bei Neurosen interessiert gewesen, hatte jedoch wohl aus Respekt vor dem Meister dafür die Formulierung »psychologische Behandlung« und nicht Psychotherapie gewählt. Auch er stützte sich auf Hypnotik.[107] So ist Janet der erste große französische Name in der Geschichte der Psychotherapie.

Der zweite wichtige Name war Jules-Joseph Dejerine. Er kam 1895 als 46jähriger an die Salpêtrière, im selben Jahr, in dem Janet sie verließ. Geboren in Genf und medizinisch ausgebildet in Paris, hatte er in verschiedenen Kliniken als Internist und Neurologe im eigentlichen – nicht im deutschen – Sinn des Wortes gearbeitet, das heißt, über Polio, Rückenmarkserkrankungen und anderes geforscht. Zu den Psychoneurosen kam er auf demselben Wege wie die meisten anderen Neurologen seiner Tage: weil die Patienten diesen Typ Arzt bevorzugten und weil vielen Psychoneurosen eigen ist, was Neurologen gerne ein pseudoneurologisches Phänomen nennen, das heißt: Sie *scheinen* eine organische Erkrankung zu sein.

Was Dejerine jedoch vermutlich in erster Linie zur Psychotherapie hinzog, war sein persönliches Interesse am Patienten. Der New Yorker Arzt Smith Ely Jelliffe beschrieb Dejerine als »einen riesengroßen, gutmütigen Kerl, 250 Pfund schwer und ein Meter achtzig groß«, der gerne gut lebte, viel lachte und keine »Rabelaissche Anspielung« fürchtete.[108] Jelliffe fand, daß die Art und Weise, wie Dejerine in das Gefühlsleben seiner Patienten eindrang, der »kathartischen Therapie« eines Sigmund Freud oder Josef Breuer glich.[109] Doch was Dejerine unter Psychotherapie verstand, war im Grunde nichts anderes als sein natürlicher klinischer Stil. Das Wesen seiner Technik bestand darin, seinem Interesse am Patienten einfühlsam Ausdruck zu verleihen, sich für ihn Zeit zu nehmen und ihn reden zu lassen.

Nach seinem Eintritt in die Salpêtrière verwandelte Dejerine Charcots berühmte »Hysterikerstation« im Pinel-Flügel in eine »Isolierstation« für eine etwas abgewandelte Version der Ruhekur. Auch hier wurden die Vorhänge zugezogen und Zwangsruhe, Mastkur und Psychotherapie verordnet. Damit wurde die sonst so teure Weir-Mitchell-Ruhekur erstmals auch außerhalb privater Einrichtungen angeboten – und das mit großem Erfolg.[110] Doch das Geheimnis von Dejerines Erfolg war nicht die Ruhekur an sich, sondern die Geduld und Aufmerksamkeit, die er für die Kranken und alles, was sie äußerten, aufbrachte. Seine morgendlichen Visiten auf der Hysterikerstation beschrieb er folgendermaßen: »Meine psychotherapeutische Methode hat nichts Besonderes an sich. Sie ist so einfach, wie man es sich nur vorstellen kann, denn sie basiert ausschließlich auf Argumentation und Überzeugungsarbeit, gestützt von entschiedener, aber freundlicher Disziplin. Bei den Morgenvisiten frage ich jede Patientin, wie sie die Nacht verbracht hat. Ich erkläre ihr geduldig, daß die Symptome, über die sie klagt, eine andere Bedeutung haben als die, die sie ihnen zuschreibt. Und ich gehe erst dann zur nächsten Patientin, wenn ich an ihren Antworten erkennen kann, daß die Saat meiner Überzeugungsversuche in ihrem Geist zu sprießen beginnt.«[111]

Jelliffe beobachtete Dejerine bei der Arbeit: »Er pflegte am

Bettrand bei einer armen kleinen Näherin oder einer kleinen Kellnerin zu sitzen ... und ging ihre Lebensgeschichten mit ihnen durch, ihre Familienprobleme, ihre Schwierigkeiten, zu Geld zu kommen, ihr nächtelanges Wachen, wenn ein Kind zahnte, und so weiter und so fort. Er überschüttete sie mit seiner Teilnahme und Einfühlsamkeit. Er war der nachsichtige, humorvolle Vater und das Krankenhaus, mit den von ihm geschulten Schwestern, die warme, umfangende Mutter.«[112] (Als Jelliffe dies schrieb, war er bereits Psychoanalytiker.) Dejerines Art und Weise, eine der Grundregeln des Arzt-Patienten-Verhältnisses einzuhalten – den wohltätigen Ausdruck von Interesse –, machte seine Psychotherapie im Ausland und vor allem in Großbritannien berühmt.

Als dann jedoch Raymond zum Nachfolger Charcots gewählt wurde, erlitt Dejerine eine Art Nervenzusammenbruch.[113] In seiner Verzweiflung wandte er sich an Paul Dubois, einen Freund aus Genfer Kindertagen, der mittlerweile Professor der Neurologie in Bern war. Während es Dejerine nach Paris gezogen hatte, war Dubois nach Bern gegangen, hatte dort 1874 in Medizin promoviert und sich einen großen Ruf als Internist erworben. Später sollte er mit der Elektrotherapie, diesem perfekten Placebo der inneren Medizin, so großes Prestige erlangen, daß 1902 in Bern eigens für ihn ein Lehrstuhl für Neuropathologie geschaffen wurde.[114] Obwohl Dubois in der deutschen Schweiz lebte, waren seine fachlichen Interessen ganz auf Paris gerichtet. Er und Dejerine blieben enge Freunde und sollten einander im Laufe der Jahre stark beeinflussen. Es hieß, daß Dejerines psychotherapeutische Ideen allesamt von Dubois stammten. 1904, zwei Jahre nachdem er zum Professor berufen worden war, veröffentlichte Dubois ein (auf Französisch verfaßtes) Buch, das zum einflußreichsten Werk der Psychotherapie vor Freud werden sollte. Er propagierte darin seine äußerst rationalistische Einstellung zur »Persuasion« und beschrieb, wie der Arzt den Patienten von einer Änderung seines Verhaltens überzeugen könne, indem er ihm in einer Art Sokratischem Dialog mit ständigem medizinischem Rat Schritt für Schritt der Genesung näherbringe. Dubois hielt wenig von Hypnotik oder der Vorstellung vom Unbewußten. »Bei Neurasthenie«, schrieb er, »ist eine ganz andere Psychotherapie [als die Bernheimsche Suggestion] angemessen, nämlich eine psychologische Unterweisung, die nicht versucht, Erschöpfung hinwegzubeschwören, sondern vielmehr sie zum Verschwinden zu bringen, indem sie allmählich die eigentliche Ursache unterdrückt: die Gefühlserregbarkeit.«[115] Die »rationale Psychotherapie« von Dubois war allerdings selbst für Dejerines Geschmack ein wenig zu moralisierend.[116] Dennoch bleiben die Namen von Dubois und Dejerine untrennbar mit einer ersten Grundform der Psychotherapie vor Freud verbunden.

Die Horde der Neurologen und Internisten, die sich nun auf den Markt der psychotherapeutischen Privatpraxis stürzten, löste in Frankreich einen gewaltigen Territorialkampf aus. Gleich nachdem Dejerine 1911 den Charcot-Lehrstuhl für Neurologie bekam, versuchte er, die jüngere Generation praktischer Ärzte zu erreichen und ihnen beizubringen, daß sie dem »Neuropathen« helfen müßten, sich zu entspannen, und daß sie ihm ihr Mitgefühl zeigen mußten, damit er wieder auf die Beine kam.[117] Der Psychiatrieprofessor Gilbert Ballet hielt von solchen Ambitionen allerdings wenig: Psychoneurosen seien Teil der Psychiatrie. »Zum Gebiet der Psychiatrie, meine Herren«, sagte Ballet, »gehört das Studium aller Geistesstörungen [*psychisme intellectuel*]« und was damit verbunden sei. Man dürfe die Psychiatrie nicht auf das Studium von Psychosen reduzieren, fügte er prophetisch hinzu. Und es sei völlig nebensächlich, welche Hirnmechanismen Neurosen auslösten; solange die Symptome »psychischer« Natur seien, gehöre der Patient der Psychiatrie.[118] Auf diese kühle Herausforderung reagierte Dejerine mit der etwas lahmen Erwiderung, daß sich die Psychiatrie auf Geisteskrankheiten beschränken und die Neurologie sich der »Neuropathen« annehmen solle.[119] Diese Auseinandersetzung war ein Vorbote des kommenden Konflikts. Am Ende sollten sich Ballets Ansichten durchsetzen und der Psychiatrie die gesammelten Neurosen des modernen Lebens sichern. Dejerines Vorstellungen gingen unter, und es ist kaum übertrieben zu sagen, daß die Neurologie zu einem randständigen Spezialgebiet wurde, das sich nur noch mit den ungewöhnlichen und unheilbaren Krankheiten des zentralen Nervensystems befaßte.

Doch in den Jahren vor dem Ersten Weltkrieg triumphierten die Neurologen; sie waren es, die sich als Psychotherapeuten niederließen. Die privat praktizierte Psychotherapie, die Basis der psychiatrischen Praxis des späten 20. Jahrhunderts, wurde von Neurologen ins Leben gerufen, nicht von Psychiatern.

Die Londoner Harley Street und die Edinburgher Queen Street wurden zu den psychotherapeutischen Zentren Großbritanniens. Obwohl sich die Briten noch bis weit ins 20. Jahrhundert von allen Spezialisierungen fernhielten – englische Mediziner verstanden sich als Mädchen für alles und verweigerten sich jeder Art von eingrenzender Spezialisierung –, wurden Dejerines und Dubois' Werke ausgiebig gelesen und zitiert. Kaum hatte beispielsweise der Edinburgher Internist Byrom Bramwell 1903 Dejerines Berichte gelesen, versetzte er seine Studenten schon in Erstaunen: Gleich nachdem er die neue Psychotherapie erstmals angewendet hatte, schien eine Patientin von ihrer hysterischen Lähmung geheilt und begann nach einer Isolations- und Mastkur fröhlich in den Fluren herumzuhüpfen.[120] Doch die britische Psychiatrie sollte sich noch bis zum Zweiten Weltkrieg in ihren Anstalten verstecken.[121] »Die einzigen Psychiater, die meiner Erinnerung nach eine Privatpraxis betrieben«, schrieb der Psychoanalytiker Ernest Jones, »waren die wenigen, die als Superintendenten von Bethlem in Pension gegangen waren.«[122] (Einer von ihnen war George Savage, der Virginia Woolf während ihrer Depressionsanfälle behandelt hatte.[123]) Der spezifisch britische Beitrag zur praktischen Psychotherapie erschöpfte sich viele Jahre lang im suggestiven Effekt eines Messingschildes, das an einem Haus in der Harley Street prangte.

Das Bemühen der amerikanischen Neurologen, sich des lukrativen Privatgeschäfts zu bemächtigen, reicht bis 1879 zurück, als der New Yorker Neurologe und Allgemeinchirurg William Hammond vorgeschlagen hatte, »geistige Verwirrungen« im Kreise der Familie zu behandeln.[124] In den amerikanischen Großstädten gab es viele »Neurologen«, die in Wirklichkeit nichts anderes taten als heutige

Psychiater. Und es waren auch Neurologen beziehungsweise Internisten wie Lewellys Barker von der Johns Hopkins University – und nicht Psychiater wie Adolf Meyer –, die Dejerine und Dubois begeistert lasen. Nachdem Barker Dejerine 1904 in Paris besucht hatte, begann er alles zu verschlingen, was Dubois und Janet veröffentlicht hatten. »Während meines ersten Jahres in der [Hopkins-] Klinik«, schrieb er, »hatten wir über achtzig Fälle, die vorzüglich auf Psychotherapie ansprachen.« Deshalb machte Barker es sich nun zur Aufgabe, allen niedergelassenen Medizinern die Botschaft zu vermitteln, daß Nervenkranken geholfen werden konnte.[125]

Im Jahrzehnt vor dem Ersten Weltkrieg verbreitete sich die Kunde von der neuen Psychotherapie unter den Allgemeinmedizinern in den Vereinigten Staaten denn auch rapide.[126] 1913 wagte Charles Dana, Professor der Neurologie am Cornell Medical College von New York, einen Blick in die Zukunft: Die Neurologie habe sich vom Mikroskop und dem Sektionssaal gelöst und dem »Studium der Psychoneurosen« zugewandt. Doch nun bekomme es der Neurologe mit »subjektiven Zuständen und der Bedeutung des Umfeldes, der Erziehung ..., des Charakters, des Temperaments und der sozialen Umstände für die Neurosen seiner Patienten« zu tun. Und warum? Weil »Nervenkrankheiten weitgehend sozial bedingt sind«. Deshalb wäre es am besten, wenn der Neurologe seine Patientinnen von Jugend an begleite, »sie in Ehefragen berate, sie manchmal womöglich sogar selbst eheliche und ihnen Ratschläge zur Kindererziehung gebe«. Wahrlich eine gewaltige Aufgabe für Mediziner, die noch kurz zuvor allein auf die Sektion des Rückenmarks spezialisiert waren! »Er muß eine Art Supermann sein«, schlußfolgerte Dana, »der höhere Ideale hat, auf überzeugendere Weise zurückhaltend, lebensklüger und vorausschauender ist als jene, die er anzuleiten versucht.«[127] Was dieser größenwahnsinnigen Vorstellung besondere Komik verleiht, ist, daß kurz vor dem Zweiten Weltkrieg die Psychiater selbst diese Rolle für sich beanspruchen sollten.

Diese frühe Form der Psychotherapie hatte nicht das geringste mit der Psychiatrie als wissenschaftlicher Disziplin zu tun. Die »Irrenlehre« hatte die Kranken aus der Psychiatrie verscheucht; das

Feigenblatt der »Nerven« trieb sie den Neurologen und Internisten in die Arme. Um die Zeit des Ersten Weltkriegs war die Psychiatrie in jedem westlichen Land an den Rand der allgemeinmedizinischen Entwicklung gerückt; mit dem Auf und Ab alltäglicher psychischer Beschwerden hatte sie kaum noch etwas zu tun, und ihre wissenschaftlichen Errungenschaften waren von der Organmedizin absorbiert worden. Um als Disziplin überleben zu können, mußte sich die Psychiatrie deshalb nicht nur vom Irrsein, sondern auch von den Annahmen über die rein organische Natur von »Nervenkrankheiten« freimachen.

5. KAPITEL

Der psychoanalytische Hiatus

Viele Historiker stellen die Psychoanalyse als Endpunkt der Psychiatrie dar, als das Ziel, dem alle vorangegangenen Ereignisse zustrebten. Doch mehr als ein halbes Jahrhundert nach Freuds Tod im Jahr 1939 können wir die Dinge von einer anderen Warte aus betrachten und feststellen, daß die Psychoanalyse nicht das Schlußkapitel einer Geschichte war, sondern eine Unterbrechung, eine Kluft, die es zu überwinden galt: ein Hiatus. Für kurze Zeit um die Mitte des 20. Jahrhunderts war die bürgerliche Gesellschaft von der Vorstellung begeistert, psychische Probleme als das Ergebnis unbewußter Konflikte über längst vergangene Ereignisse – hauptsächlich sexueller Natur – zu betrachten. Und die Psychiater nahmen diese Ursachentheorie jahrzehntelang freudigst an, weil sie es ihnen ermöglichte, den Schwerpunkt der Psychiatrie aus den Anstalten in die Privatpraxen zu verlagern. Doch Freuds Ideen erwiesen sich als kurzlebig. Historisch betrachtet dauerte der Auftritt des Patienten auf der Couch und des sinnierend hinter ihm sitzenden Psychiaters auf der Bühne der Psychiatrie nur wenige Augenblicke. Bereits in den siebziger Jahren schaltete die Wissenschaft den Scheinwerfer über dieser Szene wieder aus. Rückblickend erscheint Freuds Psychoanalyse als eine kurze Atempause in der Entwicklung der biologisch orientierten Hirn- und Verstandesforschung, aber gewiß nicht als Höhepunkt der Psychiatriegeschichte.

Allerdings hatte diese Atempause enorme Konsequenzen für die Psychiatrie. Freuds Psychoanalyse wies den Psychiatern einen Weg aus dem Irrenhaus. Die Übertragung seiner tiefenpsychologischen Theorien auf die Realität ermöglichte es ihnen zum ersten Mal, als Fachärzte private Niederlassungen zu eröffnen und den Neurologen die Psychotherapie streitig zu machen, ja sie zu monopolisieren. In der amerikanischen Öffentlichkeit wurden Psychotherapie und Psychoanalyse bald zu Synonymen, denn wer sich einer jener tiefenanalytischen Therapien unterziehen wollte, die inzwischen en vogue waren, mußte sich an einen Psychiater wenden, da die American Psychoanalytic Association verfügt hatte, daß nur Mediziner zu Analytikern ausgebildet werden durften (wie sie später darauf bestand, daß nur Psychiater diese Ausbildung erhalten konnten). Im nachhinein wirkt diese Sturheit ausgesprochen exzentrisch, denn erstens erfordert eine Psychoanalyse nicht mehr medizinisches Fachwissen als die Astrologie, und zweitens war der Versuch, Freuds Techniken für die Medizin zu monopolisieren, nichts anderes als ein Komplott der Psychoanalytiker, um Psychologen, psychiatrisch geschulte Sozialfürsorger und andere Konkurrenten von der neu entdeckten Geldquelle fernzuhalten.

Doch die psychoanalytisch orientierten Psychiater konnten ihr Monopol nicht halten, denn seit den sechziger Jahren forderten alle möglichen Nichtmediziner Zugang zu ihren Lehrinstituten. Sie sahen nicht ein, weshalb zum Beispiel ein Englischlehrer nicht ebensogut Patienten analysieren konnte wie ein Psychiater. Noch gravierender wirkte sich aus, daß nun auch das wissenschaftliche Gebäude der Psychoanalyse in sich zusammenzufallen begann. Psychische Probleme konnten nicht zugleich durch eine anomale Beziehung zur Mutterbrust und durch Serotoninmangel verursacht werden. Die Nachweise für eine biologische Genese psychischer Krankheiten häuften sich, und die Psychiatrie gewann ihren wissenschaftlichen Halt zurück, den sie mit Beginn des Analysefiebers verloren hatte. Das Gehirn wurde wieder zum Substrat des Verstandes. In den neunziger Jahren vertraten die meisten Psychiater die Ansicht, daß die Psychoanalyse wissenschaftlich bankrott war.

Freuds Konzept vom Unbewußten und seine ausgeklügelten therapeutischen Techniken, ihm seine vermeintlichen Geheimnisse zu entlocken, hatten der Prüfung der Zeit nicht standgehalten. Und damit verschwand auch die Analyse weitgehend von der Bildfläche der Psychiatrie. Nur die nichtmedizinische Psychoanalyse sollte blühen und gedeihen, aber als System der medizinischen Erklärung für die Probleme der Seele und des Gemüts war sie diskreditiert. Die ganze Angelegenheit erwies sich als das Kunstprodukt einer bestimmten Zeit. Die Psychoanalyse konnte nicht überleben, weil sie von der Wissenschaft überholt wurde und sich die Bedürfnisse, die sie einst befriedigte, in unserer Zeit abgeschliffen haben.

Freud und sein Zirkel

Freuds Psychoanalyse ging von der Prämisse aus, daß sich verdrängte sexuelle Erinnerungen und Phantasien aus der frühen Kindheit zu Neurosen auswachsen, wenn sie im Leben des Erwachsenen reaktiviert werden. Durch eine kunstvolle Technik – deren Schwerpunkte die Traumanalyse, die freie Assoziation und die Verarbeitung der »Übertragungsneurose« (der Analytiker steht stellvertretend für einen Elternteil als Liebesobjekt zur Verfügung, damit der Patient seine frühkindlichen Erfahrungen aufarbeiten kann) – sollten diese Neurosen geheilt werden. So gesehen war die Psychoanalyse ausgesprochen psychiatrisch: Sie sprach Probleme an, die Arzt und Patient einvernehmlich als Störungen von Seele und Gemüt betrachteten.

Ironischerweise begann die psychoanalytische Lehre ihren Aufstieg jedoch nicht unter Psychiatern, sondern unter Neurologen, Haus- und Fachärzten, deren Patienten sich nach einem engen, fürsorglichen und dauerhaften Kontakt mit ihren Ärzten sehnten. Nur konnten die von ihnen verordneten Placebos – Hydrotherapie, Elektrotherapie, diätetische Therapien – meist niemandem das Gefühl vermitteln, daß hier nicht nur der Körper behandelt, sondern auch Anteil am Seelenleben genommen wurde. In der Psychoanalyse hingegen erkunden Arzt und Patient die Seele gemeinsam, so daß sich der Patient emotional aufgehoben fühlt. Genau das machte die Psychoanalyse anfänglich so populär: Sie leistete etwas, das in der üblichen ärztlichen Betreuung fehlte, indem sie dem Patienten eine

Beziehung zum Arzt ermöglichte und ihm erlaubte, sich in seiner Anteilnahme zu sonnen.

Diese seelischen Sehnsüchte waren natürlich unzähligen Ärzten bewußt, aber Freud war der erste, der ein Therapieangebot machte, das die Gefühlswelt des gehobenen Bürgertums, vor allem aber dessen Bedürfnis nach ruhiger Introspektion, ansprach. Außerdem trafen seine Theorien noch einen anderen Nerv: Freuds ethnischer Hintergrund und seine gesellschaftliche Stellung verschafften ihm privilegierten Zugang zu einer Patientengruppe, die in psychologischer Hinsicht besonders bedürftig war, nämlich zu den Jüdinnen des gehobenen Bürgertums, deren Familien gerade einen rapiden Prozeß der kulturellen Anpassung an die westeuropäischen Werte durchlebten. Seine eigene Lebensgeschichte war der ihren durchaus ähnlich.

Sigmund Freud wurde 1856 als Sohn des Kaufmanns Jacob Freud und seiner dritten Frau Malia in der kleinen mährischen Stadt Freiberg geboren. Vier Jahre später zog die Familie nach Wien, die Stadt, in der Freud aufwachsen und die er später zum Zentrum seiner Psychoanalyse machen sollte. Obwohl die Freuds dort unter nicht sehr glücklichen finanziellen Bedingungen eintrafen, konnten sie das typische Leben des gehobenen Bürgertums weiterführen (beispielsweise gab es immer Dienstpersonal im Haus). Die Geschichte der Psychoanalyse spiegelt die Charakteristika von Familien wie den Freuds: einer gebildeten, wohlhabenden, empfindsamen und säkularisierten Schicht.

Um 1860 gab es zwar in jeder europäischen Stadt eine jüdische Gemeinde, doch in einer Hinsicht waren die Wiener Juden einzigartig – sie machten praktisch das gesamte Bürgertum der Stadt aus. Welche Kreise man auch betrachtet – Journalisten, Bankiers, Kaufleute, Akademiker –, alle waren Ende des 19. Jahrhunderts stark jüdisch geprägt. Und in dieser jüdisch-bürgerlichen Atmosphäre kam der gewaltige soziale Fortschritt zum Ausdruck, den das europäische Judentum seit Ende des 18. Jahrhunderts erlebte, als es noch größtenteils in den Ghettos der polnischen, russischen und ukrainischen Kleinstädte abgesondert war. Im Zuge der jüdischen Emanzi-

Sigmund Freud (1856–1939) mit seiner Tochter Anna in Den Haag, 1920.

pation des 19. Jahrhunderts wanderten die Juden in Massen aus den Dörfern und Städten des Ostens in die Großstädte West- und Mitteleuropas ab, wo ihnen ihre gute Schulbildung als Sprungbrett für Karrieren in den akademischen Berufen diente. 1890 waren zum Beispiel 33 Prozent aller Studenten an der Wiener Universität jüdischer Herkunft.[1] Genau die Hälfte der Professoren an der medizinischen Fakultät[2] und zwei Drittel aller Ärzte dieser Stadt waren Juden.[3] Der junge Sigmund Freud war also nicht, wie manche behauptet haben, wegen seiner ethnischen Herkunft ausgegrenzt und verachtet worden, sondern hatte in Wien ein ausgesprochen kongeniales Umfeld vorgefunden, wo ihm, wenn er nur hart genug dafür arbeitete, nahezu alle Möglichkeiten offenstanden.

1881 promovierte Freud in Medizin, wofür er sich acht Jahre Zeit gelassen hatte, weil er sich immer wieder von seiner wissenschaftlichen Neugier ablenken ließ und zum Beispiel Aale sezierte, um die Anatomie ihres Zentralnervensystems zu erforschen. Während seiner neurologischen Facharztausbildung verbrachte er fünf Monate bei Meynert im Allgemeinen Spital von Wien. 1885, gleich nachdem er eine Privatdozentur erhalten hatte, reiste er nach Paris und erhielt dort die Genehmigung, den Winter als Beobachter an Charcots Klinik zu verbringen – zu einer Zeit, als Charcots obsessive Beschäftigung mit der »Hysterie« gerade ihren Höhepunkt erreicht hatte. Nach Wien zurückgekehrt, ließ er sich als Facharzt für Nervenleiden nieder.[4]

Als er seine Privatpraxis eröffnete, war Freud nur einer von vielen herkömmlichen Nervenärzten, die ihre Hauptklientel – unter nervösen Anspannungen leidende Damen der Gesellschaft – mit den Standardmethoden der damaligen Zeit behandelten. Seine ersten Patientinnen, etwa Elise Gomperz, die neurotische Frau von Theodor Gomperz, behandelte er mit hypnotischer Suggestion. (Ihr Mann sollte sich später beschweren, daß die Hypnose ihren Zustand noch verschlechtert habe.[5]) Auch Elektrotherapien wandte er an, beispielsweise 1894, als er eine Arm-»Neuralgie« bei Erwin Stranskys Vater (der Krebs hatte) mit Faradayscher Reizung behandelte.[6] Doch das Geschäft ging so schlecht, daß Freud plante, sich »nach anderem umzusehen ... Ich will für den Sommer eine Anlehnung an eine Wasseranstalt suchen.«[7] Noch jahrelang sollte seine Praxis mehr schlecht als recht laufen.

Doch ein Aspekt – oder eher: eine Panne – in seinem Berufsleben zeugte schon damals von seiner Vorliebe für unkonventionelle Methoden. Gleich nach seiner Rückkehr aus Paris im Jahr 1886 wurde er von seinem einstigen Chef Meynert gebeten, vor dem Wiener medizinischen Doktorenkollegium einen Vortrag über Hysterie zu halten. Vor einem Auditorium, das sich als medizinische Elite des Abendlands empfand, ließ er sich lang und breit über die Wunder der Charcotschen Methoden aus. »Das kam bei den Wiener Größen nicht besonders gut an«, erinnerte sich der Psychiatrieprofessor Julius Wagner-Jauregg viele Jahre später. »[Heinrich] Bamberger und Meynert klopften Freud bei der anschließenden Diskussion ordentlich auf die Finger, und bei der Ärzteschaft hatte er im Grunde verspielt.« Schließlich, so Wagner-Jauregg weiter, habe der bekannte

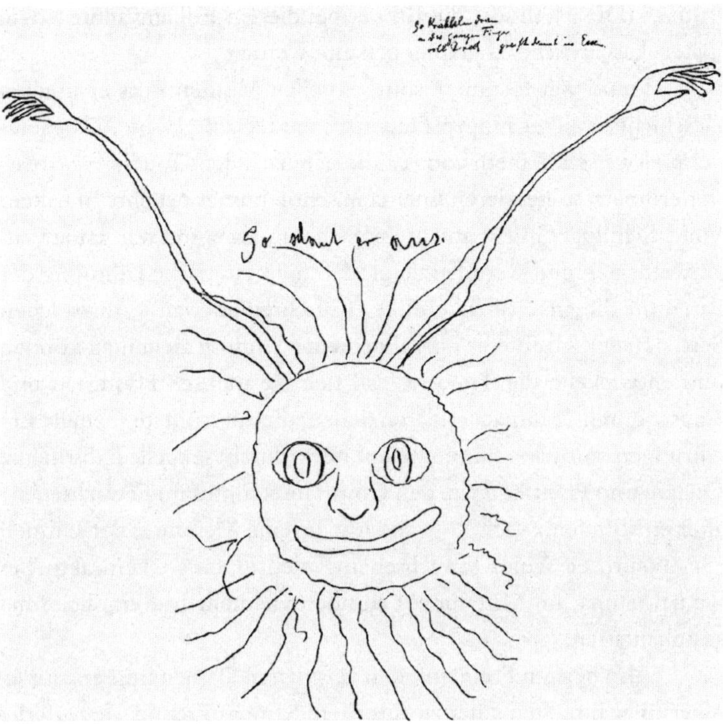

Eine Patientin hat ihre hysterische Vision gezeichnet. Die ursprünglich nur Frauen zugeschriebene Krankheit wurde zu einem Sammelbegriff verschiedener psychogener Verhaltensstörungen mit wechselnden körperlichen und psychischen Symptomen, wie Sinnestäuschungen, Lähmungen, Zittern oder Krampfanfälle. Typisch für hysterische Charaktere ist demonstrativ-theatralisches Verhalten und emotionale Labilität.

Wiener Arzt Josef Breuer, der einen Großteil der Wiener jüdischen Gemeinde betreute, sich dieses »Nervenarztes ohne Patienten« erbarmt und ihm Arbeit verschafft, indem er ihm hysterische jüdische Mädchen zur Behandlung schickte.[8] 1895 veröffentlichten Freud und Breuer gemeinsam ihre *Studien über Hysterie*, die Breuers Geschichte der jungen »Anna O.« und mehrere Fallstudien Freuds enthalten.[9] (Die Methode, die Breuer bei diesem Fall anwandte, sollte später »kathartische Therapie« genannt werden.)

Freud war fasziniert vom sexuellen Moment, das er in allen Geschichten dieser jungen Frauen zu entdecken glaubte. Da gab es beispielsweise Elisabeth von R., die sich nach dem Tod ihrer Schwester erinnern sollte, deren Ehemann schon immer begehrt zu haben. Voller Schuldgefühle wünschte sie sich nun, da er frei war, seine Frau zu werden. Freud war überzeugt, daß die hysterische Lähmung der Patientin diesem Seelenkonflikt zuzuschreiben war.[10] Aus solchen Seelenqualen glaubte er nun allgemeine Schlüsse ziehen zu können und entwickelte die Theorie, daß sich die meisten Hysterien und Ängste durch Traumata erklären ließen, die auf früheste sexuelle Erfahrungen zurückzuführen seien oder durch sexuelle Abstinenz, Onanie und Praktiken wie den Coitus interruptus im Erwachsenenalter entstünden. Nach 1897 änderte er seine Meinung: der Urquell aller Neurosen seiner erwachsenen Patientinnen sei kein aktuelles Sexualtrauma, im Mittelpunkt stünden vielmehr frühkindliche Inzestphantasien.[11]

Also begann Freud mit den verwirrten Damen immer ausgiebiger über ihre Sexualität zu sprechen. Seinem Freund, dem Berliner Hals-Nasen-Ohrenarzt Wilhelm Fließ, den er zu seinem engsten Vertrauten erkoren hatte, schrieb er 1893: »Es ist inzwischen lebhafter geworden, die sexuelle Geschichte zieht Leute an, die sämtlich frappiert und überzeugt von dannen gehen, nachdem sie ausgerufen haben: ›Danach hat mich noch niemand gefragt!‹«[12] Doch um seinen Patientinnen solche sexuellen Erinnerungen zu entlocken – alles junge Frauen des gehobenen Bürgertums, die zwar von jüdischen Konventionen eingeengt wurden, aber vermutlich ganz normale hormonelle Triebe hatten –, setzte Freud sie ungeheuer unter Druck. Er trieb seine Suggestion so weit, daß sie sich an Ereignisse erinnerten, die wahrscheinlich nie stattgefunden hatten, oder daß sie zumindest bereit waren, Bagatellen gewaltig zu übertreiben. Eine Patientin, deren Erinnerung er durch suggestives Handauflegen nachzuhelfen versuchte, brachte er beispielsweise dazu, eine Arie aus *Carmen* mit den Begriffen »Mann und Sehnsucht« aus ihrem Unbewußten zu verknüpfen und dies als Sehnsucht nach sexuellen Zärtlichkeiten zu interpretieren. Freuds Notizen enden mit dem Satz: »Durch Flucht der Patientin unterbrochen.«[13]

Dieses drängende Durchforsten des Unbewußten nach sexuellen Erinnerungen war typisch für die Anfänge der Psychoanalyse. Auch der Budapester Analytiker Sándor Ferenczi pflegte sich bei seinen Anamnesen sofort auf die »sexuellen Antezedentien« zu stürzen. Einmal wurde er ans Bett einer jungen Gräfin gerufen, die sich beim »Bobsleighfahren« das Bein gebrochen hatte und seither »wirres Zeug redete«. Da sie sich bei seiner Forderung nach Auskünften über ihr Sexualleben jedoch »sofort auf den widerständischen Fuß stellte«, holte er sich die gewünschten Informationen bei der Mutter, die ihm berichtete, daß die Tochter bereits einmal in einer Equipage ohnmächtig geworden sei. Für Ferenczi gab es dafür nur eine Erklärung: »Wunsch, vom Kutscher gebraucht zu werden.«[14]

Alle frühen Analytiker waren berühmt für dieses Graben nach sexuellen Erfahrungen. Der Wiener Psychiater Emil Raimann, der Freud und seine Patientinnen gut kannte, klagte einmal, daß Freud den folgsamen und leicht beeinflußbaren jungen Frauen alles entlocken könne, was er von ihnen hören wolle. Patientinnen, die Freud konsultierten, wüßten von vornherein, welche Art Auskünfte er von ihnen erwartete, und alle ließen sich schließlich von der Kausalität ihrer sexuellen Erinnerungen überzeugen. Wer glaube, daß sexuelle Motive im eigenen Fall keine Rolle spielten, wisse, daß er sich gar nicht erst zu ihm zu bemühen brauche. (Raimann fragte sich auch, wieso es in den Wiener Arbeiterfamilien, wo Sexualität eine große Rolle spiele und sogar Inzest an der Tagesordnung sei, niemals Probleme mit Hysterie gebe, diese aber andererseits unter den streng behüteten jungen Frauen der besseren Kreise, wo solcherart sexuelle Traumata gar nicht erst entstehen könnten, blühen und gedeihen solle.[15]) Da Raimann Ende der 1890er Jahre die Sommer über in einer privaten Nervenklinik in Purkersdorf bei Wien arbeitete, war er relativ vertraut mit den gutbürgerlichen Familien, aus denen Freud seine Patientinnen rekrutierte. Und so kam er zu dem Schluß: Sobald Freud die Aufmerksamkeit dieser Frauen auf die Sexualität gelenkt habe, sei automatisch jede andere pathogene Erinnerung davon überdeckt worden. Folglich hätten sie sich auch in ihrem Alltag kaum noch mit etwas anderem als sexuellen Fragen beschäftigen können. Das wiederum habe zu solcher Enervierung und Langeweile geführt, daß sie sich wie Ertrinkende an die neuesten und erregendsten Romane geklammert hätten. Kein Wunder, daß Freud in diesen Kreisen so schnell populär geworden und als Sexualforscher so geschätzt gewesen sei.[16]

Doch die Kultur des europäischen Bürgertums im Fin de siècle war nun einmal ausgesprochen empfänglich für alles, was mit Sexualität zu tun hatte. Und die jungen Freudianer – die keineswegs ein Monopol auf dieses Thema beanspruchten – waren die einzigen, die eine Erklärung, eine Art Streckenkarte für den Weg vom sexuellen Begehren oder seiner Unterdrückung zur Neurose anboten. Dieser Streckenkarte war es zu verdanken, daß sich die Psychoanalyse (das Wort benutzte Freud erstmals 1896) in eine Bewegung verwandeln[17] und über die ganze Welt ausbreiten konnte. Ihre Lehre bestand aus drei Kernbereichen: aus dem Studium der Widerstände des Analysanden gegen Gedanken, die aus dem Unbewußten in das Bewußtsein drängten; aus der Konzentration auf die Kausalität sexueller Konflikte; und schließlich aus der zentralen Funktion frühkindlicher Erfahrungen[18]. Doch das wichtigste Prinzip, an dem Freud niemals rütteln sollte, lautete, daß alle Psychoneurosen auf die beiden Triebe der Sexualität und der Aggression sowie auf deren Anpassungsfähigkeit an die Anforderungen der Realität zurückzuführen seien.

1902 rief Freud die »Psychologische Mittwoch-Gesellschaft« ins Leben, einen Debattierclub, der sich jeden Mittwochabend in seinem Haus traf. Es war sein erster Versuch, über die Kommunikation mit seinem (inzwischen Ex-) Freund Fließ hinauszugehen und seine Getreuen um sich zu scharen. Die Meinungsverschiedenheiten und Rivalitäten, von denen diese Mittwoch-Gesellschaft während ihrer kurzen Existenz vor dem Ersten Weltkrieg gekennzeichnet war, werfen ein klares Licht auf die Grundprobleme, mit denen die Psychoanalyse von Anfang an zu kämpfen hatte: Freud war so sehr daran gelegen, seine eigenen Ansichten durchzusetzen und aus der Psychoanalyse eine Bewegung zu machen, daß er versäumte, sie zu einer Methode für das Studium der subrationalen Psychologie zu entwickeln und ihr jede Möglichkeit verbaute, jemals auf einer wissenschaftlichen Grundlage zu stehen.

Die Einsichten des Meisters wurden zu Glaubensartikeln; eine Möglichkeit, sie zu widerlegen, gab es nicht. Jeder Versuch, Freuds Allwissenheit in Frage zu stellen, galt stets nur als Nachweis für den pathologischen »Widerstand« des Skeptikers und nie als eine wissenschaftliche Hypothese, mit der man sich ernsthaft auseinanderzusetzen hatte. Alfred Adler wandte sich ebenso von Freud ab wie Freuds Arzt und Patient Wilhelm Stekel, auf dessen Anregung die Mittwoch-Gesellschaft ins Leben gerufen worden war. Auch entfernter lebende Anhänger der Analyse, wie die Züricher Wissenschaftler Carl Jung und Eugen Bleuler, wurden bald schon zu Häretikern. Viele sollten ihnen folgen. Alle Bemühungen Freuds wohlwollender Kritiker, ihn von der Kindheitssexualität wegzulocken, auf der das ganze Fundament seiner Theorie beruhte, schlugen fehl. Schließlich blieb ihm nur noch der harte Kern seiner Jünger. Und diese Getreuen trugen in der festen Überzeugung, die Wahrheit gepachtet zu haben, die psychoanalytische Lehre in die weite Welt hinaus.

Der Berliner Analytiker Franz Alexander, der Anfang der dreißiger Jahre in Chicago einen Brückenkopf für die psychosomatische Medizin baute, beschrieb später, wie man sich als »Mitglied einer so mutigen Gruppe von Pionieren« fühlte: »Letztlich warst *du* im Recht und *die Welt* im Unrecht. Schon bei der ersten flüchtigen Annäherung an dein Objekt entdecktest du genügend Nachweise für die Gültigkeit deiner Lehre. Du wußtest absolut sicher, daß ... verdrängte Sexualtriebe die Ursache der Neurosen des abendländischen Menschen während und nach der viktorianischen Zeit waren, vor allem aber, daß dich Sexualität vom Beginn des Lebens an beherrschte und ihre Ziele beim Kinde inzestuös waren.«[19]

Empfanden Freud und seine Anhänger das wirklich als Wahrheit? Oder beeinflußten und ermunterten sie einander letztlich nur gegenseitig, höchst dubiose Annahmen als »bestätigt« zu akzeptieren? Freud selbst tendierte dazu, sich eher als Abenteurer denn als Wissenschaftler zu betrachten. Einmal schrieb er Fließ rundheraus: »Ich bin nämlich gar kein Mann der Wissenschaft, kein Beobachter, kein Experimentator, kein Denker. Ich bin nichts als ein Conquistadorentemperament, ein Abenteurer, wenn Du es übersetzt willst, mit der Neugierde, der Kühnheit und der Zähigkeit eines solchen.«[20] Erschwerend kam noch hinzu, daß Freuds innerer Zirkel aus lauter Speichelleckern bestand, denn die finanzielle Lage dieser Analytiker war ganz und gar abhängig davon, ob Freud Patienten an sie überweisen würde oder nicht. (Er verwahrte einen Stapel von Visitenkarten in seinem Schreibtisch und verteilte diese ganz nach Belieben an seine Patientinnen.[21]) »Freud wurde niemals bewußt, welchen suggestiven Einfluß er auf seine Anhänger ausübte«, schrieb der Historiker Paul Roazen, »was ihn zu glauben verleitete, daß seine Erkenntnisse wirklich von unabhängigen Gutachtern bestätigt worden seien.«[22] Die Frage der Gültigkeit sollte die Psychoanalyse denn auch bis zu ihrem Untergang in der psychiatrischen Disziplin umtreiben.

Unklar blieb auch, ob die Psychoanalyse wirklich eine spezifische Therapie darstellte oder ob es sich dabei letztlich nur um eine Weltanschauung handelte. Tatsächlich entwarf sie ein umfassendes Bild der Zusammenhänge zwischen Mensch und Gesellschaft, das die Form von Wasserhähnen (phallisch) ebenso leicht zu erklären vermochte wie die Ängste vor Intimität (unterdrückte homosexuelle Neigungen). Freud selbst war die Frage durchaus unbehaglich, ob die Psychoanalyse dem Individuum tatsächlich helfen konnte. Er veröffentlichte nur wenige Fallstudien und schien sich am wohlsten mit Analysen auf gesellschaftlicher Ebene zu fühlen, wofür seine 1930 verfaßte Arbeit über *Das Unbehagen in der Kultur* das wohl berühmteste Beispiel ist.[23] Als ihm ein Kollege einmal von einem therapeutischen Erfolg berichtete, soll Freud ihn mit erstauntem Ausdruck angesehen und gesagt haben: »Ach natürlich, man kann Menschen durch Analyse auch heilen!«[24] Ludwig Binswanger, Leiter einer luxuriösen psychiatrischen Privatklinik im Schweizer Kreuzlingen, vertraute er in einem Brief an: »Ich tröste mich oft mit der Idee, wenn wir therapeutisch so wenig leisten, so erfahren wir wenigstens, warum nicht mehr geleistet werden kann. Unsere Therapie scheint mir die einzig rationelle in diesem Sinne.«[25] Als die Psychoanalyse schließlich antrat, sich der gesamten Psychiatrie zu bemächtigen, tat sie dies also mit einer Lehre, die therapeutisch völlig ungesichert, intellektuell – milde gesagt – höchst spekulativ und bestenfalls den psychischen Bedürfnissen einer entwurzelten Bevölkerungsgruppe im Umbruch angepaßt war: den jungen Frauen des jüdischen Bürgertums, die unbedingt wie ihre nichtjüdischen Schwestern werden wollten. Man kann sich kaum eine Therapie vorstellen, die für die Bedürfnisse von Menschen mit schweren psychischen Krankheiten weniger geeignet gewesen wäre.

Angesichts dieser Mängel muß es noch einen anderen Motor für ihre Erfolge in der Psychiatrie Europas gegeben haben als die bloße Macht einer Idee. Dieser Antrieb war die Begeisterungsfähigkeit des Bürgertums. Freuds Ideen konnten im Bildungsbürgertum nur deshalb so populär werden, weil sie eine Systematisierung jener Selbsterforschung boten, von der die bourgeoise Kultur während der gesamten zweiten Hälfte des Jahrhunderts so fasziniert sein sollte. Psychoanalyse war für die Therapie, was der Expressionismus für die Kunst war – eine vortreffliche Methode der Selbsterkenntnis. Psychoanalytische Ideen waren im Berlin vor dem Ersten Weltkrieg derart à la page, daß sich wohl die meisten Leserinnen von Grete Meisel-Hess' 1911 veröffentlichtem Roman *Die Intellektuellen* in »Erikas« psychiatrischen Abenteuern wiedererkannten:

»Ich bin krank«, beschloß sie. »Ich muß zum Arzt gehen.« Da sie schon lange neugierig auf »diese psychoanalytische Methode« war, suchte sie sich einen »berühmten Psychiater«.

Nachdem er sich ihre Geschichte angehört hatte, sagte er: »Sie haben ihre schmerzlichen sexuellen Erfahrungen verdrängt, anstatt sie zu bewältigen, nicht wahr?«

Erika nickte. Er fuhr fort: »Es ist nun wichtig, Ihnen die Augen zu öffnen und diese verdrängten Erlebnisse in ihrer vollen Wahrheit ins Bewußtsein zurückzurufen.« Er gebrauchte das Verb

»abreagieren« und erklärte ihr die Grundbegriffe in bezug auf Träume und erogene Zonen. Dann untersuchte er sie gynäkologisch, weil er offenbar die Theorie vertrat, daß ihre Hysterie durch eine Schräglage der Gebärmutter hervorgerufen sein könnte.

»Da dort unten alles in Ordnung ist«, sagte er, »brauche ich Sie nur psychoanalytisch zu behandeln.« Er teilte ihr mit, daß ihre »hysterische Affektpsychose« heilbar sei und er sie hypnotisieren wolle.

Nachdem er sie durch die Berührung der Augenlider wieder aus der Trance zurückgeholt hatte, war die Behandlung beendet. Erika ging es wieder gut.[26]

Für uns ist das die Travestie jener Form von Psychoanalyse, in der Freuds Lehre später kodifiziert wurde – Freud selbst hatte die Behandlung seiner Patientinnen mit Hypnose schon Ende der 1890er Jahre eingestellt, und die reine Psychoanalyse beinhaltete keine Hypnose. Aber diese Form entsprach genau dem, was man sich unter Psychoanalyse vorstellte, bevor die Analytiker ihre eigenen Lehrinstitute gründeten und ihre Techniken weitgehend standardisierten. Die Berliner Psychoanalytische Gesellschaft wurde 1908 als erste ihrer Art in Mitteleuropa gegründet (nach 1920 fand die eigentliche Ausbildung dann in einer psychoanalytischen Poliklinik statt[27]). 1925 war es in den Berliner Kreisen schließlich derart en vogue, sich einer Psychoanalyse zu unterziehen, daß Gespräche über die eigenen »Minkos« (Minderwertigkeitskomplexe) zum guten Ton gehörten.[28]

Auch in Wien hatte die »psychoanalytische Versuchung«, wie es der Schriftsteller Elias Canetti nannte, um sich gegriffen. »Im allgemeinen war es aber so, daß zu jener Zeit in Gesprächen nichts gesagt werden konnte, ohne daß es durch die Motive, die dafür sofort bei der Hand waren, entkräftet wurde. Daß für alles dieselben Motive gefunden wurden, die unsägliche Langweile, die sich von ihnen verbreitete, die Sterilität, die daraus resultierte, schien wenige zu stören.«[29] Als Canetti selbst einmal einen »Ausbruch« hatte, wurde Dr. Laub, der alte Hausarzt der Familie, zu Hilfe gerufen. Er sah ihn sich an, dann beruhigte er die Mutter: »Lassen Sie ihn ... Das ist gut für den Ödipus.«[30]

Die klassischen Psychiater reagierten ausgesprochen verwirrt auf das Buschfeuer, das die Psychoanalyse im Bürgertum entfacht hatte. Ein Arzt an der psychiatrischen Klinik von Budapest versuchte sich diese Flut von Patienten, die alle auf Erlösung durch Psychoanalyse hofften, mit den vielen Artikeln zu erklären, die über dieses neue Verfahren erschienen waren und mit dem Hang dieser Zeit zu Introversion und Introspektion korrespondierten. Ein übriges tat seiner Meinung nach die große Anziehungskraft, die die Psychoanalyse auf alle »hypersexuellen Neurotiker« ausübte.[31] Auf der einen Seite gab es also einen harten Kern von Medizinern, die diese »hypersexuellen Neurotiker« und ihre Probleme ausgesprochen mißtrauisch, wenn nicht gar ablehnend betrachteten, und auf der anderen ein Bildungsbürgertum, das an den Türen der Privatpraxen Schlange stand, um Einsichten in das eigene Ich zu gewinnen. Die Bühne war frei für die Zerstörung der traditionellen klinischen Psychiatrie.

Das Signal zum Angriff

Wie sich die Psychoanalyse zu einer Bewegung entwickelte, ist eine andere Geschichte. Uns interessieren hier vor allem ihre Versuche, die gesamte Psychiatrie an sich zu reißen. Zwischen Ende der 1890er Jahre, als sich auch Außenseiter für Freuds Ideen zu erwärmen begannen, und den 1960ern, als die psychoanalytische Bewegung auf ihrem Höhepunkt war, gelang es ihr, tief in die Psychiatrie einzudringen. Diese Invasion der Analyse löste einen heftigen Kampf in der Psychiatrie aus – einer Disziplin, die sich bis dahin an der Biologie, aber nicht der Psychologie orientiert hatte. Daß vorerst die Analyse den Sieg davontragen konnte, lag jedoch weniger an der Macht der Freudschen Ideen als an der Tatsache, daß sie den Psychiatern die Tür zur Privatpraxis öffnete.

Anfänglich verstand kaum ein Mediziner unter praktizierter Psychoanalyse, was sich zu ihrer klassischen Form ausprägen sollte: nämlich eine Fünftagewoche voller fünfzigminütiger Stunden, in denen der schweigende Psychiater hinter einem auf der Couch liegenden Patienten saß und ihn Traumerinnerungen erzählen oder frei assoziieren ließ. Diese Methode wurde erst von den psychoanalytischen Lehrinstituten propagiert, die seit den dreißiger Jahren in allen Großstädten entstanden. Die frühe, aus Freuds eigenen Schriften abgeleitete Form legte die Betonung eher auf die Befragung des Patienten über seine oder ihre Sexualität im Kontext eines engen Arzt-Patienten-Verhältnisses. Freud selbst war in Wirklichkeit ziemlich »unorthodox« gewesen. Zum Beispiel pflegte er seine Patientinnen zu Hause zu besuchen und gesellschaftlich mit ihnen zu verkehren, ein Verhalten, das man später als höchst unkonventionell kritisiert hätte.[32] Der frühe Freud wollte außerdem keine »schmerzstillende« Psychotherapie anbieten. Er unterzog seine Patienten lieber strengsten Verhören über ihre Gewohnheiten und fragte sie über Coitus interruptus, Onanie, frühkindliche Sexualität beziehungsweise sexuelle Lust aus.

Als sich die Psychiatrie gegen die Übergriffe der Psychoanalyse zur Wehr setzte, kristallisierten sich vor allem zwei Gegenreaktionen heraus: Skepsis gegenüber Freuds Ansichten über die sexuellen Ursachen psychischer Krankheiten und der Unwille der Professorenschaft, mit anzusehen, wie sich der Schwerpunkt vonPsychosen auf Neurosen verlagerte.

Die Abwehr formierte sich zuerst in Mitteleuropa. Alle Gegner Freuds lehnten seinen sexuellen Reduktionismus ab. Gustav Aschaffenburg, einst Assistent von Kraepelin und zu dieser Zeit – 1906 – Psychiatrieprofessor in Köln, hielt es für unvorstellbar, daß Onanie zu »Affektverdrängung« führen könne. Auch daß sexuelle Abstinenz die Hauptursache für Ängste sein sollte, schien ihm wenig einleuchtend. Seiner Meinung nach hatte Freud zu solchen Einsichten nur kommen können, weil er seinen Patienten die Worte in den Mund legte. Damit war für Aschaffenburg die gesamte psychoanalytische Vorgehensweise als ein Triumph der Suggestion entlarvt.[33] Auch Adolf Friedländer, Chefarzt einer Frankfurter Privatklinik, galt in der psychoanalytischen Bewegung als notorischer Feind Freuds. In Wirklichkeit bestand sein Vorgehen nur darin, mehrere Psychoanalytiker namentlich an den Pranger gestellt zu haben, weil sie sich ständig abwertend über Frauen äußerten.[34] Ansonsten war seine Haltung nämlich ziemlich moderat: Eine Psychoanalyse – womit er Psychotherapie meinte – sei im Prinzip für jeden Nervenarzt oder Psychiater unverzichtbar, nur die »*sexuelle* Psychoanalyse« empfand er wie viele als zweifelhaft oder unnötig.[35] Diese Einstellung war typisch für deutsche Skeptiker, hatte aber nicht unbedingt etwas mit Prüderie zu tun, denn die meisten Kritiker der Psychoanalyse hatten gegen andere psychotherapeutische Methoden, mit denen ebenso intime Details ans Licht gebracht werden konnten, nichts einzuwenden. Ihre Ablehnung bezog sich nur auf die Vorliebe, Neurosen auf das rein Sexuelle zu reduzieren.

Die Feindseligkeit der Professorenschaft hatte einen geringfügig anderen Grund. Analytiker glaubten völlig zu Recht, daß sich die universitären Kreise der Psychiatrie gegen sie verschworen hatten – mit der allseits bekannten Ausnahme Eugen Bleulers in Zürich und der weniger bekannten Ausnahme Karl Bonhoeffers in Berlin. (1914 hatte Bonhoeffer angehenden Amtsärzten beispielsweise eine Examensfrage über »die Bedeutung der Psychoanalyse für die Psychiatrie« gestellt.[36]) Sicher ist, daß den Herren Professoren der sexuelle Reduktionismus der psychoanalytischen Bewegung ebensowenig gefiel wie vielen anderen Außenstehenden. Der damals führende deutsche Facharzt für Nerven- und Gemütsleiden, Adolf Strümpell, hielt die Wiener schlicht für sexbesessen.[37] Und der Züricher Psychiatrieprofessor August Forel äußerte 1907, daß er den Kult um Freud einfach »zum Kotzen« fände; später berichtete er von Patienten, denen es nach einer Psychoanalyse noch schlechter gegangen sei als zuvor, weil sie derart auf sexuelle Fragen festgenagelt wurden.[38]

Doch für die meisten Professoren war gar nicht die Sexualität das rote Tuch. Wenn ausgerechnet Männer wie Otto Binswanger, Oswald Bumke, Alfred Hoche, Emil Kraepelin und Konrad Rieger es notwendig fanden, sich offen gegen die Psychoanalyse zu stellen, dann mußte noch etwas anderes im Spiel sein. Sie waren ausnahmslos alle klinische Psychiater. Geisteskrankheit war für sie gleichbedeutend mit Psychose, einer Störung also, die der klinischen Behandlung bedurfte. Nun aber mußten sie mit ansehen, wie sich die jüngeren Psychiater von den Psychosen abwandten und einer Lehre nachjagten, die Linderung im wesentlichen nur den Neurotikern versprach. Das war vermutlich mehr, als diese alten Herren ertragen konnten. Es bedeutete eine Niederlage für ihr Lebenswerk und ihre Vorstellungen von den wahren Aufgaben der Psychiatrie. Völlig zu Recht befürchteten sie, daß Freud und seine Anhänger ihre Disziplin in eine ganz andere Richtung lenken könnten, so daß im Mittelpunkt die Behandlung von Psychoneurosen stünde – jenen alltäglichen psychischen Störungen also, die in ihren Kliniken nicht anzutreffen waren.

Nahezu alle Hochschullehrer reagierten bestürzt, als ihnen bewußt wurde, daß sich der Schwerpunkt der Psychiatrie allmählich verlagerte.[39] Der Würzburger Professor Konrad Rieger brachte 1896 zum Ausdruck, was wohl alle von ihnen dachten: »Ich kann mir nicht vorstellen, daß ein erfahrener Nervenarzt imstande wäre, [Freud] ohne das Gefühl tiefster Abscheu zu lesen.« Und weshalb? Weil er dem »paranoiden Geschwätz über Sexualität« so große Bedeutung beimaß und diese angestrengten Versuche, auch wenn vielleicht nicht alles nur erfunden sein mochte, »bestenfalls zu einer gräßlichen Altweiber-Psychiatrie führen« konnten.[40] Das Problem mit dieser Altweiberpsychiatrie war, daß sie Menschen ansprach, die unglücklich, aber nicht verrückt waren.

Rieger und Co. hatten allen Grund, alarmiert zu sein, denn in den Jahren vor dem Ersten Weltkrieg liefen jüngere Psychiater tatsächlich in Scharen zur Psychoanalyse über. Dafür gab es im wesentlichen zwei Gründe. Erstens wollten sie die analytische Methode übernehmen, um das Arzt-Patienten-Verhältnis aufzubrechen und psychologische Sensibilität in die Psychiatrie einzuführen, ohne notwendigerweise gleich selbst zu »Psychoanalytikern« zu werden. Zweitens mußten sie Freuds Doktrinen nolens volens übernehmen, wenn sie Patienten ansprechen wollten, in deren Welt Freud als Star gefeiert wurde. Der Internist und Psychiater Viktor von Weizsäcker erklärte den Grund für seine Annäherung an die Psychoanalyse später einmal folgendermaßen: Die damals (1914) an allen Universitätskliniken praktizierte Medizin habe in ihm und vielen anderen jungen Medizinern tiefste Zweifel geweckt. Die Visiten seien immer unpersönlicher geworden, die Krankensäle und die Vorherrschaft der Laboruntersuchungen und Elektrokardiogramme hätten sie abgestoßen. Niemals habe es ein direktes, vertrauensvolles Gespräch zwischen Arzt und Patient gegeben, wie es bei den Psychotherapeuten gang und gäbe sei.[41] Weizsäcker war nicht daran gelegen, sich formell zum Psychoanalytiker ausbilden zu lassen; er wollte diese neue Perspektive nur als Möglichkeit nutzen, mit seinen Patienten zu reden. Er gehörte also jener Garde junger Ärzte an, die in der Analyse keinen heiligen Schrein sahen, sondern die Chance zur Kommunikation.[42]

Aber es gab noch einen anderen Typ des Psychiaters, der sich, weniger psychologisch denn am Profit orientiert, der Psychoanalyse zuwandte, um Patienten anzulocken. Diesen Typ vertraten vor allem die Besitzer privater Nervenkliniken. Ihre Begeisterung über das, was sie dem Bürgertum als »Psychoanalyse« verkauften, beruhte darauf, daß sie damit die zur Zeit des Ersten Weltkriegs steigende Nachfrage nach Freuds Lehren befriedigen konnten. Denn es war das Bürgertum, aus dem diese Kliniken ihre Klientel bezogen, und ihm hatten die wettbewerbsorientierten Privatkliniken schon immer angeboten, was gerade im Trend lag: Diättherapien in den 1890er Jahren, Freilufttherapien in der Belle Époque, und um 1910 nun die Psychoanalyse.[43]

Schon die Freudsche und Breuersche psychoanalytische Version, die sich 1895 herauskristallisiert hatte und kathartische Therapie genannt wurde, hatten die Privatkliniken schnell aufgegriffen. Bereits 1900 berichtete Wolfgang Warda, Besitzer eines privaten Sanatoriums im thüringischen Blankenburg, seinen Kollegen von den Erfolgen mit der »kathartischen Methode nach Breuer und Freud«.[44] Als sich Freud dann von der Vorstellung einer heilenden Katharsis ab- und einer eher introspektiven Therapie zuwandte, vergrößerte sich der Kreis seiner Anhänger im privaten Sektor nur noch. Auch der junge Ludwig Binswanger aus der Kreuzlinger Heilanstalt Bellevue sollte nach einem Besuch bei Freud in Wien im Jahr 1907 bekehrt wieder heimfahren. Nach dem Tod seines Vaters Robert übernahm er 1910 dessen Heilanstalt und pries Ärzten wie Patienten begeistert die neue Therapie an. In jenen Tagen, schrieb Binswanger später, sei er noch ganz davon durchdrungen gewesen, daß jede Psychoneurose und viele Psychosen und psychopathische Zustände durch die Psychoanalyse geheilt oder wenigstens gebessert werden könnten.[45] Ungeachtet aller Forderungen der klassischen Psychiater, Kliniken wie die seine zu boykottieren, stieg die Patientenzahl in seiner Anstalt nach Übernahme dieser Methode stetig an.[46] Beispiele wie Binswanger gab es vor dem Ersten Weltkrieg viele, etwa Otto Juliusburger, Gründungsmitglied der Berliner Psychoanalytischen Gesellschaft. Zum Kollegium einer großen privaten Anstalt im Berliner Stadtteil Lankwitz gehörend, reagierte er äußerst empfindlich, wenn behauptet wurde, daß Psychoanalyse und Judentum auf irgendeine Weise ineinandergriffen.[47]

Der Erste Weltkrieg sollte die öffentliche Begeisterung für die Psychoanalyse nur noch mehr schüren, was daran gelegen haben mag, daß Freuds Ansichten über Todestrieb und Aggression Licht auf die furchteinflößende Irrationalität des Krieges zu werfen schienen. (1920 schrieb Freud, daß es neben dem »Trieb, die lebende Substanz zu erhalten«, einen anderen, ihm entgegengesetzten gebe, außer Eros also auch Thanatos, den Todestrieb, so daß nicht alles vom Sexualtrieb bestimmt werde, wie er einst postuliert hatte.) In den Zwischenkriegsjahren wurde die Psychoanalyse jedenfalls geradezu enthusiastisch in das therapeutische Repertoire aufgenommen. Viele Kliniken, die zuvor nichts mit Psychotherapie zu tun haben wollten, propagierten nun die Psychoanalyse. Wilhelm Rohrbach zum Beispiel betonte 1927, daß er in seiner Einrichtung in Kassel-Wilhelmshöhe nunmehr auch »die Psychoanalyse« in das vielfältige Therapieangebot aufgenommen habe, das neben Bädern, den modernen Freilufttherapien, den neusten Formen der Elektrotherapie, Geländeturnen, Gymnastik und Massage auch die hypnotische und nichthypnotische Suggestion einschloß.[48] (Rohrbach hatte die Klinik gleich nach dem Krieg von einem Besitzer übernommen, der wegen seines brutalen Umgangs mit den Patienten in Ungnade gefallen war.) Erst mit der Machtergreifung der Nationalsozialisten sollte die Psychoanalyse wieder aus den Privatkliniken verschwinden.

Als letztes bahnte sie sich ihren Weg in die staatlichen Irrenanstalten. Hier waren es vor allem die begeisterungsfähigen jungen Ärzte, die endlich Neues ausprobieren wollten und begierig nach Freuds Lehre griffen. Typisch für die frühen Jahre war der junge Arzt Hans Eglauer, der 1903 in der niederösterreichischen »Landes-Irren-Anstalt Kierling-Gugging« auf einem Patientenblatt notierte, daß er nur deshalb erfolglos versucht habe, das »Seelenleben« einer Patientin zu erforschen, weil sie zu dumm und ungebildet gewesen sei.[49] Man darf getrost davon ausgehen, daß solche Versuche allesamt von Freuds Lehre beeinflußt waren. Der Nervenarzt und Schriftsteller Alfred Döblin, der vor der Machtergreifung der Nationalsozialisten in der Anstalt von Berlin-Buch tätig gewesen war, erzählt in seinem 1929 erschienenen Roman *Berlin Alexanderplatz*, wie zwei junge Psychiater versuchen, die Psychoanalyse beim Psychotiker Franz Biberkopf anzuwenden (eine vermutlich autobiographische Schilderung aus der Zeit vor dem Ersten Weltkrieg[50]):

»Die jüngeren Herren haben eine besondere Auffassung von diesem Zustand: sie sind geneigt, das Leiden von Franz Biberkopf für psychogen zu halten, also seine Starre nimmt von der Seele ihren Ausgang, es ist ein krankhafter Zustand von Hemmung und Gebundenheit, den eine Analyse schon klären würde, vielleicht als Rückgang auf älteste Seelenstufen, wenn ... wenn Franz Biberkopf sprechen würde ... man ihn verlocken könnte, so aus seiner Isolierung herauszukommen und die Sperre zu durchbrechen.« Aber es gelingt ihnen nicht. Biberkopf schweigt.

»Der Herr Oberarzt sitzt im Ordinationszimmer ..., die beiden jungen Herren ... stehen am vergitterten Fenster, und man plaudert hin und her ... ›Also was soll man tun in diesem Fall Biberkopf, was meinen Herr Oberarzt?‹« Der aber lachte sie aus:

»Wenn so ein ausgekochter Zuchthäusler sieht, da kommen so junge Herren an, die natürlich 'nen Dreck von mir wissen – verzeihen Sie, wir sind ja unter uns –, die wollen mir gesundbeten, für so einen Jungen sind Sie ein gefundenes Fressen.«

Die beiden jungen Ärzte protestieren: »Er ist ja gehemmt, Herr Oberarzt, es ist ja auch nach unserer Ansicht eine Sperrung, aber durch seelische Momente bedingt – Verlust des Kontaktes mit der Realität, nach Enttäuschungen, Versagungen, dann kindliche Triebansprüche an die Realität, fruchtlose Versuche, den Kontakt wiederherzustellen.«

»Quatsch, seelische Momente«, erwidert der alte Oberarzt. »Gott, was sind Sie für ein großer Gesundbeter, gepriesen die neue Therapie, Sie schicken ein Huldigungstelegramm an Freud nach Wien, die Woche darauf geht der Junge mit Ihrer Unterstützung auf'm Korridor spazieren, Wunder, Wunder, halleluja.«[51]

Auch anderenorts stießen die begeisterten Versuche der jungen Ärzte, die Psychoanalyse in ihren Anstalten einzuführen, auf Unverständnis. 1907 versuchte Arthur Muthmann sie in der Baseler Friedmatt-Anstalt zu etablieren. Doch der Chefarzt – der daraufhin offenbar so an Muthmanns Urteilsfähigkeit zweifelte, daß er sich sogar weigerte, dessen Habilitationsprojekt zu unterstützen – wies dieses Ansinnen weit von sich.[52] Ein anderes Beispiel war Karl Gehry, ein junger Schweizer Arzt an der Rheinau-Anstalt bei Schaffhausen, der so von Forels Arbeit über das Seelenleben der Ameisen angetan war, daß er beschloß, schleunigst auch Freuds 1904 verlegte Arbeit *Zur Psychopathologie des Alltagslebens* zu lesen. Ermuntert von seinem Kollegen Franz Riklin, allseits als Verfechter der Analyse bekannt, begann Gehry an den psychoanalytischen Seminaren von Jung und Bleuler in der Züricher Universitätspsychiatrie Burghölzli teilzunehmen. Mit seiner Begeisterung scheint er schließlich das ganze Rheinauer Kollegium angesteckt zu haben, nur nicht den medizinischen Direktor, der, laut Gehry, Scheuklappen trug, sobald es um Sexualität ging. Doch Gehry sollte sich wieder von Freud abwenden, nachdem all seine Versuche, schwerkranke Patienten zu analysieren, fehlgeschlagen waren.[53]

Das Bemühen, die Psychoanalyse in die Psychiatrie Mitteleuropas einzuführen, war also von drei ganz unterschiedlichen Wünschen motiviert: das Arzt-Patienten-Verhältnis sensibler zu gestalten; die eigene Position gegenüber der Konkurrenz im Privatsektor zu stärken; und wenigstens einen Hauch von Hoffnung auf Heilung durch Behandlung im staatlichen Sektor zu wecken. Doch um welches Motiv es sich im einzelnen auch handeln mochte, letztlich trugen alle zur Gründung von Privatpraxen bei, denn ganz unabhängig davon, unter welchen Bedingungen ein Mediziner ausgebildet worden war, hatten alle längst begriffen, um wieviel einflußreicher die Psychiatrie werden konnte, wenn sie nur bereit war, sich auch den Neurosen mit einem psychologischen Ansatz zu nähern.

Beim ersten Jahrestreffen des »Allgemeinen ärztlichen Kongresses für Psychotherapie« 1926 in Baden-Baden, einer stark psychoanalytisch orientierten Vereinigung, wurde klar, daß man inzwischen in Mitteleuropa unter allgemeiner Psychotherapie eine Technik verstand, die von der Psychoanalyse abgeleitet war und in Privatpraxen angewendet wurde. Von den nahezu 500 Ärzten, die an diesem Kongreß teilnahmen, hatten 70 Prozent eine Privatpraxis; und die meisten anwesenden Mediziner, von ein paar Kinderärzten und einigen Dermatologen abgesehen, waren Psychiater.[54] Mitte der zwanziger Jahre wehte längst der Geist der Psychoanalyse durch die Psychiatrie Mitteleuropas.

Es ist gar nicht nötig, nationale Entwicklungen im einzelnen darzustellen, denn überall in Mitteleuropa herrschte die gleiche Tendenz. Allerorten begannen nach dem Ersten Weltkrieg junge Psychiater, die an einer psychotherapeutisch orientierten Privatpraxis Interesse hatten, den psychoanalytischen Denkansatz aufzunehmen, auch wenn sie sich nicht immer gleich zu orthodoxen Analytikern ausbilden ließen. Ende der zwanziger Jahre war schließlich alles, was sie über Psychotherapie lesen konnten, analytisch beeinflußt.[55] Dieser Trend beweist, daß man unter Psychiatrie nunmehr eindeutig eine auf dem Arzt-Patienten-Verhältnis basierende Therapie verstand. Niemand wollte sich noch mit einer Methode begnügen, die Patienten in Anstalten einzusperren und in irgendwelche Bäder zu tauchen pflegte.

In den zwanziger Jahren blühte und gedieh die Psychiatrie außerhalb der Anstalten; ihr intellektueller Motor war die Psychoanalyse. Zu dieser Zeit lag ihr Schwerpunkt noch in Mitteleuropa.

In den dreißiger Jahren nahm die Geschichte der Psychiatrie jedoch eine Wende von großer Tragweite. Der Aufstieg der Nationalsozialisten in Deutschland und Österreich blutete praktisch von einem Moment zum anderen die gesamte wissenschaftliche Psychiatrie aus, die eineinhalb Jahrhunderte lang von diesem Boden genährt worden war. Viele berühmte jüdische Psychiater wurden im Holocaust umgebracht oder waren gezwungen, ihre ganze Energie im Chaos des Exils zu verbrauchen. 1945 war die Psychiatrie als Disziplin in Deutschland und Österreich tot.

Dadurch verlagerte sich ihr Schwerpunkt in den dreißiger Jahren notgedrungen in die Vereinigten Staaten. Und dort sollte die Psychoanalyse auf eine Weise erblühen, wie es sich ihre Wiener Urväter in ihren wildesten Träumen nicht hätten vorstellen können. Über einen Zeitraum von etwa drei Jahrzehnten beherrschte sie die amerikanische Psychiatrie. Erst in den siebziger Jahren sollte diese sich allmählich wieder von ihrer analytischen Verblendung erholen. Und da Nordamerika nach dem Zweiten Weltkrieg Mitteleuropa endgültig als treibende Kraft in der Psychiatrie ablöste, ist das Geschehen in den Vereinigten Staaten für die Evolution der Disziplin im allgemeinen von allergrößter Bedeutung.

Amerikanische Quellen

Unter dem Einfluß der Lehren Freuds verlagerte die amerikanische Psychiatrie ihren Schwerpunkt von der Psychose auf die Neurose und zog von der Irrenanstalt in Privatpraxen der Innenstadt um. Der Preis für diesen Fortschritt war, daß die Psychiatrie hier sehr viel stärker von der Psychoanalyse infiltriert wurde als in jedem anderen Land, was wiederum bedeutete, daß die wissenschaftliche Forschung stagnierte und die Disziplin sich zunehmend von den anderen Gebieten der Medizin abspaltete.

Fest etablieren konnten sich die amerikanischen Psychiater in ihren Privatpraxen zwar erst mit der Psychoanalyse, doch der Versuch, den Anstalten zu entkommen und in die eigenen Praxisräume zu entfliehen, war schon vor der psychoanalytischen Periode und aus ganz anderen Gründen unternommen worden. Bereits in den 1880er Jahren hatte sich die Psychiatrie mit Polikliniken – einige einer Anstalt angeschlossen, andere nicht – ein eigenes Reich geschaffen. Im November 1885 eröffnete John Chapin, Leiter des Pennsylvania Hospital for the Insane in Philadelphia in der poliklinischen Abteilung der Mutterorganisation dieser Anstalt, des Pennsylvania General Hospital, eine eigenständige Klinik mit etwa einhundert Patienten pro Jahr, wobei es sich zur Hälfte um psychiatrische und zur Hälfte um neurologische Fälle handelte.[56] Dies war die erste amerikanische Einrichtung von Bedeutung, in der psychisch Kranke ohne Einweisung in eine Institution behandelt werden konnten. Zwölf Jahre später, 1897, gründete Walter Channing eine »mental clinic« im Bostoner Dispensary[57], um Medizinstudenten und jungen Ärzten klinischen Unterricht erteilen zu können. Channing war Besitzer einer privaten Nervenanstalt vor den Toren Brooklyns und lehrte bereits an diversen Anstalten der Gegend Psychiatrie. »Es gibt ein weites Feld für Psychiater außerhalb der Kliniken«, erklärte er.[58]

In der Tat. Um die Jahrhundertwende begann sich die Psychiatrie an den unterschiedlichsten Fronten um die Kranken der Gemeinden zu kümmern. Im Staat New York initiierte 1906 ein Wohlfahrtsverband unter der Leitung von Louise L. Schuyler erstmals eine Nachsorge für entlassene Anstaltspatienten. Und noch vor dem Ersten Weltkrieg folgten mehrere Psychiatrien dem Beispiel der Henry Phipps Psychiatric Clinic in Baltimore, die unter Adolf Meyer als erste Universitätspsychiatrie eine eigene Poliklinik eröffnet hatte, und schlossen ihren Häusern entsprechende Einrichtungen an.[59]

1909 begann die Psychiatrie mit der Gründung des National Committee for Mental Hygiene ihre Fühler noch weiter auszustrecken. Das 1908 veröffentlichte Buch des ehemaligen Psychiatriepatienten Clifford Beers, *A Mind That Found Itself*, hatte eine Reihe prominenter Psychiater wie Meyer und William James veranlaßt, das Konzept der »Psychohygiene« auf den Weg zu bringen. In den folgenden Jahren sollte diese Bewegung unzählige Psychiater in ihre gutgemeinten Pläne zur Verbesserung der »geistigen Gesundheit« der Amerikaner einbinden.[60]

So war die den leichteren, aber weiter verbreiteten psychischen Störungen gewidmete Psychiatrie der Privatpraxen schon vor dem Aufkommen der Psychoanalyse zum Brückenkopf für die urbane Versorgung geworden. George Kline, Aufsichtsbeamter der für die Psychiatrie zuständigen Gesundheitsbehörde von Massachusetts und später Präsident der American Psychiatric Association, schrieb 1927: »Im vergangenen Jahrzehnt haben wir eine bemerkenswerte Ausweitung des Zuständigkeitsbereichs der Psychiatrie über die Mauern der Nervenkliniken hinaus erlebt.«[61] Von den Psychiatern, die 1910 am Jahrestreffen der American Psychiatric Association teilgenommen hatten, waren nur 3,2 Prozent in einer Privatpraxis tätig; 1921 war ihr Anteil auf 7,3 Prozent gestiegen.[62] Doch erst die Psychoanalyse ermöglichte ihnen den Siegeszug durch nahezu die gesamte Disziplin. Sie war der Kampfwagen, auf dem die amerikanische Psychiatrie in die Arena der Privatpraxen einzog.

Freuds Schriften wurden in den USA von Anfang an begeistert aufgenommen. Schon lange vor dem Dachverband der regionalen psychoanalytischen Gesellschaften hatten Mediziner – die oft gut deutsch sprachen, nachdem sie einen Teil ihrer Ausbildung in Berlin oder Wien erhalten hatten – Freuds Ideen aufgegriffen und umzusetzen versucht. In der Umgebung von Boston hatte man beispielsweise schon 1894 Freuds Werke zu lesen begonnen – bereits ein Jahr vor der Veröffentlichung der *Studien über Hysterie*. Der Psychologe William James aus Harvard bemühte sich unablässig, unter den Medizinern, die sich regelmäßig im Haus von Morton Prince, einem Neurologieprofessor von der Tufts University, zu Diskussionen trafen, das Interesse für den Wiener Professor zu wecken. Prince, der 1906 das *Journal of Abnormal and Social Psychology* gründete, war zur Berühmtheit unter amerikanischen Ärzten und Psychologen geworden, seit er das Studium der Neurosen um eine psychologische, semi-Freudsche Perspektive erweitert hatte. James Jackson Putnam, Neurologieprofessor in Harvard, schrieb für die erste Ausgabe dieser Zeitschrift einen Aufsatz über seine Erfahrungen, die er am Massachusetts General Hospital mit jener Technik gemacht hatte, die er als »Psychoanalyse« bezeichnete. Dieser Artikel stellte die offizielle Einführung der Freudschen Lehren in den USA dar, obwohl das gar nicht Putnams Absicht gewesen war. Er war letztlich nur an intensiven psychotherapeutischen Experimenten interessiert und nicht an der Psychoanalyse im besonderen.[63]

Auch in New York machten sich viele Neurologen und Allgemeinmediziner mit den Techniken Freuds vertraut. 1909 übersetzte Abraham Brill, ein in Österreich geborener Nervenarzt, der als 15jähriger in die USA emigriert war, Freuds *Studien über Hysterie* in ein ziemlich schwerfälliges Englisch. Brill, der ständig nach Österreich und in die Schweiz reiste, kannte Freud persönlich (seine Plaudereien mit ihm hatte er als Lehranalyse betrachtet) und beanspruchte deshalb für sich den Titel des Gründungsvaters der Psychoanalyse in den Vereinigten Staaten.[64] Besonderen Anklang fand die Analyse unter den Nervenärzten der New Yorker Gesellschaft, die, wie ihre Kollegen in Europa, längst schon eine Art Psychotherapie praktiziert hatten. Bereits 1922 soll es über 500 »inoffizielle« Analytiker in der Stadt gegeben haben.[65]

Im September 1909 kam Freud in Begleitung Jungs und Ferenczis auf Einladung Stanley Halls von der Clark University zu einer Vortragsreise in die USA. Diese Tour sollte der Psychoanalyse in der amerikanischen Ärzteschaft und Öffentlichkeit einen gewaltigen Schub geben. Freud selbst verabscheute die USA allerdings und verachtete viele seiner begeisterten amerikanischen Anhänger. (Prince nannte er »einen arroganten Esel, der selbst in unserer Menagerie auf einen hervorragenden Platz Anspruch hat«.[66]) Doch seine Presseinterviews weckten allgemeine Neugier. Unmittelbar nach seinem Besuch ging ein Ruck durch die Gemeinde; die Analyse wurde in Medizinerkreisen plötzlich hoch gepriesen, und die Psychoanalyse begann sich in eine Bewegung zu verwandeln, die schließlich die ganzen Vereinigten Staaten erfassen sollte.

Die Formierung dieser Bewegung erfolgte in zwei Stufen. Zuerst organisierten sich die Analytiker mit der Gründung von örtlichen psychoanalytischen Gesellschaften, dann entstanden die psychoanalytischen Lehrinstitute, die gewöhnlich – aber nicht immer – von der jeweiligen örtlichen Gesellschaft kontrolliert wurden. Sie sollten künftige Analytiker in die Geheimnisse der psychoanalytischen Theorie und Technik einweihen, damit die Lehre in einer Form, auf die man sich allgemein geeinigt hatte, von einer Generation zur nächsten weitergegeben werden konnte. Wie in Europa agierten diese Gesellschaften und Lehrinstitute unabhängig voneinander. Im Gegensatz zu Europa konnten in den Vereinigten Staaten jedoch nur Mediziner eine Ausbildung beantragen. Es gab zwar nicht den geringsten Grund, weshalb Nichtmediziner nicht ebenso effektiv hätten analysieren können – schließlich war nichts spezifisch Medizinisches am Ausloten des Unbewußten –, aber die amerikanischen Psychoanalytiker hatten eine Heidenangst vor der Laienkonkurrenz, und dazu hatten sie aus ihrer Sicht auch allen Grund. Denn angesichts der Tatsache, daß die Psychoanalyse die einzige Möglichkeit der Psychiater darstellte, den Anstalten zu entfliehen, waren diese sehr darauf bedacht, ihr Monopol zu wahren und es nicht mit Psychologen und Sozialfürsorgern zu teilen, die inzwischen ebenso begierig auf einen Zugang zur Analyse warteten.[67]

Die erste örtliche psychoanalytische Gesellschaft in den Vereinigten Staaten wurde im Februar 1911 von Brill in New York gegründet. Auch dabei ging es im Prinzip zuerst nur um die Möglichkeit, den Anstalten zu entkommen. Von ihren 15 Gründungsmitgliedern waren zehn im Manhattan State Hospital tätig.[68] Ein weiteres Mitglied, Bronislaw Onuf, war Chefarzt von »Knickerbocker Hall« in Amityville auf Long Island, einer privaten Nervenklinik, die schon bald Psychoanalyse anbieten sollte (sofern sie Onuf nicht ohnehin schon zuvor angewandt hatte)[69]. »Die Fragen [der Psychoanalyse] wurden bei unseren Kollegiumsbesprechungen ebenso heftig diskutiert wie in der Ward's Island Psychiatric Society«, erklärte David Henderson, ein Arzt aus Edinburgh, der zwischen 1908 und 1911 seine Facharztausbildung auf Ward's Island absolvierte. Bei einer Tagung dieser Gesellschaft hielt Adolf Meyer einen Vortrag mit dem Titel »A Discussion of Some Fundamental Issues in Freud's Psycho-Analysis«.[70] Es besteht also gar kein Zweifel, daß die Anstaltspsychiatrie selbst intensiv bei der Geburt der amerikanischen Psychoanalyse mitgeholfen hat.

Im Mai 1911 kam Ernest Jones aus Toronto – wo er im Exil lebte, seit er England verlassen hatte – nach Baltimore und organisierte das Gründungstreffen der American Psychoanalytic Association, wobei er und seine Mitstreiter von Anfang an auf einen anderen Zusammenschluß zählen konnten, nämlich auf die American Psychopathological Association, die Putnam, Meyer, August Hoch, Jones und andere im Vorjahr in Washington gegründet hatten. 1911 traf sich die neue psychoanalytische Gesellschaft zur selben Zeit und im selben Hotel in Baltimore wie die psychopathologische Gesellschaft.[71] Die American Psychoanalytic Association war nun aber nicht als örtliche Gesellschaft gedacht, sondern sollte jedem in den USA offenstehen, der sein Interesse an Freuds Ideen bekundete.[72] Bis 1932 war sie als nationale Institution allerdings kaum von Bedeutung, da sie von New Yorkern kontrolliert wurde, die ihre eigene, einflußreiche örtliche Gesellschaft hatten. Und sie setzte sich hauptsächlich aus jenen verschrobenen grüblerischen Medizinern zusammen, die sich zur damaligen Zeit in erster Linie für Freuds Ideen zu interessieren schienen.

Auch anderenorts wurden örtliche Gesellschaften gegründet. Washington erhielt seine erste psychoanalytische Gesellschaft 1914 (sie sollte sich ständig auflösen und neu gründen, bis sie 1930 endlich auf festen Füßen stand). Boston folgte 1930; und Chicago, das europäische Schwergewichtler wie Franz Alexander und Therese Benedek in seinen Reihen hatte, zog 1931 nach.[73] 1932 reorganisierte sich die American Psychoanalytic Association zum Dachverband der örtlichen Gesellschaften. Von da an unterlagen alle örtlichen Organisationen und Lehrinstitute nationalen Standards, die von den in den dreißiger Jahren gegründeten Lehrinstituten akribisch befolgt wurden. Schon bald wurden alle abweichlerischen Ideen über Hypnotik, kathartische Therapie und die vielen anderen Techniken, die damals als integraler Bestandteil der »Psychoanalyse« betrachtet wurden, in eine orthodoxe psychoanalytische Schablone gepreßt, deren Muster von da an von Küste zu Küste Gültigkeit hatte.

Historisch betrachtet ist der interessanteste Aspekt dieses Teils der Geschichte der Versuch der Psychoanalyse, die gesamte Psychiatrie an sich zu reißen. Wie aber stellt es eine kleine Disziplin an, eine derart große zu schlucken? Eine beliebte Taktik war die Mitgliedschaft in den Organisationen beider Fachbereiche: Idealerweise sollten alle Analytiker zugleich Psychiater (Mediziner) sein und wünschenswerterweise auch alle Psychiater Analytiker. Seit den zwanziger Jahren ließen sich immer mehr berühmte Psychoanalytiker bei den Tagungen der Psychiater blicken. Beim Psychiatertreffen 1928 in Minneapolis standen auf der Liste der 32 Teilnehmer mit einer Privatpraxis zum Beispiel Namen wie Leo Bartmeier, der Jahre später die Psychoanalytische Gruppe von Detroit mitbegründen sollte, oder Clarence Oberndorf, Gründungsmitglied der New Yorker Psychoanalytischen Gesellschaft.[74]

Und in der Tat waren nun immer mehr Psychoanalytiker zugleich auch Psychiater. Sie hatten gar keine andere Wahl, denn seit 1938 forderte die American Psychoanalytic Association von Anwärtern auf eine Lehranalyse eine mindestens einjährige Facharztausbildung in einer Psychiatrie. In den vierziger Jahren verlangten mehrere örtliche Lehrinstitute bereits ein zweijähriges Praktikum. Der Verband der Medizinalpraktikanten begann seine Mitglieder aufzufordern, schon während ihrer Fachausbildung eine Lehranalyse in einem psychoanalytischen Institut anzutreten (sofern eines in der Nähe lag). 1944 hatten sich 70 Prozent aller amerikanischen Psychoanalytiker als Psychiater qualifiziert (seit 1934 eine gemeinsame Prüfungskommission für Psychiatrie und Neurologie ins Leben gerufen worden war, einige auch als Nervenärzte). 1953 gehörten 82 Prozent der Mitglieder der American Psychoanalytic Association zugleich der American Psychiatric Association an. Inzwischen hatte der Psychoanalytikerverband verfügt, daß künftige Analytiker sogar mindestens drei Jahre Psychiatrieausbildung nachweisen mußten, bevor sie eine psychoanalytische Lehranalyse beginnen durften.[75] Analyse und Psychiatrie hatten sich verbündet.

Aber auch auf organisatorischer Ebene rückten Psychiater und Psychoanalytiker enger zusammen. Seit 1924 pflegten ihre Verbände ihre Treffen zur selben Zeit in derselben Stadt abzuhalten. Neun Jahre später sollte die American Psychiatric Association sogar eine eigene psychoanalytische Sektion für interessierte Mitglieder gründen.[76] Im Vorstand der APA war es zwar zu heftigen Auseinandersetzungen um diese Frage gekommen, doch die Organisation der Psychiater hatte eindeutig gespürt, woher der Wind wehte – nämlich aus der Richtung der Privatpraxis, und das bedeutete, daß man sich der Psychotherapie nicht verschließen durfte.

Ende der dreißiger Jahre drängten die Analytiker schließlich zum endgültigen Aufbruch in die allgemeine Psychiatrie. Lawrence Kubie, Präsident der New Yorker Psychoanalytischen Gesellschaft, forderte, die psychoanalytische Ausbildung von Psychiatern in kleinen, den Nervenkliniken und medizinischen Hochschulen angeschlossenen Einheiten zu organisieren. »Auf diese Weise könnte die psychoanalytische Ausbildung Schritt für Schritt Bestandteil der Facharztausbildung in jeder Psychiatrie werden.«[77] Franz Alexander vom Chicagoer Institut berichtete Ernest Jones 1939 in einem Brief, daß die Psychoanalyse nunmehr »rapide zum Bestandteil der allgemeinen medizinischen Praxis und Ausbildung« werde.[78]

Als die Vereinigten Staaten in den Zweiten Weltkrieg eintraten, bestimmte die Psychoanalyse bereits alle grundlegenden Fragen des Psychiatriestudiums und der weiteren Fachausbildung. 1942 kam eine großangelegte Studie über psychiatrische Ausbildung zu dem Schluß, daß man zwar nicht alle Medizinstudenten zu Analytikern machen könne, es jedoch »zumindest eine Einführung in die grundlegenden psychoanalytischen Konzepte im Rahmen des Psychopathologiekurses« für Medizinstudenten geben müsse, »denn es ist wirklich kaum vorstellbar, wie Psychopathologie ohne diese Konzepte gelehrt werden sollte«.[79] Die Waffe der Psychiater, die ins Feld zogen, um gegen Kriegsneurosen zu kämpfen, war die psychoanalytische Lehre.

Angesichts des kometenhaften Aufstiegs der Analyse in der Psychiatrie wollte sich auch die Öffentlichkeit diese ansprechende neue Therapie nicht entgehen lassen – zumindest diejenigen nicht, die sie sich leisten konnten. Wie das Berliner Bildungsbürgertum einst über seine »Minkos« parliert hatte, tauschte man sich in der amerikanischen Mittelschicht nun atemlos über seine unbewußten »defenses« (Abwehrmechanismen) aus, die es zu enttarnen galt. Sally Pierce erinnert sich in ihrem 1929 erschienenen Bericht über ihre Nervenkrankheit, wie sie eine exklusive Privatklinik nach der anderen aufsuchte. Die Ruhekur, die Schreikur, die Persuasionstherapie nach Dubois – nichts hatte geholfen. Schließlich stieß sie auf den Psychoanalytiker Frank Gaylord. »Neurosen können nicht auf Dauer geheilt werden«, sagte er ihr, »solange nicht die Ursachen für jedes neurotische Symptom im Unbewußten entdeckt und ins Bewußtsein des Patienten geholt werden – und nicht nur ins Bewußtsein geholt, sie müssen diskutiert, durchleuchtet, bewertet und schließlich verstanden und vom Patienten als das erkannt werden, was sie sind: regressives Material aus der Frühkindheit, das ein progressives Dasein als Erwachsener blockiert.« Dr. Gaylord teilte ihr mit, daß sie viele Monate lang täglich einer Analysestunde bedürfe. Erst wenn ihre »unbewußte Abwehr« gegen das Einwirken der Vernunft zusammengebrochen sei, könne es ihr wieder gutgehen. Und in der Tat, nach monatelanger Analyse ging es ihr wieder gut – ein Beweis, daß die Psychoanalyse funktionierte. Die amerikanische Öffentlichkeit weidete sich an solchen Berichten, verglich sie mit dem Bild, das sie sich von den Privatkliniken mit all den Dragonern machte, die einen dort zu Ruhekuren zwangen, und wandte sich begeistert den Psychoanalytikern aus der Park Avenue zu.[80]

Das *Fortune*-Magazin erklärte 1935 in einem Artikel mit dem Titel »The ›Nervous Breakdown‹« nüchtern: »Die Unterdrückung des frühkindlichen Sexualtriebes verdrängt bestimmte Erfahrungen und Wünsche tief in das Unbewußte, von wo aus sie dann beim Erwachsenen als Neurosen wieder auftauchen.«[81] Zum ersten Mal in der Geschichte sollten der depressive Geschäftsmann oder die verunsicherte Hausfrau die Dienste eines Psychiaters in Anspruch nehmen. Und wenn dieser in New York, Boston oder Washington praktizierte, war er mit an Sicherheit grenzender Wahrscheinlichkeit psychoanalytisch orientiert.

Die Ankunft der Europäer

Die Geschichte geht seltsame Wege. Was eine vorübergehende therapeutische Modeerscheinung am Ende in eine Massenideologie verwandelte, die sich auf beinahe jeden Aspekt des Denkens und der Kultur in den Vereinigten Staaten auswirkte, war der Holocaust. In den dreißiger Jahren trieb der Faschismus viele jüdische Analytiker zur Emigration aus Mitteleuropa in die USA, wo sie der grünschnäbeligen kleinen amerikanischen Bewegung den Glanz der großen weiten Welt verliehen. Auf den ersten Blick schien dieser gewaltige Kulturtransfer aus der deutschsprachigen in die englischsprachige Welt durchweg positive Auswirkungen auf die Psychoanalyse zu haben, da er die hausgemachte amerikanische Heterodoxie durch das Prestige international anerkannter Experten aufwertete.[82] Auf lange Sicht aber sollte sich die Migration der europäischen Analytiker als verhängnisvoll für die Psychoanalyse in der Neuen Welt erweisen, denn die Flüchtlinge hatten eine alles erstickende Orthodoxie im Gepäck und zeigten eine Ergebenheit gegenüber dem Meister und seiner Tochter Anna, der die amerikanische Analyse nie genug entgegenzusetzen hatte und die sie schließlich – zumindest im Bereich der Medizin – am Unglauben zugrunde gehen ließ.

Die Zahl der Analytiker unter den Flüchtlingen aus Europa war nicht hoch. Den etwa 4000 Ärzten aus Deutschland und Österreich, die zwischen 1933 und 1944 Aufnahme in den Vereinigten Staaten fanden, stand die verschwindend geringe Zahl von 250 Psychiatern gegenüber, von denen nur knapp 50 Psychoanalytiker waren.[83] Doch viele von ihnen waren berühmt. Betrachten wir uns allein die Emigranten aus der Berliner Psychoanalytischen Gesellschaft: Franz Alexander, dessen Name zum Synonym für Psychosomatik wurde, nahm 1930 eine Gastprofessur an der Psychiatrie der University of Chicago an (bestand allerdings darauf, »Psychoanalyse« zu lehren). Zwei Jahre später gründete er dort ein psychoanalytisches Lehrinstitut. Nach der Machtergreifung der Nationalsozialisten war ihm der Rückweg versperrt. Sandor Rado war 1931 aus Berlin nach New York gelockt worden, um ein Institut nach dem Berliner Vorbild aufzubauen. Auch ihn sollten die Ereignisse im Land festhalten. Otto Fenichel, Verfasser des ersten psychoanalytischen Lehrbuchs, verließ Berlin 1933 und landete nach einigen Umwegen 1938 in Los Angeles, wo er sich als Lehranalytiker niederließ.[84] Als das »Emergency Committee on Relief of the American Psychoanalytic Association« im Mai 1940 eine Liste geflohener Analytiker aufstellte, zu denen es Kontakt hatte, standen allein acht Namen aus Berlin darauf.[85]

Das Leben war nicht einfach für die Neuankömmlinge. Auch wenn sie Englisch verstanden, sprachen sie es meist doch nur schlecht. Als Fenichel einmal die Menninger-Klinik in Topeka besuchte, bat man ihn, einen Vortrag zu halten. Da er nur zu gut wußte, wie mangelhaft seine Sprachkenntnisse waren, bat er Martin Grotjahn – auch ein Emigrant – um Hilfe. Grotjahn erinnerte sich später, daß Fenichel über etwas sprechen wollte, das er den »penis envoy« (Penis-Gesandten) nannte. »Irgendwie klang das nicht richtig«, meinte Grotjahn, »also schlug ich zaghaft ›penis ivy‹ [Penis-Efeu] vor. Der Vorschlag eines anderen Emigranten, nämlich ›penis envy‹ [Penisneid], wurde von Otto wie mir als höchst unwahrscheinlich verworfen.« Fenichels Vortrag wurde »von allen respektiert und von niemandem verstanden. Der ›Penis-Gesandte‹ schließlich sorgte dann doch für Unruhe im Saal.«[86]

Aber der Glanz dieser Analytiker sorgte trotz ihrer Sprachprobleme dafür, daß sie auch im Exil hoch im Kurs standen: Hermann Nunberg hatte Wien 1932 verlassen – ursprünglich um nach Philadelphia zu gehen, – sich dann jedoch eine Praxis in der New Yorker Park Avenue eingerichtet; Freuds Arzt Felix Deutsch und seine Frau, die Analytikerin Helene Deutsch, zogen 1935 aus Wien in ein hübsches Haus in Cambridge, Massachusetts. Ein ganzer Schwarm von Analytikern war während der großen Panik, die auf den Anschluß im März 1938 folgte, aus Wien geflohen. Freuds Statthalter Paul Federn kam nach New York, wo er nach Aussage seines Freundes, des Psychiaters Heinrich Meng, »sofort zu den führenden Psychiatern des Landes zählte«.[87] Heinz Hartmann landete als Lehranalytiker in New York. Der Laienanalytiker Ernst Kris erhielt eine

Professur an der New School for Social Research in New York (er hatte in Kunstgeschichte promoviert und 1933 ein Medizinstudium begonnen, das er natürlich nicht mehr beenden konnte). Beate »Tola« Rank landete am Judge Baker Guidance Center in Boston.[88]

Man kann sich kaum vorstellen, unter welchen Umständen diese Männer und Frauen Wien oft innerhalb von Stunden verlassen mußten. Der Wiener Dramatiker Franz Werfel beschrieb eine Szene, die sich Mitte März 1938 im Ordinationszimmer eines 70jährigen Arztes in Wien abspielte. Draußen rollten die Panzer, die letzte Patientin des Tages hatte sich gerade verabschiedet, da läutet das Telefon:

»DER ARZT *hat seine Überlegenheit verloren, spricht leise mit beherrschter Erregung*: Aus allererster Quelle? ... Noch heute abend über die Grenze, unbedingt ... Sonst ... Was verstehst du unter diesem ›Schlimmsten‹? ... Du selbst willst mich ... In deinem Auto ... Das ist fabelhaft von dir, aber ... Aber es kommt etwas rasch ... [...]

... DER ARZT *greift sich an die Stirn, murmelt mechanisch.* Da kann man halt nichts machen ... Alles besser als das ... *steht mit einem Ruck auf, verschwindet im Nebenzimmer, kommt eilig zurück. Er trägt eine altmodische Handtasche sowie einige Wäsche- und Kleidungsstücke. Hastig und zerstreut beginnt er einzupacken. Plötzlich unterbricht er sich dabei, läuft zur Bibliothek, reißt mit zitternden Händen Bücher heraus und schichtet sie auf.* Was nehm ich nur mit? *Mit erstickter Zärtlichkeit*: Meine Bücher ... *er geht zum Schreibtisch zurück, reißt die Schubladen auf, zieht eine große Rolle hervor.* Das Doktordiplom wenigstens ... *stockt, legt die Rolle wieder hin* ... Im Ausland gilt es ja eh nicht ...

Die Straßenlaternen leuchten in diesem Augenblick auf. Breite Lichtbalken treffen die Wände des Zimmers. Die Büste Nothnagels [seines alten Professors] *strahlt grell.*

DER ARZT *starrt die Büste lange an, dann macht er eine kleine Verbeugung*: Und Sie, Herr Hofrat Nothnagel? ... [...] Sie haben es leicht, Diagnosen zu stellen, Herr Hofrat, denn erstens sind Sie kein Jud, und zweitens sind Sie tot.«[89]

Daß die meisten der real existierenden Psychiater und Psychoanalytiker aus der Emigrantenszene nicht nur großen Ruhm genossen, sondern auch zu Trendsettern in der Neuen Welt werden sollten, verdanken sie ihrer Entschlossenheit und Tapferkeit.

Paul Schilder zum Beispiel, ein Mitglied der Wiener Psychoanalytischen Gesellschaft, dessen Interessen das gesamte Spektrum der biologischen und dynamischen Psychiatrie (Psychoanalyse) umfaßten, hatte Wien 1928 verlassen, um an die Johns Hopkins University zu gehen. 1930 trat er eine Professur an der New York University an und übernahm die klinische Leitung der psychiatrischen Abteilung des »Bellevue Psychiatric Hospital«. Erstaunlicherweise wurde ihm die Mitgliedschaft bei der New Yorker Psychoanalytischen Gesellschaft mit der Begründung verwehrt, daß seine Methoden zu unorthodox seien (er pflegte seine Patienten nämlich nicht fünfmal pro Woche für jeweils eine Sitzung zu bestellen und wagte es überdies, ihnen Ratschläge zu erteilen). Trotzdem setzte er sich weiterhin für die Psychoanalyse ein, weil er ihr zutraute, das Knäuel der Beziehungen von Körper und Seele zu entwirren. Am Bellevue zog er ganze Scharen junger Psychiater heran, die einmal alle berühmt werden sollten, darunter John Frosch, Gründer des 1953 ins Leben gerufenen *Journal of the American Psychoanalytic Association.*[90] Nun könnte man behaupten, daß Schilder kein wirklicher Exilant war, da er Europa in den zwanziger Jahren aus freien Stücken verlassen hatte. Tatsächlich aber war der Grund für seine Ausreise die Weigerung des antisemitischen Psychiatrieprofessors Julius Wagner-Jauregg gewesen, ihn in irgendeiner Weise zu fördern[91]. Es besteht also gar kein Zweifel, daß Schilder den Antisemitismus ebenso zu spüren bekommen hatte wie Nunberg, Alexander und all die anderen Emigranten, auch wenn er selbst im strengen Sinne kein Flüchtling war.

Die Neuankömmlinge wurden wie Stars empfangen. Else Pappenheim aus Wien war 28, als sie 1939 in der Phipps Clinic in Baltimore eintraf. Im eigenen Land hatte sie mitten in der psychiatrischen Facharztausbildung gesteckt und noch nicht einmal ihre eigene Lehranalyse abgeschlossen. An der Johns Hopkins University aber sollte sie sofort zum Objekt ehrfürchtigen Staunens avancieren. Als Wiener Ärztin sei sie augenblicklich akzeptiert und fast wie eine Heldin verehrt worden, schrieb sie später.[92] Die Psychoanalyse nach

Wiener Art genoß so hohes Ansehen in der Phipps Clinic, daß Meyer bei seinen Visiten den New Yorker Joseph Wortis – der vier Monate lang in Wien von Freud analysiert worden war – ständig zu fragen pflegte: »Und was hätte Freud dazu gesagt?« Wortis vertraute Pappenheim an, daß er einfach immer irgendeine Antwort aus dem Ärmel zauberte.[93]

Eine ganz entscheidende Rolle spielten die Analytiker aus der Emigrantenszene, nachdem sie sich mit der jüngeren amerikanischen Generation verbündet hatten und die Lehrinstitute aus den dreißiger Jahren zu zwingen begannen, sich von ihrer eklektischen, oft ziemlich exzentrischen Ausbildung zu verabschieden und nur noch die reine Lehre zu verbreiten. Zur Glaubenslehre wurde in den Vereinigten Staaten die Ich-Psychologie, jene von Freud erstmals 1923 aufgestellte Theorie über die Struktur der Seele (mit der er die Dynamik und Konflikte zwischen dem Ich und dem Es beschrieb). Zur Standartenträgerin dieser Ich-Psychologie sollte Freuds Tochter Anna werden.

In den USA spaltete man die Ich-Psychologie jedoch von der Sexuallehre der Es-Psychologie ab, um die Betonung ganz auf die Anpassung des Erwachsenen an die gesellschaftlichen Ansprüche zu legen. Diese Doktrin gefiel den amerikanischen Analytikern, weil sie im Gegensatz zu Freuds kulturpessimistischen Ansichten über die Unvermeidlichkeit von Verdrängungskonflikten in der Zivilisation progressiv und überdies ausgesprochen praktikabel schien, was die Aussichten auf eine Verbesserung der Lebenslage des Patienten betraf. Auch die Ich-Psychologie war ein Mitbringsel der jüngeren Analytiker aus ihrer Heimat. Der Ich-Psychologe Heinz Hartmann, einer der letzten, der noch bei Freud selbst eine Lehranalyse machen konnte, sollte als »the American Prime Minister of Analysis« berühmt werden. Mit Ernst Kris und Rudolph Loewenstein bildete er jenes Triumvirat, das in den fünfziger und sechziger Jahren schließlich vollständig über die Ich-Psychologie herrschen sollte.[94] Junge Amerikaner wie Ralph Kaufman und Ives Hendrick in Boston oder Lawrence Kubie und Bertram Lewis in New York, die gerade neue Lehrinstitute gründeten, machten also gemeinsame Sache mit den

Flüchtlingen aus Mitteleuropa, um die psychoanalytische Ausbildung an sich zu reißen.[95]

Doch die europäischen Neuankömmlinge überwältigten die Yankees auch schlicht durch ihr Prestige. Kein einziges Werk eines amerikanischen Analytikers war im Ausland bekannt, aber viele der europäischen Exilanten waren international gefeierte Größen. Als Arnold Rogow 1966 feststellen wollte, welche unter 31 Psychoanalytikern »die prominentesten lebenden Psychiater und Psychoanalytiker« waren, befanden sich unter den sieben erstgenannten Namen sechs europäische Emigranten[96]: an erster Stelle stand Anna Freud, gefolgt von Heinz Hartmann und Erik Erikson; dazu kamen die in den USA geborene und wegen ihrer psychoanalytischen Kinderstudie berühmt gewordene Phyllis Greenacre sowie Rudolph Loewenstein, der Anfang der zwanziger Jahre Medizin und Psychoanalyse in Berlin studiert hatte und nach einem dreizehnjährigen Zwischenaufenthalt in Paris schließlich in einer Praxis in der New Yorker Fifth Avenue landete, wo er dann über die Ich-Psychologie schrieb; und schließlich der Wiener René Spitz, der ebenfalls via Paris nach New York gekommen war und zum Experten der Säuglingsforschung wurde, sowie Robert Waelder, ein Wiener Analytiker ohne medizinische Ausbildung, der sich in Philadelphia niedergelassen hatte und zu einem bekannten Interpreten Freuds werden sollte. Als Mitglieder der psychoanalytischen Institute von New York, Boston und San Francisco 1980 erneut nach den führenden Persönlichkeiten der Szene gefragt wurden, waren wiederum sechs der sieben ersten Namen auf einer fast identischen Liste Emigranten.[97]

So war es also einer Handvoll Analytiker aus Europa gelungen, zu führenden Figuren der amerikanischen Psychoanalyse zu werden. »Diese Analytiker bildeten sozusagen einen Ring aus Bodyguards um einen imaginären Freud«, schrieb viele Jahre später Martin Grotjahn, selbst ein Emigrant aus Berlin, der sofort an der Menninger-Klinik in Topeka Unterschlupf gefunden hatte. »Jahrelang versuchten sie, die psychoanalytische Theorie, Technik, Therapie und Lehre im Urzustand zu bewahren.« Anstelle »der entspannten und diskussionsfreudigen Kaffeehausatmosphäre der Berliner Psychoanalyse«, sah er sich nun einem »fürchterlich genormten« amerikanischen Produkt gegenüber,[98] das sich jeder Veränderung und wissenschaftlichen Erkenntnis über Kognition und Psychotherapie verweigerte. Aber gerade damit, daß die exilierten Analytiker alles daransetzten, die Analyse in einen Tempel für die letzte große Ideologie des 19. Jahrhunderts zu verwandeln, brachten sie das ganze Gebäude, ohne es zu bemerken, zum Einsturz.

Die Jahre des Triumphs

Doch dazwischen lagen die Jahre des Triumphs vom Ende der vierziger bis zum Ende der sechziger Jahre. Seymor Sarason, der diese Ereignisse von seinem Elfenbeinturm des psychologischen Fachbereichs von Yale aus beobachtete, schrieb im Rückblick: »Die amerikanische Psychiatrie vor dem Zweiten Weltkrieg war eine biologische Psychiatrie, aber im Laufe weniger Jahre nach dem Krieg wurde sie weitgehend zu einer psychoanalytischen Psychiatrie.«[99] Der wachsende Einfluß der Psychoanalyse drückte sich auch in Zahlen aus. Hatte die American Psychoanalytic Association im Jahr 1932 92 Mitglieder gezählt, so waren es im Jahr 1968 rund 1300, das heißt, daß in dieser Zeit etwa ein Psychoanalytiker auf je 13 Psychiater kam.[100] Im von Lewis Coser so genannten »Goldenen Zeitalter der amerikanischen Psychoanalyse« – den sechziger Jahren – gab es 20 Lehrinstitute und 29 örtliche psychoanalytische Gesellschaften.[101] Es herrschte ein Klima, in dem sich den nervlich belasteten Mittelstandsbürgern die Psychoanalyse als die einzig angemessene Therapie darstellte. Zum Teil war diese Entwicklung auch dem »GI Bill of Rights« zu verdanken, einem Gesetz, das ehemaligen Soldaten eine kostenlose Ausbildung garantierte und somit auch die freie Ausbildung eines Psychiaters zum Psychoanalytiker ermöglichte, solange sie in einem der anerkannten Institute stattfand. Doch der eigentliche Motor war der unermüdliche Anspruch der Analytiker, Freuds Lehre auf die gesamte Psychiatrie auszuweiten und in die amerikanische Öffentlichkeit zu tragen.[102]

In den frühen vierziger Jahren begann die Psychoanalyse sich schließlich auch der prestigeträchtigen Lehrstühle und psychiatrischen Fakultäten zu bemächtigen. Jede neue Eroberung wurde von der Bewegung als ein weiterer Sieg gefeiert. Da New York das Epizentrum der Bewegung war – 1940 praktizierten dort über ein Drittel aller Analytiker des Landes[103] –, hatte der Feldzug dort auch begonnen und sollte hier am konsequentesten durchgeführt werden. Sogar konkurrierende Lehrinstitute wurden in New York gegründet. 1941 verließ Karen Horney[104] gemeinsam mit ihren Getreuen die New Yorker Psychoanalytische Gesellschaft und gründete das American Institute for Psychoanalysis. Schon 1942 sollte es diesem neuen Institut gelingen, seine Lehrprogramme im New York Medical College einzuführen.[105] Im Juni 1942 gründete eine zweite Gruppe Abtrünniger aus der New Yorker Psychoanalytischen Gesellschaft unter der Führung Sandor Rados eine weitere Konkurrenzorganisation, die Association for Psychoanalytic Medicine. Ihr gelang 1944 ein wahrer Coup, als sie den Fachbereich für Psychiatrie an der Columbia University überzeugen konnte, ein eigenes psychoanalytisches Lehrinstitut einzurichten, das erste in den Vereinigten Staaten, das einer bedeutenden akademischen Institution angeschlossen war.[106] Nachdem die American Psychoanalytic Association 1946 ihre Charta geändert und die Einrichtung mehr als nur eines Lehrinstituts pro Stadt genehmigt hatte, wurde die Psychoanalytic Clinic der Columbia University zu einer der mächtigsten Bastionen des universitären psychoanalytischen Lehrbetriebs.

Nach dem Krieg begann die Übernahme der Fachbereiche auch in anderen Städten. Das Institute of Human Relations an der Yale University war nach Aussage von Sarason schon lange ein »lebhaftes Zentrum des psychoanalytischen Denkens« gewesen.[107] 1948 drängte eine Gruppe junger, psychoanalytisch orientierter Psychiater schließlich Eugen Kahn aus seinem Amt als Leiter des psychiatrischen Fachbereichs (Kahn hatte bei Kraepelin in München studiert, war 1930 in die USA ausgewandert und widmete sein ganzes Forschungsinteresse der Genetik der Schizophrenie). Als sein Nachfolger bezog ein Wiener Analytiker die Fachbereichsräume im Gebäude des Institute of Human Relations: Frederick (Fritz) Redlich. Zu dieser Zeit fiel praktisch jeder freie Lehrstuhl für Psychiatrie an einen Analytiker: Kenneth Appel bekam ihn 1953 an der University of Pennsylvania; Royden Astley (Mitglied der Gesellschaft von Philadelphia) 1956 in Pittsburgh; im selben Jahr wurde Maurits und Anny Katan (ebenfalls Mitglieder der Gesellschaft von Philadelphia) von der Western Reserve University in Cleveland angeboten, ein neues psychoanalytisches Lehrinstitut an der dortigen medizinischen Fakultät aufzubauen (Maurits bekam den Lehrstuhl).[108] Die Liste könnte endlos weitergeführt werden.

Für die Analytiker aus der Emigrantenszene, die sich noch lebendig daran erinnern konnten, wie verächtlich sie einst von der europäischen Professorenschaft behandelt wurden, war diese Entwicklung erstaunlich. Edith Weigert zum Beispiel hatte Anfang der dreißiger Jahre in Ernst Simmels psychoanalytischem Sanatorium in Berlin ihre Facharztausbildung gemacht und war 1938 aus Deutschland geflohen. 1953 berichtete sie, nunmehr Vorsitzende des Washington Psychoanalytic Institute, ihren deutschen Kollegen: »Die Lehrstühle für Psychiatrie an den hervorragendsten Universitäten werden zunehmend mit Psychoanalytikern oder mit Psychiatern besetzt, die die Analyse anerkennen.« Dabei dachte sie vermutlich an Leute wie John Whitehorn von der benachbarten Johns Hopkins University, der der Analyse wohlgesonnen, aber selbst kein Psychoanalytiker war. Er hatte 1941 die Nachfolge Meyers angetreten, und unter ihm sollte der psychiatrische Fachbereich an der Johns Hopkins University seinen ersten waschechten Analytiker bekommen: Theodore Lidz, der 1947 den psychoanalytischen Lehrbetrieb aufnahm.

»Die Psychoanalyse in den Vereinigten Staaten«, fuhr Edith Weigert fort, »ist nicht zu einer Dienstmagd der Psychiatrie verkommen, wie Freud fürchtete ..., sondern zum hochangesehenen Pfadfinder der Psychiatrie geworden.«[109] Der Schweizer Psychiater Henri Ellenberger, der 1953 eine Stelle an der Menninger-Klinik in Topeka angenommen hatte (und sich 1970 einen überragenden Ruf als Psychiatriehistoriker erwerben sollte), stellte fest, daß es viele Gebiete gab, auf denen amerikanische Psychiater schwach waren. So hätten sie beispielsweise bei der systematischen Kategorisierung von Krankheiten (der Nosologie), bei der »Phänomenologie« (der objektiven Symptomatik des Patienten) und bei den »konstitutionellen« Vorgehensweisen ein äußerst kümmerliches Bild abgegeben. In der genetischen Psychiatrie hätten sie vollkommen versagt, in der Psychoanalyse dagegen brilliert. »Von allen Ländern der Welt«, schrieb Ellenberger 1955, »waren die Vereinigten Staaten das erste, das die dynamische Psychiatrie [Psychoanalyse] als führenden psychiatrischen Trend akzeptierte.«[110]

Während die Analytiker nach den Lehrstühlen griffen, versuchten sie natürlich auch die Kontrolle über die Disziplin als solche zu gewinnen. Auf organisatorischer Ebene übernahmen sie und ihre Sympathisanten einen Großteil des Apparates der American Psychiatric Association. Ende der vierziger, Anfang der fünfziger Jahre waren viele Verbandspräsidenten entweder selbst Analytiker gewesen, wie zum Beispiel der jüngere der beiden Menninger-Brüder, William, oder standen wie Whitehorn der Analyse ausgesprochen wohlgesonnen gegenüber. In den sechziger Jahren waren alle APA-Präsidenten Analytiker oder Mitglieder von Organisationen, die eng mit der Analyse verbunden waren.[111]

Eine dieser Organisationen war die Group for the Advancement of Psychiatry (GAP), die während eines Treffens der American Psychiatric Association 1946 von einer Gruppe junger Wildfänge gegründet wurde. Unter der Führung William Menningers wollten sie der Mutterorganisation sozialen Aktivismus einimpfen und sie ermuntern, sich der Psychoanalyse zuzuwenden. 1950 hieß es beispielsweise in einem GAP-Manifest, daß sich die soziale Wirklichkeit nicht nur auf Ängste auswirken könne (wohl wahr), sondern »auch die selektive Abwehr gegen diese Ängste (Projektion, Reaktionsbildung, Symptombildung, Sublimierung und so fort) beeinflussen«.[112] Solche Formulierungen hatten Freudianer mit der Muttermilch eingesogen, also nahm die GAP damit eindeutig Partei für die Psychoanalyse. Von ihren 117 Mitgliedern im Jahr 1948 hatten 30 Prozent eine Position in der American Psychiatric Organisation inne – das waren drei Viertel aller Komiteeposten, die die APA zu vergeben hatte.[113]

Der sicherste Weg zur Kontrolle über die psychiatrische Disziplin war jedoch nicht die Übernahme ihrer Berufsverbände, sondern die der Verantwortung für die Ausbildung. Daß die Psychoanalyse einen derart starken Einfluß auf die amerikanische Psychiatrie ausüben konnte, lag weniger an der Zahl vollausgebildeter Analytiker (unter den 7000 amerikanischen Psychiatern, die es 1953 gab, waren es nur etwa 500) als an der Tatsache, daß es die Analytiker waren, die die Lehrbücher schrieben, die Fachbereiche bevölkerten und in den Prüfungsgremien saßen.[114] Zwischen den vierziger und siebziger Jahren waren amerikanische Psychiater im übrigen, allgemein gesprochen, mehrheitlich psychoanalytisch orientiert.

1952 erreichte diese Infiltration der Psychiatrie ihren Höhepunkt. Nach einem gemeinsamen Bericht der American Psychiatric Association und der Association of Medical Colleges, des Verbandes der medizinischen Lehrbeauftragten, bezweifelte niemand mehr, daß ein kompetenter Psychiater »die Prinzipien der Psychodynamik«, ergo »die Konzepte Freuds«, verstehen müsse. Da es jedoch nicht genügend psychoanalytische Lehrinstitute gebe, müsse man andere Mittel und Wege finden, psychoanalytischen Wissensstoff in die Curricula der Universitäten zu integrieren. »Dieser Stoff kann durch vielerlei Methoden in die klinische Ausbildung eingebracht werden – durch die Supervisionstherapie, durch analytisch orientierte Diskussionen über Fallstudien ... Eine intensivere wissenschaftliche Auseinandersetzung mit ... der Supervision und der Strukturierung der sogenannten ›psychoanalytisch orientierten Therapie‹ ist äußerst wünschenswert.«[115] 1953 schrieb Karl Menninger: »Schritt für Schritt gewannen die psychodynamischen Konzepte die absolute Oberhand.«[116] (»Dynamisch« war noch immer das Codewort für psychoanalytisch.)

Mittlerweile hatten die Analytiker auch die Öffentlichkeit überzeugt, daß die Lehren Freuds der Schlüssel zur Glückseligkeit waren. Von da an sollten auch die Kräfte des Marktes zur Herrschaft der Analyse beitragen. Mediziner forderten als Teil ihrer Fachausbildung ein psychoanalytisches Training, weil die Öffentlichkeit nach Psychoanalyse verlangte und jedem, der die Nachfrage befriedigen konnte, ein gutes Einkommen garantiert war. Nach einer Befragung von 42 Psychiatern, die sich 1951 in der Fachausbildung am College of Medicine der New Yorker State University und der Columbia University befanden, kam eine Studie zu dem Schluß: »Da die Ausbildung in einem psychoanalytischen Institut als Nachweis gilt, Bürger ›erster Klasse‹ zu sein, will natürlich niemand Bürger ›zweiter Klasse‹ sein.«[117]

Doch dieser Ansturm auf die Analyse war nicht nur ein »New Yorker Syndrom«, wie man später behaupten sollte.[118] Überall strebten Mediziner eine psychoanalytische Ausbildung an. Die GAP sprach für das gesamte Land, als sie 1955 schrieb: »Zur Zeit ist das Prestige des Psychoanalytikers hoch, außerdem scheint es finanziell lohnender zu sein.« Von den 165 durch die GAP befragten auszubildenden Psychiatern gaben »alle an, eine Lehranalyse und psychoanalytische Ausbildung anzustreben«. 20 Prozent unterzogen sich bereits einer Lehranalyse, und 26 Prozent waren schon mitten in der Ausbildung zum Psychoanalytiker.[119]

Die etablierten Analytiker waren mindestens so begierig, Freuds Lehren zu verbreiten, wie die jungen Psychiater bestrebt waren, sie zu erlernen. Unter einer 1951 befragten Gruppe aus verschiedenen psychiatrischen Fachbereichen hatten 56 Prozent eine anerkannte psychoanalytische Lehrausbildung absolviert, einschließlich einer eigenen Lehranalyse, und weitere 11 Prozent hatten sich einer Lehranalyse unterzogen, ohne die formelle Ausbildung zu machen (eine Praxis, gegen die die National Psychoanalytic Association jahrelang Sturm laufen sollte).[120] Als die GAP 1955 14 verschiedene psychiatrische Studiengänge untersuchte, stellte sie fest, daß alle Ausbildungsprogramme auf der »psychodynamischen Theorie« basierten.[121]

Und was waren 1965 die einflußreichsten psychiatrischen Lehrbücher? Die Pflichtlektüre fast aller Ausbildungsstätten bestand aus 17 Titeln, die nahezu ausschließlich psychoanalytische Werke waren (in alphabetischer Reihenfolge reichten sie von August Aichhorns *Wayward Youth* bis zu Gregory Zilboorgs *History of Medical Psychology*).[122]

Der Erfolg dieses Lehrprogramms war, daß 1966 ein Drittel aller amerikanischer Psychiater irgendeine Form der psychoanalytischen Ausbildung genossen hatte. 67 Prozent von ihnen gaben an, daß sie bei ihren Patienten das »psychodynamische Verfahren« anwandten.[123] Mitte der sechziger Jahre verstand die amerikanische Öffentlichkeit unter Psychiatrie nur noch Psychoanalyse. Die Machtübernahme war vollzogen.

Der unheilvollste Aspekt dieser Machtergreifung war jedoch der Ehrgeiz der Analytiker, ihre Theorien auch auf die Diagnose und Behandlung von Psychosen auszudehnen. Wer die Psychiatrie übernahm, mußte auch etwas über Psychosen zu sagen haben, die ja immerhin bis in die zwanziger Jahre im Mittelpunkt des Interesses der Disziplin gestanden hatten. Also versuchte sich die Analyse daran, Schizophrenie, Manie und psychotische Depression zu erklären und zu behandeln. Freud selbst hatte seine Anhänger zwar öffentlich davor gewarnt, sich an Psychotikern die Finger zu verbrennen, war aber im Privaten durchaus zugänglich dafür, und auch die Mitglieder seines inneren Zirkels hatten keinerlei Gewissensbisse, sich schwerer psychischer Krankheiten anzunehmen.

Ferenczi zum Beispiel wollte 1908 unbedingt eine Frau namens Marton aus Tapolcza wegen einer »ziemlich frischen Paranoia« analysieren, aber sicherheitshalber noch Freuds Meinung einholen und ihm die Patientin zur Begutachtung schicken. Sollte sie in einer Anstalt behandelt werden, oder hielt Freud das für überflüssig? Freud antwortete dem »geehrten Herrn Collegen«: »Frau Marton habe ich heute gesehen. Es ist eine ausgewachsene Paranoia und wahrscheinlich jenseits der Grenze therapeutischer Beeinflussung; doch darf man sie behandeln und kann jedenfalls von ihr lernen. Der begleitende Schwager und Arzt ist ein Esel; er wird wahrscheinlich zu irgend etwas anderem raten, als ich vorgeschlagen habe. Ich verlangte, daß sie nach Budapest in die Anstalt ginge und dort von Ihnen behandelt würde.«[124] Freuds Schüler Paul Federn wollte Psychosen schließlich ganz offiziell mit Hilfe der Psychoanalyse zu

Leibe rücken und wurde zum vehementen Verfechter der Idee, die Analyse über Neurosen hinaus zum Einsatz zu bringen.[125] Doch die meisten Ansätze der Europäer, Psychosen psychoanalytisch zu behandeln, wurden nach ein, zwei Versuchen eingestellt. Im großen und ganzen konzentrierten sich die Analytiker weiterhin auf die Behandlung von Neurosen.

Nicht so in den Vereinigten Staaten. Dort waren Psychoanalytiker wohl am heftigsten versucht, sich auch der Psychosen anzunehmen. Vorreiter war Adolf Meyer, eines der ersten Mitglieder der American Psychoanalytic Association und ein Mann von großem Einfluß in der Gesellschaft Washingtons und Baltimores. Er behauptete zwar, »objektive Psychobiologie« und keine Psychoanalyse zu betreiben, überwies seine Patienten jedoch häufig an Analytiker. Charakteristisch für Meyers eigenen verwirrten Geisteszustand war die Erklärung, mit der er seine Haltung zur Psychoanalyse klarzustellen versuchte: »Ich empfinde nur selten den Drang, einem über die Position der Befragung weit hinausgehenden Verlangen nach Finalität nachzugeben, die sich ihrer mangelnden Notwendigkeit selbst annehmen wird.«[126] (Während er einige Patienten zu Psychoanalytikern schickte, überwies er andere an Henry Cotton am Trenton State Hospital, der ihren Wahnsinn behandeln sollte, indem er ihnen Zähne zog oder Teile des Dickdarms entfernte.) Bereits 1909 hatte Meyer mit der Psychoanalyse als möglicher Schizophreniebehandlung geliebäugelt und damit dafür gesorgt, daß auch einige seiner Studenten, etwa Edward Kempf (der 1914 Meyers Abteilung verließ, um als Psychotherapeut am staatlichen St. Elizabeths Hospital in Washington zu arbeiten) oder C. Macfie Campbell (später Direktor des Bostoner Psychopathic Hospital), zu vehementen Verfechtern der analytischen Behandlung von Psychotikern wurden.[127]

Dank Meyer sollten schwere psychische Krankheiten künftig fast überall im Gebiet von Washington-Baltimore psychoanalytisch behandelt werden. Zwei private Nervenkliniken – die »Chestnut Lodge« in Rockeville, Maryland (1910 von Ernest Luther Bullard gegründet), und das »Sheppard and Enoch Pratt Hospital« in Towson, Maryland (1891 unter dem Namen Sheppard Asylum eröffnet) – wurden zu amerikanischen Flaggschiffen der Psychoanalyse von Schwerkranken. Im Dezember 1922 nahm Harry Stack Sullivan, der vielleicht bekannteste Vertreter dieser Richtung, seine Arbeit an der Sheppard-Klinik auf.

Sullivan hatte seine Lehranalyse in den Jahren 1916 und 1917 bei Clara Thompson gemacht, einer der starken Frauen in der Geschichte der amerikanischen Psychoanalyse und einer engen Vertrauten von Karen Horney. Für Psychosen begann er sich während seiner Zeit am St. Elizabeths Hospital zu interessieren, angeleitet von seinem Mentor William Alanson White, einem der bekanntesten amerikanischen Psychiater, der sich schon früh zur Analyse hingezogen fühlte. Als er an die Sheppard-Klinik kam, war Sullivan in dem festen Glauben, völlig freie Hand zu haben. Er richtete eine Spezialabteilung mit sechs Betten ein, in der er relativ gute Heilerfolge bei Patienten erzielte, die er als »schizophren« diagnostiziert hatte. (Amerikanische Psychiater pflegten sich zu dieser Zeit sehr viel häufiger für die Diagnose Schizophrenie zu entscheiden als ihre Kollegen in anderen Ländern.) Sullivan hielt Schizophrenie für eine fruchtlose Angstreaktion; deshalb versuchte er stundenlang beruhigend auf seine Patienten einzuwirken, die oft sehr dankbar auf seine Aufmerksamkeit ansprachen.[128] Obwohl kein streng orthodoxer Analytiker, gelang es ihm mit dieser Methode, das allgemeine Interesse der Psychoanalyse in den USA an Psychosen zu wecken.

1930 verließ Sullivan die Sheppard-Klinik und begann in New York und Washington privat zu praktizieren. Noch in den dreißiger Jahren gründete er seine eigene Schule für Psychiatrie und eine eigene Zeitschrift. In dieser Zeit begannen Scharen psychoanalytisch orientierter Psychiater und Psychoanalytiker an der Sheppard-Klinik und der Chestnut Lodge vorzusprechen (1938 gehörten allein sechs Analytiker aus der Chestnut Lodge der Psychoanalytischen Gesellschaft von Washington-Baltimore an).[129]

1935 nahm die Geschichte mit der Ankunft Frieda Fromm-Reichmanns in der Chestnut Lodge, einer Analytikerin aus Deutschland mit langer praktischer Erfahrung in Privatkliniken, eine neue Wendung. (Frieda Reichmann war kurz mit dem Analytiker Erich

Fromm verheiratet gewesen.) Auch sie wurde von Sullivans Ideen angesteckt, was angesichts der Tatsache, daß er die bedeutendste Persönlichkeit in der Region von Washington-Baltimore war, nicht weiter verwunderlich war. Doch sie ging noch einen Schritt weiter als er:[130] Über die übliche psychoanalytische Ansicht hinaus, daß Schizophrenie durch Ängste verursacht werde, verkündete sie, daß diese vor allem das Werk der Mütter seien. Generationen amerikanischer Frauen sollten, seit sie 1948 über dieses Thema zu schreiben begonnen hatte, unter dem absurden Vorwurf leiden, »schizophrenogene Mütter« zu sein (um hier Fromm-Reichmanns berüchtigte Formel zu wiederholen). Und worin bestand die Schizophrenie? »Der Schizophrene ist übertrieben mißtrauisch und aufgebracht gegenüber anderen Personen, aufgrund der schweren Kränkungen und Ablehnungen, die er durch wichtige Bezugspersonen in seiner Säuglingszeit und frühen Kindheit erfuhr, in der Regel durch eine schizophrenogene Mutter.«[131] So war das also! Eine Mutter durfte ihrem Kind keinen Moment von der Seite weichen. Damit hatte der psychoanalytische Einmarsch in die Psychiatrie die Dimension einer napoleonischen Invasion erreicht.

Sullivans und Fromm-Reichmanns Lehren über die Ursachen und Behandlungsmöglichkeiten von Psychosen sollten innerhalb der Psychiatrie nicht marginalisiert, sondern im Gegenteil weitgehend adaptiert werden. Fromm-Reichmanns Konzept der schizophrenogenen Mutter wurde zur Grundlage der »systemorientierten Familientherapie« bei der Behandlung von Schizophrenie. Therapeuten wie Gregory Bateson vom Mental Health Research Institute in Menlo Park, Kalifornien, postulierten die »double-bind«-Theorie (schizophrenieerzeugende Kommunikation), der zufolge die Mutter das kränkste Familienmitglied von allen war. Ein Wissenschaftler schrieb zu diesem Thema: »Es wurde zur Norm, anzunehmen, daß Mütter die Ursache der Psychosen ihrer Kinder sind.«[132]

Aber die amerikanische Psychiatrie übernahm auch die analytische Deutung anderer Psychosen. Der Grund für Manie? Eine orale Triade aus »dem Wunsch zu essen, dem Wunsch, gefressen zu werden … und dem Wunsch, sich schlafen zu legen«, schrieb der

New Yorker Analytiker Bertram Lewin 1951.[133] Depression? »Ein verzweifelter Schrei nach Liebe«, meinte Sandor Rado. Das Ich versuche sich selbst zu bestrafen, um der Bestrafung durch einen Elternteil zuvorzukommen.[134] Paranoia entwickelte sich nach Ansicht der Londoner Analytikerin Melanie Klein, die aus Budapest via Berlin nach London emigriert war, in den ersten sechs Lebensmonaten, wenn der Säugling Muttermilch ausspuckte: Er befürchte, die Mutter werde dies als Haßreaktion empfinden und sich dafür an ihm rächen.[135] Mit der Entscheidung der American Psychoanalytic Association, ein Programm ins Leben zu rufen, das helfen sollte, die Techniken solcher Lehren in den psychiatrischen Kliniken einzuführen, hatte die Psychiatrie 1958 schließlich ihren letzten Widerstand gegen den Feldzug der Psychoanalyse aufgegeben.[136] Ein ausländischer Mediziner, der gerade am Delaware State Hospital seine Fachausbildung zum Psychiater machte, erinnerte sich später an die Atmosphäre in der Zeit, als die Analytiker die Kontrolle vollends übernahmen: Die Ausbildung für Einzel- oder Gruppenpsychotherapien oblag nun Psychiatern aus verschiedenen Universitätskliniken in der Nähe Philadelphias, deren Lehrmodell die psychoanalytische Psychotherapie war. Den Assistenten wurde unmißverständlich klargemacht, daß sie die Anstaltspsychiatrie nur als Übergangsstadium in ihrer Karriere zu betrachten und so bald als möglich eine Lehranalyse zu beginnen hätten. Ihr berufliches Idealziel sollte eine psychoanalytische Privatpraxis sein, kombiniert mit einer Lehrsupervision an einem universitätsunabhängigen psychoanalytischen Institut. Aus dem Blickwinkel der psychoanalytischen Theorien der vierziger Jahre waren die Behandlungsmethoden am Delaware-Hospital äußerst fragwürdig. Somatische Therapien, hieß es, seien reine Notbehelfe, da sie nur verschleierten, anstatt zu enthüllen. Die Verschreibung von Beruhigungsmitteln wurde selbst im Falle von agitierten Psychotikern als eine therapeutisch völlig nutzlose Maßnahme betrachtet, dafür um so mehr als Nachweis für die Angstreaktion des Arztes selbst. Wer auch nur die geringsten Zweifel an den psychoanalytischen Auslegungen geäußert und vielleicht sogar auf andere Theorien verwiesen habe, sei schlicht als Neurotiker eingestuft worden, unfähig, seine eigenen Widerstände zu überwinden.[137] In die Hände dieser Analytiker war also das Schicksal der psychiatrischen Disziplin gelegt worden.

Angesichts all ihrer Versuche, die Psychiatrie zu beherrschen, mutet es geradezu ironisch an, wie sehr die Analytiker die präzise Diagnose, die ja in den vergangenen hundert Jahren zum intellektuellen Kern der Psychiatrie geworden war, geringschätzten. Psychoanalytiker hatten für den Versuch, psychische Krankheiten in einzelne Kategorien einzuordnen – wie es Kraepelin anhand von Ursache und Wirkung getan hatte –, nur Spott übrig. Karl Menninger schrieb 1956: »Die alten Kraepelinschen Begriffe sind weitgehend verschwunden.«[138] Aber nicht nur sie; verschwunden war auch jeglicher Sinn für klar definierte Krankheitsbilder: »Von der Ansicht, daß ein geisteskranker Mensch die Ausnahme ist, hat man sich für immer verabschiedet. Heute glaubt man, daß die meisten Menschen zu irgendeiner Zeit des Lebens in gewissem Maße geisteskrank sind und viele die längste Zeit ihres Lebens unter irgendeiner Form von Geisteskrankheit leiden.«[139] Mit anderen Worten: Wir sind alle ein bißchen schizophren oder manisch-depressiv (was eine genetische Ursache für diese Krankheiten ausschließen würde). Einmal sagte Menninger zu dem Exilanten Lothar Kalinowsky, der sich intensiv mit organischer Psychiatrie beschäftigte: »Ich halte Sie für einen intelligenten Menschen, deshalb kann ich einfach nicht verstehen, wieso Sie sich mit Klassifizierungen abgeben.«[140]

Hinter der Indifferenz der Analytiker gegenüber der feinen Kraepelinschen Unterscheidung zwischen affektiver und nichtaffektiver Psychose stand die Überzeugung, daß es nur eine einzige Form psychischer Krankheit gebe und daß diese ausschließlich von quantitativen Unterschieden gekennzeichnet sei, welche ihrerseits nur zum Ausdruck brächten, in welchem Ausmaß die Anpassung an das soziale Umfeld mißlungen sei. Da es demnach zwischen geistig krank und gesund nur eine verschwommene Grenze gebe, sei es völlig sinnlos, von der Heilung einer »Krankheit« zu sprechen. Wir seien allesamt gesunde Kranke, ganz normale Neurotiker! Ein Kommentator faßte zusammen, was nunmehr als einziger Zweck

Die Menningers im Jahr 1951. In der Mitte Vater Charles F. Menninger, der 1919 gemeinsam mit seinem Sohn Karl (rechts) die »Menninger Diagnostic Clinic« in Topeka, Kansas, gründete. Links im Bild sein zweiter Sohn William, der 1946 zu den Gründern der »Group for the Advancement of Psychiatry« zählte.

der Psychiatrie betrachtet wurde: die Bedeutung eines Symptoms zu erkennen und »seine psychogenen Ursachen ungeschehen zu machen, aber nicht, eine direkte Manipulation am Symptom mittels Medikation, Suggestion usw. vorzunehmen«.[141]

Das Desinteresse der Analytiker an der Feststellung, unter welcher »Krankheit« ein Patient litt, infizierte die gesamte amerikanische Psychiatrie. »In Europa«, schrieb Ellenberger, »gehen die Leute wegen eines *Symptoms* zum Psychiater, in den USA wegen eines *Problems*.«[142] Symptome entstünden durch Krankheit, Probleme durch die Gesellschaft. Die Vorstellung von Krankheit impliziere Hirnschädigungen, einen gestörten Austausch der Neurotransmitter, genetische Vorbelastungen und ähnliches. Wurden seelische Störungen jedoch als psychogen betrachtet – also Produkte einer anomalen Sozialisation in der Kindheit, zusätzlich belastet durch das individuelle Unvermögen sich anzupassen –, dann konnte es psychische Krankheiten gar nicht geben, es sei denn, man litt unter Neurosyphilis. Ellenberger fuhr fort: »Ich erinnere mich, wie konsterniert ein deutscher Psychiater war, nachdem er vernommen hatte, daß amerikanische Kollegen manische Depression für eine Form von Schizophrenie hielten; für ihn war das ungefähr so grotesk wie die Behauptung, daß ein Kamel eine Subspezies des Elefanten sei. Amerikaner wiederum können nicht verstehen, weshalb sich Europäer so anstrengen, Geisteskrankheiten voneinander zu unterscheiden und zu individualisieren; sie haben den Eindruck, als gäben sich die Europäer einfach mit der Etikettierung von Krankheiten zufrieden. Nosologische [krankheitenbeschreibende] Diskussionen, ob Paranoia eine Nebenform von Schizophrenie oder eine eigenständige Krankheit ist, wirken auf sie so lächerlich wie die theologischen Kontroversen im Mittelalter über das Geschlecht von Engeln.«[143]

Dieses Desinteresse an der Art einer Krankheit brachte außerdem mit sich, daß sich ein analytisch ausgebildeter Psychiater, sobald er auf einen Patienten mit schweren Störungen traf, völlig überfordert fühlte. Lawrence Kubie und Sandor Rado überwiesen Patienten, denen sie die Diagnose »pseudoneurotische Schizophrenie« verpaßt hatten, sofort an die psychochirurgische Station, die die Neurologie der Columbia University gemeinsam mit dem New Jersey State Hospital in Greystone-Park betrieb (das »Columbia-Greystone-Projekt«). Das hieß nichts anderes als: Wir wissen, daß mit diesen Leuten ernsthaft etwas nicht stimmt, aber wir können nicht sagen, was. Diese Überweisungen waren für den Patienten ganz und gar nicht harmlos, denn sie konnten schnell eine Lobotomie, die chirurgische Entfernung von Hirnsubstanz, zur Folge haben.[144]

Die andere Seite dieser mangelnden Diagnosefähigkeit war, daß Personen, die gar nicht unter einer psychischen Krankheit litten, sondern nur einen ganz anderen sozialen Hintergrund hatten als die Analytiker, unsägliches Psychogeschwätz über sich ergehen lassen mußten. Hier das Beispiel einer Gruppe von psychoanalytisch orientierten Psychiatern aus Cleveland, die sich 1955 um das Krankenbett eines 75jährigen schwarzen Arbeiters versammelten, dessen Verhalten nach einer Prostataoperation seine Ärzte veranlaßt hatte, eine psychiatrische Konsultation zu fordern. Obwohl die Psychiater den Patienten »normal« fanden – allerdings nicht, ohne das Wort in Anführungszeichen zu setzen –, pathologisierten sie sofort seinen »Stolz, der ›Ernährer der Familie‹« zu sein, und gleich darauf seinen Wunsch, so schnell wie möglich wieder aufzustehen, »weil dieses Herumliegen einen Mann nur schwächen würde«. Auch seine Besorgnis, nach der Operation nicht mehr genügend »Pep« als Mann zu haben, fanden sie ausgesprochen pathologisch. Was immer er von sich gab, war für sie ein »Beweis seiner Pseudomaskulinität«.[145] Schwarze Arbeiter, die sich ihren Stolz nicht nehmen lassen wollten, waren also pseudomaskulin (und würden von einer Psychoanalyse sehr profitieren, wenn sie sie denn bezahlen könnten).

Aber Analytiker hatten ohnedies meist kein Interesse daran, schwarze Arbeiter zu therapieren. In den analytischen Privatpraxen tummelten sich sehr viel mehr Akademiker, Manager und Vertreter anderer gutbürgerlicher Berufe als in Praxen, die verschiedene Therapien, aber keine Analyse anboten.[146] Die Psychiatrie dieser Jahre unterschied zwischen »guten« und »schlechten« Patienten. »Gut« waren all diejenigen, die – wie Herman van Praag (später Leiter der Psychiatrie am Albert Einstein College of Medicine) einmal sagte – »ziemlich jung, einigermaßen intelligent und introspektiv« waren; sie stammten mehrheitlich aus dem Bildungsbürgertum. »Schlecht« waren alle geistig Schwerkranken und chronisch Behinderten, Schizophrenen und Süchtigen, Patienten, die häufig ungebildet und arm waren. »Mit anderen Worten: Der Patient mußte zur Behandlung passen, nicht die Behandlung an den Patienten angepaßt werden.«[147] Für nachdenkliche Kliniker wie van Praag war die psychiatrische Disziplin zu einem Ärgernis geworden, das jeder Medizin spottete.

In den sechziger Jahren erreichte die Psychoanalyse den Höhepunkt ihrer Laufbahn. Obwohl Analytiker nur zehn Prozent aller Psychiater in den USA ausmachten,[148] strahlte der Einfluß der Psychoanalyse in die meisten Privatpraxen des Landes hinein. Und während sich die biologisch orientierten Psychiater mit glanzlosen

Posten in staatlichen Anstalten zufriedengeben mußten, wurden Analytiker von Regierungsbeamten und Kongreßmitgliedern konsultiert. Von einem »Shrink« therapiert zu werden, war zum Nonplusultra bürgerlichen amerikanischen Lebens geworden.

Unter dem Einfluß der Psychoanalyse machte die amerikanische Psychiatrie den letzten Schritt auf ihrem langen Marsch aus den Asylen in die Innenstadt. Analyse konnte nur in einer Privatpraxis inmitten des alltäglichen mittelständischen Tohuwabohus betrieben werden. 1917 hatten sich nur 8 Prozent aller amerikanischen Psychiater mit einer Privatpraxis niedergelassen, bis 1933 hatte sich diese Zahl auf 31 Prozent erhöht,[149] und 1941 praktizierten 38 Prozent aller Psychiater entweder ausschließlich privat oder boten neben dem Dienst in einer Anstalt noch private Sprechstunden an.[150]

In der Blütezeit der Psychoanalyse stieg diese Zahl noch einmal enorm an. 1970 hatten sich mindestens 66 Prozent aller amerikanischen Psychiater privat niedergelassen – wahrscheinlich noch mehr, denn viele, die in Krankenhäusern und Universitätspsychiatrien praktizierten, führten nebenher noch eine Privatpraxis.[151] Von den Psychiatern, die 1941 ausschließlich an Kliniken und in Anstalten beschäftigt waren, wechselte die Hälfte bis 1962 in eine Privatpraxis über. (Interessanterweise sollte sich mit dem Niedergang der Analyse ab den siebziger Jahren der Anteil der Psychiater in den Institutionen wieder erhöhen: 1988 waren wieder 11 Prozent in privaten psychiatrischen Kliniken angestellt.)[152] Der Sieg des psychotherapeutischen Modells sorgte dafür, daß überall in den bürgerlichen Gegenden der Großstädte Psychiater zu finden waren. Ein analytisch orientierter Therapeut war nun fast ebenso leicht erreichbar wie ein Optiker oder Rechtsanwalt.

Ihre offensichtliche Unentbehrlichkeit in den Kreisen des Bürgertums ließ die psychoanalytisch orientierte Psychiatrie ausgesprochen überheblich werden. Ihre Statthalter pflegten mit allen Zweiflern kurzen Prozeß zu machen und sie zu Geisteskranken zu erklären oder ganz einfach niederzubrüllen, wie es der Kinderpsychiater Leon Eisenberg von der Johns Hopkins University 1962 am eigenen Leib erfahren mußte, nachdem er während einer Konferenz von Hochschulmedizinern gewagt hatte, einige kritische Überlegungen über die Wissenschaftlichkeit der Psychoanalyse anzustellen. »Es fand ein richtiger Ansturm auf die Mikrophone im Auditorium statt ... So gut wie jede anwesende Berühmtheit erhob sich, um den Primat der Psychoanalyse in der ›Grundlagenforschung‹ der Psychiatrie zu verteidigen.«[153] Als das *Fact*-Magazin 1964 2400 Psychiater befragte, ob der republikanische Senator Barry Goldwater guten Gewissens als Gegner Lyndon B. Johnsons zum Präsidenten gewählt werden könne, erklärten 1189 von ihnen Goldwater für »psychisch nicht für das Präsidentenamt gerüstet«.[154] Der Hochmut der Analytiker war extrem; doch ihr Fall sollte nicht mehr lange auf sich warten lassen.

Psychoanalyse und Judentum

Der außergewöhnliche Erfolg der Psychoanalyse läßt sich unmöglich allein anhand der Entwicklungen innerhalb der Disziplin verstehen, also im Blick auf Ideen und Persönlichkeiten. Die Sexualtheorien der Psychoanalyse erscheinen derart weit hergeholt, daß sich ihre Durchsetzungskraft schlechterdings nicht damit erklären läßt, daß hier eine überzeugende Idee alle bisherigen Vorstellungen ungultig gemacht habe. Es waren Ereignisse außerhalb des psychoanalytischen Systems, die seinen Aufstieg ermöglichten und ihm eine Triebkraft verliehen, die es aus seiner inneren Dynamik heraus nie hätte erreichen können. Äußere Faktoren haben hier eine entscheidende Rolle gespielt: der wachsende Überfluß etwa, den das Bürgertum genoß und der es ihm ermöglichte, sich eine solche Nabelschau zu leisten; oder der Wunsch nach Introspektion, den humanistisch gebildete Menschen oft aus den Universitäten mitnehmen. Einige hielten auch die mangelnde Autorität der amerikanischen Professorenschaft für ein wichtiges Moment, denn ihr sei es zu verdanken gewesen, daß wissenschaftliche Einwände gegen die Psychoanalyse mit links hätten abgetan werden können, wohingegen das akademische Establishment in Europa den Vormarsch der Analyse habe verhindern können.[155] Ein Historiker hält dagegen, daß vor allem der Treibhauscharakter des amerikanischen Familienlebens ein »ödipales« Nest geschaffen habe, in dem der Glaube an die Analyse aufs schönste habe keimen können.[156] Ich möchte nun die Aufmerksamkeit auf einen ganz anderen äußeren Faktor lenken, nicht unbedingt weil er für Aufstieg und Fall der Analyse die wichtigste Rolle gespielt hat, sondern weil er ihre ganze Geschichte von Anfang bis Ende wie ein roter Faden durchzieht. Es geht um die Geschichte der Juden in Europa und Nordamerika.

Für die Entwicklung der Psychiatrie waren die Irrungen und Wirrungen des Judentums in der Alten wie der Neuen Welt von allergrößter Bedeutung. Gemeinsam war den Geschicken der Psychoanalyse auf beiden Seiten des Atlantiks die Sehnsucht des gerade erst akkulturierten jüdischen Mittelstands nach irgendeinem Symbol der kollektiven Bestätigung. Obwohl Freud heftig bemüht war, eine ethnische Gebundenheit der Psychoanalyse herunterzuspielen, schwang bei ihm wie bei seinen Jüngern immer eine unterschwellige Botschaft an die nichtjüdische Kultur mit: Wir Juden waren es, die der modernen Zivilisation dieses kostbare Geschenk gemacht haben.

Warum brauchten Juden mehr als jede andere Gruppe ein solches Symbol? In der modernen Geschichte hatte das Judentum nicht nur eine, sondern gleich zwei große Erschütterungen zu überwinden. Jede Kulturgruppe, die die lange Reise aus dem traditionellen Dorfleben ins Bürgertum der Großstädte vollzog, erlebte einen Kulturschock. Alle waren den Schwierigkeiten der Assimilation und Integration sowie jenes seelischen Aufruhrs ausgesetzt, den Neuankömmlinge unweigerlich durchleben. So auch die Juden, die aus ihren polnischen und ukrainischen Schtetl des 18. Jahrhunderts in das geschäftige Großstadtleben Berlins, Frankfurts oder Wiens gezogen waren. Doch dann kam der zweite Schock, der Holocaust, und mit ihm die erzwungene Verpflanzung all jener, die ihm entgehen konnten. Hunderttausende, die gerade erst Teil der Mittelschicht geworden waren, wurden aus ihrer komfortablen europäischen Existenz herausgerissen und mit dem Alptraum konfrontiert, von heute auf morgen eine Passage nach Amerika ergattern zu müssen. Diesem Schock war keine andere Kulturgruppe ausgesetzt.[157]

Ihm war die Sehnsucht der Juden in den Vereinigten Staaten nach irgendeinem Symbol ihres eigenen Wertes zuzuschreiben, einem kollektiven Zeichen ihres Stolzes im Chaos des fremden Lebens. Dieses Symbol, so behaupte ich, war die Psychoanalyse.

Um die Jahrhundertwende durchlebten die Juden Mitteleuropas die Wirren einer massiven Entwurzelung. Zwischen 1860 und 1900 waren unzählige von ihnen aus den Ghettos und Schtetls Osteuropas Richtung Westen getrieben worden, ohne sogleich neue Wurzeln im Bürgertum schlagen zu können. Viele Juden in Berlin und Wien hatten auch ihre Religion zurückgelassen und versuchten ihre Anpassung zu forcieren, indem sie sich taufen ließen (häufiger protestantisch als katholisch). Doch ungeachtet ihrer guten Absichten, ihrer Kenntnisse der Literatur, der Philosophie und der Feinheiten der deutschen Sprache stießen sie auf einen massiven Wall antisemitischer Vorurteile.

Es war etwas an der Psychoanalyse, das sie, wie der Historiker John Cuddihy meinte, zu einer »plausiblen Ideologie für ein sich entkolonisierendes Volk machte« [158]. Deshalb fühlten sich jüdische Patienten mit Psychoneurose seiner Meinung nach so von ihr angezogen. Vielleicht hielten sie sich an die Psychoanalyse, weil sie eine Möglichkeit bot, anhand innerer Leitlinien eine eigene Identität zu finden, im Gegensatz zu den äußeren Wegweisern, die das orthodoxe Judentum bot. Und vielleicht wirkte sie auch besonders attraktiv auf jüdische Frauen, auf diese oft zu einem zurückgezogenen Leben verurteilten, aber sehr belesenen und weltoffenen Angehörigen jenes »durchseelten Mittelstands«, den der österreichische Romancier Robert Musil so eindringlich beschrieb.[159] Jüdinnen neigten zu mehr Selbstreflexion und psychologisierten die Dinge mehr als die gesellschaftlich unter ihnen stehenden Frauen der nichtjüdischen Mittelschichten, die an der Seite ihrer Männer arbeiteten, oder als die höhergestellten Adelsdamen, die vollauf mit gesellschaftlichen Ereignissen beschäftigt waren. Vielleicht bewunderten jüdische Männer und Frauen die Psychoanalyse aber auch so sehr, weil sie sie als »ihre Sache« betrachteten. Jedenfalls hatte die Psychoanalyse in ihren Anfangszeiten eine ganz konkrete soziale Adresse.

Vor allem unter den Juden Berlins, Budapests und Wiens war die Psychoanalyse ein Schlager. Der Historiker Steven Beller glaubt, daß die Wiener Juden durch ihr Außenseitertum veranlaßt wurden, die Psychoanalyse zu benutzen, um ein Bündnis aus wissenschaftlicher Rationalität und Instinkt zu schließen und damit politisch gegen die Wiener Gesellschaft anzukämpfen, gegen die traditionell sinnlich-barocke Kultur der Stadt.[160] In Budapest empfand man die im jüdischen Viertel Leopoldstadt betriebene Psychoanalyse gar als eine »unverständliche und undurchdringliche Geheimlehre, ein Ritual ...«

Der Historiker Paul Harmat kommt zu der Schlußfolgerung, daß die Psychoanalyse am populärsten in den aufgeklärten jüdischen Kreisen war, was sich mit deren Minderheitenstatus erkläre.[161] Natürlich hatten auch Nichtjuden Zugang zur Analyse, doch scheint es in der Tat unter den Analysanden eine Art jüdischen Tropismus gegeben zu haben.

Auch die Analytiker waren zumeist Juden. Viele von ihnen glaubten, daß ein jüdischer Hintergrund hilfreich sei, um Freud voll und ganz verstehen zu können. 1908 schrieb Freud an den Berliner Analytiker Karl Abraham über ein Mißverständnis mit Carl Jung (damals einer der wenigen Nichtjuden der Bewegung): »Seien Sie tolerant und vergessen Sie nicht, daß Sie es eigentlich leichter als Jung haben, meinen Gedanken zu folgen, denn erstens sind Sie völlig unabhängig, und dann stehen Sie meiner intellektuellen Konstitution durch Rassenverwandtschaft näher, während er als Christ und Pastorensohn nur gegen große innere Widerstände den Weg zu mir findet.«

Bei anderer Gelegenheit versicherte Freud Abraham: »Darf ich sagen, daß es verwandte, jüdische Züge sind, die mich in Ihnen anziehen? Wir verstehen einander doch.«[162] Freuds innerer Zirkel bestand nahezu ausschließlich aus Juden. Ferenczi schrieb an Freud über Ernest Jones, einen ihrer wenigen nichtjüdischen Mitstreiter: »Selten noch ist mir so klar gewesen wie jetzt, welchen psychischen Vorteil es bedeutet, als Jude geboren und in der Kindheit von dem atavistischen Unsinn verschont geblieben zu sein ... Jones müssen

Sie stets im Auge behalten und ihm die Rückzugslinie abschneiden.«[163]

Das jüdische Bürgertum empfand die Psychoanalyse jedenfalls als logische Fortsetzung einer spezifisch jüdischen Weltanschauung. Der Humorist Salomo Friedländer, der in den zwanziger Jahren unter dem Pesudonym »Mynona« publizierte, schilderte die Analyse als Portal, durch das Christen, die zum »wahren Judentum« übertreten wollten, hindurch müßten. In einer Erzählung läßt Friedländer den zutiefst antisemitischen Grafen Reschock in heißer Liebe zur schönen Rebekka Gold-Isak entbrennen. Völlig von Sinnen beschließt der Graf, zum Judentum überzutreten, damit er sich seine Trophäe holen kann. Rebekka aber macht ihm klar, daß sie ihn erst als wahren Juden erhören könne. Der erste Schritt des Grafen zur jüdischen Identität besteht in einer Analyse bei Professor Freud. Dieser Feigenblattvernichter, wie Friedländer ihn nennt, legt die adlige Seele nun mit derart anatomischer Genauigkeit bloß, daß der Graf mit einem Aufschrei in die Arme seines bestürzten Dieners sinkt. Schließlich läßt sich Reschock von einem berühmten Chirurgen vom blonden, preußischen Recken in einen jüdischen Thoraschüler verwandeln.[164] Jüdische wie nichtjüdische Leser amüsierten sich zwar köstlich über Friedländers Fabel, akzeptierten jedoch blind ihre Prämisse, daß Psychoanalyse und Judentum eins seien. Für eine Ideengeschichte der Psychoanalyse wären solche sozialen Aspekte bedeutungslos; aber wenn wir sie als Aufstieg und Fall einer Bewegung verstehen wollen, dann ist dieser einzigartige Tropismus, mit dem viele Juden als Ärzte wie Patienten der Analyse anhingen, von außerordentlichem Belang.

Im Laufe der Zeit begann die Psychoanalyse jedoch zumindest in Europa ihren spezifisch jüdischen Anstrich zu verlieren. Obwohl von Juden aus Wien und Berlin erdacht, war sie irgendwann nicht mehr deren Eigentum. Unter den Chefärzten der vielen Privatkliniken, die mittlerweile Psychoanalyse anboten, herrschte gewiß kein jüdischer Tropismus. Und in der Schweiz wie in England wurde die Psychoanalyse seit jeher als ausdrücklich nichtjüdische Angelegenheit betrachtet. Der Schweizer Psychiater Max Müller schrieb 1920, das Charakteristikum der Schweizer psychoanalytischen Bewegung sei, daß sie, anders als in anderen Ländern, nicht vorherrschend oder gar ausschließlich von jüdischen Medizinern oder Laienanalytikern geprägt sei.[165] Die beiden prominentesten Vertreter der Analyse in der Schweiz vor 1914 – Eugen Bleuler und Carl Jung – waren sogar ausgesprochene Antisemiten. Bezeichnend für die Atmosphäre im Hause Bleuler ist eine Begebenheit, die im Zusammenhang mit einem Besuch des Wiener Psychiaters Erwin Stransky kolportiert wurde: Als Bleulers Frau entdeckte, daß Stransky Jude war, soll sie mit dem Ausdruck höchsten Erstaunens ausgerufen haben: »Nun, dann muß wohl wenigstens eine arische Seele in Ihrer Brust wohnen.«[166] Auch Ernest Jones sollte eine Bemerkung über den übermäßigen Anteil an Juden in der Psychoanalyse mit einem Seufzer der Erleichterung parieren: Gott sei Dank gebe es abgesehen von den Emigranten in England nur zwei jüdische Analytiker.[167]

Vor 1933 hatte auch zu den Kritikern der Analyse eine Reihe prominenter Juden gezählt: In Mitteleuropa galten beispielsweise Gustav Aschaffenburg, Adolf Friedländer und Erwin Stransky als die vehementesten Gegner Freuds, in der Neuen Welt waren es Abraham Myerson aus Boston und Bernard Sachs aus New York. Stransky sollte dies später als Beleg dafür heranziehen, daß man die Gegner der Psychoanalyse nicht einfach in die antisemitische Ecke drängen könne.[168] So betrachtet kann man also sagen, daß die Psychoanalyse im Jahr 1933 sowohl in Europa als auch in den USA ihre jüdische Prägung bereits verloren hatte.

Doch nach 1933 veränderte sich alles. In Europa war die analytische Bewegung zerstört. Alle ihrer wichtigsten Vertreter, die in die Neue Welt fliehen konnten, waren Juden. Für diese geschlagenen und zutiefst desorientierten Überlebenden wurde die Psychoanalyse erneut zu einer spezifisch jüdischen Errungenschaft, die sie nun als Eintrittskarte in die neue Gesellschaft und als ihr Gastgeschenk betrachteten. Unter den jüdischen Exilanten selbst, Medizinern wie Nichtmedizinern, wurde das Bekenntnis zur Psychoanalyse zum Ausdruck jüdischer Solidarität, die einer als rassistisch, unsensibel und kulturell rückständig betrachteten angelsächsischen Bevölkerung trotzte. Martin Grotjahn zum Beispiel schrieb über seine Mitexilanten: »Die Psychoanalyse symbolisierte für sie das Licht der Alten Welt, das nun die Neue Welt erleuchten sollte.«[169] Dieses Licht hatten die Juden entzündet. Und sie sollten es auch sein, die jahrzehntelang in seinem Schein erstrahlten.

Die gebürtigen amerikanischen Juden hatten zwar nicht das Trauma der Emigration erleben müssen, aber auch ihre Familien waren einst als Außenseiter in der Neuen Welt angekommen. Daher war es kein Wunder, daß sich auch viele amerikanisch-jüdische Ärzte und Patienten nach dem Zweiten Weltkrieg, als die Psychoanalyse so an Prestige gewann, zu ihr hingezogen fühlten. Auch ihnen schien sie ein Symbol ihres kollektiven Selbstbewußtseins zu sein: Seht her, das haben *wir* erschaffen; damit werden wir zu besseren Menschen, und damit tragen wir auch zu eurer Aufklärung bei. Nach 1945 beschäftigte sich das gesamte Judentum in den USA mit der Psychoanalyse, als gelte es eine zivilisatorische Mission zu erfüllen und der Menschheit ein Heilsgeschenk zu machen. Angesichts der Worte, mit denen jüdische Analytiker selbst diese Mission beschrieben, ist diese Formulierung nicht übertrieben: Wie sich die Dinge für uns doch gewandelt haben, schrieb Franz Alexander 1953, »seit alles, wofür [wir Juden] einstehen, angenommen wird und wir von der Welt aufrichtig und begierig gebeten werden, ihr die neue Wahrheit darzulegen. Jetzt wendet sie sich an uns: ›Bitte erzählt uns davon. Wie kann uns das neue Wissen helfen, wie können wir es konstruktiv umsetzen, um einen Neurotiker oder Psychotiker zu heilen ..., um soziale Vorurteile und internationale Spannungen abzubauen, um Kriege zu verhindern?‹«[170] Ist es da noch ein Wunder, daß Juden bevorzugt auf dieses Wissen zurückgriffen?

Wieso konnte sich die Psychoanalyse nach dem Zweiten Weltkrieg so rapide verbreiten? fragte der Psychologe Seymour Sarason. »Die meisten Analytiker (und ein Großteil der Psychiater, die während der Kriegsjahre ausgebildet wurden) waren Juden. Für sie waren Hitler und der Faschismus keine Abstraktionen, sondern Lebensbedrohungen. Und für sie war Freud eine Figur wie Moses, die ihnen neue Einblicke in die Natur des Menschen eröffnete.«[171] Sarason wie Alexander sahen in den Juden eine begabte Randgruppe, die sich noch immer unbehaglich fühlte und nicht integriert war.

Mehrere Studien zeigen, in welch hohem Maß jüdische Mediziner die psychoanalytische Praxis dominierten. 1959 erstellten zwei Forscher ein Profil von Psychiatern, die an die Psychoanalyse glaubten. Demnach waren 80 Prozent von ihnen jüdischer Herkunft, strebten den gesellschaftlichen Aufstieg an, waren erkenntnisorientiert und fühlten sich entwurzelt (biologisch orientierte Psychiater waren laut dieser Studie eher unter Protestanten zu finden). Die psychoanalytisch orientierten jüdischen Psychiater unterschieden sich in mehrerer Hinsicht von den nichtjüdischen: Sie waren meistens agnostisch, standen politisch eher links und waren sich der Bedeutung sozialer Klassen stärker bewußt als protestantische Psychiater, die dieses Thema eher als peinlich empfanden.[172] Als Arnold Rogow 1965 eine Gruppe von 35 Psychoanalytikern und 149 nichtanalytisch orientierten Psychiatern befragte, erklärten 26 Prozent der Analytiker bereitwillig, daß sie Juden seien; 17 Prozent gaben an, eine jüdische Mutter zu haben; und ein Drittel war nicht bereit, über Religionszugehörigkeiten zu sprechen. (Bei den nichtanalytischen Psychiatern lagen die Zahlen in allen drei Kategorien niedriger.[173]) Anhand dieser Statistik darf man davon ausgehen, daß die Mehrheit der Psychoanalytiker jüdischer Herkunft war, obwohl sich natürlich auch zahllose Nichtjuden auf diesem Feld tummelten. Wie sah es nun bei den Patienten aus? Es scheint, daß Juden in Relation zu ihrem Bevölkerungsanteil psychiatrische Hilfe in unvergleichlich höherem Maße in Anspruch nahmen. Ganz gewiß aber traf das in bezug auf die Psychoanalyse zu. In der von Rogow befragten Gruppe gab ein Drittel der Analytiker an, daß ihre Praxen hauptsächlich von Juden aufgesucht würden.[174] Andere Studien kamen auf anderen Wegen zu demselben Ergebnis.[175] Am eindrucksvollsten war das Resultat einer 1976 durchgeführten nationalen Zufallsbefragung: 59 Prozent aller jüdischen Erwachsenen unter den Befragten hatten sich irgendwann in ihrem Leben einer Psychotherapie unterzogen (im Gegensatz zu 25 Prozent der Nichtjuden).[176]

Mit anderen Worten: Über die Hälfte aller amerikanischen Juden hatte eine Psychotherapie in jener Zeit gemacht, in der diese mehrheitlich psychoanalytisch orientiert war. Es scheint also nicht übertrieben, wenn man die Psychoanalyse in den mittleren Jahrzehnten des 20. Jahrhunderts als eine Angelegenheit beschreibt, die die Juden in der Tat als »ihre Sache« betrachteten.

Eine ausführliche Behandlung der Frage, weshalb die Psychoanalyse unterging, ist hier nicht am Platz. Viele Faktoren spielten dabei eine Rolle, etwa die Entwicklung wirkungsvoller neuer Medikamente, die lange Therapiesitzungen erübrigten; ein neues Bild psychischer Krankheit, das eher die Neurogenese als die Psychogenese betonte; oder auch das Aufkommen psychotherapeutischer Alternativen. Verglichen mit diesen Veränderungen waren die Entwicklungen in der jüdischen Gemeinschaft, dieser einst so wichtigen Bastion der Psychoanalyse, nicht mehr von gleich großer Bedeutung. Meiner Meinung nach war jedoch die Assimilation der Juden der entscheidende Grund für den Niedergang der Psychoanalyse in den Vereinigten Staaten. Sie brauchten die Psychoanalyse nicht mehr als Aushängeschild ihrer kollektiven Identität, weil sie sich nicht mehr selbst bestätigen mußten: Sie waren »jedermann« geworden.

Betrachten wir einmal die Erlebnisse der »Deborah« aus dem Buch *Ich hab dir nie einen Rosengarten versprochen*, jenem 1964 erschienenen, stark autobiographischen Bericht Joanne Greenbergs (Hannah Greens) über den Verlauf ihrer Psychose.[177] Greenberg wurde 1932 in eine Familie hineingeboren, die erst jüngst eingewandert war. Etwa im Alter von zwölf Jahren begann sie Symptome zu entwickeln, die zweifellos von einer echten Psychose zeugten. Die Greenbergs konsultierten Richard Frank, einen New Yorker Psychoanalytiker, der sich auf Kinder spezialisiert hatte. Als Joanne 16 wurde, wies Frank sie in die Chestnut Lodge ein. Er hatte die Familie gedrängt, so lange durchzuhalten, weil Chestnut keine Kinder aufnahm, er aber augenscheinlich wollte, daß seine junge Patientin psychoanalytisch behandelt würde.

Das soziale Umfeld der Greenberg-Familie zu dieser Zeit war stark antisemitisch. Deborah wird von ihren Spielkameraden in einem »schrecklich antisemitischen« Jugendlager als »stinkende Jüdin« beschimpft. In der New Yorker Vorstadt, wo die (zumindest im Buch) wohlhabenden Greenbergs lebten, waren antisemitische Hetzparolen an Hauswänden und tote Ratten vor den Haustüren der jüdischen Bewohner an der Tagesordnung. Wen sollte es da wundern, daß sich die Familie in einer nahezu ausschließlich jüdischen Subkultur abkapselte. Als Deborah aufwuchs, schlugen die amerikanischen Juden noch immer die alten Schlachten, denen sie erst ein paar Jahre zuvor entkommen zu sein glaubten. Auch Deborah hatte ausschließlich jüdische Freunde. Nie lernte sie jemanden wirklich gut kennen, der nicht jüdisch war, und niemals schenkte sie einem Nichtjuden ihr ganzes Vertrauen.

Was sollte also mit Deborah geschehen? Die Mutter hat von der Psychoanalyse gehört. Sie spricht mit Deborahs künftiger Psychiaterin in der Chestnut Lodge: »Einige Leute sagen mir, diese Krankheiten würden durch die Vergangenheit und die Kindheit eines Menschen verursacht, deshalb haben wir die ganze Zeit über diese Vergangenheit nachgegrübelt. Ich habe gesucht, und Jacob hat gesucht, und die ganze Familie hat sich Gedanken gemacht, und am Ende können wir einfach keinen Grund dafür finden. Es gibt keine Ursache, wissen Sie, und das ist so erschreckend.« [178] Aber die Ärztin (in der Realität Frieda Fromm-Reichmann, im Buch »Dr. Fried«) weiß Rat: Es ist die Schuld der Mutter. Sie schafft es, Deborahs Mutter Erinnerungen zu entlocken (oder zu suggerieren), die ihr klarmachen, wie sehr sie ihre Tochter schon als Kleinkind abgelehnt habe.

New York in den frühen vierziger Jahren: Welche andere Therapie könnte den Juden in ihrer abgekapselten kleinen Subkultur angemessener erschienen sein als die Psychoanalyse? Die Psychiater waren größtenteils Juden; die teuren Privatkliniken wie die Chestnut Lodge waren ganz auf eine wohlhabende jüdische Klientel eingestellt; und in der jüdischen Subkultur selbst hielt man eine Analyse für die einzig denkbare Option, da es sich um eine Therapie handelte, die von der europäisch-jüdischen Intelligentsia über den großen Teich mitgebracht worden war. (Im Buch erklärt Dr. Fried, daß einer ihrer Patienten in Dachau gestorben sei.) Deborah, die

Greenbergs und das jüdische Großstadtbürgertum der USA lebten in einer Welt, die von der Psychoanalyse durchdrungen war.

Der Ausbruch des amerikanischen Judentums aus dieser abgekapselten Existenz erfolgte in den sechziger Jahren. Statistiken über Eheschließungen zwischen Juden und Nichtjuden sind aufschlußreich, denn die Chancen, daß Kinder aus einer interkulturellen Ehe eine jüdische Erziehung erhalten, ist weniger als halb so groß wie bei Kindern aus einer rein jüdischen Ehe. Unter Juden, die vor 1960 eine Ehe eingegangen waren, hatten nur 5 Prozent einen nichtjüdischen Partner geheiratet; 1960–1969 stieg diese Zahl auf 12 Prozent, 1970–1979 auf 19 Prozent und 1980–1989 schließlich auf 33 Prozent. Mit anderen Worten: Der Trend zur interkulturellen Ehe war eindeutig. Auf der Generationsebene wiederholte sich diese Progression: In der ersten Generation, die in die Neue Welt gekommen war, schlossen 5 Prozent eine interkulturelle Ehe, in der vierten bereits 38 Prozent. Noch stärker wirkte sich die hohe Scheidungsrate in den Vereinigten Staaten aus: Bei einer ersten Eheschließung lag der Anteil nichtjüdischer Partner nur bei 11 Prozent, bei einer zweiten Ehe bereits bei 24 Prozent, bei einer dritten Ehe schließlich bei 40 Prozent.[179] Im Jahr 1990 spielte der Glaube bei 52 Prozent aller Juden in den USA keine Rolle mehr; weniger als die Hälfte besuchte noch regelmäßig eine Synagoge.[180] Die Zahlen bezeugen die Auflösung einer Kulturgemeinschaft.

Diesem Ausbruch aus der jüdischen Subkultur war vermutlich auch die Abkehr von solchen Symbolen der Zusammengehörigkeit wie der Psychoanalyse zuzuschreiben. Jüngere Daten über die ethnische Herkunft der Analysanden sind nur schwer erhältlich, aber ein Kenner der Szene geht davon aus, daß sich der Anteil der jüdischen Klientel in der Psychoanalyse zumindest »verringert« habe.[182] Wenn die Juden inzwischen wie jedermann waren, konnten sie sich auch der psychischen Behandlungsmethode zuwenden, die jedermann in Anspruch nahm. Und das ist seit den siebziger Jahren nicht mehr die Psychoanalyse.

6. KAPITEL

Alternativen

In der ersten Hälfte des 20. Jahrhunderts stand die Psychiatrie vor einem Dilemma. Einerseits konnten Psychiater ihre Patienten in riesigen Verschlägen deponieren und hoffen, daß sie dort eine Spontanheilung erlebten. Andererseits stand ihnen die Psychoanalyse zur Verfügung und damit eine Therapie, die zwar dem Bedürfnis der Wohlhabenden nach Selbsterkenntnis angepaßt, für die Behandlung psychisch Schwerkranker aber nicht geeignet war. Gefangen zwischen diesen beiden wenig attraktiven Möglichkeiten, begannen sie nach Alternativen Ausschau zu halten. Einige davon führten in Sackgassen und wurden wieder verworfen, andere wurden zur Grundlage neuer psychotherapeutischer Visionen, und wieder andere legten die Fundamente für die pharmakologische Revolution, die nach dem Zweiten Weltkrieg einsetzen sollte.

Die Auseinandersetzung mit diesen Alternativen hatte zunächst etwas Verzweifeltes an sich, denn es schien sich durchweg um radikale, möglicherweise auch gefährliche Innovationen zu handeln. Aus dem Blickwinkel der damaligen Zeit ist diese Stimmung gut zu verstehen: Die Nervenkliniken platzten aus allen Nähten, und die Psychiatrie sah sich den Funktionsstörungen von Hirn und Verstand hilflos ausgeliefert. Der Berufsstand der Psychiater hatte seinen Tiefpunkt erreicht, weitab jener Heilsversprechungen, mit denen er ein Jahrhundert zuvor gelockt hatte. In den zwanziger und dreißiger Jahren unseres Jahrhunderts lag das Gravitationszentrum der Psychiatrie in den psychiatrischen Anstalten. Und in diesen Schlangengruben herrschte ein Klima, das nur die resolutesten Mediziner aushalten konnten und von dem sich vor allem junge Ärzte abgestoßen fühlten.

Die Säle waren hoffnungslos überfüllt. Zwischen 1903 und 1933 stieg die Zahl der Anstaltspatienten in den Vereinigten Staaten von 143 000 auf 366 000. Die meisten von ihnen waren in Institutionen mit über 1000 Betten eingesperrt.[1] Aber es gab auch Irrenhäuser wie das berüchtigte Milledgeville in Georgia, wo mehr als 8000 Patienten vor sich hin vegetierten.

Je größer die Anstalten wurden, desto geringer waren die Aussichten auf Genesung. In Großbritannien fiel die Heilungsrate von 40 Prozent in den siebziger Jahren des 19. Jahrhunderts auf 31 Prozent in den zwanziger Jahren des folgenden. An diesem Punkt angelangt, fragten sich selbst Insider, ob die wissenschaftliche Psychiatrie nicht endgültig abgewirtschaftet hatte.[2] Lothar Kalinowsky, ein Emigrant aus Europa, der 1940 an das »New York Psychiatric Institute« kam, schrieb später: »Heute [1980] sind sich die Psychiater nicht bewußt, daß wir, die wir bereits vor den dreißiger Jahren in psychiatrischen Anstalten gearbeitet hatten, kaum mehr für unsere Patienten tun konnten, als es ihnen so angenehm wie möglich zu machen, den Kontakt zu ihren Familien zu halten und sie im Fall einer Spontanremission wieder in ihre vertraute Umgebung zu entlassen.«[3]

Die psychiatrischen Kliniken, wie diese Irrenhäuser mittlerweile genannt wurden, waren ein Bild des Jammers. Ein englischer Psychiater verglich sie mit ausbruchsicheren Gefängnissen, die jedem Außenstehenden verschlossen blieben. Doch natürlich trugen auch hier die Ärzte weiße Kittel und die Schwestern gestärkte Häubchen. Die Patienten waren ebenfalls uniformiert, die Männer mit »rauhen, schlechtsitzenden Anzügen« und die Frauen mit graubraunen, sackartigen Gewändern. Der Farbenschmuck in den Sälen und Korridoren »beschränkte sich auf den Wechsel zweier Farben – dunkles Braun und öliges Grün«. In den Sälen begegnete man Schizophrenen, »die den ganzen Tag in irgendeiner statuarischen Haltung verharrten ... oder unermüdlich rhythmisch hin- und herschaukelten«. Schmierereien mit den eigenen Exkrementen und Masturbation vor aller Augen waren an der Tagesordnung.[4]

Aber nicht alles hatte sich kontinuierlich verschlechtert. Die Anstalten der dreißiger Jahre waren entschieden sauberer als ein halbes Jahrhundert zuvor, und die Entlassungsquote bei jüngeren Patienten war sogar relativ hoch.[5] Dem wahren Horror einer lebenslangen Asylierung begegnete man eher in den Heimen für Behinderte und geistig Zurückgebliebene als in psychiatrischen Kliniken. Doch die dort praktizierenden Ärzte konnten in der klinischen Psychiatrie kaum noch einen Zweig der Medizin erkennen: Es gab nichts, was man hätte heilen können; man verfügte kaum über wissenschaftliche Erkenntnisse und befand sich weitab aller medizinischer Zentren mitsamt ihren modernen Labors und Bibliotheken. Unter diesen Umständen war von den jüngeren, meist noch idealistischen Psychiatern kaum etwas anderes zu erwarten, als daß sie sich auflehnten und nach Alternativen suchten.

Fieberkuren und Neurosyphilis

In der Psychiatrie des 20. Jahrhunderts wurde fast unentwegt experimentiert, um Kuren für chronische Psychosen – vorrangig Schizophrenie und manische Depression – zu finden. Ausgelöst wurde diese endlose Suche von dem 1917 überraschend entdeckten Heilverfahren gegen Neurosyphilis, das Schreckgespenst des Bürgertums im 19. Jahrhundert. Diese Geschichte ist untrennbar mit dem Namen des Wiener Psychiatrieprofessors Julius Wagner-Jauregg verbunden.

Wagner-Jauregg hatte nie eine innere Berufung zur Psychiatrie verspürt. 1857 im österreichischen Wels geboren – es hieß, er habe auch wie ein oberösterreichischer Holzfäller ausgesehen –, hatte er 1880 in Wien seinen medizinischen Abschluß gemacht. Wie viele Österreicher dieser Zeit war er Antisemit. Als ein jüdischer Kollege, der drei Jahre vor ihm promoviert hatte, die Assistentenstelle bei dem berühmten Internisten Heinrich Bamberger erhielt, auf die Wagner-Jauregg selbst gehofft hatte, verwünschte er die ganze »polnische Bande« und entschied sich, eine andere medizinische Richtung einzuschlagen.[6] Der Psychiatrie wandte er sich nur zu, weil die materiellen Bedingungen für Ärzte in der psychiatrischen Anstalt von Wien relativ angenehm waren.

Doch bald schon fand er Geschmack an den organischen Aspekten der Disziplin. Während seiner Facharztausbildung in der Wiener Anstalt stellte er 1883 fest, daß die psychotischen Symptome einer Patientin nach dem Auftreten von Erysipelen (durch Streptokokkeninfektion hervorgerufene Wundrosen) von alleine abgeklungen waren. Das weckte sofort sein Interesse an einem möglichen Zusammenhang zwischen Fieber und Irrsein, der ja schon lange Forschungsgegenstand der Medizin gewesen war. 1887 schrieb Wagner-Jauregg einen Artikel, in dem er über die Möglichkeit räsonierte, Psychosen durch künstlich herbeigeführtes Fieber zu heilen, wobei er als potentiell heilbare Krankheit die Neurosyphilis anführte. Ohne noch einmal explizit Bezug auf sie zu nehmen, empfahl er den Versuch, Psychotikern das Blut von Malariakranken zu injizieren.[7] Das Schicksal war auf seiner Seite, denn 1890 entwickelte der deutsche Mikrobiologe Robert Koch den Impfstoff Tuberkulin, mit dem man Tuberkulose heilen zu können glaubte. Wagner-Jauregg injizierte dieses Tuberkulin mehreren Patienten mit neurosyphilitischen Psychosesymptomen, um tuberkulöses Fieber zu verursachen. (Da Syphiliserreger hitzeempfindlich sind, hoffte man, das Fortschreiten der Krankheit durch Fieber aufhalten zu können.) Bis 1909 hatte er mit dieser Methode mehrere langfristige Remissionen neurosyphilitischer Symptome erreicht.[8] Tuberkulin galt jedoch als so hochgiftig, daß er diese Experimente einstellte.

Dafür wandte er sich wieder seiner ursprünglichen Idee zu, progressive Paralytiker mit Malaria zu infizieren, denn im Gegensatz zu anderen Infektionen konnte man hier das Fieber mit Chinin kontrollieren. Im Juni 1917 stellte er fest, daß einer seiner Patienten, der von der makedonischen Front mit einer Schützengrabenneurose zurückgekehrt war, Malaria hatte. Ein Assistenzarzt fragte Wagner-Jauregg, ob er ihm Chinin verabreichen solle. Er verneinte, weil er nun endlich eine Möglichkeit sah, den Neurosyphilitikern in seiner Anstalt infiziertes Blut zu injizieren.

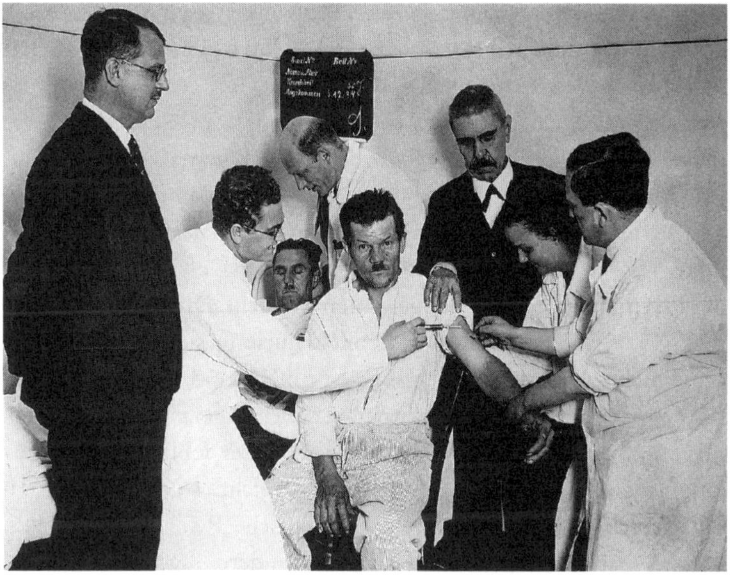

Der Wiener Psychiatrieprofessor Julius von Wagner-Jauregg (rechts) sieht zu, wie das aus dem Arm eines Malariakranken entnommene Blut einem Patienten mit Neurosyphilis injiziert wird. Diese 1917 entdeckte »Malariafieberkur« war das erste erfolgreiche körperliche Behandlungsverfahren in der Psychiatriegeschichte.

Im Mai 1917 war der 37jährige Schauspieler T. M. zum zweitenmal mit nunmehr fortgeschrittenen neurosyphilitischen Symptomen – Gedächtnisschwäche, Anfälle, ungleiche und lichtunempfindliche Pupillen – in die Anstalt eingewiesen worden, mit einem klinischen Bild also, das einem Todesurteil gleichkam. Da er nichts zu verlieren hatte, infizierte Wagner-Jauregg ihn am 14. Juni 1917 mit Malaria. Drei Wochen später wurde T. M. vom ersten Fieberanfall geschüttelt. Nach neun Fieberschüben verabreichte man ihm Chinin. Erstaunlicherweise hatten die syphilitischen Anfälle nach dem sechsten Fieberschub tatsächlich aufgehört. Im Laufe der kommenden Monate besserte sich sein Zustand Schritt für Schritt, bis schließlich alle Symptome verschwunden waren. Bereits im August konnte der Patient, der bei seiner Einweisung vollkommen arbeitsunfähig gewesen war, einmal wöchentlich vor Patienten der Station für Schädel-Hirn-Verletzte auftreten und dabei auf ein großes Repertoire zurückgreifen, das er wieder vollständig aus dem Gedächtnis rezitierte. Am 5. Dezember 1917 wurde T. M. als geheilt entlassen. Ein Jahr später berichtete Wagner-Jauregg erstmals über diese Methode, am Beispiel von neun Fällen, die er mit der Malariakur behandelt hatte.[9] Das war ein epochales Ereignis in der Geschichte nicht nur der Psychiatrie, sondern der gesamten Medizin. Durch Wagner-Jaureggs Fieber-»Kur« – in Wirklichkeit kurierte sie nicht, doch sie ermöglichte Patienten, die ansonsten im Zustand der Demenz gestorben wären, ein nahezu normales Leben – gelang es, den Pessimismus, von dem die Psychiatrie wegen ihrer fehlenden Behandlungsmöglichkeiten generationenlang gezeichnet gewesen war, zu durchbrechen: Wenn man neurosyphilitische Psychosen aufhalten konnte, dann waren ja vielleicht auch andere Psychosen heilbar! 1927 erhielt Wagner-Jauregg den Nobelpreis.

Psychiater testeten Wagner-Jaureggs Fieberkur nun bei allen nur denkbaren Krankheitszuständen, auch bei Schizophrenie.[10] Aber es stellte sich schnell heraus, daß sie kein Allheilmittel war[11] und sogar gewaltige Nachteile hatte. Im fortgeschrittenen Stadium von Neurosyphilis konnte man mit ihr zwar relativ große Erfolge verbuchen – sie führte bei gut der Hälfte aller Fälle zu deutlichen Verbesserungen –, doch sie war von starken Nebenwirkungen begleitet, gefährlich und ganz davon abhängig, ob infiziertes Blut in der Blutgruppe des syphilitischen Patienten zur Verfügung stand. Im übrigen mußte es sich auch noch um die richtige Art von Malaria handeln, nämlich um das sogenannte Tertianafieber, das etwa jeden dritten Tag zu Schüttelfrösten führt. Und schließlich war diese Fiebertherapie sehr teuer.[12]

Doch sie war ein Anfang. Denn seit man von dieser Fieberkur wußte, wurden überall mehr Anstrengungen unternommen, Kuren für Psychosen zu finden. In den kommenden Jahrzehnten sollte sich die Suche nach körperlichen Behandlungsmethoden gegen »funktionelle« Psychosen – solche also, bei denen keine krankhaften organischen Veränderungen festzustellen waren – wie ein roter Faden durch die Geschichte schwerer psychischer Krankheiten ziehen.

Wagner-Jauregg und die Wiener Organologen (oder Somatiker) sind aus der Psychiatriegeschichte Mitteleuropas nicht wegzudenken und müssen im gleichen Atemzug mit Meynert, Griesinger, Freud und anderen erwähnenswerten Namen genannt werden. Doch mit dem Aufkommen des Nationalsozialismus sollte sich die Suche nach Heilungsmöglichkeiten für psychische Krankheiten vollständig in die Neue Welt verlagern. Das Zentrum der organischen Psychiatrie wanderte also wie das der Psychoanalyse in Richtung Westen, allerdings ohne bereits in New York, »Central Park West«, haltzumachen.

Deutlich wurde diese Verlagerung mit den ersten Versuchen, Wagner-Jaureggs Fieberkur zu verbessern. 1910 hatte der Berliner Arzt Paul Ehrlich bekanntgegeben, daß die Verbindung »Salvarsan« die Entwicklung primärer und sekundärer Syphilis blockieren könne. Es handelte sich um ein Arsenik, eine Mischung aus einer arsenhaltigen und einer organischen Substanz, die der Ausbreitung von Syphilis Einhalt gebieten konnte, bevor sie das zentrale Nervensystem erreichte. Generationen amerikanischer Mediziner sollte Ehrlichs Entdeckung unter dem Namen »Arsphenamin« (Dioxydiaminoarsenobenzol) im Gedachtnis bleiben oder »606«, jener Bezeichnung, die für die sechshundertsechste der von Ehrlich getesteten Verbindungen stand. Doch der allgemeine Jubel, mit dem das Mittel Salvarsan von den Medizinern begrüßt wurde, fiel in der Psychiatrie weit weniger begeistert aus. Denn um seine Wirkung auch bei Neurosyphilis zu entfalten, hätte es wegen der für Neurosyphiliserreger typischen langen Latenzperiode im zentralen Nervensystem schon in einem sehr frühen Stadium verabreicht werden müssen. Wenn die Symptome erst einmal klinisch nachweisbar waren, war es meist schon zu spät.

Im amerikanischen Hinterland, nicht im psychoanalytisch dominierten New York, wurde die Neurosyphilis schließlich besiegt, und zwar mit Penizillin. Begonnen hatte diese Geschichte 1929 im englischen Oxford mit Alexander Flemings Entdeckung, daß Schimmelkulturen von Penizillin das Wachstum der Bakterien verhinderten. Zu Beginn des Zweiten Weltkriegs erkannten die Oxforder Forscher dann, daß Penizillin äußerst wirkungsvoll gegen bakterielle Infektionen eingesetzt werden konnte, die man sich typischerweise in Krankenhäusern holte. Das Problem war nur, daß so wenig davon zur Verfügung stand und dieses Wenige dem Bedarf des Militärs vorbehalten blieb. Die Lösung wurde in den USA gefunden. Der erste Versuch fand in Peoria, Illinois, statt; ihm folgten Erprobungen durch einundzwanzig pharmazeutische Hersteller im ganzen Land (oft unter Einsatz riesiger Gärungsbottiche, die ursprünglich bei der Herstellung von Vitamin C zur Anreicherung von Orangenlimonade benutzt worden waren).[13]

Die Verknüpfung von Penizillin und Neurosyphilis war im wesentlichen einer amerikanischen Eingebung zu verdanken. 1943 hatte John Mahoney, Mitarbeiter des U.S. Public Health Service und Leiter des Forschungszentrums für Geschlechtskrankheiten im Marinehospital auf Staten Island, genug Penizillin erworben, um es bei Fällen von Syphilis im Primärstadium anwenden zu können. Es erwies sich als äußerst erfolgreich.[14] Das Amt für wissenschaftliche Forschung und Entwicklung rief daraufhin einen »Arbeitskreis Penizillin« ins Leben, der herausfinden sollte, bei welchen Krankheiten Penizillin erfolgreich einsetzbar war und wie es verabreicht werden mußte. Acht Kliniken und Universitäten erhielten den Auftrag, die Wirkung des Penizillin bei Neurosyphilis zu studieren. Im August 1944 verfügte man schließlich über den eindeutigen Nachweis, daß man mit diesem Mittel ein über die Maßen erfolgreiches Medikament zur Hand hatte.[15]

Im Johns Hopkins Hospital wurde es an einer 34jährigen Patientin mit progressiver Paralyse getestet. Sie litt unter akustischen Halluzinationen, Desorientiertheit sowie einem Zungen-, Hand- und Lippentremor. Am sechzehnten Tag der Penizillinbehandlung war sie wieder vollständig orientierungsfähig und frei von jedem Tremor; ihre Sprach- und Schreibfähigkeiten waren wiederhergestellt; die Halluzinationen waren verschwunden, und sie konnte »auf zufriedenstellende Weise ihre Hausarbeit verrichten, einkaufen ...

und Auto fahren«.[16] Helen M., eine andere Patientin, hatte die Beherrschung über ihre Muskulatur so vollständig verloren, daß ihre Handschrift zu einem unleserlichen Gekrakel geworden war. Am 23. März 1944 wurde mit der Penizillinbehandlung begonnen. Schritt für Schritt gewann sie ihre Fähigkeiten zurück. Am 13. Mai konnte sie wieder völlig normal schreiben.[17] Das waren unglaubliche Erfolgsgeschichten. Einst hatte die Neurosyphilis die Irrenhäuser gefüllt, nun gab es den definitiven Nachweis, daß zumindest eine Ursache für Irrsinn geheilt werden konnte.

Erste Medikamente

Doch Neurosyphilis war eine große Ausnahme unter den Psychosen, weil sie eindeutig durch eine Infektion ausgelöst wurde. Penizillin konnte keine anderen schweren psychischen Krankheiten heilen, weil kaum eine (vom fiebrigen Delirium abgesehen) durch ein Virus oder Bakterium verursacht wird. Was aber war mit den sogenannten »funktionellen Psychosen« wie Schizophrenie, deren Ursachen noch völlig unbekannt waren? Was hatten die Psychopharmakotherapien vor dem Zweiten Weltkrieg diesen Patienten anzubieten? Hier war die Entwicklung weitaus weniger erfreulich.

Heilmittel gegen Psychosen wurden seit jeher eingesetzt. Bereits vor dem Mittelalter hatte man Abführmittel verabreicht, weil man glaubte, daß die im Gedärm angesammelten Gifte den Menschen in den Wahnsinn trieben. »Abführkuren« gegen Irrsein waren noch bis ins 19. und beginnende 20. Jahrhundert ein vieldiskutiertes Thema in der Psychiatrie. »Diarrhöe erweist sich sehr häufig als eine natürliche Kur des Irrseins«, schrieb John Haslam aus Bedlam 1809. Daher hielt auch er Abführmittel (»Kathartika«) für unverzichtbare Arzneien gegen Irrsein.[18] Noch 1921 schwärmten englische Psychiater von der Wirkung des Crotonöls (einer öligen Substanz, die den Darm reizt und zu Durchfall führt), »um einer seelischen Krise Einhalt zu gebieten oder vorzubeugen«.[19] Und die Geschichte des Opiums ist fast so alt wie die Menschheit selbst; jahrhundertelang hatte es den Wohlhabenden als Beruhigungsmittel gedient. Eine junge französische Halbweltdame, die sich so große Sorgen um ihr Seelenheil machte, daß sie nicht mehr schlafen konnte, schrieb 1773 an ihren Liebhaber: »Der Kummer hat meine Seele zermürbt, ich gebe mich geschlagen. Um fünf Uhr früh nahm ich zwei Prisen Opium. Ich gewann damit eine Ruhe, die noch besser war als Schlaf.«[20]

Während einige Pharmakotherapien über die Jahrhunderte beibehalten wurden, verschwanden andere ebenso schnell, wie sie aufgekommen waren. In der Frühmoderne herrschte beispielsweise eine besondere Vorliebe für die Nieswurz (Veratrum viride), ein pflanzliches Heilmittel, das den Herzschlag verlangsamt und Übelkeit verursacht. Anfang des 19. Jahrhunderts geriet es wieder außer Mode. Dafür entstanden zwei neue psychopharmazeutische Trends: die weitverbreitete Verwendung von Alkaloiden (nitrogenhaltigen Pflanzenextrakten) und von Mitteln, die zur Beruhigung sowie gegen Schlaflosigkeit verschrieben wurden und fast alle in den Laboren deutscher Chemiewerke synthetisiert worden waren.

Als erstes dieser neuen Alkaloide hielt das seit 1806 aus Opium gewonnene Morphium Einzug in die Irrenanstalten. Wie Opium war auch Morphium seit langem schon oral eingenommen worden. Samuel Kirkbride verschrieb es seinen Patienten beispielsweise in Wasser aufgelöst.[21] 1855 begann eine neue Phase: Der Edinburgher Arzt Alexander Wood beschrieb, welche Wirkung Morphium hatte, wenn man es subkutan in die Blutbahn spritzte. Er schilderte den Fall von Miss X., einer alten Dame mit einer langen Geschichte nervöser Symptome wie Schulterschmerzen und chronischer Schlaflosigkeit, die nach der oralen Einnahme von Opium immer bewußtlos wurde: »Am 28. November besuchte ich sie um zehn Uhr abends, um ihr durch das Opiat die Nacht zu erleichtern. Nachdem ich die empfindlichste Stelle [in ihrer Schulter] gefunden hatte, setzte ich dort die Spritze ... und injizierte zwanzig Tropfen Morphium in einer Kochsalzlösung.« Nach zehn Minuten begann sie »über Schwindelgefühle und Verwirrtheit zu klagen«. Eine halbe Stunde später hatte sie keine Schmerzen mehr. Als Wood sie am nächsten Vormittag erneut aufsuchte, »mußte ich leicht irritiert feststellen, daß sie noch gar nicht erwacht war; auch ihr Atem ging schwer, und sie war nur unter Schwierigkeiten aufzuwecken«. Die Schmerzen in ihrer Schulter waren verschwunden und sollten nie wieder auftreten.[22] Hier bot sich eine neue Möglichkeit der Sedierung – ein injizierbares Mittel, das den Patienten nicht nur ruhigstellte (Sedativum), sondern auch in einen lang anhaltenden Schlaf versinken ließ (Hypnotikum). In der zweiten Hälfte des 19. Jahrhunderts stürzte man sich in den Anstalten auf diese subkutane Injektion, um agitierte Patienten zu beruhigen. Erst als klar wurde, wie abhängig Morphium machte, wurde diese Praxis wieder eingestellt.[23]

Die zweite Hälfte des 19. Jahrhunderts war die »alkalische Periode« der klinischen Psychiatrie. Das bei weitem beliebteste unter den unzähligen alkalischen Sedativa war Hyoszyamin, ein Alkaloid, das aus einer zu den Nachtschattengewächsen zählenden Bilsenkrautart gewonnen wurde (Nachtschattengewächse waren berühmt für die Gewinnung halluzinogener Drogen). Gegen Ende des 18. Jahrhunderts hatten Forscher festgestellt, daß Bilsenkrautextrakte zur Beruhigung des »Wahndeliriums« führen konnten; 1833 isolierten Chemiker das Alkaloid Hyoszyamin aus dem Bilsenkraut, und die Firma Merck in Darmstadt begann sofort, es als Mittel für diverse nichtpsychiatrische Indikationen zu vermarkten. 1868 fand der Wiener Pharmakologe Karl Schroff schließlich heraus, daß Hyoszyamin als Beruhigungs- und Schlafmittel wirkte. Robert Lawson vom »West Riding Asylum« in Yorkshire verabreichte es seinen Patienten ab etwa 1875.[24] Um 1880 waren Hyoszyamin-Cocktails in allen Anstalten gebräuchlich. Und damit nahm die klinische Psychopharmakologie ihren wahren Anfang.

Die Hyoszyamin-Geschichte ging aber noch weiter: Man isolierte das Hyoszin, das unter dem Namen Skopolamin später extensiv in der Psychiatrie zur Anwendung kommen sollte,[25] als eines der wichtigsten Ingredienzen jener Beruhigungscocktails, die man Patienten im Wahnzustand verabreichte, damit sie sich nicht buchstäblich zu Tode erregten. Noch in den dreißiger Jahren benutzten Psychiater in Anstalten wie dem Bethlem Royal Hospital »Hyoszin«, um Patienten Herr zu werden, die mit dem Kopf gegen Wände schlugen, sich die Haare ausrissen oder so lange die Haut zerkratzten, bis sie Wundsepsis bekamen. »Die Extremformen dieser Symptome, wie auch Agitation und Aggression, können derzeit durch ›Hyoscine Co A‹ gelindert werden, einer potenten Mischung aus Hyoszin, Morphium und Atropin [ein enger Verwandter des Hyoszyamin].«[26] Bis weit ins 20. Jahrhundert hinein war das Wissen um die Wirkung solcher »Cocktails« alles, was die klinische Psychopharmakologie anzubieten hatte.

Die Geschichte des Hyoszyamin und seiner Verwandten ist typisch für die Entwicklung der Psychopharmaka – sie wurden meist von Chemikern und Pharmakologen entdeckt und isoliert, die sich nicht im geringsten für psychische Störungen interessierten. Irgendein einfallsreicher Nervenarzt fand dann heraus, daß sie im Falle von X oder Y wirkten, woraufhin sie von einem Pharmakonzern purifiziert und auf den Markt gebracht wurden. Das war Arzneimittelentwicklung durch schieren Zufall und stand im krassen Gegensatz zu den Designerdrogen der zweiten biologischen Psychiatrie.

Während der langen »alkalischen Periode« gab die Psychiatrie nie vor, etwas anderes leisten zu können, als Symptome momentan durch Arzneien zu lindern. Erst als in den Laboren der Pharmaindustrie synthetische Mittel hergestellt wurden, setzten die – ebenso fehlgeleiteten wie ehrenhaften – Versuche ein, wirkliche Heilmittel für Psychotiker zu finden. Auch diese Geschichte beginnt dank der riesigen organisch-chemischen Industrie Deutschlands in Mitteleuropa, und auch sie wanderte gemeinsam mit den jüdischen Wissenschaftlern in die Vereinigten Staaten aus.

Mittelpunkt dieser Geschichte ist der Strom von Beruhigungsmitteln, der aus den Fertigungshallen von Pharmakonzernen wie Bayer in die Anstalten floß. Das erste dieser künstlich hergestellten Medikamente, Chloralhydrat, wurde 1832 vom Gießener Chemiker Justus von Liebig synthetisiert. Damit steht sein Name für die erste Kooperation von Psychiatrie und Industrie. Liebig, der Begründer der organischen Chemie, sollte viele Chemiker ausbilden, die bei Bayer landeten, nachdem der Konzern 1888 seinen pharmazeutischen Betrieb aufgenommen hatte.[27]

Chloralhydrat war der Probelauf für Medikamente wie »Prozac«, die von der Öffentlichkeit bedenkenlos gegen alle möglichen psychischen Symptome eingenommen wurden. 1869 hatte der Berliner Pharmakologe Otto Liebreich festgestellt, daß Chloralhydrat gegen Schlaflosigkeit bei unruhigen und depressiven Patienten, nicht aber bei Irren wirkte. Sogar in den Theaterstücken und Romanen dieser Zeit spielte Chloralhydrat eine große Rolle, beispielsweise um die Heldin zu betäuben, bevor sie ihrer Unschuld beraubt wurde. Krimifans in den USA lernten es in Form von »knockout drops« und »Mickey Finns« kennen. Es sollte beliebter werden als Morphium und alle Bilsenkraut-Alkaloide zusammen, weil man es zuverlässiger dosieren konnte und nicht injizieren mußte (obwohl viele Patienten seinen Geschmack und den typischen Mundgeruch schrecklich fanden). Chloralhydrat sollte jedenfalls jahrzehntelang das Arbeitspferd der klinischen Pharmakologie bleiben, aber auch im Bürgertum sehr beliebt sein – und mißbraucht werden –, weil man es zu Hause einnehmen konnte und es einem die Anstalt ersparte.

Vor allem Frauen zählten zu den Chloralabhängigen. Aber ihre Familien zogen es vor, Psychosen im eigenen Haus behandeln zu lassen und sich die Peinlichkeit einer Anstaltseinweisung zu ersparen. Theodor Meynert wies einmal eine 42jährige chloralsüchtige Frau zum Entzug in eine Wiener Privatklinik ein. Ihre Abhängigkeit hielt er für das eigentliche Problem. Aber da irrte er sich, denn als ihr die Ärzte das Chloralhydrat entzogen, kam eine Psychose zum Vorschein. Prompt mußte sie in eine private Nervenheilanstalt überwiesen werden.[28] Auch Virginia Woolf, die eine lange Geschichte von Depressionen und Behandlungen in privaten Nervenkliniken hinter sich hatte, griff während ihrer Liebesbeziehung mit Vita Sackville-West in den zwanziger Jahren zu Chloralhydrat. »Gute Nacht nun«, schrieb sie 1928 an Vita, »ich bin so schläfrig vom Chloralhydrat, das in meinen Nervenbahnen siedet, daß ich nicht schreiben, aber auch nicht zu schreiben aufhören kann – ich fühle mich wie ein Nachtfalter, mit schweren purpurnen Lidern und einer leichten Daunenpelerine, wie ein Nachtfalter, der sich gleich auf einer Magnolie niederläßt. Ich wollte – ach, aber das ist unschicklich.«[29] Wien und

London: zwei typische Beispiele für die Vorliebe des gehobenen Bürgertums, sich einer medikamentösen Behandlung im eigenen Haus zu unterziehen.

Es gab andere Alkaloide, deren Wirkung fast komisch zu nennen wäre, wenn sie nicht den verzweifelten Versuch dargestellt hätten, wahre Qualen zu lindern: Wahnpatienten, die sich so lange erregten und echauffierten, bis sie erschöpft zusammenbrachen, wurden zum Beispiel mit Apomorphin behandelt, einem künstlichen Morphinderivat, das die Wirkung eines starken Emetikums (Brechmittel) hatte und sofort nach seiner Entdeckung Ende des 19. Jahrhunderts Einzug in die Anstalten hielt. Und es half in der Tat: die Ärzte mischten es mit Hyoszin, ein Gebräu, das die Patienten schlicht und einfach deshalb beruhigte, weil sie sich laufend erbrechen mußten.[30] In der Anstalt von Independence, Iowa, »wurde dieses Mittel Patienten verabreicht, die unter Wahnzuständen litten und sich nicht beruhigen konnten. Es heißt, sie seien buchstäblich grün angelaufen und hätten sich bis zu einer Stunde lang übergeben. Das beruhigte sie und brachte sie endlich in die Lage, sechs Stunden des so dringend nötigen Schlafs zu bekommen.«[31]

Chloralhydrat und Apomorphin waren nur insofern »Heilmittel«, als sie Symptome für eine gewisse Zeit unterdrücken konnten. Der erste Versuch, eine Arznei zu wirklichen Heilzwecken einzusetzen, fand in einer eher ungewöhnlichen Umgebung statt, nämlich in Shanghai Ende des 19. Jahrhunderts. Aber auch das war letztlich reiner Zufall. Hauptdarsteller waren diesmal die Bromide. Dazu muß man wissen, daß das chemische Element Brom im Meer und in salzhaltigen Quellen enthalten ist und erstmals 1826 von einem Apotheker aus Montpellier aus der Asche der Meeresalge isoliert wurde. Die französischen Ärzte hielten es für einen Jodersatz und begannen sofort, verschiedenste Beschwerden damit zu behandeln, für die das Mittel jedoch völlig ungeeignet war. Brom in seiner natürlichen Form ist ätzend und konnte daher nur in Form von Salz und unter Zusatz eines Elements wie Kalium verabreicht werden. Die Franzosen stellten nun fest, daß das Salz des Bromwasserstoffs häufig Schläfrigkeit hervorrief – eine »ivresse bromurique«, wie der englische Schriftsteller Evelyn Waugh in *Gilbert Pinfolds Höllenfahrt* schrieb, einer stark autobiographischen Erzählung, in der er seine eigene Erfahrung mit dem Bromismus (Vergiftungserscheinungen nach übermäßiger Bromeinnahme) verarbeitete.[32]

In die allgemeine medizinische Praxis fand Brom 1857 Eingang, nachdem Charles Locock, ein Londoner Internist mit einer eleganten Praxis in Mayfair, bei einem Medizinerkongreß Ausführungen zu einer Arbeit über Epilepsie gemacht hatte. Dabei erwähnte er am Rande, daß er einer Patientin mit »hysterischer Epilepsie« zwei Wochen lang dreimal täglich zehn Prisen Kaliumbromid gegeben habe und damit ihre Epilepsie unterdrücken konnte. Zudem habe er es »jungen Frauen auch in Fällen von nichtepileptischer Hysterie« verabreicht und es »von allergrößtem Nutzen« gefunden, da es eine sedierende Wirkung ausgeübt habe.[33] Schon begann die Karriere des Broms als eines Sedativums.

Die staatlichen Anstalten griffen sofort nach dem Bromsalz, weil es billiger war als Chloralhydrat. Im Jahr 1891 verbrauchten die Pariser Irrenanstalten bereits über eintausend Kilo Kaliumbromid.[34] Ältere Psychiater erinnern sich noch, daß sie »Bromide ... in dreifacher flüssiger Form an Tausende Patienten zur Schlafenszeit und, je nach Bedarf, während der Nacht verabreichten«.[35] Für uns ist hier vor allem interessant, daß der junge Dr. Neil Macleod dieser Vorgeschichte zufolge bereits bestens mit Kaliumbromid vertraut und auch einigermaßen zuversichtlich in bezug auf seine Wirkung gewesen sein mußte, als er sich um 1879 in Shanghai niederließ.

Der Dauerschlaf

Macleod, der erst kurz zuvor in Edinburgh promoviert hatte, wurde mehr oder weniger zufällig zum Erfinder der ersten Psychopharmakotherapie, die tatsächlich Heilung bei einer Psychose versprach.[36] Anfang 1897 erhielt eine 48jährige Engländerin mit Wohnsitz in Shanghai, die sich gerade in einem Hotel in Japan aufhielt, »ein Telegramm mit einer unerwarteten Nachricht von der Familie, das einen heftigen Nervenschock auslöste«. Allein die Geräusche der anderen Hotelgäste trieben sie »in den Wahnsinn«. Sie entwickelte eine akute Manie, woraufhin Macleod aus Shanghai gerufen wurde, um sie aus Japan zurückzubegleiten. Nachdem ihm keine ausgebildete Krankenschwester zur Verfügung stand, er jedoch mittlerweile viel Erfahrung mit dem Entzug von Morphium- und Kokainsüchtigen durch einen mit Bromsalz herbeigeführten Heilschlaf hatte,[37] entschied er, diese Methode auch bei ihr anzuwenden, obwohl ihr Problem nicht Sucht, sondern eine Psychose war. Er verabreichte ihr eine starke Dosis Bromsalz und ließ sie, nachdem sie in Tiefschlaf gesunken war, in einer Hängematte zum Schiff transportieren. Nach 500 Meilen auf See und einer mehrtägigen Odyssee erreichten sie Shanghai. Sie erwachte ohne »eine Spur geistiger Verwirrung«.[38]

Zwei Jahre lang ging es ihr gut, bis sie durch »einen erneuten Schock« 1899 einen Rückfall erlitt. Sie konnte »an keinem Parforceritt mehr teilnehmen«, wurde reizbar und verfiel schließlich »in einen Zustand der Inkohärenz und Exaltiertheit, redete unablässig, wurde des Nachts von Angstwahn heimgesucht und war von dem Wunsch besessen, dem Haus zu entfliehen, das sie ebensowenig wie seine Bewohner wiedererkannte«. Wieder diagnostizierte Macleod eine akute Manie. Da es im Umkreis von Tausenden Kilometern weder eine »Gummizelle« noch »erfahrene Pfleger« gab, beschloß er, sie erneut in einen »Bromidschlaf« zu versetzen.

Am ersten Tag verabreichte er ihr ab 8 Uhr 30 insgesamt viermal Natriumbromid »in einer Dosis von jeweils zwei Gramm«. Fast den ganzen Tag über wanderte sie im Haus herum, »brabbelte beinahe unaufhörlich Unsinn«, bis sie um neun Uhr abends schließlich einschlief. Am zweiten Tag verabreichte er ihr eine weitere Unze. Am Ende dieses Tages fiel sie, nachdem sie »ziemlich deutliche Wahnvorstellungen« geäußert hatte, in einen relativ langen Schlaf. An diesem Punkt stellte Macleod die Bromidgaben ein. Sie hatte fast zwei Unzen geschluckt. Am dritten Tag konnte sie kaum noch sprechen und nur noch gestützt laufen. Am vierten Tag konnte sie nicht mehr geweckt werden, ebensowenig an den nächsten drei Tagen. Am neunten Tag begann sie zu reagieren, beispielsweise indem sie ihren Fuß wegzog, wenn man über die Sohle strich. Doch erst am zwölften Tag murmelte sie wieder, und es dauerte noch eine ganze Woche, bis Macleod in der Lage war, ihren geistigen Zustand einzuschätzen: »Dreiundzwanzigster Tag: eine gute Nacht; nur noch leiseste Anzeichen von geistiger Verwirrung. Seither keine Abweichungen vom normalen Geisteszustand; Spaziergänge im Garten und im Untergeschoß, Mahlzeiten wie gewöhnlich.«

Macleod behandelte noch acht weitere Patienten mit seinem »Bromidschlaf«. Einer starb an Lungenentzündung, vermutlich weil er im Zustand der Benommenheit Erbrochenes eingeatmet hatte. Die anderen wurden entweder von einer Sucht oder, wie seine erste Patientin, von einer akuten Manie geheilt. Macleod selbst beschrieb seinen Heilschlaf folgendermaßen: »Der Patient schläft fünf bis neun Tage ununterbrochen, kann nicht laufen, stehen, sitzen, sprechen oder irgendwelche höheren Hirnfunktionen ausführen.« Alle sechs Stunden setzte er seine Patienten auf einen Nachtstuhl, zwischendurch flößte er ihnen Milch ein. Wenn sie schließlich erwachten, schienen sie sich tatsächlich von ihrer Krankheit erholt zu haben. Unbekannt ist allerdings, wie viele von ihnen einen Rückfall erlitten.[39]

Mit dieser langanhaltenden, erzwungenen Reglosigkeit unterschied sich Macleods Tiefschlaftherapie von allen vorangegangenen Versuchen, Patienten für kurze Zeit zu narkotisieren.[40] Zum erstenmal in der Psychiatriegeschichte war eine medikamentöse Therapie aufgrund der Annahme vorgenommen worden, daß schwere psychische Krankheiten mit einer physischen Behandlungsmethode gelindert werden konnten. Ob Macleods Bromidschlaf seine Patienten wirklich heilte, ist hier nebensächlich; was zählt, ist die Idee, die jetzt in der Fachwelt Gestalt annahm: daß eine Besserung durch Arzneimittel in der Tat möglich war.

Auch andere Ärzte verordneten den Bromidschlaf, ließen aber bald wieder davon ab,[41] vielleicht weil ihnen Brom zu giftig oder eine solche Kur einfach zu drastisch war, um sie generell in Erwägung zu ziehen. Der nächste Schritt in der Entwicklung von Schlafkuren sollte dann nicht mehr mit Brom, sondern mit Barbituraten zu tun haben.

1903 gelang es dem deutschen Chemiker Emil Fischer und seinem Mitarbeiter Joseph von Merin, Arzneimittel einer bestimmten, bereits 1864 synthetisierten Gruppe so zu modifizieren, daß daraus wirksame Beruhigungs- und Schlafmittel wurden.[42] Der eigentliche Erfinder dieser Verbindung hatte sie, angeblich nach seiner Freundin Barbara, Barbiturate genannt. Fischer und Mering erkannten, daß die von ihnen hergestellte »Diethylbarbitursäure« (Barbital) als Sedativum wirkte. Gegenüber den bisherigen Beruhigungsmitteln bedeutete es eine gewaltige Verbesserung, weil es nicht unangenehm schmeckte, nur wenige Nebenwirkungen hatte und seine therapeutische Wirkung bereits nach einer wesentlich geringeren Dosis entfaltete, so daß keine Gefahr einer Vergiftung bestand (im Gegensatz zu Kaliumbromid, das nicht nur schrecklich schmeckte, sondern auch eine Dosierung erforderte, die nahe an der Vergiftungsgrenze lag). Der Bayer-Konzern vermarktete Fischers Entdeckung unter dem Namen »Veronal«, Schering unter der Bezeichung »Medinal«. Beide Markennamen sollten zu Alltagsbegriffen werden.[43] Doch Barbiturate waren teuer. In Deutschland kostete ein Gramm Veronal zu Beginn des 20. Jahrhunderts 40 Pfennige, ein Gramm Trional – ein konkurrierendes Beruhigungsmittel, das nicht auf der Basis von Barbitursäure hergestellt wurde – 15 Pfennige.[44] Trotzdem konnten sich Veronal und vergleichbare Barbiturate sofort durchsetzen. Sie beruhigten manische Patienten, ermöglichten den Melancholikern Schlaf, wie sie überhaupt ein wirksames Mittel für alle waren, die unter Schlaflosigkeit litten (und es noch immer sind: das kürzer wirkende, vom Lilly-Konzern hergestellte Seconal oder Secobarbital ist in den Vereinigten Staaten bis heute beliebt).

Veronal wurde erstmals 1904 von Hermann von Husen – einem jungen klinischen Psychiater, der selbst Schlafprobleme hatte – an Patienten getestet. Unter seinen Aufzeichnungen befindet sich auch der Bericht über einen Selbstversuch: An einem Abend hatte er ein halbes Gramm Veronal eingenommen, am nächsten ein Gramm. »Beide Male empfand ich nach 10–15 Minuten zunehmende Mattheit, die nach einer halben Stunde in Tiefschlaf überging. Nach einem halben Gramm Veronal schlief ich acht, nach einem Gramm ungefähr neun Stunden. Am ersten Morgen erwachte ich frisch und ausgeruht, am zweiten Morgen, nach der höheren Dosis, hatte ich Schwierigkeiten, aus dem Bett zu kommen.«[45] Es gab kein anderes Medikament, nach dessen Einnahme man tief einschlafen und erfrischt wieder aufwachen konnte. Natürlich war die Attraktivität eines solchen Mittels enorm.

Veronal wurde zur meistgebrauchten Arznei in den privaten Nervenkliniken (wohingegen staatliche Anstalten beim billigeren Brom und Chloral blieben). Hier ein Auszug aus einem Bericht der jungen, an einer manisch-depressiven Erkrankung leidenden Jane Hillyer über einen ihrer Sanatoriumsaufenthalte:

»Die Sonne begann gerade erst hinter den Bäumen zu versinken ... Es würde noch Stunden dauern, bevor es Zeit zum Schlafen war – Zeit für Veronal. Wieder verlangte ich gebieterisch danach. ›Vielleicht brechen sie ja einmal ihre Regeln; vielleicht kann ich es früher bekommen, wenn ich eine Szene mache‹; und so war es denn auch, jedenfalls fast. Doch lange bevor die Schwester mit einem Glas klaren Wassers und dieser weißen Zaubertablette vor mir stand – es schien mir immer das wunderbarste weiße Ding auf der Welt zu sein –, lange zuvor hatte ich meine eigene Stimme gehört, gebrochen und fremd inmitten der schauerlichen Schreie anderer Patienten ... «[46]

Nach dem Erfolg von Veronal kamen Dutzende anderer Barbiturate auf den Markt. 1912 brachte Bayer Luminal (Phenobarbital) heraus, ein Barbiturat, das noch heute bei Epilepsie eingesetzt wird. Wegen seiner langanhaltenden Wirkung wurde »Phenobarb« ein beliebtes Mittel in Anstalten, die es sich finanziell leisten konnten. »Das gebräuchlichste Anxiolytikum«, erinnerte sich ein älterer Psychiater, »war der Phenobarbitaltrunk. Er war rosafarben, und viele Patienten, meistens Frauen, trugen ihr rosa Medizinfläschchen mit sich herum und nahmen je nach Bedarf einen Teelöffel.«[47] Doch nicht nur in der klinischen Psychiatrie, in der ganzen Medizin waren Barbiturate gebräuchlich geworden – beispielsweise als Ausweg eines jeden Hausarztes, der »mit einem hysterischen Mädchen vor ihrer Hochzeitsnacht« konfrontiert war.[48] Wenn vor dem Auftauchen von

Valium (das zur Gruppe der Benzodiazepine – der angsthemmenden Tranquilizer – gehört) in den sechziger Jahren je eine Arzneimittelgruppe die Psychiatrie exemplifizierte, dann waren es diese Barbiturate.

Die Barbiturate und ihre Fähigkeit, Patienten in einen Dauertiefschlaf zu versetzen, regten schließlich auch die ersten zielgerichteten Versuche im 20. Jahrhundert an, Psychosen zu heilen. An erster Stelle muß hier Giuseppe Epifanio genannt werden, 1915 Assistenzarzt an der Turiner Universitätspsychiatrie.[49] Doch weil sein Artikel über den Heilerfolg des Tiefschlafs inmitten eines Krieges und in einer Sprache erschien, die kaum ein nichtitalienischer Psychiater beherrschte, gingen seine Versuche unter. Und so kam es, daß die Dauerschlaftherapie, die erste der sogenannten körperlichen Behandlungsmethoden des 20. Jahrhunderts, vor allem mit dem Schweizer Psychiater Jakob Klaesi verbunden wird, einem Arzt der Züricher Universitätspsychiatrie Burghölzli. 1920 begann Klaesi eine neue Kombination zweier Barbiturate zu testen, die vom Schweizer Pharmakonzern Hoffmann-La Roche unter dem Namen Somnifen auf den Markt gebracht wurde. Es ging ihm um nichts weniger, als mittels dieser »Dauernarkose« eine Heilung von Schizophrenie zu erreichen.

Klaesi, damals 37 und Privatdozent am Burghölzli, war alles andere als ein pillenwütiger Vertreter des biologischen Lagers. Vielmehr hatte er sich von jeher für Psychotherapie begeistert und vertrat den Standpunkt, daß der Tiefschlaf nur eine Möglichkeit war, Patienten soweit zu beruhigen, daß sie einer Gesprächstherapie zugänglich wurden. Allerdings war er nicht gerade für seine gute Urteilsfähigkeit bekannt (in den dreißiger Jahren sollte er mit den Nazis sympathisieren), was sicher damit zu tun hatte, daß er selbst manisch-depressiven Stimmungsschwankungen unterlag. Obendrein war er ungeheuer ehrgeizig. Doch eben diese Eigenschaften machten ihn vermutlich ausgesprochen empfänglich für den Vorschlag des Züricher Pharmakologieprofessors Max Cloetta, Epifanios Tiefschlaftherapie mit Hilfe von Somnifen wieder aufzugreifen.[50] »Ich beschloß, den Dauerschlaf, beziehungsweise die Dauernarkose, in die Psychiatrie einzuführen«, eröffnete Klaesi selbstbewußt seinen Bericht. Es ging ihm vor allem darum, »eine bessere Beziehung zwischen Arzt und Patient zu erreichen«. Die Reizdämpfung während des Schlafes sollte dazu beitragen, Schizophrene aus ihrer negativistischen Haltung herauszuholen und im Anschluß eine Psychotherapie zu ermöglichen. Als er im April 1920 die Leitung der geschlossenen Frauenabteilung in der Burghölzli-Psychiatrie übernahm, begegnete er einer 39jährigen Frau, die bis zum Ausbruch ihrer Krankheit drei Jahre zuvor eine »fähige Geschäftsfrau« gewesen war, aber unter Ängsten litt und befürchtete, daß sie und ihr Mann umgebracht werden sollten. Nachdem sie auch noch Stimmen zu hören begann, war sie in eine private Nervenklinik eingeliefert worden, wo es ihr besser ging. Sie wurde entlassen, erkrankte erneut und wurde im März 1919 schließlich in die Burghölzli-Klinik eingewiesen. Dort wurde sie derart gewalttätig, daß man sie in eine Gummizelle einsperrte, die seit zwei Jahrzehnten nicht benutzt worden war.

Klaesi versuchte alles Erdenkliche, um eine therapeutische Beziehung zu ihr aufzubauen. Einmal, als sie nackt in ihrer Zelle lag, fragte er sie, was eine »intelligente Frau wie Sie in einem solchen Loch zu suchen« habe.

»Was wollen Sie?« fragte sie zurück.

»Sie unter allen Umständen heilen, damit Sie nicht so darben müssen«, antwortete er. Daraufhin begann sie zu weinen, versuchte jedoch ihre Tränen zu verbergen. Klaesi reichte ihr sein Taschentuch. Ihre Miene hellte sich auf. Sie lächelte ihn an und sagte zur neben ihm stehenden Schwester: »Der ist in Ordnung.« Nun war Klaesi fest entschlossen, eine psychologische Beziehung zu ihr aufzubauen.

Ende April beschloß er, mit einem durch Somnifen herbeigeführten Tiefschlaf »ihre Abwehr zu durchbrechen«. Noch zwei weitere Male unterzog er sie dieser jeweils fünf bis sechs Tage andauernden Behandlung. Im Oktober 1920 wurde sie als weitgehend geheilt entlassen. Ihr Mann erklärte später, er habe seine Frau niemals zuvor »so fleißig, umsichtig und zärtlich wie jetzt« erlebt. Und das, obwohl sie Klaesi kurz vor ihrer Entlassung anvertraut hatte, daß ihre Ehe am Ende sei und sie ihren Mann, den »Hanswurst«, verachte, weil er sich nicht dagegen wehre, daß sie ihn beherrsche. Sie wünschte sich, er möge doch sein wie ihre Ärzte. Daraufhin Klaesi in seiner Schlußfolgerung: »Dauernarkose und Somnifen haben den Weg zu einem fruchtbaren Gespräch mit der Patientin und zu neuer Einsicht geebnet.«[51]

Bei ungefähr einem Viertel bis einem Drittel der 26 Patienten, die Klaesi mit dieser Dauernarkose behandelte, war eine so weitgehende Besserung festzustellen, daß sie entlassen oder in offene Abteilungen verlegt werden konnten. Auf den ersten Blick schien hier also eine vielversprechende neue Therapie gefunden.[52] Das Problem aber war, daß drei der Patienten dabei an Lungenentzündung oder einem Kreislaufkollaps gestorben waren. Die Achillesferse des Dauerschlafs war sein hohes Risiko. Einige Jahre später verglich der Schweizer Psychiater Max Müller in der Psychiatrie von Münsingen, wo er nach eigenem Bekunden entschlossen die »lähmende Resignation« gegenüber seinen Patienten abzuschütteln versuchte, in einer Studie die Erfolge zweier Barbiturate. Bei Somnifen stellte er eine Mortalitätsrate von fünf Prozent fest.[53] Klaesi hatte diese Todesfälle in seiner eigenen Studie einfach als Folge bereits vorhandener Organschädigungen abgetan und sollte Müller niemals verzeihen, daß er auf die potentielle Tödlichkeit der angeblich von ihm entdeckten Schizophreniebehandlung hingewiesen hatte.

In den kommenden Jahren wurde der von nunmehr ungefährlicheren Barbituraten eingeleitete Dauerschlaf zur einzigen klinischen Methode, die überhaupt zur Hoffnung berechtigte.[54] Überall setzte man Tiefschlaftherapien gegen Affekt- oder Stimmungsstörungen ein, wobei die Ärzte meist Klaesis Vorstellung teilten, ihre schwerkranken Patienten auf diese Weise vielleicht einer Psychotherapie zugänglich zu machen.[55] Eliot Slater von der Maudsley-Klinik beschrieb die Schlaftherapie als »die einzige uns in den dreißiger Jahren zur Verfügung stehende Behandlung, die bei akuten Psychosen von irgendeinem Nutzen war«. Die Ärzte seiner Klinik pflegten ihre Patienten 12 bis 16 Stunden pro Tag schlafen zu lassen, »mit Intervallen, in denen der benommene Patient geweckt werden konnte, um zu essen und zu trinken«. Anschließend hätten sie sich an kaum etwas aus ihrer psychotischen Phase erinnert und häufig vorzeitig aus dem Krankenhaus entlassen werden können.[56]

Die Vorstellung, das Gehirn durch starke Narkotika ansprechen zu können, setzte sich in der Psychiatrie allmählich durch. In den frühen dreißiger Jahren wandten deutsche Ärzte diese Methode zum Beispiel für den Morphiumentzug an.[57] Der Washingtoner Psychoanalytiker Harry Stack Sullivan unterzog seine Patienten einer »drei bis zehn Tage dauernden Alkoholvergiftung«, um sie einer Psychotherapie zugänglich zu machen. (»Man greife zu chemotherapeutischen Agenzien wie vor allem Ethylalkohol, wodurch die charakteristischen Auswirkungen jüngst erworbener Tendenzen abgeschwächt werden können ...«, erläuterte Sullivan.)[58] Für Kalinowsky war Klaesis Dauerschlaftherapie »die erste Behandlung, durch die zumindest eine vorübergehende Besserung bei funktionellen Psychosen erreicht wurde«.[59] Solche Schilderungen vermögen den von psychoanalytisch orientierten Historikern verurteilten Dauerschlaf zumindest teilweise zu rehabilitieren. Denn Tatsache ist, daß er den Ärzten, die sich die Versorgung von Patienten mit schweren psychischen Krankheiten zur Lebensaufgabe gemacht hatten, wieder Hoffnung gab. Nach Jahrzehnten der reinen Asylierung bot die Schlaftherapie wenigstens eine gewisse Aussicht auf Heilung.[60]

Dennoch hatte diese Geschichte ein unangenehmes Nachspiel. So wie die meisten körperlichen Behandlungsmethoden in der Alten Welt begonnen und in der Neuen geendet haben, fand auch die in Zürich entwickelte Tiefschlaftherapie in Montreal ihr Ende. Dr. D. Ewen Cameron, 1901 in Schottland geboren und 1924 in Glasgow zum Doktor der Medizin promoviert, ging nach seiner Fachausbildung in den führenden psychiatrischen Institutionen der damaligen Zeit – Bleulers Burghölzli und Mayers Phipps Clinic – 1929 nach Kanada und trat in einer Irrenanstalt der Provinz Manitoba seine erste Stellung an. Nach mehreren Zwischenstationen in den USA wurde er 1943 Direktor des Allan Memorial Institute in Montreal (einer gemeinsamen psychiatrischen Einrichtung der McGill University und des Royal Victoria Hospital, untergebracht in einem Gebäude des Reeders Sir Hugh Allan). Bis Anfang der fünfziger Jahre erwarb er sich einen so herausragenden Ruf als Wissenschaftler, daß ihm 1952–1953 sogar die Präsidentschaft der American Psychiatric Association angetragen wurde.

Cameron, ein entschiedener Gegner der Psychoanalyse, befaßte sich nun intensiv mit den neuen körperlichen Behandlungsmethoden. Was hätte da für ihn, der in den zwanziger Jahren in Zürich unmittelbar dabeigewesen war, nähergelegen, als Klaesis Barbituratnarkose auch in Montreal einzuführen? Doch er wollte der Methode seinen eigenen Stempel aufdrücken, und das tat er, indem er Patienten im Tiefschlaf zwang, sich propagandistische Parolen anzuhören (von ihm stammt der Begriff »brainwashing«). Er glaubte tatsächlich, den Heilungsprozeß damit beschleunigen zu können. Zum erstenmal setzte er diese Methode des »psychic driving« 1953 ein.[61] »Eine Tonbandschleife mit einer weiblichen und (so dachte er) mütterlichen Stimme wurde durch einen Lautsprecher an der Wand des Schlafraums übertragen«, berichtete seine Biographin. »Zuerst reagierte sie [die junge Patientin von den Bermudas] kaum auf die Stimme. Dann wurde sie plötzlich so wütend, wie man es in ihrer Situation nur werden konnte. Kaum halbwegs aus dem Schlaf erwacht, kroch und stolperte sie aus dem Bett und versuchte, die Quelle dieser Stimme zu zerstören. Nach ungefähr sechs Tagen war ihre Wut an einem Höhepunkt angelangt. Doch am Ende des zehnten Tages blieb sie von der Stimme plötzlich unberührt und begann sich deren Text anzueignen, indem sie zum Beispiel laufend wiederholte: ›Ja, ich will auf die Bermudas zurück; ja, meine Eltern lieben mich.‹«[62]

Damit hatte sich Cameron ins Abseits manövriert. 1955 begann er Patienten während des Tiefschlafs mehrmals täglich Elektroschocks auszusetzen (er leitete ihnen Stromstöße durch das Gehirn, um therapeutische Anfälle auszulösen). Diese Methode nannte er »Depatterning«: Er glaubte, die Schemata und Muster im Gehirn, die zur Psychose geführt hätten, damit aufbrechen zu können.[63] Im Laufe der nächsten zehn Jahre sollte er dieses Verfahren ohne jede wissenschaftliche Fundierung systematisch und ohne das Einverständnis seiner Patienten immer weiter anwenden. Ganz offensichtlich war ihm jede Urteilsfähigkeit abhanden gekommen. 1964 flüchtete er aus Montreal an die Medical School von Albany. Er starb drei Jahre später, von allen mißachtet. (Die *New York Times* bezeichnete ihn in ihrer kurzen Todesmeldung als: »Leiter der geriatrischen Forschungsabteilung an einer Klinik in Albany.«[64]) Mit ihm starb auch die Schlaftherapie. In den sechziger Jahren standen bereits viel ungefährlichere und effektivere Behandlungsmöglichkeiten für Psychosen zur Verfügung. Doch die Schlaftherapie hatte in der Psychiatrie eine revolutionäre Entwicklung eingeleitet.

Schock und Koma

Weshalb ein bis zu unkontrollierten Krämpfen führender Hirnschock Psychotiker in einen besseren Zustand versetzen kann, weiß man bis heute nicht. Aber es funktioniert – ebenso wie das gefährliche Verfahren, sie in ein Dauerkoma zu versetzen (was eine andere Methode ist als der durch Bromidschlaf herbeigeführte Stupor). Noch immer sind die Zusammenhänge zwischen Hirn und Verstand so ungeklärt, daß auch die Mechanismen dieser Behandlungsmethoden, die bereits viele Patienten von schweren Krankheiten erlöst haben, unbekannt sind. Empirisch konnten Erfolge mit einigen dieser Verfahren jedoch in solchem Ausmaß nachgewiesen werden, daß zum Beispiel die Schocktherapie (oder »Elektrokrampftherapie«, EKT) bei schweren Depressionen noch heute angewendet wird. Als man in den dreißiger Jahren mit diesen Methoden begann, weil man sie sowohl der Asylierung als auch der Psychoanalyse für eindeutig überlegen hielt, markierte dies einen Wendepunkt in der Psychiatriegeschichte.

Bis heute sind allerdings sowohl Schock- als auch Komabehandlung heftig umstritten. Die antipsychiatrische Bewegung und alle Mediziner, die außer Psychotherapien keine andere Methode gelten ließen, lehnten sie seit jeher ab. Doch man muß bedenken, daß den Psychiatern mit den Koma- und Schocktherapien plötzlich

Behandlungsmöglichkeiten auf einem Gebiet der Medizin zur Verfügung standen, das ein halbes Jahrhundert lang von Pessimismus und Hoffnungslosigkeit beherrscht gewesen war.[65]

Die Geschichte dieser Methoden beginnt in Berlin mit einem jungen, in Wien promovierten Mediziner namens Manfred Sakel, 1900 im galizischen Nadverna (damals Teil des Habsburgerreichs) als Sohn einer orthodoxen jüdischen Familie geboren, deren Wurzeln angeblich bis Maimonides zurückreichten. 1925, zur Zeit seines Studienabschlusses, blies in Wien ein so scharfer antisemitischer Wind, daß er beschloß, nach Berlin zu gehen und dort die Stelle eines Assistenzarztes in Kurt Mendels exklusivem Privatsanatorium im Stadtteil Lichterfelde anzutreten, wo vor allem die damalige Hauptrisikogruppe behandelt wurde: morphiumsüchtige Schauspieler und Ärzte. Da der übliche Entzug fast immer mit unliebsamen Begleiterscheinungen wie Erbrechen und Durchfall einherging, versuchte Sakel, eine andere Methode zu finden. Ende der zwanziger Jahre entdeckte er, daß diese Entzugssymptome vermeidbar waren, wenn man geringe Dosen von Insulin – dem erst 1922 entdeckten Hormon – verabreichte.[66]

Insulin war in den zwanziger Jahren schon mehrfach in der Psychiatrie eingesetzt worden, beispielsweise 1923, nachdem Ärzte im Psychopathic Hospital von Ann Arbor, Michigan, erkannt zu haben glaubten, daß damit nicht nur die Diabetes selbst, sondern auch die Diabetikerdepression gelindert werden konnte. Aber das stimmte nicht.[67] Später wurde es an Patienten getestet, die unter Appetitlosigkeit litten oder jede Nahrungsaufnahme verweigerten.[68] Doch niemand dachte daran, daß das Insulinschockkoma selbst heilende Auswirkungen haben könnte. (Das Hormon veranlaßt die Muskeln, sich aus dem Blut Glukose zu holen; wird zuviel Glukose entzogen, fällt der Diabetiker in ein hypoglykämisches Koma.)

Wahrscheinlich hat Sakel diese ersten Studien nicht gekannt. Aber er war ständig mit Insulinkomata konfrontiert, die auf natürlichem Wege entstanden waren. Eines Tages stellte er fest, daß die »ruhelosen und aufgeregten« Patienten nach einem solchen Koma kein Bedürfnis mehr nach Morphium hatten und auf einmal »ruhig

Links Manfred Sakel, der 1933 die Insulinkomabehandlung erfand. In der Mitte der Wiener Psychiatrieprofessor Otto Poetzl, in dessen Klinik Sakel seine ersten Versuche machte. Rechts Hans Hoff, nach dem Zweiten Weltkrieg Leiter der Wiener Universitätspsychiatrie. Aufgenommen in Sakels Todesjahr 1957 anläßlich einer Preisverleihung.

und zugänglich« waren. 1933 veröffentlichte er einen ersten Bericht darüber,[69] überzeugt, daß Patienten durch ein künstlich erzeugtes Insulinkoma von schweren psychischen Krankheiten geheilt werden konnten.

Nach der Machtergreifung der Nationalsozialisten 1933 kehrte Sakel nach Wien zurück und trat eine Stelle bei Otto Poetzl, Wagner-Jaureggs Nachfolger an der Universitätspsychiatrie an. Zugleich wurde er Chefarzt einer Privatklinik in der Wiener Vorstadt. Es gelang ihm, den zögernden Poetzl zu überzeugen, diese ziemlich riskant klingende Behandlung zu testen. Also begann Sakel im Oktober 1933 an der Universitätsklinik systematisch zu prüfen, ob Schizophrenie tatsächlich durch einen Insulinschock geheilt werden konnte.

Seine Kollegen an der Klinik staunten nicht schlecht über die Ergebnisse. Karl Dussik schrieb später: »Da ich seit meinem ersten Tag an unserer Klinik diese Methode angewandt hatte, kann ich ihre Wirkung bestätigen. Die Persönlichkeit des Patienten kann durch eine hypoglykämische Reaktion oft so vollständig verändert werden, daß es den Anschein hat, als habe die glykogenische Behandlung [Senkung des Blutzuckergehalts] einen völlig neuen Menschen hervorgebracht.«[70] (Erfolge in der Psychiatrie vermitteln häufig den Eindruck, es mit einem ganz neuen Menschen zu tun zu haben – man denke nur an den Jubel, den Jahre später Prozac auslösen sollte.)

1934 veröffentlichte Sakel die ersten Ergebnisse seiner Studie: Mit einer künstlich durch Insulin herbeigeführten Hypoglykämie und dem folgenden Insulinkoma war eine erstaunliche Linderung der Symptome erreicht worden.[71] Bei 70 Prozent der 50 Patienten, die einen ersten schizophrenen Schub durchlebt hatten, konnte eine vollständige Remission erreicht werden, bei 18 Prozent eine »soziale Remission«.[72] Auf Seite eins seines Kliniktagebuchs sind acht von zwölf Patienten verzeichnet, die nach einer Besserung der Symptomatik entlassen werden konnten. Ein Patient starb kurz nach seiner Entlassung zu Hause, drei wurden an die städtische Wiener Anstalt Steinhof überwiesen.[73] Man bedenke, daß dies Heilungserfolge bei Patienten waren, die bereits als hoffnungslose Fälle abgeschrieben worden waren, und daß der Insulin-»Schock« in diesem Stadium offenbar ohne Krämpfe ablief (oder diese, sofern sie doch vorkamen, nur als unerwünschte Nebenwirkungen betrachtet wurden).

Außerhalb der Universitätspsychiatrie wurden Sakels Ergebnisse allerdings durchweg als Witz abgetan. Man hielt ihn für einen Scharlatan und verstand absolut nicht, weshalb ihn ausgerechnet Poetzl protegierte.[74] Sakel blieb nur drei Jahre in Wien. 1936 reiste er in die Vereinigten Staaten, um dort eine reiche Privatpatientin zu behandeln, und kehrte nie wieder zurück. Zuerst erhielt er eine Stelle an der Psychiatrie der New York State University, später ließ er sich mit einer Privatpraxis in Manhattan nieder. Doch die stark psychoanalytisch geprägte American Psychiatric Association war erst bereit, ihn als Mitglied aufzunehmen, nachdem der Wissenschaftsjournalist der *New York Times* die Aufmerksamkeit auf ihn gelenkt hatte.[75] Sakel starb 1957, nachdem er sein ganzes Leben eifrig darum bemüht gewesen war, seinen Ruf und sein Forschungsgebiet zu verteidigen.[76]

Die Insulinkomabehandlung wurde nicht in ganz Mitteleuropa, sondern nur in der Schweiz und in der angelsächsischen Welt aufgegriffen. Die privaten und staatlichen Psychiatrien der Schweiz waren damals die wahrscheinlich fortschrittlichsten der Welt, weshalb auch nicht überraschen kann, daß Max Müller, Direktor der staatlichen Psychiatrie von Münsingen, 1937 den ersten internationalen Kongreß über Schizophreniebehandlungen organisierte. Münsingen sollte zum »Mekka« der Insulinbehandlung werden. »Man traut mir mehr zu als Sakel«, prahlte Müller.[77]

Wie alle neuen körperlichen Behandlungsverfahren breitete sich auch die Insulinkomatherapie über ein Netzwerk aus familiären Bindungen und persönlichen Beziehungen im nicht-deutschsprachigen Raum aus. Herbert James Pullar-Strecker, der sie in Großbritannien einführte, war zum Beispiel in Würzburg als Sohn eines deutschen Arztes und einer schottischen Mutter geboren worden, in den zwanziger Jahren nach Großbritannien ausgewandert und hatte in Glasgow promoviert. Schon kurze Zeit später wurde er von David Henderson mit dem Aufbau einer Insulinabteilung am Royal Edinburgh Hospital for Mental Disorders betraut. 1936 begann Pullar-Strecker dort mit der Komatherapie.[78] Im gleichen Jahr reiste Dr. Isabel Wilson vom Aufsichtsrat des Hospitals nach Wien und Münsingen, um mit den positivsten Berichten über diese neue Therapie nach England zurückzukehren. Schizophrenie, meinte sie, »ist derart schwerwiegend, daß es der uneingeschränkten und umsichtigen Prüfung jeder therapeutischen Maßnahme bedarf, die verspricht, sie zu lindern oder gar zu heilen«.[79]

Für britische Psychiater, die der Tiefschlafbehandlung äußerst skeptisch gegenübergestanden hatten, war das Insulinkoma ein Geschenk des Himmels. Eliot Slater, der 1931 an die Maudsley-Klinik gekommen war, erinnerte sich an die Lage chronisch depressiver Patienten in den Tagen vor dem Insulin: »Involutionsmelancholiker waren gewöhnlich dünne, ältere Männer und Frauen, die so unbeweglich waren, daß selbst der Kopf mit Kissen gestützt werden mußte. Viele Merkmale erinnerten an Parkinson, etwa die maskenartigen, von tiefer Trübsal gezeichneten Gesichter oder die retardierte Sprechweise. Wenn man sie überhaupt dazu brachte, etwas zu sagen, kam bestenfalls etwas über die Hoffnungslosigkeit ihrer Lage heraus, oder sie räsonierten über ihre eigene Schlechtigkeit und meinten, zu Krankheit, Tod und einem schrecklichen Leben im Jenseits verdammt zu sein, so es denn eines gäbe.« Mit der Insulinkomabehandlung sei es den Ärzten im Maudsley erstmals gelungen, etwas für diese Patienten zu tun.[80]

Wie begeistert die klinischen Psychiater Großbritanniens von dieser Behandlung waren, kann man auch den Briefen entnehmen, die ein junger kanadischer Mediziner nach Hause schrieb, während er im Sommer 1937 ein »locum« im Warwickshire and Coventry Mental Hospital in Hatton übernommen hatte. Im Juli berichtete er seinem Chef in Toronto: »Die Klinik mit ihren 1400 auf mehrere Blöcke verteilten Betten verfügt über nur sechs Ärzte, alle unter 35 und alle engagiert. [Außer ihnen gab es noch einen Apotheker, aber – nach Auffassung des Absenders »Gott sei Dank« – keinen Psychologen.] Unsere Hoffnung gilt nun jedoch nicht einer verstärkten Belegschaft, sondern den Medikamenten und vor allem den Barbituraten [gegen Manie und Depression] ... Inzwischen steht uns mit der Insulinschockbehandlung für die Schizophreniepatienten auch eine chemische Methode für diese andere große biogenetische Gruppe psychischer Krankheiten zur Verfügung. Wie wurde das Herz des ›Drogisten‹ in diesen letzten vier Jahren doch erfreut! Dr. D. N. Parfitt, unser Chef, verbrachte sechs Wochen in Wien, und wir begannen vor fünf Wochen mit der Anwendung in einzelnen Fällen. Bisher geschah das an nur drei oder vier Orten in Großbritannien, und es ist hier auch noch keine Literatur von Bedeutung darüber erschienen ... Ich gehe davon aus, daß ich den August und September in der Insulinschockabteilung verbringen werde.«[81]

Doch die Warwickshire-Anstalt konnte nur kurz für sich in Anspruch nehmen, Vorreiter auf diesem Gebiet zu sein. »Bis 1939 hatte jedes fortschrittliche Krankenhaus mit einiger Selbstachtung seine Insulinabteilung«, schrieb ein Kenner der Szene.[82] Auch William Sargant und Eliot Slater stellten in ihrem 1944 veröffentlichten Lehrbuch über körperliche Behandlungsmethoden – das auf ihren Erfahrungen an der Maudsley-Klinik beruhte – die Insulinkomabehandlung als bevorzugte Therapie dar.[83]

In den Vereinigten Staaten wurde die Insulinkomabehandlung nicht durch Sakel bekannt, sondern durch einen jungen amerikanischen Psychiater, der zufällig auf diese Methode gestoßen war, als er 1934 bei Freud eine Analyse machte. Joseph Wortis, Jahrgang 1906, hatte 1932 an der Universität von Wien promoviert und war anschließend nach New York gegangen, um beim kurz zuvor emigrierten Wiener Psychiater Paul Schilder am Bellevue Hospital seine psychiatrische Fachausbildung zu machen. Im Herbst 1934 entschied er sich seines spezifischen Interesses an der menschlichen Sexualität wegen zu einer Art Lehranalyse bei Freud. Während dieser Zeit, im Dezember 1934, besuchte er auch Poetzls psychiatrische Station im Allgemeinen Wiener Krankenhaus, wo er sah, wie Sakel den Patienten Insulin verabreichte. Begeistert von dieser Methode, kehrte Wortis der Psychoanalyse den Rücken. Wieder am Bellevue setzte er als erster in den Vereinigten Staaten die Insulinkomabehandlung ein.[84] Im November 1936 hielt er einen Vortrag darüber, der etwas später auch in einer neurologischen Zeitschrift abgedruckt wurde.[85] (Die Veröffentlichung hatte sich um 18 Monate verzögert, weil es ihm nicht gelungen war, die vorrangig psychoanalytisch orientierte psychiatrische Presse für einen Abdruck zu gewinnen.[86]) Übrigens übersetzte er auch Sakels Monographie ins Englische.

Doch Sakel wollte der Einführung seiner Therapie in den Vereinigten Staaten selbst die Imprimatur erteilen. Also hielt er im Januar 1937 einen Vortrag vor einem medizinischen Fachpublikum in New York.[87] Das Auditorium repräsentierte den Mikrokosmos der amerikanischen Psychiatrie: Adolf Meyer war da und gab dem Insulinkoma seinen »wortreichen Segen« – wie er ja allem seinen Segen gab, wie absurd es auch sein mochte. Kaum überraschend, war auch Ewen Cameron mit einem »entschiedenen Beitrag zur Unterstützung der Insulinkomabehandlung« zu hören. Und der Psychoanalytiker Smith Ely Jelliffe karikierte – wohl eher unfreiwillig – den Freudschen Gedanken, indem er sagte, damit das Insulinkoma funktionieren könne, müsse man »die Libido von der Außenwelt abschotten und sie mit dem Todestrieb verschmelzen, um das narzistische Ich zu erhalten«.[88] Für Analytiker wie Jelliffe waren klinische Psychiater bestenfalls arme Vettern vom Lande. Doch genau ihnen gelang es in den vierziger und fünfziger Jahren mit der Insulinbehandlung, die therapeutische Sackgasse der Asylierung zu verlassen und die Psychiatrie wieder der Medizin anzunähern. Anfang der sechziger Jahre sollte es Insulinstationen in über hundert amerikanischen Psychiatrien geben.[89]

Wie aber sah dieses Insulinkoma genau aus? Der Vorgang war durchaus gefährlich. Einer von hundert Patienten starb, und die Behandlung erforderte ein Team speziell ausgebildeter Ärzte und Schwestern, denn es konnte sein, daß »zwanzig oder mehr Patienten gleichzeitig auf der Insulinstation im Koma lagen«, schrieb Walter Freeman, der sich später voll und ganz der Lobotomie verschreiben sollte, am Beispiel der Psychiatrie der George Washington University. »An der Klippe [zum hypoglykämischen Tod] schwenkte niemand die rote Fahne, deshalb zögerten die meisten Therapeuten auch, sich diesem Punkt allzuweit anzunähern.«[90]

Die Behandlung wurde in mehrere Schritte unterteilt. Am Maudsley Hospital, so Slater, »erhielt der Patient eine täglich höhere Dosis Insulin, bis er in den Insulin-Sopor fiel und schließlich vom Schlaf ins Koma«. Während der Bewußtlosigkeit wurde der Patient ständig beobachtet. Nie habe man ihn länger als zwanzig Minuten in diesem Zustand belassen, bevor man ihn mit einer Zuckerlösung wieder herausholte. (In anderen Kliniken waren Komata von zwei und mehr Stunden keine Seltenheit.) »Nach ungefähr zwanzig Komata stellte man normalerweise eine deutliche Besserung des Geisteszustandes fest. Zuerst hielt sie nur über den Morgen nach der Behandlung an, dann auch über den Rest des Tages, bis sie schließlich auch nach Beendigung der Behandlung fortdauerte.« Mit dem Insulinkoma konnten laut Slater die Behandlungserfolge im Maudsley

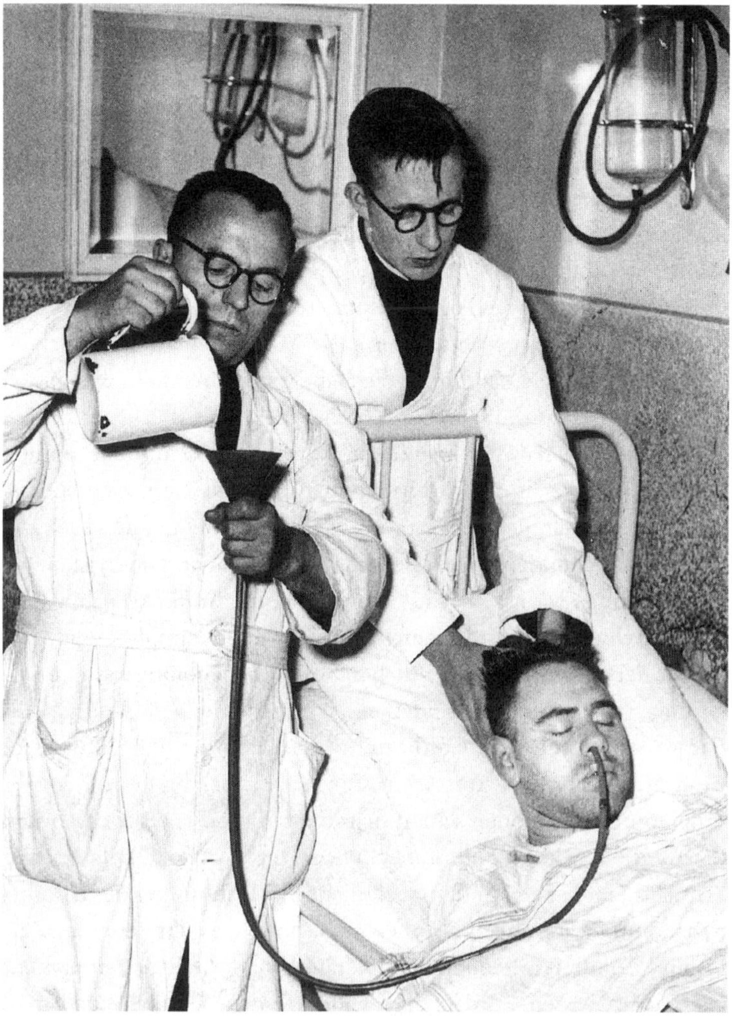

Barmherzige Brüder im Dr.-Guislain-Asyl von Gent, Belgien, holen einen Patienten aus dem Insulinkoma zurück. Die Aufnahme stammt aus den späten vierziger oder frühen fünfziger Jahren. Mit einem durch die Nase geführten Gummischlauch wird hochkonzentrierte Glukose direkt in den Magen geleitet, um zu vermeiden, daß das Koma zum Tod führt.

verdoppelt werden.[91] Am Nova Scotia Hospital in Kanada, wo 1943 Charles Roberts die Insulinstation leitete, pflegte man die Insulindosis im Laufe von ungefähr zehn Tagen so lange zu steigern, bis der Patient in ein tiefes Koma mit gelegentlichen Krämpfen verfiel. »Nach dem Ende des Komas erlebten die Patienten immer wieder Phasen ›lichter Augenblicke‹ von unterschiedlicher Dauer, in denen normale Gespräche stattfinden konnten und es offenbar weder zu Wahnvorstellungen noch Halluzinationen kam.«[92]

Wen wundert es da, daß klinische Psychiater von der Insulinkomatherapie so begeistert waren? Die Methode schien wirklich zu funktionieren, jedenfalls für kurze Dauer, und obendrein wesentlich ungefährlicher zu sein als die Tiefschlaftherapie. Aber dann mußte man feststellen, daß das Insulinkoma auf lange Sicht keine höhere Erfolgsrate hatte als der Barbituratschlaf.[93] Beide Methoden bedeuteten eine gewaltige Verbesserung gegenüber dem, was zuvor zur Verfügung gestanden hatte – denn das war gar nichts gewesen.

Wenige Monate nachdem erstmals eine Insulinkomabehandlung durchgeführt wurde, tauchte eine zweite Krampftherapie auf, die für den Beginn der eigentlichen Schockbehandlungen steht. Allerdings gab es zwischen beiden einen entscheidenden Unterschied: Die neue Methode mit Cardiazol (Metrazol in den USA) führte zu Krämpfen, aber nicht zum Koma. Ein Hirnschock bis hin zur Auslösung von Konvulsionen schien sich in der Tat positiv auf Psychosen auszuwirken, allen voran auf schwere Depressionen. Die Ära der Schocktherapie begann demnach nicht mit Insulin (bei der Insulinbehandlung waren Konvulsionen unerwünscht und traten nur zufällig auf), sondern mit einem kampferähnlichen Medikament namens Cardiazol. Dessen Entdecker – Ladislas von Meduna, ein damals 38jähriger Budapester Psychiater – hatte 1934 als erster vorgeschlagen, die Symptome von Schizophrenie durch die künstliche Erzeugung eines Krampfes zu bekämpfen.[94]

Meduna war zwischen 1923 und 1926 am Budapester Institut für Hirnforschung zum Neuropathologen ausgebildet worden und anschließend seinem Chef Karl Schaffer an die Universitätspsychiatrie von Budapest gefolgt, wo dieser eine Professur erhalten hatte.

Hier begegnete Meduna zum erstenmal der klinischen Psychiatrie. Er war fasziniert von den pathologischen Veränderungen, die seine Kollegen bei den Autopsien der Gehirne von Schizophrenen festgestellt hatten. In der poliklinischen Abteilung entdeckte er dann (oder glaubte entdeckt zu haben), daß die Hirne von Epileptikern ganz anders aussahen als die von Schizophrenen. Darüber zerbrach er sich lange den Kopf. 1929 erfuhr er durch die Ergebnisse anderer Forschungen, daß Epileptiker, die auch unter Schizophrenie litten, offenbar weniger häufig epileptische Anfälle hatten. Meduna fragte sich nun, ob dies auch andersherum galt, ob also Schizophrene eine Besserung erlebten, wenn sie zugleich an Epilepsie litten. (Die Antwort darauf schien ja zu sein.[95]) »Ich gewann schließlich die Vorstellung eines biologischen Antagonismus zwischen diesen beiden Krankheiten«, schrieb Meduna in seiner Autobiographie.[96] Konnte man also Schizophreniesymptome mildern, indem man beim Patienten epileptische Anfälle hervorrief? Meduna entschied, es mit Kampfer zu testen, einem Naturheilmittel, von dem seit Urzeiten bekannt war, daß es zu Anfällen führen konnte und das bereits im 18. Jahrhundert bei Psychosen eingesetzt wurde. Aber davon hatte Meduna offenbar nichts gewußt.[97] Am 23. November 1933, demselben Tag, an dem Sakel in Wien seinen Vortrag über die Insulinkomabehandlung hielt, begann Meduna Tierversuche mit Kampfer durchzuführen. Am 23. Januar 1934 verabreichte er es erstmals einem Patienten.[98]

L. Z., ein 33jähriger Mann, war 1930 mit der Wahnvorstellung, die Menschen würden ihm »ständig zuwinken«, in das städtische Krankenhaus von Budapest eingewiesen worden. Er hörte Stimmen, und zwar nicht nur im Ohr, sondern auch aus dem Bauch. Das ganze Jahr 1933 verbrachte er unter seiner Bettdecke versteckt. Im Januar 1934 hörte er schließlich auf zu essen. Am 23. Januar verabreichte ihm Meduna die erste Kampferspritze. 54 Minuten später hatte L. Z. den ersten epileptischen Anfall, seine Pupillen waren maximal erweitert. Im Verlauf der nächsten zwei Wochen erhielt er noch fünf weitere Injektionen. »Am Morgen des 10. Februars erhebt sich der Patient spontan aus dem Bett, ist lebendig, spricht und bittet um etwas zu essen. Er interessiert sich für alles, was um ihn geschieht, stellt Fragen über seinen Zustand und begreift, daß er krank gewesen war. Er fragt, wie lange er im Krankenhaus gelegen habe, und als wir ihm sagen, daß er schon seit vier Jahren hier sei, kann er es nicht glauben.«[99]

Das war die offizielle Version. In Wirklichkeit hatte sich der Patient so pudelwohl gefühlt, daß er aus der Psychiatrie ausgerückt und nach Hause gegangen war. Dort mußte er feststellen, »daß der Vetter, der bei seiner Frau lebte, gar kein Verwandter, sondern der Liebhaber der Frau war. Er verprügelte ihn und schmiß ihn aus dem Haus, dann verprügelte er auch seine Frau und erklärte ihr, daß ... er es vorziehe, im Irrenhaus zu leben, wo es wenigstens friedlich und ehrlich zugehe.«[100]

»Von da an hielt ich den Patienten für geheilt«, schrieb Meduna. Als er fünf Jahre später Europa verließ, ging es dem Patienten immer noch gut.

Im Januar 1935 veröffentlichte Meduna seinen ersten Artikel über die Krampftherapie am Beispiel von 26 Patienten. Bei zehn von ihnen hatte sich die Krankheit drastisch gebessert.[101]

Leider konnte man sich nicht darauf verlassen, daß Kampfer einen Anfall hervorrief. Außerdem fürchteten die Patienten das Angstgefühl, das sich vor diesen Anfällen einstellte, ebenso wie die vom Kampfer verursachte Übelkeit und die Muskelschmerzen an all den Stellen, wo es injiziert worden war. 1934 schlug Meduna, der mittlerweile den Lehrstuhl für Pharmakologie in Budapest innehatte, die Verwendung eines Medikaments vor, das bereits neun Jahre zuvor synthetisiert worden war und unter dem Namen Cardiazol als herzanregendes Mittel vertrieben wurde. Meduna spritzte es seinen Patienten. Bis 1936 sollte er es an 110 Patienten testen; die Hälfte von ihnen erlebte eine Remission (hauptsächlich diejenigen, bei denen die Krankheit erst kurz zuvor ausgebrochen war).[102]

Weil man jedoch auch bei Cardiazol nicht sicher sein konnte, ob es zu Anfällen führen würde und es bei den Patienten ebensolche Ängste auslöste wie Kampfer, sollte es kein großer Erfolg werden. Auch Müller in Münsingen stellte seine Versuche damit bald wieder ein, da seine Patienten unter qualvollen Todesängsten litten und das

Gefühl hatten, sich einfach aufzulösen. Kein Wunder, daß sie sich oft heftig gegen eine Wiederholung dieser Erfahrung wehrten.[103] In der Tat, schrieb Müller später, hätten sie während eines Cardiazol-Anfalls ausgesehen, als lägen sie in ihren letzten Zügen. Für ihn sei der Anblick der Patienten mit ihren verzerrten, blau angelaufenen Gesichtern nach diesen künstlich herbeigeführten Anfällen so schrecklich gewesen, daß er immer versucht habe, den Behandlungsraum so schnell als möglich wieder zu verlassen. Erst später sei ihm bewußt geworden, wie unzulänglich seine Entschuldigung war, mit seiner Anwesenheit doch nichts zum Geschehen beitragen zu können. Auch wenn seine Kollegen offensichtlich robuster und weniger zimperlich gewesen seien als er, hätte die Verantwortung doch bei ihm gelegen.[104] Ein Psychiater an der Nervenklinik von Leicestershire erinnerte sich an die »unerhörte und tragische Posse, als ein sich heftig sträubender Patient von einem riesen Aufgebot an Schwestern gejagt wurde, während ich mit der aufgezogenen Spritze in der Hand versuchte, sein Hinterteil zu erwischen«.[105]

Walter Freeman traf einmal die kolossale Fehlentscheidung, die Behandlung nach Meduna an einer 70jährigen »gestörten« Verwandten auszuprobieren. Er und sein Bruder, ein Chirurg, injizierten ihr sechs cm^3 Cardiazol in die Venen. »Nach zehn Sekunden begann sie zu zucken, dann riß sie ihren Mund auf, ihr Rücken krümmte sich, sie versteifte sich in einer etwa 20 Sekunden anhaltenden tonischen Konvulsion [Muskelstarrkrampf], gefolgt von klonischen Zuckungen [Schüttelkrampf], die weitere 25 Sekunden andauerten. Schließlich entkrampfte sie sich, zeigte aber viele Sekunden lang keine Atembewegungen. Dann wurde sie zyanotisch [bläuliche Verfärbung] ... Endlich schnappte sie nach Luft und begann schwer zu atmen. Langsam kehrte die Farbe in ihr Gesicht zurück – und auch in das meines Bruders.«

»Jesus!« sagte er und wischte sich die Stirn.

Die Verwandte sollte Freeman zwar in ihrem Testament bedenken, ihm aber niemals vergeben.[106]

1939 emigrierte Meduna von Budapest nach Chicago, wo er zuerst eine Professur an der Loyola University und später an der Medical School der University of Illinois annahm und seltsame Experimente mit einer Kohlendioxyd-Therapie machte.[107] Mit Beginn des Zweiten Weltkriegs in Europa wurde schließlich auch die Cardiazolbehandlung – wie die meisten Neuerungen in der Psychiatrie – zu einer nahezu rein amerikanischen Angelegenheit. Die unterschiedlichsten Anstalten im ganzen Land, vom gigantischen Irrenhaus Milledgeville bis hin zur exklusiven Sheppard-Privatklinik, experimentierten in den späten dreißiger und frühen vierziger Jahren damit.[108] Erst mit der Entdeckung einer weit weniger schrecklichen Krampftherapie, nämlich der Elektroschockbehandlung (EKT), wurde das verhaßte Cardiazol schließlich auf den Müll der Geschichte geworfen.

Elektroschock

Wir befinden uns im Jahr 1938. Überall war von den sogenannten neuen körperlichen Behandlungsverfahren die Rede, mit denen man der Psychotherapie und Psychoanalyse etwas entgegenzusetzen hoffte. Barbituratnarkose, Insulinkoma und Cardiazolschock hatten sich gerade mit voller Kraft einen Weg in das Anstaltsleben gebahnt und versprachen anhaltende Remissionen, wenn nicht gar Heilung. Der nächste Schritt war die erstmals von dem römischen Psychiatrieprofessor Ugo Cerletti im April 1938 angewandte Elektrokrampftherapie. Strom war zwar in der Geschichte der Psychiatrie schon oft zur Anwendung gekommen, doch Cerletti war der erste, der gezielt das Hirn unter Strom setzte, um einen Krampf auszulösen.[109]

Cerletti, 1877 in der kleinen Industriestadt Conegliano hundert Kilometer vor Venedig geboren – sein Vater hatte dort die erste Weinbauschule Italiens betrieben –, nahm sein Medizinstudium 1896 in Turin auf. Zwei Jahre später ging er nach Rom ans neuropathologische Labor von Giovanni Mingazzini, dazwischen auch nach Heidelberg, um bei Nissl Hirnhistologie zu studieren. Nach seiner Promotion im Jahr 1901 bekam er eine Stelle als Assistenzarzt an der Psychiatrie von Rom. Bis zum Ersten Weltkrieg betrieb er Studien in Deutschland und Frankreich, beispielsweise bei Kraepelin an der

Münchener Universitätsklinik, und erwarb sich schon bald einen hervorragenden Ruf als Hirnforscher.[110] Bis dahin hatte sich Cerletti von den typischen Vertretern der ersten biologischen Psychiatrie in ihrer letzten Phase kaum unterschieden.

Nach dem Ersten Weltkrieg hatte er eine Reihe von Positionen im Universitätsbetrieb inne und sollte dabei reichlich Gelegenheit haben, aus erster Hand zu erfahren, daß die klinische Psychiatrie eine »Begräbniswissenschaft« war.[111] In dieser Zeit, vor allem seit er Anfang der dreißiger Jahre Direktor der neuropsychiatrischen Klinik von Genua war, widmete er sich der Epilepsie. War eine Läsion in einem bestimmten Bereich des Gehirns Ursache oder Ergebnis eines epileptischen Anfalls? Um dieser Frage nachzugehen, begann Cerletti mit Elektroschocks an Hunden zu experimentieren.[112] Da er jedoch immer eine Elektrode im Maul, die andere im Anus des Tieres plazierte, starb die Hälfte der Hunde an Herzstillstand durch Schock.

1935 erhielt Cerletti den Lehrstuhl für Psychiatrie in Rom und wurde damit gleichzeitig Leiter der römischen Universitätspsychiatrie. Im Oktober 1936 rief er seine drei Assistenten Ferdinando Accornero, Lucio Bini und Lamberto Longhi zusammen, alle drei in ihren Zwanzigern und am Ende ihrer Facharztausbildung.[113] Beeindruckt von den jüngsten Erfolgen Medunas mit Cardiazol, erteilte Cerletti jedem von ihnen eine bestimmte Aufgabe: Accornero sollte das Insulinkoma studieren, Longhi die Cardiazolbehandlung, und Bini sollte sich um die Frage kümmern, ob seine Hundeversuche am Menschen wiederholt werden könnten. Die drei jungen Psychiater waren unzertrennliche Freunde, verbrachten Tag und Nacht gemeinsam an der römischen Klinik und arbeiteten mehr im Team als für sich oder in separaten Laboren. Dennoch gelang allein Bini die Entdeckung, daß Versuche mit Strom ungefährlich waren, sobald man die Elektroden an den Schläfen der Hunde anbrachte.[114] Ein Jahr lang dauerten die Experimente mit Hunden (der Wagen des Hundefängers pflegte einmal pro Woche vor der Klinik zu halten); Accornero und Bini arbeiteten rund um die Uhr, um die Gehirne der Hunde zu sezieren und die Objektträger mit den Hirnschnitten schnellstmöglich unter ihre Mikroskope zu schieben.

Als 1937 Max Müllers internationale Konferenz über die neuen Schizophreniebehandlungen in Münsingen bevorstand, überlegten Accornero und Bini gemeinsam mit Cerletti, was sie dort vorstellen sollten. Schließlich entschieden sie, daß Accornero die Ergebnisse seiner Insulinforschung vortragen und Bini über seine Hundeversuche sprechen und dabei am Rande erwähnen sollte, daß Versuche am Menschen geplant seien (was er dann auch tat, allerdings stieß diese Nachricht bei den Teilnehmern auf völlige Gleichgültigkeit[115]).

Wieder in Rom, schlug Cerletti seinen Assistenten vor, zum städtischen Schlachthaus zu fahren, wo man Schweinen Elektroschocks verpaßte, bevor man sie schlachtete. Vielleicht konnten die Forscher dort etwas Neues erfahren, beispielsweise wo genau man die Elektroden anbringen mußte oder wie groß die Spanne zwischen einer krampfauslösenden und einer tödlichen Dosis war? Bini und Accornero begannen also mit systematischen Experimenten im Schlachthaus, wobei sie bestätigt fanden, daß die Anbringung der Elektroden an den Schläfen praktikabel und die Spanne zwischen einer krampfauslösenden und einer tödlichen Dosis ausgesprochen groß war.

Nun waren die drei jungen Ärzte bereit, die Elektroschockmethode an einem Patienten zu testen. Cerletti aber zögerte. Accornero meinte später: »Hätte der Versuch am Menschen aus welchen unvorhersehbaren Gründen auch immer mit dem Tod der Versuchsperson geendet, hätte Cerletti die ganze Verantwortung tragen müssen. Unsere Hochschulgruppe, die ohnehin bereits als äußerst experimentierfreudig galt, wäre diskreditiert gewesen, und auch dafür hätte ihr Direktor die Konsequenzen tragen müssen.«[116] Inzwischen hatte Bini mit Hilfe eines Technikers einen primitiven Apparat konstruiert, der die Stöße von 80 bis 100 Volt für den Bruchteil einer Sekunde erlaubte. Nun konnte der erste Patient kommen.

Am 15. April 1938 überwies das römische Polizeikommissariat einen 39jährigen Ingenieur aus Mailand an die Klinik, der, am Bahnhof herumirrend, festgenommen worden war. »Er scheint nicht im Vollbesitz seiner geistigen Kräfte zu sein«, hieß es in der Mitteilung des Kommissars, »und ich überweise ihn an Ihre Klinik, damit er unter Beobachtung gestellt wird.« Der Patient schien zwar klar denken zu können und wußte auch, wo er war, sprach jedoch ein merkwürdiges Kauderwelsch und fürchtete, »telepathisch beeinflußt« zu sein. Er hatte Halluzinationen. Seine Kleidung war schlampig. »Aus psychiatrischer Sicht«, so Accornero, »war das Syndrom klar, die Störung fortgeschritten, die Prognose ungünstig.«[117]

Im ersten Stock der Klinik gab es einen abgelegenen Materialraum. Dort hatte Bini seine Apparatur aufgestellt. Am Morgen des 18. April versammelten sich neben dem Patienten Cerletti, Bini, Accornero zwei weitere Assistenzärzte – von denen einer die Aufgabe hatte, den Korridor zu beobachten, um sicherzugehen, daß niemand hereinplatzen würde – sowie zwei Angehörige des Pflegepersonals. Der kahlgeschorene Patient wirkte ziemlich gleichgültig gegenüber dem Geschehen. Eine Schwester befestigte die Elektroden an seinen Schläfen, während ihm ein Pfleger ein Stück Gummischlauch zwischen die Zähne schob, damit er sich nicht auf die Zunge beißen würde. Alles war bereit. Bini blickte zu Cerletti. Cerletti nickte. Der Strom knisterte. Die Muskeln des Patienten kontrahierten ein einziges Mal. Accornero setzte ihm das Stethoskop auf die Brust: beschleunigter Herzschlag, alles andere normal. Accornero war so aufgeregt, daß er kein Wort über die Lippen brachte.

Der Patient sagte, er könne sich nicht erinnern, was gerade geschehen sei. »Wir haben ihm 80 Volt für die Dauer einer Zehntelsekunde gegeben, und er hatte einen Bewußtseinsausfall«, sagte Bini.

»Also laßt uns auf 90 erhöhen«, meinte Cerletti.

Wieder das Knistern des Stroms. Wieder ein Krampf. Der Patient lag eine Minute bewegungslos da, dann begann er zu singen.

»Versuchen wir's noch ein letztes Mal mit einer höheren Dosis«, sagte Cerletti, »*poi basta* (und dann genug)!«

Im selben Moment sagte der Patient mit völlig ruhiger und verständlicher Stimme, als beantworte er eine Examensfrage: »Paßt auf! Der erste ist eklig, der zweite tödlich.« Die Ärzte blickten einander ratlos an.

»Also los, fangen wir an«, sagte Cerletti.

Bini stellte den Apparat auf das Maximum. Nach diesem Schock hatte der Patient einen klassischen tonisch-klonischen Anfall. Die Muskeln spannten und entspannten sich rhythmisch. Sein Atem setzte aus. Er begann blau anzulaufen, das Herz raste. Keine Kornealreflexe.

Bini zählte die Sekunden . In der fünfundvierzigsten Sekunde entfuhr dem Patienten ein tiefer Seufzer. Ebenso den Ärzten: Sie hatten bewiesen, daß mit Strom gefahrlos Krämpfe bei einem Menschen ausgelöst werden konnten.

Der Patient richtete sich auf, »gelassen lächelnd, als wunderte er sich, was wir eigentlich von ihm wollten«, erinnerte sich Cerletti später.

Sie fragten ihn: »Was haben Sie eben erlebt?«

Er antwortete: »Ich weiß nicht, vielleicht habe ich geschlafen.«

Mit diesen Worten endete der erste Versuch, bei einem psychisch Gestörten durch die Anwendung von Strom Krämpfe auszulösen.[118] Cerletti taufte dieses Verfahren sofort »Elektrokrampftherapie.«[119]

Nach elf EKT-Anwendungen ging es dem Patienten tatsächlich wieder gut. Einen Monat später wurde er »in guter Verfassung und mit guter Orientierung, Ideenbildung und Gedächtnis perfekt« aus der Klinik entlassen. Er wußte jetzt, daß sein Verfolgungswahn und die Halluzinationen die Folgen einer Krankheit gewesen waren. Er kehrte nach Mailand an seinen Arbeitsplatz zurück. Ein Jahr später sollte es ihm noch immer »ausgesprochen gut gehen; allerdings berichtete seine Frau, daß er drei Monate nach seiner Rückkehr wieder Eifersuchtsanfälle bekommen habe und manchmal im Schlaf rede, als antworte er irgendwelchen Stimmen«.[120]

Mit der EKT war also doch keine Heilung von Schizophrenie möglich. Aber man konnte die lähmenden Symptome von Psychosen entschieden lindern und es den Betroffenen ermöglichen, wieder mehr oder weniger normal zu funktionieren. Die Methode verbreitete sich rapide in der Psychiatrie, wobei Lothar Kalinowsky die Rolle des Johnny Appleseed übernahm. Kalinowsky, Halbjude, hatte 1922 in seiner Heimatstadt Berlin in Medizin promoviert, war 1933

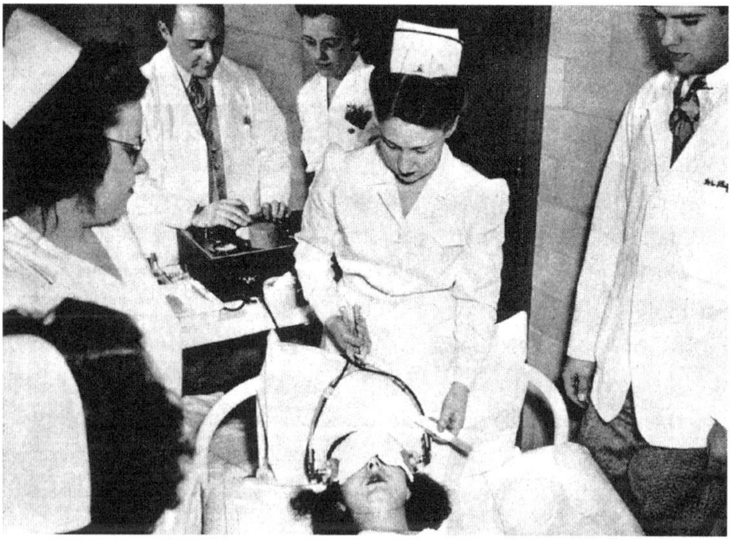

Die Anwendung einer Elektroschocktherapie.

nach Rom geflohen und schrieb dort eine zweite Doktorarbeit. Bei Cerlettis ersten Elektrokrampfbehandlungen war auch er zugegen gewesen. 1939 ging er nach Paris, wo er daran mitwirkte, die EKT am Sainte-Anne-Hospital einzuführen (zuvor hatte er Bini das Versprechen abgenommen, ihm Blaupausen für die Konstruktion eines Apparats zu schicken). Im Juli 1939 kam er nach England. Dort half er Sanderson McGregor, mit der EKT am Netherne Hospital in Couldson zu beginnen.[121] Auch ein deutscher Kollege vom St. Bartholomew's Hospital, den Kalinowsky bei seinen Visiten beraten hatte, ließ sich anschließend ein tragbares EKT-Gerät bauen.[122] So hatte Kalinowsky im ganzen Land den Samen für die Elektroschocktherapie ausgestreut.

Im März 1940 beschloß er zögernd, England, wo er als »feindlicher Ausländer« galt, zu verlassen und in die Vereinigten Staaten weiterzureisen. Bereits im September 1940 hatte er es geschafft, einen EKT-Dienst an der Psychiatrie der New Yorker Columbia University aufzubauen und ein neues Gerät konstruieren zu lassen.[123]

Wo immer die Elektroschockapparatur aufgestellt wurde, rief sie große Begeisterung unter den klinischen Psychiatern hervor. Nun brauchte niemand mehr Patienten durch die Korridore zu jagen, um ihnen eine Cardiazolspritze zu verpassen. »Eine EKT rief sofortige Bewußtlosigkeit hervor, keine Ängste, kein körperliches Unwohlsein nach dem Krampf, kein Erbrechen«, schrieb ein Arzt aus Bethlem über seine ersten Erfahrungen mit dem EKT-Apparat in seiner Klinik. »Er hatte die Größe einer kleinen Kinoorgel, am oberen Teil herrschte ein ziemliches Gewirr aus Knöpfen und Schaltern. Obwohl uns Schwestern und Ärzten diese Maschine vom ersten Moment an Furcht einflößte, äußerten die Patienten seither nur noch selten Angst vor einer Schockbehandlung, und eine regelrechte Verweigerung kam kaum noch vor.«[124] Ein anderer Veteran der Psychiatrie erklärte: »Ohne EKT hätte ich es in der Psychiatrie nicht mehr lange ausgehalten, denn ich wäre nicht imstande gewesen, das Elend und die Hoffnungslosigkeit, von der fast alle Geisteskrankheiten vor Einführung der Schocktherapie gezeichnet waren, länger zu ertragen.«[125] 1944 hatte die EKT zumindest in Großbritannien das Cardiazol zur Erzeugung von Krampfanfällen abgelöst.[126]

Für die Einführung der EKT in den Vereinigten Staaten war, technisch gesehen, nicht Kalinowsky verantwortlich – da sich sein Wirken ja auf die Universitätspsychiatrie beschränkte –, sondern Renato Almansi, der mit Cerletti zusammengearbeitet und 1939 ein Gerät in die Vereinigten Staaten mitgebracht hatte. Er kooperierte eng mit David Impastato, der wie er italienischer Abstammung war, aber seinen medizinischen Abschluß bereits in den USA gemacht hatte und mittlerweile dem Kollegium des Columbus Hospital in New York angehörte. Zuerst experimentierten auch sie mit Hunden, doch im Februar 1940 begannen sie in ihrer Sprechstunde und in der poliklinischen Abteilung des Hospitals Patienten mit EKT zu behandeln.[127] Überall im Land fanden zu dieser Zeit solche Versuche statt. Dennoch kann letztlich niemand außer Kalinowsky als Pate der amerikanischen Elektrokrampftherapie gelten.[128]

Doch die EKT sollte keine großen Triumphe in den Vereinigten Staaten feiern.[129] Die Psychoanalytiker setzten sich vehement gegen sie ein, obwohl viele von ihnen einräumten, daß diese Methode bei schweren Depressionen (die zu einem Viertel mit Selbstmord endeten) nützlich sein konnte. Der Washingtoner Psychoanalytiker Harry Stack Sullivan hielt von der EKT genausowenig wie von allen anderen körperlichen Behandlungsverfahren, da sie seiner Meinung nach alle auf der Einstellung beruhten, daß es »besser sei, schwachsinnig zu werden, als schizophren zu sein«. Er fand es jedenfalls klüger, Schizophrene nicht zu behandeln und zu hoffen, daß diese »außergewöhnlich begabten und daher gesellschaftlich wichtigen Menschen« eine Spontanheilung erlebten.[130] Auch die Group for the Advancement of Psychiatry ließ sich 1947 über den »promiskuitiven und wahllosen Gebrauch« der EKT aus, verdammte die Methode aber nicht von vornherein.[131] (Später sollte der Verband einen kleinen Rückzieher machen und betonen, daß er nur gegen die »unangemessene« Verwendung der EKT gewesen sei.[132]) Aber die psychoanalytische Literatur der USA war von Skepsis gegenüber der Elektroschockbehandlung und Neid auf ihre Erfolge gekennzeichnet und insistierte, daß der Schock höchstens als Vorbereitung auf eine psychodynamische Behandlung sinnvoll sei, nicht aber als rein hirnbiologische Maßnahme.[133] Denn eines war klar: Wenn es tatsächlich die Neuronen im Hirn waren, die die Menschen krank machten, löste sich die ganze psychoanalytische Theorie in Nichts auf.

Damit stellte die EKT die Psychoanalytiker vor ein Problem: Die wirksamste Behandlungsmethode schwerer psychischer Krankheiten war mit ihrer Theorie unvereinbar und daher für sie inakzeptabel. Bei der Facharztausbildung konnte man sich nun aber entscheiden, Psychotherapeut zu werden und auf eine große und lukrative Privatpraxis zuzusteuern oder als unterbezahlter Psychiater in einer Anstalt zu arbeiten, dafür aber die EKT zur Verfügung zu haben.[134] Als Arnold Rogow 1966 eine Gruppe amerikanischer Psychiater und Psychoanalytiker interviewte, fand er heraus, daß ein Drittel aller Psychiater die EKT anwandte, aber nur ein einziger Analytiker.[135] Die zögerliche Akzeptanz der EKT in den Vereinigten Staaten Ende der vierziger, Anfang der fünfziger Jahre ging also nicht zuletzt auf die ideologische Opposition von Psychiatern zurück, in deren Weltbild ein körperliches Behandlungsverfahren nichts zu suchen hatte.

Aber sie hatte auch mit den realen Risiken des Elektroschocks zu tun. Während die Patienten auf den Pritschen um sich schlugen, konnten sie sich leicht die Glieder brechen oder sogar eine Wirbelsäulenfraktur zuziehen. Im englischen Horton Hospital waren die Schwestern längst dazu übergegangen, den Patienten praktisch lahmzulegen: Eine hielt seine Füße zusammen, eine andere stemmte sich auf seine Hüfte, zwei weitere, eine auf jeder Seite, drückten mit einer Hand die Schulter und mit der anderen den Arm des Patienten herunter, und eine hielt mit einer Hand den Kopf des Patienten fest, während sie mit der anderen sein Kinn nach oben drückte.[136]

Dank einer zufälligen Begegnung, die um 1939 zwischen Walter Freeman und Abram Bennett, einem Psychiater aus Omaha, stattgefunden hatte, konnten diese Risiken jedoch minimiert werden. Bennett hatte spastisch gelähmten Kindern geringe Dosen von Curare gespritzt, um durch die Blockade der neuromuskulären Verbindungen eine Entspannung der Glieder zu erreichen. Zudem hatte er auch Erfahrungen mit der Cardiazolschockbehandlung bei depressiven Patienten gemacht. Freeman diskutierte nun mit Bennet, ob mit Curare nicht auch die Gefahr einer Wirbelsäulenfraktur bei der Elektroschocktherapie gebannt werden könnte. Er kannte einen Geschäftsmann mit guten Verbindungen in Ekuador, über den er Bennett eine große Menge des Gifts verschaffte, das dann im Pharmalabor der University of Nebraska standardisiert wurde, um seine Wirkung beständig und vorhersehbar zu machen[137]. Damit war Curare in die Medizin eingeführt.

1940 bestätigte Bennett, daß Curare in der Tat kurzfristig die Kopf- und Nackenmuskulatur lähmte und das Umsichschlagen der Patienten verhindern konnte.[138] Seine Entdeckung wurde bald schon bei der EKT umgesetzt und ermöglichte nunmehr auch ihre Verwendung bei Depressionen. Aber Curare war ein höchst gefährliches Gift und konnte zu schweren Herzkomplikationen führen. Besser für die Blockade der neuromuskulären Verbindungen war Suxamethonium, das seit 1949 für kurze Betäubungen – etwa zum Einführen eines Trachealtubus – gebräuchlich war. 1952 wurde es von den EKT-Abteilungen übernommen, da es ein weit weniger riskantes Mittel zur Vermeidung von Wirbelsäulenverletzungen war als Curare.[139] Eingesetzt wurde es üblicherweise zusammen mit dem extrem kurz wirkenden Methohexitalnatrium, das unter dem Markennamen »Brevital« vertrieben und als allgemeines Anästhetikum verwendet wurde.

1959 war die Elektrokrampfbehandlung laut Kalinowsky schließlich zur »vorrangigen Behandlungsmethode« für manisch-depressive Erkrankungen und schwere Depressionen geworden.[140] Sie war weit wirkungsvoller als jedes andere körperliche Behandlungsverfahren, ging schnell und war unter den Patienten nicht so verschrien. 1959 war eine Art goldenes Jahr für die Psychiatrie, und weder Kalinowsky noch irgend jemand sonst ahnte, daß die antipsychiatrische Bewegung die Elektroschocktherapie schon bald von der Bildfläche verschwinden lassen würde.

Rückblickend betrachtet, waren diese Schocktherapien ein Meilenstein auf dem Weg der Psychiatrie, die sich aus der Vormundschaft der Neurologie zu befreien versuchte. Denn bis in die dreißiger Jahre hinein war ein Großteil des psychiatrischen Spektrums von Neurologen beherrscht worden, die faktisch das Monopol auf psychotherapeutische Privatpraxen hatten und über die wenigen Behandlungsmethoden verfügten, die – wie einst die »Nervenbehandlung« in den Kurbädern – überhaupt irgend etwas zu bewirken schienen. Die klinische Psychiatrie war das Aschenputtel, das eine jämmerliche Existenz in den Irrenhäusern fristete. Mit der Malariatherapie, dem Tiefschlaf und den Schockbehandlungen verfügte sie nun erstmals über eigene Behandlungsmethoden. Sakel, Meduna und Cerletti war es erfolgreich gelungen, »die Neurologie aus dem Sattel zu heben«, wie der New Yorker Psychiater Louis Casamajor 1943 schrieb – allerdings nicht ohne ironisch hinzuzufügen: »Man darf in Frage stellen, ob die Schockbehandlungen den Patienten einen guten Dienst erweisen, aber es kann gar kein Zweifel daran bestehen, daß sie der Psychiatrie einen riesigen Dienst erwiesen haben.«[141]

Das gewagte Unternehmen Lobotomie

Die Idee, am Gehirn zu operieren, um eine psychische Krankheit zu heilen, erscheint an sich nicht unsinnig. Mediziner hatten längst intuitiv erkannt, daß ein manueller Eingriff am Gehirn – etwa indem man einen Trakt, der für ein bestimmtes Zwangsverhalten verantwortlich ist, oder ein Zentrum, das ein malignes Protein produziert, entfernt – ein psychotisches Verhaltensmuster durchbrechen könnte. Im Mittelalter träumten Mediziner davon, den mythischen »Stein des Wahnsinns« herauszuschneiden. Heute verfügen wir etwa über den Nachweis, daß der Verlauf der Parkinsonschen Krankheit durch eine Transplantation der Dopamin produzierenden Neuronen eines Fötus verzögert werden [142] oder daß man Symptome einer schweren Zwangsneurose lindern kann, indem man bei einer Zingulotomie den Gyrus cinguli durchtrennt.[143] Dies sind Beispiele für erfolgreiche Psychochirurgien.

Unter den zahlreichen körperlichen Behandlungsverfahren, die in den dreißiger Jahren ausprobiert wurden, war jedoch auch ein erfolgloser Versuch der Psychochirurgie: die Lobotomie, bei der ein Teil eines Gehirnlappens zerstört wird. Nach den positiven Ergebnissen solcher physischen Methoden wie Barbituratnarkose, Insulinkoma, Cardiazolschock oder Elektroschock schien es nicht mehr so abwegig, daß ein direkt an der Großhirnrinde vorgenommener Eingriff Aussicht auf Erfolg haben könnte. Und so holte man die psychochirurgischen Vorstellungen der 1880er und 1890er Jahre wieder aus den Schubladen.

Die moderne Geschichte der Psychochirurgie beginnt mit einem Schweizer Anstaltspsychiater namens Gottlieb Burckhardt, der 1860 in Basel promoviert hatte. Nach einem Lehrauftrag an der dortigen Universität und einer Anstellung an der staatlichen Irrenanstalt Waldau wurde Burckhardt 1882 Direktor der privaten Préfargier-Klinik in Marin, in der Nähe von Neuchâtel.[144] Hier scheint er erst einmal ausgiebig mit neuen Techniken wie der Hypnose experimentiert zu haben.[145] Und obwohl er dafür nicht ausgebildet war, nahm er auch, ziemlich unbeholfen, direkte Eingriffe in verschiede-

Der Steinschneider von Jan Sanders van Hemessen, 1530. Lobotomie ist bereits seit dem Mittelalter bekannt. Damals schnitt man den Patienten sogenannte Narrensteine, die als Ursachen der Krankheit galten, aus der Stirn.

nen Hirnlappen vor. Im Dezember 1888 beginnend, operierte er sechs offenbar unter Schizophrenie leidende Patienten, allerdings ohne großen Erfolg: Einer starb im Krampfzustand, beim zweiten waren Besserungen festzustellen, beim dritten und vierten gab es keinerlei Veränderungen, und die letzten beiden wurden »ruhiger«.[146] Burckhardts Vortrag über dieses Verfahren beim Medizinischen Kongreß 1890 in Berlin sorgte für allgemeine Unruhe. Die Teilnehmer verweigerten sogar eine Diskussion darüber und beschlossen, daß es am besten wäre, völliges Stillschweigen zu bewahren, um jegliches Aufsehen über diese Arbeit zu vermeiden.[147] Burckhardts im Jahr darauf veröffentlichter Artikel sollte dann zwar kurzfristig noch einmal für Aufruhr sorgen,[148] doch die Idee, direkt in das Hirngewebe einzugreifen, wurde schnell fallengelassen.

Aber eine allgemeine Bereitschaft für solche Eingriffe blieb bestehen. Um 1890 fanden in England erste Versuche statt, die Symptome von Neurosyphilis zu lindern, indem man ein Loch in die Schädeldecke drillte (Trepanation) und die Hirnhaut durchtrennte, um Eiter oder Gehirnflüssigkeit abzulassen.[149] Auch der Breslauer Chirurg Johann Mikulicz versuchte um 1890, das vermeintliche Zentrum für Epilepsie zu entfernen, indem er einen Teil der sensomotorischen Rinde punktierte – eine Arbeit, die nie veröffentlicht wurde.[150] Und der Leiter der Pariser Sainte-Anne-Anstalt, Valentin Magnan, war ebenfalls ein begeisterter Anhänger der Trepanation, weil er glaubte, damit der geistigen Retardierung von Patienten vorbeugen zu können, die angeblich einen zu kleinen Schädel hatten. (Vorangegangene Versuche dieser Art fand er allerdings selbst »nicht ermutigend«.[151]) Es bedurfte offenbar nur einer neuen Entdeckung, oder einer Pseudoentdeckung, um diese allgemeine Bereitschaft, direkt ins Hirn einzugreifen, in die Tat umzusetzen.

Hier betritt Egas Moniz, ein Neurologe aus Lissabon, die Bühne. Moniz hatte sich bereits einen Platz in der Medizingeschichte gesichert, als er 1927 die Hirnangiographie vorstellte, eine Technik, bei der man mittels einer Röntgenaufnahme Gefäße sichtbar machen kann. Zweimal war er für diese Entdeckung für den Nobelpreis nominiert worden, beide Male wurde er abgelehnt. Nach dem ihm versagten Ruhm dürstend, fuhr er 1935 zum Zweiten Internationalen Neurologiekongreß nach London. Während eines ganztägigen Symposiums über die Stirnlappen, denen damals das Interesse vieler Forscher galt, hörte er einen Vortrag von Carlyle Jacobsen und John Fulton aus Yale über die offensichtlich veränderten Verhaltensweisen eines Schimpansen, nachdem man ihm einen Großteil des Stirnlappens entfernt hatte. Vor der Operation habe das Tier zu Wutanfällen geneigt, danach sei es fast fröhlich gewesen.

»Dr. Moniz erhob sich und fragte, ob es nicht vorstellbar sei, auch beim Menschen Angstzustände mit operativen Mitteln zu beseitigen, wenn doch die Entfernung des Stirnlappens bei Tieren die Entwicklung experimenteller Neurosen verhindern und Frustrationsverhalten ausschalten konnte.«[152]

Der Grund für die Lobotomie – oder Leukotomie, wie Moniz sie nannte – war gelegt. Zwischen November 1935 und Februar

1936 überredete Moniz den Neurochirurgen Almeida Lima zur Resektion von Teilen der Stirnlappen bei zwanzig Patienten, die aus der Bombarda-Irrenanstalt in die Neurologie des Santa-Marta-Krankenhauses von Lissabon verlegt worden waren. Sieben seien »geheilt« worden, bei sieben anderen habe sich der Zustand gebessert, bei sechs sei keinerlei Veränderung festzustellen gewesen.

Moniz lieferte jedoch kaum Nachweise zur Untermauerung dieser Behauptung.[153] Fast jeder Mediziner hielt bei der erstmaligen Vorstellung eines körperlichen Behandlungsverfahrens Erkenntnisse zurück – alle wollten sich einen Platz in der Medizingeschichte sichern und konnten noch völlig unbehelligt von jenen rigorosen statistischen Prüfverfahren und Nachfolgestudien agieren, die später verlangt wurden. (Sakels erster Bericht in der Wiener medizinischen Fachpresse enthielt noch nicht einmal einen Hinweis auf die Zahl der Patienten, die er dem Insulinkoma unterzogen hatte.) Doch bei der Lobotomie hatte man es immerhin mit einer primitiven Verstümmelung des menschlichen Gehirns zu tun.

Es war daher ein großes Unglück, daß der Washingtoner Neurologe Walter Freeman, der auch an der Londoner Konferenz teilgenommen hatte, sich mit unkritischer Begeisterung auf Moniz' Verfahren stürzte. Er war es, der von nun an gemeinsam mit dem Neurochirurgen James Watts für die Lobotomie (auch der Begriff stammt von ihnen) in den Vereinigten Staaten die Trommeln schlagen sollte. 1936 unternahmen sie ihre erste Operation an der Klinik der George Washington University; 1946 führten sie erstmals eine sogenannte transorbitale Lobotomie durch, bei der man sich dem Gehirn durch die Augenhöhle näherte.[154]

1947 brachte Freeman und Watts die Frage, ob man die Lobotomie, wie Freeman es wollte, zu einer Routinebehandlung machen sollte, auseinander. Von da an machte Freeman alleine weiter. Anfang der fünfziger Jahre betrieb er die transorbitale Lobotomie als eine Art medizinische One-Man-Show, mit der er kreuz und quer durch den Kontinent reiste. Im Sommer 1951 führte er sie in psychiatrischen Kliniken 17 amerikanischer Staaten sowie in Kanada, Puerto Rico und Curaçao durch. Freemans Biograph Elliot Vallenstein schreibt: »Während einer einzigen fünfwöchigen Reise im Sommer dieses Jahres fuhr er 11000 Meilen mit einem Kombiwagen, in dem er, abgesehen von seiner Campingausrüstung, einen Elektroschockkasten, ein Diktaphon, einen Karteikasten mit Patientenunterlagen, Fotografien und Korrespondenzen transportierte; seine chirurgischen Instrumente verstaute er in der Jackentasche.«[155] Zu diesen chirurgischen Instrumenten gehörte auch ein Eispickel.

Tatsächlich waren tobsüchtige Patienten, die ein Verwahrungsproblem für Anstalten darstellten, nach einer Lobotomie meist ruhiggestellt; doch gleichzeitig waren sie auch allen Urteilsvermögens und aller sozialen Fähigkeiten beraubt. Sie wurden unempfänglich für soziale Signale und begannen sich völlig enthemmt zu verhalten. Entschuldigend schrieben die Verfasser eines Standardlehrbuchs über die körperlichen Behandlungsmethoden der damaligen Zeit: »Wahrscheinlich ist jeder Mensch nach dieser Operation glücklicher als zuvor, aber vermutlich sind ihre Kosten nicht nur für den Betroffenen, sondern auch für die Gesellschaft zu hoch. Das Temperament des Patienten wird ungestümer; er wird leichter reizbar sein und seinem Ärger bereitwilliger freien Lauf lassen, oft ohne eine stimmige Vorstellung von den sozialen Konsequenzen zu haben; seine Wünsche werden womöglich fordernder, in ihrem Ausdruck kompromißloser sein.«[156] Was die Autoren verschwiegen, war, daß mit dem physischen Verlust eines Teils des Stirnlappens auch die Individualität des Patienten preisgegeben wurde und sich, mit den Worten zweier französischer Gegner Freemans, eine Demenz bei Frontalhirnsyndrom entwickelte.[157]

Es gab im wesentlichen zwei Arten von Lobotomie. Moniz bevorzugte die frontale Leukotomie, bei der die weiße Hirnsubstanz im ovalen Zentrum der beiden Teile des Lobus frontalis mit einem quirlartigen Leukotom durch ein Loch in der oberen Schädeldecke durchtrennt wurde. Stocherte man mit dem Leukotom hin- und her, wurde das Nervengewebe zerstört. Freeman hingegen propagierte 1946 die transorbitale Lobotomie, bei der ein entsprechendes Gerät durch die Augenhöhle eingeführt wurde.

Folgendermaßen erklärte eines Februarmorgens im Jahr 1952

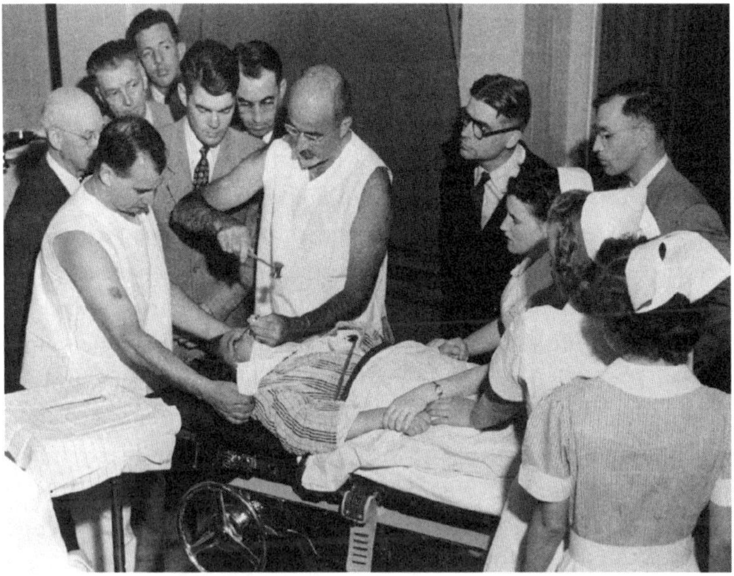

Walter Freeman, Neurologe am Universitätskrankenhaus der George Washington University, machte die Lobotomie in den Vereinigten Staaten populär. Hier führt er ein Instrument durch die Augenhöhle ins Gehirn ein, um Gewebe im Stirnlappen zu zerstören.

ein gewisser Dr. Hatcher aus der staatlichen Milledgeville-Anstalt dem Psychologen Peter Cranford dieses transorbitale Verfahren:

Hatcher: »Peter, ich mache heute morgen transorbitale Lobotomien. Komm mit und sieh mir zu.«

Cranford: »Wenn ich auch nur eine einzige sehe, wirst du die nächste an mir machen müssen.«

Hatcher: »Da ist doch nichts dabei. Ich nehme eine Art medizinischen Eispickel, halte ihn so, schlage ihn genau oberhalb des Augapfels durch die Knochen, schieb ihn bis ins Hirn hoch, wedel damit herum, durchtrenne so die Faserverbindungen, und das war's auch schon. Der Patient fühlt nicht das geringste.«

Cranford: »Und du auch nicht. Ich wollte gerade frühstücken, aber ich habe's mir anders überlegt.«

Hatcher (lacht): »Ein Sinneswandel? Aber nicht von der Art, wie ich sie vornehme!«[158]

In den fünfziger Jahren bestand die amerikanische Anstaltspsychiatrie aus lauter Milledgevilles. Zwischen 1940 und 1944 waren in den Vereinigten Staaten nur 684 Lobotomien durchgeführt worden, doch nach der Propaganda von Freeman und Watts stieg diese Zahl Ende der vierziger Jahre beträchtlich an. Allein 1949 – das Spitzenjahr – wurden 5047 Operationen durchgeführt. Der Historiker Gerald Grob schreibt: »Bis 1951 waren seit Einführung der Psychochirurgie im Jahr 1936 nicht weniger als 18608 Personen einer solchen Operation unterzogen worden.«[159] Das Verfahren wurde in über der Hälfte aller staatlichen psychiatrischen Kliniken angewandt, und sogar eine so angesehene Institution wie das Boston Psychopathic Hospital konnte zu einer Hochburg der Lobotomie werden.

Doch Anfang der fünfziger Jahre verschwand dieses Verfahren fast ebenso schnell von der Bildfläche, wie es aufgetaucht war – nur ein Lidschlag in der Geschichte der Psychiatrie, allerdings äußerst erhellend für jeden, der die medizinische Hybris erforschen will. In Großbritannien begann die Zahl der Lobotomien noch vor der Einführung der neuen Psychopharmaka Mitte der fünfziger Jahre zu sinken.[160] Aber sowohl hier als auch in den Vereinigten Staaten war es letztlich den seit Frühjahr 1954 zur Verfügung stehenden Medikamenten zu verdanken, daß die Lobotomie ad acta gelegt wurde (ähnlich wie in den dreißiger Jahren, als die neue Pharmakologie die damaligen körperlichen Verfahrensweisen verdrängte).[161]

Aus heutiger ethischer Sicht ist die frontale Lobotomie unvertretbar. Doch bei Patienten, die unempfänglich für andere körperliche Behandlungsverfahren waren (oder bei denen nichts anderes versucht worden war), führte sie tatsächlich manchmal zu gewissen Erfolgen. »Nachdem ich persönlich zwölf oder fünfzehn frontale Lobotomien durchgeführt hatte (alle an ausgesuchten und besonders geeigneten Patienten)«, schrieb ein Psychiater 1987, »waren einige erfreuliche Ergebnisse bei Leuten festzustellen, die bereits sechs bis zehn Jahre asyliert und völlig unkontrollierbar gewesen waren. Es gab einige dramatische und einige langfristig zufriedenstellende Reaktionen, in jedem Fall aber waren es Verbesserungen gegenüber der Asylierung dieser Patienten in den geschlossenen Abteilungen von Irrenanstalten.«[162] Folgestudien ergaben, daß etwa ein Drittel aller psychochirurgisch behandelten Patienten aus den Kliniken entlassen werden konnten und anschließend zu Hause lebten.[163] Doch viele von ihnen hätten sich früher oder später von selbst wieder erholt. Und den irreversiblen Schaden, der ihrem Hirn und ihrem Geist zugefügt wurde, muß man gegen die »Kosten« der wenigen Monate oder Jahre abwägen, mit denen sie das Anstaltssystem anderenfalls noch belastet hätten. »Nicht alle sogenannten Geistesstörungen waren so schwer, daß sie es wert waren, gegen ein organisches Hirnsyndrom eingetauscht zu werden«, schlußfolgerte ein Forscher.[164] Es stimmt, daß man mit der Lobotomie immerhin die schwierigsten aller schwierigen Fälle in den geschlossenen Abteilungen erreichen konnte, aber im Gegensatz zu allen anderen körperlichen Behandlungsverfahren rief sie tiefstes Unbehagen unter den Psychiatern hervor. Deshalb war sie auch die erste Therapie, die man sofort fallenließ, als die neuen Psychopharmaka eingeführt wurden.

Sozial- und Gemeindepsychiatrie

Die körperlichen Behandlungsverfahren waren eine Alternative zu dem Dilemma einer Entscheidung zwischen Asylierung und Psychoanalyse. Aber es gab noch eine andere: Sie hatte mit dem Milieu zu tun, in dem eine Therapie stattfand. Die Gemeindepsychiatrie ging von der Prämisse aus, daß weder die Gene noch die frühe Kindheit einen Menschen krank machten, sondern daß sein gesamtes soziales Umfeld entscheidend sei. Psychische Krankheiten konnten demzufolge am besten mit Therapien angesprochen werden, die dem Patienten ein heilendes soziales Umfeld boten. Dieser Teil der Geschichte wurde im wesentlichen in Großbritannien geschrieben.

Jedes Land hat seinen eigenen Beitrag zur Geschichte der Psychiatrie geleistet. Deutschland stiftete die erste biologische Psychiatrie, Frankreich die Heilanstalt. Die Vereinigten Staaten brachten die Psychoanalyse zu voller Blüte und zeichneten später für einen Großteil der zweiten biologischen Psychiatrie verantwortlich. Großbritannien aber steuerte die Vorstellung bei, daß einer jeden Geisteskrankheit vergiftete menschliche Beziehungen zugrunde lägen. Und wenn Psychosen und Neurosen das Ergebnis mangelnden sozialen Zusammenhalts waren, dann konnten solche Krankheiten durch die Wiederherstellung gesunder Beziehungen im Leben eines Menschen auch behandelt werden. Dafür schien sich am besten eine Gruppentherapie zu eignen.

Die Geschichte dieser sozialtherapeutischen Gemeindepsychiatrie ist wie ein Bausteinkasten, dessen unterschiedliche Teile schon jahrelang in der psychiatrischen Landschaft verstreut herumgelegen hatten, aber erst in Großbritannien um die Zeit des Zweiten Weltkriegs zu einem Ganzen zusammengefügt wurden.

Eines dieser Teile war die offene Anstalt. Eine offene Anstalt konnte jeder freiwillig betreten und jederzeit wieder verlassen. Das war eine entscheidende Voraussetzung, wollte man Psychosen entstigmatisieren und Psychiatern einen Zugang zu Neurosen ermöglichen. In Deutschland hatte es solche Anstalten im Privatsektor schon lange gegeben, angefangen mit Otto Müllers 1861 in Helmstedt gegründeter (und 1865 ins idyllische Blankenburg im Harz verlegter) Nervenklinik oder Adolf Albrecht Erlenmeyers privater Irrenanstalt in Bendorf am Rhein, in der er 1866 eine offene Abteilung eingerichtet hatte, die die Patienten aus freien Stücken betreten und wieder verlassen konnten.[165]

Ein weiterer Baustein war die Entlassung von Patienten in irgendeine Art der familiären Fürsorge, wobei es sich nicht unbedingt um die der eigenen Familie handeln mußte. Dieses Verfahren war viele Jahre lang in der berühmten »Irrenkolonie« von Gheel in Belgien angewandt worden, scheint aber zuerst nur wenige Nachahmer gefunden zu haben. Auch schottische Anstalten waren für ihr Familienfürsorgesystem bekannt;[166] und die Deutschen machten ihrerseits Mitte des 19. Jahrhunderts reichlich Gebrauch von der Möglichkeit, Geistesgestörte als zahlende Gäste in den Häusern nahegelegener Bauernfamilien unterzubringen, die ein wenig Extraeinkommen brauchten. Caspar Max Brosius beispielsweise, Direktor einer Privatanstalt in Bendorf, begann 1867 seine wohlhabenden Patienten in die Obhut von Privatpensionen zu geben, wodurch er sie einerseits überwachen konnte und andererseits alle behördlichen Formalitäten und die daraus folgende Stigmatisierung umging.[167] Ferdinand Wahrendorff führte später diese Vorgehensweise etwas systematischer und in größerem Rahmen auch in der privaten Irrenanstalt von Ilten nahe Hannover ein.[168] Bis zur Jahrhundertwende war die »Familienpflege« schließlich in ganz Mitteleuropa im privaten wie im staatlichen Sektor üblich.

Auch die in den Psychiatrien eingerichteten Polikliniken sollten dazu beitragen, den Kommunen, in denen sie angesiedelt waren, den Zugang zur psychiatrischen Versorgung zu erleichtern. Mitte der zwanziger Jahre hatten fast alle großen Psychiatrien in Mitteleuropa ambulante Abteilungen eingerichtet. In Frankreich gründete Charcot eine Poliklinik an der Salpêtrière in Paris, und in den USA verfügte Massachusetts 1920 über 33 ambulante Stationen, New York über 25 und Pennsylvania über 9.[169] Psychiatrische Ambulanzen in Allgemeinkrankenhäusern setzten diese Integration weiter fort. In Deutschland wurde die erste 1925 in Rostock eingerichtet.[170] Es waren also schon vor den dreißiger Jahren alle möglichen Schritte unternommen worden, um die Grenzen zwischen der geschlossenen Anstalt und der sie umgebenden Gemeinde durchlässiger zu machen. Doch die Zerstörung der deutschen Psychiatrie nach 1933 sollte auch die Erinnerung an diese Initiativen auslöschen. Deshalb entwickelte sich Großbritannien in den zwei Jahrzehnten zwischen 1930 und 1950 vom Nachzügler zum internationalen Trendsetter.

Weshalb dieser Umbruch stattfand, ist nicht ganz eindeutig. Vielleicht war er einer Mischung aus keimender Sozialdemokratie am Boden der Gesellschaft und dem Aktivismus der sozial engagierten Eliten an ihrer Spitze zu verdanken. (Man erinnere sich, wie sich die Bloomsbury-Gruppe auf die Psychoanalyse gestürzt hatte.) Jedenfalls kündigte sich dieser Wandel 1930 mit der Verabschiedung eines Gesetzes zur Behandlung von Geistesgestörten an, das einen ganz neuen Tenor hatte. Mit diesem »Mental Treatment Act« öffneten sich die Anstalten gegenüber der Gesellschaft und revidierten den vom Irrengesetz (»Lunacy Act«) aus dem Jahre 1890 festgelegten Kurs, der dafür gesorgt hatte, daß Irre wie gefährliche Raubtiere in Anstalten eingesperrt wurden.[171] Das neue Gesetz ermöglichte den Anstalten eine Politik der offenen Tür, die Abschaffung von Schlössern und Schlüsseln, und gab den Patienten die Möglichkeit, Ausgangserlaubnis zu bekommen und nach Lust und Laune in den nächsten Ort zu spazieren, um dort ein Bier zu trinken. (Es gab drei weitere Arten der Erlaubnis, aber keine führte zur Massenflucht. Im Gegenteil, alle hatten eine ausgesprochen beruhigende Wirkung auf die Insassen der psychiatrischen Institutionen.[172]) Zu den ersten, die diese Politik umsetzten, gehörte der »freundliche und gütige Waliser« T. P. (»Percy«) Rees, der sofort nach seiner Ernennung zum Leiter des Warlingham Park Hospital dafür sorgte, daß die Tore der Anstalt und alle Türen auf den Stationen geöffnet wurden – zum Entsetzen der Belegschaft sogar die von »selbstmordgefährdeten« Patienten.[173]

Das entscheidende Ereignis für die Genesis der sozialtherapeutischen Gemeindepsychiatrie in Großbritannien war jedoch nicht das Gesetz von 1930, sondern der Zweite Weltkrieg. Sofort nach dem Anschluß Österreichs 1938 floh der damals 37jährige jüdische Psychiater und Psychotherapeut Joshua Bierer aus Wien nach London. Bierer hatte bei Alfred Adler studiert und in seiner Privatpraxis und der Steinhofschen Anstalt in Wien bereits viel Erfahrungen mit Psychotherapien gesammelt. Gleich nachdem er sich 1938 am Runwell Hospital in der Nähe von London eingerichtet hatte – einer ultramodernen Einrichtung, die nach dem Bungalow-Prinzip erbaut worden war –, führte er auch dort ein psychotherapeutisches Programm ein. Das war zur damaligen Zeit für eine britische Psychiatrie ganz unüblich. Kaum eine verfügte auch nur über einen hauptamtlichen Psychotherapeuten. Hier begann Bierer seine Patienten nun über ihre Träume und frühesten Kindheitserinnerungen zu befragen.[174]

Am ungewöhnlichsten für seine vor dem Krieg praktizierte Psychiatrie war die Gruppenpsychotherapie. 1939 begann Bierer

Kranke bei der Arbeit in der Landwirtschaft. Die sozialtherapeutische Behandlung der Patienten durch Integration in alltägliche Arbeitsabläufe und Familienpflege ging mit dem Versuch einher, die Anstalten gegenüber der Gesellschaft zu öffnen. Häufig nutzte man die Patienten jedoch nur als billige Arbeitskräfte aus.

nicht nur die Insassen von Runwell in Psychotherapiegruppen zu organisieren, sondern auch die ambulanten Patienten zweier Londoner Allgemeinkrankenhäuser. 1942 dehnte er sein Programm auf die beiden wesentlichen Londoner Lehrkrankenhäuser Guy's und St. Bartholomew's aus.[175] Bierer war der Meinung, daß die klassische Psychoanalyse die Leiden des Patienten nur verlängere, da sie ihn so stark vom Analytiker abhängig mache. Eine Gruppentherapie hingegen helfe den Patienten, »unabhängig, aktiv und ›selbstbestimmt‹« zu werden, bringe sie zur Einsicht und rege sie zu einer aktiven Mitarbeit am Heilungsprozeß an.[176] Dies war in Großbritannien – und vermutlich auch auf dem Kontinent – das erste Mal, daß Psychotherapie im Rahmen einer Gruppe stattfand.

Wie kamen diese Gruppen zustande? »Am 8. Dezember 1939 trafen sich 35 Patienten – Neurotiker und Psychotiker – im ›Sunnyside House‹ [des Runwell Hospital] und gründeten einen Club. Den Vorsitz des Treffens übernahm ein Patient.« Mit anderen Worten, die Therapiegruppe – oder therapeutische Gemeinschaft, wie sie bald schon genannt werden sollte – wurde von den Patienten selbst geleitet; sie war ihnen auch von niemandem aus der Klinik aufoktroyiert worden. Zwar sollte bei jedem Treffen jemand vom Personal anwesend sein, sonst aber war dieser Club »vollständig autonom«, die Patienten wählten ihre eigenen Vertreter, veröffentlichten ein eigenes Magazin und trafen sich regelmäßig dreimal wöchentlich. Ein typischer Diskussionspunkt war beispielsweise: »Warum lachen wir über den Sturz eines anderen?«[177] »Die Disziplin wurde vollständig in die Hände der Clubmitglieder gelegt«, schrieb Bierer. Somit hatte er nicht nur der Gruppentherapie selbst eine Chance gegeben, sondern zugleich das Prinzip eingeführt, daß sie von Patienten geleitet werden mußte. Diese Technik nannte er »›Gemeinschafts‹-Therapie« (»›Community‹ Treatment«).[178]

Hier verlassen wir Bierer und wenden uns einem nördlichen Vorort von London zu. Dort hatte das Gesundheitsministerium bei Ausbruch des Zweiten Weltkriegs das Mill Hill Emergency Hospital eingerichtet, ein in einer ehemaligen Privatschule untergebrachtes Psychiatriezentrum für die Behandlung von Soldaten und Zivilisten, die unter Kriegsneurosen litten. Das Personal stammte aus der Maudsley-Klinik, das unter anderem auch eine »Erschöpfungssyndrom«-Abteilung eingerichtet hatte. Dieser Name (»Effort Syndrome«) wurde gewählt, weil viele psychosomatische Krankheiten unter Soldaten, beispielsweise die extreme Kurzatmigkeit (das sogenannte »Soldatenherz«), die gleichen Symptome zeigten wie eine körperliche Überanstrengung. Geleitet wurde diese 100-Betten-Station von einem Kardiologen sowie einem jungen schottischen Mediziner namens Maxwell Jones (geboren in Südafrika), der seinen Abschluß ein paar Jahre zuvor an der Edinburgher Universität gemacht hatte und sich bei Kriegsausbruch mitten in seiner psychiatrischen Facharztausbildung an der Maudsley-Klinik befand. Unter seiner Leitung sollte die Vorstellung von einer therapeutischen Gemeinschaft Gestalt annehmen: Kaum eine Krankenschwester während des Krieges gehörte zum altmodischen Typ der autoritären Wärterin. Dies waren verantwortungsbewußte, berufstätige Frauen, die beschlossen hatten, auf diese Weise ihren Kriegsdienst zu leisten. Sie pflegten einen offenen und gleichberechtigten Umgang mit anderen, waren es nicht gewohnt, von Ärzten Befehle zu erhalten, um ihrerseits die Patienten zu kommandieren. Die Schwestern, so Jones, führten nun »häufig ein Stationstagebuch, in das die [jeweils] vierzehn von ihnen betreuten Patienten die Probleme der Gruppe eintragen und schildern konnten, wie sie diese durch Gespräche zu lösen versuchten«. So begann sich unter Anleitung dieser Frauen aus der britischen Mittelschicht eine bestimmte Art der Gruppendynamik unter den Patienten herauszubilden.

Aber auch die Ärzte von Mill Hill fanden sich mit den Patienten in Gruppen zusammen und setzten ihnen geduldig und freundlich auseinander, unter welcher Form von Hysterie sie litten. Zuerst versprach man sich von diesen Gruppenversammlungen keinen besonderen therapeutischen Effekt; man sah sie als gute Möglichkeit, Informationen an die Patienten weiterzugeben, ohne den Eindruck zu erwecken, sie belehren zu wollen, und damit ihr Befremden auszulösen. »Aber bald wurde deutlich«, so Jones, »daß die Diskussionsgruppe mehr als nur ein Informationstreffen war; sie wirkte sich auf die gesamte Sozialstruktur der Station aus.« Die Patienten sprachen Probleme an, die sich aus dem Zusammenleben auf der Station ergaben. Die Stimmung in der Gruppe veränderte sich ständig auf völlig unvorhersehbare Weise. Die Krankenschwestern berichteten, daß in ihren Abteilungen ganz ähnliche Prozesse abliefen. Also fragten sich die Ärzte und Schwestern von Mill Hill, was es mit diesem ständigen Stimmungswandel auf sich haben könnte. Sie begannen zu experimentieren, indem sie soziale Probleme in der Gruppe erörterten oder indem Schwestern den Patienten kurze Szenen vorspielten, etwa »aus dem Leben einer fiktiven Familie, bestehend aus den Eltern (einem ›normalen‹ Vater und einer hysterischen Mutter) und drei Töchtern, eine mit schizoider Tendenz, eine psychopathisch und eine hysterisch. Es stellte sich heraus, daß die Patienten größtes Interesse an diesem spielerischen Ansatz hatten und sich an der anschließenden Diskussion ausgesprochen lebhaft beteiligten.« Seit Januar 1944 spielten die Patienten dann selber bei diesen Psychodramen mit[179] – obwohl man diesen Begriff damals nicht kannte, denn noch hatte keiner von Jacob Moreno gehört, der das Psychodrama entwickelte. Von 1944 an verstand und benutzte Jones also Gruppeninteraktionen als therapeutisches Mittel. Allerdings verwandte er dafür nicht den Begriff Gruppentherapie.

Anfang 1945 fand ein noch wesentlich umfangreicherer Feldversuch mit der therapeutischen Gemeinschaft statt. Die Mill-Hill-Gruppe wurde gebeten, eine Abteilung im Southern Hospital von Dartford in Kent zu übernehmen, wo aus der Gefangenschaft zurückgekehrte Soldaten, die unter Kriegsneurosen litten, behandelt werden sollten. Sechs Psychiater, 50 Krankenschwestern und zusätzliches Pflegepersonal traten an, um ihr therapeutisches Modell in diesem psychiatrischen Dienst mit seinen 300 Betten umzusetzen. Zuerst halfen sie den Männern, Arbeit in Dartford zu finden. Täglich wurden sie in drei großen grünen Bussen in den Ort gebracht und wieder abgeholt. Jones berichtete: »Die Männer waren in sechs ›Cottages‹ untergebracht, jedes mit 50 Betten. In jeder Station fand täglich ein Gemeinschaftstreffen statt, nach dem Muster, das wir in Mill Hill entwickelt hatten.« In einer Atmosphäre gegenseitigen Beistands diskutierten die Patienten über ihre Ängste, wie etwa darüber, keine sexuellen Beziehungen mehr zu ihren Frauen aufnehmen zu können oder mit den Kindern nicht zurechtzukommen, die während ihrer Abwesenheit geboren worden waren, oder einfach als Ehemänner nichts mehr zu taugen.[180]

Die Ereignisse in Dartford weckten, so Jones, »beträchtliches Interesse an der therapeutischen Gemeinschaft«. Finanziert von diversen Ministerien, eröffnete Jones im April 1947 eine 100-Betten-Abteilung im nunmehr »Belmont Hospital« genannten, verwahrlosten alten Flügel einer Anstalt des Londoner County Council, die zur berühmtesten therapeutischen Gemeinschaft der Welt werden sollte. Dort wollte er vor allem die Probleme von »dauerarbeitslosen

Neurotikern« studieren. (Während des Krieges hatten Mitarbeiter des Maudsley Hospital, die nicht nach Mill Hill gegangen waren, am Belmont ein Neurosezentrum aufgebaut, das sich mehr an körperlichen denn an psychologischen Behandlungsverfahren orientierte.[181]) Der von Jones eingerichtete neue Dienst, Industrial Neurosis Unit (INU) genannt, setzte alle von ihm und seinem Team entwickelten Konzepte in die Tat um. Der Wochenplan für die Patienten war angefüllt mit Gruppenaktivitäten:

Montag: Abteilungskonferenz, »bei der die Patienten ihre Klagen vorbringen oder konstruktive Vorschläge machen können«.

Dienstag: Aufklärerische Filme.

Mittwoch-Donnerstag: Von Mitarbeitern geleitete Gesprächsgruppen.

Freitag: Psychodrama. Von 10 bis 12 Uhr und von 14 bis 16 Uhr Beschäftigungstherapie für die Patienten. Am späten Nachmittag ein Gang nach draußen, um 19 Uhr ein von den Patienten zusammengestelltes Gesellschaftsprogramm, das »bei den Gruppengesprächen prompt kritisiert wird, wenn es nicht die Bedürfnisse aller befriedigen konnte«.[182]

1954 wurde diese INU in Social Rehabilitation Unit (SRU) umbenannt. Später sollte sie unter dem Namen Henderson Hospital (nach dem schottischen Psychiater David Henderson, der viele Reformer beeinflußt hatte) ein bedeutendes Zentrum der Sozial- und Gemeindepsychiatrie werden.

Die therapeutische Gemeinschaft war eine Alternative sowohl zur Psychoanalyse als auch zur Asylierung, nicht aber zu den körperlichen Behandlungsverfahren. In der INU war zwar zum Beispiel nie geplant gewesen, Psychotiker aufzunehmen, doch es geschah gar nicht so selten. Und in solchen Fällen griffen auch Jones und seine Mitarbeiter regelmäßig auf die Insulinkomabehandlung zurück. Vor Anamnesen pflegten sie den Patienten Amobarbitalnatrium zu verabreichen, und gelegentlich führten sie sogar Lobotomien durch.[183]

Aber greifen wir der Geschichte nicht vor. Während des Krieges wurden überall therapeutische Gemeinschaften gegründet. Thomas Main, zuvor stellvertretender Leiter einer Anstalt in Northumbria, richtete eine solche am Northfield Military Hospital in der Nähe von Birmingham ein, bei der er besonderen Wert auf spontanen emotionalen Kontakt unter den Mitarbeitern wie zwischen Mitarbeitern und Patienten legte (bekannt als »das Zweite Northfield-Experiment«). Main nahm für sich in Anspruch, den Begriff therapeutische Gemeinschaft geprägt zu haben.[184] Northfield, so Main, war »eine therapeutische Einrichtung, deren Organisation auf einer spontan-emotionalen (anstelle einer medizinisch diktierten) Struktur basierte, auf die sich der gesamte Stab und alle Patienten einließen«.[185] »Aufrichtigkeit«, erklärte er, »war die Grundlage des Betriebs.«[186] Interessant ist, daß Mains Bericht zwar mit psychoanalytischen Fachbegriffen durchsetzt ist, aber auch er in Northfield zu Barbituratnarkose und Elektroschock griff.[187]

Der Grund, weshalb sich diese progressiven Ideen in der normalerweise sehr schwerfälligen Bürokratie des medizinischen Dienstes der Armee so schnell durchsetzen konnten, war, daß Main ein paar einflußreiche Verbündete hatte, die auf der sozialen Leiter sehr viel höher standen als Jones und seine Gruppe. Main war einer der sogenannten »Tavi brigadiers« einer Gruppe von Psychiatern aus der Tavistock Clinic im Londoner Zentrum, die für die Armee-Psychiatrie verantwortlich war. Tavistock war 1920 von Hugh Crochton-Miller und John Rawlings (»J. R.«) Rees als Poliklinik mit einer quasipsychoanalytischen Orientierung bei der Behandlung von Nervenkranken gegründet worden. Rees, seit 1933 ihr medizinischer Direktor, wurde mit Ausbruch des Krieges 1939 dann Leiter der gesamten Armee-Psychiatrie. In seinem Gefolge kam eine Reihe aufgeweckter junger, psychoanalytisch orientierter Psychiater an das militärische Research and Training Center. Einer davon war Main; ein zweiter John Bowlby, der später mit seiner Arbeit über die Fixierungstheorie bekannt werden sollte. Schon 1942 hatte Rees den Begriff »Sozialpsychiatrie« benützt – ein Konzept, das es bereits seit Esquirol gab, das unter dieser Bezeichnung aber erst jetzt in Umlauf kam. Von Anfang des Krieges an wurden in Tavistock Seminare durchgeführt, die sich mit der sozialen Thematik befaßten.[188]

Doch die therapeutische Gemeinschaft brauchte ein eigenes Zuhause. Der Schwerpunkt der Lehre lag auf der Stärkung des Patienten und der Normalisierung seines Lebens: Gute Beziehungen in der Gemeinschaft sollten wiederherstellen, was problematische menschliche Beziehungen zerstört hatten.[189] Die Anstalt konnte daher kein angemessenes Zuhause für die Gruppenpsychotherapie sein, die ja im Zentrum der therapeutischen Gemeinschaft stand. Wo aber sollte man sie ansiedeln? Mit dieser Frage entstand die Idee einer psychiatrischen Tagesklinik, einer Art poliklinischer Abteilung in einer Nervenklinik, einem Allgemeinkrankenhaus oder sogar unabhängig von Institutionen, eines Ortes, an den Patienten kommen konnten, um an Gruppensitzungen, Beratungen, Beschäftigungstherapien oder all den anderen Behandlungsformen teilzunehmen, die zum umfangreichen Angebot gehörten. Ewen Cameron hatte bereits 1946 eine solche psychiatrische Tagesklinik am Allan Memorial Institute in Montreal eingerichtet (und diesen Begriff in die Psychiatrie eingeführt),[190] doch Joshua Bierer in Großbritannien wußte damals offenbar nichts von Camerons Aktivitäten, und seine 1948 gegründete Tagesklinik war die erste in England.

Untergebracht war sie im Social Psychiatry Centre, das Bierer 1946 in zwei kriegsbeschädigten Häusern im Londoner Stadtteil Hampstead aufgebaut hatte. Er begann mit seinen Mitarbeitern die mögliche Struktur einer Tagesklinik zu diskutieren, in der neben einem Patientenclub auch Psychodrama, Gruppentherapie, Elektroschock- und Insulinbehandlungen sowie alle anderen neuen Therapien angeboten werden sollten, die sich in der progressiven britischen Psychiatrie durchgesetzt hatten. In den nächsten zwölf Monaten warben sie bei Krankenhausverwaltungen, niedergelassenen Psychiatern und Hausärzten um Unterstützung für ihr Konzept. Im Oktober 1948 gelang es Bierer, Gelder für acht Teilzeit- und zwei hauptamtliche Psychiater, einen Teilzeitpsychologen, einen psychiatrisch ausgebildeten Sozialarbeiter, einen Beschäftigungstherapeuten, einen Sozialtherapeuten und den notwendigen Pflegestab zu sichern.[191] Damit war das goldene Zeitalter der britischen Psychiatrie an seinem Höhepunkt angekommen: Derartige Ressourcen aufzubieten, war nur in einem sozialen Umfeld möglich, in dem die Sozial- und Gemeindepsychiatrie zu einem Losungswort geworden war.

Das Prinzip der Tagesklinik wurde als humanere und weit kostengünstigere Alternative zur Asylierung sofort aufgegriffen. Eine Neugründung folgte auf die andere: 1951 in Bristol, 1953 am Maudsley und so fort. 1959 existierten in Großbritannien 38 Tageskliniken.[192] Die Bewegung hatte sich Bierers Philosophie angeeignet, daß die Behandlung »das gesamte soziale Umfeld des Patienten und alle seine sozialen Beziehungen einbeziehen muß. Er darf nicht als Einzelperson, sondern muß als Teil der Gemeinschaft behandelt werden.«[193]

Rückblickend betrachtet, lag die Bedeutung der Tagesklinik-Bewegung vor allem darin, daß sie den ersten Versuch darstellte, die Behandlung schwerer psychischer Störungen aus den Anstalten in die Gemeinschaft zu verlagern. So naiv dieser Ansatz heute auch erscheinen mag, stellten Jones' therapeutische Gemeinschaften und Bierers Sozial- und Gemeindepsychiatrie damals doch aufregende Möglichkeiten in Aussicht und schienen echte Alternativen zu dem von Pessimismus geprägten neurobiologischen Ansatz und den esoterischen Ritualen der Psychoanalyse zu sein.

In den Vereinigten Staaten löste dieses Konzept weit weniger Begeisterung aus. Obwohl auch dort Begriffe wie »Sozialpsychiatrie« verwendet wurden, verband man damit gewöhnlich eher eine Art psychiatrischer Epidemiologie oder das Studium der menschlichen Beziehungen in psychiatrischen Kliniken als Gruppenpsychotherapie.

Um die Zeit des Ersten Weltkriegs hatte es allerdings auch in der amerikanischen Psychiatrie neue Impulse gegeben. Man versuchte, den Stillstand und die Isolation in den Anstalten aufzubrechen, indem man die Patienten und ihre Krankheiten unter einem sozialen Blickwinkel betrachtete. Zu den ersten, die den Begriff Sozialpsychiatrie verwendeten, gehörte Elmer Southard, 1917 Direktor des Bostoner Psychopathic Hospital, der darunter allerdings eine Mischung aus psychiatrischem Sozialdienst und Sozialpsychologie verstand.[194] Anfang der zwanziger Jahre setzten sich bei den Jahreskonferenzen der American Psychiatric Association immer mehr Redner – darunter auch zwei ihrer Präsidenten – leidenschaftlich dafür ein, daß die Anstalten sich in das kommunale Leben einschalteten und daß in den Gemeinden psychischen Krankheiten schon vorgebeugt würde.[195] Ihre Rhetorik zeigte die Bereitschaft der damaligen Psychiatrie, die reine Verwahrmethode hinter sich zu lassen und wieder Anschluß an die Hauptströmungen der Medizin zu finden. Und sie stand im Einklang mit der in den zwanziger Jahren in den USA herrschenden »sozialmedizinischen« Lehre, die Medizin nicht zuletzt als eine Sozialwissenschaft zu betrachten und die Aufmerksamkeit auf »den ganzen Menschen« zu richten.[196] Aber all dies hatte nicht das geringste mit Gruppenpsychotherapie oder gemeindenaher Versorgung zu tun.

Gruppenpsychotherapie fand in den Vereinigten Staaten erstmals 1934 statt, als Paul Schilder am New Yorker Bellevue begann, ein- bis zweimal pro Woche jeweils zwei bis sieben Patienten aus der poliklinischen Abteilung zu gemeinsamen Sitzungen zu versammeln. »Bei der Gruppenpsychotherapie«, so Schilder, »kann der Arzt mehrere Patienten auf einmal sehen, und jeder Patient ist sich der Probleme der anderen bewußt.« Für den oft unter gravierenden Störungen leidenden Patienten sei die Erfahrung, nicht als einziger solche Schwierigkeiten zu haben, eine Erleichterung gewesen. »Bei einem Gespräch erinnerte sich ein Patient beispielsweise an eine versuchte Vergewaltigung seiner Schwester. Es war erstaunlich, wie viele Gruppenmitglieder sich an ähnliche Situationen im eigenen Leben erinnerten; damit war es möglich geworden, einen solchen Vorfall richtig einzuschätzen.«[197] Der innovationsfreudige Schilder kam später bei einem Autounfall ums Leben. Und da sich im Gegensatz zu Großbritannien das militärische Establishment in den USA nicht hinter die Gruppenpsychotherapie stellte, konnte sich die Bewegung auch nicht durchsetzen. Hier übernahmen die Psychoanalytiker im Zweiten Weltkrieg die Kontrolle über die Armee-Psychiatrie: Die Lehren Freuds und nicht Patientenclubs bestimmten die Regeln.

Der Begriff Sozialpsychiatrie setzte sich in den Vereinigten Staaten während der fünfziger und sechziger Jahre durch, allerdings in bezug auf großangelegte Studien über die geistige Gesundheit der Bevölkerung wie etwa die Midtown Manhattan Study, die 1950 von Thomas Rennie vom Cornell Medical College in Auftrag gegeben wurde.[198] Unter therapeutischen Gemeinschaften verstanden Amerikaner letztlich nur psychiatrische Kliniken, die eine Politik der offenen Tür verfolgten, eine schwerwiegende Fehlinterpretation des britischen Begriffs. Und die amerikanische Definition von »Sozialpsychiatrie« war so weit gefaßt, daß sie jeden nur denkbaren Einfluß auf das Leben des Patienten enthielt – Kindheit, Freunde, Klassenzugehörigkeit, finanzielle Lage und so weiter. All diese Faktoren trugen dazu bei, der amerikanischen Psychiatrie ihren sozialaktivistischen Stempel zu verpassen, aber sie hatten kaum etwas mit dem zu tun, was man in Großbritannien unter den Begriffen Gruppenpsychotherapie, Tagesklinik und Patientenautonomie verstand.

Erst später sollten therapeutische Gemeinschaften in den USA blühen und gedeihen. »Kein progressives Krankenhaus, das etwas auf sich hält, kommt ohne das Etikett einer therapeutischen Gemeinschaft aus«, schrieb ein Kritiker in den frühen siebziger Jahren.[199] Doch diese Experimente wurden häufig vom Geist der Psychoanalyse verfälscht, deren Betonung ja auf einer Eins-zu-eins-Beziehung zwischen Arzt und Patient lag (um eine »Übertragung« zu erreichen). Und wenn Amerikaner tatsächlich einmal versuchten, eine therapeutische Gemeinschaft einzurichten, kam dabei meist eine Karikatur des britischen Originals heraus. Man denke nur an die alptraumhafte Gemeinschaft, die Ken Kesey 1962 in seinem Roman *Einer flog über das Kuckucksnest* beschrieb. Die einzige ernstzunehmende Tagesklinik in den Vereinigten Staaten war die Menninger Clinic.[200]

Die amerikanische Gemeindepsychiatrie endete tragisch. In Massen wurden behinderte Patienten aus den Anstalten in den brutalen Alltag der Straße entlassen. Tagespflegestätten wie in Großbritannien oder auf dem europäischen Kontinent, die diesen Namen verdienten, gab es nicht. Der von der Kennedy-Regierung 1963 erlassene »Mental Health Act« war die vielleicht einzige Ausnahme von der Regel. Doch die von diesem Gesetz geforderten »Mental Health Centers« sollten sich bald nur noch Psychotherapien für wohlhabende Stadtneurotiker widmen anstatt der kommunalen Fürsorge für Psychotiker.[201] Das Thema Gemeindepsychiatrie in den Vereinigten Staaten war und ist ein schlechter Witz.

Die Psychiatriegeschichte hat von diesem Mißerfolg in den Vereinigten Staaten allerdings durchaus profitiert, da er Anstoß zur Weiterentwicklung gab. Das Fehlen einer vernünftigen Gegenlehre zur Psychoanalyse ermöglichte es der biologischen Psychiatrie, ihren Konkurrenten leichter auszuschalten, als es in Europa der Fall war, wo die Gemeindepsychiatrie dem biologischen Ansatz jahrzehntelang heftigen Widerstand leistete.[202] Doch im Grunde sind die biologische und die soziale Perspektive gar nicht unvereinbar, denn eine psychische Krankheit wird ohne Zweifel häufig durch sozialen Streß hervorgerufen und geformt. Die Sozialpsychiatrie in den USA erkannte dies und verschaffte ihr letztlich einen viel festeren Halt, als ihn die Psychoanalyse hatte.

Ein halbes Jahrhundert lang gab es in der Psychiatrie nur die Wahl zwischen einer Asylierung oder einer Einzelpsychotherapie. Gezwungen, sich auf die Suche nach Alternativen zu begeben, schusterte sie sich eine Reihe von Optionen zusammen, die vom Tiefschlaf über die Elektroschocktherapie bis hin zum Patientenclub reichte. Doch zwischen diesen alternativen Möglichkeiten herrschten keine Paradigmenkonflikte, und es wurden auch keine theoretischen Schlachten geschlagen. Ein Arzt konnte an einem Tag zum Psychodrama greifen, am nächsten zum Elektroschock. So verzweifelt versuchten Psychiater, der unangenehmen Entscheidung zwischen einer Asylierung (der Armen) und einer Psychoanalyse (der Reichen) auszuweichen, daß sie gewillt waren, praktisch alles auszuprobieren, was auch nur den geringsten Erfolg versprach. Auf diese Weise umging die psychiatrische Disziplin ein halbes Jahrhundert lang die Entscheidung zwischen dem neurobiologischen und dem psychogenen Paradigma. Doch in den sechziger Jahren war ein solch pragmatischer Eklektizismus nicht mehr möglich. Mit lautem Getöse erhob sich das neurobiologische Paradigma aus dem Grab, das ihm Kraepelin geschaufelt hatte: Inzwischen gab es wirksame Medikamente, und man verfügte über Nachweise, daß psychische

Krankheiten ein biologisches Phänomen darstellten, das mit problematischen menschlichen Beziehungen oder gar schizophrenogenen Müttern nicht zu erklären war. Fast alle Alternativen, die sich in der ersten Hälfte des Jahrhunderts entwickelt hatten, wurden von der zweiten biologischen Psychiatrie verdrängt.

7. KAPITEL

Die zweite biologische Psychiatrie

In den siebziger Jahren kehrte die biologische Psychiatrie mit großem Getöse auf die Bühne zurück. Sie verdrängte die Psychoanalyse als herrschendes Paradigma und reihte die Psychiatrie wieder in die medizinischen Spezialgebiete ein. Dieser Sieg des Biologischen, jener Ansicht, daß schwere psychische Krankheiten das Substrat einer gestörten Hirnchemie und bestimmter Fehlentwicklungen im Hirn seien, bedeutete zugleich eine Rückbesinnung auf Fragen, die zuletzt von der ersten biologischen Psychiatrie im 19. Jahrhundert gestellt worden waren. Das hatte unweigerlich zur Folge, daß die Psychoanalyse, der zufolge die Krankheiten der Seele psychogene, auf frühkindliche Probleme oder Streß im sozialen Umfeld zurückzuführende Störungen und durch Tiefenanalyse heilbar waren, verworfen wurde. Doch auch das biologische Denkmuster ließ der Psychotherapie Raum, allerdings nur in jener formlosen Art, die jedem Arzt-Patienten-Verhältnis inhärent ist, und nicht in Gestalt der ausgeklügelten Choreographie, die die Psychoanalyse für ihre Reise durch die Konflikte im Unbewußten entworfen hatte.

Obwohl sich die zweite biologische Psychiatrie erst in den siebziger Jahren im klinischen Alltag durchsetzte, waren ihre Prämissen – daß psychische Krankheiten durch Genetik und Hirnentwicklung verursacht werden und folglich durch Medikamente und formlose Psychotherapie zu heilen sein müßten – bereits in den letzten Tagen der ersten biologischen Psychiatrie aufgekeimt. Der unmittelbare geistige Vorfahr der zweiten biologischen Psychiatrie war die Deutsche Forschungsanstalt für Psychiatrie, die Emil Kraepelin, der das Kapitel der ersten biologischen Psychiatrie abschloß, 1917 in München gegründet hatte. Obwohl er nicht an Kausalitäten glaubte – für die Vererbungslehre und den hirnbiologischen Ansatz seiner Vorgänger hatte er nur ein Stirnrunzeln übrig –, umgab er sich mit Wissenschaftlern wie Franz Nissl und Aloys Alzheimer, die das Gehirn als die Quelle psychischer Krankheiten betrachteten. Zudem hatte er sich Erbforscher an sein Institut geholt und es ihnen ermöglicht, dort ein Labor für die Untersuchung von erblichen Mustern bei Geisteskrankheiten einzurichten. Dieses Institut für Genealogie und Demographie, das mit seinen rassehygienischen Forschungen im Dritten Reich so traurige Berühmtheit erlangen sollte, begann nun mit der Erforschung von Erblichkeitsmustern, basierend auf der Überzeugung, daß schwere psychische Krankheiten in der Hirnsubstanz entstünden und weder durch die Fehler der Mütter noch durch ein unzuträgliches soziales Umfeld hervorgerufen würden.

Die genetische Komponente

Die überzeugendsten Nachweise für die ursächliche Verantwortung, welche die Nervenzellen für psychische Krankheiten tragen, liefern Erkenntnisse aus der Genetik. Viele Krankheiten sind nicht erblich, sondern Resultat von Entwicklungsanomalien, die bereits pränatal entstanden oder durch Umwelteinflüsse hervorgerufen worden sind. Aber es gibt auch erbliche Krankheiten, die das Argument der biologischen Psychiatrie stützen, daß Veranlagung zumindest eine gewisse Rolle spielt.

Schon die erste biologische Psychiatrie war sich dessen bewußt, nur haben sich ihre Vertreter in ihrer statistischen Naivität zu sehr an Anekdotisches gehalten, anstatt ihre Beobachtungen durch Stichproben, Testpersonen und Kontrollgruppen zu belegen. Der historischen Reputation der ersten biologischen Psychiater wenig dienlich war außerdem, daß sie ihre Erkenntnisse in die immens wertende Begrifflichkeit der »Degeneration« kleideten. Erst die Vorläufer der zweiten biologischen Psychiatrie verstanden, daß sie nur überzeugen konnten, wenn sie quantitatives und durch Kontrollen überprüftes Datenmaterial über Schizophrenie und Depression vorlegten, und daß sie einen Einfluß des familiären Umfelds nur ausschließen konnten, wenn sie ihre Behauptungen mit genügend Daten bewiesen. Denn es ist grundsätzlich immer möglich, daß Schizophrene ihr Verhalten während der Kindheit von entsprechend kranken Personen in ihrer Familie erlernt, aber nicht geerbt haben.

Allerdings hatten auch einige Vertreter der ersten biologischen Psychiatrie die Bedeutung von Zahlen schon erkannt. Bereits Richard von Krafft-Ebing führte in Graz eine Untersuchung an 19 Psychotikerinnen durch, die ihn schlußfolgern ließ, daß es bei 12 von ihnen eine familiäre Prädisposition zu neuropathologischen Leiden gab.[1] Emil Kraepelin fand 1913 nach der Evaluation einiger über seine Heidelberger Patienten angelegten Tabellen heraus, daß ungefähr 70 Prozent der Schizophrenen eine mit schweren psychischen Krankheiten belastete Familiengeschichte hatten.[2] Thomas Clouston, Leiter der Edinburgher Irrenanstalt, ging noch systematischer an diese Aufgabe heran. Während er bei nur 23 Prozent aller seiner Patienten eine Familiengeschichte psychischer Krankheiten entdeckte, waren es bei den an »adoleszentem Irresein« (seiner Version von Schizophrenie) Erkrankten 65 Prozent.[3] Clouston war überzeugt, daß sich hinter dieser Statistik ein genetischer Mechanismus verbarg: »Man muß immer bedenken, daß der Mensch in Struktur und Funktionsweise organisch eins ist mit seinen Vorfahren und seiner Nachkommenschaft. Diese sind nicht nur Glieder einer Kette, denn Glieder sind voneinander getrennt und können aus unterschiedlichem Eisen geschmiedet worden sein; sie bilden vielmehr eine funktionelle Einheit: Der einzelne Mensch ist ebenso Teil seiner Vorfahren und Nachkommenschaft, wie Wurzel und Stamm Teile eines einzigen Baumes sind.«[4]

Die Statistiken des 19. Jahrhunderts tendierten im Prinzip alle dazu, genetische Vererbung mit familiärem Umfeld zu verwechseln. Um die Gene von der Umwelt zu trennen, gibt es zwei hilfreiche Methoden: Zwillings- und Adoptionsstudien. Doch den Umgang mit Statistiken auf diesem Niveau sollte die internationale medizinische Gemeinschaft erst in den zwanziger Jahren unseres Jahrhunderts erlernen.

Zwillingsstudien basieren auf der logischen Voraussetzung, daß sich eineiige Zwillinge aus einer einzigen befruchteten Eizelle entwickeln und daher über dieselben Gene verfügen. Mit den Worten eines britischen Wissenschaftlers: »Dieses identische genetische Erbe macht sie notwendigerweise in jeder Hinsicht, in der Gene eine Rolle spielen, einander ähnlicher als zweieiige Zwillinge, die sich genetisch nicht mehr gleichen müssen als gewöhnliche Geschwister. Wenn es zwischen einem ›identischen‹ Zwillingspaar Unterschiede gibt, ist also die Umwelt dafür verantwortlich.«[5] Und wo ein so hoher Grad an Übereinstimmung existiert wie bei der beiderseitigen Tendenz eineiiger Zwillinge zu einer bestimmten Krankheit, spielen höchstwahrscheinlich genetische Einflüsse eine Rolle. Diese Annahme wird von vielen Nachweisen gestützt, die uns über die entsprechend geringe Übereinstimmung bei zweieiigen Zwillingen vorliegen. Moderne Studien haben beispielsweise ergeben, daß die Konkordanz zwischen eineiigen Zwillingen im Falle von Schizophrenie ungefähr 50 Prozent beträgt, bei zweieiigen aber nur etwa 15 Prozent.[6] Das ist ein entscheidendes Indiz für den biologischen Ursprung von Schizophrenie. Schon Francis Galton, der 1875 als erster Zwillingsstudien vorgeschlagen hatte, sah darin eine Möglichkeit, »die Wirkungsweisen von Anlage und Umwelt korrekt zu gewichten«.[7]

1928 nahm der junge bayerische Nervenarzt Hans Luxenburger an der Deutschen Forschungsanstalt für Psychiatrie die erste großangelegte Studie über alle in einer bestimmten Gegend geborenen Zwillinge in Angriff. Dabei begnügte er sich nicht mit Zwillingen, die ihm oder anderen als Kuriosum ins Auge gefallen waren, sondern versuchte, eine möglichst objektive Reihenuntersuchung durchzuführen. Um herauszufinden, bei wie vielen Zwillingen beide unter derselben psychischen Krankheit litten (und in wie vielen Fällen es nur einen betraf), baten er und seine Kollegen alle Irrenhäuser Bayerns um ihre Patientenblätter bis zu einem bestimmten Datum. Dann schickten sie ihre Liste an alle Priester und Pasto-

Diese eineiigen Vierlinge entwickelten alle im Alter zwischen 22 und 24 Jahren Symptome der Schizophrenie. Seit den fünfziger Jahren wurden sie mehrfach am National Institute of Mental Health untersucht. Die unterschiedlichen Formen, die die Erkrankung bei ihnen annahm, führte man auf eine Wechselwirkung zwischen genetischer Veranlagung und Umwelteinflüssen zurück.

ren der Gegend und fragten sie, ob sich unter den aufgelisteten Namen jemand befinde, der als Zwilling geboren sei. Anhand der Taufregister konnten unter 16000 Namen 211 Personen als Zwillinge identifiziert werden. Nachdem die Forscher die Patientenblätter entsprechend ergänzt und alle asylierten Zwillinge interviewt hatten, diagnostizierten sie in 106 Fällen Schizophrenie. In wie vielen Fällen aber litt nun auch der andere Zwilling unter dieser Krankheit? Um diese Frage zu klären, suchten sie die 65 Zwillingsgeschwister auf, die noch lebten. Nach langen Diskussionen, bei welchen Paaren es sich um eineiige und bei welchen um zweieiige Zwillinge handelte, kamen sie zu dem Schluß, daß bei 7,6 Prozent der eineiigen Zwillingspaare beide Zwillinge erkrankt waren, während es unter allen zweieiigen nur der jeweils asylierte Zwilling war.[8] Dies war der erste solide Beweis dafür, daß eine schwere psychische Krankheit – von den einen »funktionell« (was soviel hieß wie: Ursache unbekannt), von den anderen »psychogen« genannt – eine organische Basis hat. Luxenburger, ein tief gläubiger Katholik, sollte sich, beeinflußt von seinem Lehrer und Chef Ernst Rüdin, schließlich im Dritten Reich als Rassenhygieniker zur Verfügung stellen. Nach einigen Jahren war jedoch selbst ihm diese Art von Forschung zuwider, und er trat 1941, durch seine Kritik an den Nationalsozialisten gefährdet, auf Rüdins Anregung hin in die Wehrmacht ein, wo er vor der Gestapo relativ sicher war.[9]

Das bedeutet natürlich keineswegs, daß der Technik von Zwillingsstudien an sich etwas Rassistisches anhaftet. Der Nachweis, daß Schizophrenie eine zum Teil genetische Erkrankung ist, war vielmehr mitteleuropäische Wissenschaft in ihrer Bestform. Manfred Bleuler zum Beispiel, seit 1942 Professor für Psychiatrie in Zürich, war in jeder Hinsicht ein typischer Wissenschaftler seiner Zeit. Als ihn einmal ein amerikanischer Forscher zu Hause besuchte, begrüßte er ihn, indem er ihm einen alten Schmetterlingsschaukasten aus seiner Schulzeit vor die Nase hielt. Schon als Gymnasiast habe ihn interessiert, wie sich ihre Flügel nach Kreuzungen und Rückkreuzungen verändern würden, erzählte er seinem Besucher, und es sei sein lebenslanger Traum gewesen, das »Mendelsche Prinzip« von Schizophrenie zu entdecken.[10]

Die Zwillingsstudie war also nicht von den Nazis erdacht und zunächst auch noch nicht von ihrer Ideologie vergiftet worden. Es waren jüdische Wissenschaftler, die den nächsten wichtigen Schritt auf diesem Gebiet unternahmen, zum Beispiel der 1879 in Rußland geborene Aaron Rosanoff. Im Alter von 13 Jahren war er in die Vereinigten Staaten ausgewandert, hatte 1901 seinen medizinischen Abschluß an der Cornell University gemacht und arbeitete anschließend im öffentlichen Anstaltswesen New Yorks. Seine Karriere begann im King's Park State Hospital auf Long Island. In einem System, das bekannt dafür war, vorwiegend desinteressierte Opportunisten zu beschäftigen, hob sich Rosanoff mit seiner wissenschaftlichen Neugier, die vor allem der medizinischen Vererbungslehre galt, deutlich von den anderen ab. 1922 zog er nach Los Angeles, eröffnete eine private Nervenklinik (»Alhambra Sanitarium«) und entschloß sich zu einer großangelegten Zwillingsstudie anhand von Daten aus staatlichen Kliniken.[11] Anfang der dreißiger Jahre war er schließlich soweit; überzeugt, daß Luxenburgers Achillesferse die geringe Zahl von Zwillingspaaren gewesen war, gab er sich erst mit einer Liste von 1014 Paaren zufrieden, bei denen jeweils einer unter einer schweren geistigen Störung litt. In 142 Fällen diagnostizierte er Schizophrenie. Bei den eineiigen Paaren waren in 68,3 Prozent der Fälle beide Zwillinge erkrankt; bei den zweieiigen Paaren nur 14,9 Prozent[12] – eine enorme Differenz. Anschließend untersuchte er die pathologische Konkordanz im Falle von manischer Depression anhand von 90 Paaren, bei denen mindestens ein Zwilling unter der Krankheit litt. Bei 69,6 Prozent der eineiigen, aber nur bei 16,4 Prozent der zweieiigen Paare war auch der zweite Zwilling erkrankt. Rosanoff kam zu dem Schluß: »Erb- oder Keimfaktoren spielen bei der Ätiologie von manisch-depressiven Syndromen eine bedeutende Rolle.«[13]

Es sollte hier betont werden, daß Rosanoff nicht etwa eine Randfigur aus der rechten Szene war – eine Ecke, in die Psychiatriehistoriker die frühen genetisch orientierten Psychiater nur allzugerne drängen.[14] Nachdem er 1939 Direktor des psychiatrischen Anstaltswesens von Kalifornien geworden war, rief er ein staatliches Programm für die häusliche Pflege psychisch Kranker ins Leben und trug entscheidend dazu bei, in San Francisco ein Forschungszentrum nach dem Modell der Maudsley-Klinik einzurichten (die »Langley Porter Clinic«). Man kann wohl sagen, daß Rosanoffs Zwillingsstudien der wichtigste amerikanische Beitrag zur internationalen psychiatrischen Literatur der Zwischenkriegsjahre waren, auch wenn ihn die offizielle amerikanische Geschichtsschreibung, die nach wie vor von psychoanalytisch orientierten Historikern bestimmt wird, grundsätzlich übergeht.[15]

Ein Kollege von Ernst Rüdin und Hans Luxenburger in der Abteilung für Erblichkeitsforschung war der junge Franz Kallmann, geboren 1897 in Neumarkt, Schlesien. 1919 hatte er in Breslau promoviert und war anschließend an Kraepelins Münchener Institut gegangen, um dort seine psychiatrische Facharztausbildung zu machen. Von 1929 an beteiligte er sich an Rüdins und Luxenburgers umfangreichen Studien. Um diese Arbeit fortzusetzen, ging er schließlich an die psychiatrische Anstalt Herzberge in Berlin, wo er sich einer Familienstudie über alle Blutsverwandten von Schizophrenen widmete, die während der vorangegangenen dreißig Jahre in diese Anstalt eingewiesen worden waren. 1935 zwangen ihn die nazistischen Rassengesetze, seinen Posten zu verlassen. Er nahm seine Notizen mit über den Atlantik, ging an das Psychiatrische Institut der New York State University. 1938 veröffentlichte er seine Berliner Studie in englischer Sprache, die allerdings (um wirklich interessant für die Forschung zu sein) zuwenig Zwillingsstudien enthielt.[16]

Mittlerweile hatte Kallmann Rosanoffs Arbeiten entdeckt. Anfang der vierziger Jahre beschloß er, seine ganze Energie in ein Studienprojekt über alle in den öffentlichen Anstalten des Staates New York asylierten Zwillinge zu investieren. Unter den 73 000 Patienten, die sich 1945 in diesen Anstalten befanden, identifizierte er 691 Schizophrene mit einem Zwilling. Bei den eineiigen Zwillingspaaren stellte er eine pathologische Konkordanz von 85,5 Prozent fest, bei den zweieiigen von 14,7 Prozent.[17] Demnach war bei eineiigen Zwillingen eine sehr hohe Wahrscheinlichkeit gegeben, daß auch der zweite Zwilling erkrankte, wohingegen sie bei zweieiigen Zwillingen nur 1:7 betrug. Diese Erkenntnisse schlugen bei ihrer Veröffentlichung auf dem Ersten Internationalen Psychiatriekongreß 1950 in Paris (bei dem Eliot Slater Kallmanns Papier vortrug) wie eine Bombe ein. Kallmann hatte unverblümt geschrieben, daß Schizophrenie nach den Regeln der Mendelschen Gesetze vererbt werde (was letztlich dasselbe bedeutete wie die spätere Erkenntnis, daß es für Schizophrenie einen eigenen Genort in der DNA gibt). Das löste bei den Delegierten aus aller Welt einen derartigen Sturm der Empörung aus, daß sich der Vorsitzende gezwungen sah, keinen der eingereichten Kommentare zuzulassen, um die Diskussion zu »entschärfen«. Am heftigsten wehrten sich natürlich die Psychoanalytiker, die Kallmann gnadenlos als »eine Horde zynischer Lehnstuhlarbeiter« bezeichnet hatte.[18]

Nach dem Zweiten Weltkrieg wurden neuerlich Zwillingsstudien großen Ausmaßes betrieben,[19] doch mittlerweile war es offensichtlich, daß Schizophrenie und manisch-depressive Erkrankung größtenteils genetischer Natur waren: Je enger die Blutsverwandtschaft, desto höher die Rate der an Schizophrenie erkrankten Familienmitglieder.[20] Dennoch stellte sich die Frage, inwieweit auch das familiäre Umfeld einen Einfluß ausübte; immerhin wachsen eineiige Zwillinge für gewöhnlich gemeinsam auf. Wurden Familienmitglieder auch krank, wenn sie in einer von psychischer Krankheit »gestörten« familiären Atmosphäre groß wurden? Welchen Anteil hatte die Umwelt an diesem Geschehen und welchen der Erbfaktor? Wie viele Schizophrene waren von einer »schizophrenogenen Mutter«, einer gestörten Familiendynamik krank gemacht worden?

1959 beschloß Seymor Kety, Kinder von schizophrenen Müttern oder Vätern unter die Lupe zu nehmen, die in einem Waisenhaus und nicht bei ihren geistig gestörten Eltern aufgewachsen waren. Kety, 1915 in Philadelphia geboren, war einer der Gründungsväter der biologischen Psychiatrie in den Vereinigten Staaten. Nachdem er 1940 seinen MD an der University of Pennsylvania gemacht hatte, forschte und lehrte er dort über die Pharmakologie und Physiologie des Gehirns. 1951 wurde er wissenschaftlicher Direktor des 1949 gegründeten National Institute of Mental Health in Bethesda, dessen Schwerpunkt er sofort von der Psychoanalyseforschung auf die Grundlagenforschung verlagerte. Dort blieb er, bis er 1967 Professor in Harvard wurde. Nach seiner Pensionierung 1983 kehrte er nach Bethesda zurück, um eines der bedeutendsten Forschungsprojekte in der Geschichte der Psychiatrie zu leiten – die dänische Adoptionsstudie. In Dänemark herrschen außerordentlich gute Ausgangsbedingungen, um das Leben einzelner Bürger zu verfolgen. Ein Adoptionsregister des Justizministeriums ermöglicht es Forschern, die biologischen Eltern adoptierter Kinder zu identifizieren, und dank eines Anmelderegisters kann man die adoptierten Personen während ihres ganzen Lebens ausfindig machen. Damit sind alle Voraussetzungen gegeben, um den biologischen Hintergrund von Adoptierten zu erforschen und ihr Schicksal in den neuen Familien zu verfolgen. 1968 veröffentlichten Kety und seine Kollegen die Auswertung einer Studie über 5483 Adoptionen, die zwischen 1924 und 1947 in Kopenhagen stattgefunden hatten. Aus dieser Gruppe waren 507 Personen irgendwann in ihrem Leben in eine psychiatrische Anstalt eingewiesen worden. Unabhängige Wissenschaftler überprüften ihre alten Patientenblätter und kamen zu dem Ergebnis, daß 33 von ihnen unter Schizophrenie litten. Diese Kranken und ihre Familien wurden nun mit einer gleichaltrigen Kontrollgruppe adoptierter Personen verglichen, die nie in einer Anstalt gewesen waren. Von den biologischen Verwandten der adoptierten Schizophrenen litten zehn Prozent unter derselben Krankheit, wohingegen Schizophrenie in den Familien der Kontrollgruppe kaum ein Thema war. Es hatte also nicht nur die Umwelt, sondern eindeutig auch die Anlage dazu beigetragen, daß die adoptierten Kinder erkrankt waren. Kety und seine Kollegen zogen daraus den noch vorsichtigen Schluß: »Genetische Faktoren spielen bei der Transmission von Schizophrenie eine wichtige Rolle.« Allerdings glaubten sie, daß bei diesem Mechanismus eine ganze Reihe von Genen aktiv geworden sein mußte, nicht nur ein einzelnes, wie es das von Kallmann herangezogene Mendelsche Prinzip nahelegte.[21]

1992 entdeckte Kety, der seine Studie mittlerweile auf alle Adoptierten in Dänemark ausgeweitet hatte, daß es bei fast der Hälfte aller adoptierten Schizophrenen eine entsprechende Krankengeschichte in den biologischen Familien gab, bei der Kontrollgruppe hingegen in keinem einzigen Fall.[22] Auf ganz Dänemark bezogen, trat Schizophrenie also zehnmal häufiger unter den biologischen Verwandten adoptierter Schizophrener auf als unter den biologischen Verwandten der Kontrollgruppe. Geschwister von Adoptierten erkrankten häufiger (12,5 Prozent) als Verwandte zweiten Grades (2,2 Prozent), was, so die Autoren, »ebenso mit [den Prinzipien] der genetischen Transmission übereinstimmt«.[23]

Ketys Adoptionsforschung brachte eine Lawine an genetischen Forschungsprojekten über Familie, Zwillinge und Adoptionen ins Rollen. Eine 1977 durchgeführte dänische Studie über manisch-depressive Zwillinge stellte eine pathologische Konkordanz von 67 Prozent bei eineiigen und von 20 Prozent bei zweieiigen Zwillingen fest.[24] Zwillingsstudien in den achtziger Jahren ergaben, daß genetische Faktoren auch bei der Agoraphobie (Platzangst) und der Panikstörung eine Rolle spielen.[25] Auch eine Adoptionsstudie über psychosomatische Erkrankungen hob genetische Faktoren hervor: Söhne gewalttätiger, alkoholkranker Väter, die in ein Pflegeheim gekommen waren, neigten dazu, dasselbe Verhalten wie ihre biologischen Väter zu entwickeln (obwohl sie keinen Kontakt zu ihnen hatten); Töchter tendierten zu pathologischen Symptomen nichtorganischen Ursprungs, die man einst in die Kategorie »Hysterie« eingeordnet hätte.[26] Aus anderen Forschungsprojekten ergab sich, daß Hysterie in der weiblichen Linie ebenso weitergegeben wird wie unsoziales Verhalten in der männlichen.[27]

Die Zwillingsstudien trugen schon bald in allen psychiatrischen Bereichen Früchte. Im Zusammenhang mit Hypochondrie, Hypomanie und Depression zum Beispiel ergaben psychologische Tests entscheidende Unterschiede zwischen ein- und zweieiigen Zwillingen (die nach wie vor der Lackmustest für die genetische Komponente sind).[28] Das wiederum hatte Auswirkungen auf das klassische Gebiet der Psychogenese: Ein Jahrhundert lang war man von der Doktrin ausgegangen, daß Hysterie und symptomatische Psychoneurosen ausschließlich psychischen Belastungen oder einem gestörten Familienleben zuzuschreiben waren. Die neuen Erkenntnisse der Genetik legten jedoch nahe, daß das Gehirn einen wesentlichen Anteil an diesen Krankheiten hat, ganz unabhängig davon, wieviel auch Umweltbedingungen zu ihrer Entstehung beitragen mögen.

Wenn aber die Gene durchschnittlich zu etwa 50 Prozent solche »Verhaltensstörungen« wie Schizophrenie verursachten, hatte die Familie dann die andere Hälfte zu verantworten? Keineswegs. Studien über Familien mit mehreren adoptierten Kindern, die also in derselben Familie aufwuchsen, ohne miteinander verwandt zu sein, zeigten so gut wie keine Übereinstimmungen. In einer Untersuchung hieß es zum Beispiel, daß sich »die relevanten Umwelteinflüsse nicht gleichermaßen auf alle Kinder auswirken, die in derselben Familie aufwachsen«.[29] Was immer das eine adoptierte Kind krank gemacht hatte, zeigte keine Wirkung auf das andere. Also konnte die Familie per se nicht der entscheidende Umweltfaktor sein.

Seit die Molekularbiologie in den siebziger Jahren die Möglichkeit eröffnete, krankheitsaktive Gene zu identifizieren, machte sich die genetische Psychiatrie immer intensiver auf die Suche nach Ursachen. 1995 wurde der für Schizophrenie verantwortliche Genort prophylaktisch an einer Stelle auf dem Chromosom 6 festgelegt.[30] Manische Depression wird mit den Chromosomen 18 und 21 verbunden.[31] Genetiker begannen nun auch von einem Mechanismus zu sprechen – der »genetischen Antizipation« –, der dafür verantwortlich sei, daß sich Schizophrenie oder manische Depression im Verlauf einer Familiengeschichte immer stärker ausprägten, weil einige krankheitsverursachende Gene dazu tendierten, sich von Generation zu Generationen zu vergrößern.[32] Damit waren sie beim exakten Äquivalent der »Degeneration« aus der ersten biologischen Psychiatrie angelangt. Die schizophrenogene Mutter war endgültig tot.

Das erste wirksame Medikament

Die zweite Triebfeder, die die Psychiatrie in das biologische Zeitalter beförderte, war die medikamentöse Therapie. Heilmittel waren in der Psychiatrie schon immer eingesetzt worden, angefangen bei den Abführmitteln, die den Kranken sofort nach ihrer Einlieferung in die Irrenhäuser verabreicht wurden, weil man vermutete, daß ihre Probleme durch eine Selbstvergiftung der Gedärme entstanden, bis hin zum Opium und seinen Alkaloiden, die gegen Depression und Manie eingesetzt wurden und nicht ohne Wirkung blieben, aber zugleich schwere Abhängigkeit erzeugten. Das moderne Zeitalter der Arzneimitteltherapie begann jedoch erst mit der systematischen Erforschung der Hirnchemie. Mit Hirnchemie sind die Neurotransmitter gemeint, jene chemischen Stoffe also, die den nervösen Reiz über die Synapsen (Kontakt- und Umschaltstellen zwischen den Nervenfortsätzen) von einem Neuron auf ein anderes weiterleiten. Obwohl die Hirnchemieforschung bereits auf englische Physiologen der Jahrhundertwende zurückgeht, wurde der erste Neurotransmitter erst Anfang der zwanziger Jahre von Otto Loewi isoliert, einem Pharmakologen der Universität Graz. Begonnen hatte er mit seiner Arbeit 1921; 1926 konnte er schließlich nachweisen, daß die chemische Substanz Acetylcholin den nervösen Reiz von einem Nerv zum anderen transportiert.[33]

Die Entdeckung des Acetylcholin bereicherte nun aber nicht nur das abstrakte Wissen, sondern hatte unmittelbare therapeutische Konsequenzen: Noch ohne sich irgendeine Vorstellung von seinen Wirkungsweisen machen zu können, begannen Psychiater in den dreißiger Jahren ihren Patienten Acetylcholin zu verabreichen, weil sie hofften, damit Schizophrenie heilen zu können.[34]

Beflügelt von den Erfolgen der körperlichen Behandlungsmethoden der dreißiger Jahre, versprachen sich die klinischen Psychiater auch von Medikamenten eine Menge. Schonungslos experimentierten sie in den Anstalten der vierziger Jahre, um endlich Mittel zu finden, die deutlich größere Erfolge zeitigen würden als die Schock- und Komatherapien.

Heinz Lehmann, ein nach Kanada emigrierter Psychiater aus Berlin, war 1937 einer von nur wenigen Ärzten, die den 1600 Patienten des Verdun Protestant Hospital in Montreal zur Verfügung standen. »Es war ziemlich schrecklich, unter solchen Bedingungen zu arbeiten«, schrieb er später. »Deshalb probierte ich alles nur Erdenkliche aus, wobei ich mich immer von der Überzeugung leiten ließ, daß Psychosen und schwere Affektstörungen irgendeine biologische Grundlage hatten. Ich experimentierte mit allen möglichen Substanzen, zum Beispiel mit hohen Dosen, sehr hohen Dosen von Koffein im Falle von ein oder zwei Schizophrenen im katatonen Stupor – natürlich ohne jeden Erfolg.« Er injizierte seinen Patienten in Öl suspendierten Schwefel, »was eine schmerzhafte Angelegenheit war und Fieber auslöste«. Er spritzte typhoides Antitoxin, um nach einem ähnlichen Prinzip wie bei der Malariatherapie Fieber hervorzurufen. »Nichts half; einmal spritzte ich sogar Terpentin in die Bauchmuskulatur, was zu einem riesigen Abszeß und einer deutlichen Leukozytose [Vermehrung der weißen Blutkörperchen] führte – und führen sollte. Natürlich mußte dieser Abszeß dann im Operationssaal unter sterilen Bedingungen geöffnet werden. Nichts davon zeigte auch nur die geringste Wirkung, obwohl alle diese Methoden in zumeist europäischen Studien als hilfreiche Formen der Behandlung von Schizophrenie dargestellt worden waren.«[35]

Der Punkt ist hier nicht, daß Forscher wie Lehmann unmenschlich mit ihren Patienten umgingen – sie suchten ja nach bestem Wissen und Gewissen etwas, das den Patienten wirklich helfen würde. Hier geht es vielmehr um die Feststellung, daß der Boden für die Akzeptanz antipsychotischer Mittel 1951 ausgesprochen gut bereitet war. In diesem Jahr begann auch ein französischer Marinechirurg namens Henri Laborit mit einem seltsamen neuen »Potenzierer« für Betäubungsmittel zu experimentieren. Und ihm ist ein Präparat zu verdanken, das das Gesicht der Psychiatrie vollständig verändern sollte: Chlorpromazin.[36]

1949 testete der damals 35jährige Laborit, der gerade im Marinekrankenhaus von Biserta in Tunesien stationiert war, verschiedene synthetische Antihistamine auf ihre Möglichkeit, Betäubungsmittel zu »potenzieren«. Soldaten im Schockzustand zu operieren, war schon immer ein großes Problem für Militärärzte gewesen, und Laborit glaubte nun, daß ein solcher Potenzierer die unvermeidlichen Begleiterscheinungen eines Schocks blockieren und damit die Chancen auf eine erfolgreiche Operation erhöhen könnte. Unter allen möglichen Potenzierern arbeitete Laborit auch mit Antihistaminen aus der Familie der Phenothiazine, die erst kurz zuvor vom Pharmakonzern Rhône-Poulenc synthetisiert worden waren. Seit Entdeckung der Antihistamine im Jahr 1937 hatten Ärzte relativ erfolglos damit an Psychotikern herumexperimentiert. Laborit, der zu diesem Zeitpunkt nicht das geringste Interesse an Psychosen hatte, bemerkte nun, daß einige seiner Chirurgiepatienten nach der Verabreichung von Phenothiazinen das Geschehen um sie ziemlich gleichgültig verfolgten (ataraktisch – gelassen – sollte man diesen

Ein Psychotiker vor der Einführung von Chlorpromazin: Der Patient einer deutschen psychiatrischen Anstalt um 1900 glaubte, aus dem Wecker die Stimme seiner Frau zu vernehmen.

Zustand künftig nennen). Später erzählte er: »Ich bat einen Armeepsychiater, mir bei Operationen an einigen meiner stark verkrampften, ängstlichen Patienten mediterranen Typs über die Schulter zu sehen. Nach den Operationen pflichtete er mir bei, daß die Patienten bemerkenswert ruhig und entspannt waren. Aber ich nehme an, daß er nicht weiter darüber nachgedacht hat, wie seine Beobachtung auf Psychiatriepatienten übertragbar sein könnte.«[37]

Anfang 1951 wurde Laborit aus dem Marinekrankenhaussystem, wo sich niemand für seine Arbeit interessierte, in die physiologische Forschungsabteilung des Pariser Militärkrankenhauses Val-de-Grâce versetzt. Dort konnte er, umgeben von anderen Forschern und unterstützt von einem wohlwollenden Abteilungsleiter, seine Arbeit über den Schock mit Nachdruck fortsetzen. Da die zuvor eingesetzten Antihistamine keine idealen autonomen Blocker waren, bat Laborit im Juni 1951 Rhône-Poulenc um eine Probe des neuen Phenothiazins, das der Firmenchemiker Paul Charpentier, ein Spezialist auf diesem Gebiet, jüngst synthetisiert und 4560 RP (für Rhône-Poulenc) getauft hatte – erst später sollte es den Namen »Chlorpromazin« erhalten. Schon vor Laborits Anfrage hatte der Konzern vermutet, daß man mit diesem Präparat ein nützliches psychiatrisches Medikament zur Hand haben könnte, hatte es jedoch noch nicht klinisch erproben lassen.[38]

Im Val-de-Grâce testete Laborit das 4560 RP nun an seinen chirurgischen Patienten. Dabei stellte er fest, daß es nicht nur seine operativen Zwecke erfüllte, sondern bei den Patienten auch ein gewisses »Desinteresse« hervorrief. Also beschloß er, es den Antihistamin-Forschern nachzumachen und dieses Mittel in der Psychiatrie zu testen. Im November 1951 überprüfte er es an einer Psychiaterin der Anstalt von Villejuif auf Toxidität. Kurz nach der intravenösen Spritze stand sie auf, um ins Bad zu gehen, und brach ohnmächtig zusammen. Sofort entschied der Anstaltsleiter, daß er nichts mehr mit diesem Mittel zu schaffen haben wollte.[39] Also kehrte Laborit ins Val-de-Grâce zurück. Bei einem Mittagessen in der Kantine konnte er schließlich drei eher zögerliche Psychiater überzeugen, ihren Patienten das Präparat zu verabreichen.[40] Anfang Februar 1952 berichtete Laborit in der medizinischen Fachpresse über die Resultate der operativen Anwendung von 4560 RP. Er beendete den Artikel mit dem völlig überraschenden Hinweis: »Diese Erkenntnisse erlauben die Voraussage gewisser Indikationen beim Einsatz dieses Präparats in der Psychiatrie, möglicherweise auch in Verbindung mit Barbituraten bei der Tiefschlafkur.«[41] Mit welchem Hintergedanken er dies auch erwähnt haben mochte, die Psychiater vom Val-de-Grâce hatten jedenfalls bereits am 19. Januar 1952 dem 24jährigen Jacques L.

während eines Tobsuchtsanfalls Chlorpromazin verabreicht. »Nach der Injektion ist der Patient ruhig. Er liegt bewegungslos, seine Augen geschlossen, antwortet, wenn angesprochen, mit einem irren Gesichtsausdruck; er schließt ein Auge, zieht an seiner Zunge, dann schläft er.« Als er erwachte, tobte er erneut. Im Verlauf der nächsten drei Wochen erhielt er Chlorpromazin in Kombination mit einem Analgetikum, einem Barbiturat und einer Elektroschockbehandlung. Am 7. Februar war er schließlich ruhig genug, um Bridge spielen und am normalen Anstaltsalltag teilnehmen zu können, auch wenn seine Haltung nach wie vor leicht »hypomanisch« war.[42] Es war völlig unklar, was zum Abklingen der Symptome geführt hatte, doch offensichtlich hatte ihm Chlorpromazin nicht geschadet. Sofort verbreitete sich in Paris das Gerücht, daß eine neue psychiatrische Superarznei in der Entwicklung sei. Das kam auch den beiden Protagonisten der Pariser Psychiatrie Jean Delay und Pierre Deniker zu Ohren. Im März 1952 begannen sie es ihren Patienten in der Sainte-Anne-Anstalt zu verabreichen,[43] die vom damals 45jährigen Delay, Professor der Psychiatrie an der Sorbonne, geleitet wurde und deren Kollegium auch der zehn Jahre jüngere Deniker angehörte. Beim hundertjährigen Jubiläum der Medizinisch-Psychologischen Gesellschaft im Mai 1952 stellten sie ihre Arbeit mit Chlorpromazin kurz vor, vermieden jedoch jeden Hinweis auf Laborit.[44] Im darauffolgenden Juni lieferten sie bei der Jahreshauptversammlung der Gesellschaft einen ausführlicheren Bericht über Versuche an acht Patienten.[45] Es ist zwar richtig, daß sie die ersten waren, die eine Reihe von Patienten ausschließlich mit Chlorpromazin behandelten, aber es stimmt nicht, daß sie die psychiatrische Anwendungsmöglichkeit des Präparats entdeckt hatten. Die Geschichte hat Delay und Deniker zu Unrecht das Verdienst zugeschrieben, dieses epochale neue Kapitel der Psychiatrie – die Pharmakotherapie – aufgeschlagen zu haben, und Laborit übergangen.[46]

Wie auch immer, im Mai 1952 war jedenfalls erwiesen, daß Delays und Denikers Patienten in der Sainte-Anne-Anstalt das Chlorpromazin gut vertragen hatten. Der erste Patient, Giovanni A., ein 57jähriger Arbeiter mit einer langen psychischen Krankengeschichte, war erst kurz zuvor eingeliefert worden, nachdem er »politische Reden in Cafés geschwungen, sich in Kämpfe mit Fremden verwickelt hatte und in den letzten Tagen mit einem Blumentopf auf dem Kopf durch die Straßen gelaufen war und seine Freiheitsliebe proklamierte«. Nach neun Tagen Behandlung mit Chlorpromazin war er in der Lage, ein normales Gespräch zu führen, nach drei Wochen hatte er sich vollständig beruhigt und konnte entlassen werden. Bei sieben weiteren Patienten wurden ähnliche Resultate erzielt.[47] Hier schien nun wirklich ein besseres Mittel gefunden zu sein als die Elektroschocktherapie, das Insulin und all die anderen körperlichen Behandlungsmethoden. Außerdem war Chlorpromazin viel weniger gefährlich und wurde von den Patienten besser angenommen.

Nun stürzte sich die gesamte französische Psychiatrie darauf. »Im Mai 1953«, schreibt ein Historiker, »war die Atmosphäre in den geschlossenen Abteilungen der Pariser Psychiatrien völlig verändert: Zwangsjacken, Wasserstrahlbehandlungen und lautes Getöse gehörten der Vergangenheit an! Wieder einmal waren die Pariser Psychiater, die vor langer Zeit die Gefesselten von ihren Ketten erlöst hatten, die ersten, die ihre Patienten befreiten, diesmal jedoch von inneren Qualen und mit nur einem einzigen Medikament: Chlorpromazin. Es brachte der Psychiatrie die pharmakologische Revolution.«[48]

Der eigentliche Motor hinter der Entwicklung und Akzeptanz solcher neuen Arzneimittel wie Chlorpromazin waren jedoch weder Wissenschaftler noch Kliniker wie Laborit und Delay, sondern die Pharmakonzerne. Rhône-Poulenc hatte das Chlorpromazin zwar nicht als Antipsychotikum erkannt, doch es waren die Forscher im Labor dieses Konzerns gewesen, die das Präparat systematisch entwickelt und in Tierversuchen getestet hatten.[49] Bei seiner Entdeckung blieb nichts dem Zufall überlassen. Chlorpromazin konnte seinen Siegeszug durch die Welt antreten, weil Manager und Wissenschaftler der Pharmaindustrie dafür gesorgt hatten – man sollte sich in Erinnerung rufen, daß der Wettlauf um die Entdeckung neuer Arzneien in den Jahrzehnten nach Einführung des Chlorpromazin immer von großen Pharmakonzernen gewonnen wurde.

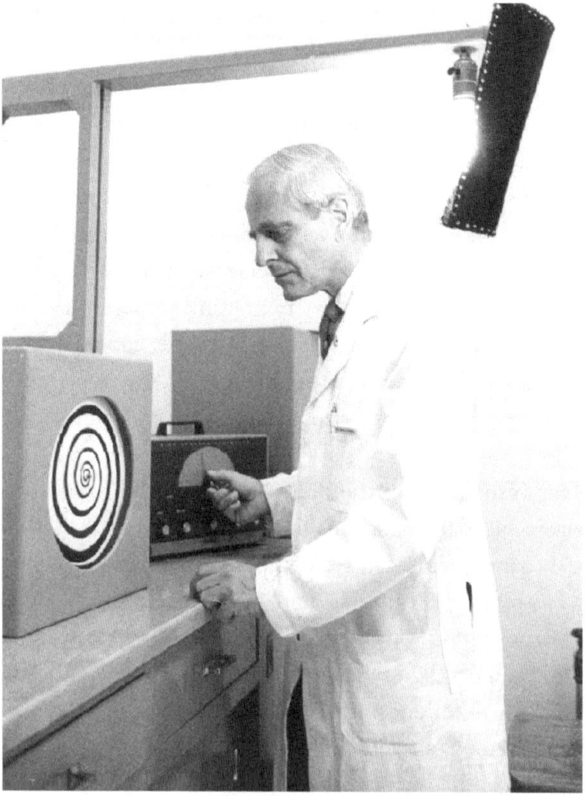

Heinz Lehmann, hier im Verdun Protestant Hospital von Montreal, führte 1953 Chlorpromazin in Nordamerika ein. Auf dieser Fotografie aus den sechziger Jahren ist zu sehen, wie er anhand einer Archimedischen Spirale die Wirkung von psychotropen Medikamenten testet.

Kliniker brachten das Chlorpromazin auch nach Nordamerika, aber auch hier war es ein Pharmakonzern, der das Präparat durchsetzte. 1952 war die junge Ruth Koeppe-Kajander – sie hatte gleich nach Kriegsende in Göttingen in Medizin promoviert – als Praktikantin an das Allgemeinkrankenhaus von Oshawa (Ontario) gekommen. Dort sah sie, wie ein Anästhesist zur Potenzierung der Narkosewirkung Chlorpromazin verabreichte, das er sich zu Versuchszwecken von Rhône-Poulenc besorgt hatte. Nach Ende ihres Praktikums 1953 begann sie eine Facharztausbildung an der psychiatrischen Klinik von London, Ontario. Bereits im ersten Jahr erhielt sie die Erlaubnis, 25 Patienten im Rahmen einer mehrmonatigen Versuchsreihe Chlorpromazin zu verabreichen. Im November 1953 berichtete sie auf einem Psychiatertreffen in der Nähe von Toronto von »den bemerkenswerten Wirkungen dieses Präparats. Es beruhigte ruhelose, aufgeregte oder hyperaktive Patienten, ohne sie soweit zu sedieren, daß sie nicht mehr funktionieren konnten. Die Patienten verloren ihre Agitiertheit, nicht aber ihr Bewußtsein. Sie konnten problemlos über sich sprechen, essen und schlafen. Katatonische und andere Erregungszustände waren nicht mehr lebensbedrohlich.«[50]

Der Name, der untrennbar mit der Einführung von Chlorpromazin in Nordamerika verbunden bleiben wird, ist jedoch nicht Koeppe-Kajander, sondern Heinz Lehmann. Lehmann arbeitete am Verdun Hospital in Montreal. Französisch-Kanada war ein naheliegender Vorposten, da Rhône-Poulenc eine Niederlassung in Montreal hatte. »Eines Tages«, so Lehmann, »kam ein Handelsvertreter von … Rhône-Poulenc und ließ alle möglichen Broschüren und Proben da. Meine Sekretärin erklärte ihm, daß ich viel zu beschäftigt sei, um ihn zu empfangen, aber er meinte nur: ›Das ist auch gar nicht nötig, ich lasse ihm das hier, es ist etwas Neues und so gut, daß ich es ihm gar nicht erklären muß, er wird sicher selbst darauf kommen, wenn er das liest.‹«

Lehmann fand diesen Auftritt zwar ziemlich arrogant, merkte aber in der Tat auf. Am folgenden Sonntag las er in der Badewanne einige Papiere von Deniker, was ihm, dem Deutschen, nicht schwerfiel, da er mit einer Frankokanadierin verheiratet war und zu Hause französisch sprach (die anderen Psychiater an der Klinik sprachen nur englisch). Zuerst glaubte Lehmann, daß es sich wieder einmal nur um ein neues Beruhigungsmittel handelte. »Aber eine Bemerkung – es habe die ›Wirkung einer chemischen Lobotomie‹ – machte mich stutzig, und ich sagte mir, daß da wohl mehr dran sein mußte. Diese beiden, Delay und Deniker, waren ja offensichtlich hervorragende

Psychiater, also mußten sie eigentlich wissen, wovon sie redeten.« Lehmann bat ein paar Schwestern, sich freiwillig testen zu lassen, und verabreichte ihnen geringe orale Dosen des Mittels. Es machte sie schläfrig, beeinträchtigte aber im Gegensatz zu den Barbituraten nicht ihre Denkfähigkeit. Daraufhin ließ sich Lehmann aus der Firmenniederlassung einen für 71 Patienten reichenden Vorrat an Chlorpromazin geben und holte sich einen Assistenzarzt zur Unterstützung an seine Seite.

Die Ergebnisse verblüfften ihn. Später erzählte er: »Zwei oder drei der akuten schizophrenen Fälle wurden symptomfrei. Das hatte ich noch nie erlebt. Ich dachte, es müsse sich um einen glücklichen Zufall handeln, etwas, das sich bestimmt nicht wiederholen ließ, aber immerhin: Da waren sie. Nach vier oder fünf Wochen gab es eine Menge symptomfreier Patienten. Damit will ich sagen, daß eine Menge Halluzinationen, Wahnvorstellungen und Denkstörungen einfach verschwunden waren. 1953 gab es nichts Vergleichbares, das zu einem solchen Ergebnis hätte führen können – zur Remission von Schizophrenie in nur wenigen Wochen!«[51]

Zwischen Mai und Juli 1953 führte er genau Buch über die Entwicklung der Patienten, denen er das Mittel verabreicht hatte, und kam zu dem Schluß, daß es sich hier um ein »einzigartiges« neues Therapeutikum handelte.[52] Der Anstaltsleiter warnte ihn: »Benützen Sie niemals das Wort ›einzigartig‹, egal, was Sie veröffentlichen, denn Sie werden es einmal bereuen – es gibt nichts Einzigartiges.« Lehmann aber bestand darauf.[53]

Die Ereignisse überschlugen sich. Lehmann erzählte weiter: »Chronisch Schizophrene, die nach zehnjähriger Psychose längst geschieden waren, waren plötzlich frei von allen Symptomen, aber ihre einstigen Ehepartner waren wieder verheiratet. Es war eine sehr seltsame Zeit.«[54]

Es geschahen noch andere seltsame Dinge. Als Lehmann eines Tages gemeinsam mit einem Kollegen Patienten beobachtete, bemerkten sie, daß einige »auf eine seltsam steife Art liefen (und einen sonderbar maskenartigen Gesichtsausdruck hatten), woraufhin wir an Parkinson dachten, aber das schien unmöglich zu sein, denn damals gab es so etwas wie ein medikamenteninduziertes Parkinsonoid nicht ... Erst gab es zwei solcher Patienten, ein paar Wochen später dann noch einmal zwei oder drei. Schließlich nannten wir diese Nebenwirkungen extrapyramidale Symptome.«[55] (Die Pyramidenbahn – eine Leitungsbahn des zentralen Nervensystems zwischen Großhirnrinde und Rückenmark – lenkt die willkürlichen Bewegungsimpulse; unwillkürliche Bewegungen müssen daher »extrapyramidal« sein.) Später nannte man diese typischen Syndrome nach der Anwendung von Neuroleptika Spätdyskinesien. Was 1953 noch wie eine relativ harmlose Nebenwirkung ausgesehen hatte, sollte sich schließlich als ein massives soziales und medizinisches Problem entpuppen – denn viele der Patienten, die en masse in »die Gemeinschaft« entlassen wurden, hörten einfach auf, ihre Medikamente einzunehmen, um nicht von solchen Nebenwirkungen beeinträchtigt zu sein.

Doch 1953 gaben die unfreiwilligen Grimassen und peinlichen, unkontrollierbaren Körperzuckungen noch keinen Anlaß zur Besorgnis. Was in der englischsprachigen Welt zählte, waren einzig Lehmanns eindringliche Schilderungen der Wirkungsweisen des Chlorpromazins, des ersten Medikaments, das die Symptome von Psychosen beseitigte, auch wenn es die zugrundeliegenden Hirnstörungen wohl nicht heilen konnte. Der Vorstellung, die Symptome etwa einer Manie derart prompt beseitigen zu können, war schwer zu widerstehen: »Eine manische Patientin sagte nach ihrer Behandlung, daß sie mit dem Medikament bald schon das Gefühl verloren habe, sie müsse ihr ›ganzes Leben an einem einzigen Tag leben‹.« Eine andere, die zuvor unter massiven Angstzuständen gelitten hatte, meinte: »Es war, als hätte der Leiter einer Konferenz, bei der alle durcheinanderschreien, plötzlich Ordnung hergestellt.«[56] Solche eindrucksvollen Aussagen in einer bedeutenden medizinischen Fachzeitschrift zogen die Aufmerksamkeit des gesamten Kontinents auf dieses neue Mittel.

Richten wir den Blick nun auf die Vereinigten Staaten, wo der Markt am schwierigsten zu erobern war, da dort die Psychoanalyse nach wie vor das Sagen hatte. Hier betritt ein ehrgeiziges junges

Pharmaunternehmen namens Smith Kline & French die Bühne, das bislang nur rezeptfreie Massenmedikamente hergestellt hatte. Nun aber gedachte sein neuer Präsident Francis Boyer das Unternehmen aufzuwerten, indem er es auf verschreibungspflichtige Arzneien umstellte. Im Frühjahr 1952 reiste Boyer – der wußte, daß Rhône-Poulenc einen neuen »Potenziator« produzierte, aber keine Ahnung von dessen psychiatrischen Anwendungsmöglichkeiten hatte – nach Frankreich. Bei Rhône-Poulenc gab man sich äußerst wortkarg. (Der Konzern hatte bereits erfolglos versucht, mehrere große amerikanische Hersteller für sein Produkt zu interessieren.) Als Boyer den Lizenzvertrag schließlich doch unterzeichnete, glaubte er, ein Antiemetikum (Mittel gegen Erbrechen) eingekauft zu haben; und da sein Betrieb über kein eigenes Forschungsbudget verfügte, war man dort nicht bereit, das Mittel ausgiebig auf mögliche andere Wirkungen zu testen. Boyer gab einfach die Parole aus: »Laßt uns das Zeug als Antiemetikum auf den Markt bringen, über alles andere zerbrechen wir uns später den Kopf.« Das Unternehmen lieferte es bald darauf unter dem Namen »Thorazine« aus.

Viele Jahre später sprach ich mit John Young über seine Zeit als junger Mitarbeiter der internationalen Abteilung von Smith Kline. Wann war Boyer bewußt geworden, daß Chlorpromazin ein bedeutendes Antipsychotikum war?

»Dr. Shorter, Sie sind nicht alt genug, um zu begreifen, daß das eine völlig absurde Frage ist, weil es damals überhaupt noch keine Antipsychotika gab. Es gab keine Medikamente [für Psychotiker]. Solche Fälle waren in geschlossenen Abteilungen, und damit hatte es sich. Der Gedanke, daß man jemals etwas für sie tun könnte, war noch niemandem gekommen. Die Ärzte und Schwestern, die damals ans McLean gingen, hatten sich ihren Altruismus nach spätestens sechs Monaten abgeschminkt. Dieses Mittel heilte nicht. Aber es zeigte immerhin soviel Wirkung, daß die Ärzte und Schwestern in der Klinik sagen konnten – ›hey, vielleicht können wir ja doch was für diese Leute tun‹.«[57]

Der erste Psychiater, der Smith Klines Chlorpromazin an Patienten testete, war William Long, der medizinische Direktor des

Unternehmens. Unter den ersten fünf manischen Patienten befand sich Youngs Erinnerung nach auch eine »schwer gestörte Nonne, die fast schon gewalttätig war und sich einer ausgesprochen unflätigen Ausdrucksweise bediente. Long machte sich große Sorgen um diese Patientin. Also gab er ihr etwas von dem Zeug. Das Resultat? Er konnte es nicht fassen. Gerade noch war sie unerträglich gewesen und hatte das unklösterlichste Verhalten an den Tag gelegt, das man sich nur denken kann. Bereits am Nachmittag war sie ruhig. Er beschrieb es uns beim Mittagessen. Und was er da beschrieb, war das typische Resultat von Chlorpromazin.«

Jetzt mußte Smith Kline schnellstens Psychiater außerhalb des Hauses für neue Versuchsreihen gewinnen, doch das war angesichts des herrschenden Klimas in der amerikanischen Psychiatrie kein leichtes. Schließlich begann Willis Bower im September 1953 mit Tests an der McLean-Anstalt, die sich als zukunftsweisend herausstellten. Er berichtete nämlich, das Mittel sei »in der Lage, den Verlauf einiger psychischer Krankheiten stark zu beeinflussen«. Es führte nicht, wie Elektroschockbehandlungen, zu Gedächtnisverlusten. Und im Gegensatz zu den Barbituraten brachte es auch keine völlige Enthemmung oder Sedierung des Patienten mit sich. Bowers Studie wurde im *New England Journal of Medicine* veröffentlicht.[58]

Nachdem sich Smith Kline der Akzeptanz des Mittels in den medizinischen Fachkreisen sicher war, gründete der Konzern eine »Chlorpromazin-Task Force«, um auch in den staatlichen Anstalten – den eigentlichen Zielobjekten – aufs Ganze zu gehen. Stieß diese Task Force in einer staatlichen Psychiatrie auf Ablehnung, verkaufte sie den Beamten einfach die Einsparungen, die mit dem Antipsychotikum zu erwarten waren.[59] Und so kam es, daß Chlorpromazin trotz heftiger Gegenwehr der Analytiker – Jules Masserman nannte es ein »verherrlichtes Sedativum« – schließlich auch in den Backsteingebäuden der staatlichen Anstalten ausgiebig Verwendung fand. Das *Time*-Magazin sollte sich später über die Freudianer und ihre erfolglosen Gegenkampagnen mokieren: »Die Kritiker in ihren Elfenbeintürmen behaupten, daß die Pragmatiker in ihren Backsteinhäusern nie an die ›zugrundeliegende Psychopathologie‹ des Patienten herankämen und sie deshalb auch nicht heilen könnten. Die [Analytiker] interessiert nur, ob [der Patient] Konflikte über seine inzestuösen Triebe im Unbewußten austrägt oder sich aus der Welt zurückgezogen hat, weil er im Alter von fünf Jahren einmal etwas aus dem Sparschwein seines Bruders geklaut hat. Für die Backsteinwelt ist das wie ein Streit über die Zahl der Engel, die auf einer Nadelspitze Platz haben.«[60]

Aber nicht nur in den staatlichen Schlangengruben fand Chlorpromazin reißenden Absatz. Auch in exklusiven Privatkliniken wie dem Sheppard and Enoch Pratt Hospital in Baltimore wurden damit Wahnzustände und Halluzinationen bekämpft. Mit Chlorpromazin und vergleichbaren Mitteln »gehörte der tobende, schreiende, nicht ansprechbare Patient der Vergangenheit an«, schrieb ein Arzt aus dem Kollegium dieses Hospitals. »Immer mehr Patienten konnten eine Landpartie unternehmen, mit oder ohne Begleitung zum Shopping nach Towson und Baltimore fahren, ins Theater gehen, Kunstmuseen besuchen, Sportwettbewerbe ansehen oder mit ihren Verwandten zum Essen ausgehen. Das Leben wurde wieder abwechslungsreicher und interessant und die Genesung schritt voran.«[61]

Das Chlorpromazin führte zu einer Revolution in der Psychiatrie, vergleichbar der Einführung des Penizillins in der Allgemeinmedizin. Es konnte die eine Psychose auslösenden Krankheiten zwar nicht heilen, aber wenigstens die schlimmsten Symptome zum Abklingen bringen, so daß Schizophrene ein relativ normales Leben führen konnten, ohne asyliert werden zu müssen. 1955 prägten Delay und Deniker den Begriff »Neuroleptika« für alle Medikamente, die einen Rückgang von Psychosen bewirkten; in den USA zog man den Begriff »Antipsychotics« vor.[62] Der englische Psychiater Henry Rollin, der an einer riesigen Anstalt in Epsom arbeitete, schrieb später, daß das Chlorpromazin »wie ein Wirbelsturm durch die zivilisierte Welt fegte und alle anderen Behandlungsverfahren gegen psychische Störungen verschüttete«. Es war der Beginn des »psychopharmakologischen Zeitalters«.[63]

Das Füllhorn

Nach der Vermarktung des Chlorpromazin wurden Antipsychotika, Antidepressiva und andere Psychopharmaka wie aus einem Füllhorn auf den Markt geschüttet. Plötzlich verwandelte sich die Psychiatrie, die bis dahin ja eher eine Art Sozialfürsorge gewesen war, zu einem Fachgebiet, das genaueste pharmakologische Kenntnisse über die Auswirkungen von Medikamenten auf den Körper erforderte. Natürlich waren es nicht ausnahmslos milde Gaben, die da aus dem Füllhorn flossen. Einige Mittel waren »Ich-auch-Medikamente«, die ausschließlich aus Wettbewerbsgründen auf den Markt geworfen wurden; andere wurden aufgrund ihrer Toxidität schnell wieder vom Markt zurückgezogen; und wieder anderen gelang es, aus der Psychiatrie zu entkommen und zu Straßendrogen zu werden. Alles in allem aber haben die Gaben aus diesem Füllhorn den Zustand vieler psychisch Kranker gebessert. Und mit diesen Psychopharmaka entstand in den Medien das Klischee der »neuen Hoffnung«.

Ihre Geschichte begann im Jahr 1949 mit John Cade, dem damals 37jährigen Leiter des Repatriation Mental Hospital von Bundoora in Australien. Wie Neil Macleod im Shanghai des späten 19. Jahrhunderts ließ sich auch Cade von der provinziellen Isolation nicht in seinem wissenschaftlichen Forschungsdrang beirren. Entschlossen versuchte er herauszufinden, ob die Ursache von Wahn irgendeine vom Körper selbst produzierte toxische Substanz sein könnte, analog etwa zur Thyreotoxikose (Schilddrüsenfehlfunktion). Weil er aber keine Ahnung hatte, wonach er eigentlich suchen mußte, nahm er seinen manischen Patienten erst einmal Urin ab und injizierte diesen in einer unbenutzten Küche der Anstalt Meerschweinchen in den Bauch. Logischerweise starben die Versuchstiere, aber das taten sie auch, wenn ihnen Cade den Urin von Kontrollpersonen spritzte. Also begann er, Urin in seine Bestandteile zu zerlegen – Harnstoff, Harnsäure usw. Dabei fand er heraus, daß er die Harnsäure, um sie für eine Injektion lösbar zu machen, mit Lithium mischen mußte, einem Element, das seit Mitte des 19. Jahrhunderts in der Medizin verwendet wurde .

Dann hatte Cade die Eingebung, den Meerschweinchen reines Lithium zu injizieren, nur um zu sehen, was geschehen würde. Sie wurden völlig lethargisch. »Wer je mit Meerschweinchen experimentiert hat«, schrieb er, »weiß, daß sie ausgesprochen schnell aufgescheucht reagieren. Um wieviel mehr scheuchte es erst den Experimentator auf, als er feststellte, daß sie nach der Injektion von Lithiumcarbonat auf den Rücken gelegt werden konnten und anstelle ihres gewöhnlichen Reflexverhaltens, sich sofort wieder aufzurichten, einfach liegenblieben und ihn seelenruhig anstarrten.«

Cade war auf dem Wege, eine verblüffende Entdeckung von großer Bedeutung zu machen, weil er nicht lockerließ und entschlossen den nächsten Schritt in Angriff nahm. Er entschied, auch seinen manischen Patienten Lithium zu injizieren. Doch zuvor machte er einen Selbstversuch, um herauszufinden, ob ihm eine wiederholte Anwendung von Lithiumacetat oder Lithiumcarbonat schaden würde, was jedoch nicht der Fall war. (Angesichts der Tatsache, daß er drei Jahre in einem japanischen Kriegsgefangenenlager verbracht hatte, ist allerdings anzunehmen, daß er einiges aushalten konnte.) Jetzt erst spritzte er es zehn manischen Patienten, sechs Schizophrenen und drei chronisch wahnhaft Depressiven. Bei den Depressiven war der Erfolg gleich Null, bei den Schizophrenen war eine leichte Besserung ihrer Rastlosigkeit festzustellen. Doch die Auswirkungen auf die manischen Patienten waren verblüffend: Allen zehn ging es wesentlich besser. Nur diejenigen von ihnen, die das Mittel abgesetzt hatten, sollten 1949, als Cade seinen Aufsatz schrieb, noch in der Anstalt sein. Fünf waren mit der Auflage, regelmäßig eine bestimmte Dosis Lithium einzunehmen, entlassen worden.[64]

Cade hatte Glück, daß er das Lithium nur Patienten mit gering ausgeprägter chronischer Manie verabreicht hatte, denn die schweren Fälle sprechen auf keine Medikamente an. Erstaunlich an dieser Geschichte ist nicht nur die Zufälligkeit seiner Entdeckung, sondern auch das beinahe unglaublich positive Ergebnis. Nehmen wir zum Beispiel seine achte Fallstudie, einen 50jährigen Mann, der seit seinem zwanzigsten Lebensjahr regelmäßig unter Anfällen litt. »Der letzte Schub währte seit zwei Monaten, und es gab keinerlei

Anzeichen für ein Nachlassen. Bevor er am 11. Februar 1949 dreimal täglich eineinhalb Gramm Lithiumacetat einzunehmen begann, war er geschwätzig, euphorisch, ruhelos und verwahrlost gewesen.« Am neunten Tag begann er plötzlich im Garten zu arbeiten. »Nach zwei Wochen war er praktisch normal – ruhig, gepflegt, rational und sich seiner Krankheit voll bewußt. Welch ein Kontrast zu seinem Zustand nur vierzehn Tage zuvor, als er nachts in ein Einzelzimmer gesperrt werden und regelmäßig Schlaftabletten bekommen mußte, ja, daß er nicht einmal gemeinsam mit anderen Patienten essen konnte, weil er so verstörend auf sie gewirkt hatte.«

1949 war das denkbar schlechteste Jahr, um einen Aufsatz über den Nutzen von Lithium zu veröffentlichen. Denn just in diesem Jahr hatte das *Journal of the American Medical Association* den Fall zweier Patienten veröffentlicht, die nach der Behandlung mit Lithium an Herzversagen gestorben waren. Cade sollte später schreiben: »Von einem unbekannten Psychiater, der allein in einer kleinen Anstalt für chronische Fälle vor sich hinwerkelt, ohne jede Forschungsausbildung, mit primitiven Techniken und einer Ausrüstung, die nicht der Rede wert war, war kaum zu erwarten, daß er irgend jemand überzeugen konnte, schon gar nicht in den Vereinigten Staaten.«[65] Und so schlummerte Cades Bericht über die Lithiumbehandlung nach seiner Veröffentlichung in einer unbedeutenden australischen Fachzeitschrift vor sich hin.

Mogens Schou, ein junger dänischer Psychiater mit einer Forschungsstelle an der Psychiatrie der Universität Aarhus, war 1952 gerade auf der Suche nach einem passenden Forschungsthema auf dem Gebiet der Biochemie. Da machte ihn sein Chef Professor Erik Stromgren auf Cades Artikel aufmerksam und schlug ihm vor, dessen Behauptungen zu überprüfen. Schou hatte sofort großes Interesse an diesem Projekt, weil es in seiner eigenen Familie Fälle von manisch-depressiver Erkrankung gab und sich bereits sein Vater – Psychiater wie er – intensiv mit diesem Thema befaßt hatte. Schou beschloß, einen placebokontrollierten Doppelblindversuch zu machen, einen der ersten in der Psychiatriegeschichte (dabei erhält eine Kontrollgruppe reine Zuckertabletten, aber weder die Versuchs-

noch die Kontrollpersonen oder Forscher wissen, wer das entsprechende Testpräparat und wer Zucker bekommen hat). Die Studie bestätigte Cades Behauptung: Lithium führte zur »symptomatischen« Besserung, das heißt, wurde die Behandlung beendet, stellten sich auch die Symptome wieder ein.[66] Später erklärte Schou: »Mir wurde vielleicht mehr als den meisten Forschern das Privileg zuteil, die Früchte meiner Arbeit auch zu ernten. Mitglieder meiner eigenen Familie wurden mit bemerkenswerten Erfolgen mit Lithium behandelt [darunter Schou selbst]; sie wären heute asyliert oder tot, hätte es diese Prophylaxe nicht gegeben.«[67] Dieser Studie Schous war es zu verdanken, daß Lithium in die internationale Psychiatrie Einzug hielt.

Allerdings wurde der Start erheblich verzögert: Erst 1960 führte man in Nordamerika Studien über Lithium durch (eine davon in Montreal, in Ewen Camerons Allan Memorial Institute).[68] Die amerikanische Nahrungsmittel- und Medikamentenbehörde ließ das Präparat sogar erst 1970 zu, nachdem ein Psychiater aus Oregon mit »bürgerlichem Ungehorsam« gedroht hatte und es trotz Nichtzulassung verschreiben wollte – die Verantwortung des Arztes gegenüber seinen Patienten, so argumentierte er, wiege schwerer als die Macht des Staates, über die Zulassung von Medikamenten zu entscheiden.[69] Erst jetzt konnte Lithium auch in den Vereinigten Staaten Fuß fassen.

Warum mußte es zu dieser zwanzigjährigen Verzögerung kommen? Zum einen, weil Lithium als eine reichlich vorhandene natürliche Substanz weder eine industrielle Lobby hatte noch einen Pharmabetrieb veranlaßte, sich auf die Produktion zu stürzen. Zum anderen mußte es sich erst einmal gegen den eingefleischten therapeutischen Nihilismus der amerikanischen Psychoanalytiker und der Londoner Maudsley-Klinik – des wichtigsten Ausbildungszentrums der britischen Psychiatrie – durchsetzen. Sowohl Aubrey Lewis, der bis 1966 am Maudsley Psychiatrie lehrte, als auch der bahnbrechende Epidemiologe Michael Shepherd betrachteten Lithium als »gefährlichen Unsinn«.[70] (Gegen Chlorpromazin hatten die Briten weniger einzuwenden, da es vom englischen Pharmakonzern May and Baker vertrieben wurde.) Also mußten manische Patienten noch jahrelang unnötig dahinsiechen.

Von Schizophrenie und Manie waren höchstens zwei Prozent in jeder Bevölkerung befallen. Unter Depressionen litt hingegen jeder vierte. Ein Medikament, das Depressionen erfolgreich bekämpfte, würde gewiß genausogut ankommen wie einst Aspirin. Es war also höchste Zeit, daß etwas gegen diese Krankheit aus dem Füllhorn geschüttet wurde, und in der Tat sollte schon kurz nach Cades Veröffentlichung seiner Lithiumexperimente ein neues Mittel namens Imipramin (Tofranil) auftauchen – das erste Medikament in der Geschichte der Psychiatrie, das konkret gegen Depressionen wirkte.[71]

1950 beauftragte der Baseler Pharmakonzern J. R. Geigy Mediziner aus einer Schweizer Anstalt in Münsterlingen, zu testen, ob ein von ihm entwickeltes Antihistamin auch als Sedativum einsetzbar wäre. (Zu dieser Zeit stürzte sich die gesamte Pharmakologie gerade mit Begeisterung auf Antihistamine.) Die Münsterlinger Psychiater stellten fest, daß das Mittel kaum schlaffördernde Wirkungen hatte, erwähnten jedoch in ihrer Antwort an Geigy, daß es möglicherweise als Antipsychotikum eingesetzt werden könnte. Der Konzern ignorierte diese Spekulation.

Einer dieser Mediziner war Roland Kuhn, ein 38jähriger, hochgewachsener, vornehmer und gebildeter Psychiater, der überdies etwas von Biochemie verstand, da er während seines Medizinstudiums in Bern organische Chemie als Wahlfach belegt hatte. Seine psychiatrische Fachausbildung hatte er in Waldau bei Jakob Klaesi (Tiefschlafkur) gemacht. Er war einer der ersten in der Schweiz, der die elektrischen Impulse des Gehirns mit dem Elektroenzephalogramm (EEG) studierte. Trotzdem war er in seinen frühen Jahren ein begeisterter Anhänger der Psychoanalyse gewesen. Er hatte selbst eine Lehranalyse gemacht und war eng mit Ludwig Binswanger in der nicht weit entfernten Kreuzlinger Privatklinik Bellevue befreundet. Auch an Max Müllers psychologischer Gesprächsrunde in der Münsinger Anstalt nahm er teil. In der Schweiz sah niemand einen Widerspruch darin, wenn sich jemand, wie Müller, für Schocktherapien einsetzte und gleichzeitig sein Interesse an Psychologie bekundete. Man kann wohl sagen, daß die Schweiz zwischen 1933 und 1950 das Weltzentrum für Psychodynamik *und* die organische Psychiatrie war, und Kuhn befand sich mittendrin.

Aber dann hatte Kuhn ein Erlebnis, das ihn vom Saulus zum Paulus wandeln sollte. Er hatte eine junge Frau analysiert, deren Beschwerden ihm »neurotisch-hysterischer« Natur zu sein schienen. Doch dank seiner psychodynamischen Therapie glaubte er, große Fortschritte gemacht und Unbewußtes zum Vorschein gebracht zu haben, das exakt mit Freuds Theorien übereinstimmte. Alles lief perfekt, die Patientin schien geheilt.

Doch ein paar Tage später tauchte sie erneut in seiner Praxis auf, aufgedonnert, schwer parfümiert, juwelenbehängt und in grelle Farben gekleidet. Ihr Zustand wechselte ständig zwischen Hypernervosität und Euphorie, sie sprach affektiert und zeigte die typischen Symptome von Ideenflucht. Da begriff Kuhn, daß er einen Fehler gemacht hatte: Während er geglaubt hatte, dank seiner psychoanalytischen »Heilbehandlung« eine spontane Remission erreicht zu haben, wäre die einzig richtige Diagnose »Manie« gewesen. Wie so vielen in jenen Tagen war auch ihm in diesem Fall die lange depressive Phase der Patientin entgangen, was ihn zu der Fehldiagnose »Hysterie« geführt hatte. Die manisch-depressive Erkrankung aber war für Kuhn eine eindeutig organisch bedingte Krankheit und hatte wenig mit Freuds Ideen zu tun.

Je mehr er sich von der Psychoanalyse abwandte, um so dringlicher wurde die Frage, was man für solche Patienten tun konnte. Sie für Elektroschockbehandlungen in eine Anstalt einzuweisen, erschien ihm als übertrieben. »Wie oft habe ich mir gesagt, daß wir die Opiumkur verbessern sollten!« Aber wie?

Als sich 1952 dann die Kunde vom Chlorpromazin verbreitete, legten Kuhn und seine Kollegen ihre Überlegungen über Depression und Manie erst einmal ad acta. Die Münsterlinger Mediziner ließen sich von Rhône-Poulenc sofort Proben des Mittels kommen und testeten es an schizophrenen Patienten. Aber das Budget der Anstalt war zu begrenzt, um es im großen Stil ordern und einsetzen zu können. Also drängten sie im Februar 1954 den Geigy-Konzern, ihnen das bereits einmal getestete Antihistamin erneut zu schicken, um es diesmal Psychotikern zu verabreichen. Es stellte sich heraus, daß das Präparat (G 22150) ihnen zwar etwas Linderung verschaffen konnte, aber inakzeptable Nebenwirkungen hatte und überdies bei depressiven Patienten völlig wirkungslos blieb. Sie schickten es zurück.

Zu dieser Zeit leitete Kuhn die pharmakologischen Versuche in Münsterlingen. (Direktor der Anstalt sollte er erst 1971 werden.) Er bat Geigy – oder Geigy bat ihn, wie in einigen Berichten steht –, ein anderes Mittel aus der Antihistaminreihe testen zu können, und zwar eines, dessen chemische Seitenkette genau mit der von Chlorpromazin übereinstimmte (Geigys interner Code dafür war G 22355). Sie bekamen es und probierten es an Schizophrenen aus. Es sollte den Zustand fast aller verschlechtern: Ruhige, in sich gekehrte Patienten verwandelten sich in aufgeregte Nervenbündel. Kuhn setzte sich sofort mit den Forschern von Geigy in Verbindung, um zu klären, wieso dieses Mittel überhaupt derart seltsame Reaktionen auslösen konnte. 1955 beschloß man, es noch einmal zu testen, und zwar diesmal an Depressiven. Die Ergebnisse waren, so Kuhn, absolut unglaublich und lösten helle Aufregung aus. Das gesamte Anstaltskollegium wie auch die Forscher von Geigy, die diese Versuchsreihe mit angehaltenem Atem verfolgt hatten, waren wie elektrisiert: Ganz offensichtlich hatten Kuhn und Geigy ein Mittel gegen Depression entdeckt.[72]

Bei den ersten vierzig Patienten, die damit behandelt wurden, zeigten sich laut Kuhn dramatische Veränderungen: Alle wurden lebendiger, ihre leisen, gedämpften Stimmen klangen kräftiger. Sie schienen plötzlich viel kommunikationsfreudiger, alles Jammern und Weinen hatte aufgehört. Wo sich die Depression in Unzufriedenheit, ständigen Klagen oder Gereiztheit ausgedrückt hatte, war ein freundlicher, zufriedener und zugänglicher Geist zum Vorschein gekommen. Alle hypochondrischen oder neurasthenischen Beschwerden waren zurückgegangen oder vollständig verschwunden. Die Patienten sprangen morgens fröhlich aus dem Bett und gingen auf ihre Mitpatienten zu, sie amüsierten sich und nahmen am

Leben in der Klinik teil, schrieben Briefe und interessierten sich wieder für ihre Familien. Auch ihre Verwandten äußerten sich nach Besuchen erstaunt über diese Veränderungen und meinten, ihre Angehörigen seit langem nicht in so guter Verfassung erlebt zu haben. Sogar die Patienten selbst sprachen von einer »Wunderkur«.[73]

Interessant ist die Sprache, in der Kuhn diese Transformationen beschreibt – sie illustriert, daß man die Genesung von einer Depression wie eine Auferstehung erleben kann. Genau dieser Eindruck stellte sich bei jeder Generation von Antidepressiva erneut ein; bei jedem Mittel wurde wieder behauptet, daß nur dieses spezifische Präparat so etwas zustande brächte (bei der Einführung von Prozac war es nicht anders). Kuhn stellte das Präparat im September 1957 bei einer Sitzung des Zweiten Internationalen Psychiatriekongresses in Zürich der Öffentlichkeit vor. Es waren zwölf Zuhörer anwesend.[74]

Im Frühjahr 1958 gab Geigy der Verbindung den Namen Imipramin (Tofranil). Es war das erste trizyklische Antidepressivum, so genannt wegen seiner dreifachen chemischen Ringstruktur (Chlorpromazin hat fast dieselbe Struktur und unterscheidet sich nur durch zwei Atome). Angesichts des hohen Bedarfs an Antidepressiva begann der Markt nun mit den unterschiedlichsten trizyklischen Präparaten überschwemmt zu werden. Merck zum Beispiel kam 1961 mit Amitriptylin heraus. 1980 sollten Ärzte in den USA zehn Millionen Rezepte allein für Antidepressiva ausstellen, der Großteil davon tricyclische Präparate, die man inzwischen unter Dutzenden von Markennamen erwerben konnte.[75]

Während das Füllhorn also seine Gaben ausschüttete, gewann die Psychiatrie wieder neues Selbstvertrauen. Plötzlich konnten Psychiater tatsächlich dazu beitragen, daß es Menschen besser ging. »Mit der Einführung der modernen Behandlungsweisen wurde es relativ einfach, Symptome abzubauen«, schrieb Felix Post, ein Veteran der Maudsley-Anstalt, der sich auf geriatrische Psychiatrie spezialisiert hatte und hoch erfreut war, nun auch älteren Patienten mit paranoiden Wahnvorstellungen helfen zu können oder chronisch Depressive nicht mehr asylieren zu müssen (deren einziger Ausweg,

The Blue Devils (1823), Karikatur von George Cruickshank. So etwa muß man sich eine Depression vorstellen, bevor 1958 das Mittel Imipramin auf den Markt kam, das erste eigens zur Behandlung von Depression gedachte Medikament.

sofern sie nicht in eine Anstalt eingeliefert worden waren, bislang oft nur der Selbstmord gewesen war). Post schrieb: »In der Vergangenheit mußte man ambulante Patienten viele Monate oder Jahre lang mit Bromiden und sehr ermüdenden unterstützenden Gesprächen über Wasser halten. ›I.S.Q.‹ [In Status Quo] war gewöhnlich der letzte oder einzige Eintrag auf dem Patientenblatt. Nun konnte bei den meisten dieser Patienten eine erhebliche Besserung erreicht werden.« Mit der Existenz dieser neuen Medikamente machten auch die Psychiater aus Posts Generation völlig neue Erfahrungen: »Ich habe einmal als einsamer Arzt begonnen, bestürzt und verängstigt von der Vielzahl offensichtlich hoffnungsloser Fälle, deren Zustand sich ständig verschlechterte. Ich beende meine Laufbahn als einer von vielen und in der Gewißheit, beinahe allen Patienten in bedeutendem Maße helfen zu können.«[76]

Die Entdeckung der Psychopharmaka, die zur Basis der zweiten biologischen Psychiatrie wurden, verdankte sich einer Mischung aus wissenschaftlicher Bereitschaft und schierem Glück. Das durch sie geweckte wissenschaftliche Interesse – und die Profite, die mit ihnen auf dem Markt erzielt werden konnten – verschaffte der Psychiatrie ein wesentlich solideres Fundament als jemals zuvor: die Wissenschaft vom Nervensystem.

Die Neurowissenschaft

Die Wissenschaft vom Nervensystem versucht, schwere psychische Störungen durch Erkenntnisse über chemische und anatomische Pathologien im Gehirn zu erklären. Die erste biologische Psychiatrie hatte auf der Überzeugung gefußt, daß dies prinzipiell möglich wäre, aber kaum nennenswerte Fortschritte erzielt. Der junge Heinrich Laehr hatte 1852 als Assistenzarzt am Halleschen Irrenhaus gesagt, Irrsein sei nichts anderes als eine Krankheit und könne daher auch nur von einer medizinischen Behandlung besiegt werden. Für ihn war es eindeutig eine Frage der Hirnchemie, ob ein Mensch im seelischen Gleichgewicht war oder nicht: Es genügten schon geringste chemische und physikalische Veränderungen im Gehirn, um eine seelische Störung auszulösen.[77] Das klang kaum anders als die Erklärung, die Mediziner ihren Patienten 150 Jahre später geben sollten, nämlich daß sie unter einem Defekt der Hirnchemie litten. Trotz dieser Prämisse führten die endlosen Stunden, die Laehr und andere Nervenärzte über ihre Mikroskope gebeugt verbrachten, ins Nichts. Die Aufgabe, das Hirn verstehen zu lernen, war viel zu gewaltig, um von Klinikern allein bewältigt werden zu können. 1891 skizzierte der schottische Nervenarzt Thomas Clouston eine schon ziemlich genaue Vorstellung von der Neurowissenschaft: »[Eines Tages] wird es möglich sein, ein tiefergehendes, umfangreicheres und physiologischeres Verständnis des gesamten Bereichs des Wachstums und der Entwicklung des Gehirns in seinen physiologischen wie pathologischen Aspekten zu erlangen.« Er konnte sich sogar eine Neurowissenschaft vorstellen, die »alle Entwicklungsneurosen in einem einzigen großen und höchst interessanten Schema zusammenfaßt – und damit all den bislang unzusammenhängenden pathologischen Faktoren eine physiologische Kohärenz verleiht«.[78] Mit »Entwicklungsneurosen« meinte Clouston, was man später als Schizophrenie oder Störungen des Hirnwachstums bezeichnen sollte. Doch Fortschritte auf dem schwierigen Gebiet der Hirnchemie sollten noch jahrzehntelang auf sich warten lassen.[79]

Das erste Zentrum für ein umfassendes Studium von Gehirn und Verstand mit all ihren möglichen Störungen war Kraepelins Münchener Forschungsanstalt. Felix Plaut, der dort neben Wissenschaftlern wie dem Neuropathologen Walter Spielmeyer und dem Erbforscher Hans Luxenburger arbeitete, unternahm erste Schritte in Richtung Neuroimmunologie, als es ihm gelang, die Antikörperbildung im Gehirn als Reaktion auf eine syphilitische Infiltration zu dokumentieren.[80] Nach der Machtergreifung der Nationalsozialisten wurde dieses Institut jedoch erheblich geschwächt. Plaut zum Beispiel wurde 1936 von seinem Posten als Leiter der Abteilung für Serologie und Experimentelle Therapie ins Londoner Exil vertrieben, wo er 1940 Selbstmord verübte.[81]

Nach dem Zweiten Weltkrieg wurden diese Fäden in anderen Ländern sofort wieder aufgenommen. Zur Zeit des ersten Internationalen Psychiatriekongresses 1950 in Paris hatte sich bereits eine kritische Masse in jenen Wissenschaften gebildet, die der biologischen Psychiatrie zugrunde liegen. Alle Neurowissenschaften, auf die sich die zweite biologische Psychiatrie stützen sollte, waren vertreten: Denis Hill, der damals am psychiatrischen Institut der Maudsley-Klinik lehrte, hielt einen Vortrag über die Elektroenzephalographie, die er bereits bahnbrechend zum Studium der Schizophrenie eingesetzt hatte, und ihren Nutzen für die Psychiatrie.[82] Die funktionellen Psychosen, so Hill, zeigten beim Einsatz dieser Technik »eine verwirrende Vielfalt an Anomalien und Deformitäten«, aber nichts, das man einer spezifischen Krankheit zuordnen könnte. (Seine EEG-Technik sollte später vor allem in der Kinderpsychiatrie zur Feststellung von Entwicklungsstörungen angewandt werden.[83]) Max Reiss aus Bristol, ein aus Prag geflohener Wissenschaftler und einer der Gründer der psychiatrischen Endokrinologie, sprach über den mit radioaktiven Isotopen gemessenen Anteil der Schilddrüsenaktivität an psychischen Krankheiten.[84] Derek Richter, der 1950 gerade erst Direktor des neuropsychiatrischen Forschungszentrums von Carshalton geworden war und später zu einer Schlüsselfigur der Entwicklung der britischen Psychopharmakologie werden sollte, beschrieb den Einsatz von radioaktiv gekennzeichneten Isotopen zum Nachweis der metabolischen (im Stoffwechselprozeß entstandenen) Hirnaktivitäten.[85] Nicht alle dieser Ansätze sollten sich als wichtig für die klinische Psychiatrie erweisen, doch in Paris wurde der Boden für die systematische Erforschung des Gehirns als physischer Basis des gestörten Geistes bereitet. Diese Konferenz im Jahr 1950 steht für den eigentlichen Beginn der klinischen Neurowissenschaft, so wie man sie später verstehen sollte.

Wollte man eine einzelne Person als Gründer der biologischen Psychiatrie in den Vereinigten Staaten benennen, kommt man an Stanley Cobb nicht vorbei. Cobb, ein Neurologe aus Harvard, gründete 1934 die psychiatrische Abteilung des Massachusetts General Hospital und widmete sich fortan ganz der Psychiatrie. Schon seit seinen Lehrjahren in Europa hatte er sich für die »von der Neurowissenschaft gestützte Psychobiologie« interessiert. Diese Feststellung stammt von dem Neurochirurgen Wilder Penfield, der in seiner Biographie über Alan Gregg auch Cobb erwähnt. Gregg, Direktor der medizinischen Abteilung der Rockefeller Foundation, die seit 1933 Grundlagenforschungen auf dem Gebiet der Psychiatrie und vor allem im Bereich der Neurophysiologie und Neurologie förderte, habe Cobb genügend Mittel von der Rockefeller-Stiftung zukommen lassen, damit dieser während der nächsten zwanzig Jahre ungestört biologische Grundlagenforschung am Allgemeinkrankenhaus von Massachusetts betreiben konnte.[86] Aus der gemeinsamen Forschung von Cobb und Tracy Putnam entwickelte sich das Dilantin, das erste gegen Epilepsie wirkende Mittel,[87] und aus Cobbs psychiatrischer Abteilung sollte eine Reihe bekannter Forscher hervorgehen, etwa Eli Robins, der sich bereits um den biologischen Ansatz in der Psychiatrie bemühte, als diese noch vollständig von der Psychoanalyse beherrscht war.

1946 gehörte Cobb einer kleinen Forschergruppe an, die sich eines Tages im Fairmont Hotel in San Francisco traf. Das Meeting war von zwei kalifornischen Neurologen organisiert worden – Johannes »JM« Nielsen und seinem Schüler George Thompson (im Jahr darauf brachten sie gemeinsam das erste Lehrbuch der biologischen Psychiatrie in den Vereinigten Staaten heraus[88]). Aus dieser Zusammenkunft ging die wichtigste amerikanische Organisation im psychobiologischen Bereich hervor, die Society of Biological Psychiatry,[89] deren Gründer sich als Treuhänder der ersten biologischen Psychiatrie betrachteten. »Die Vorstellung, daß die Psychiatrie auf dem Nervensystem basiert, ist alles andere als neu«, schrieben sie, sich auf Meynert, Wernicke und Flechsig berufend. Seit deren Zeit habe die Disziplin jedoch einen »enormen Überbau aus Beobachtungen und Interpretationen« errichtet, so daß es nun höchste Zeit sei, herauszufinden, mit welchen Hirnmechanismen all diese klinischen Informationen über Krankheiten im Zusammenhang stünden: »Das biologische Konzept voranzubringen, heißt nichts anderes, als diesen Überbau auf ein Fundament zu stellen … und den Spuren der anatomischen Strukturen nachzugehen, die dieses Konzept überhaupt erst ermöglichen.«[90] Nach dieser Aufforderung sollten sich in den frühen fünfziger Jahren auf beiden Seiten des Atlantiks kleine Forschergruppen bilden, entschlossen, neue Erkenntnisse über die neurowissenschaftlichen Grundlagen der biologischen Psychiatrie zu gewinnen.

Die vielleicht älteste Komponente der Neurowissenschaft war die Psychopharmakologie, die die Frage stellte, wie sich Medikamente auf Gehirn und Verstand auswirkten. Der Begriff tauchte erstmals in der späten Renaissance mit dem *Psychopharmakon* des Klerikers Urbanus Rhegius auf, das 1548 posthum veröffentlicht worden war (allerdings stand der Begriff dort noch in keinem medi-

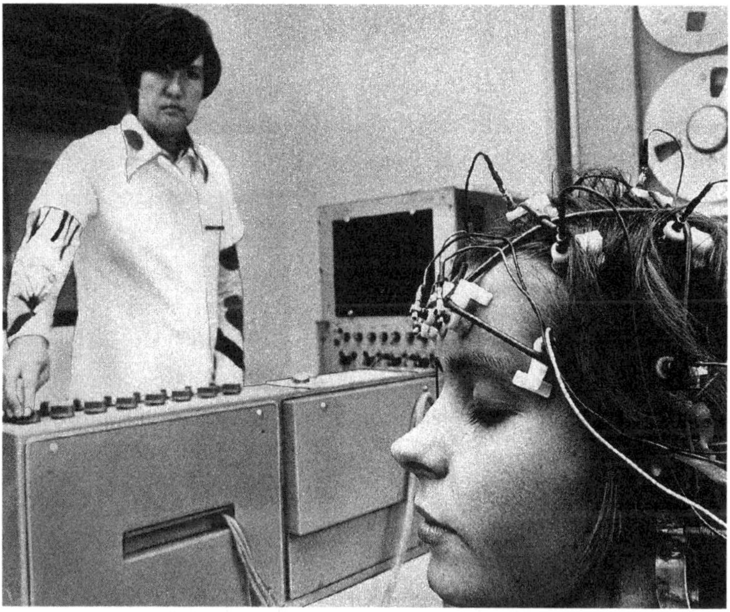

Die Elektroenzephalographie dient der Aufzeichnung von Hirnstromwellen, die mit auf der Kopfhaut angebrachten Elektroden erfaßt und über Verstärker, Tintenschreiber etwa, fortlaufend aufgezeichnet werden. Durch das so entstehende Elektroenzephalogramm (EEG) lassen sich Funktionsstörungen des Gehirns erkennen.

zinischen Zusammenhang).[91] Im 19. Jahrhundert hatten dann überall Versuche stattgefunden, Drogen zur Erforschung des Gehirns einzusetzen. Jacques-Joseph Moreau (vulgo »Moreau de Tours«), der dem Kollegium der Privatklinik des kurz zuvor verstorbenen Esquirol angehörte, glaubte 1845 zum Beispiel, daß Haschisch »die Geheimnisse des Irrseins« erhellen und »uns zur verborgenen Quelle dieser so zahlreichen, so variablen und so seltsamen Störungen zurückführen« könnte. (Moreau nahm selbst zu Versuchszwecken Haschisch.)[92] Zwei Jahrzehnte später sprach auch der große französische Physiologe Claude Bernard von der Verwendung von Drogen für das Studium des Gehirns: »Gifte sind eine Möglichkeit, die Eigenschaften des Nervensystems zu analysieren, eine Art physiologisches Skalpell, das um ein vielfaches feiner und schärfer ist als gewöhnliche Skalpelle.«[93] Genau das war es, worum es bei der Psychopharmakologie ging: ein Skalpell zu finden, mit dem man die Störungen des Gehirns und Verstandes genau nachvollziehen und behandeln konnte. In den achtziger Jahren des 19. Jahrhunderts forschte Kraepelin erstmals systematisch nach den Auswirkungen von Drogen auf das Gehirn, wobei er den Begriff »Pharmakopsychologie« prägte, aber noch keine therapeutischen Anwendungsmöglichkeiten dafür sah.[94]

Vierzig Jahre später sahen die Dinge noch nicht viel anders aus. 1920 schrieb der Pharmakologe David Macht von der Johns Hopkins University anläßlich einer Darstellung »der Auswirkungen von Drogen auf psychische Funktionen«: »Die Beiträge zu dem Gebiet, welches wir uns erlauben ›Psychopharmakologie‹ zu nennen, sind äußerst mager.«[95]

Die Entdeckung des LSD im Jahr 1943 führte zu neuen Versuchen, psychische Prozesse mit Hilfe der Verwendung von Drogen zu erkennen; diesmal wurden auch Psychosen mit in die Experimente einbezogen.[96] Doch LSD sollte zur Straßendroge werden und der Forschung keinerlei neue klinische Erkenntnisse bringen.

Erst mit dem Chlorpromazin und den anderen frühen Psychopharmaka wurde die Psychopharmakologie zu einer eigenen Disziplin. Nun hatte man das gewünschte physiologische Skalpell zur Hand, und die neue Disziplin machte sich auch sofort an die Arbeit, um die Wirkungsweisen der verschiedenen antipsychotischen und antidepressiven Medikamente zu erforschen. Der erste Anstoß dazu kam aus Deutschland, das bis Mitte der fünfziger Jahre praktisch vollständig von der internationalen psychiatrischen Gemeinschaft geächtet war, mit diesem ersten Impetus aber wieder eine Brücke schlagen konnte. 1956 veröffentlichte Wolfgang de Boor, der in Heidelberg promoviert hatte und nun Professor in Köln war, das weltweit erste Lehrbuch der Psychopharmakologie.[97] In Heidelberg hatte de Boor bei Kurt Schneider studiert, einem der größten modernen Schizophrenieforscher. Doch nicht auf dessen Drängen, sondern auf Anraten Willy Hellpachs hatte de Boor dieses Lehrbuch geschrieben. Hellpach war einer von Kraepelins Heidelberger Studenten gewesen, und dessen Werk hatte den jungen Psychologen Hellpach überhaupt erst dazu bewogen, sich der Psychiatrie zuzuwenden. Nun, Mitte der fünfziger Jahre, voller Abscheu gegen die jüngste Vergangenheit seines Landes, wollte Hellpach Deutschlands Psychiatrie wieder in das Lager der Wissenschaft zurückführen.

Doch im wesentlichen wurde die neue Psychopharmakologie nicht von Gelehrten, sondern von der Pharmaindustrie vorangetrieben. Zwar hatte de Boor 1957 die Gründung des Internationalen Kollegiums für Neuropharmakologie angeregt (CINP, nach seiner lateinischen Bezeichnung), aber nicht er, sondern der Direktor des Sandoz-Konzerns, Ernst Rothlin, wurde zu dessen erstem Präsidenten ernannt.[98] Und es war der Privatsektor, der im Zeitalter der Psychopharmakologie einen grundlegenden Beitrag zur Neurowissenschaft leisten sollte. Die Forschung über die Wirkungsweise von Chlorpromazin auf das Gehirn finanzierte die Pharmaindustrie letztlich nur, weil es neuer Erkenntnisse aus der Grundlagenforschung bedurfte, um Arzneimittel zu entwickeln, die explizit darauf abgestimmt waren, jene biochemischen oder anatomischen Reaktionswege zu blockieren, die zu Psychosen führen. In Wahrheit ist die Psychopharmakologie also viel eher eine Schöpfung der Pharmaindustrie, als daß man sie Wissenschaftlern oder Klinikern gutschreiben könnte. Und diese Industrie sollte in den sechziger Jahren zu einem der mächtigsten Wirtschaftszweige in den Vereinigten Staaten und in Großbritannien werden, den beiden wichtigsten Produktionsländern.

Dopamin und Serotonin spielten die Hauptrollen in dieser psychopharmakologischen Saga. Um zu erfahren, weshalb das so war, müssen wir noch einmal ins Jahr 1952 zurückkehren. Damals hatte Betty Twarog, die gerade erst in Harvard promoviert hatte und nun in Professor John Welshs Labor arbeitete, Serotonin als Neurotransmitter identifiziert (das Labor hatte eine kleine Probe von Abbott Laboratories bekommen). Ein Jahr später entdeckten sie und Irvine Page von der Cleveland Clinic Serotonin im Gehirn von Säugetieren.[99]

1957 fanden der Pharmakologe Arvid Carlsson und seine Mitarbeiter an der schwedischen Universität Lund einen weiteren Botenstoff: Dopamin.[100] Carlssons Name taucht in diesem Teil der Pharmakologiegeschichte – der Entdeckung der chemischen Substanzen des Gehirns – immer wieder auf. Mit diesen Erkenntnissen konnte die Neurowissenschaft erstmals auf die Psychiatrie angewandt werden.

Wirkten das Chlorpromazin und die anderen, neu entwickelten Neuroleptika dem Dopamin entgegen? Als Carlsson – inzwischen an der Göteborger Universität – 1963 begann, Mäusen solche Mittel zu verabreichen, fand er heraus, daß sich der Dopaminspiegel im Gehirn veränderte. Zwar konnte er noch keinen endgültigen Beweis vorlegen, aber er hielt es immerhin für sehr wahrscheinlich, daß all diese Medikamente auf die Funktionsweisen des Neurotransmitters Dopamin einwirkten.[101]

Doch was war nun, wenn man die Forschung von gesunden Mäusen auf schizophrene Menschen verlagerte? Würde sich herausstellen, daß das Dopamin selbst zur Potenzierung von Schizophrenie beitrug oder diese Krankheit sogar verursachte? Diese Annahme wurde von der Entdeckung gestützt, daß Amphetamine, die die Wirkung von Dopamin potenzierten, auch die Symptome von Schizophrenie verstärkten.[102]

Mittlerweile ging man auch von einem Zusammenhang zwischen Serotonin und Depressionen aus. Mitte der fünfziger Jahre hatten Wissenschaftler am amerikanischen National Institute of Health britische Arbeiten aufgegriffen und waren zu dem Schluß gekommen, daß ein Ungleichgewicht im Serotoninhaushalt – noch heute beziehen sich Psychopharmakologen auf das Serotonin unter der Bezeichung »5-HT« (5-Hydroxytryptamin) – für bestimmte psychische Erkrankungen verantwortlich war. Es lohnt sich, dieser Pulverspur nachzugehen, denn sie sollte bei Prozac enden. Zu Beginn waren die Wissenschaftler allerdings nicht deshalb am Serotonin interessiert, weil sie glaubten, daß es bei Depressionen eine Rolle spielte, sondern vielmehr weil sie einen Zusammenhang mit Psychosen vermuteten.

Entzündet wurde diese Pulverspur 1955 im chemischen Pharmalabor von Bernard »Steve« Brodie am National Heart Institute. Brodie und sein Team entdeckten, daß das Serotonin, wenn man Tieren eine Verbindung namens Reserpin verabreichte, aus der gesamten Gewebestruktur, also auch der des Gehirns, verschwand.[103] Damit war das erste feste Verbindungsstück zwischen Biochemie und Verhalten gefunden.[104]

In der Folge entdeckten immer mehr Forscher, daß die neuen Psychopharmaka tatsächlich die Hirnchemie veränderten. Als 1960 beispielsweise eine englische Wissenschaftlergruppe depressiven Patienten Imipramin verabreichte, sank der Serotininspiegel im Blut der Kranken massiv ab. Damit hatte man einen ersten Hinweis auf den »reuptake mechanism« (Wiederaufnahmemechanismus): Antidepressiva veranlassen das Serotonin, sich an eine andere Stelle im Körper zurückzuziehen (insbesondere, wie sich herausstellen sollte, in die Synapsen zwischen den Nervenfortsätzen).[105] Acht Jahre später gelang es Arvid Carlsson, der 1955 in Brodies Labor gearbeitet hatte, diesen Verlauf anhand der hirnchemischen Prozesse selbst festzustellen (ihn also nicht nur, wie zuvor die Briten, aufgrund des Geschehens in den Blutplättchen zu vermuten): Die trizyklischen Antidepressiva verhindern, daß die Neuronen das Serotonin wieder aufnehmen, sobald sie es einmal in die Synapsen abgegeben haben. Je geringer die Wiederaufnahme ist und je mehr in den Synapsen zurückbleibt, um so besser wirken sie gegen Depression. Mit dieser Entdeckung hatte Carlsson seine »Serotonin-Hypothese« der Depression erhärtet.[106]

Noch während die Forschung über die Hirnchemie beziehungsweise Neurotransmitter in vollem Gange war, wurde der gesamte Mechanismus der Botenstoffe – die Art und Weise, wie diese chemischen Substanzen an den Synapsen und peripheren Nerven einen Reiz weiterleiteten – entschlüsselt. Der erste Ansatz zu einer Neurotransmissionstheorie war Arvid Carlssons bereits erwähnte Arbeit aus dem Jahr 1963: Wenn Medikamente das Dopamin modifizieren konnten, dann trug das Dopamin ja möglicherweise selbst dazu bei, die Nervenimpulse im Gehirn weiterzuleiten. 1974 fand

Solomon Snyder von der Johns Hopkins University heraus, daß Neuroleptika wie Chlorpromazin an der Empfängerstelle des Dopaminrezeptors andockten und somit verhinderten, daß das Dopamin aktiv werden konnte.[107] Der Schlüssel zu einer Therapie mußte daher in einer Modifikation der Wirkung dieser Botenstoffe an der Rezeptorenstelle liegen.

Bis in die achtziger Jahre hinein sollte sich die Forschung daran orientieren, daß ein bestimmter Botenstoff einer bestimmten Krankheit zuzuordnen sei. Die Katecholamine zum Beispiel – natürliche chemische Hirnsubstanzen wie Noradrenalin – wurden mit depressiven Verstimmungen in Zusammenhang gebracht. Man nannte das die »Aminhypothese der Depression«. Später wurde auch das Serotonin dieser Gruppe zugeordnet. Neurotransmitter wie das Dopamin verband man hingegen mit Psychosen und das Acetylcholin mit Demenz.[108]

Die Hypothese, daß es für jeden Transmitter eine Krankheit gab, schien einleuchtend zu sein (außerdem war es eine perfekte Marktstrategie für die Pharmakonzerne). Aber Korrelation ist nicht notwendigerweise gleichbedeutend mit Kausalität. Und so fiel auch dieses Eins-zu-eins-Modell in den achtziger Jahren in sich zusammen. Man fand heraus, daß so wirksame Neuroleptika wie Clozapin kaum Einfluß auf den Dopaminstoffwechsel hatten, dafür aber auf das Serotonin einwirkten. (Obwohl Clozapin bereits in den siebziger Jahren entwickelt wurde, verstand man seine Wirkung auf Schizophrenie erst 1988.) Als dann immer mehr Botenstoffe identifiziert wurden – bis Mitte der neunziger Jahre waren es über vierzig –, begriff man, daß Dopamin und Serotonin nur zwei von vielen Neurotransmittern waren, die bei diesen komplizierten psychischen Störungen eine Rolle spielten – und das vermutlich nicht einmal in entscheidendem Maße.[109] Doch im Laufe der Jahre erwies sich die Eins-zu-eins-Hypothese dennoch als vorteilhaft, weil sie zur Grundlagenforschung über die Hirnfunktionen angeregt hatte. Aus irgendeinem unbekannten Grund wirkten diese Medikamente, und nur deshalb wurde die Neurowissenschaft mit sehr viel mehr Elan vorangetrieben als je zuvor.

Auch die Neuropathologie – die Erforschung krankhafter Veränderungen im Hirngewebe – unterstützte die neurowissenschaftliche Auslegung psychischer Krankheiten. Früher einmal hatte man die anatomische Erforschung der Schizophrenie als »Friedhof der Neuropathologen« bezeichnet.[110] Über Meynert, der sich in der Hoffnung, eine anatomische Ursache für diese Krankheit zu finden, über sein Mikroskop gebeugt, die Gesundheit ruiniert hatte, machten sich Generationen psychoanalytischer Historiker lustig. Doch er hatte recht gehabt: Moderne Neuropathologen entdeckten mit ausgeklügelten Techniken, von denen er nicht einmal zu träumen gewagt hätte, genau die Läsionen, nach denen er gesucht hatte. Die Neuropathologie war es, die in den siebziger Jahren erste Antworten auf eines der größten Rätsel der Schizophrenie fand: Wenn dies eine genetische Krankheit war, wie kam es dann, daß ungefähr die Hälfte aller Erkrankten aus Familien stammten, in denen es keinerlei Vorgeschichte psychischer Krankheiten gab? Die Antwort, so stellte sich heraus, lautete, daß auch nichtgenetische, pränatal erworbene Anomalien und Geburtstraumata das Gehirn im Entwicklungsstadium auf eine Weise schädigen können, die es zu einem späteren Zeitpunkt im Leben für psychische Krankheiten anfällig macht.

Dieser Forschungsansatz ging auf die neuropathologischen Arbeiten Kraepelins und Spielmeyers in München und auf die Studien Rosanoffs in den Vereinigten Staaten zurück. 1939 hatte Barney Katz, einer von Rosanoffs Studenten an der University of Southern California, die Entbindungsdaten von hundert männlichen Schizophrenen und einer hundertköpfigen Kontrollgruppe miteinander verglichen und festgestellt, daß es unter den Schizophrenen mehr Fälle von Geburtstraumata gab. Nach dem Zweiten Weltkrieg wurde diese histopathologische Forschung von der psychoanalytisch beeinflußten Psychiatrie tabuisiert. Doch kaum wurde sie in den siebziger Jahren wieder legitim, begannen Schizophrenieforscher en masse Pathologien zu entdecken, die während der Entwicklung der Schaltkreise im pränatalen Gehirn entstanden. Joyce Kovelman und Arnold Scheibel von der University of California in Los Angeles sezierten Gehirne von Schizophrenen, die im Veteranenkrankenhaus von Los Angeles verstorben waren, mit Techniken, die um ein vielfaches fortgeschrittener waren als die Methoden, die zu Meynerts Zeiten zur Verfügung standen. Nachdem sie insgesamt 13 680 Neuronen aus zehn Gehirnen betrachtet hatten, stellten sie fest, daß die Nervenzellen im Falle von Schizophrenie in bestimmten Hirnbereichen viel desorganisierter waren als bei der Kontrollgruppe, was das Ergebnis eines fehlgeschlagenen Versuchs der pränatalen Hirnzellen zu sein schien, sich mit ihren Empfängern zu verbinden. »Es ist unwahrscheinlich, daß sich die von uns beschriebene Desorganisation in den Mustern der Dendriten [verästelter Protoplasmafortsatz einer Nervenzelle] zu irgendeiner anderen Zeit als der Embryogenese entwickeln kann«, konstatierten sie.[111] Eine andere Forschergruppe fand heraus, daß Schizophrene über eine große Zahl von anomal vergrößerten Nervenzellen verfügten.[112] Keines von beidem konnte sich als Folge der Krankheit ereignet haben, da beide Prozesse in der pränatalen Entwicklung stattfinden.

Auch Viren können die pränatale Hirnentwicklung stören. In Helsinki wurde einmal eine große Gruppe Frauen im zweiten Schwangerschaftsdrittel (in dem die Hirnentwicklung des Fötus rapide voranschreitet) von einer schweren Grippeepidemie erfaßt. 26 Jahre später stellte sich heraus, daß Schizophrenie unter den von ihnen geborenen Kindern außerordentlich häufig vorkam.[113] Eine noch wesentlich umfangreichere dänische Studie erforschte über den Zeitraum von vierzig Jahren, 1910 bis 1950, die Zusammenhänge von Influenza, Schwangerschaft und späterer Schizophrenie der Kinder. Sie kam zu exakt denselben Ergebnissen.[114]

Die Reaktion des Gehirns auf solche entzündlichen Prozesse, die eine Unterbrechung der Migration und Verbindungsaufnahme der Zellen zur Folge haben, nennt man Gliose; es handelt sich um eine Wucherung der Gliazellen[115]. 1972 entdeckten Forscher bei der Autopsie schizophrener Gehirne genau die Art von Gliose, die mit pränatalen Fehlentwicklungen verbunden wurde. 1982 untersuchte auch Janice Stevens am St. Elizabeths Hospital in Washington die Gehirne von 25 Schizophrenen und verglich sie mit den Gehirnen ebenso vieler nichtpsychiatrischer Patienten eines Allgemeinkrankenhauses. Bei den Schizophrenen stellte sie vor allem in jenen Hirnbereichen eine weit fortgeschrittene Gliose fest, in denen bereits andere Schizophreniestudien Veränderungen gefunden hatten. Und diese Gliosen waren definitiv nicht durch Elektroschocktherapien oder Medikamente entstanden.[116]

Was Meynert auch nicht zur Verfügung gestanden hatte, waren die postmodernen Brain-Imaging-Methoden, allen voran die Computertomographie (CT), das Magnetresonanzverfahren (MR) und die Positronenemissionstomographie (PET), die uns seit den siebziger Jahren einen Blick in das Gehirn von faszinierender Klarheit ermöglichen. 1976 führten Eve Johnstone, Timothy Crow und andere Forscher am Clinical Research Center von London-Harrow eine CT-Studie anhand von 17 Schizophrenen durch und verglichen die Ergebnisse mit einer identischen Studie mit gleichaltrigen Freiwilligen, die ähnliche Berufe ausübten wie die Patienten vor ihrer Erkrankung. Die Gehirne der Schizophrenen wiesen eine völlig andere Topographie auf als die der Nichtschizophrenen. Vor allem die Hirnventrikel – die mit Gehirn-Rückenmark-Flüssigkeit gefüllten Gehirnkammern – waren vergrößert. Das Ausmaß dieser Vergrößerung entsprach jeweils proportional dem Umfang der Beeinträchtigung.[117] Als Ursache für diese Vergrößerung identifizierte man ein mangelndes Gewebewachstum um die Ventrikel.[118] Als Meynert seine Objektträger unter das Mikroskop geschoben hatte, konnte er unmöglich einen Überblick über solche Strukturen wie die Ventrikel gewinnen. Erst die bildgebenden Techniken des späten 20. Jahrhunderts erlaubten solche bis dahin unvorstellbaren Einblicke in das Gehirn.

Mitte der neunziger Jahre lagen schließlich überwältigende Beweise aus der Neuropathologie für die These vor, daß Schizophrenie eine organische Krankheit ist. 1993 stellte der Neuropharmakologe Floyd Bloom (damals am Scripps Research Institute in La Jolla, Kalifornien, später Chefredakteur von *Science*) fest: »Der umfangreiche Nachweis für eine substantielle Neuropathologie bei Schizophrenie muß selbst Zweifler überzeugen.«[119]

Kraepelins »Dementia praecox« hatte das Netz zu weit ausgeworfen. Denn als organische Hirnerkrankung betrachtet, sah Schizophrenie so aus, als komme sie in zweierlei Gestalt vor: einmal als von der entwicklungsgeschichtlichen Natur der Nerven geprägte, die mehr Männer als Frauen und diese eher in jugendlichem Alter befiel; und zweitens als Störung, von der man annahm, daß sie nicht durch die Nervenentwicklung bestimmt wurde (über die genauen Ursachen war man sich nicht klar) und die Krankheit erst in der Lebensmitte und eher unter Frauen als Männern zum Ausbruch kommen ließ.

Der Akzent lag jedoch auf der Hirnwachstumsperiode. Früh auftretende Schizophrenie schien das Gehirn von Föten und Kleinkindern nach dem Muster eines »Doppeltreffers« zu befallen. Der erste »Treffer« war genetischer Art, der zweite ein pränatal oder bei einem späteren biologisch und psychosozial bedeutenden Ereignis wie einer schwierigen Geburt entstandenes Trauma.[120] Solche Ereignisse hinterließen offenbar ihre physischen und verhaltenspsychologischen Spuren, etwa einen kleineren Schädel oder eine soziale Hemmung des kindlichen Spieltriebs, was als eine Art fossilierter Nachweis für den Erwerb einer Pathologie am Lebensbeginn betrachtet wurde.[121] Mitte der neunziger Jahre waren die Ursachen für diese Fehlentwicklungen noch immer unklar. Sie können durch ein Virus hervorgerufen werden oder durch Gene, die vorzeitig ihre Entwicklung eingestellt haben; es ist aber auch möglich, daß, wie Bloom schrieb, »das Genom [der Genbestand] eines Familienstammbaums ›einfach‹ die Expression des einen oder anderen Gens, das erforderlich ist, um den Prozeß der Zellmigration in der Hirnrinde zu vollenden, nicht beibehalten konnte«.[122]

In den achtziger Jahren wurde mit den Brain-Imaging-Methoden und anderen neuropathologischen Techniken nicht nur die organische Basis von Schizophrenie bestätigt – auch bei manisch-depressiven Erkrankungen fand man vergrößerte Ventrikel, was nahelegte, daß sich diese Krankheit ebenfalls bereits in der Wachstumsperiode des Fötus bildet.[123] 1987 fanden mehrere Forschergruppen anatomische und physiologische Veränderungen auch bei der Zwangsstörung – einer Krankheit, die der Psychoanalytiker Otto

Fenichel 1934 mit den Worten beschrieb: »Das Ego hat bereits auf der ersten analsadistischen Stufe der Libidoausgestaltung Schutzmaßnahmen zu ergreifen begonnen, so daß der Patient nie bis zum phallischen Ödipuskomplex gelangte.«[124] Unterschiedlichere Erklärungsansätze sind wohl kaum denkbar.

Aber wer hatte recht? Lag die Ursache für eine Zwangsstörung darin, daß sich die Persönlichkeit von der analsadistischen Stufe aus nicht weiterentwickeln konnte, oder war sie in der Hirnbiologie zu finden? 1987 machte sich eine Forschergruppe daran, diese Frage mit Hilfe der Positronenemissionstomographie zu beantworten. Eine Spezialkamera verfolgte die Zellaufnahme eines radioaktiven, einer Glukose angehängten Isotops (die aktiven Teile des Gehirns sollten die radioaktiv gekennzeichnete Glukose absorbieren). Während dieser Tests wurden den Patienten mit Zwangsstörungen genau jene Reize (»Kontaminatoren«) vermittelt, von denen man wußte, daß sie ihr jeweiliges Ritual, etwa zwanghaftes Händewaschen, auslösten. Eine Gamma-Kamera verfolgte das Muster der Isotopenaufnahme, während sich der Drang zum Händewaschen im Hirn manifestierte. (Den Patienten wurde zwischen jedem Scanning gestattet, sich erneut die Hände zu waschen, damit sich ihre Symptomatik beruhigen konnte, bevor sie den nächsten »Kontaminator« erhielten.)[125] 1994 konnte schließlich bewiesen werden, daß eine wichtige anatomische Ursache für Zwangsstörungen in einer elektrischen Aktivitätsschleife vom Stirnlappen über die Basalganglien und wieder zurück zum Stirnlappen besteht.[126] Nach der Verabreichung eines Psychopharmakons (Prozac) konnte eine Besserung der Zwangssymptome (und eine Veränderung des Blutstrommusters) erreicht werden.[127]

Die biologische Psychiatrie war nun also in der Lage, mit Hilfe wissenschaftlicher Methoden – was die Psychiater ein halbes Jahrhundert lang verweigert hatten – die Ursachen und Behandlungsmöglichkeiten psychischer Krankheiten zu erforschen. Dieser Fortschritt war nur im Verbund mit Genetikern, Pharmakologen, Radiologen, Biochemikern und Pathologen möglich gewesen. 1971 wurde die Society for Neuroscience, die sich aus all diesen Disziplinen zusammensetzte, mit 250 Mitgliedern gegründet; in den späten achtziger Jahren hatte sie über 11000 Mitglieder. Ihre Aufgabe war es nun, die Tausende von Genprodukten zu erforschen, die das Gehirn herstellt.[128]

Doch Psychiater sind eigentlich keine Grundlagenforscher, sondern Kliniker. Sie sollen dafür sorgen, daß sich ihre Patienten gut und immer besser fühlen, und sich der menschlichen Seite des Arzt-Patienten-Verhältnisses widmen, bei dem es sich immerhin um eine Begegnung zweier Menschen handelt. Dennoch müssen sie sich Gedanken über den genetischen Hintergrund und die Hirnanatomie des Patienten machen und das wirksamste Medikament für ihn finden.

In der Welt der Anstalten und Kliniken erwies es sich als unklug, wenn sich Psychiater als Laborwissenschaftler gerierten. Wer es dennoch tat, fand sich spätestens bei den Proteststürmen der sogenannten antipsychiatrischen Bewegung in den sechziger Jahren zwischen allen Fronten wieder. Die Antipsychiatrie ging mit dem größten Debakel der Psychiatrie des 20. Jahrhunderts einher – der Wiedereingliederung von Patienten in »die Gemeinschaft«, von manchen auch »Deinstitutionalisierung« genannt. Verstehen läßt sich beides nur, wenn man es als völlig unbeabsichtigte Folgen der biologischen Psychiatrie begreift.

Die Antipsychiatrie

Die Geschichte der Medizin ist voller Ironien. Eine davon ist, daß den Ärzten in den sechziger und siebziger Jahre just in dem Augenblick der Lorbeerkranz vom Kopf gerissen wurde, als sie in der Lage waren, organische Krankheiten zu heilen. Allerdings war die medizinische Versorgung in dieser Zeit allgemein von einer Entfremdung zwischen Arzt und Patient gekennzeichnet, was nicht zuletzt damit zusammenhing, daß viele Mediziner in dem Wissen, daß sie ihre Patienten mit Penizillin heilen konnten, die psychologische Seite ihrer Beziehung zu ihnen außer acht ließen.[129]

Die Existenz wirksamer neuer Medikamente gegen Psychosen und Neurosen rief vermutlich auch unter den Psychiatern eine gewisse Unbekümmertheit gegenüber dem Bedürfnis des Patienten nach Zuwendung hervor. Ein fünfminütiges Gespräch über eventuelle Nebenwirkungen eines verabreichten Medikaments ist nicht dasselbe wie die Anteilnahme, die psychotherapeutisch orientierte Psychiater ihren Patienten so überzeugend zu zeigen pflegten. Die antipsychiatrische Bewegung mokierte sich über die Aura der Wissenschaftlichkeit, mit der die Psychiater ihr Tun umgaben; sie war es, gegen die sich ihre Proteste in erster Linie richteten, und nicht so sehr die Bevormundung und Asylierung der Patienten. Ihre Ikonographie sprach Bände: Ein Psychiater, dem eine Antenne aus dem Kopf wächst, betrachtet eine nackte Frau, die auf einem Oszillographen sitzt; ein anderer droht mit grimmiger Miene unter einem übergestülpten Raumhelm mit einer überdimensionalen Spritze.[130] Daß sich die Psychiatrie der Wissenschaft geöffnet hatte, wurde automatisch gleichgesetzt mit einem Verlust an Zuwendung zum Patienten.

Viele Faktoren, nicht nur die Entwicklungen in der Psychiatrie selbst, führten zum Aufstieg der antipsychiatrischen Bewegung. Das soziale Klima der sechziger Jahre war von heftigstem Mißtrauen gegenüber jeder Art von Autorität geprägt, in der Medizin ebenso wie auf anderen Gebieten. Die Linke sah in der Psychiatrie den langen Arm der Marxschen Kapitaleigner, »der Bourgeosie«, die Feministinnen der ersten Stunde erkannten im Psychiater den Prototypen des männlichen Beherrschers, dem es um nichts anderes ging, als seine patriarchalische Macht über die Frauen auszuüben.

Zum Sprachrohr der antipsychiatrischen Bewegung wurde eine Handvoll Intellektueller,[131] deren machtvoll vorgetragene Ideen eine enorme Feindseligkeit gegenüber dem Fortschritt des biologischen Denkens in der Psychiatrie schürten. Ihr Grundargument war, daß psychische Krankheit ihrem Wesen nach nichts Medizinisches sei, sondern ausschließlich von sozialen, politischen und rechtlichen Kräften bestimmt werde – die Gesellschaft definierte, was Schizophrenie oder Depression sei, nicht die Natur. Und wenn psychische

Krankheit sozial konstruiert war, mußte sie im Interesse aller Abweichler, Freidenker und Kreativen, die es vom Stigma der »Pathologie« zu befreien galt, dekonstruiert werden.[132] Mit anderen Worten: So etwas wie psychische Krankheit existierte gar nicht, sie war nur ein Mythos.

Eine Antipsychiatrie-Bewegung hatte es schon im 19. Jahrhundert gegeben. Daß sie in den sechziger Jahren des 20. Jahrhunderts derartigen Zulauf hatte, lag an der Veröffentlichung einiger außerordentlich einflußreicher Schriften über die Psychiatrie, darunter als wohl berühmteste Michel Foucaults 1961 erschienenes Buch *Wahnsinn und Gesellschaft*, das auf der Behauptung beruht, daß der Begriff Geisteskrankheit eine soziale und kulturelle Erfindung des 18. Jahrhunderts sei. Im Verbund mit anderen Bestsellern dieser Art sollte dieses Werk den Deinstitutionalisierungs-Theoretikern der späten sechziger Jahre nun als intellektuelles Sprungbrett dienen.

Der eigentliche Gründungsvater der Bewegung – es waren alles Männer! – war Thomas Szasz, ein in Budapest geborener Psychoanalytiker, der gleich nach dem Zweiten Weltkrieg seine Ausbildung in Chicago begonnen hatte. Als er 1954 im Alter von 34 Jahren zum aktiven Dienst in die Navy einberufen wurde, nützte er diese Zeit, um eine Idee zu Papier zu bringen, die ihn schon lange beschäftigt hatte: Geisteskrankheit als »Mythos«, als ein Fehlurteil der Medizin, das allen Personen untergejubelt wurde, die Probleme mit ihrem Leben hatten. In seinem 1960 erschienenen Buch *The Myth of Mental Illness* erklärte er die Behauptung, daß Geisteskrankheit existiere, als »wissenschaftlich wertlos und gesellschaftsschädigend«.[133] Das Buch hatte enormen Erfolg. Prompt begann sich die Intelligenz in den USA zu fragen, wie es zu rechtfertigen sei, Menschen in Anstalten einzusperren, wenn es so etwas wie Geisteskrankheit gar nicht gab.

Noch größeren Einfluß auf die Intellektuellen hatte das 1961 erschienene Buch *Asylums* des Soziologen Erving Goffman. Während eines Forschungsstipendiums, das ihm 1955/1956 vom National Institute of Mental Health gewährt worden war, hatte Goffman Feldstudien im St. Elizabeths betrieben, einer Institution mit damals

Der biologische Psychiater in der Darstellung der Antipsychiatrie-Bewegung.

über 6000 Patienten. Was er dort sah, entsetzte ihn zutiefst. Diese Anstalten symbolisierten für ihn die »totale Institution«, ein in sich geschlossenes System, das Patienten infantilisierte und in ihren Lebensäußerungen beschränkte. »Jede soziale Vereinbarung in einer Nervenanstalt scheint nur dazu zu dienen, den grundlegenden Unterschied zwischen Arzt und Geisteskrankem zu betonen.« Mit der Einweisung begännen »für den Neuling [Patienten] eine Reihe von Demütigungen, Entwürdigungen, Erniedrigungen und Herabwürdigungen seines Selbst«. Wie unter den Insassen eines Gefängnisses herrsche auch unter den Patienten der Psychiatrie »das starke Gefühl, daß die in der Anstalt verbrachte Zeit verschwendet ist, zerstörerisch und dem eigenen Leben weggenommen; es ist eine Zeit, die abgeschrieben, etwas, das ›getan‹, ›durchgezogen‹, ›abgesessen‹ oder ›runtergerissen‹ werden muß ... Die Folge ist, daß der Insasse das Gefühl entwickelt, er sei für die Dauer des geforderten Aufenthalts – seiner Verurteilung – vollständig vom Leben ausgeschlossen worden.« Vieles an Goffmans Kritik war gerechtfertigt, selbst wenn auch ihr die Ansicht zugrunde lag, daß es keine Geisteskrankheit gebe und daß die Behauptung der Ärzte, sie behandeln zu können, nichts anderes als ein schamloser Griff nach der Macht sei. Eine psychische Krankheit, die den Aufenthalt eines Patienten in einer Anstalt rechtfertigen konnte, gab es Goffmans Meinung nach also nicht.[134]

Die Arbeiten von Foucault, Szasz und Goffman übten auf die Eliten in den Universitäten großen Einfluß aus und schürten den Zorn nicht nur auf die Anstalten, sondern auf das ganze Unternehmen Psychiatrie. Das Buch jedoch, das die amerikanische Öffentlichkeit am stärksten beeindruckte, war Ken Keseys *Einer flog über das Kuckucksnest.* Kesey hatte gerade einen Kurs über kreatives Schreiben an der Stanford University abgeschlossen, als er sich freiwillig für LSD-Experimente zur Verfügung stellte, die die Regierung in einer Veteranenklinik in Menlo Park durchführen ließ. Anschließend heuerte er dort als Pfleger an. Aus dieser Erfahrung entstand ein Roman, der das Psychiatriebild einer ganzen Studentengeneration prägen sollte. Keseys Vorstellung von psychischer Krankheit wurde durch seinen Antihelden Randle McMurphy verkörpert:

»[Randle] sagt, er sei umhergezogen und habe bei den Holzfällern gearbeitet, bevor ihn die Armee holte und ihn auf dem Gebiet ausbildete, auf dem er eine natürliche Begabung hatte; so wie sie manche zu Drückebergern ausbilden und andere zu Nichtstuern, sagt er, so haben sie ihn zum Pokerspieler ausgebildet. Danach habe er sich niedergelassen und sich dem Glücksspiel auf allen Ebenen verschrieben. Er spiele Poker und bleibe unverheiratet und lebe, wo und wie er wolle, sofern ihn die Leute in Ruhe lassen, sagt er, ›aber ihr wißt ja, wie die Gesellschaft einen fleißigen Mann verfolgt‹.«[135]

In der Tat, die Gesellschaft verfolgte McMurphy, steckte ihn mehrmals ins Gefängnis und schob ihn schließlich, als er sich als allzu großes Problem erwies, in eine psychiatrische Anstalt ab. Die Botschaft war klar: Insassen einer Psychiatrie sind nicht krank, sondern weichen nur von der gesellschaftlich aufoktroyierten Norm ab. 1975 verfilmte Milos Forman das Buch; es wurde der größte Erfolg, den United Artists bis dahin je erlebt hatte: Der Film gewann alle Oscars in den fünf Hauptkategorien.

1966 schrieb der Soziologe Thomas Scheff von der University of California in Santa Barbara, das eigentliche Problem bei den sogenannten psychischen Krankheiten sei die »Etikettierung«. »Die meisten chronischen Geisteskrankheiten sind letztlich nur Ausdruck einer sozialen Rolle ... Die Reaktion der Gesellschaft ist gewöhnlich der bedeutendste Determinator für den Einstieg in eine solche Rolle.« Geisteskrankheit, ein Wort, das Scheff grundsätzlich in ironisierende Anführungszeichen setzte, sei nichts anderes als abweichendes Verhalten. Wenn die Gesellschaft jemanden, der die Regeln verletzte, als geisteskrank etikettierte, bestärke ihn dies nur in seiner Rolle als Abweichler, so daß die »Agenten der sozialen Kontrolle« ihn oder sie aufs Korn nehmen könnten. Eine medizinisch-psychiatrische Diagnose sage daher nichts über die entsprechende Person aus, dafür um so mehr über das System, das unfähig sei, Abweichlertum zu ertragen.[136] (Samuel Guze, ein Psychiater aus St. Louis, merkte dazu an: »Nahezu jeder von uns, der sein Leben der Arbeit mit Psychiatriepatienten und ihren Familien widmet, hält diese ›Etikettierungstheorie‹ für völlig absurd.«[137])

Einer der ersten antipsychiatrischen Autoren Großbritanniens war Ronald D. Laing, unter anderem Verfasser des 1960 veröffentlichten Buchs *Das geteilte Selbst*. Laing, ein Schotte, hatte seine psychiatrische Fachausbildung in Glasgow und seine psychoanalytische an der Londoner Tavistock Clinic absolviert. Wie Szasz wandte auch er sich ganz der Psychoanalyse zu. In einer frühen Arbeit schrieb er: »Eine ganze Menge an Schizophrenie ist einfach Nonsens, Ablenkungsversuch, Obstruktionspolitik, um gefährliche Leute von der Fährte zu locken ... Der Schizophrene hält sich und den Arzt oft zum Narren. Er spielt verrückt ...«[138] Später behauptete Laing, daß es die kranken Familien seien, die den Menschen in Schizophrenie und Wahnsinn trieben, während die sogenannte Krankheit in Wirklichkeit Ausdruck eines von Talent und Kreativität geprägten Bewußtseinszustands sei, eine gesunde Antwort auf eine verrückte Gesellschaft. 1964 schrieb er: »Für meine Begriffe ist es weitaus sinnvoller und außerdem dringender erforderlich, den inneren Raum und die innere Zeit des Bewußtseins [anstelle des äußeren Raumes] zu erforschen.« Und: »Vielleicht werden wir lernen, sogenannte Schizophrene anzuerkennen, die zu uns zurückgekehrt sind, und sie vielleicht nach Jahren nicht weniger zu achten als die oft nicht weniger verlorenen Renaissance-Forscher ... [Künftige Generationen] werden erkennen, daß die von uns so genannte ›Schizophrenie‹ eine der Arten war, wie oft durch ganz gewöhnliche Leute das Licht durch Risse unserer allzu geschlossenen Gehirne zu brechen begann.«[139] Erstaunlicherweise wurde Laing zum Leiter der Schizophrenieforschung der Tavistock Clinic ernannt.

Foucault erhielt offiziellen Zugang zu den progressiven angelsächsischen Kreisen im Jahr 1967 mit Laings ganzseitiger, im *New Statesman* erschienener Besprechung der gekürzten englischen Ausgabe seiner *Histoire de la Folie.*[140] Von diesem Moment an war Foucault die höchste Instanz in allen Fragen der Niedertracht der Psychiatrie.

Ende der sechziger Jahre hatte sich die antipsychiatrische Weltanschauung unter den Intellektuellen in den Vereinigten Staaten und Europas endgültig durchgesetzt. Man war übereingekommen, daß es der psychiatrischen Disziplin nur um illegitime soziale Kontrolle ging und daß es nun galt, die Macht der Psychiater zu brechen, indem man die Institutionen der psychiatrischen Versorgung – Pinels Heilanstalten – abschaffte.

Diese Anschauung war zwar äußerst populär unter Studenten und Intellektuellen, unter den Betroffenen selbst jedoch weit weniger. Joanne Greenberg – die unter dem Namen Hannah Green das Buch *Ich hab dir nie einen Rosengarten versprochen* geschrieben hatte – war wirklich psychisch krank. Sie haßte Keseys *Kuckucksnest.* In ei-

Eine Demonstration des Network against Psychiatry Assault (NAPA) gegen Elektroschockbehandlungen im Herrick Memorial Hospital, Berkeley, 1975.

nem Interview sollte sie später sagen: »Kreativität und Geisteskrankheit sind völlig *gegensätzliche*, nicht einander ergänzende Dinge. Hier wird Geisteskrankheit mit Kreativität verwechselt ... Verrücktheit ist das Gegenteil [von befreiender Phantasie]: sie ist eine Festung, ein Gefängnis.«

»Manche Leute von der [Chestnut] Lodge hatten ein viel zu weiches Bild von Geisteskrankheiten, sie hielten sie für kreativ und allerliebst, jedenfalls bis sie genug davon hatten. Die Leute erzählten einem dauernd, was für einsichtige Dinge ein Patient gesagt habe. Es ist aber so, daß ich über meine Einsichten selbst entscheiden möchte. Ich will nicht, daß sie aus irgendeiner unbewußten Suppe hervordringen. Ich will, daß sie etwas sind, das ich zu sagen beschlossen habe, und nicht etwas, das mich sagt.«[141] Doch in den sechziger und siebziger Jahren wurde »etwas, das mich sagt«, als ein positiver Prozeß betrachtet, und wer ihn gerade durchlebte, mußte vor der Psychiatrie geschützt und vor allem vor einer Anstalt bewahrt werden.

Die »Wiedereingliederung in die Gemeinschaft«

Die Zerstörung der Heilanstalt hatte schon lange vor dem Aufstieg der Antipsychiatrie-Bewegung begonnen. Die Patienten sollten wieder in »die Gemeinschaft eingegliedert« werden. Daß diese Formulierung einen derart bitteren Nachgeschmack hinterlassen hat, zeigt, mit welchem sozialen Debakel (einem der größten unserer Zeit) wir es hier zu tun haben.

Die typische Anstalt vor den sechziger Jahren war wahrlich kein Triumph der Zivilisation. Schon während des Zweiten Weltkriegs hatte die Öffentlichkeit aus den Schauergeschichten von Kriegsdienstverweigerern, die dort ihren Ersatzdienst leisteten, erfahren, welch desolate Orte die Nervenanstalten geworden waren. 1946 erkundete der Journalist Albert Deutsch, der Clifford Beers gekannt hatte, in der Psychohygiene-Bewegung aktiv gewesen war und sich nun auf einem Kreuzzug gegen die Psychiatrie befand, die Zustände in den Landesnervenkliniken. Gemeinsam mit einem Fotografen sah er sich vor allem jene Anstalten an, »die in und um die amerikanischen Zentren des Wohlstands und der Kultur angesiedelt« waren. Sein 1948 erschienenes Buch *The Shame of the States* spiegelt sein Entsetzen über das Erlebte wider. Vorbei war es mit der schützenden Umgebung, die William White zwei Jahrzehnte zuvor beschworen hatte, vorbei auch mit den paternalistisch-wohlgesonnenen Anstaltsleitern und dem familiären Umgang zwischen Patient und Pflegepersonal.[142] Deutsch zeichnete das Bild von Männern und Frauen, die ins Elend abgeschoben und dort vergessen wurden. »Eine der erschütterndsten Szenen, die sich einem in einer Nervenanstalt bieten – und die man bei jedem Besuch erlebt –, ist das Bild von Patienten, die schüchtern am Ärmel oder Kittel des Arztes zupfen, während er auf Visite durch den Saal rauscht:

›Herr Doktor, kann ich Sie nur eine Minute sprechen?‹

›Tut mir leid, nächstes Mal, nächstes Mal‹, kommt unweigerlich die Antwort.

›Was soll ich denn tun‹, fragte mich kürzlich ein Arzt verzweifelt. ›Ich weiß, ich müßte mit viel mehr Patienten Einzelgespräche führen. Aber wie soll ich das, wenn ich fünfhundert Patienten zu betreuen habe?‹«

Im Philadelphia State Hospital for Mental Diseases – von Ortsansässigen »Byberry« genannt – sah Deutsch »Hunderte von Patienten, die in feuchten, ungezieferverseuchten Löchern schliefen. Geräuschvolle und gewalttätige Patienten machten das Leben in den kahlen Aufenthaltsräumen unerträglich, denn es gab keine Einzelzimmer, in denen man sie hätte isolieren können, bis sie sich beruhigten«. Die Anstalt hatte nicht genügend Personal, um Insulinkomatherapien durchzuführen. Die Fotos, die Deutsch aus der »Inkontinenzabteilung für Männer« veröffentlichte, waren wahrhaft haarsträubend, »Szenen aus Dantes Inferno«, so Deutsch. »Dreihundert nackte Männer standen, kauerten oder krochen in diesem öden Saal herum, inmitten von schrillem Gekreische, Gestöhne und höllischem Gelächter.«[143]

Die Nation war entsetzt. Anfang 1949 brachte die 20th Century Fox eine Verfilmung des halbautobiographischen Psychoromans von Mary Jane Ward in die Kinos: *The Snake Pit*, mit Olivia de Havilland. Das *Time*-Magazin veröffentlichte im Dezember 1948 eine Vorbesprechung, auf dem Cover im Vordergrund die lächelnde de Havilland, dahinter ihr verrücktes Alter ego. »Als die Oberschwester einer kalifornischen Anstalt den [Film-]Set besuchte«, enthüllte *Time*, »und all die schluchzenden, stammelnden, vor sich hin stierenden Frauen sah, meinte sie: ›Die sehen ja alle wie meine Mädchen aus!‹«[144]

Doch bei all der für die Psychiatrie so schrecklichen Publicity, von der später die antipsychiatrische Bewegung zehren sollte, wurden ein paar grundlegende Dinge verdreht. Erstens wurden die meisten Patienten im Alter unter 65 Jahren relativ schnell wieder aus den Anstalten entlassen, das heißt, sie erlebten weder die endlose Asylierung, von der immer die Rede war, noch waren sie lebenslang eingesperrt. Zwischen 1946 und 1950 wurden beispielsweise nahezu 80 Prozent aller Patienten unter 65 innerhalb von fünf Jahren aus dem Warren State Hospital in Warren, Pennsylvania, entlassen.[145] Zweitens stellte sich heraus, daß ein Großteil der seltsamen Körperhaltungen und -bewegungen, die Deutsch und später auch Vertreter der antipsychiatrischen Bewegung dem »Hospitalismus« zuschrieben – Ergebnis einer iatrogenen (durch Einwirkung medizinischer Versorgung entstandenen) Institutionalisierung –, ein typisches biologisches Merkmal von Krankheiten wie Schizophrenie sind, die, da sie das ganze Gehirn befallen, auch das gesamte Nervensystem beeinträchtigen.[146] Und drittens gab es, so beunruhigend die Zustände in den Anstalten sein mochten, noch schlimmere Alternativen – eine davon war, der Gnade der Straße ausgeliefert zu werden.

Der Trend, Patienten aus der Psychiatrie wieder in »die Gemeinschaft einzugliedern« – jener »Deinstitutionalisierung« genannte Prozeß –, begann mit der Einführung der Neuroleptika 1954, in jenem Jahr, als in den USA die Nahrungsmittel- und Medikamentenbehörde das Chlorpromazin freigab.[147] Da es nun dank Medikamenten möglich geworden war, agitierte Patienten zu beruhigen und Psychosen unter Kontrolle zu halten, konnten Kranke theoretisch problemlos in ihrer normalen Umgebung leben, bis die jeweilige Psychose schließlich von selbst ausbrannte. Henry Brill, stellvertretender Beauftragter für Psychohygiene im Staat New York, war einer der ersten, der den Einsatz dieser neuen Medikamente anordnete. Im Januar 1955 forderte er die Verabreichung von Chlorpromazin und Reserpin in den städtischen Krankenhäusern von New York, was angesichts der Feindseligkeit der Freudianer kein geringes Risiko für seine eigene Karriere bedeutete. Bereits in den nächsten zwölf Monaten wurde die Zahl der Anstaltsinsassen rückläufig.[148] Ähnliche Trends waren bald auch anderenorts zu verzeichnen. Genaugenommen war die Deinstitutionalisierung also eine Konsequenz der zweiten biologischen Psychiatrie und nicht der antipsychiatrischen Bewegung.

In den Vereinigten Staaten verringerte sich die Zahl der Insassen in den staatlichen Anstalten und Landeskliniken seit ihrem historischen Höhepunkt 1955 von 560000 auf 338000 im Jahr 1970 und weiter auf 107000 im Jahr 1988, was einen Rückgang von 80 Prozent in 30 Jahren bedeutete.[149] Die staatlichen Backsteinanstalten verloren vier Fünftel ihrer Klientel. 1955 hatten 77 Prozent aller »Pflege-

Patienten in der Inkontinenzabteilung für Männer in »Byberry«, fotografiert von Albert Deutsch im Jahr 1946.

phasen« von psychisch Kranken in Anstalten stattgefunden, 1990 waren es nur noch 26 Prozent. Gefördert wurde diese Entwicklung noch von der Tatsache, daß die ambulanten Betreuungskapazitäten psychohygienischer Organisationen um das Fünffache erweitert worden waren – 1955 konnten hier 1,7 Millionen Fälle behandelt werden, 1990 8,6 Millionen.[150] Eine solche Verlagerung des örtlichen Pflegeschwerpunkts war in der Medizingeschichte einmalig.

Womit aber hing es zusammen, daß die Deinstitutionalisierung immer weiter betrieben wurde und Patienten in die Gemeinschaft zurückgezwungen wurden, ob sie nun mit Medikamenten behandelbar waren oder nicht? Entscheidend war der geballte Druck, der außerhalb des medizinischen Bereichs durch die antipsychiatrische Bewegung und innerhalb der Medizin durch die Ideologie der Gemeindepsychiatrie ausgeübt wurde. Die antipsychiatrische Bewegung verteufelte alle Nervenkliniken als niederträchtige Verwahranstalten, da es psychische Krankheiten ihrer Meinung nach nicht gab; und wohlmeinende Psychiater, die die Lehren Joshua Bierers, Thomas Mains und anderer verinnerlicht hatten, glaubten, daß draußen auf den kalten Straßen der Großstädte therapeutische Gemeinschaften entstehen könnten – eine romantisierende Vorstellung von einer Welt aufnahmebereiter Freunde und Nachbarn, die alle psychisch Kranken an ihre Brust drücken würden. Einen Teil der Verantwortung für die Propagierung dieses Mythos trug das National Institute for Mental Health, gegründet 1946 im Zuge des Mental Health Act. Eigentlich sollte es jene Gemeinschaftszentren der Psychohygiene verwalten, die 1963 unter John F. Kennedy in die Welt gesetzt worden waren. Doch diese Zentren kümmerten sich bald nur noch um Psychotherapien für nervöse Gesunde, und die verantwortliche Behörde unternahm jahrzehntelang nichts, um sie zur Pflege all jener zu verpflichten, die wirklich krank waren und im Zuge der Deinstitutionalisierung aus den Anstalten vertrieben wurden.[151]

So wurde aus den Maßnahmen der Deinstitutionalisierung in den USA eine »Schande des Staates«. Ein Drittel aller Obdachlosen war psychisch krank, unfähig, ihr Leben selbst in die Hand zu nehmen und eine Wohnung oder Arbeit zu finden. Andere aus den Kliniken Entlassene rutschten in die kriminelle Szene ab: Eine Studie ergab, daß 14 Prozent der Insassen in den Landesgefängnissen zuvor in psychiatrischer Behandlung gewesen waren.[152] Die einzigen Gemeindeeinrichtungen, die sie am Ende aufnahmen, waren Altersheime und Obdachlosenasyle.[153] Und die Antipsychotika, die in den Anstalten so gut gewirkt hatten, nahmen die Patienten nach Entlassung auf die Straße wegen ihrer Nebenwirkungen – motorischer Fehlfunktionen, die zu ständigen Gesichtszuckungen und anderen unkontrollierbaren Bewegungen führten – oft einfach nicht mehr ein.[154] »Die Obdachlosen, die zu den hilflosesten aller erwachsenen menschlichen Wesen gehören, werden zur leichten Beute eines jeden, der auf der Suche nach ein paar Groschen, einer Schachtel Zigaretten oder einer Flasche ist«, hieß es in einem Bericht. »Sie sind wie Kaninchen, die unter Hunden überleben müssen.«[155]

Ein britischer Psychiater beschrieb diese Politik nach seiner Rückkehr in die USA, Jahrzehnte nachdem er dort gearbeitet hatte, als »Nach uns die Sintflut«-Methode. Als er Psychiatriepatienten während seines ersten Aufenthalts besucht hatte, »hatten sie zumindest ein Dach über dem Kopf, so unzureichend es auch in vieler Hinsicht gewesen sein mag, und man kümmerte sich um sie, auch wenn der Pflegestandard nicht der beste war. Trotz dieser Unzulänglichkeiten damals muß das Leben für diese unglückseligen, hilflosen, chronisch kranken Menschen heute, da es keine Alternative zum Bürgersteig, zur Absteige oder zum Gefängnis gibt, unendlich viel schlimmer sein.«[156]

In den achtziger Jahren wurden die Auswirkungen dieser verzweifelten Verhältnisse unübersehbar. Allgemeinkrankenhäuser und private Nervenkliniken mußten immer mehr ehemalige Psychiatriepatienten aufnehmen. Die Zahl der privaten Nervenkliniken in den Vereinigten Staaten stieg von 150 im Jahr 1970 auf 444 im Jahr 1988.[157] Von den 1,6 Millionen Amerikanern, die 1994 in einer psychiatrischen Einrichtung waren, befanden sich 43 Prozent in einem Allgemeinkrankenhaus, 35 Prozent in einer staatlichen Klinik oder Landesanstalt und 11 Prozent in einer privaten Institution.[158] Damit hatte die antipsychiatrische Bewegung endgültig abgewirtschaftet. Aber auch die Gemeindepsychiatrie war trotz ihrer guten theoretischen Ansätze als praktikable Methode, schwere psychische Krankheiten zu behandeln, diskreditiert, denn da deren Ursachen nicht in der Gemeinschaft lagen, konnten sie auch nicht in ihr oder durch sie geheilt werden.

Der Kampf um die Elektroschocktherapie

Bevor die Antipsychiatrie endgültig von der Bildfläche verschwand, schoß sie noch einen letzten Giftpfeil auf die Elektroschocktherapie ab. In den fünfziger Jahren gehörte die EKT zur gängigen Praxis und galt als eine psychiatrische Behandlungsmöglichkeit unter vielen. Auch in der Öffentlichkeit war sie noch nicht in Verruf geraten. Der *Reader's Guide to Periodical Literature* führt zum Beispiel nur einen einzigen Artikel über dieses Thema im Zeitraum eines Jahrzehnts auf, einen von der Journalistin Lucy Freeman im *Science Digest* veröffentlichten Report, in dem sie ihrer Ansicht Ausdruck gab, daß »wir es trotz einiger erstaunlicher Erfolge ... mit den Elektroschockbehandlungen zu weit treiben«.[159]

Das alles sollte sich mit der Ausbreitung der antipsychiatrischen Bewegung in den frühen sechziger Jahren drastisch ändern. Denn mit ihr kam die Behauptung auf, daß die EKT das Gehirn schädige, zur Disziplinierung anstatt zur Behandlung eingesetzt werde und therapeutisch völlig wertlos sei. (Richtig war, daß Patienten in staatlichen Anstalten häufig mit einer EKT gedroht wurde, damit sie sich dem Betrieb anpaßten – man denke nur an den »Georgia Power Cocktail« von Milledgeville.[160]) Da es jedoch kaum Nachweise für Hirnschädigungen durch die EKT oder für ihre therapeutische Nutzlosigkeit gab, muß die heftige Kampagne gegen sie – die beinahe an einen religiösen Kreuzzug erinnerte – andere Ursachen gehabt haben. Aus heutiger Sicht scheint naheliegend, daß angesichts von Todesstrafe und elektrischem Stuhl in den USA eine besondere kulturelle Empfindlichkeit gegenüber der Vorstellung herrschte, Strom durch den menschlichen Körper zu jagen. Jedenfalls kann kein Zweifel an der Abneigung der Antipsychiatrie-Bewegung gegen die EKT bestehen. Goffman nahm in seinem *Asylums* zum Beispiel kurz darauf Bezug, als er die sinistren Psychiater beschrieb, die sich weigerten, Patienten vor der Behandlung einen Blick in den EKT-Raum werfen zu lassen.[161]

Doch vor allem Keseys Roman sorgte dafür, daß die öffentliche Meinung die EKT als niederträchtige Maßnahme ansah. Denn er erzählte, was sich »in jener dreckigen, hirntötenden Folterkammer, die die schwarzen Jungs [Pfleger] ›Schockschuppen‹ nennen«, wirklich abspielte. So erging es etwa dem armen »Ruckly« im *Kuckucksnest*, nachdem man ihn mit einer EKT malträtiert hatte:

»Und zwei Wochen später brachten sie ihn auf die Station zurück, glatzköpfig, sein Gesicht eine einzige ölige purpurrote Prellung und dazu zwei kleine Stöpsel, so groß wie ein Knopf, über jedem Auge war einer angenäht. An seinen Augen kann man sehen, wie sie ihn da drüben ausgebrannt hatten; seine Augen sind ganz verraucht und grau und innen leer, wie durchgebrannte Sicherungen. Jetzt tut er den ganzen Tag nichts anderes, als sich eine alte Fotografie vor das ausgebrannte Gesicht zu halten und sie in seinen kalten Fingern hin und her zu wenden, und von der starken Beanspruchung wurde das Bild auf beiden Seiten so grau wie seine Augen, so daß man überhaupt gar nicht mehr sehen kann, was es einmal dargestellt hat.«[162]

Daß diese Darstellung nicht das geringste mit dem zu tun hatte, was bei einer EKT tatsächlich geschah, war nebensächlich. Tatsache war, daß sie eine ganze Lesergeneration in Angst und Schrecken versetzte: Man mußte der EKT ein Ende bereiten!

Dazu kam noch ein anderer Faktor: Auch die Scientology-Bewegung begann die EKT-Behandlung zu kritisieren. L. Ron Hubbard, der 1950 seine »Dianetik« als psychotherapeutische Alternative vorgestellt hatte (1954 wurde Scientology als »Kirche« anerkannt), gehörte von Anfang an zu den Gegnern der EKT, da sie neue und zersetzende »Engramme« im Körper hinterlasse, die erst durch Dianetik wieder behoben werden könnten, sofern das Gehirn nicht bereits zu sehr geschädigt worden sei.[163] Kaum waren die Scientologen zu einer reichen und mächtigen Organisation geworden, führte ihre Citizens Commission on Human Rights mehrere Kampagnen an, um die EKT für illegal erklären zu lassen. Thomas Szasz war der erste Psychiater, der sich dieser Organisation zur Verfügung stellte.[164]

Als Reaktion auf die Forderungen von Patientenrechtsgruppen kam es zu einer Regulierung der EKT-Behandlung durch die amerikanische Legislative. Utah war der erste Staat, der 1967 ein entsprechendes Gesetz verabschiedete; bis 1983 gab es in 26 Staaten Regulierungsstatuten, sechs hatten Verwaltungsvorschriften erlassen, ein Staat folgte den Erlassen des Bundesgerichts[165], und in einigen Staaten hatte die Gerichtsbarkeit die EKT-Behandlung sogar ganz verboten. Die kalifornische Legislative zum Beispiel verabschiedete im Herbst 1974 ein Gesetz, das einem Verbot der EKT gleichkam: Sogar wenn die Einwilligung des Patienten vorlag, sollte sie nur durchgeführt werden dürfen, wenn eine von der zuständigen Gesundheitsbehörde einberufene Prüfungskommission ihre Zustimmung erteilt hatte, und auch dies nur dann, wenn zuvor alle anderen psychiatrischen Maßnahmen ausgeschöpft worden waren. Eine Mißachtung dieses Gesetzes sollte zum Verlust der Approbation des Arztes führen. Doch es trat nie in Kraft, weil es vor Gericht angefochten wurde, und der Staat Kalifornien unterlag.[166] 1982 sammelte eine »Koalition gegen Elektroschock« in Berkeley 1400 Unterschriften, die für ein Referendum über ein Verbot der EKT nötig waren (als »ein Delikt, das mit einer Geldbuße von $500 oder sechs Monaten Haft geahndet wird«). Die Befürworter des Verbots gewannen mit großer Mehrheit, doch auch diese Regelung wurde von einem Gericht wieder aufgehoben.[167] 1995 wurde mit Unterstützung der Scientologen auch in Texas eine Gesetzesvorlage zum Verbot der EKT eingebracht,[168] auch diesmal ohne Erfolg. Doch der Prozeß hatte die Aufmerksamkeit der Presse im ganzen Land auf sich gezogen. Angesichts solchen öffentlichen Aufruhrs war es nicht verwunderlich, daß die EKT zwischen 1960 und 1980 aus den Lehrplänen der Universitäten fast völlig verschwand. Damals ausgebildete Psychiater waren mit der EKT meist nicht mehr vertraut. In Monroe County, New York, sank die jährliche Quote erstmaliger EKT-Behandlungen beispielsweise von 31 pro 100 000 Bürgern im Jahr 1961 auf 19 im Jahr 1975, was einer Abnahme von 39 Prozent entsprach.[169]

Der Gegenangriff der Psychiater wurde Anfang der siebziger Jahre in Massachusetts gestartet, nachdem die antispychiatrische Bewegung auch dort versucht hatte, die EKT per Gesetz verbieten zu lassen.[170] Anfang 1972 gründete der staatliche Beauftragte für Psychohygiene, Milton Greenblatt, eine Projektgruppe zur Evaluierung

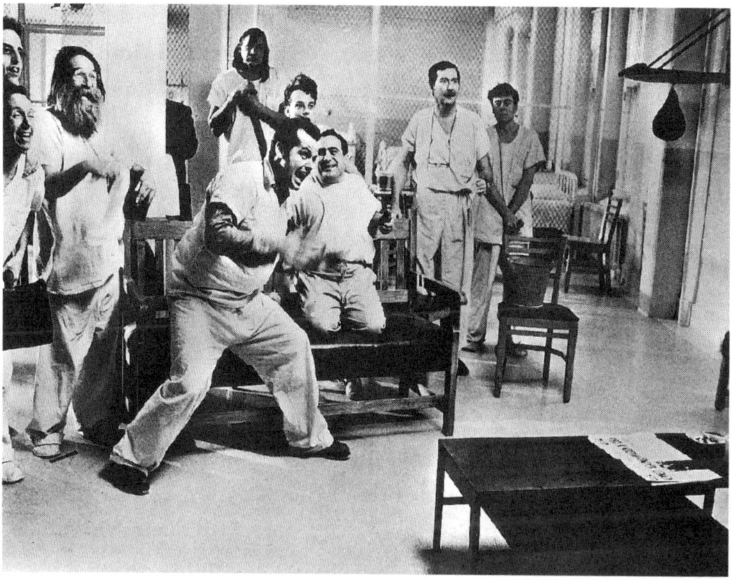

Szene aus dem Film *Einer flog über das Kuckucksnest* (1975). Randle P. McMurphy (Jack Nicholson) tritt für die Rechte der Patienten ein und provoziert einen Aufstand in der Anstalt. Dieser Kassenschlager, der die Elektroschocktherapie als Strafe für abweichlerisches Verhalten darstellte, reflektierte und nährte die damals herrschenden Ressentiments gegen die Elektrokrampftherapie.

der »Elektrokrampfbehandlung in Massachusetts« unter der Leitung Fred Frankels von der Harvard University. Frankel, dessen ganzes Forschungsinteresse der Hypnose und der psychosomatischen Medizin galt, saß sozusagen zwischen den Stühlen der beiden Streitparteien, den psychoanalytisch orientierten, niedergelassenen Psychiatern einerseits und den klinischen Psychiatern andererseits. Die Projektgruppe veranstaltete eine Umfrage unter 650 Psychiatern in Massachusetts, von denen 66 antworteten und sich mit knapper Mehrheit für eine Beibehaltung des EKT-Verfahrens aussprachen. In ihrem Bericht von 1973 ließen die Mitglieder der Gruppe zwar keinen Zweifel daran, daß sie Psychotherapie bevorzugten, und zwar zur Behandlung aller Krankheitszustände bis kurz vor dem Selbstmord; dennoch konnten sie sich zu verhaltener Zustimmung zur EKT bei Fällen von schwerer Depression und Manie durchringen, wenngleich die Vorbehalte groß waren: Wie depressiv mußte ein Patient sein, um für eine EKT geeignet zu erscheinen? »Wenn ein Patient den Begriff ›depressiv‹ benützt, sollte das nicht gleich so ausgelegt werden, als bestünde eine Affektstörung.« Der wesentliche Vorteil einer Schocktherapie liege darin, daß sie »einem Patienten helfen könne, die verlorene Kontrolle wiederherzustellen, damit er eine therapeutische Beziehung eingehen kann«.[171]

Im Herbst 1974 beschloß auch die American Psychiatric Association in Anlehnung an das Massachusetts-Projekt eine eigene Evaluationsgruppe zu gründen, um, wieder unter Frankels Vorsitz, die Einstellung zur EKT unter sämtlichen APA-Mitgliedern zu ermitteln. Etwa ein Drittel sprach sich gegen die EKT aus. Mitglieder, die selbst die EKT einsetzten, berichteten allerdings von guten Erfolgen; obendrein hatten sich auch 83 Prozent der befragten Patienten zufrieden über die Ergebnisse dieser Behandlung geäußert. Was die so häufig zitierten Nebenwirkungen anging, so hatte weniger als die Hälfte aller Behandelten einen zeitweiligen Gedächtnisverlust unmittelbar nach der EKT-Behandlung erlitten, 13 Prozent einen »temporären Verlust des Langzeitgedächtnisses« und ein Prozent einen »permanenten Verlust des Langzeitgedächtnisses«. Wie schnitt die EKT im Vergleich zur medikamentösen Behandlung ab? In ihrem Bericht von 1978 konstatierte die Projektgruppe, daß es eine gewisse Ausgewogenheit beider Behandlungsmethoden gebe, die EKT bei schwer depressiven und suizidgefährdeten Patienten jedoch vorzuziehen sei (weil sich bei Antidepressiva erst nach etwa drei Wochen eine Wirkung einstellte). Auch dieser Bericht war noch in einer von deutlichen Vorbehalten geprägten Sprache verfaßt, doch am Ende gab er grünes Licht für die Verwendung der EKT in Fällen schwerer psychischer Störungen, vor allem aber bei Depression.[172]

Die verbliebenen Vorbehalte bauten sich Anfang der achtziger Jahre ab, als Max Fink, ein vehementer Verfechter der EKT, die Bühne betrat. Fink, in den fünfziger Jahren am Hillside Hospital einer der ersten führenden Pharmakologen, lehrte später Psychiatrie am Stony Brook Campus der New York State University. Seit er 1944 während seiner Fachausbildung am Bellevue erstmals mit der EKT in Berührung gekommen war, hatte er sie laufend angewandt. 1981 behauptete er nun, daß das vorliegende Datenmaterial »überzeugend« für die entscheidenden Vorteile der EKT gegenüber den Antidepressiva spräche und daß man nur deshalb nicht auf sie zurückgreife, weil sich die Öffentlichkeit ein falsches Bild von ihren gefährlichen Begleiterscheinungen mache.[173] Mit anderen Worten: Die Vorstöße der EKT-Gegner – fast ausschließlich medizinische Laien – in den vergangenen zwei Jahrzehnten hatten dazu geführt, daß der Öffentlichkeit vor einer Behandlung graute, die bei schweren psychischen Störungen als erste Wahl galt.

Nun wurden überall Versuche unternommen, die EKT zu rehabilitieren. Im Sommer 1985 riefen die nationalen Gesundheitsbehörden eine Konferenz zur »Konsensbildung« ein, bei der Experten aus allen neurowissenschaftlichen Gebieten die Vorzüge und Gefahren der EKT-Behandlung im Vergleich zu anderen Methoden bestimmen sollten. »Keine einzige kontrollierte Studie hat bewiesen, daß eine andere Methode der EKT bei der schnellen Behandlung schwerer Depressionen überlegen wäre«, schloß der Bericht. Und die Risiken? »Insgesamt gesehen, ist das Risiko nicht höher als dasjenige, das bei der Verabreichung kurz wirkender Barbiturat-Anästhetika besteht.« Die häufigste Nebenwirkung sei ein Gedächtnisverlust, der bis zu mehreren Wochen nach der Behandlung andauern könne. Der Bericht endete mit der Empfehlung, die EKT-Ausbildung wieder in den Lehrplan der Psychiatrie einzuführen.[174]

Psychiatrische Organisationen in vielen Staaten sprachen sich in den achtziger Jahren wieder für den Einsatz der EKT aus.[175] Das übervorsichtige Dokument, das die American Psychiatric Association 1978 veröffentlicht hatte, wirkte nun völlig überholt, weshalb die APA 1987 auch eine neue Projektgruppe zur EKT-Behandlung einberief, deren Bericht 1990 veröffentlicht wurde. Nun war diese Methode nicht mehr nur für die verzweifeltsten Fälle geeignet, sondern erschien als »eine wirksame Behandlung bei allen Arten einer unipolaren schweren Depression« oder bei manisch-depressiver Erkrankung (mittlerweile »bipolare Störung« genannt) sowie bei Manie und psychotischer Schizophrenie.[176] 1994 pflegten Mediziner während ihrer klinischen Psychiatrieausbildung bereits ein kompaktes kleines Handbuch in den Taschen ihrer weißen Kittel mit sich herumzutragen, in dem genau aufgeführt war, welche Vorzüge die EKT gegenüber anderen Depressionsbehandlungen hatte. EKT versus simulierter EKT: 31 Prozent Verbesserung; EKT versus Placebo: 41 Prozent; EKT versus übliche Antidepressiva (»heterozyklische Antidepressiva«): 20 Prozent und so fort.[177]

Die Rehabilitation der EKT bedeutete natürlich nicht, daß sie nun ständig und überall in der Psychiatrie eingesetzt wurde. Aber sie war nicht mehr das alte Schreckgespenst. Eine 1988 durchgeführte Studie ergab, daß sie in dem Monat vor der Befragung von knapp jedem zehnten Psychiater angewandt worden war.[178]

Auch unter den Patienten kursierten inzwischen heiterere Anekdoten und nicht mehr nur die Horrorgeschichten aus dem *Kuckucksnest*. Als der Psychologe Norman Endler selbst einmal unter einer Depression litt, versuchten er und sein Arzt alles nach Lehrbuch zu tun, aber vergebens. Auf dem Höhepunkt der Krankheit, so Endler nach seiner Genesung, habe er ein »sonderbares und paranoides Verhalten« angenommen. Zum Beispiel die Sache mit der Urinflasche: Der Arzt hatte eine Urinprobe von ihm gefordert. Endlers Frau suchte im ganzen Haus, konnte aber nur ein leeres Medizinfläschchen finden, in dem einmal Antibiotika für ihre Tochter aufbewahrt gewesen waren. »Ich zögerte, es zu benutzen, denn aus irgendeinem Grund war es unmöglich, das Etikett vollständig zu entfernen. Ich konnte zwar alle Informationen entfernen, durch die man [das Medikament] hätte identifizieren können, aber das reichte mir nicht. Irgendwie war ich, völlig irrational, überzeugt, wenn ich eine Probe in diesem Fläschchen abgeben würde, würde Dr. P. glauben, daß es sich gar nicht um meine Urinprobe handele und mich in die Anstalt stecken, weil ich ihn angelogen hatte.« Endler rannte im Haus herum und weigerte sich, die Urinprobe herzugeben. »Das regte alle im Haus auf, ich weiß noch, wie mich meine Frau angeschrien hat.«

Schließlich empfahl sein Arzt eine EKT-Behandlung. Zuerst war Endler entsetzt. Natürlich war die antipsychiatrische Saga der sechziger Jahre auch an ihm, wie an den meisten seiner psychologischen Kollegen, nicht spurlos vorübergegangen. Immer wieder hatte er mit Psychiatern gestritten, ihnen negative Berichte gezeigt und vorgeworfen, daß es ihnen offenbar Vergnügen bereite, jemandem eine EKT zu verpassen. »Die meisten meiner Kollegen aus der Psychologie hatten eine ebenso negative Einstellung dazu wie ich. Wir waren alle voreingenommen und weigerten uns, die neuen Techniken zu akzeptieren.«

Aber nun war Endler verzweifelt. Er wäre nackt die Hauptstraße heruntergelaufen, wenn ihm sein Psychiater versprochen hätte, daß es helfen würde. Am Abend besuchte ihn ein befreundeter Psychologe und nahm ihn ins Gebet. »Er wollte wissen, wieso ich mir freiwillig ›mein halbes Hirn ausbrennen lassen‹ würde, anstatt eine Tiefenanalyse zu machen.«

Dienstag, den 30. August 1977, willigte Endler schließlich in eine EKT-Behandlung ein. Am Freitagmorgen ging er in die Klinik, legte sich auf eine Liege und ließ sich in den EKT-Raum schieben. »Eine Nadel wurde in meinen Arm geschoben, und man sagte mir, ich solle von 100 rückwärts zählen. Ich kam bis 91.« Das nächste, woran er sich erinnerte, war, daß er im Aufwachraum wieder zu sich kam. »Ich war ein wenig müde, aber nicht verwirrt. Mein Gedächtnis war nicht beschädigt. Ich wußte genau, wo ich war.« Er ruhte sich ein wenig aus, bekam Kekse und Kaffee und ging nach Hause. Im Laufe der nächsten zwei Wochen wurde er noch sechsmal behandelt. Mit jedem Mal fühlte er sich besser. Am 15. September war er wieder in der Lage, die Leitung seines Fachbereichs zu übernehmen. »Innerhalb von zwei Wochen war ein Wunder geschehen«, erzählte er. »Ich hatte mich vom emotionalen Krüppel zu einem Menschen verwandelt, der sich rundum wohl fühlte.«[179]

Das war wahrlich kein geringer Erfolg. Die Fähigkeit der neuen biologischen Psychiatrie, Menschen wie Norman Endler zu helfen, war eine Errungenschaft von historischer Dimension. Aber sie spaltete die Psychiatrie in zwei Lager: auf der einen Seite die Realisten mit ihrer Vorliebe für medizinische Modelle, organische Erklärungen und die Pharmakotherapie; auf der anderen Seite die Träumer, die von »psychosozialen« Krankheitsmodellen sprachen, Symptome als Folge von Problemen beschrieben, mit dem Leben fertigzuwerden, und sich zur Psycho- und Familientherapie hingezogen fühlten. Während die einen durch die psychoanalytische, familientherapeutische und existentialistische Denkschule geprägt waren, identifizierten sich die anderen voll und ganz mit der biologischen Psychiatrie.[180] »So etwas wie eine *zu* biologische Psychiatrie gibt es nicht«, betonte Samuel Guze, einer der nüchternsten unter den Realisten.[181]

Doch um den biologischen Standpunkt zu vertreten, muß man nicht gleich behaupten, daß alle psychischen Krankheiten einer bestimmten identifizierbaren Hirnschädigung zuzuschreiben seien. Natürlich spielen auch soziale und psychologische Faktoren bei der Entstehung von Dysphorien eine Rolle, und zwar nicht nur, weil sie genetische Prädispositionen aktivieren, sondern weil sie unabhängig davon Streß und Verzweiflung in Krankheit verwandeln können. Ein führender biologischer Psychiater sagte einmal: »Es wäre klinischer Unsinn, die Bedeutung psychologischer und sozialer Faktoren bei den Manifestationen psychischer Krankheiten zu unterschätzen oder die psychologischen Aspekte bei ... biologischen Therapien zu übersehen.«[182]

In den fünfziger Jahren hatten die Verfechter der Psychoanalyse und Gemeindepsychiatrie behauptet, daß die Biologie buchstäblich keine Rolle spiele, daß alles der Umwelt und nichts der Anlage zuzuschreiben sei. Die Meinung, daß Anlage und Umwelt jeweils zu etwa 50 Prozent beteiligt sind, ist also bereits ziemlich weit von den Ansichten entfernt, die vor 30 Jahren herrschten. Man muß kein organischer Absolutist sein, um organischen Faktoren den richtigen Stellenwert zu geben: Anlage und Umwelt *sind* miteinander verflochten. Aber es war ein hartes Stück Arbeit und eine große Errungenschaft, daß die genetische Anlage überhaupt diese Bedeutung erlangen konnte.

8. KAPITEL

Von Freud zu Prozac

Angesichts ihrer Rückbesinnung auf die Biologie hätte sich die Psychiatrie Ende des 20. Jahrhunderts insgesamt ebenso wissenschaftlich ausrichten können wie die restliche Medizin. Doch dieses Versprechen blieb unerfüllt. Sie verstrickte sich in einem Netz aus populären Anschauungen und opportuner Unternehmenskultur und versank in einem Morast aus diagnostischem Szientismus. Zwar begab sie sich, soweit sie sich mit schweren psychischen Krankheiten befaßte, in den siebziger Jahren auf dem neurowissenschaftlichen Weg zum Erfolg, doch die Psychiatrie der alltäglichen Beschwerden blieb dabei auf der Strecke.

Die Wissenschaft kommt in einer Welt weitverbreiteter Ängste und Kümmernisse, fixer Ideen und von Versagensängsten geprägter Verhaltensweisen, die das Los der Menschheit sind, leicht von ihrem Weg ab. Hier sind genetische Fährten kaum noch lesbar, und Neurotransmitter scheinen sich in Luft aufzulösen. Nicht die Biologie zählt, sondern die Kultur, die Sozialisation. Vielleicht gibt es in diesem Bereich der Neurosen viele verschiedene psychische Störungen, vielleicht nur einige wenige oder auch gar keine. Die Konturen sind hier kaum erkennbar, die Grenzen zwischen Pathologie und Exzentrik vage. Trotz ihrer Verankerung in der Medizin kann die Psychiatrie dabei schnell den Boden unter den Füßen verlieren.

Doch daran ist sie nicht allein schuld. Ein großes Problem am Ende des 20. Jahrhunderts ist, daß die Menschen inzwischen jedes Unwohlsein psychologisieren. Sie medikalisieren es nicht, wie einst ihre Nervenkrankheiten, noch sozialisieren sie es, indem sie es in Zusammenhang mit ihrem sozialen Status oder ihrer Geschlechtszugehörigkeit bringen. Seit den siebziger Jahren werden persönliche Probleme, die einen Menschen früher veranlaßt hätten, einen Nervenarzt um Rat zu fragen, zunehmend aus rein psychologischer Sicht betrachtet. Viele glauben, die eigenen Schwierigkeiten am besten mit Hilfe einer nichtmedizinischen Psychotherapie lösen zu können. Probleme, die einen Amerikaner im 19. Jahrhundert vielleicht zu einem Weir Mitchell oder George Beard geführt hätten, wurden dem Zugriff der Medizin entzogen und verschwanden im Mahlstrom des modernen amerikanischen Psychotalks. So mußte die Psychiatrie – ein Zweig der Medizin – ihre Zuständigkeit an die medizinfreien Beratungsräume der Psychologie und Sozialfürsorge abtreten. Je mehr sich die Auseinandersetzung mit persönlichen Nöten zu einem gesellschaftlichen Wert entwickelte, desto geringer wurden die Möglichkeiten der Psychiatrie, ihre Aufgaben als ein medizinisches Fachgebiet wahrzunehmen, das an sich immer noch am besten gerüstet war, um mit psychischen Störungen umzugehen.

Das Ausmaß postmoderner Nöte war enorm. Anfang der achtziger Jahre – die jüngste Periode, über die heute schon Daten zur Verfügung stehen – suchten 22 Millionen Amerikaner jährlich Hilfe für ihre seelischen Probleme,[1] was sich zu insgesamt einer Drittelmilliarde Beratungsstunden pro Jahr summiert. 1987 belief sich allein der Anteil der Psychotherapien an den ambulanten medizinischen Kosten in den USA auf acht Prozent.[2] Das sind beträchtliche Zahlen. Im Laufe von einhundert Jahren war aus der exotischen Psychotherapie, die ausschließlich von Neurologen angeboten wurde, ein nationaler Zeitvertreib geworden: Über ein Viertel aller erwachsenen Amerikaner suchten im Laufe ihres Lebens professionelle Beratung irgendeiner Art.[3]

Diesem erstaunlichen Bedarf an psychologischer Beratung liegen zwei Phänomene zugrunde: Erstens sank die Schwelle, von der an sich Menschen als krank empfinden, stark herab, so daß der Umfang allgemeiner psychischer Beschwerden erheblich zunahm. Dabei spielte die Psychiatrie selbst keine geringe Rolle. Zweitens herrschte die Tendenz, sich auch dann therapieren zu lassen, wenn man sich gar nicht krank fühlte, sondern nur einen Rat suchte, um mit Streß und Lebensproblemen fertig zu werden. Damit fand eine Psychologisierung von Schwierigkeiten statt, die man einst als wirtschaftliche, soziale oder moralische Probleme betrachtet und vielleicht mit einem Seelsorger oder Freund besprochen hätte. Diese beiden Entwicklungen waren dafür verantwortlich, daß der Psychiatrie die Behandlung individueller Nöte entglitt und in die Welt der Psychologen, psychologisch geschulten Sozialfürsorger und anderen verschwand, die sich auf dem Gebiet der sogenannten Psychohygiene tummelten. Für Psychiater, die ihren Lebensunterhalt mit psychotherapeutischen Privatpraxen verdienten, war dieser Verlust potentieller Kundschaft alarmierend.

Wie man seinen Marktanteil wahrt

Daß die Definition psychischer Krankheit erweitert wurde, war Medizinern wie Patienten gleichermaßen zu verdanken. Psychiater, die ein offensichtliches Interesse an der Pathologisierung menschlichen Verhaltens haben, waren bereit, die Grenzen des Pathologischen immer weiter zu ziehen, um den Psychologen und Sozialfürsorgern so viele Beratungschancen wie nur möglich zu entreißen. Betrachten wir zum Beispiel die Probleme heranwachsender Jugendlicher. Lange Zeit waren Schwärmereien wie die eines Tom Sawyer als etwas in diesem Alter völlig Natürliches gewertet worden. In den sechziger Jahren wurden sie jedoch plötzlich als krankhaft eingestuft, und man schoß gleich mit schwerem Kaliber. Plötzlich hieß es in der Terminologie der fünfziger und sechziger Jahre, daß solche Verhaltensweisen zumindest durch »geringfügige Hirnfunktionsstörungen« verursacht würden.[4] Mit anderen Worten: Tom Sawyer hatte einen Dachschaden. Diese Diagnose wurde zwar als völlig absurd später wieder verworfen, doch dafür begann man sich auf Hyperaktivität und Konzentrationsschwäche zu stürzen, weil es manchmal anstrengend ist, Jungen im Klassenzimmer zur Ruhe zu bringen.

Ohne auch nur einen Blick auf die Lehrerpsyche zu werfen, griffen Erziehungswissenschaftler dankbar nach dieser neuen Pathologisierung der Knabenpsyche. 1968 wurde die »hyperkinetische Reaktion«, die sich angeblich während der Kindheit oder Adoleszenz durch Ruhelosigkeit und Unaufmerksamkeit manifestiert, zum offiziellen Fachbegriff.[5] 1980 erfand man dafür die Formulierung »hyperaktive Aufmerksamkeitsschwäche« (ADD, »attention deficit disorder with hyperactivity«).[6] Bis heute ist unklar, ob es unter den mit ADD diagnostizierten Kindern einen harten Kern gibt, der unter organischen Störungen leidet. Aber das Entscheidende war, daß die Behandlung solcher Fälle nur von Medizinern durchgeführt werden konnte, zum Beispiel mit dem amphetaminartigen Präparat »Ritalin« (Methylphenidat). Bis 1995 verschrieben Ärzte in den USA dieses Präparat sechsmillionenmal jährlich, 2,5 Millionen amerikanische Kinder nahmen es ein.[7] Das ist eine Möglichkeit, sich einen Marktanteil zu sichern.

Kinder, ob Jungen oder Mädchen, fürchten sich seit Urzeiten vor Gruselgeschichten. Aber es wäre in all den Jahrhunderten niemandem in den Sinn gekommen, solche Ängste mit einer psychiatrischen Diagnose zu versehen, jedenfalls nicht bis zum Erscheinen der posttraumatischen Störung (PTSD), eines Syndroms, das ursprünglich auf Kriegstraumata bezogen wurde. Tatsächlich ist bis heute unbewiesen, daß es ein solches spezifisch unter Veteranen auftretendes psychisches Streß-Syndrom überhaupt gibt. Doch davon unbeeindruckt, bemächtigte sich die Alltagskultur dieses Begriffs, kaum daß »PTSD« in die offizielle psychologische Terminologie eingeführt worden war, und begann ihn hoffnungslos zu trivialisieren, um Alltagsprobleme psychologisieren zu können. 1995 berichteten Therapeuten von Kindern, die angeblich seit dem Konsum von Filmen wie *Batman* unter »PTSD« litten. Einer behauptete sogar, daß 80 Prozent aller Kinder, die im Fernsehen Berichte über Verbrechen am anderen Ende der Welt sähen, Symptome von »posttraumatischem Streß« entwickelten.[8] Doch nicht die Ängste der Kinder waren neu; neu war vielmehr die Bereitschaft der Psychiater, Eltern weiszumachen, daß es sich bei ganz alltäglichen Problemen des Reifeprozesses um klar umrissene medizinische Krankheiten handelte.

Auch die Grenzen dessen, was man unter Depression verstand, wurden unermüdlich erweitert. Diese schwere psychische Krankheit, gekennzeichnet von Trübsal, Selbstverachtung, der Unfähigkeit, Freude zu empfinden, und ständigen Selbstmordgedanken, ist seit Jahrhunderten bekannt. Sie hat eine ausgesprochen starke biologische Komponente. Die in den sechziger Jahren erfundene Terminologie der amerikanischen Psychiatrie machte nun aus Depression dasselbe wie Dysphorie, was soviel bedeutet wie Niedergeschlagenheit, kombiniert mit Appetitlosigkeit und Schlafstörungen. Es konnte kaum überraschen, daß es nach dieser Definition immer mehr und zunehmend jüngere Depressive gab.[9] 1991 bereitete das National Institute of Mental Health in den USA einen »National Depression Screening Day« im Rahmen ihrer »Mental Illness Awareness Week« vor. Mit solchen Aktionen sollten vor allem Hausärzte ermuntert werden, häufiger Depressionen zu diagnostizieren und Patienten an Psychiater zu überweisen. In gewisser Weise war das nicht ungerechtfertigt, denn eine schwere Depression, die übersehen wird, kann mit dem Selbstmord des Betroffenen enden. Doch hier ging es um etwas ganz anderes. Der Sinn dieser Aktion war, ein psychiatrisches Bollwerk gegen alle anderen Beratungs- und Behandlungsarten zu errichten. Tatsächlich jubelt die American Psychiatric Association seither jährlich über neue »Rekordzahlen«.[10] Doch die Konsequenz dieser ständigen Aufforderung zur Diagnose »Depression« war, daß diese Krankheit mittlerweile in der psychiatrischen Praxis mit Abstand am häufigsten vorkommt. 1989/90 belief sich ihr Anteil unter allen Patienten, die in diesem Zeitraum einen Arzt aufgesucht hatten, auf 28 Prozent.[11] Gewiß haben auch Medikamente wie »Prozac« – das ja angeblich gegen das gesamte »Spektrum« der Affektstörungen wirken soll – dazu beigetragen, denn Ärzte ziehen es zweifellos vor, Krankheiten zu diagnostizieren, die sie auch behandeln können.

Persönlichkeitsstörungen haben sich als vorzügliches Material für die Errichtung eines psychiatrischen Imperiums erwiesen. Obwohl der Begriff »gestörte Persönlichkeit« – eine »Krankheit«, unter der jeder leidet, nur nicht der Patient – wissenschaftlich nach wie vor dubios ist, schlug dieses Konzept in der Praxis wie eine Bombe ein. Diagnosen wie »antisoziale Persönlichkeit« wurden vorzugsweise in psychiatrischen Privatpraxen gestellt, wohingegen sie in allen übrigen medizinischen Zusammenhängen weitgehend unbekannt waren.[12] Auch die »multiple personality disorder« (MPD) tauchte in den Achtzigern aus dem Nichts auf, um sich dann epidemisch auszubreiten.[13] Doch wie alle anderen sogenannten Persönlichkeitsstörungen bestand sie nur in einem übersteigerten Ausdruck ganz gewöhnlicher Charaktermerkmale. Menschen zu Patienten zu erklären, nur weil sie von anderen als schwierig empfunden wurden, kam der Pathologisierung eines normalen Verhaltens gleich, wie irritierend es im Einzelfall auch sein mochte. Und genau solche Diagnosen über die Persönlichkeit eines Menschen haben eine Menge dazu beigetragen, die Definition psychischer Krankheit zu erweitern.

Damit steigerte sich die Zahl psychisch Kranker in bisher ungekanntem Ausmaß. Während sich das 19. Jahrhundert auf Psychotiker und das frühe 20. Jahrhundert auf Neurotiker konzentriert hatte, war die Psychiatrie am Ende des 20. Jahrhunderts zunehmend an Personen interessiert, die einst bestenfalls vom Hausarzt behandelt worden wären. Selbst führende Fachleute sprachen von »leichter Depression« oder »depressiven Ängsten« und »neurokognitiven Störungen«, und zwar im Sinne von Befindlichkeiten, »die es wert sind, als eigenständige Kategorien in Erwägung gezogen zu werden«. Der Begriff »subthreshold symptoms« kam auf, um auch jene Personen einzuschließen, die einst »unterhalb der Schwelle« angesiedelt worden wären, also nicht als krank gegolten hätten.[14] Das ist die Sprache von Reichsgründern und Markteroberern. Es liegen bis heute keine Nachweise vor, daß solche Zustände tatsächlich Krankheiten oder Störungen sind wie Mumps und schwere Depression.

Wenn sie unter sich waren, machten die Psychiater keinen Hehl aus der wirklichen Motivation für die Verlagerung ihres Schwerpunkts von Krankheit auf Traurigkeit. Robert Wallerstein, eine in Fachkreisen anerkannte Persönlichkeit, schrieb 1991:

»Vieles, weswegen wir Menschen mit intensiven Einzelpsychotherapien behandeln – allgemeine Unzufriedenheit mit dem Leben, Schwierigkeiten im zwischenmenschlichen Bereich oder bei der Anpassung an die Arbeit ..., Lern- oder Arbeitshemmungen und so weiter –, wird von den Leistungsträgern nicht als formale Krankheit anerkannt, für die sie erwartungsgemäß die Behandlungskosten übernehmen müßten. Die Unfähigkeit eines Doktoranden, eine Vergleichsstudie für seine Dissertation fertigzustellen ..., würde wohl auch kaum jemand als Krankheitszustand betrachten, für dessen Behandlung eine Versicherung aufkommen sollte.«[15]

Wallerstein meinte zwar, daß dieser Student durchaus verzweifelt genug sein könne, um Hilfe zu benötigen, betonte jedoch, daß seine Probleme im klassischen Sinne keineswegs zu den psychischen Störungen gehörten, sondern vielmehr »unterhalb der Schwelle« lägen.

Daß die Psychiatrie in dem verzweifelten Bemühen, sich gegen die nichtmedizinische Konkurrenz zu behaupten, der Versuchung nicht widerstehen konnte, die Definitionen bekannter und realer Krankheiten auszuweiten, glich letztlich der Neigung der Nervenärzte im 19. Jahrhundert, die unterschiedlichsten Gefühle und Befindlichkeiten von Frauen als »Hysterie« einzustufen und so dafür zu sorgen, daß Hysterie beinahe zum Synonym für Weiblichkeit wurde.[16] Der Psychiater Hagop Akiskal aus Memphis beklagte, daß »der Begriff der psychischen Krankheit so stark verwässert wurde, so daß er keinerlei Bedeutung mehr hat«; er spricht von »einer künstlich erzeugten Epidemie von Geisteskrankheit«, die darauf beruhe, daß »Diagnosen wie Borderline-Schizophrenie derart in Mode geraten« seien.[17] Indem sie ein Kontinuum der Symptome von schwerer Depression bis hin zur Betrübnis oder von Schizophrenie bis Exzentrik schuf, verschob die Psychiatrie die Grenzen des Pathologischen konstant in eine bestimmte Richtung, bis sie sich von echter Krankheit immer weiter entfernt und sich alltäglichen Unpäßlichkeiten immer mehr angenähert hatte. Dabei ging es um nichts anderes als das Bestreben, die Alltagsnöte der Menschheit zu kassenabrechnungsfähigen Krankheiten zu machen.

Eine Nation hungert nach Psychotherapie

Ein weiterer Grund für diese Grenzerweiterung war die feste Entschlossenheit der Psychiatrie, sich angesichts des Ansturms auf Psychotherapien nicht die Butter vom Brot nehmen zu lassen. Doch die Konkurrenz schlief nicht. Vor ihre erste Herausforderung war die Psychiatrie bereits 1904 gestellt worden. Als Adolf Meyers Frau, Mary Potter Brooks – die als erste Sozialfürsorgerin der USA gilt –, begann, die Familien der Insassen der von ihrem Mann geleiteten Anstalt auf Ward's Island zu betreuen, hatte die Sozialfürsorge die Psychotherapie für sich entdeckt.[18] Nach dem Ersten Weltkrieg stellten dann immer mehr führende Sozialfürsorger ihre Tätigkeit systematisch von sozialer Dienstleistung auf Psychotherapie um. 1920 bei der National Conference of Social Work in New Orleans erklärte Jessie Taft aus Philadelphia, daß Sozialfürsorge etwas »grundlegend Psychologisches oder, wem das besser gefällt, Psychiatrisches« sei. Und Mary Richmond, Direktorin der Wohlfahrtsabteilung der New Yorker Russel Sage Foundation, forderte eine »Sozialbehandlung« von Familien nach dem Prinzip der »Kleingruppentherapien«.[19] Die Zahl der psychiatrisch orientierten Fürsorger stieg von 2000 im Jahr 1945 auf beinahe 55 000 im Jahr 1985 (im Vergleich zu 32 000 Psychiatern, die 1985 in den USA gezählt wurden).[20] 1990 gab es schließlich 80 000 »klinische« Sozialfürsorger in den Vereinigten Staaten.[21] Ein Viertel aller Mitglieder des nationalen Sozialfürsorgeverbands arbeitete in diesem Jahr neben- oder hauptberuflich in einer eigenen Privatpraxis.[22] Ihre Wunschklientel waren, laut Harry Specht, einem Professor für Sozialfürsorge in Berkeley, die »›besorgten Wohlhabenden‹ aus der Mittelschicht, Zwanzig- bis Vierzigjährige, die unglücklich, unerfüllt und unzufrieden sind«.[23] Aber ebendiese bildeten seit den siebziger Jahren auch die Klientel der Psychiatrie.

Mittlerweile waren auch die Psychologen zu einer beträchtlichen Konkurrenz geworden, die sich erst spät von ihren Tests abgewandt und auf Psychotherapie umgesattelt hatten. 1951, nach Veröffentlichung von Carl Rogers' *Die klientenzentrierte Gesprächspsychotherapie*[24], begaben auch sie sich auf den freien Markt. Die »humanistisch orientierte Psychotherapie« von Rogers erforderte nicht die Bewältigung eines komplizierten therapeutischen Systems wie die Freudsche oder Jungsche Analyse. Bei ihr genügte die Einstellung, daß das Selbst mit Hilfe der Vermittlung eines guten Selbstwertgefühls ganz von alleine aufgebaut werden könne. Rogers vermied jede Art von systematischer psychotherapeutischer »Methode«. Klientenzentriert zu arbeiten, bedeutete für ihn, das Zutrauen zu der Fähigkeit des einzelnen zu haben, sich mit seiner psychischen Situation und seiner Person selbst auseinanderzusetzen. Seiner Meinung nach verfügte jeder Mensch über genügend Möglichkeiten der Selbsterkenntnis, um sein Bild von sich selbst, seine Einstellungen und sein Verhalten zu ändern. Um dieses Reservoire anzuzapfen, bedürfe es nur der richtigen Grundeinstellung des Psychologen und seiner speziellen Form der Psychotherapie. Später erklärte Rogers, daß seine Methode den gesamten Beratungsbereich auf den Kopf gestellt habe.[25] Wohl wahr, so Specht, der die Essenz von Rogers' psychotherapeutischem Vorgehen so zusammenfaßte: »Ja, du kannst es! Du bist wunderbar, großartig! In dir steckt großes Potential! Wenn du dich gut dabei fühlst, dann ist es okay!«[26]

Die Psychiater reagierten sofort heftig auf die Übergriffe der Psychologen. Unter anderem warfen sie ihnen vor, ohne Approbation Medizin zu praktizieren. Die Universität von Rochester zum Beispiel tat alles, um Rogers' sogenanntes Guidance Center zur Geschäftsaufgabe zu zwingen. Also zog er nach Chicago um. Doch auch dort konnte er nur durch einen erbitterten Feldzug verhindern, daß der psychiatrische Fachbereich der Universität sein neues Counseling Center schloß.[27] Aber die Psychologen setzten sich durch. 1996 hatte der Zweig »klinische Psychologie« in der American Psychological Association beinahe 7000 Mitglieder, von all den anderen Psychologen, die keine Mitglieder waren und Psychotherapien anboten, ganz zu schweigen.[28] Die Zahl der klinischen Psychologen und Sozialfürsorger überstieg in den neunziger Jahren bei weitem die der Psychiater. »Die Psychotherapie ... ist vorwiegend zu einer Angelegenheit von Nichtmedizinern geworden«, klagte die Group for the Advancement of Psychiatry.[29]

Wer aber nahm nun die Dienste all dieser neuen Anbieter im Bereich der Psychohygiene in Anspruch? Waren es Menschen mit psychischen Krankheiten, wie weit man die Definition nun auch faßte? Nein. Sicher ist, daß in der amerikanischen Gesellschaft ein hohes Maß an Krankheit herrschte. Nach Schätzung der National Comorbidity Survey (NCS), einer Anfang der neunziger Jahre durchgeführten Stichprobenstudie, litten 48 Prozent aller erwachsenen Amerikaner irgendwann in ihrem Leben unter einer psychischen oder durch irgendeinen Mißbrauch hervorgerufenen Störung; im Jahr vor der Studie seien es 30 Prozent gewesen. (Der Begriff »psychisch« war in dieser Untersuchung allerdings so weit gefaßt, daß er alle Grenzen sprengte.) Sofern diese Statistik stimmt, gehörten psychische Störungen zu den häufigsten medizinischen Problemen der amerikanischen Gesellschaft, vergleichbar nur noch mit hohem Blutdruck.[30]

Doch Personen mit ernsthaften psychischen Krankheiten waren nicht die Hauptklientel der Psychotherapeuten. Die NCS-Studie fand zum Beispiel heraus, daß sich nur 21 Prozent von ihnen einer Behandlung unterzogen.[31] Vier Fünftel zeigten keinerlei Interesse an einer Psychotherapie und waren offenbar bereit, glücklich oder unglücklich, mit ihren Problemen alleine fertig zu werden.

Die größte Nachfrage nach Psychotherapie bestand unter all denjenigen, die mit ihrem Leben unzufrieden waren, aber weder unter einer Depression noch unter Ängsten, Zwangsverhalten oder anderen typischen Symptomen psychischer Krankheit litten. Mehrere Umfragen ließen auf eine hohe Anzahl von Personen schließen, die sich in eine psychotherapeutische Behandlung begeben hatten, ohne ernste psychische Probleme zu haben. Eine 1990 in der Provinz Ontario, Kanada, durchgeführte Umfrage zum Beispiel ergab, daß »42 Prozent derjenigen, die im vergangenen Jahr um Hilfe angesucht haben, zu diesem Zeitpunkt unter keiner Geistesstörung litten«.[32] Daniel Freedman, ein einflußreicher biologischer Psychiater der University of California in Los Angeles, schrieb: »Jeder hat Probleme. Aber nicht jeder hat Symptome, und noch weniger leiden unter einer realen Störung.«[33]

In den 1990er Jahren geriet die Psychiatrie durch eine gewaltige Fehlentscheidung schließlich völlig aus den Fugen. Psychiater waren zu Fachärzten ausgebildet worden, um schwere psychische Krankheiten zu behandeln; doch kaum hatten sie eine Privatpraxis eröffnet, begannen sie sich mit den wesentlich häufigeren und lukrativeren Psychoneurosen zu befassen. Damit wurden sie zu direkten Konkurrenten von Sozialfürsorgern und Psychologen. Doch anstatt sich nun wieder den schweren psychischen Krankheiten zuzuwenden, dem eigentlichen Gebiet der biologischen Psychiatrie, marschierten sie in die Gegenrichtung: Sie erweiterten die Definition von psychischer Krankheit, so daß sie alle Verhaltensweisen und Symptome einschloß, die einst »unterhalb der Schwelle« gelegen hatten, um die riesige Nachfrage der amerikanischen Öffentlichkeit nach einer psychotherapeutischen Behandlung von Alltagsproblemen zu befriedigen.

Dabei wäre es sogar im ökonomischen Eigeninteresse viel günstiger gewesen, den Pfad der Wissenschaft nicht zu verlassen, denn nur neurowissenschaftliche Kenntnisse konnten einen Psychiater von seinen Konkurrenten unterscheiden. Ihr peinliches Gerangel mit den nichtmedizinischen Therapeuten um das bessere Geschäft mußte zu einer Rufschädigung der Psychiatrie führen. 1995 warb die American Psychiatric Association im Kongreß für ein Gesetz, das Psychologen verbieten sollte, Medikamente zu verschreiben. So wurde allen deutlich vor Augen geführt, daß es der Psychiatrie viel mehr um ihre materielle Lage als um Wissenschaftlichkeit ging.[34] Solche Vorkommnisse trugen zu dem allgemeinen Eindruck bei, daß sich Psychiater immer weiter von ihrem wissenschaftlichen Anspruch entfernten, Vertreter eines medizinischen Fachgebiets zu sein. In diagnostischer wie in therapeutischer Hinsicht war die amerikanische Psychiatrie auf dem besten Wege, in die Irre zu gehen.

Diagnostik: Wissenschaft versus Mode

Die Gefahr, einen falschen Weg einzuschlagen, erhöhte sich, als sich die Psychiatrie mit Diagnostik zu befassen begann und feststellen mußte, daß diese nicht weniger von der Politik als von der Wissenschaft bestimmt war. Die medizinische Diagnose ist der Schlüssel zur Behandlung ebenso wie zur Prognose, beides für den Patienten von lebenswichtiger Bedeutung. Verglichen mit der Psychiatrie sind Diagnosen in anderen medizinischen Fachgebieten relativ unkompliziert, da die Ursachen fast aller Krankheitszustände bekannt sind. Im Pathologiekurs lernt der Medizinstudent, die Krankheitsursache eines organischen Systems als traumatisch, infektiös, neoplastisch, toxisch, autoimmun und so weiter zu definieren. Für die meisten organischen Erkrankungen gibt es nur eine relativ begrenzte Zahl von Ursachen, die obendrein kaum umstritten sind. Können wir uns eine Gruppe von Lungenärzten vorstellen, die hitzige Debatten über die Ursache von Lungenentzündung führen und schließlich für jede Meinung eine eigene Gesellschaft und eigene Fachzeitschriften gründen? Wohl kaum. In der Psychiatrie hingegen sind, abgesehen von der Genetik, nur wenige Krankheitsursachen bekannt. Was ist zum Beispiel der Auslöser von Erotomanie, jener krankhaften Überzeugung, ein anderer sei in Liebe zu einem entbrannt? Niemand weiß es. Deshalb wird psychische Krankheit auch eher anhand von Symptomen als von Ursachen klassifiziert, was dem Niveau entspricht, auf dem die restliche Medizin sich im 19. Jahrhundert befand. Die Zuordnung unterschiedlicher Symptome zu einer größeren Krankheitskategorie ist daher oft ausgesprochen willkürlich. Gehört die Erotomanie nun zu Schizophrenie, zu den Wahnvorstellungen, oder ist sie eine eigenständige Krankheit? Aber auch die Definition der Kategorien selbst war seit jeher umstritten. Ganze psychiatrische Denkschulen standen oder fielen mit der Frage, wie »Hysterie« einzustufen sei. Anhand solcher Beispiele wird deutlich, wie schnell die Psychiatrie bei der Klassifizierung in die Irre gehen kann.

Zu diesem Risiko kamen noch die unterschiedlichen nationalen Traditionen hinzu. Ein und derselbe Patient konnte in dem einen Land eine völlig andere Diagnose zu hören bekommen als in einem anderen. Nehmen wir zum Beispiel *la bouffée délirante* (»Wahnsinnsanfall«) aus Frankreich – eine Diagnose, für die es nirgendwo sonst ein Äquivalent gab. »Die Engländer nennen nahezu jede Art von emotionalem Problem ›Neurose‹«, schrieb der große Psychiatriehistoriker Henry Ellenberger Mitte der fünfziger Jahre. »Die Franzosen wiederum gehen sehr freizügig mit der Diagnose Schwachsinn um.« Und was die Schweizer anbelangt, so beklagten die Franzosen, daß dort »bei ›90 Prozent Psychotikern und 50 Prozent Normalen‹ Schizophrenie diagnostiziert werde«.[35]

Aber niemand traf die Diagnose Schizophrenie häufiger als die Amerikaner. Sie war das große Faible der amerikanischen Psychiatrie. In einer Studie etwa wurde 46 amerikanischen und 205 britischen Psychiatern ein Video über »Patient F.« vorgeführt, einen jungen Mann aus Brooklyn, der unter einer hysterischen Lähmung des Arms und heftigen Stimmungsschwankungen litt, die man seinem Alkoholmißbrauch zuschrieb. 69 Prozent der Amerikaner, aber nur zwei Prozent der Briten diagnostizierten »Schizophrenie«.[36]

Solche nationalen Unterschiede auf der internationalen Bühne waren höchst unprofessionell und peinlich, denn sie vermittelten den Eindruck, als sei die Psychiatrie wesentlich weniger an Wissenschaftlichkeit als an nationalen Traditionen orientiert und als sei sie eher Teil der Folklore denn der Medizin.

Noch problematischer war, daß viele Psychiater während der Blütezeit der Psychoanalyse die Diagnostik als solche schlicht und einfach ignorierten. Sie fanden es wichtiger, von ihnen vermutete psychodynamische Ursachen nachzuweisen, als offensichtliche Symptome zu klassifizieren. Der Psychiater Robert Spitzer – die treibende Kraft hinter dem neuen Klassifikationssystem, das 1980 in die amerikanische Psychiatrie eingeführt werden sollte – berichtete von einem Treffen der American Psychiatric Association in den sechziger Jahren: »Psychiater aus dem Wissenschaftsbetrieb, die ihre Arbeiten über die deskriptive Diagnose vorstellen wollten, wurden auf den Spätnachmittag des letzten Tages verwiesen. Keiner nahm teil. Die Psychiatrie war am Thema Diagnose schlicht nicht interessiert.«[37]

Doch in den sechziger Jahren wachte die Disziplin auf. Endlich wurde ihr bewußt, wie wichtig eine korrekte Diagnose ist. Eine neue Generation setzte sich für ein Vorgehen der Psychiatrie ein, das sich vom Rest der Medizin nicht unterschied, das heißt, sie sollte anhand der Symptomatik eine differentielle Diagnose stellen und im Anschluß daran eine angemessene Untersuchung durchführen, die in die endgültige klinische Diagnose mündete. Der Weckruf kam aus der Alten Welt oder vielmehr aus den Reihen der Wiener Psychiater im Exil. Der Mediziner Erwin Stengel, 1902 in Wien geboren, hatte Freud und Wagner-Jauregg gekannt und war ein Studienkollege von Sakel gewesen. Obwohl er ein Jahr Lehranalyse gemacht hatte, wurde er kein Anhänger der Tiefenanalyse, sondern bewahrte sich eine ernsthafte, wissenschaftliche Sichtweise. 1938, nach seiner Flucht aus Wien, landete er am Londoner Maudsley Hospital. 1957 (nachdem er angeblich von Aubrey Lewis aus London vergrault worden war) baute er den psychiatrischen Fachbereich an der Universität von Sheffield auf.[38]

1959 veröffentlichte Stengel eine einflußreiche Kritik an der mangelnden Verläßlichkeit psychiatrischer Diagnosen. Sowohl die Analytiker als auch die amerikanischen Anhänger Adolf Meyers betonten »die Einzigartigkeit des Individuums«; »ein solcher Ansatz«, fügte er trocken hinzu, »lädt nicht zur Klassifikation von Geistesstörungen ein«.[39] Das war der Startschuß für eine Kampagne zur Wiederbelebung der Diagnostik.

Zehn Jahre später, 1969, brachte eine großangelegte Studie über die Diagnostik in den Vereinigten Staaten und in Großbritannien ans Licht, wie weit sich diese beiden Länder bereits von ihr entfernt hatten. Heinz Lehmann kommentierte das Ergebnis mit den Worten, es sei höchste Zeit für »eine Renaissance der psychiatrischen Diagnose, die heute vielerorts … zu einer schlecht geregelten, oberflächlichen, wenig überzeugenden und daher meist nutzlosen Prozedur geworden ist«.[40] Der intellektuelle Anstoß, die Dinge am Schopf zu packen, kam also aus der Disziplin selbst.

Aber es gab noch eine zweite Triebkraft, nämlich die Einführung der medikamentösen Behandlung. Da inzwischen Arzneien gegen Psychosen und Depression zur Verfügung standen, war die Diagnostik zu einer praktischen Frage geworden. »Mit der Verfügbarkeit von Lithium und den Neuroleptika«, schrieben Donald Goodwin und Samuel Guze, »konnte die Unterscheidung zwischen Manie und Schizophrenie – zuvor eine interessante, aber rein akademische Übung – nunmehr bestimmen, auf welche Weise ein Patient behandelt wurde.«[41]

Wirklich akut wurde dieses Thema in den siebziger Jahren. Denn auch die jenseits der Psychoanalyse angesiedelte amerikanische Psychiatrie blickte auf keine besonders glorreiche Tradition der diagnostischen Klassifikation zurück. Die Irrenärzte des 19. Jahrhunderts hatten mit einigen wenigen naheliegenden Kategorien (Melancholie, progressive Paralyse, Schwachsinn usw.) gearbeitet, damit sie ihre jährlichen Anstaltsstatistiken erstellen konnten. Nur durch die Zwänge des Zensus wurde die amerikanische Psychiatrie zu weitergehender Reflexion gezwungen. 1908 forderte das Statistische Bundesamt der USA die American Medico-Psychological Association auf, ein Komitee für nosologische Terminologie zu gründen; 1918 brachte der Verband in Zusammenarbeit mit dem National Committee of Mental Hygiene das erste amerikanische Handbuch der psychiatrischen Nosologie heraus, das *Statistical Manual for the Use of Institutions for the Insane*.[42]

Bis dahin hatte keinem Bereich der amerikanischen Medizin ein eigenes terminologisches System zur Verfügung gestanden. 1927 ergriff die New Yorker Academy of Medicine die Initiative und stellte eine landesweit akzeptierte »Standardterminologie« zusammen. Ein Jahr später versammelte sie alle medizinischen Fachbereiche zu einer Konferenz über dieses Thema, aus der schließlich die 1933 veröffentlichte *Standard Classified Nomenclature of Disease* hervorging. Den psychiatrischen Teil hatte die APA beigetragen.[43]

Damit operierte die amerikanische Psychiatrie zu Beginn des Zweiten Weltkriegs mit einem terminologischen System, das im Blick auf asylierte Schwerkranke konzipiert worden war. Der Krieg schuf jedoch psychische Probleme, die mit Irrsinn nicht das geringste zu tun hatten. Weniger gravierende Schwierigkeiten mit der eigenen Persönlichkeitsstruktur, die im Zivilleben praktisch nicht ins Gewicht fielen, waren im militärischen Umfeld plötzlich von großer Bedeutung. Doch für sie standen nur Begriffe wie »psychopathische Persönlichkeit« zur Verfügung.[44] Psychosomatische Störungen bildeten keine eigenständige Kategorie, sondern waren den zahlreichen Oberbegriffen zugeordnet worden, die sich Gastroenterologen oder Kardiologen ausgedacht hatten (beispielsweise das »Soldatenherz«). Psychische Reaktionen auf Streß und Kriegsneurosen bedurften eines völlig neuen Klassifizierungssystems, das erst einmal erdacht werden mußte. Damit multiplizierten sich die Bezeichnungen psychischer Krankheiten. Ende der vierziger Jahre herrschte das totale Chaos.

1948 machte sich das Terminologiekomitee des APA an die Arbeit, um ein einheitliches und landesweit gültiges Klassifikationssystem zu finden. Der Entwurf wurde unter den Verbandsmitgliedern verteilt, die ihre Vorschläge einbrachten, und 1952 erschien das erste unabhängige terminologische Standardwerk für Psychiater, das *Diagnostic and Statistical Manual [of] Mental Disorders*, künftig *DSM-I* genannt. Diese Details sind wichtig, denn in einem Klassifikationssystem spiegelt sich immer auch die herrschende Philosophie der Zeit wider – und 1952 war nicht nur der Verband, sondern auch sein Terminologiekomitee von der Psychoanalyse geprägt. Von den 28 Mitgliedern des verbandseigenen Committee on Nomenclature and Statistics gehörten 1951 zehn einer psychoanalytischen Organisation an oder gaben sich durch ihre Veröffentlichungen als Sympathisanten zu erkennen.[45] Das *DSM-I* trug daher unweigerlich auch ihre Handschrift. Die Definition »psychoneurotischer Störungen« beispielsweise war Freud in Reinkultur: »Das Hauptmerkmal dieser Störungen ist Angst, die sowohl unmittelbar empfunden und ausgedrückt als auch unbewußt und automatisch durch den Einsatz unterschiedlicher psychischer Abwehrmechanismen (Depression, Konversion, Verschiebung) kontrolliert werden kann.«[46] Mehr in Anlehnung an Adolf Meyer denn an Freud wurde auch mit dem Begriff »Reaktion« verschwenderisch umgegangen, etwa in der Formulierung »schizophrene Reaktion« oder »antisoziale Reaktion«.

In den fünfziger und frühen sechziger Jahren konsolidierte die Psychoanalyse ihren Einfluß auf die amerikanische Psychiatrie, was sich wiederum auf die zweite, 1968 veröffentlichte Ausgabe des *Diagnostic and Statistical Manual – DSM-II* auswirkte.[47] Sechs der zehn Verfasser waren Psychoanalytiker oder gehörten sympathisierenden Organisationen an. Psychoneurotische Probleme waren nun nicht mehr als »Reaktionen«, sondern als »Neurosen« aufgeführt. Die »Konversionsreaktion« und die »dissoziative Reaktion« wurden durch die unverwüstliche Freudsche »Hysterie« ersetzt. Und woraus setzte sich Hysterie zusammen? Aus Symptomen, die in einer »emotional aufgeladenen Situation« zutage treten und »Symbolcharakter für die zugrundeliegenden Konflikte« haben.[48] Die Darstellung aller Störungen war knapp, und es wurden gewöhnlich auch keine arbeitstechnischen Hilfen angeboten. Brauchte ein Psychiater zum Beispiel eine Anleitung für die Unterscheidung von Schizophrenie und Manie, konnte ihm dieses Handbuch kaum dienlich sein.

Ein Mitglied des Konzeptionskomitees war eine Art abtrünniger Analytiker. Der 1932 geborene Robert Spitzer, Absolvent der Medical School der New York University, hatte am psychiatrischen Institut New Yorks seine Facharztausbildung gemacht und sich parallel dazu an der psychoanalytischen Klinik der Columbia University als Analytiker qualifiziert. Um 1959 verließ er den analytischen Pfad jedoch und beschäftigte sich mit Klassifikationen. 1968 wurde er Leiter der »Evaluation Unit« am Psychiatrischen Institut von New York.

Damals beschloß Spitzer, die psychiatrische Diagnostik in eine völlig andere Richtung zu lenken. Er wollte dafür sorgen, daß Diagnosen so präzise wie möglich wurden und mit den Krankheiten, die vermutlich natürlichen Ursprungs waren, übereinstimmten. Man nannte das »cutting nature at the joints« (die Natur an ihren Gelenken freilegen) – was übrigens genau das war, was bereits Kraepelin Jahre zuvor versucht hatte. Doch wo diese Gelenke lagen, konnte nur durch Forschung bestimmt werden. Die beste Forschungsmethode bestand darin, arbeitstechnische Kriterien festzulegen, mit deren Hilfe bestimmt werden konnte, welche Symptome vorhanden sein mußten, bevor ein Arzt eine Diagnose treffen konnte.

Zum Glück für Spitzer hatten sich auch anderenorts in der psychiatrischen Landschaft der USA kleine Gruppen gebildet, um »die Natur an ihren Gelenken freizulegen«. Eli Robins zum Beispiel, ein texanischer Harvard-Absolvent mit einer Facharztausbildung am Massachusetts General Hospital, hatte 1948 ein Fellowship an der Psychiatrie der Washington University in St. Louis erhalten. Dort begegnete er den beiden jungen Ärzten George Winokur und Samuel Guze, deren Interessen ähnlich wie seine gelagert waren: Hirnchemie, Biologie und Klassifikation, damals höchst unpopuläre Gebiete. Diese drei verschworen sich zu einer Einheit, der es schließlich gelingen sollte, eine psychiatrische Konterrevolution gegen die Psychoanalyse in Gang zu setzen. Als Gruppe sollten sie unter dem Namen »Neo-Kraepelinianer« berühmt werden,[49] ein wenig passendes Etikett, bedenkt man Kraepelins Desinteresse an der Hirnbiologie. 1955 wurde Guze Leiter des Fachbereichs, der unter ihm einen internationalen Ruf als Zentrum des biologischen Denkens erwerben sollte und bedeutende Forscher hervorbrachte: etwa Paula Clayton (die gemeinsam mit Winokur ein Lehrbuch über die medizinischen Grundlagen der Psychiatrie verfaßte[50]), John Feighner (»Finer«, der ein berühmter Diagnostiker wurde) und Robert Woodruff (der sich der Erforschung der biologischen Ursachen für »Hysterie« widmete).

1972 veröffentlichte die St.-Louis-Gruppe unter der Leitung Feighners eine erste Reihe rigoroser diagnostischer Kriterien, die dafür sorgten, daß sich niemand mehr nur auf sein »bestes klinisches Wissen und Gewissen« zu verlassen brauchte. Wer glaubte, einen depressiven Patienten vor sich zu haben, konnte das anhand folgender zwingender Kriterien überprüfen: War er 1) in einer nervös-angespannten Stimmung? 2) Trafen mindestens fünf von acht aufgeführten Symptomen auf ihn zu, darunter Appetitlosigkeit und Schuldgefühle? Und hatte er 3) mindestens einen Monat unter der Krankheit gelitten, bevor er Hilfe suchte? Entsprechende Kriterien standen nun für alle psychischen Störungen zur Verfügung.[51] Diese »Feighner-Kriterien«, oder »Forschungskriterien für Diagnostik«[52], wie Spitzer sie später nennen sollte, waren revolutionär, da sie eine Standardisierung der Diagnostik über alle Kliniken, Universitäten und Länder hinweg ermöglichten.

Mittlerweile war auch die APA unter heftigen Druck geraten, ihre *DSM-II* zu revidieren: Schwulengruppen waren empört, daß Homosexualität unter »Störungen« eingereiht worden war[53]; Versicherungsgesellschaften forderten präzisere Diagnosen, wenn sie die Kosten für Langzeitpsychotherapien übernehmen sollten; und viele Kliniker hatten sich dem Einfluß der Psychoanalyse zu entziehen begonnen und wünschten sich Diagnosen, die auf Symptomen basierten und nicht auf zweifelhaften Theorien über das Unbewußte. Also stellte Walter Barton, der medizinische Direktor der APA, Anfang 1973 eine Projektgruppe zusammen, »um die *DSM-II* zu revidieren und innerhalb der nächsten beiden Jahre eine *DSM-III* vorzubereiten«.[54] Doch dann sollte der »Junge Wilde« Melvin Sabshin Barton als Direktor ablösen, dem klar war, daß das *DSM-III* bestenfalls eine marginal veränderte Variante seines Vorgängers werden könnte, wenn es von derselben Gruppe konzipiert würde, die schon das *DSM-II* entworfen hatte. Seiner Ansicht nach mußte etwas völlig Neues her. Also traf sich Sabshin im April 1974 mit Spitzer und Theodore Millon zu einer eintägigen Konferenz (Millon, auch ein »Junger Wilder«, war kein Mediziner, sondern promovierter Psychologe am Neuropsychiatrischen Institut des Medical Center der Chicagoer University of Illinois).[55] Aus dieser Zusammenkunft sollte schließlich das Team hervorgehen, unter dessen Leitung das 1980 veröffentlichte *DSM-III* erarbeitet wurde.

Spitzer leitete das Team; mit im Boot saßen Clayton und Woodruff aus der Guze-Gruppe (ein Drittel ihrer Mitglieder gehörte dem Kollegium der Washington University of St. Louis an); Donald Goodwin von der University of Kansas, der gemeinsam mit Guze studiert hatte; Z. J. (»Bish«) Lipowski, der sich auf das Delirium – eine organische Krankheit! – spezialisiert hatte; Donald Klein, ein Psychopharmakologe und Psychiater, der seit 1978 Professor der Psychiatrie an der Columbia University war, und noch 13 weitere Spezialisten. Die beiden vorangegangenen Teams hatten den Schwerpunkt eindeutig auf die Psychoanalyse gelegt; dieses legte ihn nicht minder eindeutig auf die biologische Psychiatrie (allerdings wurde diese – damals noch die Gemüter erhitzende – Bezeichnung vermieden). Spitzer sollte es später so formulieren: »Mit ihren intellektuellen Wurzeln in St. Louis und nicht Wien, geistig von Kraepelin und nicht Freud inspiriert, war dieses von Anbeginn [eine Gruppe], die sich den Interessen aller verschloß, welche sich in Theorie und Praxis an der psychoanalytischen Tradition orientierten.«[56]

Es besteht gar kein Zweifel, daß diese Projektgruppe ein wissenschaftsorientiertes Dokument verfassen wollte. In der Einführung zur *DSM-III* schrieb Spitzer: »In dem Bemühen, die verschiedenen Probleme der Diagnostik zu lösen, verließ sich die Gruppe weitestgehend auf stichhaltige Nachweise aus der Forschung, die bezüglich der Validität unterschiedlicher Diagnosen relevant sind.« (Zwischen 1977 und 1979 hatte das National Institute of Mental Health einen Feldversuch gefördert, bei dem 500 Psychiater aus diversen Institutionen anhand des Entwurfs des *DSM-III* mehr als 12000 Patienten diagnostizieren sollten. Bei etwa 300 Psychiatern wurde ein Paarvergleich gemacht und geprüft, inwieweit ihre Einschätzungen übereinstimmten.[57]) Während das *DSM-II* 134 Seiten umfaßte, belief sich das *DSM-III* auf beinahe 500 Seiten, jede einzelne angefüllt mit Kriterien, die auf den Patienten zutreffen mußten, bevor eine Diagnose gestellt werden durfte.

Das Konvolut war vom Geist der Wissenschaft durchdrungen. Die Diagnose »schizotype Persönlichkeitsstörung« (in bezug auf die Persönlichkeitsstruktur von Personen, in deren Familien voll ausgeprägte Schizophrenie vorkommt) hatte Spitzer zum Beispiel aufgrund von Ketys Kopenhagener Adoptionsstudie vorgeschlagen.[58] Der Harvard-Psychiater Gerald Klerman nannte das *DSM-III* »einen Sieg der Wissenschaft«.[59] Und in der Tat sollte die amerikanische Psychiatrie dank der Wissenschaftlichkeit des *DSM-III* wieder Anschluß an die übrigen Fachgebiete der Medizin finden: Sie begann das in der Medizin übliche diagnostische Verfahren anzuwenden und sich von dem ungenauen »biopsychosozialen Modell«, mit dem so viel Unheil angerichtet worden war, zu verabschieden. Nach Aussage eines Psychiatriehistorikers wurde das *DSM-III* zum »Standardwerk über die Wissensgrundlagen des Berufsstandes«.[60]

Die Rückbesinnung der amerikanischen Psychiatrie auf die Wissenschaft hatte großen Einfluß auf das Geschehen anderenorts. Bis Anfang der neunziger Jahre wurde das *DSM-III* – beziehungsweise die 1987 revidierte Fassung *DSM-III-R* – in über zwanzig Sprachen übersetzt. Französische Mediziner in der Psychiatrieausbildung, die zuvor ganz im Sinne der Antipsychiatrie und der Lehren Jacques Lacans und Michel Foucaults geschult worden waren, prägten sich die vier Kriterien für pathologische Angstzustände (und ihre 18 möglichen Symptome, von denen sechs deutlich vorhanden sein mußten) ein.[61] In der deutschen Übersetzung des *DSM-III-R* weckten die Definitionen der »Störungen« Erinnerungen an Kraepelins psychische »Krankheiten«.[62] Die Veröffentlichung des *DSM-III* war ein Ereignis, das die Psychiatrie nicht nur in den USA, sondern in der ganzen Welt bewegte. Es war ein Wendepunkt, eine Kurskorrektur, die die Disziplin wieder auf die wissenschaftliche Bahn lenkte, eine Rückkehr zu den positivistischen Prinzipien des 19. Jahrhunderts und ein Platzverweis für das antipsychiatrische Dogma, das psychische Krankheit als reinen Mythos ansah.

Und doch gab es bohrende Zweifel. Anstatt sich zielstrebig in die schöne neue Welt der Wissenschaft aufzumachen, schien die DSM-Psychiatrie sich bisweilen in der Wüste zu verlaufen. Erstens wuchs mit jeder neuen DSM-Auflage die Zahl eigenständiger Störungen. Das *DSM-III* führte 265 unterschiedliche Störungen auf, ein Drittel mehr als das *DSM-II* mit seinen 180 Einträgen. Das *DSM-III-R* listete dann bereits 292 Störungen auf; und das 1994 veröffentlichte *DSM-IV* kam sogar auf 297.[63] Hat die Natur tatsächlich 297 Gelenke? Auch wenn die amerikanischen Verfasser das Kraepelinsche Etikett »Krankheit« vermieden hatten, bedeutete die Definition unterschiedlicher »Störungen« im Grunde nichts anderes als die Darstellung unterschiedlicher Krankheitsbilder.[64] Von der Nephrologie oder Kardiologie würde niemand einen Katalog derart vieler voneinander unterscheidbarer Krankheiten erwarten. Natürlich ist das Gehirn wesentlich komplexer; trotzdem war es Pinel gelungen, die

Zahl der psychischen Störungen von »einer unendlichen Vielfalt« auf vier zu begrenzen.[65] Die Psychiatrie hatte zumeist zu intellektueller Kompaktheit tendiert, zum Verdichten und nicht zum Differenzieren. Einer der *DSM-III*-Autoren rechtfertigte die Einbeziehung so vieler Phänomene mit dem Wunsch, »alle Krankheitszustände zu benennen, denen Kliniker in der Praxis begegnen«, damit künftigen Forschern die Beurteilung überlassen bleibe, inwieweit diese Zustände tatsächlich »begründbare eigenständige Syndrome« seien.[66] Doch die schiere Endlosigkeit dieser Syndromparade rief schließlich das unangenehme Gefühl hervor, daß der gesamte Prozeß außer Kontrolle geraten war.

Außerdem wirkte das *DSM-III* ausgesprochen ethnozentrisch, in einer Disziplin, die Universalität für sich beansprucht, ein gravierender Mangel. Viele der aufgeführten Störungen, wie etwa Anorexia nervosa, waren in anderen Teilen der Welt unbekannt. Man darf getrost davon ausgehen, daß das *DSM-III*, wäre es in Indien konzipiert worden, einen ausführlichen Abschnitt über Teufelsbesessenheit enthalten hätte.[67] Hatte sich die schöne neue Welt der Psychiatrie womöglich mit ihrer »Borderline-Persönlichkeitsstörung« – soll heißen: Woody Allens Stadtneurotiker-Symptomen – und ähnlichem, mit der spezifischen kulturellen Pathologie der amerikanischen Ostküste also, in eine Sackgasse manövriert? Ein Kritiker schrieb: »Borderline- und narzistischen Persönlichkeiten wird man in Iowa City oder Mobile höchst selten begegnen; und in Tanger oder Bukarest wird man sie gar nicht kennen.«[68] »Kultur« hatte sich in der Vergangenheit als ein gefährlicher Morast für die Psychiatrie erwiesen. Man denke nur an die »Eierstockhysterie« des 19. Jahrhunderts oder an die »Autointoxikation des Kolon« – eine Idee, auf die nur das westliche Bürgertum im frühen 20. Jahrhundert mit seinen Verdauungsobsessionen hatte verfallen können. Wenn die angeblich so wissenschaftliche Psychiatrie letztlich nichts anderes tat, als die kulturellen Neigungen der nordamerikanischen Mittelschicht zu klassifizieren, mußten ihre Begrifflichkeiten bald ebenso überholt wirken wie die Anstandsregeln für viktorianische Damen.

Das letzte Schlagloch auf dem wissenschaftlichen Weg der

DSM-III-Verfasser grub die Politik. Sie waren zwar bemüht gewesen, sich an »Daten« zu halten, wurden aber von ideologischen Lobbyisten derart belagert, daß sie sich zu einer ganzen Reihe von Konzessionen gezwungen sahen. Die langwierigen Auseinandersetzungen darüber hinterließen den Eindruck, daß hier nicht nur ein wissenschaftliches, sondern auch ein politisches Dokument geschaffen wurde. Nehmen wir zum Beispiel das Gezänk um die Homosexualität. (Im *DSM-II* war Homosexualität noch als sexuelle Abnormität aufgeführt.) Ein Subkomitee des *DSM-III*-Teams erwog die Bezeichnungen »Homodysphilie, Dyshomophilie, homosexuelle Konfliktstörung, Liebesbeziehungsstörung ... und schließlich Ich-dystonische Homosexualität«. Doch weil sich das Subkomitee nicht einig werden konnte, delegierte es die Entscheidung an die Projektgruppe selbst, die beschloß, Homosexualität vollständig von der Liste zu streichen.[69] Ein Referendum unter den APA-Mitgliedern bestätigte diese Entscheidung 1974.[70] Was ein Jahrhundert oder länger als schwere psychische Störung galt, hatte mit einem Federstrich zu existieren aufgehört.

Auch der politische Einfluß der Psychoanalytiker wirkte sich auf die Struktur des *DSM-III* aus. Empört hatten sie zur Kenntnis genommen, daß der 1975 fertiggestellte Entwurf forderte, Störungen grundsätzlich Ursachen zuzuschreiben, »sofern sie bekannt sind«, und alle »unbewiesenen ätiologischen Konzepte« zu vermeiden. Die Analytiker aber waren der Meinung, daß jahrzehntelange Erfahrungen aus der analytischen Praxis genügend Nachweise für die Freudsche Psychogenese geliefert hätten. Außerdem gefiel es ihnen ganz und gar nicht, daß »Neurosen« aus dem Entwurf völlig verschwunden waren. Angesichts ihrer Drohung, das ganze Projekt beim Vorstandstreffen der APA im Mai 1979 scheitern zu lassen, gaben die Verfasser schließlich klein bei und setzten den Begriff »Neurose« jeweils in Klammern hinter das Wort »Störung«.[71] In der Einführung zogen sich die Verfasser dann darauf zurück, daß sie Neurosen nur »deskriptiv« erwähnt hätten und keinesfalls einen »neurotischen Prozeß« nahelegen wollten.[72] Dieses politische Zugeständnis an eine einflußreiche Lobby hatte mit Wissenschaft nicht das geringste zu tun.

Die nächste mächtige Interessengruppe bildete sich nach 1971: die Vietnam-Veteranen, die überzeugt waren, daß ihre Schwierigkeiten bei der Wiedereingliederung in die amerikanische Gesellschaft psychischer Natur seien und nur als Ergebnisse von Kriegstraumata erklärt werden könnten. Mit Formulierungen, die die späteren Kämpfe um die »Anerkennung« unzähliger Symptome als eigenständige Krankheiten vorwegnahmen – beispielsweise den Streit um den Begriff der Gedächtnishemmung –, behaupteten die Veteranen und ihre Psychiater, daß die »Verzögerung eines schweren Traumas« zu »Schuldgefühlen, Wut, dem Gefühl, als Sündenbock mißbraucht zu werden, psychischer Abstumpfung und Entfremdung« führen könne. 1973 organisierte der nationale Kirchenrat eine erste Konferenz über die emotionalen Bedürfnisse von Vietnam-Veteranen. Daraus entwickelte sich eine landesweite Kampagne, um das störrische psychiatrische Establishment zu überreden, die neue Veteranenkrankheit anzuerkennen. Denn seit bekannt geworden war, wie schnell das Terminologiekomitee der APA im Falle der Homosexualität klein beigegeben hatte, wußte man, daß man die Psychiater umstimmen konnte. Eine »Arbeitsgruppe« von Psychiatern, die die Sache der Veteranen vertraten, schlug die Diagnose »post-combat disorder« (kriegsbedingte Störung) vor. Bei den Treffen dieser Arbeitsgruppe mit Spitzer und einem Subkomitee seines Teams, das sich mit »reaktiven Störungen« befaßte, wurde schnell deutlich, daß eine Übereinkunft unvermeidlich sein würde. 1978 empfahl das erwähnte Komitee die Aufnahme einer Diagnose namens »Post Traumatic Stress Disorder«, PTSD (posttraumatische Störung), in das neue Handbuch. Ein Beobachter dieser Kampagne schrieb: »Die PTSD ist im *DSM-III* enthalten, weil ein harter Kern von Psychiatern und Veteranen zwei Jahre lang bewußt und zielgerichtet darauf hingearbeitet hat. Sie hatten Erfolg, weil sie besser organisiert, politisch aktiver und mit mehr Glück gesegnet waren als ihre Gegner.«[73]

Die Erfolge der Homosexuellen und Vietnam-Veteranen bewiesen, daß die Diagnostik in der Psychiatrie jedermann offenstand. Die nächste Gruppe, die das Terminologiekomitee unter Druck setzte, waren die Feministinnen. Sie beschwerten sich, weil das 1987 veröffentlichte *DSM-III-R* solche Begriffe wie »selbstzerstörerische Persönlichkeit« enthielt, welche angeblich doppelt so häufig unter Frauen als unter Männern vorkam. Prompt ordnete das Komitee diesen Begriff einer Kategorie neuer Störungen zu, die der »weiteren Forschung bedürfen«. Ebensowenig begeistert waren die Feministinnen von dem Begriff »Lutealphasensyndrom« (bezogen auf Stimmungswechsel während des Menstruationszyklus), also wurde auch er unter der Rubrik »weiter zu erforschen« eingeordnet.[74] Daß die »selbstzerstörerische Persönlichkeit« 1994 im *DSM-IV* gar nicht mehr und Zyklusprobleme unter der Bezeichnung »Prämenstruationsstörung« auftauchten, war allerdings keineswegs »weiteren Forschungen«, sondern schlicht politischem Druck zu verdanken.[75]

Angesichts solcher Possen fällt es schwer, offizielle Verlautbarungen der Psychiatrie im Zusammenhang mit sexueller Orientierung, Streß oder dem weiblichen Zyklus noch ernst zu nehmen. Offenbar können solche Fragen nach Belieben pathologisiert und wieder entpathologisiert werden, ganz wie es die Mehrheit wünscht oder wie es die jeweiligen Interessengruppen durchsetzen können. Solche Beispiele für das Unvermögen der Psychiatrie, sich den Weg ausschließlich von der Wissenschaft weisen zu lassen, zeigen, wieviel das *DSM-III* und seine Nachfolger – die ja eigentlich der Psychiatrie aus dem Morast der Psychoanalyse heraushelfen sollten – dazu beigetragen haben, die Disziplin in die Wildnis zu führen.

Der Niedergang der Psychoanalyse

Abseits der DSM-Entwicklung fand der stetige Niedergang der Psychoanalyse statt. Der Begriff Neurose zum Beispiel tauchte im *DSM-IV* nur deshalb nicht mehr auf, weil den neuen Verfassern klargeworden war, daß sie nun über genügend Zustimmung verfügten, um sich gegen alle Lobbyisten durchzusetzen. Der Psychiatriehistoriker Mitchell Wilson schrieb über die Psychoanalytiker der siebziger Jahre: »Das Gleichgewicht der Mächte in der amerikanischen Psychiatrie hatte sich direkt unter ihren Füßen verschoben. Was vor nur zwei Jahrzehnten als neue, moderne Psychiatrie gepriesen worden war, war nun … eine Last, die [die Psychiatrie] nicht mehr tragen wollte.«[76]

Ironischerweise aber stiftete die Tatsache, daß die Psychoanalyse in Ungnade gefallen war, in der Psychiatrie nur weitere Verwirrung. Sie wirkte weder befreiend, noch lenkte sie die Disziplin auf den wissenschaftlichen Weg zurück, wie es bei der Pathologie des frühen 19. Jahrhunderts der Fall gewesen war, die vom Niedergang der Humoraltheorien (über die Körperflüssigkeiten) so stark profitiert hatte. Denn während die Psychoanalyse zu einer von vielen postmodernen »Gesprächstherapien« verkam, schossen psychotherapeutische Konkurrenzverfahren überall wie Pilze aus dem Boden. In den siebziger Jahren waren mindestens 130 verschiedene Varianten bekannt.[77] Jede Art von Therapie war akzeptiert, wie bizarr sie auch sein mochte – die Palette reichte von der Berührungstherapie bis zur therapeutischen Wiedergeburt mit Hilfe von Sofakissen auf dem Wohnzimmerteppich. Und die Psychiater schreckten vor der Berührung mit diesen Therapien zurück wie vor einem Knäuel giftiger Schlangen.

Besonders desorientierend wirkte der Niedergang der Psychoanalyse auf den »biopsychosozialen« Flügel der Psychiatrie, dessen psychologisches Verständnis bislang fast ausschließlich auf Freuds Theorien beruhte. Offensichtlich hatten alle psychotherapeutischen Alternativen zu Freud vergleichbare Erfolgsraten. Es schien völlig egal zu sein, ob man sich für eine Einzeltherapie, Gruppentherapie, systemorientierte Familientherapie, Psychodrama, Hypnose oder Narkosynthese entschied. Die Chancen des Therapierten auf Genesung waren mehr oder weniger identisch.[78] Überdies deuteten die statistischen Daten, wie der Psychologe Hans Eysenck hervorhob, darauf hin, daß letztlich bei keiner dieser Therapien die Chancen auf Besserung sonderlich hoch waren.[79] Wen sollte es da wundern, daß die Psychotherapeutik mit dem Niedergang der Psychoanalyse – paradoxerweise des einzigen psychotherapeutischen Verfahrens, das den Therapeuten ein Gefühl der Sicherheit vermittelt hatte – umherzuirren begann?

Altgediente Psychiater zeigten sich schockiert von dieser Entwicklung. Als Robert Wallerstein einst seine Facharztausbildung am Veterans Administration Hospital von Topeka, Kansas, gemacht hatte (die damals von der Menninger Clinic beeinflußt war), war die Psychoanalyse »*das* Forum der Behandlung geistiger Störungen« gewesen. Folglich hatte sich auch seine Ausbildung hauptsächlich auf Tiefenanalyse konzentriert. Von den durchschnittlich vierzig Wochenstunden eines Assistenzarztes wurden zwanzig »psychotherapeutischen Einzelsitzungen mit Patienten« gewidmet. Zwanzig Stunden pro Woche mal vierzig Wochen mal drei Jahre ergab »2400 Stunden Psychotherapie während der Facharztausbildung«.

Doch seit Wallersteins Ausbildung im Jahr 1949 hatten sich die Kriterien gewaltig verändert. Bei der inzwischen üblichen vierjährigen Facharztausbildung waren, so Wallerstein, die turnusmäßigen Wechsel der Ausbildungsbereiche »nicht mehr auf Psychotherapie konzentriert, sondern auf die Medikamentenbehandlung«. Da mittlerweile kaum ein Patient länger als einen Monat in der Klinik blieb, hätten auszubildende Psychiater auch keine Möglichkeit mehr, sich an Langzeitpsychotherapien zu erproben. Statt dessen werde der künftige Psychiater nun durch die Ambulanzen kommunaler Gesundheitszentren geschleust, durch Beratungsstellen für Menschen mit Eßstörungen, Menschen mit sexuellen Problemen, Menschen, die unter Dauermedikation stünden, und alle seien sie »auf medikamentöse Behandlung und Verhaltenstherapien eingestellt«. Die Zeit, die dafür aufgewendet werde, habe früher allein der tiefenanalytischen Ausbildung gegolten, was zugleich bedeute, daß einem in der Ausbildung nur noch rund 200 Stunden Praxis für die Psychotherapie zur Verfügung stünden. »Angesichts der Tatsache, daß das vierjährige Ausbildungsprogramm aus durchschnittlich 8000 Arbeitsstunden besteht und daß die 200 für Psychotherapie angesetzten Stunden nur ganze zwei Prozent ausmachen, darf man sich fragen ...«[80] Wallerstein ließ seine Frage offen, doch es besteht wohl kein Zweifel, was er meinte. Die Verwandlung der psychoanalytisch orientierten Psychotherapie von einer Methode, der 50 Prozent des Curriculums an den Hochschulen gewidmet war, in ein Randthema, dem man gerade noch 2,5 Prozent der Ausbildung zugestand, spiegelte den Niedergang, ja das förmliche Ableben der Psychoanalyse.

Die Analytiker verloren also deutlich die Kontrolle über die wichtigsten Bastionen der psychiatrischen Ausbildung. Während es 1945, so Bertram Brown, Direktor des National Institute of Mental Health, »für jemanden, der kein Psychoanalytiker war, nahezu unmöglich war, Fachbereichsleiter oder Professor der Psychiatrie zu werden«, erhielt Mitte der siebziger Jahre kaum noch ein überzeugter Analytiker einen Lehrstuhl.[81] 1990 hatten sich über 100 der 163 psychiatrischen Fachausbildungsprogramme in den Vereinigten Staaten von der klassischen Psychoanalyse verabschiedet. »Über 60 Prozent der Psychiater, die heute ausgebildet werden«, sagte ein Kenner der Szene, »schließen ihre Ausbildung ab, ohne jemals Patienten in zwei oder mehr Sitzungen pro Woche psychotherapiert zu haben.«[82]

Mit dem Niedergang der Analyse veränderten sich auch die sozialen Erfahrungen werdender Psychiater. Die Ausbildungsprogramme der vierziger und fünfziger Jahre hatten Psychiater zu reinen »Schaumschlägern« gemacht, wie Paul Hoch, ein gestrenger Forscher am Psychiatrischen Institut New Yorks einmal sagte: »Männer und Frauen, die völlig blind gegenüber den harten Realitäten waren, welchen Millionen von Amerikanern tagtäglich ausgesetzt waren ..., lebten mit sich und einem Beruf zufrieden, der einzig dem Wohlergehen einer kleinen Schicht wohlhabender Patienten an der Spitze der ökonomischen Pyramide gewidmet war.«[83] Als der neue Direktor des Instituts, Lawrence Kolb, 1955 beschloß, nicht mehr nur »interessante« Fälle anzunehmen – solche also, die für eine Psychonanalyse geeignet waren –, sondern auch der Nachbarschaft im Stadtteil Washington Heights inmitten von Manhattan die Tore der Klinik zu öffnen, vollzog sich ein dramatischer Wandel ihrer Klientel: Aus weiß und jüdisch wurde schwarz und protestantisch.[84]

Mit dem Verlust des psychoanalytischen Schwerpunkts in den akademischen Ausbildungsprogrammen verringerte sich auch die Zahl der nachrückenden psychoanalytisch interessierten Psychiater von etwa 10 Prozent in den fünfziger Jahren auf 2,7 Prozent im Jahr 1988.[85] Entsprechend veränderte sich die Situation in der psychiatrischen Praxis. 1950, als Fritz Redlich und seine Mitarbeiter eine Studie über die psychiatrische Praxis in New Haven durchführten, befand sich die Psychoanalyse überall auf dem Vormarsch. Sie wurde bei 32 Prozent aller Patienten angewandt und von den Medizinern, die ihre Facharztausbildung zum Beispiel in Yale absolvierten, »allgemein begrüßt«. Als er 25 Jahre später noch einmal die gleiche Untersuchung anstellte, waren Psychiater, die keine Medikamente verschrieben, »zur Ausnahme geworden«, und Gruppen- und Familientherapien hatten die Tiefenpsychotherapie weit hinter sich gelassen. »Die Betonung lag nun auf der Linderung von Symptomen ... und nicht mehr darauf, Einsichten in die Persönlichkeit oder deren Veränderung zu erhalten«, schrieb Redlich.[86] In der Menninger Clinic in Kansas – einst eine Hochburg der Psychoanalyse – wurde 1965 nur noch einer von 209 Patienten einer Psychoanalyse unterzogen, und nur 23 Prozent nahmen an irgendeiner Art von Psychotherapie teil (1945 waren 62 Prozent aller Patienten einer Psychoanalyse oder Psychotherapie unterzogen worden).[87]

Sogar psychoanalytische Großmeister wie Ludwig Binswanger, Freuds Anhänger in der Schweiz, wurden abtrünnig. Nachdem ein psychisch kranker Verwandter Binswangers erfolgreich von einem jungen deutschen, pharmakologisch orientierten Psychiater namens Fritz Flügel behandelt worden war, habe Binswanger zu diesem gesagt: »Fritz, du hast mit zwei Pillen die psychodynamische Feste zerstört, an deren Bau ich 50 Jahre gearbeitet habe.«[88] Die Kreuzlinger Klinik, einst eine feste Burg Binswangers eigener »Existenzanalyse«, schloß 1980 ihre Tore.

Die APA spürte natürlich auch, daß Gefahr im Verzug war, und befragte 1974 ihre Mitglieder, um herauszufinden, was an der Basis vor sich ging. Alternative psychotherapeutische Verfahren wie Gruppen- und Familientherapien oder die »Human Potential«-Bewegung waren auf bestem Wege, der Psychoanalyse ihre Klientel wegzuschnappen. »Von Selbsthilfemaßnahmen wie Biofeedback, Meditation, Selbsthypnose, ›Imagery‹ und alternativen Lebensformen verspricht man sich großen Nutzen für ihre Anwender. Kurzum, wenn vor zwei Jahrzehnten jemand mit seinem Leben unzufrieden war, standen ihm nur begrenzte Möglichkeiten zur Verfügung, um etwas dagegen zu unternehmen. Heute kann er sich für viele Richtungen entscheiden, unter denen die Psychoanalyse nur eine ist.« Drei Fünftel der Verbandsmitglieder hatten begonnen, Medikamente zu verschreiben, ein Drittel bot Eheberatungen irgendeiner Art an. »Es gibt weniger Neurotiker im guten klassischen Sinn«, klagte der Bericht. Gemeinsam mit der schizophrenogenen Mutter war auch die ans Haus gefesselte, neurotische, frustrierte Frau verschwunden, die der Liebling aller Psychoanalytiker gewesen war. Ihr Platz auf der Couch wurde von »Patientinnen mit Leistungskonflikten« eingenommen.[89]

Am Ende verloren sogar die Patienten ihren Glauben. Bei einer Umfrage, die der Psychoanalytikerverband 1974 unter seinen Mitgliedern machte, zeigte sich im Vergleich zu den Jahren 1962–1967 ein drastischer Rückgang an Patienten, die eine intensive analytische Behandlung wünschten. In den sechziger Jahren hatten fast die Hälfte aller Verbandsmitglieder vier bis sieben Patienten pro Woche analysiert; in den siebziger Jahren war diese Zahl dramatisch gesunken. Während zuvor ein Drittel der Verbandsmitglieder acht oder mehr Patienten pro Woche behandelt hatten, konnte sich »im vergangenen Jahr nur noch ein Fünftel unserer Mitglieder einer derart blühenden analytischen Praxis erfreuen«, klagten die Autoren des Berichts.[90] Das Zögern der privaten Krankenversicherungsorganisationen (HMOs) – die einen neuen Trend bei der Gesundheitsvorsorge darstellten –, die Kosten für Langzeittherapien zu übernehmen, trug gewiß das Seine zum Niedergang der Psychoanalyse bei.

Auch im Kino spiegelte sich dieser Wandel. Während Psychoanalytiker einst vergöttert worden waren – man denke an Filme wie John Hustons *Freud* (1962) oder *Captain Newman* (1962, über den Analytiker Ralph Greenson, der auch Marilyn Monroe behandelt hatte) –, wurden sie nun als sexbesessene Lüstlinge dargestellt (*The Girl in the Freudian Slip*) oder als verwirrte Trottel (*Alles was verboten ist*, 1968, mit David Niven und Ozzie Nelson). In Hollywood, so witzelte man damals, »hat ein schlechter Psychiater Sex mit seinen Patientinnen und ermordet sie anschließend, während ein guter

Psychiater nur Sex mit seinen Patientinnen hat«.[91] *Time* kam 1993 mit einem Titelbild heraus, auf dem sich Freuds Schädel in lauter einzelne Puzzleteile auflöst. Auf einer Fotomontage im Textteil schwebt eine Analysecouch zum Fenster hinaus. »What if Freud was wrong?« fragte das Magazin seine angeblich so beunruhigten Leser.[92] Doch das amerikanische Bürgertum der neunziger Jahre hatte seine »Minkos« – wie die in der Berliner Avantgarde der zwanziger Jahre so beliebten Minderwertigkeitskomplexe genannt wurden – längst ad acta gelegt und war zu anderen Themen übergegangen. Das berühmte Wort mit »P« hatte nichts mehr mit Psychoanalyse zu tun: Inzwischen stand »P« für »Prozac«.

Ein Gerichtsfall in den achtziger Jahren diskreditierte die Analyse schließlich endgültig als medizinisch-therapeutische Methode. Bei diesem Fall, der von der Öffentlichkeit mit großem Interesse verfolgt wurde, handelte es sich um einen gewissen Rafael Osherhoff, der gegen die psychoanalytisch orientierte private Chestnut Lodge geklagt hatte. 1979 war der damals 42jährige Osherhoff, ein Mediziner aus Alexandria, Virginia, mit Symptomen einer wahnhaften Depression in die Privatanstalt überwiesen worden. Im Verlauf seines siebenmonatigen Aufenthalts war er mit vier tiefenanalytischen Sitzungen pro Woche therapiert worden. Währenddessen verweigerte man ihm jede Art von medikamentöser Behandlung, obwohl er ständig darum gebeten hatte. Man erklärte ihm, es gehe einzig darum, ihn bis zu jenem Punkt in seiner Kindheit zurückzuführen, an welchem das Trauma entstanden sei, um ihn dann von dort aus »aufzubauen«.[93] Aber Dr. Osherhoff wollte einfach nur, daß es ihm besser ging. Er erwirkte schließlich die Überweisung in eine andere Privatklinik, die Silver Hill Foundation in Connecticut, wo er endlich die gewünschte Behandlung mit Phenotiazinen und Antidepressiva bekam. Nach drei Monaten konnte er entlassen werden und in sein normales Leben zurückkehren. Doch zu Hause angekommen, mußte er feststellen, daß seine Welt in Stücke gebrochen war: Seine Frau hatte ihn verlassen, seine Krankenhauszulassung hatte er verloren, und sein Partner (der ihn zur Chestnut Lodge überredet hatte) hatte ihn aus der gemeinsamen Praxis vertrieben.

1982 verklagte Osherhoff die Lodge mit der Begründung, daß man ihn nach dem neuesten Stand der Erkenntnisse hätte behandeln müssen, also mit Medikamenten, deren Wirksamkeit bewiesen war, anstatt ihn zu zwingen, sieben Monate vor sich hin zu vegetieren. Ein Schlichtungsausschuß erkannte ihm 250000 Dollar Schmerzensgeld zu. Beide Parteien gingen in Berufung. Nur Tage vor der geplanten Verhandlung 1987 wurde eine außergerichtliche Einigung erreicht und Osherhoff eine nicht genannte Summe gezahlt. Hatte die Psychoanalyse hier dem allgemeinen Standard entsprochen? Gerald Klerman, ein einflußreicher Psychiater, betonte in seiner Aussage als Gutachter für Osherhoff, daß die Wirksamkeit der Psychoanalyse niemals anhand kontrollierter Experimente festgestellt worden sei, die von Medikamenten hingegen schon. Solche Kontrolltests aber bildeten den höchsten Stand der Wissenschaft.[94] Der Fall hinterließ den zwingenden Eindruck, daß eine ausschließlich auf Psychoanalyse beruhende Behandlung schwerer psychischer Krankheiten auf ärztliche Fahrlässigkeit hinauslief.

Der Fall Osherhoff ließ alle aufhorchen. Obwohl das Gericht in seinem Urteil biologische Verfahren in Kombination mit Verhaltenstherapien nicht eindeutig zur goldenen Regel der ärztlichen Versorgung erklärt hatte, riskierte von nun an jeder Arzt, der seine Patienten nach dem Muster behandelte, mit dem die Chestnut Lodge bei Dr. Osherhoff verfahren war, verklagt zu werden.

Also verabschiedete sich die Psychoanalyse endgültig von der Medizin. Und je mehr Mediziner ihr Vertrauen in sie verloren, desto mehr Nichtmediziner füllten die entstandenen Lücken in den analytischen Lehrprogrammen. Jahrelang hatten sich amerikanische Analytiker energisch geweigert, Nichtmediziner zur psychoanalytischen Ausbildung zuzulassen. Doch 1985 strengten vier Psychologen eine Gruppenklage gegen die APA an, in der es hieß, daß dieses Ausbildungsmonopol gegen das Bundeskartellgesetz verstoße. 1988 kamen die psychoanalytischen Institute überein, Nichtmediziner aufzunehmen. Sofort strömten Sozialfürsorger und Psychologen in die Ausbildungsstätten. Bereits 1991 waren 21 Prozent der Lehrkandidaten keine Mediziner mehr.[95]

»Is Freud dead?« fragte die *Time* im November 1993.

Und warum auch nicht!? Mehr und mehr setzte sich die Ansicht durch, daß Psychoanalyse nichts gegen Krankheiten ausrichten, aber zu einer Reise ins Innere verhelfen könne. Der Analytiker Robert Michels glaubte jedoch nach wie vor, daß die Psychoanalyse eine wirksame Therapie gegen »schwere Psychosen« darstelle, und verteidigte sie mit den Worten, daß sie ideal »zur Optimalisierung des Erlebten und zur Steigerung der Sensibilität« geeignet sei.[96] Nein, entgegnete sein Kritiker Adolf Grünbaum, die Analyse lasse sich vielmehr mit »einem erbaulichen Zeitvertreib wie, sagen wir mal, einem Jahresabonnement für die Oper« vergleichen.[97]

Von den *Studien über Hysterie* im Jahr 1895 zur Opernkarte 1994 – welch eine Odyssee! Doch unter den Intellektuellen war die Psychoanalyse Mitte der neunziger Jahre längst noch nicht außer Mode. In vielen sozialwissenschaftlichen Fachbereichen herrschte wahre Begeisterung, und die Universität Dublin bot von 1994 an sogar einen Abschluß als »Bachelor of Arts« in Psychoanalyse an.[98] Im ausgehenden 20. Jahrhundert führte die Flugbahn der Psychoanalyse weit über die Disziplin der Psychiatrie hinweg in den Äther der Philosophie hinein, wo sie als alles mögliche identifizierbar war, nur nicht mehr als bevorzugte Methode der Behandlung psychischer Krankheiten.

Woran war die Psychoanalyse gescheitert? Es gab äußere Faktoren wie den demographischen Wandel, der ihr die soziale Grundlage entzog. Aber auch innere Faktoren spielten eine Rolle. Denn der Niedergang der Psychoanalyse war vor allem das Ergebnis ihrer eigenen mangelnden Flexibilität und ihrer Weigerung, psychoanalytische Theorien anhand der neuesten Erkenntnisse der Neurowissenschaften zu überprüfen. Und dieses Widerstreben hatte eine Menge mit der Angst der Analytiker zu tun, ihre Position könnte sich als falsch erweisen.

Die amerikanische Psychoanalyse hatte sich schon immer heftig gegen die Forderung gewehrt, Daten über ihre therapeutischen Erfolge zu sammeln. 1948 rief die APA ein Evaluationskomitee für Psychoanalyse ins Leben, das auf derart »unüberwindliche Schwierigkeiten unter den Verbandsmitgliedern« stieß, daß man das Vorhaben erst einmal auf Eis legte.[99] Bei einer Verbandssitzung im Mai 1952 beschloß Präsident Robert Knight, es noch einmal zu versuchen: »Die äußerst individualistische Natur der psychoanalytischen Praxis ... hat in der Vergangenheit das Ansammeln statistischer Daten über psychoanalytische Erfahrungen enorm erschwert. Analytiker pflegten sich hinter dem Schleier der ärztlichen Schweigepflicht zu verstecken und waren nicht willens, in ausreichender Zahl [an einer solchen Evaluation] teilzunehmen.« Vor allem wollten sie keine Überprüfung »der therapeutischen Erfolge bei den Analysanden«. Knight war entschlossen, das zu ändern. 1953 veranlaßten er und Lawrence Kubie den Verband, ein »Zentrales Datensammlungskomitee« einzurichten.[100] Es betrieb seine Nachforschungen unter strengster Geheimhaltung und war instruiert, jede Information zuerst vom Vorstand absegnen zu lassen, bevor es sie »an irgendeine Gruppe außerhalb des Verbandes« weitergeben durfte.[101] Doch bis

Kubie im April 1956 endlich über die Ergebnisse des Komitees berichten wollte, hatte sich längst allgemeiner Unmut breitgemacht: Die statistischen Kategorien waren offensichtlich viel zu eingeschränkt, »um alle Schattierungen, Differenzierungen und Abstufungen des Nachdenkens über Geisteskrankheit zu reflektieren«. Kubie drängte die Mitglieder zur Geduld: »Nichts, was die American Psychoanalytic Association als Verband je unternommen hat, rief unter den an medizinischer und psychiatrischer Ausbildung interessierten Außenseitern so große Begeisterung hervor wie dieses Forschungsprojekt (...) Man darf davon ausgehen, daß dem Projekt finanzielle Unterstützung von Stiftungen gewährt werden wird ...« [102] Damit ist ganz eindeutig, daß die Psychoanalyse von Wissenschaftlern endgültig erst abgelehnt wurde, nachdem sie ihre eigenen Zweifel lange Zeit verdrängt und diese Methode sogar ausgesprochen wohlwollend behandelt hatten.

Dennoch brachte dieses Komitee nichts zuwege. Im Dezember 1957 berichtete sein Vorsitzender Harry Weinstock auf der Jahreshauptversammlung über die großen Schwierigkeiten, auf die es bei seinen Nachforschungen gestoßen war. Nur wenige Ergebnisse wurden bekanntgegeben. »Wegen der ... potentiell irreführenden Art der Statistik wird den Mitgliedern dringend empfohlen, diesen Bericht vertraulich zu behandeln.« Das Komitee wurde aufgelöst.[103] Was dann geschah, war noch erbärmlicher: Die Berichte von 3000 Verbandsmitgliedern sowie sämtliche Folgedaten über die Erfolgsquoten ihrer Analysen wurden zur Lochkartenverarbeitung an IBM geschickt. Alle Originaldaten verschwanden, dann auch die Codes für die Auswertung der Lochkarten und schließlich die Lochkarten selbst. Erst viel später, 1967, brachte es der Verband fertig, ein paar angebliche Fakten zu rekonstruieren. Dann wurde das gesamte »Evaluations«-Projekt über die Erfolge der Psychoanalyse endgültig ad acta gelegt.[104] Dieses Fiasko war der beste Beweis für die Angst der Psychoanalytiker vor statistischer Verifikation.

Und dazu hatten sie auch allen Grund. Die wenigen Statistiken, deren Außenseiter habhaft werden konnten, vermittelten einen ziemlich ungünstigen Eindruck von der Effektivität der Psychoanalyse im Vergleich zu anderen Psychotherapien. Hans Eysenck, Direktor der psychologischen Abteilung der Maudsley-Klinik, hatte 1952 als erster die Ergebnisse der Psychoanalyse mit denjenigen anderer »eklektischer« Therapien verglichen. Ausgehend von der Tatsache, daß bei zwei Drittel aller Neurotiker »im Laufe von zwei Jahren nach Ausbruch der Krankheit eine Spontanheilung oder deutliche Besserung einsetzte, ungeachtet der Tatsache, ob sie psychotherapeutisch behandelt wurden oder nicht«, fand Eysenck heraus, daß nur bei 44 Prozent der Analysanden am Ende ihrer Analyse eine Besserung eingetreten war, im Vergleich zu 64 Prozent der Patienten, die mit anderen eklektischen Therapien behandelt worden waren.[105] Letztlich hatten zwar auch die anderen Therapien ihre Chancen nicht wirklich verbessert, aber die Psychoanalyse hatte die Genesung ihrer Klientel sogar eindeutig behindert.

In den nächsten Jahrzehnten häuften sich wissenschaftliche Zweifel an der Psychoanalyse. In einem Lehrbuch, das William Mayer-Gross – ein nach Großbritannien emigrierter Psychiater aus Heidelberg (und Student von Nissl) – 1954 herausbrachte, hieß es anklagend: »Freuds oberflächlich rationaler Ansatz unter dem Deckmäntelchen der Wissenschaft ist die heute vermutlich erfolgreichste Form von Gesundbeterei.«[106] Mayer-Gross verachtete die Amerikaner, weil sie Freud angeblich so blind ergeben waren, doch die ersten Schläge gegen das analytische System wurden in den Vereinigten Staaten geführt.

Nur ein Beispiel: 1959 behandelte Donald Klein in der Hillside-Klinik einige ausgesprochen ängstliche und unter Panikattacken leidende Patienten mit dem neuen Mittel Chlorpromazin. Nichts geschah. Moment mal, dachte Klein, die psychoanalytische Theorie in den USA behauptet doch, daß psychische Probleme durch Angst verursacht werden, die ihrerseits das Ergebnis intrapsychischer Konflikte seien. Wenn bei Schizophrenen, die ja auch oft sehr ängstlich waren, mit Chlorpromazin eine Besserung erreicht werden konnte, wieso dann nicht auch bei Angstpatienten? »Die Kontinuitätstheorie, die davon ausging, daß eine Psychose nichts als ein quantitatives Überschäumen derselben Art von Angst sei, die Menschen mit leichteren Störungen erlebten, konnte nicht stimmen. Die Gegebenheiten wiesen deutlich auf eine physiologische Diskontinuität hin, wie etwa zwischen einer Lungenentzündung und einer Erkältung.« Penizillin wirkte bei Lungenentzündung, nicht aber bei einer Erkältung. »Allein das mußte einen doch schon auf den Gedanken bringen, daß Lungenentzündung und Erkältung nicht quantitative Varianten desselben Problems sind, sondern qualitativ völlig unterschiedliche Krankheiten.«[107] Es mußte also auch in der Psychiatrie völlig eigenständige Krankheitsbilder geben und nicht nur graduelle Verschlechterungen vom gesunden Zustand über die Neurose bis zur Psychose.

Wie sah es nun mit dem psychoanalytischen Ansatz bei Schizophrenie aus? Anfang der sechziger Jahre hatten zwei Wissenschaftler vom Camarillo State Hospital in Kalifornien die Dauer der Klinikaufenthalte verschiedener Gruppen Schizophrener nach einem ersten psychotischen Schub miteinander verglichen. Eine Gruppe war psychoanalytisch therapiert worden, eine zweite mit Medikamenten, alle anderen mit diversen Therapiekombinationen und die Kontrollgruppe gar nicht. Denjenigen, die ausschließlich psychotherapeutisch behandelt wurden, ging es am schlechtesten (durchschnittlicher Klinikaufenthalt 191 Tage). Tatsächlich ging es ihnen sogar schlechter als den Mitgliedern der unbehandelten Kontrollgruppe. Diejenigen, die das Antipsychotikum Stelazin (Trifluperazin), aber keine Psychotherapie erhalten hatten, waren nach 151 Tagen wieder entlassen worden.[108] Für die Anhänger Harry Stack Sullivans und Frieda Fromm-Reichmanns war das keine gute Nachricht.

In den siebziger Jahren nahm der Rückzug der Psychoanalyse dann allmählich den Charakter einer Flucht an. 1977 zogen die Psychologen Seymor Fisher und Roger Greenberg den Schluß: »Es gibt nicht den geringsten Nachweis, daß Therapien unter dem Rubrum ›Psychoanalyse‹ zu dauerhafteren oder tiefgreifenderen positiven Veränderungen führen als therapeutische Ansätze unter Etikettierungen, die viel weniger zeitaufwendig und auch billiger sind.«[109] In zwei dicken, 1984 und 1993 veröffentlichten Bänden ließ sich der an der Pittsburgher Universität lehrende Philosoph Adolf Grünbaum über die Bedeutungslosigkeit von Begriffen wie »Übertragung« aus

– immerhin das zentrale Konzept der Analyse.[110] Ein Wissenschaftler nach dem anderen warf den Analytikern vor, klinische Daten, die zur wissenschaftlichen Validierung hätten dienen können, durch Essays und Anekdoten zu ersetzten. Ein 1995 erschienenes Opus mit einem 75seitigen Anhang erklärte *Why Freud Was Wrong.*[111] Der Ödipuskomplex, die frühkindliche Sexualität, die Traumanalyse, die spezifisch Frauen zugeschriebenen Attribute – alles wurde in der Luft zerrissen. Dabei wurden die einzelnen Behauptungen nicht widerlegt – machte man sie doch einer wissenschaftlichen Überprüfung nie zugänglich –, sondern auf dieselbe wissenschaftliche Ebene verbannt wie die Astrologie. Die Mainstream-Psychiatrie und -Psychologie verloren das Interesse an der Psychoanalyse, zitierten keine Veröffentlichungen aus psychoanalytischen Fachzeitschriften mehr und machten sich mit Verve daran, Denkprozesse, das Gedächtnis sowie Wahrnehmungen und deren Fehlfunktionen als Prozesse zu studieren, die von einem genetischen Programm gelenkt wurden, nicht aber durch »den Druck der von Freud beschworenen instinktiven Triebbefriedigung«, wie Grünbaum schrieb.[112]

»Alle Wissenschaften müssen durch die Feuerprobe der Quacksalberei hindurch«, schrieb Eysenck 1985. »Die Chemie mußte sich von den Fesseln der Alchemie lösen, die Hirnforschung von den Dogmen der Phrenologie ... Auch die Psychologie und die Psychiatrie werden sich von der Pseudowissenschaftlichkeit der Psychoanalyse verabschieden ... und sich der schwierigen Aufgabe stellen müssen, ihre Disziplin in eine wirkliche Wissenschaft zu verwandeln.«[113]

Kosmetische Psychopharmakologie

Als Peter Kramer, Psychiater an der Brown University, 1990 die Bezeichnung »kosmetische Pharmakologie« prägte,[114] sprach er von einem neuen Antidepressivum namens Prozac (Fluctin), entwickelt vom Eli-Lilly-Konzern. Kramer sollte eine Menge Prügel beziehen, weil er sich über ein Medikament mokierte, das nichts anderes bewirkte, als es den Patienten »noch besser als gutgehen« zu lassen.[115]

Die Depressions- und Angstsymptome aber, die mit Prozac und ähnlichen Mitteln behandelt wurden, waren nicht auf die leichte Schulter zu nehmen. Laut einer NSC-Studie hatten 10,3 Prozent aller Amerikaner im Laufe der vorangegangenen zwölf Monate unter einer schweren Depression gelitten; 19 Prozent der Bevölkerung – jeder Fünfte – machten im Laufe des Lebens eine meist stark behindernde Phase der depressiven Verstimmung durch. Nahezu 20 Prozent der Gesamtbevölkerung hatten in den zwölf Monaten vor der Studie eine Phobie wie Platzangst erlebt; und fast jeder zwanzigste litt unter einem generellen Gefühl der Angst.[116] Mit anderen Worten, Zustände wie diese waren weit verbreitet, und wer unter ihnen litt, hatte ein Recht auf Hilfe. Niemand brauchte sich zu schämen, nur weil er nicht in der Lage war, sich »zusammenzureißen«.

Zweifellos half die Psychotherapie Patienten, sich wohler und sicherer mit ihren Psychiatern zu fühlen, vergleicht man diese mit den Irrenärzten der Vergangenheit, die nicht das geringste Interesse an den Komplexitäten des menschlichen Geistes hatten. Das eigentliche Hauptziel der Therapie war allerdings noch immer, Symptome abzubauen und nicht etwa, eine wohltuende Atmosphäre in der Praxis des Arztes herzustellen. Und gegen vom Gehirn verursachte Probleme konnten nur Medikamente helfen, die auf die chemischen Rezeptoren im Gehirn einwirkten. Die gute Nachricht für die Psychiatrie war, daß sie mit diesen neuen Medikamenten nun auch das Rüstzeug hatte, Menschen zu helfen, die unter alltäglichen Ängsten und nervösen Spannungen litten, während ihr für psychisch Schwerkranke die Neuroleptika und Antidepressiva zur Verfügung standen.

Die schlechte Nachricht war, daß solche Mittel Ende des 20. Jahrhunderts völlig bedenkenlos eingenommen wurden. Kranke betrachteten ihre Ärzte – ähnlich wie schon einmal im 18. Jahrhundert – im Prinzip nur noch als Beschaffer gefragter Produkte und nicht mehr als Ratgeber, für die auch das Arzt-Patienten-Verhältnis eine wichtige Rolle spielte. Mit dem Aufkommen der »kosmetischen« Psychopharmakologie hatte sich der Kreis in der Medizin geschlossen. Früher waren Patienten ihren Ärzten gegenüber oft unduldsam gewesen, weil sie in ihnen letztlich nur Furunkelstecher und Klistierspritzer sahen, deren Können sich darauf beschränkte, ihnen ein wirksames Abführmittel zu verschaffen. Auch in der postmodernen Medizin lehnten Patienten ihre Ärzte oft ab, weil sie sich von ihnen nur selten richtig behandelt fühlten. Die meisten suchten ihre Praxen nur auf, um an Medikamente heranzukommen, die sie für die einzige Antwort auf ihre Probleme hielten. Allgemeinmediziner kannten diese Medikamentensucht längst durch die enorme Nachfrage nach Penizillin und anderen Antibiotika.[117] Psychiater erlebten sie nun mit dem Run auf Valium und Prozac.

Schon immer hatte es Psychopharmaka der einen oder anderen Art gegeben, um Menschen zu helfen, mit ihren Depressionen und Ängsten umzugehen. Alkohol, der zuerst stimulierend, dann aber depressionsfördernd wirkt, ist so alt wie die Menschheit selbst. Opium kam im 18. Jahrhundert in Umlauf; seine Alkaloide wurden im 19. Jahrhundert als Medikation gegen Depressionen eingesetzt; Barbiturate als Beruhigungsmittel stehen seit Beginn unseres Jahrhunderts zur Verfügung. Doch alle hatten unerwünschte Nebenwirkungen, machten abhängig und auch im Wachzustand benommen und konnten die eigentlichen psychischen Symptome nie abbauen.

Die Geschichte der kosmetischen Psychopharmakologie, also der Einsatz von Medikamenten mit relativ wenigen Nebenwirkungen gegen alltägliche Ängste und Niedergeschlagenheit, begann mit dem Aufstieg von »Miltown«. Sie ist untrennbar mit dem Namen Frank Bergers verbunden, eines vor Hitler geflohenen Juden. Er war 1913 in Pilsen geboren, hatte 1937 in Prag seinen medizinischen Abschluß gemacht und war anschließend nach England geflüchtet, wo er sich während des Krieges als Bakteriologe durchschlug. 1945 begann er für das British Drug House zu arbeiten, wo er mit einem Muskelrelaxans namens Mephenesin forschte, von dem er glaubte, daß es Parkinson-Patienten helfen könnte. Es half nicht, aber Berger stellte fest, daß es für eine gewisse Dauer Ängste mildern konnte. »Ich interessierte mich für die neuropharmakologische Basis von Geistesstörungen«, erklärte er später. »Doch das Phänomen, das mich am meisten interessierte, war die physiologische Basis von Nervosität. Die meisten Menschen werden ohne ersichtlichen Grund nervös und reizbar. Sie schaukeln sich hoch, unterscheiden nicht mehr zwischen ernsthaften und belanglosen Problemen und schaffen es irgendwie, sich völlig unnötigerweise aufzuregen. Diese Leute sind nicht verrückt; sie sind einfach übererregbar und schaffen sich Krisensituationen im Zusammenhang mit völlig unwichtigen Dingen. Was ist die physiologische Grundlage dieser Übererregbarkeit?«[118] Das, so stellte sich heraus, war eine Milliarden-Dollar-Frage.

1947 emigrierte Berger in die Vereinigten Staaten und wurde Dozent an der Pädiatrie der Universität von Rochester. Zugleich beriet er einen kleinen Pharmabetrieb namens Carter Products, der sich bislang einzig mit »Carter's Little Liver Pills« einen Namen gemacht hatte. Carter wollte nun, daß Berger ein Mittel wie Mephenesin gegen Ängste entwickelte, und beauftragte seinen findigen hauseigenen organischen Chemiker Bernie Ludwig, neue Verbindungen zu synthetisieren. Im Mai 1950 fand dieser eine Verbindung, die später den Namen Meprobomat erhielt. Doch Carter verlor das Interesse daran, nachdem man Mediziner befragt hatte, ob sie ein Mittel gegen Ängste verschreiben würden und die meisten dies verneint hatten. Inzwischen hatte Berger zu Carters Tochterunternehmen, den Wallace Laboratories in Wallace, New Jersey, gewechselt. Noch immer versprach er sich eine Menge von Meprobomat, und da er nun eine leitende Funktion hatte, konnte er veranlassen, daß das Mittel ausführlich getestet wurde. Er ließ es an eintausend Patienten erproben, verabreichte es trächtigen Tieren, um festzustellen, ob es sich schädlich auf die Entwicklung des Fötus auswirkte, und veranlaßte sogar, daß ein Film gedreht wurde, um zu zeigen, wie beruhigend das Medikament auf Rhesusäffchen wirkte – Tiere, die normalerweise auf ihre Gefangenschaft extrem nervös reagieren.

Diesen Film sahen einige Mitarbeiter der Wyeth Laboratories. Sie signalisierten Berger sofort ihr Interesse und erfuhren, daß Carter Products die Lizenz verkaufen wollte. 1955 brachten sowohl Wallace als auch Wyeth das Meprobomat unter dem Markennamen »Miltown« beziehungsweise »Equanil« heraus.[119] Beide sollten als »Tranquilizer« in die Kulturgeschichte der Vereinigten Staaten in den fünfziger Jahren eingehen.

In der Psychiatrie sorgte Miltown für große Aufregung. Die Jahreshauptversammlung des Psychiaterverbandes im Mai 1955 wurde von einer – vermutlich von Wallace Labs selbst inszenierten – »Flüsterpropaganda« beherrscht. »Hast du schon von Miltown gehört? Man sagt, es sei fabelhaft!« Der altgediente Psychopharmakologe Frank Ayd erinnerte sich: »Nach dem APA-Treffen von 1955 kehrte kaum ein Psychiater oder Wissenschaftsautor nach Hause zurück, ohne über die Existenz von Meprobomat Bescheid zu wissen.«

In den nächsten Monaten überstieg die Nachfrage nach Miltown oder Equanil alles, was der amerikanische Pharmamarkt bis dahin erlebt hatte. Die Vorräte in den Drugstores waren schon bald erschöpft, in allen Apotheken hingen Schilder wie »Miltown ausverkauft« oder »Miltown morgen wieder erhältlich«.[120] Zum festen Begriff wurde dieser Name, nachdem sich der Fernsehstar Milton Berle scherzhaft »Miltown« Berle zu nennen begonnen hatte und S. J. Perelmans 1957 erschienenes Buch *The Road to Miltown* die Bestsellerlisten erklomm.[121] *Look*, *Christian Century*, *Today's Health* und *Time* schrieben Beiträge über »Happy Pills«, »Happiness Pills«, »Peace of Mind Drugs« und »Happiness by Prescription«.[122] 1956 griff jeder zwanzigste Amerikaner zu einem Tranquilizer.[123] Miltown war das erste Psychopharmakon, das zum Objekt der öffentlichen Begierde wurde.

Valium war das nächste.[124] Pharmakonzerne in aller Welt hatten genauestens verfolgt, was seit der Vermarktung von Chlorpromazin und Miltown geschehen war. 1954 forderte der Schweizer Konzern Hoffmann-La Roche von seinen organischen Chemikern in der großen US-Niederlassung in Nutley, New Jersey, die Entwicklung eines »Psychosedativums«.

Interessanterweise waren weder Universitäten noch Regierung an dieser Geschichte beteiligt – hier regierte allein das Profitstreben. Irvin Cohen, einer der ersten Psychiater, die Librium – das Schwestermittel von Valium – testeten, erinnerte sich: »Die Geschichte der Benzodiazepine [Valium etc.] steht beispielhaft für Pharmakonzerne, denen es um nichts anderes geht, als ein Therapeutikum zu finden, das alle anderen vom Markt vertreiben kann.«[125]

Hoffmann-La Roche hoffte, daß seine organischen Chemiker den Konzern an die Spitze des Rudels manövrieren würden.

Einer von La Roches Chemikern war der Emigrant Leo Sternbach. Er hatte 1931 an der Jagellonen-Universität von Krakau in organischer Chemie promoviert, war zum Zwecke weiterer Forschungen nach Zürich gegangen und 1940 von La Roche nach Basel geholt worden. Da die Schweizer damals jedoch fürchteten, daß die Deutschen jederzeit bei ihnen einmarschieren könnten, beschloß der Konzern, seine jüdischen Wissenschaftler in Sicherheit zu bringen. 1941 wurde Sternbach in die amerikanische Dependance nach Nutley versetzt.

Als er 1954 seine Forschungsdirektiven bekam, erinnerte er sich an eine Farbstoffgruppe, mit der er Mitte der dreißiger Jahre in Krakau experimentiert hatte. Also synthetisierte er eine Reihe von neuen farbstoffartigen Produkten (Benzheptoxdiazine). Doch sie führten zu nichts, da sich bei Tierversuchen herausgestellt hatte, daß sie alle inaktiv blieben. Schließlich forderte ihn das Management von La Roche auf, seine Forschung einzustellen. Im April 1957, als er gerade sein vollgepacktes Labor aufräumen wollte, fiel ihm jedoch auf, daß sich bei einer der 1955 synthetisierten Verbindungen Kristalle am Boden abgesetzt hatten. Mit typisch mitteleuropäischer Gründlichkeit beschloß er, diese Verbindung noch einmal testen zu lassen. Dem Management versprach er, daß dies seine letzte Aktion in dieser Versuchsreihe sein würde.[126]

Ein paar Tage später erhielt Sternbach einen Anruf von Lowell Randall, La Roches Direktor für Pharmakologie. Die letzte Verbindung – später Chlordiazepoxid (Librium) genannt – hatte sich in der Tat als höchst interessant erwiesen. Besonders beeindruckt war man von ihrer »zähmenden Wirkung« auf eine Gruppe angeblich notorisch bösartiger Affen. Hinzu kam, daß die verabreichten Dosen die Wachsamkeit der Tiere in keiner Weise beeinträchtigt hatten. »Eine Maus, die nach [der Gabe von] Librium schlaff herunterhing, wenn man sie am Ohr hielt, war [im Gegensatz zum Effekt von Meprobomat] dennoch in der Lage zu laufen, wenn man sie dazu veranlaßte.«[127] Das Medikament schien tatsächlich außerordentliche Eigenschaften zu besitzen. Im Mai 1958 reichte es La Roche zur Patentierung ein.

Im Januar 1959 überzeugte La Roches Medizinischer Direktor einige Psychiater, Chlordiazepoxid in ihren Praxen zu testen. Es bekam den Patienten sehr gut, sie waren weniger ängstlich und angespannt und schliefen viel besser.[128] Von der Begeisterung der Psychiater angesteckt, brachte La Roche im Februar 1960 das Chlordiazepoxid unter dem Namen Librium auf den Markt. Es war das erste Benzodiazepin – »Benzo« – und wurde in den sechziger Jahren zu dem häufigsten verschriebenen Medikament in den Vereinigten Staaten. Am Ende sollte es mehr als eintausend »Benzos« auf dem Weltmarkt geben.[129]

Doch Librium hatte eine Reihe von Nebenwirkungen und konnte zu Anfällen führen, wenn es plötzlich abgesetzt wurde.[130] La Roche war überzeugt, daß Sternbachs Versuchsreihe noch mehr Potentiale barg. Also wurde er ins Labor zurückgeschickt. 1959 kam er mit einem verwandten Benzo namens Diazepam heraus, das noch um einiges potenter war und in Form von Pillen stabilisiert werden konnte. 1963 brachte es La Roche unter dem Namen »Valium« auf den Markt. Es sollte bis zur Einführung von Prozac das erfolgreichste Medikament der gesamten pharmazeutischen Geschichte sein. 1969 ersetzte es das Librium als die Nummer eins auf der amerikanischen Medikamentenliste.[131] 1970 nahmen jede fünfte Frau und jeder dreizehnte Mann »leichtere Tranquilizer und Beruhigungsmittel« ein, womit vor allem diese Benzos gemeint waren.[132]

Die Benzodiazepine hatten dramatische Auswirkungen auf die psychiatrische Praxis. Zum ersten Mal waren Psychiater in der Lage, ihren Patienten ein – im Gegensatz zum milden Miltown – äußerst potentes Mittel zu verschreiben, das sie nicht zugleich sedierte. (Neuroleptika waren zu stark, um sie routinemäßig in der Psychiatrie einzusetzen.) Der Prozentsatz an niedergelassenen Psychiatern, die ihren Patienten dieses Medikament verschrieben, erhöhte sich von 25,3 im Jahr 1975 auf 50,2 Prozent im Jahr 1990.[133] Mit diesen Benzodiazepinen begann sich die Psychiatrie zu einem pharmakologisch orientierten Fachgebiet zu entwickeln. Da die zuvor beliebteste

Behandlungsmethode – die dynamische Psychotherapie (Psychoanalyse) – kaum noch akzeptiert wurde, hatte man endlich eine Alternative zur Hand.

Es gab allerdings ein Problem: Benzodiazepine machten abhängig, denn sobald Patienten versuchten, das Mittel abzusetzen, kehrten ihre alten Symptome in oft verstärkter Form zurück. 1975 erkannte auch die amerikanische Lebensmittel- und Medikamentenbehörde ihr Mißbrauchspotential und setzte die Benzodiazepine und das Meprobomat auf die »Schedule-IV«-Liste (sie kontrolliert die Beschaffung und erlegt Apothekern eine Meldepflicht auf).[134] Aber die Verkaufszahlen waren ohnehin bereits zurückgegangen. 1980 stand Valium (Diazepam) auf der Liste der meistverschriebenen Medikamente in den USA nur noch an 32ster, Librium (Chlordiazepoxid) an 59ster Stelle.[135] Die »Valium-Manie« war vorbei. Doch das heißt natürlich nicht, daß diese Mittel völlig außer Mode geraten wären. Nach wie vor wurden in den Vereinigten Staaten jährlich fast 7 Millionen Rezepte für Valium und entsprechende Produkte ausgestellt.

Bis zu diesem Punkt war kaum etwas an dieser Geschichte »unwissenschaftlich«. Die Benzodiazepine waren ausgezeichnet zur Behandlung von Ängsten und leichten Depressionen geeignet, und wissenschaftlich geschulte Psychiater taten gut daran, sie ihren Patienten zu verschreiben. Doch mittlerweile war auch klargeworden, welch riesige Summen sich mit der Vermarktung von Psychopharmaka verdienen ließ. Während die Beliebtheit von Valium immer weiter wuchs, dämmerte den Arzneimittelherstellern, daß hier ihr Markt der Zukunft lag. Und je vehementer sich die höchst wettbewerbsorientierten Pharmakonzerne nun auf die Herstellung von Psychopharmaka stürzten, um so stärker verzerrte sich die Diagnostik der Psychiatrie. Denn bei dem Versuch, sich neue Marktnischen zu erobern, begannen Pharmakonzerne, die bekannten Krankheitskategorien einfach aufzublähen. Es gab psychische Störungen, auf die man überhaupt erst aufmerksam wurde, nachdem irgendein Arzneimittelhersteller behauptet hatte, ein Medikament dagegen gefunden zu haben; danach breiteten sie sich auf einmal epidemisch aus. Der Psychopharmakologiehistoriker David Healy schrieb: »Es geschieht häufig in der Medizin, daß erst die Verfügbarkeit einer Behandlung die Wahrnehmung für jene Störung schärft, die angeblich von dieser Behandlung profitiert.«[136]

Nehmen wir zum Beispiel die Panikstörung. Traditionell ordnete die Psychiatrie Panik der Kategorie Angst zu. Im *DSM-II* von 1968 stand unter »Angstneurose«: »Diese Neurose ist durch ängstliche Überbesorgtheit bis hin zur Panik gekennzeichnet und häufig mit somatischen Symptomen verbunden.«[137] 1964 veröffentlichte der damals am New Yorker Hillside Hospital beschäftigte Donald Klein jedoch einen Artikel, in dem er behauptete, daß Panik in Wirklichkeit eine völlig andere Krankheit als Angst sei. Seine teils vom Geigy-Konzern, teils vom Arzneimittelhersteller Smith Kline & French finanzierte Studie kam zu dem Schluß, daß sich derartige Anfälle durch Dauermedikation verhindern ließen.[138] Da Klein Mitglied der *DSM-III*-Projektgruppe war und obendrein dem Subkomitee »Angst und Dissoziationsstörungen« angehörte, konnte er die anderen Mitglieder von der Richtigkeit seiner Ansichten leicht überzeugen. Mit der Veröffentlichung des *DSM-III* im Jahr 1980 wurde die Panikstörung folglich zu einer eigenständigen Krankheit, die durch »das plötzliche Einsetzen massiver Angstzustände« gekennzeichnet und von körperlichen Empfindungen wie Schweißausbrüchen und Mattigkeit begleitet sei.[139] Im Jahr darauf brachte die Firma Upjohn aus Kalamazoo, Michigan, ein neues Benzodiazepinprodukt mit der generischen Bezeichung Alprazolam (Xanax) auf den Markt. Da der Stern der Benzos jedoch gerade zu sinken begann, versuchte Upjohn sein Produkt flugs als ein speziell auf das neue Krankheitsbild Panikstörung zugeschnittenes Mittel zu propagieren. Während der achtziger Jahre finanzierte der Konzern umfangreiche Feldstudien – unter der Leitung Gerald Klermans von der Cornell University –, um zu beweisen, daß Panik tatsächlich eine eigenständige Krankheit und Alprazolam die Wunderwaffe dagegen sei.[140] Die Ergebnisse waren nicht sehr überzeugend.[141] Trotzdem sollte Xanax Anfang der neunziger Jahre zu einem der beliebtesten Psychopharmaka werden und von vielen Psychiatern im guten Glauben verschrieben werden, daß sie damit wissenschaftlichen Erkennt-

Leo Sternbach, der in den späten fünfziger Jahren die ersten Benzodiazepin-Tranquilizer (Librium, Valium) synthetisierte, in seinem Labor. Valium kam 1963 auf den Markt, ein Jahr nach Enstehen dieser Aufnahme.

nissen folgten und dieses Mittel tatsächlich die einzige Hoffnung gegen die sich nun epidemisch ausbreitenden Angstpsychosen darstellte. Unter Insidern wurden sie bezeichnenderweise nur noch die »Upjohn-Krankheit« genannt.

Während die Diagnostik der Psychiatrie auf diese Weise zunehmend von der Pharmaindustrie manipuliert wurde, tauchte ein Psychopharmakon auf, das zu einem Schlüsselwort der neunziger Jahre werden sollte: Prozac. Als Valium auf den Markt gekommen war, waren Patienten wie Ärzte sofort bereit gewesen, ihre Probleme dem Begriff Angst zuzuordnen, nur weil es offenbar ein wirksames Mittel dagegen gab. Als nun Prozac, ein Medikament gegen Depression, auftauchte, wurden plötzlich überall Anzeichen von Depressionen entdeckt. »Unsere Telefone laufen jedesmal heiß, wenn wieder einmal jemand einen Artikel über Prozac geschrieben hat«, erzählte ein Arzt vom Beth Israel Medical Center in Manhatten. »Die Leute wollen es unbedingt ausprobieren. Und wenn man ihnen sagt, daß sie doch gar nicht depressiv seien, bekommt man einfach zu hören: ›Klar bin ich das!‹«[142]

Prozacs Weg zum Ruhm begann im Juli 1953, als John Gaddum, damals in Edinburgh ansässig und einer der Gründer der britischen Pharmakologie, vor einer kleinen, aber einflußreichen Gruppe von Wissenschaftlern spekulierte: »Es ist möglich, daß 5-HT [Serotonin] in unserem Gehirn eine entscheidende Rolle spielt, damit wir bei Verstand bleiben.«[143] Diese Äußerung wurde für eine ganze Generation junger Psychopharmakologen zum Leitprinzip.[144] (Gaddum hatte sich selbst an der wissenschaftlichen Grundlagenforschung über das Serotonin beteiligt, deren Frühgeschichte ein Triumph der britischen Pharmakologie war.[145]) Aus der Annahme, daß uns das Serotonin bei Verstand hält, zog man nun den logischen Schluß, daß eine Potenzierung des Serotonin im Gehirn psychischen Krankheiten entgegenwirken müßte.

Nun wechselte der Schauplatz hinüber in die USA, zum National Institute of Health in Bethesda, wo Forscher aus Bernard Brodies Laboratory of Chemical Pathology 1957 entdeckt hatten, daß ein antipsychotisch wirkendes Mittel namens Reserpin die Vorratskammer für das Serotonin im Körper aufschließen konnte. Die Brodie-Gruppe hatte Verhaltensveränderungen in einen Zusammenhang mit dem Vorkommen verschiedener Amine gestellt, und Serotonin wurde zum Star. Brodies Labor, das »LCP«, hatte die Serotonin-Forschung der Psychiatrie zugänglich gemacht. »LCP«, erinnerte sich ein Wissenschaftler, »war das Camelot der Pharmakologie.«[146]

Dabei gerät leicht in Vergessenheit, daß es auch ein britisches Camelot gab. Die jungen, von Gaddum inspirierten britischen Forscher befaßten sich genau zur selben Zeit mit der Hirnchemie wie die Amerikaner. 1963 schloß Alec Coppen, Biochemiker des Medical Research Council und Psychiater am St. Ebba's Hospital, ein entscheidendes Experiment ab, mit dem er nachwies, daß Serotonin-Äquivalente Depressionen mildern konnten.[147] Später sagte Coppen: »Ich behaupte, daß dies die erste Beobachtung war, die nahelegte, daß 5-HT [Serotonin] in einem wichtigen Zusammenhang mit Depression steht. Heute beherrscht diese Erkenntnis einen Multimilliardenmarkt, aber uns pflegte man jahrelang nur zu entgegnen: ›Blödsinn, da steckt gar nichts dahinter.‹ Mode ist eben alles in der Medizin, und 5-HT war gerade unmodern.«[148]

Aber Coppen wußte es besser. Ebenso Arvid Carlsson, der Ende der sechziger Jahre Coppens Behauptung bestärkte, daß Serotonin Gemütslage und Antrieb kontrollierte.[149] Damit hatte er aber zugleich den schwedischen Pharmabetrieb Astra Pharmaceuticals darin bestärkt, ein Medikament auf den Markt zu bringen, das die Wiederaufnahme von Serotonin hemmen und Depressionen bekämpfen konnte. 1981 kam Astra in mehreren europäischen Staaten mit Zelmid (Zimelidin) heraus.[150] Das Ganze endete in einem Desaster: Nach zwei Jahren wurde Zelmid wegen seiner Toxidität vom Markt genommen. Doch Carlsson und Astra gelten bis heute als Pioniere der später sogenannten »selective Serotonin reuptake inhibitors«, SSRIs (selektiven Hemmstoffe für die Serotoninwiederaufnahme).

Man könnte diese Geschichten über die Pharmakonzerne und ihre fehlgelaufenen Abenteuer einfach übergehen, wären sie nicht ein Schlüsselelement der Psychiatrie des späten 20. Jahrhunderts. Auch im Eli-Lilly-Konzern in Indianapolis kamen die SSRIs in den siebziger Jahren plötzlich in Mode. Ray Fuller, der Chefpharmakologe des Arzneimittelherstellers, hatte die internationale Entwicklung im Zusammenhang mit dem Serotonin genauestens verfolgt. Als er 1971 zu Lilly kam, versuchte er seine Firma zu überzeugen, daß man mit Serotonin-Präparaten etwas zur Hand haben würde, das vorrangig gegen Depressionen wirkte. Aber Lilly war nicht interessiert. Alec Coppen erinnerte sich an eine Konferenz Anfang der siebziger Jahre in Lillys Hauptniederlassung in Surrey: »Ich werde nie vergessen, wie der Vizepräsident der Forschungsabteilung sagte: ›Ich danke Dr. Coppen für seinen Beitrag, aber ich kann Ihnen versichern, daß wir Fluoxetin [Lillys Serotonin-Präparat] nicht als Antidepressivum entwickeln werden.‹«

Doch im Firmenalltag bestimmten Fuller und der Biochemiker David Wong die Richtung. Lilly gründete ein Team, das die Zusammenhänge zwischen Serotonin und Depression erforschen sollte. Zuvor hatte der Konzern bereits den Chemiker Bryan Molloy beauftragt, eine Reihe von Verbindungen zu synthetisieren, die als Antidepressiva wirken könnten, aber nicht die Nebenwirkungen der trizyklischen Präparate hätten. Wong fand heraus, daß einige dieser Verbindungen die Wiederaufnahme von Serotonin an der Synapse verhinderten und damit seine Verfügbarkeit im Gehirn steigerten. (Zum gegenwärtigen Zeitpunkt – 1997 – gilt diese Vorstellung als zu vereinfacht: Antidepressiva wirken vermutlich nicht, indem sie Mangelerscheinungen eines Monoamins wie Serotonin beheben.[151]) 1974 fanden Labortests über »Lilly 110140« statt,[152] das bald darauf den generischen Namen Fluoxetin erhalten und schließlich unter dem Handelsnamen Prozac auf den Markt kommen sollte. 1976 testete Lilly eine analoge Verbindung, Nisoxetin, an gesunden Probanden. Es waren keine Nebenwirkungen festzustellen. Im Zuge dieser Testreihe konnte obendrein nachgewiesen werden, daß das Mittel die Wiederaufnahme anderer Neurotransmitter wie Noradrenalin nicht zu hemmen schien,[153] was mit anderen Worten hieß, daß es ebenfalls zur Gruppe der SSRIs gehörte (dieses Akronym wurde allerdings erst Anfang der neunziger Jahre eingeführt[154]). 1978 beschrieb Lilly das Fluoxetin als »spezifischen Hemmer der Serotoninwiederaufnahme«.[155] Mittlerweile wurde das Präparat in Indianapolis und Chicago bereits klinisch getestet. Die Ergebnisse waren vielversprechend, wurden aber von Lilly – vermutlich aus Wettbewerbsgründen – nicht veröffentlicht.[156]

1980 beschloß der Konzern, aufs Ganze zu gehen und einen renommierten biologischen Psychiater aufzutreiben, der das Fluoxetin testen würde. 1983 konnte John Feighner, der Samuel Guzes Abteilung in St. Louis verlassen hatte, um seine eigene psychiatrische Privatklinik in La Mesa, Kalifornien, zu gründen, Lilly gute Nachrichten überbringen: Fluoxetin sei ebensogut zur Bekämpfung von Depressionen geeignet wie die Standardbehandlung mit trizyklischen Präparaten und zeigt obendrein keine gravierenden Nebenwirkungen. Und noch etwas: Unter den zwölf neuen Antidepressiva, die Feighner zu dieser Zeit testete, war Fluoxetin das einzige, das zu Gewichtsverlust führte.[157] (Die erste Generation der Antidepressiva hatte oft das Gegenteil bewirkt.) Für Millionen von Menschen ist ein Gewichtsverlust keine unerwünschte Nebenwirkung, sondern ein heiß ersehntes Ziel. Ein Medikament, das helfen konnte, es zu erreichen, mußte eigentlich ein Renner werden. Nachdem Lilly im Jahresbericht von 1985 erwähnt hatte, daß der Konzern ein Mittel zur Gewichtsabnahme entwickelte, schoß sein Aktienkurs auch sofort in die Höhe.[158]

Doch je intensiver Lilly das Fluoxetin als Antidepressivum testete, um so mehr geriet der Aspekt des Gewichtsverlusts in den Hintergrund. Denn die Ergebnisse einer Reihe von Feldversuchen zwischen 1984 und 1987 ließen erkennen, daß Patienten das Fluoxetin ohnehin der Standardbehandlung mit trizyklischen Präparaten vorzogen, da es weniger Nebenwirkungen hatte, ihnen kein Gefühl von bleierner Schwere gab und nicht zu Verstopfung führte, sondern sie vielmehr euphorisch werden ließ und aufkratzte. Außerdem wirkte es schneller und bot einen größeren Behandlungsspielraum, das heißt, die Marge zwischen einer therapeutischen und einer toxischen Dosis war viel breiter (was zum Beispiel bedeutete, daß die Patienten nicht durch ständige Bluttests überwacht werden mußten).[159] Im Dezember 1987 ließ die amerikanische Lebensmittel- und Medikamentenbehörde Prozac zu.[160]

1990, drei Jahre nach seiner Zulassung, veröffentlichten zwei Forscher aus dem McLean Hospital einen Artikel, in dem sie behaupteten, daß Prozac nicht nur bei Depressionen wirkte, sondern auch bei einer Reihe anderer Störungen, angefangen bei Panik bis hin zu Schwindelattacken (Kataplexie). Da all diese Krankheitszustände gleichermaßen auf Prozac ansprachen, mußten sie etwas gemein haben. Vielleicht gehörten sie alle einem Spektrum von Affektstörung an (ASD, »Affective Spectrum Disorder«)? Damit war eine enorme Ausweitung des Begriffs »Depression« wissenschaftlich gerechtfertigt worden. Die Autoren meinten sogar, daß die Depression eine der am »weitesten verbreiteten Krankheiten der Menschheit« sei.[161] Harrison Pope wurde mit der Bemerkung zitiert, daß »vermutlich ein Drittel der Weltbevölkerung« von ASD betroffen sei.[162] Die Aussichten für Prozac waren wahrhaft golden.

Und so verbreitete sich die Kunde. 1993 suchten fast die Hälfte aller Amerikaner wegen eines Stimmungstiefs einen Psychiater auf.[163] So wie einst Valium eine Nation voller Ängste geschaffen hatte, breitete sich nun mit dem neuen Mittel gegen Depression prompt eben jene Störung aus, die es zu heilen versprach.

Kaum waren Prozac und seine Mitbewerber der Weltöffentlichkeit als Universalheilmittel gegen alle Probleme des Lebens vorgestellt worden – Probleme, die nicht das geringste mit psychischen Krankheiten zu tun haben (und die meisten Menschen, die tatsächlich unter einer psychischen Krankheit leiden, pflegen ja bekanntlich keinerlei Behandlung zu suchen) –, inszenierten die Medien einen regelrechten Psychozirkus. Prozac sei »viel mehr als eine Modeerscheinung«, erklärte *Time* 1993. »Es ist ein medizinischer Durchbruch«, der endlich auch Menschen wie der armen »Susan« helfen konnte, einer selbsternannten Workaholicerin, die vor ihrer Periode immer so reizbar wurde, daß sie ihrem Mann einmal sogar »den Ehering vor die Füße warf«. Mit Prozac war es gelungen, die Ecken und Kanten ihres Charakters abzuschleifen.[164] Es ist vollkommen absurd zu behaupten, daß Menschen wie Susan psychisch krank seien wie all die Gequälten und Untröstlichen in der Geschichte der Psychiatrie. Echte seelische Krankheiten bedeuten unerträgliches Leid und große Behinderung. Aber nicht sie, sondern die Unpäßlichkeiten der Susans dieser Welt waren die Zielgruppe von Prozac.

Mit der Verheißung einer unproblematischen Persönlichkeitsstruktur und garantierten Gewichtsabnahme wurde Prozac schneller zum Verkaufsschlager als irgendein anderes Psychopharmakon je zuvor. Bereits 1990, kaum drei Jahre nach seiner Markteinführung, war es das von Psychiatern meistverschriebene Medikament.[165] »With Millions Taking Prozac, A Legal Drug Culture Arises«, titelte die *New York Times*.[166] Der augenblicklich entstehende Schwarzmarkt war völlig unnötig, weil Ärzte das Präparat bereitwillig gegen alle nur denkbaren Beschwerden verschrieben. »Prozac hat den Bekanntheitsgrad von Kleenex und den sozialen Status von Mineralwasser erreicht«, schrieb *Newsweek* 1994. »Das Medikament hat alte Stigmata aufgebrochen«, denn ganz Amerika tauschte nun seine Erfahrungen mit diesem Mittel bei Dinnerparties aus.[167] 1994 war Prozac weltweit zur Nummer zwei der meistverkauften Medikamente geworden – ironischerweise gleich nach dem Magensäureblocker Zantic.[168]

Wenn man Prozac zum Bestandteil der Psychiatriegeschichte macht, muß man deutlich zwischen Wissenschaft und Szientismus trennen. Von Wissenschaft bestimmt war die Entdeckung des Fluoxetin, eines Antidepressivums, das sehr viel sicherer und schneller wirkte als Imipramin und die anderen trizyklischen Präparate, deren Entwicklung von Kuhn in die Wege geleitet worden war. Von Szientismus bestimmt war dagegen die Tatsache, daß nun eine Unmenge alltäglicher menschlicher Nöte dem Oberbegriff Depression zugeordnet wurden, um sie mit einer einzigen Wunderpille behandeln zu können. Dies war nur möglich, weil sich die klinische Psychiatrie derart rückhaltlos mit der Pharmaindustrie eingelassen hatte, mit dem Ergebnis, daß eine wissenschaftliche Disziplin wie die Psychiatrie einen populären pharmakologischen Hedonismus nährte und Millionen von Menschen, die unter keinerlei psychischen Störungen litten, dieses neue Präparat unbedingt einnehmen wollten, weil es sie von der Last ihrer Befangenheiten befreite und es ihnen zugleich ermöglichte, schlank zu bleiben.

Doch ein Gutes hatte diese Prozac-Episode: Ihr ist es letzten Endes zu verdanken, daß seelische Probleme in der Öffentlichkeit auf mehr Verständnis stießen, auch wenn wir noch immer weit davon entfernt sind, sagen zu können, daß Geisteskrankheiten vollständig entstigmatisiert worden seien. Doch immerhin: Die »Irren«, vor denen es die Öffentlichkeit seit Jahrhunderten schauderte, waren verschwunden und von Menschen ersetzt worden, die unter »Streß«

litten und denen leicht zu helfen war. *Newsweek*, den Finger wie immer am Puls der Zeit, schrieb 1990: »Mit der Erfolgsgeschichte von Prozac setzt sich auch die Ansicht durch, daß Depressionen und andere geistige Störungen nichts anderes sind als heilbare Krankheiten, keineswegs aber charakterliche Defizite.«[169] Nach Meinung des Historikers Healy hatte sich die Pharmakotherapie bei der Heilung leichter Depressionen als derart erfolgreich erwiesen, daß man zu glauben verführt sei, auch bei einer »biologischen Depression« handele es sich nur um eine minderschwere Krankheit, und jeder, der ihretwegen in eine Klinik überwiesen werde, gehöre einer Minderheit an und sei nicht repräsentativ.[170]

Aber auch andere Akteure waren an dieser beginnenden Entstigmatisierung beteiligt. Zum Beispiel die National Alliance for the Mentally Ill (NAMI), eine 1979 gegründete Interessengruppe von Betroffenen und ihren Fürsprechern mit Hauptsitz in Washington, die eine Kampagne gegen solche Vorstellungen wie die Existenz »schizophrenogener Familien« führte und darauf bestand, Schizophrenie als biologische Krankheit zu behandeln; 1996 hatte NAMI 130000 Mitglieder und einen ständigen Mitarbeiterstab von 38 Personen. Oder die National Coalition of Psychiatrists Against Motorcoach Therapy, die 1985 gegründet worden war und entschlossen der Praxis ein Ende setzen wollte, »Menschen, die wiederholt unter psychischen Problemen litten und deshalb lästig fielen«, nach ihrer Entlassung aus dem Krankenhaus »ein One-Way-Busticket zu besorgen«, das sie zur Rehabilitation an einen weit entfernten Ort befördern sollte.[171] Auch solche Interessengruppen trugen dazu bei, daß psychische Störungen als medizinische Phänomene akzeptiert und nicht mehr als etwas Fremdartiges empfunden wurden, vor dem man sich fürchten mußte.

Doch letztlich war die Tatsache, daß Irrsinn am Ende des 20. Jahrhunderts nicht mehr als so erschreckend empfunden wurde wie früher, vor allem der Psychopharmakologie zu verdanken. Die Menschen waren keineswegs verständnisvoller oder toleranter geworden, vielmehr hatte es die Medikamentenrevolution ermöglicht, daß die Symptome psychischer Krankheiten abgebaut oder ganz zum Verschwinden gebracht werden konnten und man sich deshalb vor psychisch Kranken nicht stärker zu fürchten brauchte als vor einer Person, die sich den Arm gebrochen oder eine Beule am Kopf zugezogen hatte. »Nach 37 Jahren«, sagte Pierre Deniker, einer der Initiatoren dieser pharmakologischen Revolution, »hatte sich das Antlitz des Irrsinns völlig gewandelt, was jedoch nicht allein der Psychopharmakologie, sondern auch den Entwicklungen in der Psychotherapie, der Sozialtherapie und der Rehabilitation der Patienten in den Gemeinden zu verdanken war.« Die »Irren oder Wahnsinnigen« waren zu »gewöhnlichen Patienten« geworden.[172] Ob man die Behandlung durch Medikamente nun als »kosmetische« Pharmakologie empfindet oder nicht – das war keine Kleinigkeit.

Wer braucht noch Psychiater?

Im Laufe von zwei Jahrhunderten waren aus Irrenärzten, die sich als Heiler in Anstalten versuchten, Psychiater geworden, die sich als Vertreter für Prozac zur Verfügung stellten. Psychische Krankheit hatte sich vom gefürchteten Beweis für »schlechtes Blut«, also von einem genetischen Fluch zu einem leicht behandelbaren Zustand gewandelt, der sich nicht wesentlich von anderen medizinischen Problemen unterschied und in etwa die gleiche Affektvalenz besaß. Tatsächlich waren Geistesstörungen so sehr mit anderen medizinischen Krankheiten vergleichbar geworden, daß sich die unangenehme Frage stellte: Wer braucht eigentlich noch Psychiater?

Die Ärzte selbst mieden dieses Gebiet mehr und mehr. Der Anteil amerikanischer Mediziner, die sich nach ihrem Hochschulabschluß auf Psychiatrie spezialisieren wollten, fiel von 3,5 Prozent im Jahr 1984 auf 2 Prozent im Jahr 1994, also um beinahe die Hälfte. Mitte der neunziger Jahre begannen nur noch knapp 500 junge Mediziner jährlich mit einer psychiatrischen Ausbildung.[173]

Die Krise der Psychiatrie am Ende des 20. Jahrhunderts ist mit jener zu vergleichen, die sie zu Beginn des Jahrhunderts durchlebt hatte. Damals drohten Neurologie und Allgemeinmedizin die Psychotherapie der Privatpraxen an sich zu reißen, während sich die Anstaltspsychiatrie in ihren Backsteinmausoleen selbst begrub. Der Unterschied war nur, daß die Psychiatrie am Ende des 20. Jahrhunderts eine solidere physische Grundlage hatte als ihre Anstaltsgebäude, nämlich das Wissen um die Wirkung von Medikamenten.

Doch Spezialwissen kann sich als dünnes Eis erweisen, auf dem schon andere eingebrochen und untergegangen waren, sobald sie von der Wissenschaft überholt wurden – man denke nur an die Hydrotherapeuten. Die Psychiatrie hat in ihrer langen Geschichte immer wieder erfahren müssen, was es heißt, den Boden unter den Füßen zu verlieren. Jedesmal, wenn sich die Medizin einer psychischen Störung annahm, verschwand diese aus der Psychiatrie. Im Laufe der Zeit mußte die Psychiatrie auf diese Weise die Neurosyphilis an Internisten abgeben, die geistige Retardierung an Pädiater und den Schlaganfall an Neurologen. Welche Rechtfertigung sollte es nun, da die Psychiatrie selbst von der Medizin übernommen wurde, eigentlich noch geben, sie als eigenständiges Fachgebiet beizubehalten? Der psychotherapeutische Anteil könnte leicht an Psychologen und Sozialfürsorger abgetreten werden, die wesentlich intensiver zu Therapeuten ausgebildet werden, und der hirnbiologische Anteil an Neurologen, die sich wesentlich besser mit CT-Scans und der Identifizierung signifikanter Schädigungen in den Basalganglien auskennen. Was bleibt also für die Psychiatrie? [174]

Hören wir uns die folgende Schilderung einer Patientin an: »Ich war ständig müde und kaputt und hatte sehr nahe am Wasser gebaut. Es wollte einfach nicht aufhören, und obwohl ich nur selten zum Arzt gehe, hielt ich es für klüger, mich einmal von Kopf bis Fuß untersuchen zu lassen. Er [der Arzt] hörte mir ungefähr zwei Minuten zu (und sah mich dabei nicht einmal an), dann sagte er plötzlich: ›Sie sind depressiv‹, gab mir ein Rezept und ging raus.« Die Patientin war so wütend, daß sie die Tür hinter sich zuknallte und in Tränen aufgelöst nach Hause eilte. »Für ihn hätte ich genausogut ein Möbelstück sein können – er hat mich noch nicht einmal untersucht!« [175]

Psychiatrie ist ein Spezialgebiet, das sich auf das Arzt-Patienten-Verhältnis versteht. Ob man sich nun auf Psychotherapie oder Neurowissenschaft konzentriert hat, als angehender Psychiater lernt man in jedem Fall, daß die eigentliche Kunst darin besteht, seinen Patienten Zeit zu widmen. Die durchschnittliche Behandlungsdauer beim Internisten beträgt zehn Minuten, die durchschnittliche Gesprächsdauer beim Psychiater mehr als vierzig Minuten.[176]

Innerhalb dieser vierzig Minuten tun Psychiater im Gegensatz zu ihren Konkurrenten – den Psychologen und Neurologen – im wesentlichen zwei Dinge: Sie bieten eine Psychotherapie an, was Neurologen im allgemeinen nicht mehr tun (die durchschnittliche Behandlungsdauer bei Neurologen beträgt 28 Minuten, aber auch das nur, weil eine neurologische Untersuchung zeitaufwendig ist)[177]; und sie verschreiben Arzneien, was wiederum Psychologen und andere nichtmedizinische Konkurrenten nicht tun dürfen.

Diese Kombination aus Psychotherapie und Medikation ist der effektivste unter allen möglichen Ansätzen, sich mit den Störungen des Gehirns und Verstandes zu befassen. Die Schlußfolgerungen vergleichender Studien über die Effektivität von Psychotherapie oder Medikation als jeweils alleiniger Maßnahme oder von beiden Ansätzen zusammen decken sich mit der Erkenntnis, daß »Neurochem« und »Neurochat« einander zur optimalen Behandlungsform ergänzen. »Der Vorteil einer kombinierten Behandlung ist eindrucksvoll«, schließt eine dieser Studien. »Sie kann mehr sein als nur die Summe zweier Behandlungweisen«, da die eine offenbar die andere potenziert.[178] Vermutlich gibt es in der Tat eine Synergie zwischen den beiden Möglichkeiten, die den Patienten zur Verfügung stehen: durch Medikation eine biologische Genesung herbeizuführen und/oder mit einem empathischen Arzt über all jene Wahrnehmungstrübungen zu sprechen, die psychische Krankheiten zu begleiten pflegen.

Die Betonung liegt hier auf dem Wort Arzt. Denn auch wenn man die Bedeutung von Psychologen und Sozialfürsorgern keinesfalls unterschätzen darf, legt die Medizingeschichte doch nahe, daß sich das Bewußtsein eines kranken Menschen, von einem Arzt behandelt zu werden, auf irgendeine Weise vorteilhaft auf ihn auswirkt. Zudem scheint es tatsächlich zu einer umfassenderen Katharsis zu kommen, wenn man seine Geschichte einer geschätzten Person erzählen kann, die nicht nur ein Freund oder Vertrauter ist, sondern auch Arzt.[179] »Menschliches Leid reagiert auf das gesprochene Wort mitfühlender Personen in der Rolle des Heilers«, schrieb einmal ein guter Kenner der Szene. »Auch wenn das der Mensch schon seit langer, langer Zeit weiß, ist es doch immer noch eine gute Nachricht.«[180]

ANMERKUNGEN

Im Anmerkungsteil verwendete Abkürzungen:

AJP	*American Journal of Psychiatry*
BJP	*British Journal of Psychiatry*
BMJ	*British Medical Journal*
BMSJ	*Boston Medical and Surgical Journal*
JAMA	*Journal of the American Medical Association*
JNMD	*Journal of Nervous and Mental Disease*
NEJM	*New England Journal of Medicine*
PNW	*Psychiatrisch-Neurologische Wochenschrift*
Munk's Roll	William Munk, *Roll of the Royal College of Physicians of London, London, RCP, 1861* ff.

Erstes Kapitel
Die Geburt der Psychiatrie

1 Zitiert von William P. Letchworth, *The Insane in Foreign Countries*, New York 1889, S. 172.
2 William Shakespeare, *König Lear* (nach Schlegel/Tieck), 3. Aufzug, 4. Auftritt.
3 Anton Müller, *Die Irren-Anstalt in dem königlichen Julius-Hospitale zu Würzburg*, Würzburg 1824.
4 K. Ernst, »Geisteskrankheit ohne Institution: eine Feldstudie im Kanton Fribourg aus dem Jahr 1875«, *Schweizer Archiv für Neurologie, Neurochirurgie und Psychiatrie*, 133, 1983, S. 239–262.
5 Louis Caradec, *Topographie médico-hygiènique du département du Finistère*, Brest 1860, S. 335.
6 William Perfect, *Select Cases in the Different Species of Insanity*, Rochester 1787, S. 131–133.

7 Dorothea L. Dix, »Report to the Legislature of Massachusetts of Jan. 1843«, *On Behalf of the Insane Poor: Selected Reports*, Neuauflage New York 1971, S. 5–7.

8 Michel Foucault, *Wahnsinn und Gesellschaft*, Frankfurt am Main 1973, S. 66–67, aus dem Französischen von Ulrich Köppen. Obwohl der historische Nachweis für diese Aussage Foucaults äußerst dünn ist, hat seine Arbeit viele Psychiatriehistoriker stark beeinflußt, beispielsweise auch Klaus Dörner und dessen Werk *Bürger und Irre: Zur Sozialgeschichte und Wissenschaftssoziologie der Psychiatrie*, Frankfurt am Main 1969.

9 Siehe Patricia Allderidge, »Hospitals, Madhouses and Asylums: Cycles in the Care for the Insane«, *BJP*, 134, 1979, S. 321–334, bes. S. 323.

10 Siehe Kathleen Jones, *Asylums and After: A Revised History of the Mental Health Services: From the Early 18th Century to the 1990s*, London 1993, S. 7–10.

11 Richard Hunter und Ida Macalpine, *Three Hundred Years of Psychiatry 1535–1860*, London 1963, S. 632.

12 Mark Winston, »The Bethel at Norwich: An Eighteenth-Century Hospital for Lunatics«, *Medical History*, 38, 1994, S. 27–51.

13 Siehe William L. Parry-Jones, *The Trade in Lunacy: A Study of Private Madhouses in England in the Eighteenth and Nineteenth Centuries*, London 1972.

14 John Haslam, *Observations on Madness and Melancholy*, Erstausgabe London 1789, revidierte Ausgabe 1809, S. 317.

15 Andrew Halliday, *General View of the Present State of Lunatics and Lunatic Asylums in Great Britain and Ireland*, London 1828, S. 14–15.

16 Foucault überschrieb das 2. Kapitel seines Buches *Wahnsinn und Gesellschaft* mit dem Titel »Die große Gefangenschaft«.

17 Siehe George Mora, Hrsg. und Übers., *Vincenzio Chiarugi, On Insanity and Its Classification*, Canton, MA, 1987, S. lxxxiii. (Chiarugis *Della Pazzia* erschien erstmals, in drei Bänden, 1793–1794 in Florenz.)

18 Jean-Pierre Goubert und Roselyne Rey, Hrsg., *Atlas de la révolution française, Bd. 7: Médicine et santé*, Paris 1993, S. 38, 43.

19 Goubert, *Atlas,* S. 48, bietet eine Statistik über das *dépôt de mendicité* von Rouen für die Zeit von 1788–1800, der zu entnehmen ist, daß die *fous* den Bettlern (kranken wie gesunden) und Patienten mit ansteckenden Krankheiten zahlenmäßig weit unterlegen waren.

20 Johann Christian Reil, *Rhapsodieen über die Anwendung der psychischen Curmethode auf Geisteszerrüttungen*, Halle 1803, Neuauflage Amsterdam 1968, S. 14.

21 Eine Liste der wichtigsten Institutionen Deutschlands und ihrer Gründungsdaten bietet Heinrich Laehr, *Über Irrsein und Irrenanstalten*, Halle 1852, S. 242–283.

22 Müller, *Julius-Hospitale,* S. 17.

23 Mary Ann Jimenez, *Changing Faces of Madness: Early American Attitudes and Treatment of the Insane*, Hanover, NH, 1987, S. 38–39.

24 Siehe Gerald N. Grob, *The Mad among Us: A History of the Care of America's Mentally Ill*, New York 1994, S. 17–21.

25 Einzelheiten über das New York Hospital sind zu entnehmen: Henry M. Hurd, Hrsg., *The Institutional Care of the Insane in the United States and Canada*, 4 Bde., Baltimore 1916–1917.

26 Norman Dain, *Disordered Minds: The First Century of Eastern State Hospital in Williamsburg, Virginia, 1766–1866*, Charlottesville 1971, S. 9.

27 Reil, *Rhapsodieen*, S. 52–53.

28 Andrew Scull schrieb in seinem einflußreichen Werk *Museums of Madness: The Social Organization of Insanity in Nineteenth-Century England*, London 1979, daß alle Übel dem Kapitalismus zu verdanken gewesen seien; auch in einem zweiten Buch, das im wesentlichen jedoch nur eine Neuauflage des ersten war, blieb er bei dieser Darstellung: *The Most Solitary of Afflictions: Madness and Society and Britain, 1700–1900*, New Haven 1993. Einen Foucaultschen Rundumschlag gegen den Erzschurken Zentralstaat machte Dirk Blasius in seinem Buch, *Der verwaltete Wahnsinn: Eine Sozialgeschichte des Irrenhauses*, Frankfurt am Main 1980. Die Fachliteratur ist übersät von Texten, die auf dieser Einstellung beruhen.

29 Hunter und Macalpine, *Three Hundred Years of Psychiatry*, S. 402.

30 William Battie, *A Treatise on Madness*, London 1758, S. 68–69.

31 Ibid., S. 93.

32 Henri Ellenberger, *The Discovery of the Unconscious. The History and Evolution of Dynamic Psychiatry*, New York 1970, überging Battie auf seiner Spurensuche nach den Vorgängern Freuds stillschweigend. Und der Psychoanalysehistoriker Gregory Zilboorg, *A History of Medical Psychology*, New York 1941, erwähnte ihn nur mit dem Hinweis, daß er sich »vorrangig mit dem Gehirn« befaßt habe.

33 Zum Leben Chiarugis siehe P. L. Cabras, *Uno psichiatra prima dessa psichiatria: Vincenzio Chiarugi*, Florenz 1993, sowie Moras Einleitung zu Chiarugis *On Insanity*, S. lii-liii. Zur Darstellung Chiarugis in der Historiographie der italienischen Psychiatrie siehe Patrizia Guarnieri, *La Storia della psichiatria: Un secolo di studi in Italia*, Florenz 1991, S. 17–19.

34 Zu Pinels Leben siehe René Semelaigne, *Philippe Pinel et son œuvre au point de vue de la médicine mentale*, Paris 1888, Neudruck 1976, sowie Jan Goldstein, *Console and Classify. The French Psychiatric Profession in the Nineteenth Century*, New York 1987. Einen guten Überblick bietet auch Raymond de Saussure, »Philippe Pinel«, in: Kurt Kolle, Hrsg., *Große Nervenärzte*, 2. Ausg., Bd. 1, Stuttgart 1970. Zu Pinel als »Befreier« der Irren siehe auch Dieter Jetter, *Zur Typologie des Irrenhauses in Frankreich und Deutschland (1780–1840)*, Wiesbaden 1971. Zur Belhomme-Klinik siehe René Benard,

»Une maison de santé psychiatrique sous la révolution. La maison Belhomme«, *Semaine des hôpitaux de Paris*, 32, 20. Dezember 1956.

35 Philippe Pinel, *Traité médico-philosophique sur l'aliénation mentale*, 2. Ausg., Paris 1809, S. 252–253 (in deutscher Sprache – übersetzt nach der Erstausgabe – 1801 in Wien unter dem Titel *Philosophisch-medizinische Abhandlung über Geistesverwirrung oder Manie* erschienen). Das Zitat wurde hier aus dem Englischen übersetzt.

36 Siehe die Augenzeugenberichte von Besuchern aus Deutschland, zusammengetragen von Christian Müller, *Vom Tollhaus zum Psychozentrum: Vignetten und Bausteine zur Psychiatriegeschichte in zeitlicher Abfolge*, Hürtgenwald, 1993, S. 43–48.

37 Siehe Goldstein, *Console and Classify*, S. 124 ff.

38 Zu Esquirol siehe René Semelaigne, *Les pionniers de la psychiatrie française avant et après Pinel*, 2 Bde., Paris 1930, Bd. 1, S. 124–140; und Henry Ey, »J. E. D. Esquirol«, in: Kolle, *Große Nervenärzte*, Bd. 2, 1970, S. 87–97.

39 Erwähnt von Pinel in *Traité*. Zu dieser Privatklinik siehe Dora B. Weiner, »Esquirol's Patient Register: The First Private Psychiatric Hospital in Paris, 1802–1808«, *Bulletin of the History of Medicine*, 63, 1989, S. 110–120.

40 Siehe das Kapitel »De la lypémanie ou mélancolie« (1820), in: Esquirol, *Des maladies mentales*, 3 Bde., Paris 1838. Es wurde im selben Jahr in Berlin unter dem Titel: *Die Geisteskrankheiten in Beziehung zur Medizin und Staatsarzneikunde* verlegt.

41 Zu Reif und seinen Ideen siehe Otto M. Marx, »German Romantic Psychiatry«, *History of Psychiatry*, 1, 1990, S. 351–381. Obwohl Marx diesen Titel gewählt hat, ist es schwierig, sich Reil als »romantischen Psychiater« vorzustellen. Siehe auch Adalbert Gregor, »Johann Christian Reil«, in: Theodor Kirchhoff, Hrsg., *Deutsche Irrenärzte*, 2 Bde., Berlin 1921–1924, Bd. 1, S. 28–41. Zu der Aussage, daß Reil die Verbreitung von Pinels Ansichten in Deutschland verhindert habe, siehe Heinrich Neumann, *Die Irrenanstalt zu Pöpelwitz bei Breslau*, Erlangen 1862, S. 5. Laut Neumann waren die Deutschen an Esquirol vor allem wegen dessen Erfahrungen mit Privatanstalten interessiert.

42 Reil, *Rhapsodieen*, S. 16–19.

43 Ibid., S. 185–187 und 190–211.

44 Ernst Horn, *Öffentliche Rechenschaft über meine zwölfjährige Dienstführung als 2. Arzt des königl. Charité-Krankenhauses*, Berlin 1818, S. 73.

45 Karl Birnbaum, »Ernst Horn«, in: Theodor Kirchhoff, *Deutsche Irrenärzte: Einzelbilder ihres Lebens und Wirkens*, 2 Bde., Berlin 1921–1924, Bd. 1, S. 77–83. Zu Horns Reformen siehe auch George Windholz, »Psychiatric Treatment and the Condition of the Mentally Disturbed at Berlin's Charité in the Early Decades of the Nineteenth Century«, *History of Psychiatry*, 6, 1995, S. 157–176.

46 Ein Paradebeispiel für diese, die internationalen Trends völlig mißachtende Engstirnigkeit ist die Geschichte der American Psychiatric Association selbst; siehe Walter E. Barton, *The History and Influence of the American Psychiatric Association*, Washington 1987.

47 Ibid., S. 302.

48 Benjamin Rush, »An Inquiry into the Influence of Physical Causes upon the Moral Faculty«, 1786, in: Rush, *Medical Inquiries and Observations*, 4 Bde., Philadelphia 1815 (Neuauflage 1972), Bd. 1, S. 93–124, Zitat auf S. 97. Adolf Meyer bezeichnete Rush 1944 als »Vater der amerikanischen Psychiatrie«, siehe »Revaluation of Benjamin Rush«, 1944, in: Eunice E. Winters, Hrsg., *Collected Papers of Adolf Meyer*, Bd. 3: *Medical Teaching*, Baltimore 1951, S. 503–515.

49 Benjamin Rush, *Medical Inquiries and Observations upon the Diseases of the Mind*, 1812, S. 15.

50 Zitiert in Hurd, *Institutional Care of the Insane*, Bd. 3, S. 403.

51 Rush, *Medical Inquiries Mind*, S. 241–242.

52 Siehe Franco Valsecchi, *L'Italia nel Settecento dal 1714 al 1788*, Nachdruck Mondatori 1959, S. 633–682; Eric Cochrane, *Florence in the Forgotten Centuries 1527–1800*, Chicago 1973, S. 449–453.

53 Siehe zum Beispiel Scull, *Most Solitary Afflictions*, der offenbar auch die Auffassung vertritt, daß es so etwas wie Geisteskrankheit nicht gebe und die Behauptung der Psychiater, eine solche Krankheit behandeln zu können, daher völlig obsolet sei. Zum Thema Psychiater in den Heilanstalten des 19. Jahrhunderts schreibt er: »Indem sie die Illusion aufrechterhielten, daß Irrenhäuser medizinische Institutionen gewesen seien, verliehen sie dem Verhalten der Gemeinschaft einen humanitären und wissenschaftlichen Anstrich und legitimierten die Absonderung von schwierigen und ihnen lästigen Personen, deren Internierung aufgrund von anderen Ursachen kaum zu rechtfertigen gewesen wäre« (S. 246).

54 Reil, *Rhapsodieen*, S. 19.

55 So dargestellt von Achim Mechler, »Das Wort ›Psychiatrie‹: Historische Anmerkungen«, *Nervenarzt*, 34, 1963, S. 405–406. Mechler beruft sich auf Reils *Beiträge zur Beförderung einer Curmethode auf psychischem Wege*, Halle, 1808, die ich selbst nicht einsehen konnte.

56 Aretaios von Kappadokien erwähnte im 1. Jh. n. Chr. als erster den Diabetes mellitus; A.d.Ü.

57 John Ferriar, *Medical Histories and Reflections*, 4 Bde., London 1810, Bd. 2, S. 109–110 (Erstausgabe 1792–1798).

58 Siehe den Aufsatz »Begriff der psychischen Medicin als Wissenschaft«, offenbar von Adalbert Kayssler verfaßt, in: *Magazin für die psychische Heilkunde*, 1 (i), 1805, S. 45–77.

59 Dieser zeitgenössische Begriff aus Frankreich und Großbritannien bezog

sich nicht auf Moral im gebräuchlichen Sinne, sondern auf die »innere Natur«, auf das »Gemüt« als »bewußtloses, naturverfallenes Prinzip des Geistes« (Klaus Dörner). Korrekterweise wäre »moral therapy«, auch wenn ein ethischer Aspekt mit diesem neuen Ansatz verbunden war, also als »Gemütsbehandlung« zu bezeichnen. Da es hier jedoch wichtiger schien, über die Fachterminologien der behandelten Zeiten nicht hinwegzugehen, wird der Terminus »moralische Therapie« beibehalten; A.d.Ü.

60 Battie, *Treatise on Madness*, S. 69.

61 Ferriar, *Medical Histories*, Bd. 2, S. 137–140.

62 Reil, *Rhapsodieen*, S. 236 und 457–462.

63 Horn, *Rechenschaft*, S. 249.

64 Pinel, *Traité*, S. 237–238.

65 Esquirol, »De la Folie« (1816), neu aufgelegt in: *Des Maladies mentales*, Bd. 1, S. 126, 128.

66 Das 8. Kapitel von Pinels *Traité* trägt den Titel »Préceptes généraux à suivre dans le Traitement moral«.

67 Molière, *Der Verliebte als Arzt. Eine Komödie mit eingelegten Tänzen in 3 Aufzügen* (1665), übersetzt von Reinhard Koester, München und Leipzig o.J., S. 365, 367–368.

68 Reil, *Rhapsodieen*, S. 28–31.

69 Siehe Jean Camus und Philippe Pagniez, *Isolement et psychothérapie*, Paris 1904, S. 74.

70 Roy Porter, *Mind-Forg'd Manacles: A History of Madness in England from the Restoration to the Regency*, Cambridge, MA, o.J., S. 206–222.

71 Chiarugi, *On Insanity*, S. 137–138. Auch Mora, der das Werk ins Englische übersetzte, legt nahe, daß die Bedeutung des Begriffes »moralisch« hier als »psychisch« zu verstehen sei.

72 Samuel Tuke, *Description of the Retreat, an Institution near York for Insane Persons of the Society of Friends*, York 1813, Neudruck London 1964, S. 136–140. Zu diesem Retreat siehe auch Anne Digby, *Madness, Morality and Medicine: A Study of the York Retreat, 1796–1914*, Cambridge 1985; sowie Porters kluge Zusammenfassung in *Mind-Forg'd Manacles*, S. 222–228.

73 Pinel, *Traité*, S. 219.

74 Ibid., S. 134, 212.

75 Eine allgemeine Darstellung seiner »psychischen Curmethode« bietet Reil in *Rhapsodieen*, S. 218–253.

76 Haslam, *Observations*, S. 295–296.

77 Julius Preuss, *Biblisch-talmudische Medizin*, 1911, Neuauflage New York 1971, S. 347.

78 Siehe Stanley W. Jackson, »Unusual Mental States in Medieval Europe, I. Medical Syndromes of Mental Disorder: 400–1100 A.D.«, *Journal of the History of Medicine*, 27, 1972, S. 262–297; zur sehr viel jüngeren Diagno-

stik von Hysterie (d. h. sie geht nicht auf die Antike zurück) siehe Helen King, »Once upon a Text: Hysteria from Hippocrates«, in: Sander L. Gilman et al., *Hysteria beyond Freud*, Berkeley 1993, S. 3–90; zur im 18. Jahrhundert in Mode gekommenen Diagnostik siehe Edward Shorter, *From Paralysis to Fatigue: A History of Psychosomatic Illness in the Modern Era*, New York 1992, S. 248–252.

79 Jacob Friedrich Isenflamm, *Versuch einiger praktischen Anmerkungen über die Nerven zur Erläuterung ... hypochondrischer und hysterischer Zufälle*, Erlangen 1774, S. 248–252.

80 Siehe Alfred Martin, *Deutsches Badewesen in vergangenen Tagen*, Jena 1906; Roy Porter, Hrsg., *The Medical History of Waters and Spas*, London 1990; und Lise Genrier, *Villes d'eaux èn France*, Paris 1985.

81 Phyllis Hembry, *The English Spa, 1560–1815: A Social History*, London 1990, S. 270–283.

82 Otto Mönkemöller, »Die Neurologie im Beginne des 19. Jahrhunderts«, *PNW* 9, 13. Juli 1907, S. 128–130.

83 [Augustus Bozzi-] Granville, *The Spas of Germany*, 2 Bde., Brüssel 1838, Bd. 2, S. 386.

84 Ibid., Bd. 1, S. 135–136.

85 Robert Peirce, *The History and Memoirs of the Bath*, London / Bath 1713, S. 190–191.

86 Auszüge aus Cheynes *The Natural Method of Curing the Diseases of the Body* (1742) werden zitiert von Hunter und Macalpine in *300 Years of Psychiatry*, S. 353.

87 George Cheyne, *The English Malady: Or, A Treatise of Nervous ›Diseases‹ of All Kinds*, London 1733 (faksimilierter Neudruck 1976), S. 2.

88 [Great Britain] *Dictionary of National Biography*, S. 217–219; siehe auch Porter, *Mind-Forg'd Manacles*, S. 83–84; Eilliam F. Bynum, »The Nervous Patient in the 18th and 19th-century Britain: The Psychiatric Origins of British Neurology«, in: R. M. Murray und T. H. Turner, Hrsg., *Lectures on the History of Psychiatry: The Squibb Series*, London 1990, S. 115–127.

89 Charles Perry, *A Mechanical Account and Explication of the Hysteric Passion*, London 1755, S. 1, 5, 185, 187.

90 Pierre Pomme, *Traité des affections vaporeuses des deux sexes* (1763), 3. Ausgabe, Lyon 1768, S. 33.

91 Joseph Daquin [oder d'Aquin], *Topographie médicale de la ville Chambéry*, Chambéry 1787, S. 131–133.

92 Daquin, der mit Pinel befreundet war, schrieb 1792 einen Aufsatz über Geisteskrankheit und die Organisation der dem Hôtel-Dieu angeschlossenen Anstalt, den ich selbst nicht gelesen habe: *La philosophie de la folie ou essai philosophique sur les personnes attaquées de folie*. Eine Zusammenfassung

bieten Marcel Gauchet und Glady Swain, *La pratique de l'esprit humain: L'institution asilaire et la révolution démocratique*, Paris 1980, S. 413–422. Allerdings kommen die Autoren hier zu der absurden Schlußfolgerung, daß Daquin die »moralische Therapie« erfunden habe, siehe ebenda »Le traitement moral, Daquin l'a conçu ...«, S. 422.

93 Battie, *Treatise*, S. 35, 36, 57.

94 Ibid., S. 1, 66.

95 Chiarugi, *On Insanity*, S. 208, Abs. 813.

96 Ibid., siehe die Fallstudien über 100 Patienten am Ende des Bandes, beispielsweise die Beobachtung 3, S. 249: »Man fand eine Ansammlung von Lymphe unter der Pia Mater ...«

97 Zitiert von Eric T. Carlson und Meribeth M. Simpson, »The Definition of Mental Illness: Benjamin Rush (1745–1813)«, *AJP* 121, 1964, S. 209–214.

98 Pinel, *Traité*, S. xix-xx.

99 Reil, *Rhapsodieen*, S. 235.

100 Ibid., S. 184, 188–189.

101 Eine Therapie, die auf der Annahme beruht, daß die Form des Schädels Rückschlüsse auf die psychische Veranlagung zulasse; A.d.Ü.

102 Markus Schär, *Seelennöte der Untertanen*, Zürich 1985, S. 277, 279.

103 Battie, *Treatise*, S. 59, 60.

104 Haslam, *Observations*, S. 230.

105 Ibid., S. 231–232.

106 Pinel, *Traité*, S. 13; zu seiner Darstellung der »Aliénation originaire ou héréditaire« siehe ebenda S. 13–16.

107 Esquirol, »De la lypémanie ou mélancholie«, *Des maladies mentales*, Statistiken auf S. 435–436.

108 Esquirol, »De la folie«, in: *Des maladies mentales*, S. 64.

109 Reil, »Medicin und Pädagogik«, *Magazin für die psychische Heilkunde*, 1, 1805, S. 411–446.

110 Chiarugi, *On Insanity*, S. 285.

111 Siehe Battie, *Treatise*, S. 5–6, 33–34; Ferriar, *Medical Histories*, Bd. 2, S. 111–114. Zum Einfluß von Locke siehe Porter, *Mind Forg'd Manacles*, S. 188–193.

112 Otto Braus, *Akademische Erinnerungen eines alten Arztes an Berlins klinische Größen*, Leipzig 1901, S. 155–156.

113 Esquirol, »De la folie«, *Des maladies mentales*, S. 25–54.

114 Zur Freundschaft zwischen Esquirol und Heinroth siehe Ey, »Esquirol«, S. 90.

115 Johann Christian August Heinroth, *Lehrbuch der Seelengesundheitskunde*, Bd. 1, Leipzig, 1823, S. 591–592. Zu Heinroth siehe Luc S. Cauwenbergh, »J. Chr. A. Heinroth (1772–1843): A Psychiatrist of the German Romantic Era«, *History of Psychiatry*, 1, 1991, S. 365–383; Emil Kraeplin,

»Hundert Jahre Psychiatrie«, *Zeitschrift für die gesamte Neurologie und Psychiatrie*, 38, 1917, S. 161–275; sowie Werner Leibbrand und Annemarie Wettley, *Der Wahnsinn: Geschichte der abendländischen Psychopathologie*, München 1961, S. 492–496.

116 Carl Gustav Carus, *Lebenserinnerungen*, 4 Bde., Leipzig 1865–1866, Bd. 1, S. 228.

117 Siehe z. B. Ellenberger, *Discovery of the Unconscious*, S. 212.

Zweites Kapitel
Die Ära der Irren-Heilanstalt

1 U.S. Bureau of the Census, *Historical Statistics of the United States, Colonial Times to 1970, Bicentennial Edition*, Part 2, Washington 1975, Bd. 1, S. 4, Tab. B-427. Hier wird die Zahl von 183 Anstaltspatienten pro 100000 Einwohner genannt.

2 Henry C. Burdett, *Hospitals and Asylums of the World*, Bd. 1: *Asylums*, London 1891, S. 22.

3 *Medical Directory for 1908*, London 1908, S. 89.

4 Heinrich Laehr, *Die Heil- und Pflegeanstalten für psychisch Kranke des deutschen Sprachgebiets*, Berlin 1891, S. vii-xi.

5 Samuel W. Hamilton, »The History of American Mental Hospitals«, in: American Psychiatric Association, *One Hundred Years of American Psychiatry*, New York 1944, S. 3–166. Die erste Anstalt war das Eastern State Hospital in Williamsburg, Virginia (1773) gewesen.

6 Einen Überblick bietet Kathleen Jones, *Asylums and After: A Revised History of the Mental Health Services: From the Early 18th Century to the 1990s*, London 1993.

7 Zu Frank und der Tradition einer »medicinischen Policey« siehe Erna Lesky, *Die Wiener medizinische Schule im 19. Jahrhundert*, Graz 1978, S. 119–169.

8 Eine ausführliche Darstellung bietet Dieter Jetter, *Zur Typologie des Irrenhauses in Frankreich und Deutschland (1780–1840)*, Wiesbaden o. J., S. 119–169.

9 Theodor Kirchhoff, Hrsg., *Deutsche Irrenärzte: Einzelbilder ihres Lebens und Wirkens*, 2 Bde., Berlin 1921–24, Bd. 1, S. 94–95. Meine Charakterisierung Hayners beruht auf dem Bericht S. 94–99; siehe auch Guido Weber, »Sonnenstein: Zur Hundertjahrfeier«, *PNW*, 13, 1. Juli 1911, S. 127–133.

10 Heinrich Damerow, Psychiater, Herausgeber der *Allgemeinen Zeitschrift* und später Direktor der Anstalt Nietleben bei Halle, wandte sich scharf

gegen die Trennung von akuten und chronisch Kranken. Siehe sein Buch *Über die relative Verbindung der Irren-, Heil- und Pflege-Anstalten*, Leipzig 1840.

11 G. A. E. von Nostiz und Jänckendorfs berühmte Beschreibung der *Königlich-Sächsischen Irren-Heilanstalt Sonnenstein*, 1829, war mir leider nicht zugänglich, weshalb ich mich bei diesen Details auf Otto Bachs Manuskript über die »Soziotherapie in der psychiatrischen Betreuung sächsischer Anstalten des 19. und zu Beginn des 20. Jahrhunderts«, S. 5, stütze.

12 Einige Details über Pienitz' Verwaltung finden sich in: Kirchhoff, *Deutsche Irrenärzte*, Bd. 1, S. 99–103.

13 Emil Kraepelin zitierte Damerow mit der Aussage, der Sonnenstein sei der Sonnenaufgang des neuen Tages der staatlichen Psychiatrie in und für Deutschland gewesen. Siehe Kraepelin, »Hundert Jahre Psychiatrie«, *Zeitschrift für die gesamte Neurologie und Psychiatrie*, 38, 1917, S. 161–275. Später, vor allem nach Pienitz' Tod, verlor Sonnenstein seinen Reformglanz. Siehe z. B. den Bericht eines Dr. Köhler über die Zustände, die dort um 1855 herrschten: »Rückblicke auf meine 33jährige Thätigkeit im Bereich des practischen Irrenwesens von Mitte 1855 bis 1888«, *Allgemeine Zeitschrift für Psychiatrie*, 46, 1889, S. 159–167.

14 Zu Langermann siehe Kirchhoff, *Deutsche Irrenärzte*, Bd. 1, S. 42–51.

15 Ibid., S. 83–84.

16 Maximilian Jacobi, *Über die Anlegung und Einrichtung von Irren-Heilanstalten, mit ausführlicher Darstellung der Irren-Heilanstalt zu Siegburg*, Berlin 1834, S. 16–17.

17 Maximilian Jacobi, *Die Hauptformen der Seelenstörungen in ihren Beziehungen zur Heilkunde*, Bd. 1 *Die Tobsucht*, Leipzig 1844, S. 135–143 (es blieb eine Monographie).

18 Karl Pelman, *Erinnerungen eines alten Irrenarztes*, Bonn 1912, S. 47.

19 Zu den Irrenhäusern in der französischen Provinz nach der Revolution siehe Jetter, *Zur Typologie des Irrenhauses*, S. 44–79. Es ist gar keine Frage, daß die Provinzverwaltungen den Reformeifer der Studenten von Etienne Esquirol, dem viele dieser Anstalten zu verdanken waren, bald schon bremsten.

20 Jan Goldstein, *Console and Classify: The French Psychiatric Profession in the Nineteenth Century*, Cambridge 1987, S. 131. Goldstein äußert sich mißbilligend über Esquirols Ansicht, daß ein Psychiater allein kraft seiner Persönlichkeit zur Genesung beitragen könne (S. 132–133).

21 Etienne Esquirol, »Mémoire historique et statistique sur la maison royale de Charenton« (1835) in: Esquirol, Hrsg., *Des maladies mentales*, Bd. 2, Paris 1838, S. 539–706.

22 Zu diesem Gesetz siehe Jacques Postel und Claude Quétel, Hrsg., *Nouvelle histoire de la psychiatrie*, Toulouse 1983, S. 171–185. Goldsteins auf ausgie-

bigen Recherchen beruhender Bericht begründet diese Entwicklung mit einem »Plot der Ärzteschaft«, siehe *Console and Classify*, S. 276–297. Der Text dieses Gesetzes vom 30. Juni 1838 ist nachzulesen bei Georges Guillain, »Sémiologie psychiatrique«, in: Pierre Marie, Hrsg., *Pratique neurologique*, Paris 1911, S. 252–259.

23 Siehe die Liste von Anstalten in Burdett, *Hospitals of the World*, Bd. 1, S. 356–397.

24 John Ferriar, *Medical Histories and Reflections*, 2. Ausg., London 1810, Bd. 2, S. 136–137.

25 Zitiert in: Richard Hunter und Ida Macalpine, *Three Hundred Years of Psychiatry, 1535–1860*, London 1963, S. 690.

26 George Man Burrows, *Commentaries on the Causes, Forms, Symptoms, and Treatment, Moral and Medical, of Insanity*, London 1828, S. 667, 669. Zu Burrows siehe auch *Munk's Roll (Lives of the Fellows of the Royal College of Physicians of London)*, Bd. 3, S. 290.

27 *Munk's Roll*, Bd. 3, S. 291.

28 William Charles Ellis, *A Treatise on the Nature, Symptoms, Causes, and Treatment of Insanity*, London 1838, S. 6–7.

29 Ellis, *Treatise*, S. 8.

30 Hunter und Macalpine ist es zu verdanken, daß das geschichtliche Urteil über Ellis revidiert wurde (*Three Hundred Years of Psychiatry*, S. 870–877). Obwohl er der »erste Psychiater war, der für seine Dienste an den Irren« geadelt wurde, taucht sein Name in den biographischen Standardwerken über berühmte Ärzte nirgendwo auf. Andrew Scull stellt Ellis in seinem Rundumschlag gegen die Psychiatrie als eine im Prinzip progressive Figur dar. Jedoch habe er die von der frühen moralischen Therapie eingeführten freundlichen Anstaltsbedingungen abgeschafft und dafür gesorgt, daß wieder Eintönigkeit einkehrte. Siehe *The most Solitary of Afflictions: Madness and Society in Britain 1700–1900*, New Haven 1993, S. 167.

31 Mit einem ausführlichen Vorwort und neu von Andrew Scull unter dem Titel ediert: *The Asylum as Utopia: W. A. F. Browne and the Mid-Nineteenth Century Consolidation of Psychiatry*, London 1991. Scull verteufelt Browne, wie die meisten Psychiater dieser Zeit, wegen seines angeblichen Ansinnens, »die Behandlung von Irrsein zu einem Privileg der Medizin zu machen« (S. lxviii, Anm. 145). Doch wenn sich damals nicht die Psychiater des Irrsinns angenommen hätten, wer dann?

32 Nachruf, »W. A. F. Browne«, *Lancet*, 1, 14. März 1885, S. 499.

33 Browne, *What Asylums Where ...*, 1837, Neudruck in: Scull, *Asylums as Utopia*, S. 177.

34 »Royal«-Anstalten in Schottland waren zwar private Institutionen, aber verpflichtet, Reiche wie Arme aufzunehmen.

35 Zitiert in: Henry M. Hurd, *The Institutional Care of the Insane in the United States and Canada,* 4 Bde., Baltimore 1916, Bd. 3, S. 384. S. 439–455 findet sich eine detaillierte historische Darstellung des Frankford Retreat.

36 Zitiert von Hurd, *Institutional Care Insane*, Bd. 1, S. 235. Zu weiteren Einzelheiten über Todd und das Hartford Retreat siehe ibid., Bd. 2, S. 76–102. Siehe auch Gerald N. Grob, *Mental Institutions in America: Social Policy to 1875*, New York 1973, S. 78–80; sowie Francis J. Braceland, *The Institute of Living: The Hartford Retreat, 1822–1972*, Hartford 1972, S. 28–41.

37 Einzelheiten über Wyman und das McLean Asylum stammen aus *Institutional Care of the Insane*, Bd. 2, S. 599–602, und Bd. 4, S. 542–543; sowie aus S. B. Sutton, *Crossroads in Psychiatry: A History of the McLean Hospital*, Washington DC 1986, S. 23–51.

38 Zitiert in: Mary Ann Jimenez, *Changing Faces of Madness: Early American Attitudes and Treatment of the Insane*, Hanover, NH, 1987, S. 116. Einen Gesamtüberblick bietet Hurd, *Institutional Care of the Insane*, Bd. 2, S. 637–643.

39 Zu Utica siehe Hurd, *Institutional Care of the Insane,* Bd. 3, S. 152–159; sowie Ellen Dwyer, *Homes for the Mad: Life Inside Two Nineteenth-Century Asylums,* New Brunswick 1987. Zu Milledgeville siehe Peter G. Cranford, *But for the Grace of God: The Inside Story of the World's Largest Insane Asylum, Milledgeville!*, Augusta 1981.

40 Hurd, *Institutional Care of the Insane*, Bd. 3, S. 160–164.

41 Grob, *Mental Institutions in America*, S. 371–372.

42 John Charles Bucknill, »Notes on Asylums for the Insane in America«, *Lancet,* 1, 13. Mai 1876, S. 702.

43 David J. Rothman, *The Discovery of the Asylum: Social Order and Disorder in the New Republic,* rev. Neuauflage, Boston 1990, S. 239. Rothman befaßt sich vor allem mit der Umverteilung von Kriminellen, Armen usw. aus anderen Institutionen in diese Anstalten. Meiner Ansicht nach handelte es sich hier jedoch höchstwahrscheinlich um die Verlegungen von Personen, die tatsächlich psychisch krank waren und *obendrein* arm oder kriminell oder unerwünscht.

44 Adolf Meyer, »Thirty-Five Years of Psychiatry in the United States« (1928), in: Eunice E. Winters, Hrsg., *The Collected Papers of Adolf Meyer*, Bd. 2, Baltimore 1951, S. 12.

45 Hans Laehr, *Die Anstalten für Psychisch-Kranke in Deutschland, Österreich, der Schweiz und den baltischen Ländern*, 7. Ausg., Berlin 1912, S. 245, siehe die Daten für Preußen.

46 Georg Dobrick, »Videant consules ...!«, *PNW*, 13, 30. September 1911, S. 265.

47 Max Schröder, »Heilungsaussichten in den Irrenanstalten«, *PNW* 10, 26. September 1908, S. 223. Zitat wurde hier aus dem Englischen übersetzt.

48 Friedrich Vocke, »Ein Beitrag zur Frage, ob die Zahl der Geisteskranken zunimmt«, *PNW*, 8, 16. Feb. 1907, S. 428.

49 Zu diesen Statistiken siehe Josef Starlinger, »Über die zweckmässige Grösse der Anstalten für Geisteskranke«, *PNW*, 15, 21. Juni 1913, S. 143–151, Tab. S. 146; und Burnett, *Hospitals of the World*, Bd. 1, S. 383–391.

50 H. A. Wildermuth, »Reiseerinnerungen an Frankreich, England, Schottland und Belgien«, *Allgemeine Zeitschrift für Psychiatrie*, 40, 1883–1884, S. 767.

51 Jones, *Asylums and After*, S. 116.

52 David Budden, *A County Lunatic Asylum: The History of St. Matthew's Hospital*, Burntwood 1989, S. 60–62.

53 Montagu Lomax, *The Experiences of an Asylum Doctor*, London 1921, S. 14, 41, 206.

54 Thomas Szas vertritt diese These auf äußerst dubiose Weise in: *The Myth of Mental Illness: Foundations of a Theory of Personal Conduct*, rev. Ausg., New York 1974. Mit sehr viel mehr wissenschaftlicher Urteilsfähigkeit, und obendrein unter besonderer Berücksichtigung der Arbeiten von Michel Foucault, befaßt sich Dirk Blasius mit diesem Thema: »Psychiatrische Versorgung in Preussen, 1880–1910«, *Sudhoffs Archiv*, 66, 1982, S. 105–128. (Er vertritt hier die These, daß die plötzliche Zunahme von Geisteskrankheiten Ende des 19. Jahrhunderts und im beginnenden 20. Jahrhundert weniger auf sozialpathologische Auswüchse schließen lasse als vielmehr auf ein Bedürfnis nach unbedingter bürokratischer Kontrolle über die Sozialpathologie.) Siehe auch Richard W. Fox, *So Far Disordered in Mind: Insanity in California, 1870–1930*, Berkeley 1978, dessen Meinung nach solche Anstalten nur zur »Absonderung der Unproduktiven« gedient hätten (S. 176). Andrew Scull, einst ein glühender Anhänger von Foucault, distanzierte sich später von den Sozialkonstruktivisten. Doch von seinem Einwand, daß Psychiater aus reinem Machthunger jedes Verhalten, das als »problematisch« empfunden wurde, »vermedizint« hätten und daß psychische Störungen nur ein Synonym für die Last gewesen seien, die sie für die Gesellschaft darstellten, hat er sich nie verabschiedet. Den Begriff Geisteskrankheit setzte er nach wie vor in ironisierende Anführungszeichen. Siehe *Most Solitary of Afflictions*, S. 378, 381.

55 Diese Ansicht scheint z. B. von Forschern im Dunstkreis des »Wellcome Institute for the History of Medicine« in London vertreten zu werden. Sie konzedieren zwar die Existenz von »Verrücktheit«, zögern jedoch, sie in ihre einzelne Bestandteile zu zerlegen, und fühlen sich offenbar sicherer, wenn sie die gesellschaftlichen »Absichten« diskutieren anstatt das Phänomen selbst. Siehe die Einleitung zu einem dreibändigen Werk, herausgegeben von W. F. Bynum, Roy Porter und Michael Shepherd, *The Anatomy of Madness: Essays in the History of Psychiatry*, London 1985–1988.

56 Siehe die bahnbrechenden Artikel von Edward Hare, insbesondere »The Changing Content of Psychiatric Illness«, *Journal of Psychosomatic Research*, 18, 1974, S. 283–289; sowie »Was Insanity on the Increase?«, *BJP*, 142, 1983, S. 439–455. Trevor H. Turner diagnostizierte viele psychische Krankheiten anhand von originalen Patientenblättern aus dem 19. Jahrhundert. Siehe *A Diagnostic Analysis of the Casebooks of Ticehurst House Asylum, 1845–1890*, Cambridge 1992 (*Psychological Medicine*, Monograph Supplement 21). Turner bestreitet Foucaults Thesen: »Nachweise für Psychosen und gestörte Verhaltensmuster waren ausreichend vorhanden und auffällig.« Was die angebliche »Vermedizinung« von abweichendem Verhalten betrifft, kommt Turner zu dem Schluß: »Es ist in keiner Hinsicht festzustellen, daß ... allen, die von einem sozialen Standpunkt aus betrachtet Sonderlinge oder auf harmlose Weise exzentrisch waren, eine medizinische Diagnose aufgezwungen worden wäre. Hier bietet sich vielmehr ein Bild der Machtlosigkeit der Medizin.« Turner, »Rich and Mad in Victorian England«, *Psychological Medicine*, 19, 1989, S. 29–44.

57 Julius Wagner-Jauregg, »Der Rechtsschutz der Geisteskranken«, *Wiener Klinische Wochenschrift*, 14, 23. Mai 1901, S. 519. Zitat hier aus dem Englischen übersetzt.

58 Dwyer, *Homes for the Mad*, S. 87. Hinsichtlich der Anschuldigung, daß Psychiater den Versuch unternommen hätten, Wahnsinn zu »vermedizinen«, schreibt Dwyer: »Klinische Psychiater haben sich einfach oft einer Diagnose angeschlossen, die außerhalb ihrer Anstalten getroffen worden war« (S. 117).

59 H. C. Erik Midelfort, *Mad Princes of Renaissance Germany*, Charlottesville 1994.

60 Siehe Hunter und Macalpine, *Three Hundred Years of Psychiatry*, S. 13–15.

61 Da ich meine Ansichten über diesen Wandel bereits an anderer Stelle ausführlich dargelegt habe, werde ich hier weder zu den einzelnen Nachweisen Stellung nehmen noch meine Argumente wiederholen. Siehe Edward Shorter, *Die Geburt der modernen Familie*, Hamburg 1977. Siehe auch Charlotte MacKenzie, *Psychiatry for the Rich: A History of Ticehurst Private Asylum*, 1792–1917, London 1992, S. 20–21.

62 Bruno Goergen, *Privat-Irren-Heilanstalt für Gemüthskranke*, Wien 1820, S. 3–4.

63 Wilhelm Svetlin, *Zweiter Bericht über die Privat-Heilanstalt für Gemüthskranke auf dem Erdberge zu Wien*, Wien 1891, S. 28, Tab. 5.

64 Anon, »Neurological and Psychiatrical Clinics in Germany«, *BMJ*, 1, 20. Juni 1908, S. 1534.

65 John Crammer, *Asylum History: Buckinghamshire County Pauper Lunatic Asylum-St. John's*, London 1990, S. 120.

66 Dwyer, *Homes for the Mad*, S. 101, Tab. 4.6.

67 Morton Kramer et al., *A Historical Study of the Disposition of First Admissions to a State Mental Hospital: Experience of the Warren State Hospital during the Period 1916–50*, Washington DC, Public Health Service Pub. Nr. 445, S. 9, Tab. 6.

68 Gerald N. Grob, *From Asylum to Community: Mental Health Policy in Modern America*, Princeton 1991, S. 159.

69 Siehe Burdett, *Hospitals of the World*, Bd. 1, S. 151–152, 164–165, 175.

70 Siehe vor allem Scull, *Most Solitary of Afflictions*, S. 361–373.

71 Budden, *History of St. Matthews's Hospital*, S. 34–35.

72 Einen kurzen Überblick über die Geschichte der Neurosyphilis bietet Edward Shorter, »What Can Two Historical Examples of Sexually-Transmitted Diseases Teach Us About Aids?«, in: Tim Dyson, Hrsg., *Sexual Behaviour and Networking: Anthropological and Socio-Cultural Studies on the Transmission of HIV*, Liège 1992, S. 49–64.

73 Lewis Thomas, *The Youngest Science: Notes of a Medicine-Watcher*, New York 1983, S. 46–47.

74 Kurt Kolle, *Wanderer zwischen Natur und Geist: Das Leben eines Nervenarztes*, München 1972, S. 28.

75 Maria Rivet, *Les Aliénés dans la famille et dans la maison de santé*, Paris 1875, S. 145.

76 Eine Übersicht über die frühen Schriften zu diesem Thema bietet Heinrich Obersteiner, *Die progressive allgemeine Paralyse*, 2. Ausg., Wien 1908, S. 3–7. Obersteiner kam zu dem Schluß, daß progressive Paralyse als »moderne Krankheit« zu betrachten sei (S. 7). Das wissenschaftliche Interesse an diesem Thema wurde erneut geweckt mit Edward H. Hares Artikel »The Origin and Spread of Dementia Paralytica«, in: *BJP*, 105, 1959, S. 594–626.

77 William Perfect, *Select Cases in the Different Species of Insanity*, S. 68–71. Auch Perfect selbst behandelte einen Patienten, der nach dem Auftreten von Symptomen einer Syphilis im Primär- und Sekundärstadium »in einen Zustand völliger Idiotie abglitt« (S. 242–246).

78 George Mora, Hrsg. und Übers., Vincenzio Chiarugi, *On Insanity and Its Classification* (1793), Canton 1987, Anm. 3, S. 248–249, und Anm. 83, S. 302.

79 John Haslam, *Observations on Madness and Melancholy*, 2. rev. Ausg., London 1809, S. 208f., 259.

80 Etienne Esquirol, »Démence«, in: *Dictionnaire des sciences Médicales*, Bd. »Dac-des«, Paris 1814, S. 280–293, Tabellen und Zitate auf S. 285–293. In der Salpêtrière befanden sich nur Frauen; unter seinen Privatpatienten waren Männer wie Frauen.

81 Etienne Esquirol, »De la démence« (1814 [sic!]), in: Esquirol, *Des maladies mentales*, Bd. 2, S. 219–282. Bayles Dissertation *Traité des maladies du cerveau*

et des membranes (1826) war die jüngste der Untersuchungen, auf die sich Esquirol in seinem Essay (S. 275) bezog.

82 Christian Friedrich Harless, »Noch einige praktische Bemerkungen über die Myelitis«, in: Harless und Valerian Aloys Brera, Hrsg., *Über die Entzündung des Rückenmarks*, Nürnberg 1814, S. 36–73.

83 Moritz Heinrich Romberg, *Lehrbuch der Nervenkrankheiten des Menschen*, Bd. 1, Tl. 2, Berlin 1846, Kapitel über »Tabes dorsualis« (sic!), S. 794–801.

84 Stephanie Austin, »The History of Malariotherapy for Neurosyphilis«, *JAMA*, 268, 22. Juli 1992, S. 516–519.

85 Siehe E. Gurney Clark und Niels Danbolt, »The Oslo Study of the Natural Course of Untreated Syphilis«, *Medical Clinics of North America*, 48, 1964, S. 613–623. H. J. Källmark berichtete jedoch, daß nur 2–4 Prozent wirklich an Neurosyphilis starben, *Eine statistische Untersuchung über Syphilis*, Uppsala 1931, S. 196, 226.

86 Heinrich Neumann, *Die Irrenanstalt zu Pöpelwitz bei Breslau*, Erlangen 1862, S. 41.

87 John Punton, »The Results of Six Years' Work in a Sanitarium for Nervous and Mental Diseases«, *The Kansas City Medical Index-Lancet*, 28, 1907, S. 177–186, Tab. S. 178.

88 Max Sichel, »Die progressive Paralyse bei den Juden«, *Archiv für Psychiatrie und Nervenkrankheiten*, 52, 1913, S. 1030–42, bes. S. 1034.

89 Joseph Workman, »On Paresis«, *Canada Lancet*, 10, 1878, S. 357–359.

90 Lomax, *Experiences of an Asylum Doctor*, S. 93.

91 Caesar Heimann, *Bericht über Sanitätsrath Dr. Karl Edel's Asyl für Gemüthskranke*, Berlin 1895, S. 75–78. Die erwähnten Daten betreffen die Zeit zwischen 1869 und 1893.

92 Zum Alkoholikerproblem siehe William A. Lishman, *Organic Psychiatry: The Psychological Consequence of Cerebral Disorder*, Oxford 1978, S. 699–715.

93 William L. Langer, *The Rise of Modern Europe: Political and Social Upheaval, 1832–1852*, New York 1969, S. 14.

94 B. R. Mitchell, *Abstract of British Historical Statistics*, Cambridge 1971, S. 260–261.

95 W. J. Rorabaugh, »Estimated U.S. Alcoholic Beverages Consumption, 1790–1860«, *Journal of Studies on Alcohol*, 37, 1976, S. 357–364, sowie Tab. 2, S. 361. Im 18. Jahrhundert war der Alkoholkonsum in den USA sehr hoch gewesen, Anfang des 19. Jahrhunderts sank er wieder.

96 T. J. Markovitch, *L'industrie française de 1789 à 1964*, Paris 1966, cahier no. 173, S. 213. Siehe auch Michael R. Marrus, »Social Drinking in the *Belle époque*«, *Journal of Social History*, 7, 1974, S. 115–141, sowie Tab. 1, S. 123.

97 Alexander von Oettingen, *Die Moralstatistik in ihrer Bedeutung für eine Socialethik*, 3. Ausg., Erlangen 1882, S. 688 Anm. 2, S. 691.

98 Hermann Grunau, *Über Frequenz, Heilerfolge und Sterblichkeit in den öffentlichen preussischen Irrenanstalten von 1875 bis 1900*, Halle a. S. 1905, S. 45: »Delirium potatorum«.
99 Karl Bonhoeffer, *Nervenärztliche Erfahrungen und Eindrücke*, Berlin 1941, S. 48. Mit »heutzutage« meinte er Hitler-Deutschland, in dem sein Sohn zu Tode gefoltert werden sollte.
100 Grunau, *Über die Frequenz*, S. 41, Tab. B.
101 Laul Garnier, *La Folie à Paris*, Paris, 1890, S. 24.
102 K. Pandy, *Die Irrenfürsorge in Europa*, Berlin 1908, S. 205–306.
103 Margaret S. Thompson, »The Wages of Sin: The Problem of Alcoholism and General Paralysis in Nineteenth-Century Edinburgh«, in: Bynum, *Anatomy of Madness*, Bd. 3, S. 316–340, siehe Tab. 12:1, S. 319.
104 *Medical Directory*, 1908, S. 1958–66.
105 Grunau, *Über die Frequenz*, S. 41, Tab. B.
106 John Haslam, *Observations on Madness and Melancholy*, 2. Ausg., London 1809, S. 49–51, 64–67. Haslam schrieb die Probleme des jungen Mannes der Trunksucht zu, doch sehr viel wahrscheinlicher ist, daß es sich hier um eine der ersten Beschreibungen von Schizophrenie handelt.
107 Philippe Pinel, *Traité*, S. 182.
108 Edward Hare, »Schizophrenia as a Recent Disease«, *BJP*, 153, 1988, S. 521–531; siehe auch seine »Commentary One«-Anmerkungen im *Australian und New Zealand Journal of Psychiatry*, 21, 1987, S. 315–316. Hares Hypothese, daß Schizophrenie durch ein Virus hervorgerufen werden könnte, dessen Verbreitung auch für die Zunahme der Krankheit im 19. Jahrhundert verantwortlich sei, fand keine Unterstützung. Siehe Hare, »Epidemiological Evidence for a Viral Factor in the Aetiology of the Functional Psychoses«, in: P. V. Morozov, Hrsg., *Research on the Viral Hypothesis of Mental Disorders*, Basel 1983, S. 52–75.
109 Hare, »Insanity on Increase«, S. 449.
110 Siehe zum Beispiel Andrew Scull, »Was Insanity Increasing? A Response to Edward Hare«, *BJP*, 144, 1984, S. 432–436. Sculls Antwort auf Hare lautete, daß kein Anstieg von Schizophrenie zu verzeichnen gewesen sei; vielmehr hätten sich im 19. Jahrhundert »die Grenzen dessen erweitert, was als Irrsein definiert wurde und einen Gewahrsam rechtfertigte« (S. 434). Mit anderen Worten, im Laufe der Zeit habe es immer mehr Patienten gegeben, die nicht krank gewesen seien, aber nicht immer mehr Kranke, wie Hare und andere behaupteten.
111 Dilip V. Jeste et al., »Did Schizophrenia Exist before the Eighteenth Century?«, *Comprehensive Psychiatry*, 26, 1985, S. 493–503; und Nigel M. Bark, »On the History of Schizophrenia: Evidence of Its Existence before 1800«, *New York State Journal of Medicine*, 88, 1988, S. 374–383.
112 Rajendra Persaud, »The Reporting of Psychiatric Symptoms in History:

The Memorandum Book of Samuel Coates, 1785–1825«, *History of Psychiatry*, 4, 1993, S. 499–510.

113 Robert Wilkins, »Hallucinations in Children and Teenagers Admitted to Bethlem Royal Hospital in the Nineteenth Century and Their Possible Relevance to the Incidence of Schizophrenia«, *Journal of Child Psychology and Psychiatry*, 28, 1987, S. 569–580; und Wilkins, »Delusions in Children and Teenagers Admitted to Bethlem Royal Hospital in the 19th Century«, *BJP*, 162, 1993, S. 487–492.

114 Edward B. Renvoize und Allan W. Beveridge, »Mental Illness and the Late Victorians: A Study of Patients Admitted to Three Asylums in York, 1880–1884«, *Psychological Medicine*, 19, 1989, S. 19–28.

115 Hermann Lenz, *Vergleichende Psychiatrie: eine Studie über die Beziehung von Kultur, Soziologie und Psychopathologie*, Wien 1964, bes. Tab. 41. Diese Studie basiert auf Patientenakten der österreichischen Anstalt Niedernhart. Siehe auch Turner, *Ticehurst Casebooks*, S. 19; sowie R. R. Parker et al., »County of Lancaster Asylum, Rainhill: 100 Years Ago and Now«, *History of Psychiatry*, 4, 1993, S. 95–105.

116 Karl Kahlbaum, »Über jugendliche Nerven- und Gemüthskranke und ihre pädagogische Behandlung in der Irren-Heilanstalt«, *Allgemeine Zeitschrift für Psychiatrie*, 40, 1883–84, S. 863–873.

117 Rivet, *Les Aliénés*, S. 188–190.

118 William A. White, *Forty Years of Psychiatry*, New York 1933, S. 12–13.

119 John Crammer, *Asylum History: Buckinghamshire*, London 1990, S. 181.

120 Eliot Slater, »Psychiatry in the Thirties«, *Contemporary Review*, 226, 1975, S. 70–75.

121 Lomax, *Experiences of an Asylum Doctor*, S. 94.

122 Emil Kraepelin, *Lebenserinnerungen*, Berlin 1983, S. 11–12.

123 Werner Heinz (Pseudonym), *Tagebuch eines alten Irrenarztes*, Lindenthal, 1928, S. 1–2.

124 Birgit Schoop-Russbült, Hrsg., *Psychiatrischer Alltag in der Autobiographie von Karl Gehry (1881–1962)*, Zürich 1989, S. 50–51.

125 Grob, *Mental Institutions in America*, S. 149.

126 Silas Weir Mitchell, »Address before the Fiftieth Annual Meeting of the American Medico-Psychological Association, Held in Philadelphia, May 16th, 1894«, *JNMD*, 21, 1894, S. 413–437.

127 William N. Bullard, »The New Era in Neurology«, *JNMD*, 39, 1912, S. 433–439.

128 White, *Forty Years of Psychiatry*, S. 18.

129 John Romano, »On Becoming a Psychiatrist«, *JAMA*, 261, 21. Apr. 1989, S. 2241.

Drittes Kapitel
Die erste biologische Psychiatrie

1 Ernest Billod, *Les Aliénés en Italie*, Paris 1884, S. 5, 6. Dieses Zitat bezog sich jedoch auf Frankreich, nicht auf Italien.

2 Richard Hunter und Ida Macalpine, *Three Hundred Years of Psychiatry, 1535–1860*, London 1963, S. 404.

3 Erwähnt in: Richard von Krafft-Ebing, *Der klinische Unterricht in der Psychiatrie*, Stuttgart 1890, S. 15.

4 *Dorland's Illustrated Medical Dictionary*, Philadelphia 1981, S. 1200–1206.

5 Zu den Entwicklungen in der Charité siehe Paul Sérieux, *L'assistance des aliénés en France, en Allemagne, en Italie et en Suisse*, Paris 1903, S. 292.

6 Grundlegende Informationen über die Geschichte der psychiatrischen Lehre an deutschen Universitäten sind zu entnehmen: Hans-Heinz Eulner, *Die Entwicklung der medizinischen Spezialfächer an den Universitäten des deutschen Sprachgebietes*, Stuttgart 1970, S. 670–680.

7 Siehe Franz Kohl, »Das erste Projekt einer ›akademischen Irrenklinik‹ in Heidelberg (1826–1842)«, *Historia Hospitalum*, 18, 1989–1992, S. 181–184; sowie Ioannis Pilavas, *Psychiatrie im Widerstreit der Konzepte: Zur Entstehungsgeschichte der Tübinger Nervenklinik*, Sigmaringen 1994, S. 14.

8 Siehe Krafft-Ebing, *Psychiatrischer Unterricht*, S. 16–17.

9 Alfred E. Hoche, *Jahresringe: Innenansicht eines Menschenlebens*, München 1934, S. 120.

10 Wilhelm Griesinger, *Die Pathologie und Therapie der psychischen Krankheiten für Aerzte und Studirende*, Stuttgart 1845.

11 Wilhelm Griesinger, *Die Pathologie und Therapie der psychischen Krankheiten*, 2. und stark erweiterte Ausgabe, Stuttgart 1861 (Neuauflage Amsterdam, 1964).

12 Zitiert in: Karl Bonhoeffer, »Lebenserinnerungen«, in: J. Zutt et al., Hrsg., *Karl Bonhoeffer zum hundertsten Geburtstag*, Berlin 1969, S. 45.

13 Zu den pädagogischen Aspekten siehe »Nachrichten von der psychiatrischen Clinik zu Berlin«, *Archiv für Psychiatrie und Nervenkrankheiten*, 1, 1868, S. 232–234.

14 Robert Wollenberg, *Erinnerungen eines alten Psychiaters*, Stuttgart 1931, S. 64–65.

15 Wilhelm Griesinger, »Über Irrenanstalten und deren Weiterentwicklung in Deutschland«, *Archiv für Psychiatrie und Nervenkrankheiten*, 1, 1868, S. 8–43.

16 Griesinger, »Vorwort«, *Archiv für Psychiatrie und Nervenkrankheiten*, 1, 1868, S. III.

17 Grundlegendes über Griesingers Leben und Werk, in: Theodor Kirchhoff, Hrsg., *Deutsche Irrenärzte*, 2 Bde., Berlin 1921–1924, Bd. 2, S. 1–14;

Rudolf Thiele, »Wilhelm Griesinger«, in: Kurt Kolle, Hrsg., *Grosse Nervenärzte*, 2. Ausg., Bd. 1, Stuttgart 1970, S. 115–127; Werner Janzarik, »Die klinische Psychopathologie zwischen Griesinger und Kraepelin im Querschnitt des Jahres 1878«, in: Janzarik, Hrsg., *Psychopathologie als Grundlagenwissenschaft*, Stuttgart 1979, S. 51–61. Vertreter der »Standessolidarisierungs«-Theorie wie Paul Weindling machten aus Griesinger den reinsten Hanswurst. Weindling: »Griesinger entdeckte ›Neurosen‹, die im Bürgertum und vor allem unter jungen Gouvernanten und Lehrern vorgeherrscht haben sollen. Mit dieser Stigmatisierung einer sich emanzipierenden Gruppe sollte warnend darauf hingewiesen werden, daß die Veranlagung zu Geisteskrankheit den Erfolg der siegessicheren Bourgeoisie gefährden könnte.« Weindling, *Health, Race and German Politics between National Unification and Nazism, 1870–1945*, Cambridge 1989, S. 83–84.

18 Kirchhoff, *Deutsche Irrenärzte*, Bd. 2, S. 75–82.

19 Zu Gudden siehe Franz Kohl, »Bernhard von Gudden (1824–1886): Anstaltspsychiater, Hirnanatom und einflußreicher Universitätslehrer«, *Psychiatrische Praxis*, 21, 1994, S. 162–166.

20 Zu Meynerts Leben und Werk siehe Erna Lesky, *Die Wiener medizinische Schule im 19. Jahrhundert*, Graz 1978, S. 373–382; sowie Franz Günther von Stockert, »Theodor Meynert«, in: Kolle, *Grosse Nervenärzte*, Bd. 2, S. 98–105.

21 Meynerts erstes psychiatrisches Lehrbuch war eine Art Handbuch der Neuroanatomie, versehen mit Anmerkungen über seine Hypothesen, daß die Stirnlappen Hemmzentren und die subkortikalen Regionen Stimulazionszentren seien. *Psychiatrie: Klinik der Erkrankungen des Vorderhirns*, Wien 1884, z. B. S. 268 über die Beziehung zwischen Kortex und Subkortex.

22 Theodor Meynert, *Klinische Vorlesungen über Psychiatrie*, Wien 1890, S. v.

23 Arthur Schnitzler, *Jugend in Wien: Eine Autobiographie*, (1918), Frankfurt am Main 1981, S. 260.

24 Adolf Strümpell, *Aus dem Leben eines deutschen Klinikers*, Leipzig 1925, S. 108. Eine wenig wohlwollende und stark psychoanalytisch pointierte Auseinandersetzung mit Meynert jüngeren Datums ist: Albrecht Hirschmüller, *Freuds Begegnung mit der Psychiatrie: von der Hirnmythologie zur Neurosenlehre*, Tübingen 1991, S. 93–104, 109–117.

25 Theodor Meynert, »Über die Nothwendigkeit und Tragweite einer anatomischen Richtung in der Psychiatrie«, *Wiener Medizinische Wochenschrift*, 18, 3. Mai 1868, S. 573–576.

26 Eine Einführung hierzu bietet Mary A. B. Brazier, *A History of Neurophysiology in the 19th Century*, New York 1988.

27 Kraepelin, *Lebenserinnerungen*, S. 20f. Flechsig sei in Guddens Münchener Klinik aufgetaucht, um angeblich aus der Praxis zu lernen, habe aber an keiner einzigen Visite teilgenommen.

28 Daniel Paul Schreber, *Denkwürdigkeiten eines Nervenkranken*, Leipzig 1903, S. 23.

29 Sigmund Freud, »Psychoanalytische Bemerkungen über einen autobiographischen beschriebenen Fall von Paranoia (Dementia Paranoides)«, (1911), in: Freud, *Gesammelte Werke*, Bd. 8, Frankfurt am Main 1945, S. 239–316.

30 So Julius Wagner-Jauregg in seinen *Nachgelassenen Lebenserinnerungen*, S. 58. Siehe auch Alfred W. Grubser und Erwin H. Ackerknecht, Hrsg., *Constantin von Monakow, Vita Mea. Mein Leben*, (1927), Bern 1970, S. 125.

31 Carl Wernicke, *Lehrbuch der Gehirnkrankheiten für Aerzte und Studirende*, 3 Bde., Kassel 1881–1883.

32 Carl Wernicke, *Grundriss der Psychiatrie*, Leipzig 1900.

33 Karl Kleist, »Carl Wernicke«, in: Kolle, *Grosse Nervenärzte*, Bd. 2, S. 114. Siehe auch Mario Lanczik, *Der Breslauer Psychiater Carl Wernicke*, Sigmaringen 1988, sowie Lanczik und G. Keil, »Carl Wernicke's Localization Theorie and Its Significance for the Development of Scientific Psychiatry«, *History of Psychiatry*, 2, 1991, S. 171–180.

34 Karl Jaspers, *Allgemeine Psychopathologie für Studierende, Ärzte und Psychologen, (*1913), 3. Ausg., Berlin, 1923, S. 13. »Solche anatomischen Konstruktionen sind durchaus plastisch ausgefallen (Meynert, Wernicke) und werden mit Recht ›Hirnmythologien‹ genannt.« Oswald Bumke zufolge wurde dieser Begriff von Franz Nissl geprägt, siehe Bumke, »Fünfzig Jahre Psychiatrie«, *Münchener Medizinische Wochenschrift*, 72, 10. Juli 1925, S. 1141.

35 Emil Kraepelin, »Hundert Jahre Psychiatrie«, *Zeitschrift für die gesamte Neurologie und Psychiatrie*, 38, 1917, S. 234.

36 Jan Goldstein, *Console and Classify: The French Psychiatric Profession in the Nineteenth Century*, Cambridge 1987, S. 135–136.

37 Sérieux listet die Mängel der psychiatrischen Ausbildung in Frankreich auf und zieht einen für das Land höchst unvorteilhaften Vergleich mit Deutschland: *L'Assistance des aliénés*, S. 397–417.

38 Siehe Stefan Müller, *Antoine-Laurent Bayle: Sein grundlegender Beitrag zur Erforschung der progressiven Paralyse*, Zürich 1965, bes. S. 16.

39 Siehe René Semelaigne, *Les pionniers de la psychiatrie française*, 2 Bde., Paris 1930–1932, Bd. 1, S. 244–249.

40 Vincente J. Iragui, »The Charcot-Bouchard Controversy«, *Archives of Neurology*, 43, 1986, S. 290–295.

41 Bénédict-Auguste Morel, *Traité des dégénérescences physiques, intellectuelles et morales de l'espèce humaine*, Paris 1857, S. 46.

42 Diese Darstellung basiert auf Semelaigne, *Pionniers psychiatrie française*, Bd. 1, S. 342–351.

43 Ibid., Bd. 2, S. 40–49. Zu Lasègues Beschreibung der Anorexia nervosa siehe »De L'anorexie hystérique«, *Archives génerales de médicine*, 21, 1873,

S. 385–403. Zu Lasègues privaten Vorlesungen in den 1860er Jahren siehe Goldstein, *Console and Classify*, S. 347–348.

44 Zu Balls Ernennung siehe Pierre Pichot, *A Century of Psychiatry*, Paris 1983, S. 25–27. Die stürmischen Auseinandersetzungen, wobei es vor allem um die Frage ging, wie viele Betten Ball in der Klinik zustehen sollten, sind nachzulesen im *Progrès médical*, Oktober und November 1877, November und Dezember 1878, 24. Mai und 22. November 1879. Zu Balls Leben siehe Semelaigne, *Pionniers psychiatrie française*, Bd. 2, S. 166–200.

45 Die Geschichte von Charcots »Hysterie« wird ausführlich erzählt in Edward Shorter, *Moderne Leiden. Zur Geschichte der psychosomatischen Krankheiten,* Reinbek bei Hamburg, 1994, S. 285–340.

46 »Centenaire de Charcot«, *Revue neurologique*, 32, 1925, S. 746–1168.

47 Zu Magnans Leben siehe Paul Sérieux, »V. Magnan: sa vie et son œuvre«, *Annales médico-psychologiques*, 10. Ser., 8, 1917, S. 273–329, 449–507, und 9, 1918, S. 5–59; biographische Daten S. 274–300 (Neuauflage Paris 1921).

48 Sérieux, »Magnan«, S. 291, behauptete in dieser ausgesprochen nationalistischen Darstellung: »Noch heute ist die Geschichte der Psychiatrie von der Periode geprägt, die von der einzigartigen Kombination aus vorzüglichen Lehrern und hervorragenden Studenten gekennzeichnet war, von den Kohorten einer Elite wissenschaftlicher Pioniere, die die zeitgenössische Psychiatrie vollständig verändert haben.«

49 Sérieux, *Ann. méd.psych.*, 9, 1918, S. 46.

50 Siehe Pichot, *Century of Psychiatry*, S. 75–76, sowie seinen Aufsatz »The Diagnosis and Classification of Mental Disorders in French-Speaking Countries: Background, Current Views and Comparison with Other Nomenclatures«, *Psychological Medicine*, 12, 1982, S. 475–492.

51 Clarence B. Farrar, handschriftliches Tagebuch seiner Europareise 1902–04, im Besitz des *Queen Street Mental Health Centre, Greenland-Griffin-Archiv*, Toronto, Kanada. Zu Stoddart siehe die biographischen Hinweise in *Munk's Roll*, Bd. 4, S. 495.

52 Walter Rivington, *The Medical Profession*, Dublin 1879, S. 315–316.

53 John Haslam, *Observations on Madness and Melancholy*, 2. rev. Ausg., London 1809, S. 238.

54 William Charles Ellis, *A Treatise on the Nature, Symptoms, Causes, and Treatment of Insanity*, London 1838, S. 22.

55 David Skae, »A Rational and Practical Classification on Insanity«, *Journal of Mental Science*, 9, 1863, S. 318.

56 Siehe z. B. W. H. W. Sankey, »On Melancholia«, *Journal of Mental Science*, 9, 1863–1864, S. 176–196, bes. S. 195.

57 Zu Sankeys Leben siehe *Munk's Roll*, Bd. 4, S. 147–148; hier wird der Beginn seiner Vorlesungen auf 1864 datiert. Siehe auch den Nachruf in: *BJM*, 1, 23. März 1889, S. 689f.

58 Michael Collie, *Henry Maudsley: Victorian Psychiatrist*, London 1988, S. 20.

59 John Conolly, *The Treatment of the Insane without Mechanical Restraints* (1850). (Mir lag eine spätere Ausgabe, London 1856, vor.) Zu Conolly selbst siehe Richard Hunter und Ida Macalpine, *Three Hundred Years of Psychiatry*, London 1963, S. 805 f. und 1030–34. James Crichton-Browne vermittelte ein sehr sympathisches Bild von ihm, in: *Victorian Jottings from an Old Commonplace Book*, London 1926, S. 326–329.

60 Collie, *Maudsley*, S. 23. Hintergrundmaterial zum Lawn House bietet William Ll. Parry-Jones, *The Trade in Lunacy: A Study of Private Madhouses in England in the Eighteenth and Nineteenth Centuries*, London 1972, S. 80, 231.

61 Henry Maudsley, *Body and Mind*, London, 1870, S. 41. Die Bemerkung über die »Fingerspitzen« schrieb er seinem Kollegen John Charles Bucknill zu.

62 Siehe Aubrey Lewis, »Henry Maudsley«, in: Kolle, *Grosse Nervenärzte*, Bd. 3, S. 101–108; zur Gründung des Maudsley Hospital siehe ebenfalls Aubrey Lewis, »Henry Maudsley: His Work and Influence«, 1950, Nachdruck in: Lewis, *The State of Psychiatry: Essays and Addresses*, London 1967, S. 29–48, bes. S. 45.

63 Eunice E. Winters, Hrsg., *The Collected Papers of Adolf Meyer*, Bd. 2, Baltimore, 1951, S. 250; Zitat aus seinem Aufsatz »Medicinische Studien in Paris, Edinburgh und London« (1891).

64 Rosemary Stevens, *American Medicine and the Public Interest*, New Haven 1971, S. 60, Anm. 13.

65 Edward R. Hun, »Haematoma Auris«, *American Journal of Insanity*, 27, 1870, S. 13–28. »Vor dem Auftreten eines Tumors ist festzustellen, daß sich ein Ohr, in seltenen auch Fällen beide, rötet und anschwillt, während zugleich Gesicht und Augen vom starken Drang des Blutes zum Kopfe hin zeugen [!]« (S. 14). Zu Hun siehe Henry M. Hurd, *The Institutional Care of the Insane in the United States and Canada*, Bd. 1, Baltimore 1916, S. 282.

66 John Charles Bucknill, »Notes on Asylums for the Insane in America«, *Lancet*, 1, 3. Juni 1876, S. 811. Siehe auch D. Hack Tukes vorteilhafte Darstellung von Deecke in *The Insane in the United States and Canada*, London 1885, S. 116. Es heißt zwar, Deecke habe in Berlin studiert, aber was er wirklich studiert hat, ist unklar. Siehe auch den Nachruf in: *JAMA*, 45, 23. Dezember 1905, S. 1973.

67 Hurd, *Institutional Care Insane*, Bd. 1, S. 282–283.

68 Siehe William A. White, »Presidential Address«, *AJP*, 5, 1925, S. 4–5.

69 Meyer, *Collected Papers*, Bd. 2, S. 220–221.

70 Ibid., Bd. 1, S. 293–240.

71 Siehe Hans H. Walser, Hrsg., *August Forel: Briefe / Correspondance, 1864–1927*, Bern 1968, Meyers Brief an Forel vom 3. Januar 1893 auf S. 285.

72 Siehe Hurd, *Institutional Care Insane*, Bd. 2, S. 222–259.

73 Meyer, *Collected Papers*, Bd. 2, S. 93.

74 John Chapmann (1774–1845), der sich als Pionier am Ohio River niederließ und im ganzen Tal Apfelkerne setzte, ging als »Johnny Appleseed« in die amerikanische Geschichte ein (siehe z. B. Vachel Lindsay's *In Praise of Johnny Appleseed*); Anm. d. Ü.

75 Meyer, *Collected Papers*, Bd. 2, S. 59.

76 Ibid., S. 274.

77 Siehe Gerald N. Grob, *Mental Illness and American Society, 1875–1940*, Princeton 1983, S. 127–131.

78 Einige Details über das Manhattan State Hospital während der Amtszeit Meyers bietet David Kennedy Henderson, *The Evolution of Psychiatry in Scotland*, Edinburgh 1964, S. 156–167.

79 Meyer, *Collected Papers*, Bd. 2, S. 115.

80 Ibid., S. 70.

81 Genaugenommen hatten die »psychopathischen Hospitäler« – das erste wurde 1906 in Ann Arbor, Michigan, eröffnet – Lehre und Forschung bereits vor 1913 angeboten, als Meyer die Henry Phipps Psychiatric Clinic im Johns Hopkins Hospital eröffnete. Siehe Hurd, *Institutional Care Insane*, Bd. 2, S. 815–824. Die 1912 gegründete Abteilung für Psychopathologie im Boston State Hospital stand in Verbindung mit Harvard, wo ihr Direktor Elmer Southard Neurologie lehrte (ibid, S. 653). Allerdings war der Einfluß der Phipps-Klinik wesentlich größer.

82 S. L. Sherman et al., »Further Segregation Analysis of the Fragile X Syndrome with Special Reference to Transmitting Males«, *Human Genetics*, 69, 1985, S. 289–299, entdeckten das Phänomen der genetischen Antizipation beim Fragilen-X-Syndrom: die »Penetranz« einer Störung verstärkt sich im Verlauf mehrerer Generationen. [Penetranz steht hier für die prozentuale Häufigkeit, mit der ein Erbfaktor bei Individuen gleichen Erbgutes im äußeren Erscheinungsbild wirksam wird; A.d.Ü.] Ying-Hui Fu et al., »Variation of the CGG Repeat at the Fragile X Site Results in Genetic Instability: Resolution of the Sherman Paradox«, *Cell*, 67, 1991, S. 1047–58, schreiben: »Das Risiko einer geistigen Beeinträchtigung bei einem Fragilen X im Stammbaum hängt davon ab, welche Position eine Person in diesem Stammbaum einnimmt; Brüder von NTMs [«normal transmitting males»] unterliegen einem geringen (~9 %) Risiko, während Enkel und Urenkel sehr viel größeren Risiken unterliegen (40 % und 50 %)« (S. 1047). Robert I. Richards und Grant R. Sutherland, »Dynamic Mutations: A New Class of Mutations Causing Human Disease«, *Cell*, 70, 1992, S. 709–712, lenkten die Aufmerksamkeit auf die dynamische Mutation, jenen Prozeß, der zu diversen humangenetischen Krankheiten führen kann, darunter auch zum Fragilen X. Zur Isolation des Gens im

Fragilen X siehe Gregory J. Tsongalis und Lawrence M. Silverman, »Molecular Pathology of the Fragile X Syndrome«, *Archives of Pathology and Laboratory Medicine*, 117, 1993, S. 1121–25. Stephen T. Warren und David L. Nelson, »Advances in Molecular Analysis of Fragile X Syndrome«, *JAMA*, 271, 16. Feb. 1994, S. 536–553, stellten fest, daß sich während der Weitergabe des Gens (CGG, eine Aufeinanderfolge von Trinukleotid-Vorgängen) die Anzahl der Repetitionen bei einer symptomfreien Person dramatisch von 6 auf 52 steigert, bei einem symptomatischen Individuum hingegen von 230 auf 1000. Die Autoren schlußfolgern: »Während die Prämutation vertikal durch eine Familie übertragen wird, tendiert sie dazu, in der Größe zuzunehmen, weshalb eine höhere Anzahl von betroffenen Kindern in späteren Generationen zu beobachten ist ...« (S. 538f.). In bezug auf Huntington wird darauf hingewiesen, daß sich »die Repetitionssequenz sowohl hinsichtlich der Größe als auch der Verbreitung verringern kann«. *Journal of Medical Genetics*, 30, 1993, S. 975–977, Zitat auf S. 975.

83 Morel, *Traité dégénérescences*, S. iii-ix, 5f., 62, 72, 136.

84 Ibid., zum Alkoholismus S. 79–140; zu den Elendsvierteln S. 635–644, zur Absonderung S. 691. Einen kurzen Überblick über Morels Theorien bietet Rafael Huertas, »Madness and Degeneration, I: From ›Fallen Angel‹ to Mentaly Ill«, *History of Psychiatry*, 3, 1992, S. 391–411. Einen langen Katalog von Sekundärliteratur zur Geschichte der Degeneration bietet Huertas in »Disease and Crime in Spanish Positivist Psychiatry«, ibid., 4, 1993, S. 459–481, siehe auch Anm. 2, S. 459f.

85 Richard von Krafft-Ebing, »Die Erblichkeit der Seelenstörungen und ihre Bedeutung für die forensische Praxis«, *Friedreich's Blätter für gerichtliche Medicin*, 19, 1868, S. 188–211.

86 Richard von Krafft-Ebing, »Über die prognostische Bedeutung der erblichen Anlage im Irrsein«, *Allgemeine Zeitschrift für Psychiatrie*, 26, 1869, S. 439; einige Stigmata der Morelschen Degeneration erwähnt er auf S. 443.

87 Richard von Krafft-Ebing, *Lehrbuch der Psychiatrie* (1879), 3. Ausg., Stuttgart 1888, S. 424.

88 Richard von Krafft-Ebing, *Psychopathia Sexualis: Eine klinisch-forensische Studie*, Stuttgart 1886.

89 Moritz Benedikt, *Aus meinem Leben: Erinnerungen und Erörterungen*, Wien 1906, S. 392.

90 Valentin Magnan und Maurice Paul Legrain, *Les Dégénérés (État mental et syndromes épisodiques)*, Paris 1895, S. 79. Zur Weiterentwicklung des Begriffs Degeneration in Frankreich siehe Ian R. Dowbiggin, *Inheriting Madness: Professionalization and Psychiatric Knowledge in Nineteenth-Century France*, Berkeley 1991.

91 Magnan, *Les Dégénérés*, S. 235.

92 Anon. [W. H. O. Sankey], »On the Degeneracy of the Human Race«, *Journal of Psychological Medicine*, 10, 1857, S. 159–208.

93 Maudsley, *Body and Mind*, S. 61, 63.

94 Zu den Degenerationslehren in Großbritannien siehe Janet Oppenheim, *»Shattered Nerves«: Doctors, Patients, and Depression in Victorian England*, New York 1991, S. 265–292.

95 Samuel Alexander Kenny Strahan, »Propagation of Insanity and Allied Neuroses«, *Journal of Medical Science*, 26, 1890, S. 329–330. Strahan sollte, obwohl er der Medizin den Rücken kehrte und Anwalt wurde, noch ein Buch über die Psychiatrie verfassen: *Marriage and Disease: A Study of Heredity and the More Important Family Degenerations* New York, 1892.

96 Laurence J. Ray, »Models of Madness in Victorian Asylum Practice«, *Archives européenes de sociologie*, 22, 1981, S. 252.

97 François Rittis Nachruf auf Magnan erwähnte nur kurz seine umstrittenen Doktrinen »la folie des dégénérés« und »le délire chronique«: »Mort de M. Magnan«, *Annales médico-psychologiques*, 10, Ser. 8, 1917, S. 76.

98 [Wilhelm Stekel] Med. Dr. Serenus (Pseud.), *Äskulap als Harlekin: Humor, Satire und Phantasie aus der Praxis*, Wiesbaden 1911, S. 3.

99 Oswald Bumke, *Landläufige Irrtümer in der Beurteilung von Geisteskranken*, Wiesbaden 1908, S. 13–14.

100 Siehe Jaspers, *Allgemeine Psychopathologie*, S. 13–37.

101 Émile Zola, *Germinal*, Frankfurt am Main 1983, S. 55, 145, aus dem Französischen von Armin Schwarz.

102 Alfred Hoche und Karl Binding, *Die Freigabe der Vernichtung lebensunwerten Lebens*, Leipzig 1920. Auch wenn sich die Autoren hier im wesentlichen »nur« für die Euthanasie Todkranker aussprachen, die ausdrücklich selbst den Tod wünschten, war vor allem Hoche dafür, auch asylierte Schwachsinnige zu vernichten. In der medizinischen Presse wurde dieses Buch unterschiedlich aufgenommen. Man vergleiche zum Beispiel die negative Kritik in *Berliner Klinische Wochenschrift*, 57, 19. Juli 1920, S. 695–696, mit der kurzen positiven Rezension in *Münchener Medizinische Wochenschrift*, 67, 3. Sept. 1920, S. 1048. Das rassistische *Archiv für Rassen- und Gesellschaftsbiologie* wiederum fand, daß es diesem Werk an wahren eugenischen Gesichtspunkten mangelte, Bd. 13, 1921, S. 211. Zur überwiegend negativen Reaktion, die solche Vorschläge in der Weimarer Republik auslösten, siehe Hans-Walter Schmuhl, *Rassenhygiene, Nationalsozialismus, Euthanasie: Von der Verhütung zur Vernichtung »lebensunwerten Lebens«, 1890–1945*, Göttingen 1987, S. 115–125. Weindling bringt in seinem *Health, Race and German Politics*, S. 336–338, Degeneration, Eugenik und Genetik völlig durcheinander und legt damit – fälschlicherweise, wie ich meine – nahe, daß Psychiater zu den schlimmsten Übeltätern von allen gehörten, die die

zum Nazismus führenden Lehren verbreiteten. Ein Beispiel für einen besonders tendenziösen Versuch der Forschung, den Psychiatern alle Schuld in die Schuhe zu schieben – für eine Geschichtsschreibung, der zufolge jeder biologische Gedanke unweigerlich zu Hitler führte – sind, Hans-Georg Güse und Norbert Schmacke, *Psychiatrie zwischen bürgerlicher Revolution und Faschismus*, 2 Bde., Kronberg 1976, bes. Bd. 2, S. 387f. Gustav W. Schimmelpfennig hingegen versucht Hoche u. a. mit der Begründung zu rehabilitieren, daß er ein Philosemit gewesen sei und daher kein Wegbereiter für die unter Hitler verwirklichte Euthanasie gewesen sein könne: *Alfred Erich Hoche. Das wissenschaftliche Werk: »Mittelmäßigkeit?«*, Göttingen 1990, S. 5–11 und S. 9 Anm. 25.

103 Zur Medizin vor und während des Nationalsozialismus siehe Robert N. Proctor, *Racial Hygiene: Medicine under the Nazis*, Cambridge, MA, 1988; und Michael Kator, *Doctors under Hitler*, Chapel Hill, 1989. Kator hebt besonders hervor, daß einer der wichtigsten Rassen-»Experten« der Nazis, Otmar von Verschuer, ausgebildeter Internist war (S. 232).

104 Abgesehen von den Standardberichten über Kraepelins Leben in Quellen wie Kolle, *Grosse Nervenärzte*, Bd. 1, S. 175–186, siehe R. Avenarius, »Emil Kraepelin, seine Persönlichkeit und seine Konzeption«, in: Janzarik, *Psychopathologie als Grundlagenwissenschaft*, S. 62–73; Hans W. Gruhle, »Emil Kraepelin 100. Geburtstag«, *Nervenarzt*, 27, 1956, S. 241–244; P. Hoff, »Nosologische Grundpostulate bei Kraepelin: Versuch einer kritischen Würdigung des Kraepelinschen Spätwerkes«, *Zeitschrift für klinische Psychologie*, 36, 1988, S. 328–336. Zu Kraepelins Persönlichkeit und klinischem Stil siehe Shorter, *Moderne Leiden*, S. 408f.

105 Emil Kraepelin, *Compendium der Psychiatrie*, Leipzig 1883. Weindling, der immer und überall Niedertracht wittert, macht aus Kraepelin, nur weil er 1904 nach München übersiedelte, einen der »führenden Rassenhygieniker von München«. Weindling, *Health, Race and German Politics*, S. 307.

106 Über Kraepelins frühe Jahre siehe seine *Lebenserinnerungen*, S. 1–24; sowie Wilhelm Wirth, »Emil Kraepelin zum Gedächtnis!«, *Archiv für die gesamte Psychologie*, 58, 1927, S. 1–32.

107 Franz Nissl, *Die Neuronenlehre und ihre Anhänger*, Jena 1903. Unglücklicherweise machte sich Nissl dann selbst daran, seine Neuronentheorie zu widerlegen, weshalb man sich seiner heute hauptsächlich wegen der »Nissl-Färbung« und weniger wegen seiner Erkenntnisse über die Nerven erinnert.

108 Siehe z. B. Ugo Cerletti, »Erinnerungen an Franz Nissl«, *Münchener Medizinische Wochenschrift*, 101, 1959, S. 2368f.

109 Aloys Alzheimer, »Über eine eigenartige Erkrankung der Hirnrinde«, anläßlich der 37. »Versammlung Südwestdeutscher Irrenärzte in Tübingen … 1906«, *Allgemeine Zeitschrift für Psychiatrie*, 64, 1907, S. 146f.

110 Zu Hellpachs Mißgeschicken bei Kraepelin siehe Willy Hellpach, *Wirken in Wirren: Lebenserinnerungen*, Bd. 1, *1877–1914*, Hamburg 1948, S. 277 f., 354 f.

111 Siehe z. B. Anton Delbrücks Rezension der 5. Ausgabe in *Zeitschrift für Hypnotismus*, 5, 1897, S. 362–365.

112 Zu Neumann (und früheren Vertretern der Einheitspsychose) siehe M. Lanczik, »Heinrich Neumann und seine Lehre von der Einheitspsychose«, *Fundamenta Psychiatrica*, 3, 1989, S. 49–54. Zu Neumanns Leben siehe Arthur Leppmann, »Heinrich Neumann. Nekrolog«, *Allgemeine Zeitschrift für Psychiatrie*, 42, 1885, S. 180–186. Neumann, effektiv der einzige Jude im deutschen Irrenwesen jener Jahre, war in den 1850er Jahren in Breslau von der Medizin zur Psychiatrie übergewechselt und leitete ab 1874 die im dortigen städtischen Krankenhaus angesiedelte Universitätspsychiatrie, bis er 1884 von Wernicke abgelöst wurde.

113 Karl Kahlbaum, *Die Gruppirung der psychischen Krankheiten und die Eintheilung der Seelenstörungen*, Danzig 1863, S. 129.

114 Ewald Hecker, »Die Hebrephrenie: ein Beitrag zur klinischen Psychiatrie«, *Archiv für pathologische Anatomie und Physiologie und für klinische Medicin*, 52, 1871, S. 394–429. Zu Hecker selbst siehe Mark J. Sedler, »The Legacy of Ewald Hecker: A New Translation of ›Die Hebephrenie‹«, *AJP*, 142, 1985, S. 1265–71.

115 Siehe Mark J. Sedler, »Falret's Discovery: The Origin of the Concept of Bipolar Affective Illness«, *AJP*, 140, 1983, S. 1127–33.

116 Kraepelin, *Erinnerungen*, S. 68–69.

117 Emil Kraepelin, *Psychiatrie. Ein kurzes Lehrbuch für Studirende und Aerzte*, 4. Ausg., Leipzig 1893.

118 Bénédict-Auguste Morel, *Études cliniques, traité théorique et pratique des maladies mentales …*, 2. Bd., Paris 1852–1853 (in den ich selbst keine Einsicht hatte), und *Traité des maladies mentales*, Paris 1860, S. 566. Morel, für den dieser Begriff – zumindest 1860 – nicht von zentraler Bedeutung war, verwendete ihn nur en passant.

119 Thomas S. Clouston, »The Morisonian Lectures on Insanity for 1873«, *Journal of Mental Science*, 19, 1874, S. 491–507, zur »insanity of pubescence«. In derselben Vorlesungsreihe sprach Clouston über »the hereditary insanity of adolescence«, ibid., 21, 1875, S. 205 f. Später ging er auf den Begriff »neuroses of development« über, siehe seinen Artikel »Some of the Physician's Developmental Problems – Bodily and Mental«, London, *Medical Magazine*, 1, 1892, S. 431.

120 Thomas S. Clouston, »The Neuroses of Development: Adolescent Insanity and its Secondary Dementia«, *Edinburgh Medical Journal*, 36, 1891, S. 104–124.

121 Eine Zusammenfassung von Charpentiers Aufsatz findet sich in: *Revue de*

l'hypnotisme, 5, 1891, S. 90–91. Zum Thema Irrsein in der Adoleszenz schrieb z. B. auch Heinrich Schüle, Irrenarzt in Illenau, Baden, *Handbuch der Geisteskrankheiten*, Leipzig 1878: »das pubische Irrsein«, S. 232.

122 Kraepelin, *Psychiatrie*, 4. Ausg., 1893, S. 434–442. Zu den psychiatrischen Schwerpunkten von Kraepelins Ideen siehe G. E. Berrios und R. Hauser, »The Early Development of Kraepelin's Ideas on Classification: A Conceptual History«, *Psychological Medicine*, 18, 1988, S. 813–821.

123 Kraepelin, *Psychiatrie*, 5. Ausg., Leipzig 1896, S. v.

124 Ibid., S. 14–15.

125 Ibid., 6. Ausg., Bd. 2, *Klinische Psychiatrie*, Leipzig 1899, S. 5.

126 Ibid., S. 359. Zu den Gruppierungen siehe die Inhaltsangabe S. v-x. Bestimmte Formen von Melancholie entfernte Kraepelin aus der Kategorie der manisch-depressiven Erkrankungen und reihte sie dafür in Alterspsychosen ein. Einige Fälle von Depression beließ er nach wie vor in der Kategorie der »psychopathischen Anlagen (Degenerationspsychose)«. Im 1913 erschienenen klinischen Band der 8. Ausgabe sollte er diese Kategorien wieder verwerfen. Kraepelin, *Psychiatrie: ein Lehrbuch*, 8. Ausg., 4 Bde., 1909–1915, Bd. 3: *Klinische Psychiatrie*, Teil 2, Leipzig 1913, S. 1353–58. Anerkennend äußerte sich Kraepelin über den Einfluß, den sein Student Georges L. Dreyfus in diesem Zusammenhang ausübte, im Vorwort zu dessen Schrift *Die Melancholie: ein Zustandsbild des manisch-depressiven Irreseins*, Jena 1907. 1920 begann Kraepelin die stringente Einteilung in affektive und nichtaffektive Psychosen etwas zu lockern. Nun gestand er zu, daß nicht immer eine Prognose anhand von aufgetretenen Symptomen gemacht werden könne. Kraepelin, »Die Erscheinungsform des Irreseins«, *Zeitschrift für die gesamte Neurologie und Psychiatrie*, 62, 1920, S. 1–29.

127 Eugen Bleuler, »Die Prognose der Dementia praecox (Schizophreniegruppe)«, *Allgemeine Zeitschrift für Psychiatrie*, 65, 1908, S. 436–437.

128 Eugen Bleuler, *Dementia Praecox oder Gruppe der Schizophrenien*, 1911 (Neuauflage Tübingen 1988). Siehe Manfred Bleulers Vorwort über das Selbstbild seines Vaters als getreuer Schüler Kraepelins.

129 Meyer, *Collected Papers*, Bd. 2, S. 393.

130 Oswald Bumke, »Alfred Erich Hoche«, *Archiv für Psychiatrie und Nervenkrankheiten*, 116, 1943, S. 339–346. Zu Hoche generell siehe auch Schimmelpfennig, *Alfred Erich Hoche*.

131 Zitiert in Erwin Stranskys Manuskript »Autobiographie«, das im *Wiener Institut für die Geschichte der Medizin* eingesehen werden kann, HS 2065, S. 272.

132 Erwähnt in Bonhoeffer, »Lebenserinnerungen«, S. 46.

133 Clarence B. Farrar, »I Remember Nissl«, *AJP*, 110, 1954, S. 623–624.

134 Franz Nissl, »Über die Entwicklung der Psychiatrie in den letzten 50 Jahren«, *Verhandlungen des Naturhistorisch-Medizinischen Vereins*, N. F., 8, 1908, S. 520.

135 S. B. Sutton, *Crossroads in Psychiatry: A History of the McLean Hospital*, Washington 1986, S. 149–150.

136 Meyer, *Collected Papers*, Bd. 3, S. 523.

137 Ibid., Bd. 2, S. 280.

138 Henderson, *Evolution Psychiatry Scotland*, S. 183.

139 Meyer, *Collected Papers*, Bd. 2, S. 199. Siehe auch Hurd, *Institutional Care Insane*, Bd. 2, S. 571–573, sowie A. McGhee Harvey et al., *A Model of Its Kind*, Bd. 1: *A Centennial History of Medicine at Johns Hopkins*, Baltimore 1989, S. 62–63 passim.

140 Theodore Lidz zum Beispiel schreibt: »... Als sich [Meyer] 1896 entschieden gegen die Nosologie Kraepelins wandte, Geistesstörungen als eigene Krankheitsgattung zu betrachten, war dies ein bedeutender Schritt für die amerikanische Psychiatrie.« Lidz, »Adolf Meyer and the Development of American Psychiatry«, *AJP*, 123, 1966, S. 326–327. Eine Übersicht über Meyers ständig wechselnde Einstellungen bietet U. H. Peters, »Adolf Meyer und die Beziehungen zwischen deutscher und amerikanischer Psychiatrie«, *Fortschritte der Neurologie und Psychiatrie*, 58, 1990, S. 332–338.

141 Meyer, *Collected Papers*, Bd. 2, S. 266. Erstmals stellte er diese Behauptung in seinem Artikel »A Review of the Signs of Degeneration and the Methods of Registration« auf, erschienen in *American Journal of Insanity*, 52, 1895, S. 344–363.

142 Nebenbemerkung in Meyers Kommentar über die 5. Ausgabe von Kraepelins Lehrbuch 1896. Siehe Meyer, *Collected Papers*, Bd. 3, S. 523.

143 Meyer, *Collected Papers*, Bd. 3, S. 536–539. Cottons Werk »wird nun ohne den führenden und lebendigen Geist ihres aufrichtigen und überzeugten Protagonisten weitergeführt werden müssen« (S. 537). Zu Cotton siehe Andrew Scull, »Desperate Remedies: a Gothic Tale of Madness and Modern Medicine«, in: R. M. Murray und T. H. Turner, Hrsg., *Lectures on the History of Psychiatry*, London 1990, S. 144–169.

144 Meyer, *Collected Papers*, Bd. 3, S. 102, 285–314, 309–310.

145 Um eine Vorstellung von diesem Stil zu bekommen, siehe C. Macfie Campbell, »Adolf Meyer«, *Archives of Neurology and Psychiatry*, 37, 1937, S. 715–724, bes. S. 723.

146 Siehe Lidz, »Adolf Meyer«, S. 327.

Viertes Kapitel
Die Nerven

1 Edgar Allan Poe, *Gesammelte Werke in 5 Bänden*, Bd. 3: *Der schwarze Kater. Erzählungen*, Bargfeld und Zürich 1994 (identisch mit der Poe-Werkausgabe, 1966), S. 80, 83, 84, aus dem Amerikanischen von Arno Schmidt, Hans Wollschläger und Kuno Schuhmann. Einen Überblick über die so disparate Literatur zu der Frage, was – wenn es denn überhaupt etwas gab – mit Poe selbst nicht gestimmt habe, bietet Alexander Hammond, »On Poe Biography: A Review Essay«, *ESQ*, 28, 1982, S. 197–208. Siehe auch Robert Patterson, »Once upon a Midnight Dreary: The Life and Addictions of Edgar Allan Poe«, *Canadian Medical Association Journal*, 147, 1992, S. 1246–48.

2 Siehe Richard Hunter und Ida Macalpine, *Three Hundred Years of Psychiatry, 1535–1860*, London 1963, S. 695 zu Norris; auf S. 696–703 sind Auszüge aus dem Bericht der Parlamentskommission nachzulesen, deren Recherchen zwischen 1814 und 1815 zu so großer Aufregung geführt hatten.

3 Bruno Goergen, *Privat-Heilanstalt für Gemüthskranke*, Wien 1820, S. 10.

4 Charles Reade, *Hard Cash: A Matter-of-Fact Romance*, 1863. Ich hatte Einblick in die 2. Ausgabe, London 1864, Bd. 2, S. 290; die erste Ausgabe ist undatiert. Dieses Werk sollte so populär werden, daß noch 1927 eine Neuauflage gedruckt wurde.

5 Adolf Grohmann, *Technisches und Psychologisches in der Beschäftigung von Nervenkranken*, Stuttgart 1899, S. 64, 68f., 70. Das erste Elternpaar hatte von seinem Sohn sogar verlangt, sich freiwillig für die Anstalt zu entscheiden, damit die öffentliche Schmach einer Einweisung umgangen werden konnte.

6 Hugo Gugl und Anton Stichl, *Neuropathologische Studien*, Stuttgart 1892, S. 18.

7 David Drummond, »The Mental Origin of Neurasthenia and its Bearing on Treatment«, *BMJ*, Bd. 2, 28. Dez. 1907, S. 1814.

8 Georg Dobrick, »Odium psychiatricum«, *PNW*, 13, 16. Dez. 1911, S. 381–383.

9 Diese Geschichte fand sich in einer kurzen Notiz in: *PNW*, 28, 28. Nov. 1925, S. 496.

10 Georg Lohmer, »Ein antipsychiatrisches Zentralorgan«, *PNW*, 11, 23. Okt. 1909, S. 273–278.

11 Alfred E. Hoche, *Jahresringe: Innenansicht eines Menschenlebens*, München 1934, S. 273–278.

12 Zbigniew J. Lipowski beobachtete, daß Patienten den Begriff »Streß« jeder anderen psychiatrischen Diagnose vorziehen. Deshalb würde er sie auch lieber zu einem »Streß Management«-Seminar und ähnlichen Veran-

staltungen schicken. »Somatization and Depression«, *Psychosomatics*, 31, 1990, S. 19.

13 George Bernard Shaw, *Des Doktors Dilemma*, Frankfurt am Main 1969, »Vorrede über Ärzte«, aus dem Englischen von Siegfried Trebitsch, S. 60–61. [Edward Shorter zitiert eine Passage, die in der z. Zt. einzig erhältlichen, laut Verlag »revidierten und gekürzten« deutschen Übersetzung wegfiel. Die hier zitierte Passage entspricht sinngemäß dem vom Autor gewählten Zitat aus »Preface« (1911), *The Doctor's Dilemma: A Tragedy*, Harmondsworth 1946, S. 76: »The doctor who has to live by … I don't agree.« A.d.Ü.]

14 Gregory Bateson, Hrsg., *Perceval's Narrative: A Patient's Account of His Psychosis, 1830–1832*, Stanford 1961, S. 178.

15 J. Evans Riadore, *Introductory Lectures to a Course on Nervous Irritation, Spinal Affections …*, London 1835, S. 59.

16 Siehe z. B. Jean-Amédée Dupau, *De l'éréthism nerveux ou analyse des affections nerveuses*, Monpellier 1819, S. 6–7.

17 Heinrich Laehr, *Über Irrsein und Irrenanstalten*, Halle 1852, S. 244; siehe »Zusammenstellung der Irren-Anstalten Deutschlands«, *Allgemeine Zeitschrift für Psychiatrie*, 15, 1858, »Anhang«, S. 2.

18 Ibid., S. 7. Der *Index-Catalogue of the Library of the Surgeon-General's Office, United States Army*, Reihe 1, Bd. 9, S. 780, bezieht sich auf einen von August Meyer (Eitorf 1876) verfaßten Prospekt der »Heil- und Pflegeanstalt für Nervenkranke zu Eitorf«.

19 Ewald Hecker, *Über das Verhältnis zwischen Nerven- und Geisteskrankheiten*, Kassel 1881, S. 13.

20 Robert Sommer, »Kliniken für psychische und nervöse Krankheiten«, *Medicinische Woche*, 7, 1906, S. 4. Er betonte, daß er diese Namensänderung nicht zuletzt aus Rücksicht auf die Empfindlichkeiten der Mediziner gewählt habe, denen die Neurologie der Klinik unterstand und die nicht wünschten, daß er sich der »Nervenpathologie« bemächtigte.

21 Ferdinand Adalbert Kehrer, »Erinnerungen eines Neuro- und Psychopathologen«, *Hippokrates*, 35, 1964, S. 27. Diese Kurzmemoiren sind ein Beispiel für die Tendenz der vom Nazismus vergifteten Psychiatergeneration, einfach stillschweigend über die Jahre 1933–1945 hinwegzugehen.

22 John R. Lord, »The Evolution of the ›Nerve‹ Hospital as a Factor in the Progress of Psychiatry«, *Journal of Mental Science*, 75, 1929, S. 307–315.

23 Johannes Bresler, »Eine Oberschlesische Nervenklinik«, *PNW*, 26, 9. Aug. 1924, S. 104–106. Die Anstalt, um die es hier ging, war die Landespsychiatrie von Kreuzburg.

24 Paul Näcke, »Die Trennung der Neurologie von der Psychiatrie und die Schaffung eigener neurologischer Kliniken«, *Neurologisches Zentralblatt*, 31, 1912, S. 82–89. Näcke war zu dieser Zeit Direktor der Hubertusburger Anstalt.

25 Zu dieser frühen Geschichte siehe Richard Metcalfe, *The Rise and Progress of Hydrotherapy in England and Scotland*, London 1906, S. 58–76; siehe auch Phyllis Hembry, *The English Spa, 1560–1815: A Social History*, London 1990.

26 Janet Brown erwähnt diesen Punkt in ihrem Aufsatz »Spas and Sensibilities: Darwin at Malvern«, *Medical History*, Supplement Nr. 10, 1990, S. 102–113.

27 Edward Bulwer-Lytton, *Confessions of a Water-Patient*, London 1845, S. 13–15.

28 Edward Sparks, der unter TB litt und sich zum Daueraufenthalt nach Mentone an der französischen Riviera zurückgezogen hatte, warnte Nervenkranke jedoch, daß sie »vom Klima der westlichen Riviera eher geschwächt als gestärkt« würden. *The Riviera: Sketches of the Health Resorts*, London 1879, S. 140.

29 Hermann Weber, »Klimatotherapie«, in: Hugo von Ziemssen, Hrsg., *Handbuch der allgemeinen Therapie*, Leipzig 1880, Bd. 2, Teil 1, S. 1–212. Zu Hermann Weber selbst siehe *Munk's Roll*, Bd. 4, 121 f.

30 Hermann Weber und Frederick Parkes Weber, *The Mineral Waters and Health Resorts of Europe*, London 1898, S. 334.

31 Frederick Parkes Weber, *Casebooks*, Bd. *1907–1909*, S. 200, Contemporary Medical Archives Center, Wellcome Institute for the History of Medicine, London.

32 Notiz in *BMJ*, Bd. 1, 1. April 1922, S. 533.

33 Neville Wood, »British Spas and Their Waters«, *The Prescriber*, 15, 1921, S. 119.

34 Paul Gerbod, »Les ›fièvres thermales‹ en France au XIXe siècle«, *Revue historique*, 277, 1987, S. 309–334, bes. S. 312.

35 A. Bellanger, *Le Magnétisme: verités et chimères de cette science occulte*, Paris 1854, S. 219: »une sorte de république champêtre de buveurs d'eau«.

36 Paris, 1901, S. 337.

37 Fernand Levillain, *Les maladies nerveuses et arthritiques à Royat*, Clermont-Ferrand, 1894, S. 60.

38 Kräfteverfall bei Blutarmut; A.d.Ü.

39 Edouard Egasse und Joseph-Frédéric Guyenot, *Eaux minérales naturelles autorisées de France*, Paris 1891, S. 130–148.

40 Dieses Thema wird ausführlich in einer Geschichte des Kurbades Pougues-les-Eaux besprochen: Jean Certhoux, »De la neurasthénie aux névroses: le traitement des névroses dans le passé«, *Annales médico-psychologiques*, 119, 1961, S. 913–932.

41 Dr. Sauvage, »Les maladies nerveuses sur le littoral méditerranéen«, *Poitou médical*, 22, 1907, S. 206–212; Albert Rosenau, »Monte Carlo als Winterstation«, *Zeitschrift für Balneologie, Klimatologie und Kurort-Hygiene*, 1, 1908–09, S. 594–596.

42 Dr. Vogelsang, »Montreux«, *Zeitschrift für Balneologie* ..., 2, 1909–10, Statistik S. 445, Zitat S. 446.

43 Alfred Béni-Barde, *La Neurasthénie*, Paris 1908, S. 367–369.

44 Ibid., S. 52.

45 Zur Vorliebe der Franzosen für Baden-Baden, Wiesbaden, Bad Homburg und die böhmischen Bäder siehe Gerbod, *Revue historique*, S. 317–317.

46 J. Charvát, »Eine analytische Betrachtung der Karlsbader Kurfrequenz 1756–1960«, *Balneologia e Balneotherapia*, 21, 1961, S. 407–420, Statistik S. 417–419.

47 Dr. Rompel, »Der Fremdenverkehr der bedeutenderen deutschen Badeorte«, *Zeitschrift für Balneologie, Klimatologie und Kurort-Hygiene*, 6, 1913, S. 391–399, Statistik S. 399.

48 David Hess, *Die Badefahrt*, Zürich 1818, S. 85, Inkognito-Aufzeichnungen eines Arztes.

49 Siehe *Jahrbücher für Deutschlands Heilquellen und Seebäder*, 1837, S. 104f., 141–146, 154, 191.

50 Louis Lehmann, *Die chronischen Neurosen als klinische Objekte in Oeynhausen (Rehme)*, Bonn 1880, Daten S. 7–9, Kommentar zur Masturbation S. 58. Als größte Kategorie bezeichnete der Autor »Skrofulose und Oligämie«, eine Kombination aus orthopädischen, gynäkologischen und anderen Störungen.

51 Alfred Martin, »Die Reilsche Badeanstalt in Halle mit ihrem Kur- und Badebetrieb«, *Zeitschrift für physikalische und diätetische Therapie*, 26, 1922, S. 131–138.

52 Siehe »Philo vom Walde« [Pseudonym für Johannes Reinelt], *Vincenz Prießnitz: Sein Leben und sein Wirken*, Berlin 1898.

53 Einen Überblick bietet Edward Shorter, »Private Clinics in Central Europa, 1850–1933«, *Social History of Medicine*, 3, 1990, S. 159–195, bes. S. 168–175.

54 Er selbst ging mit dieser Vergangenheit nicht gerade hausieren; Informationen darüber mußten erst aus seinen Personalunterlagen im Wiener Universitätsarchiv zusammengetragen werden.

55 Landes-Irren-Anstalt Kierling-Gugging (das heutige Niederösterreichische Landeskrankenhaus für Psychiatrie und Neurologie Klosterneuburg), Hausarchiv, Registernummer 1903 / 171.

56 Dr. Walther, »Die offenen Anstalten für Nervenkranke und Leicht-Verstimmte«, *Correspondenz-Blatt der deutschen Gesellschaft für Psychiatrie*, 20, 1874, S. 81–91.

57 Caspar M. Brosius, *Aus meiner psychiatrischen Wirksamkeit: Eine zweite Adresse*, Wiesbaden 1881, S. 19.

58 Karl E. Hoestermann, *Zur Erinnerung an die Feier des fünfzigjährigen Bestehens der Wasserheilanstalt Marienberg zu Boppard am Rhein*, Boppard 1889, S. 29–30.

59 Siehe Paul Wiedeburg, »Über die psychischen Einflüsse auf Patienten in offenen Heilanstalten mit Ausschluß der direkten ärztlichen Behandlung«, *Zeitschrift für diätetische und physikalische Therapie*, 4, 1900–1901, S. 409–415, Zitat S. 412.

60 Salomon Federn (auch unter dem Namen S. Bunzel-Federn bekannt), *Blutdruck und Darmatonie*, Leipzig 1894, S. 25.

61 George Beard, »Neurasthenia, or Nervous Exhaustion«, *BNSJ*, 80, 29. Apr. 1869, S. 217, 218. Zu Beards Leben siehe Charles M. Rosenberg, »The Place of George M. Beard in American Psychiatry«, *Bulletin of the History of Medicine*, 36, 1962, S. 245–259. Unabhängig von Beard verwendete auch Edwin Van Deusen, Leiter eines Irrenhauses, im April 1869 den Begriff Neurasthenie: »Observations on a Form of Nervous Prostration (Neurasthenia) Culminating in Insanity«, *American Journal of Insanity*, 25, 1869, S. 445–461. Beards Beitrag war jedoch sehr viel einflußreicher.

62 George Beard, *A Practical Treatise on Nervous Exhaustion (Neurasthenia): Its Symptoms, Nature ...*, New York 1880, S. vi. [Die deutsche Ausgabe *Die Nervenschwäche (Neurasthenia), ihre Symptome, Natur, ...*, Leipzig 1881, ist aufgrund von »Kriegsschäden« nicht mehr einsehbar und konnte daher nicht auf Seitenangaben hin überprüft werden.]

63 Federn, *Blutdruck*, S. 24.

64 Perfect, *Select Cases in the Different Species of Insanity*, S. 3–7.

65 Caspar M. Brosius, *Aus meiner psychiatrischen Wirksamkeit*, Berlin 1878, S. 35.

66 Siehe z. B.: Goergen, *Privatheilanstalt*, S. 28.

67 Weir Mitchell, »The Evolution of the Rest Treatment«, *JNMD*, 31, 1904, S. 368–373, Fallstudie S. 370–372.

68 Weir Mitchell, »Rest in Nervouse Disease«, in: Edouard C. Seguin, *A Series of American Clinical Lectures*, Bd. 1, Jan.-Dez., 1875, New York 1876, S. 84.

69 Theodore H. Weisenburg, »The Weir Mitchell Rest Cure Forty Years Ago and Today«, *Archives of Neurology and Psychiatry*, 14, 1925, S. 385.

70 Weber, *Mineral Waters*, S. 439f.

71 William S. Playfair, »Notes on the Systematic Treatment of Nerve Prostration and Hysteria Connected with Uterine Disease«, *Lancet*, 2, 28. Mai 1881, S. 857.

72 Eine bemerkenswerte Darstellung, wie man die Ruhekur sogar gegen den Willen eines Patienten durchführen konnte, bietet Alfred T. Schofield, *The Management of a Nerve Patient*, London 1906, S. 190–229.

73 [Jean-Martin Charcot], »De l'isolement dans le traitement de l'hystérie«, *Progrès médical*, 13, 28. Feb. 1885, S. 161–164; die Aufgabe, Charcots Vortrag für die Veröffentlichung aufzubereiten – was für den Meister selbst offenbar eine zu große Zumutung war –, hatte Georges Gilles de la Tourette übernommen.

74 Siehe z. B. Rudolph Burkart, »Zur Behandlung schwerer Formen von Hysterie und Neurasthenie«, *[Volkmann] Sammlung klinischer Vorträge*, Nr. 245, 1884, S. 1771–1818.

75 Siehe *American Medical Directory*, 1906, Anzeigenseiten lvi, lxv.

76 *Bäder-Almanach*, 1910, S. 484, 661.

77 Schofield, *Management Nerve Patient*, S. 225.

78 Elizabeth Robins, *A Dark Lantern: A Story with a Prologue*, New York 1905, S. 134f., 146–149, 153–156, 169, 209, 220. Zu Robins' Leben siehe Joanne E. Gates, *Elizabeth Robins, 1862–1952: Actress, Novelist, Feminist*, Tuscaloosa 1994. Auf S. 136–143 schildert Gates ihre Ruhekur (die ihrer Meinung nach ein völliger Fehlschlag war).

79 Fernand Levillain, *La Neurasthénie: Maladie de Beard (Méthodes de Weir-Mitchell et Playfair, Traitement de Vigoroux, avec une préface du Professeur Chaecot)*, Paris 1891, S. 238, 243.

80 Anläßlich der Diskussion eines Papiers von Edward W. Taylor, »The Attitude of the Medical Profession toward the Psychotherapeutic Movement«, *JNMD*, 35, 1908, S. 401–403, Zusammenfassung; Decums Bemerkung S. 406.

81 George A. Waterman, »The Treatment of Fatigue States«, *Journal of Abnormal Psychology*, 4, 1909, S. 134.

82 Edwin Bramwell, »A Lecture on Psychotherapy in General Practice«, *Edinburgh Medical Journal*, NS, 30, 1923, S. 46.

83 Gabriel Gustav Valentin, *Traité de névrologie*, Paris 1843 (französische Übersetzung von Valentins Werk über Neuroanatomie).

84 »Report of the Council to the American Medico-Psychological Association«, *American Journal of Insanity*, 67, 1910, S. 400–411, Teilnehmerliste S. 405–410.

85 Siehe Bonnie Ellen Blustein, »A ›Hollow Square of Psychological Science‹: American Neurologists and Psychiatrists in Conflict«, in: Andrew Scull, Hrsg., *Madhouses, Mad-Doctors, and Madmen: The Social History of Psychiatry in the Victorian Era*, Philadelphia 1981, S. 241–270. J. Pantel, »Streitfall Nervenheilkunde – eine Studie zur disziplinären Genese der klinischen Neurologie in Deutschland«, *Fortschritte der Neurologie und Psychiatrie*, 1993, S. 144–156.

86 Kräfteverfall bis hin zu Lähmungserscheinungen aufgrund von Vitamin B-Mangel; A.d.Ü.

87 *Bäder Almanach*, 1910, S. 655. Soweit mir bekannt, war Friedländer niemals in einer Irrenanstalt, sondern nur in diversen »offenen« Nervensanatorien tätig gewesen.

88 Zu den Einzelheiten über Aufstieg und Niedergang der Hypnose siehe Shorter, *Moderne Leiden*, S. 129–165, 246f. Eine der vielen historischen Abhandlungen dieses Themas bietet: Adam Crabtree, *From Mesmer to*

Freud: Magnetic Sleep and the Roots of Psychological Healing, New Haven 1993.

89 Hippolyte Bernheim, »De la Suggestion dans l'état hypnotique et dans l'état de veille«, *Revue médicale de l'Est*, 15, 1883, S. 610–619 (Teil 4 einer mehrteiligen Folge). Siehe auch die Fortsetzung in Teil 8, 16, 1884, S. 7–20. Bernheim veröffentlichte diese Artikel ausführlicher auch in Buchform: *De la suggestion dans l'état hypnotique et dans l'état veille*, Paris 1884. Zu Bernheims Einfluß siehe Jean Camus und Philippe Pagniez, *Isolement er psychothérapie*, Paris 1904. »Il faut, en réalité, arriver à l'école de Nancy pour qu'avec la théorie de la suggestion solidement assise s'établisse une thérapeutique réglée« (S. 54).

90 Frederik van Eeden, *Happy Humanity*, Garden City 1912, S. 35. Zu Eeden siehe R. Th. R. Wentges, »De psychiater Frederik van Eeden«, *Nederland. Tijdschrift voor Geneeskunde*, 120, 1976, S. 927–943.

91 Siehe Liébeault an August Forel, 18. Mai 1887, »Nous avons eu la visite ...«, in: Hans H. Walser, Hrsg., *August Forel Briefe / Correspondance, 1864–1927*, Bern 1968, S. 196.

92 Albert Willem van Renterghem und Frederik Willem van Eeden, *Clinique de psycho-thérapie suggestive*, Brüssel 1889.

93 Zusammengestellt aus van Eeden, *Happy Humanity*, S. 33–40 und »Les Principes de la psychothérapie«, *Revue de l'hypnotisme*, 7, 1893, S. 97–120, siehe auch die Erörterung auf S. 119 sowie van Renterghem, »Liébeault et son École«, *Zeitschrift für Hypnotismus*, 4, 1896, S. 333–375, Fortsetzungen: Bd. 5, 1897, S. 46–55, 95–127, Bd. 6, 1897, S. 11–14. Siehe Bd. 4, S. 333f. und Bd. 6, S. 11–15 zu Renterghems Leben. Die Behauptung, der Begriff »Psychotherapie« (*psycho-therapeutics*) sei auf Daniel Hack Tuke, den Sohn von Samuel Tuke, zurückzuführen, ist haltlos, denn Tukes Überlegungen über den Einfluß, den der Wille auf den Körper ausüben kann, gingen über vage Allgemeinplätze nie hinaus. Siehe Daniel Hack Tuke, *Illustrations of the Influence of the Mind upon the Body in Health and Disease*, Philadelphia 1873: »The influence of the Will upon disease, apart from voluntary Attention, is a very important agent in Psycho-therapeutics« (S. 393).

94 Die Tradition der moralischen Therapie in den Anstalten – auch eine Art von Psychotherapie – starb jedoch nicht aus. Außerhalb der Anstalten hatten schon vor dem Bernheimschen Suggestionsgedanken Mediziner um Aufmerksamkeit für psychologische Ansätze geworben. Siehe z. B. Paul Julius Möbius, »Über den Begriff der Hysterie«, *Zentralblatt für Nervenheilkunde*, 11, 1888, S. 66–71, der davon sprach (S. 69), daß es keine andere Behandlungsmöglichkeit der Hysterie gäbe als »die psychische«.

95 Forel glaubte, daß durch Hypnose objektive Veränderungen im Hirn hervorgerufen würden. *Der Hypnotismus: seine psycho-physiologische, medici-*

nische, strafrechtliche Bedeutung und seine Handhabung, 1889, 2. Ausg., Stuttgart 1891, z. B. S. 13–19.

96 Siehe Dumeng Bezzola an Forel, 9. April 1908, in: Christian Müller, »August Forel und Dumeng Bezzola: ein Briefwechsel«, *Gesnerus*, 46, 1989, S. 68.

97 August Forel, »Bemerkungen zu der Behandlung der Nervenkranken durch Arbeit und zur allgemeinen Psychotherapie«, *Zeitschrift für Hypnotismus*, 10, 1902, S. 1–5.

98 Heinrich Obersteiner, *Der Hypnotismus mit besonderer Berücksichtigung seiner klinischen und forensischen Bedeutung*, Wien 1887, S. 67.

99 Heinrich Obersteiner, *Die Privatheilanstalt zu Ober-Döbling*, Wien 1891, S. 144–147.

100 Hugo Gugl und Anton Stichl, *Neuropathologische Studien*, Stuttgart 1892, S. 20f., 34f., 108, 137f. Die Autoren nahmen zwar nicht explizit zur Hypnose Stellung, was aber nicht bedeutet, daß sie sie nicht angewandt hätten. Siehe auch Richard von Krafft-Ebing, »Zur Verwerthung der Suggestionstherapie (Hypnose) bei Psychosen und Neurosen«, *Wiener Klinische Wochenschrift*, 4, 22. Okt. 1891, S. 795–799.

101 Erwähnt von Albert von Schrenck-Notzing in seiner Dissertation *Ein Beitrag zur therapeutischen Verwerthung des Hypnothismus*, Leipzig 1888, S. 76. Schrenck-Notzing konnte Patienten befragen, die von Hösslin hypnotisiert worden waren.

102 Siehe Karl Gerster, »Beiträge zur suggestiven Psychotherapie«, *Zeitschrift für Hypnotismus*, 1, 1892–1893, S. 319–335. Gemeint war Hypnose. Auch in einer Reklame für das Sanatorium ist von »Psychotherapie« die Rede, siehe *Zeitschrift für physikalische Therapie*, 3, 1899–1900, Anzeige S. 5.

103 Caesar Heimann, *Bericht über Sanitätsrath Dr. Karl Edels Asyl für Gemüthskranke zu Charlottenburg, 1869–1894*, Berlin 1895, S. 103f.

104 Benedict-Augustin Morel, *Traité des dégénérescences*, Paris 1857, S. 685.

105 A.-A. Amédée Dumontpallier, »Séance d'ouverture«, *Revue de l'hypnotisme*, 4, 1890, S. 29–85.

106 Van Renterghem, *Zeitschrift für Hypnotismus*, 5, 1897, S. 115–119. Dumontpallier et al. praktizierten auch Hypnose.

107 Pierre Janet, *L'État mental des hystérique: Les Stigmates mentaux ... le traitement psychologique de l'hystérie*, 1893. Ich hatte Einsicht in die 2. Ausgabe, Paris 1911, siehe S. 645–657 zur Hypnotik und S. 657–660 zur »Suggestion«, womit nichthypnotische Therapie gemeint war. Einen äußerst wohlwollenden Bericht über Janet und sein Leben liefert Henri F. Ellenberger, *The Discovery of the Unconscious: The History and Evolution of Dynamic Psychiatry*, New York 1970, S. 331–417. Auch ich finde, daß Janets Arbeit zu Unrecht in Vergessenheit geriet.

108 Smith Ely Jelliffe, »Glimpses of a Freudian Odyssey«, *Psychoanalytic Quarterly*, 2, 1933, S. 323.

109 Smith Ely Jelliffe, »Deaths of M. Allen Star and Joseph Francis Babinski«, *JAMA*, 100, 14. Jan. 1933, S. 134.

110 Siehe Camus und Pagniez, *Isolement et psychothérapie*, S. 1–3, und auf S. 99–107 die Darstellung dieses Dienstes; siehe auch Dejerines Vorwort zu dieser Ausgabe. Gemeinsam mit Ernest Gauckler schrieb Dejerine ein umfangreiches Werk über Psychoneurosen: *Les manifestations fonctionnelles des psychonévroses*, Paris 1911. Zu Dejerines Leben siehe Gauckler, *Le Professeur J. Dejerine*, Paris 1922.

111 Jules-Joseph Dejerine, »Le Traitement des psycho-névroses à l'hôpital par la méthode de l'isolement«, *Revue neurologique*, 10, 1902, S. 1145–48.

112 Jelliffe, *Psychoanalytic Quarterly*, 1933, S. 324.

113 Ibid., C. B. Farrar schreibt, man habe sich allgemein gefragt, ob Dejerine selbst unter Neurasthenie oder progressiver Paralyse gelitten habe, siehe »Diary 1902–1904«, Eintrag ohne Datum.

114 Catherine Ducommun, »Paul Dubois (1848–1918)«, *Gesnerus*, 41, 1984, S. 64.

115 Paul Dubois, *Les psychonévroses et leur traitement moral*, 1904, 3. Ausg., Paris 1909, S. xxiii.

116 Dejerine, *Psychonévroses*, S. viii.

117 Jules-Joseph Dejerine, »Clinique des maladies du système nerveux; Leçon inaugurable«, *Presse médicale*, 1. Apr. 1911, S. 253–259.

118 Gilbert Ballet, »Le domaine de la psychiatrie«, *Presse médicale*, 10. Mai 1911, S. 377–380.

119 Jules-Joseph Dejerine, »Le domaine de la psychiatrie, réponse à M. le Professeur Gilbert Ballet«, *Presse médicale*, 24. Mai 1911, S. 425f.

120 Byrom Bramwell, »Functional Paraplegia«, *Clinical Studies*, NS, 1, 1903, S. 332–344.

121 Zur Beziehung zwischen Psychiatrie und Neurologie in Großbritannien siehe William F. Bynum, »The Nervous Patient in 18th- and 19th-Century Britain: the Psychiatric Origins of British Neurology«, in: R. M. Murray und T. H. Turner, Hrsg., *Lectures on the History of Psychiatry*, London 1990, S. 115–127.

122 Ernest Jones, *Free Associations: Memoirs of a Psycho-analyst*, New York 1959, S. 123.

123 Quentin Bell, *Virginia Woolf: A Biography*, 2 Bde., New York 1972, Bd. 1, S. 90, 94, 166.

124 William A. Hammond, »The Non-Asylum Treatment of the Insane«, *Medical Society of the State of New York, Transactions*, 1879, S. 280–297. Siehe auch Gerald N. Grob, *Mental Illness and American Society, 1875–1940*, Princeton 1983, S. 49–55.

125 Lewellys F. Barker, *Time and the Physician*, New York 1941, S. 168–170. Baker wollte eine »psychopathologische« Abteilung im Hopkins-Krankenhaus einrichten, konnte aber keine Gelder dafür auftreiben (S. 175).

126 Siehe z. B. Joseph Collins, »The General Practitioner and the Functional Nervouse Diseases«, *JAMA*, 52, 9. Jan. 1909, S. 87–92. Der Autor war ganz offensichtlich verärgert. Denn seiner Meinung nach beinhaltete diese Psychotherapie ausschließlich Techniken, über die Neurologen schon immer verfügt hätten.

127 Charles L. Dana, »The Future of Neurology«, *JNMD*, 40, 1913, S. 754f.

Fünftes Kapitel
Der psychoanalytische Hiatus

1 Gary B. Cohen, »Die Studenten der Wiener Universität von 1860 bis 1900«, in: Richard Georg Plaschka und Karlheinz Mack, *Wegenetz europäischen Geistes II: Universitäten und Studenten*, München 1987, S. 290–316, Tab. 4, S. 297.

2 Steven Beller, *Wien und die Juden 1867–1938*, Wien u.a. 1993.

3 Ibid., S. 37.

4 Grundlegende biographische Daten über Freud in Peter Gay, Hrsg., *The Freud Reader*, New York, 1989, S. xxxi-xlvii.

5 Robert A. Kann, Hrsg., *Theodor Gomperz: ein Gelehrtenleben im Bürgertum der Franz-Josefs-Zeit*, Wien 1974, S. 236–237.

6 Siehe Erwin Stranskys Manuskript »Autobiographie«, undatiert Wien, Institut für Geschichte der Medizin, HS. 2065, S. 117.

7 Jeffrey M. Masson, Hrsg., *Briefe an Wilhelm Fließ, 1887–1904*, Frankfurt am Main 1986, deutsche Bearbeitung Michael Schröter, Transkription Gerhard Fichtner, S. 415.

8 Manuskript »Nachgelassene Lebenserinnerungen von Julius Wagner-Jauregg«, Wien, Institut für Geschichte der Medizin, HS. 3290, S. 95a. Zitat hier aus dem Englischen übersetzt.

9 Josef Breuer und Siegmund Freud, *Studien über Hysterie*, Wien 1885, Neuausgabe Frankfurt am Main, 1970; sowie Studienausgabe, Frankfurt am Main 1982, Erg., S. 37, 49–97 [nur Teil IV: »Zur Psychotherapie der Hysterie«]. Zur tatsächlichen Fallgeschichte von Pappenheim – da die Falldarstellung in *Studien über Hysterie* zum Teil wohl auf reiner Phantasie beruhte – siehe Albrecht Hirschmüller, *Physiologie und Psychoanalyse im Leben und Werk Josef Breuers*, Bern 1978, S. 348–364. Zu Anna von Lieben und anderen Patienten siehe Peter J. Swales, »Freud, His Teacher, and the Birth of Psychoanalysis«, in: Paul E. Stepansky, Hrsg., *Freud: Appraisals and Reappraisals*, Hillsdale, NJ, 1986, S. 3–83.

10 Breuer und Freud, *Studien über Hysterie*, S. 153–157.

11 Siehe z. B. Freuds Brief an Wilhelm Fließ vom 12. Dezember 1897:

»Kannst Du Dir denken, was ›endopsychische Mythen‹ sind? Die neueste Ausgeburt meiner Denkarbeit.« Masson, *Freud / Fließ*, S. 311.

12 Ibid., S. 50.

13 Ibid., S. 161–164.

14 Eva Brabant et al., *Sigmund Freud / Sándor Ferenczi, Briefwechsel I / 1*, Wien 1993, S. 221.

15 Emil Raimann, *Die hysterischen Geistesstörungen*, Wien 1901, S. 217.

16 Emil Raimann, *Zur Psychoanalyse*, Wien 1924, S. 32f.

17 Sigmund Freud, »L'Hérédité et l'étiologie des névroses« (1896), Freud, *Gesammelte Werke*, Bd. 1, Frankfurt am Main 1952, S. 407–422.

18 Diese drei Grundelemente waren 1899 zum festen Bestandteil geworden. Siehe z. B. Freuds »Über Deckerinnerungen« (1899), *Gesammelte Werke*, Bd. 1, S. 531–554.

19 Franz Alexander, »A Review of Two Decades«, in: Alexander und Helen Ross, Hrsg., *Twenty Years of Psychoanalysis*, New York 1953, S. 16.

20 Masson, *Freud / Fließ*, S. 437.

21 Wilhelm Stekel, »Zur Geschichte der analytischen Bewegung«, *Fortschritte der Sexual-Wissenschaft*, 2, 1926, S. 551.

22 Paul Roazen, *Freud and His Followers*, New York 1971, Neuauflage 1984, Anm. S. 302.

23 Sigmund Freud, »Das Unbehagen in der Kultur«, 1930, in: *Gesammelte Werke*, Bd. 14, S. 421–506.

24 Diese Anekdote berichtet Hermann Keyserling, *Reise durch die Zeit*, Bd. 2: *Abenteuer der Seele*, Darmstadt 1958, S. 281; der Kollege blieb ungenannt.

25 Gerhard Fichtner, Hrsg., *Sigmund Freud / Ludwig Binswanger, Briefwechsel 1908–1938*, Frankfurt am Main 1992, S. 81.

26 Grete Meisel-Hess, *Die Intellektuellen*, Berlin 1911, S. 341–346. Zitat hier aus dem Englischen übersetzt.

27 Max Eitington, *Bericht über die psychoanalytische Poliklinik* (März 1920 bis Juni 1922), Wien 1923.

28 Martin Gumpert, *Hölle im Paradies: Selbstdarstellung eines Arztes*, Stockholm 1939, S. 185.

29 Elias Canetti, *Das Augenspiel: Lebensgeschichte 1931–1937*, Frankfurt am Main 1988, S. 238.

30 Elias Canetti, *Die Fackel im Ohr, Lebensgeschichte 1921–1931*, München 1980, S. 160.

31 Andreas Kluge, »Über Psychoanalyse«, *PNW*, 25, 25. Aug. 1923, S. 132f.

32 Siehe z. B. Abram de Swaan, »On the Sociogenesis of the Psychoanalytic Setting«, in: *Human Figurations: Essays for Norbert Elias*, Amsterdam 1977, S. 381–413.

33 Gustav Aschaffenburger, »Die Beziehungen des sexuellen Lebens zur Entstehung von Nerven- und Geisteskrankheiten«, *Münchener Medizinische Wochenschrift*, 53, 11. Sept. 1906, S. 1793–1798.

34 Adolf Albrecht Friedländer, »Hysterie und moderne Psychoanalyse«, *PNW*, 11, 29. Jan. 1910, S. 393–396.

35 Ibid., Schlußfolge, *PNW*, 11, 5. März 1910, S. 444.

36 Johannes Heinrich Schultz, *Lebensbilderbuch eines Nervenarztes*, Stuttgart 1964, S. 71. Zur Verbindung zwischen Bonhoeffers psychiatrischer Klinik und der psychoanalytischen Klinik in Berlin siehe Uwe Henrik Peters, *Psychiatrie im Exil: Die Emigration der psychodynamischen Psychiatrie aus Deutschland 1933–1939*, Düsseldorf 1992, S. 99–100.

37 Adolf Strümpell, *Aus dem Leben eines deutschen Klinikers: Erinnerungen und Beobachtungen*, Leipzig 1925, S. 278–279.

38 Christian Müller, »August Forel und Dumeng Bezzola: ein Briefwechsel«, *Gesnerus*, 46, 1989, S. 55–79.

39 Hannah Deckers ansonsten differenzierte Analyse der Einstellungen, die in Deutschland gegenüber Freud herrschten, versäumt, auf diesen Punkt hinzuweisen: *Freud in Germany: Revolution and Reaction in Science, 1893–1907,* New York 1977, S. 179–188.

40 Konrad Rieger, »Über die Behandlung ›Nervenkranker‹«, *Schmidt's Jahrbücher der in- und ausländischen Gesammten Medicin*, 251, 1896, S. 193–198.

41 Viktor von Weizsäcker, *Natur und Geist: Erinnerungen eines Arztes*, Göttingen 1955, S. 190.

42 Siehe z. B. Ernst Romberg, »Über Wesen und Behandlung der Hysterie«, *Deutsche Medizinische Wochenschrift*, 36, 21. Apr. 1910, S. 737–742. Romberg hielt bereits den kathartischen Effekt der Tatsache, daß der Patient dem Arzt seine Geschichte erzählen konnte, für heilsam.

43 Zu Hintergrundinformationen über die Welt der Privatkliniken siehe Edward Shorter, »Private Clinics in Central Europe 1850–1933«, *Social History of Medicine*, 3, 1990, S. 159–195.

44 Wolfgang Warda, »Ein Fall von Hysterie, dargestellt nach der kathartischen Methode von Breuer und Freud«, *Monatsschrift für Psychiatrie und Neurologie*, 7, 1900, S. 471–489.

45 [Ludwig Binswanger], *Zur Geschichte der Heilanstalt Bellevue in Kreuzlingen 1857–1932*, Zürich, ungezeichnet und undatiert, S. 29.

46 Fichtner, *Freud / Binswanger*, S. 53–54.

47 Siehe Juliusburgers Meinungsaustausch mit dem antisemitischen Psychiater Johannes Bresler über die Frage, ob nur Christen Anstaltsleiter sein dürften. Juliusburger, »Psychiater und Religion«, *PNW*, 31, 1. Juni 1929, S. 270–272.

48 Fritz Eichelberg, *Jahrbuch der ärztlich geleiteten Heilanstalten und Privatkliniken Deutschlands*, Berlin 1927, S. 31.

49 Landes-Irren-Anstalt Kierling-Gugging (heute Niederösterreichisches Landeskrankenhaus für Psychiatrie und Neurologie Klosterneuburg), Hausarchiv, Reg. Nr. 1903 / 73.

50 Heinrich Meng, *Leben als Begegnung*, Stuttgart 1971, S. 65. Döblin war 1906 nach Buch gekommen; in den zwanziger Jahren hatten er und Heinrich Meng – der damals in den Dreißigern war – tatsächlich versucht, einen Patienten zu analysieren.

51 Alfred Döblin, *Berlin Alexanderplatz*, München 1965, S. 383–386.

52 Menachem Amitai und Johannes Cremerius, »Dr. med. Arthur Muthmann: Ein Beitrag zur Frühgeschichte der Psychoanalyse«, *Psyche*, 38, 1984, S. 743–744.

53 Birgit Schoop-Russbült, Hrsg., *Psychiatrischer Alltag in der Autobiographie von Karl Gehry (1881–1962)*, Zürich 1989, S. 52f., 63, 135.

54 Von den 496 anwesenden Ärzten aus Deutschland, Österreich und der Schweiz gaben 70,4 Prozent eine private und 25 Prozent eine institutionelle Adresse an (gewöhnlich die einer staatlichen oder privaten Anstalt, gelegentlich aber auch die eines Krankenhauses oder einer anderen medizinischen Einrichtung). Die restlichen 4,6 Prozent konnten nicht identifiziert werden. Siehe Wladimir Eliasberg, Hrsg., *Psychotherapie: Bericht über den 1. Allgemeinen ärztlichen Kongress für Psychotherapie in Baden-Baden, 17.–19. April 1926*, Halle 1927, Teilnehmerverzeichnis S. 319–327. Das *Ärztliche Handbuch nebst Verzeichnis der Ärzte im Deutschen Reich*, 10. Ausg. für 1924–1925, Leipzig 1925, hat Ärzte mit besonderem Interesse an psychischen Störungen und Nervenkrankheiten häufig nicht als solche zu erkennen gegeben, weshalb genaue Zahlen über den Anteil von »Psychiatern« unmöglich zu erhalten sind. Man bedenke auch, daß viele Anstaltspsychiater niemals an einem psychotherapeutischen Kongreß teilgenommen hätten. So gesehen, ist es schlicht falsch, davon auszugehen, daß 70 Prozent aller Psychiater ein starkes Interesse an der Psychoanalyse an den Tag gelegt hätten.

55 Auf internationaler Ebene wird diese Entwicklung anhand von medizinischen Artikeln über psychologische Fragen schnell deutlich. So wurde die Hypnose in den letzten beiden Jahrzehnten des 19. Jahrhunderts nahezu rauschhaft gefeiert, während sich zwischen 1910–1919 Artikel über sie um beinahe 90 Prozent verringerten. Dafür gab es zwischen den 1880er Jahren und dem zweiten Jahrzehnt des 20. Jahrhunderts einen Anstieg von Artikeln über »Psychotherapien« von 4 auf 76. Zwischen 1910–1919 wurden 148 Artikel über »Psychoanalyse« veröffentlicht: Der analytische Hund wackelte mit dem therapeutischen Schwanz. Ende der zwanziger Jahre war die internationale psychotherapeutische Literatur schließlich ganz und gar von der Psychoanalyse dominiert. In den dreißiger Jahren erschienen 302 Artikel über Psychoanalyse, verglichen mit 136 über Hypnose, 84 über Psychotherapie und 31 über Suggestion. Diese Statistiken basieren auf Artikeln über »hypnosis-hypnotism«, »psychotherapy«, »suggestion« und »psychoanalysis«, die in einer dreiteiligen Reihe des *Index Catalogue of*

the Library of the Surgeon-General's Office, United States Army (Washington, D.C., 1880ff.) zwischen 1880 und 1929 erschienen sind.

56 E. Stanley Abbot, »Out-Patient or Dispensary Clinics for Mental Cases«, *American Journal of Insanity*, 77, 1920, S. 218–225.

57 Ursprünglich wurden in den USA ausschließlich Ambulanzen für Arme, später dann auch Polikliniken so bezeichnet; A.d.Ü.

58 Walter Channing, »Dispensary Treatment of Mental Diseases«, *American Journal of Insanity*, 58, 1901, S. 119.

59 Abbot, *American Journal of Insanity*, S. 220–221.

60 Siehe Gerald N. Grob, *Mental Illness and American Society 1875–1940*, Princeton 1985, S. 144–166.

61 George M. Kline, »Presidential Address«, *AJP*, 7, 1927, S. 4.

62 Zu 1910 siehe »Report of the Council to the American Medico-Psychological Association«, *American Journal of Insanity*, 67, 1910, S. 400–411, Teilnehmerliste S. 405–411; zu 1921 siehe »Proceedings of the Seventy-Seventh Annual Meeting«, *AJP*, 1, 1921, S. 216–240, Teilnehmerliste S. 225–235. Als Nachweis für eine private Niederlassung habe ich die Angabe einer Privatadresse im Gegensatz zu einer Anstaltsadresse genommen.

63 James Jackson Putnam, »Recent Experiences in the Study and Treatment of Hysteria at the Massachusetts General Hospital, with Remarks on Freud's Method of Treatment by ›Psycho-analysis‹«, *Journal of Abnormal Psychology*, 1, 1906, S. 26–41. Siehe zu diesem Thema auch Isador H. Coriat, »Some Personal Reminiscences of Psychoanalysis in Boston«, *Psychoanalytic Review*, 32, 1945, S. 1–8; sowie Eugene Taylor, »On The First Use of ›Psychoanalysis‹ at the Massachusetts General Hospital 1903–1905«, *Journal of the History of Medicine*, 43, 1988, S. 447–471.

64 Zu Brill siehe May E. Romm, »Abraham Arden Brill«, in: Franz Alexander et al., Hrsg., *Psychoanalytic Pioneers*, New York 1966, S. 210–223.

65 Peters, *Psychiatrie im Exil*, S. 123.

66 Typisch für die vielen Hymnen auf Freud war der Artikel von George M. Parker, einem Neurologen am Roosevelt Hospital: »Hysteria under Psychoanalysis«, *Medical Record* 78, 6. Aug. 1910, S. 219–226. Zu Freuds Kommentar über Prince siehe seinen Brief an Jung vom 3. März 1911 in William McGuire und Wolfgang Sauerländer, *Sigmund Freud / C. G. Jung: Briefwechsel*, Frankfurt am Main 1974, S. 441.

67 Obwohl diverse örtliche Gesellschaften und Lehrinstitute längst schon beschlossen hatten, nur Mediziner aufzunehmen, machte die National Association dies erst 1938 zu ihrer offiziellen Politik. Siehe Robert P. Knight, »The Present Status of Organized Psychoanalysis in the United States«, *Amer. Pa. Assn. J.*, 1, 1953, S. 197–221. Europäische Mediziner waren im allgemeinen weniger von sich selbst überzeugt und verhielten sich tole-

ranter gegenüber Laien. Und während in Mitteleuropa Titel wie Hofrat, Geheimrat, Professor oder General höher im Kurs standen als der schlichte »Herr Doktor«, hatte man in den Vereinigten Staaten mit einem »MD« den höchsten gesellschaftlichen Gipfel erklommen.

68 Nathan G. Hale, Jr., *Freud and the Americans: The Beginnings of Psychoanalysis in the United States 1876–1917*, New York 1971, S. 317, 527f. Fn. 12.

69 Henry M. Hurd, *Institutional Care of the Insane in the United States and Canada*, Baltimore 1916, Bd. 3, S. 272.

70 David Kennedy Henderson, *The Evolution of Psychiatry in Scotland*, Edinburgh 1964, S. 165.

71 »Foreword and Corrections«, *Amer. Pa. Assn. Bull.*, 2, 1938, S. 8.

72 Siehe Arcangelo R. T. D'Amore, »Historical Reflections on the Organizational History of Psychoanalysis in America«, in: Jacques M. Quen und Eric T. Calson, Hrsg., *American Psychoanalysis: Origins and Development*, New York 1978, S. 127–140.

73 Informationen über die Gründung der örtlichen Gesellschaften sind in den Berichten an den Council anläßlich des Treffens der American Psychoanalytic Association 1938, *Amer. Pa. Assn. Bull.*, 1, 1938, S. 79f., enthalten.

74 »Proceedings« des Jahrestreffens, *AJP*, 8, 1928, S. 355–359.

75 Knight, *Amer. Pa. Assn. J.*, 1953, S. 216. Diese Drei-Jahres-Politik wurde 1954 erneut bestätigt. Siehe *Amer. Pa. Assn. Bull.*, 10, 1954, S. 358.

76 »Proceedings of Societies«, *AJP*, 90, 1933, S. 381–382. A. A. Brill wurde zum Vorsitzenden dieser Sektion gewählt und damit automatisch zum Vizepräsidenten der APA. Leo Bartemeier wurde zweiter Sekretär.

77 Kubie, Diskussionsbeitrag, »Round Table on Problems of Training«, *Amer. Pa. Assn. Bull.*, 3, 1940, S. 27.

78 *Amer. Pa. Assn. Bull.*, 1940, S. 33f.

79 Franklin G. Ebaugh und Charles A. Rymer, *Psychiatry in Medical Education*, New York 1941, S. 193f.

80 Sally Willard und Jefferson Trask Pierce, *The Layman Looks at Doctors*, New York 1929, S. 200; Sally Willards Begegnung mit der Psychoanalyse siehe S. 199–226.

81 »The ›Nervous Breakdown‹«, *Fortune*, April 1935, S. 84–88, Forts. und Zitat S. 182.

82 Knight beschrieb die amerikanischen Analytiker der zwanziger und dreißiger Jahre als »primär introspektive Personen, die zu Gelehrtheit, Kontemplation und äußerstem Individualismus neigten und dazu tendierten, ihr gesellschaftliches Leben auf klinische und theoretische Diskussionen mit Kollegen zu beschränken«. *Amer. Pa. Assn. J.*, 1953, S. 218.

83 Zu den 4000 Medizinern siehe Kathleen M. Pearle, *Preventive Medicine: The Refugee Physician and the New York Medical Community 1933–1945*, Bre-

men 1981, S. 14. Die zweite Zahl stammt aus Peters, *Psychiatrie im Exil*, S. 16.

84 Otto Fenichel, *Outline of Clinical Psychoanalysis*, New York 1934.

85 »List of Colleagues from Abroad ...«, *Amer. Pa. Assn. Bull.*, 3, 1940, S. 59–61. Die acht aus der Berliner Psychoanalytischen Gesellschaft waren Otto Fenichel (der eigentlich Wiener war), Paul Friedmann, Joachim und Irene Haenel, Bernard Kamm, Ernst Simmel, Edith Weigert-Vowinckel und Siegfried Bernfeld (der einzige nichtmedizinische Analytiker aus Berlin).

86 Diese Geschichte erzählt Russel Jacoby in: *The Repression of Psychoanalysis: Otto Fenichel and the Political Freudians*, New York 1983, S. 119.

87 Heinrich Meng, »Paul Federn: Teacher and Reformer«, in: Ernst Federn, *Thirty-Five Years with Freud in Honour of the Hundredth Anniversary of Paul Federn, M. D.*, Brandon 1972, S. 38.

88 Eine Liste der Wiener Emigranten findet sich in Johannes Reichmayr, *Spurensuche in der Geschichte der Psychoanalyse*, Frankfurt am Main 1990, S. 154–157.

89 Franz Werfel, »Der Arzt von Wien«, in: *Erzählungen aus zwei Welten*, Bd. 3, Frankfurt am Main 1954, S. 42–43. Werfels Protagonist setzt sich schließlich lieber eine Spritze, als sich auf die Flucht zu begeben. Selbstmord war sicher kein seltener Ausweg, auch nicht unter den Wiener Analytikern. Paul Federn und Wilhelm Stekel brachten sich beide um, allerdings erst im Exil.

90 Zu Schilders Leben in den USA siehe die Skizze in Walter Bromberg, *Psychiatry between the Wars 1918–1945: A Recollection*, Westport 1982, S. 83–90.

91 Zu diesen Vorfällen siehe Dieter Langer, *Paul Ferdinand Schilder: Leben und Werk*, Erlangen 1979, S. 86–88.

92 Else Pappenheim, »Zeitzeugin«, in: Friedrich Stadler, *Vertriebene Vernunft*, Bd. 2: *Emigration und Exil österreichischer Wissenschaft*, München 1988, S. 226.

93 Ibid., S. 225.

94 Roazen, *Freud and His Followers*, S. 520.

95 Zu dieser Allianz siehe Lewis A. Coser, *Refugee Scholars in America: Their Impact and Their Experiences*, New York 1984, S. 49f. Siehe auch Nathan G. Hale, Jr., »From Berggasse XIX to Central Park West: The Americanization of Psychoanalysis 1919–1940«, *Journal of the History of the Behavioral Sciences*, 14, 1978, S. 299–315.

96 Arnold A. Rogow, *The Psychiatrists*, New York 1970, S. 109.

97 Coser, *Refugee Scholars*, S. 53. Es waren der Reihenfolge nach Heinz Hartmann, Ernst Kris, Erik Erikson, Margaret Mahler, Phyllis Greenacre, Ruth Jacobson und Rudolph Loewenstein. Diesmal waren auch die Nummern acht und neun – Otto Fenichel und Helene Deutsch – Exilanten.

98 Martin Grotjahn, *My Favorite Patient: The Memoirs of a Psychoanalyst*, Frankfurt am Main 1987, S. 76f.

99 Seymor B. Sarason, *The Making of an American Psychologist: An Autobiography*, San Francisco 1988, S. 214.

100 Rogow, *Psychiatrists*, S. 37.

101 Coser, *Refugee Scholars*, S. 47.

102 Eine Gruppe Psychoanalytiker gab es allerdings, die gegen eine Übernahme der Psychiatrie durch die Analyse war, weil sie fürchtete, daß die Analyse dabei letztlich den kürzeren ziehen und von der Psychiatrie dominiert werden könnte. Zu ihr gehörte auch Otto Fenichel, der sich im übrigen auch für die Laienanalyse aussprach. Siehe Jacoby, *Repression of Psychoanalysis*, S. 130.

103 »Alphabetical List of All Members«, *Amer. Pa. Assn. Bull.*, 3, 1939–1940, S. 145–152.

104 Karen Danielsen-Horney, eine in Hamburg geborene und mit dem Berliner Psychoanalytiker Oscar Horney verheiratete Psychiaterin, die 1932 in die USA emigrierte; A.d.Ü.

105 Bericht über das American Institute for Psychoanalysis, *American Journal of Psychoanalysis*, 2, 1942, S. 28.

106 Zu diesen New Yorker Schismen siehe John Frosch, »The New York Psychoanalytic Civil War«, *Amer. Pa. Assn. J.*, 39, 1991, S. 1037–1064.

107 Zu Yale siehe Sarason, *Making of a Psychologist*, S. 215f.; und Eugene B. Brody, »The New Biological Determinism in Socio-Cultural Context«, *Australian and New Zealand Journal of Psychiatry*, 24, 1990, S. 464–469.

108 »Bulletin«, *Amer. Pa. Assn. J.*, 4, 1956, S. 374.

109 Edith Weigert, »Die Entwicklung der psychoanalytischen Ausbildung in den USA«, *Psyche*, 6, 1953, S. 633. Zitat hier aus dem Englischen übersetzt.

110 Henri Ellenberger, »A Comparison of European and American Psychiatry«, *Bulletin of the Menninger Clinic*, 19, 1955, S. 46. Siehe auch Ellenberger, *The Discovery of the Unconscious: The History and Evolution of Dynamic Psychiatry*, New York 1970.

111 Siehe die Liste von Walter E. Barton, in: *The History and Influence of the American Psychiatric Association*, Washington, D.C., 1987, S. 336–339. Zwischen der Präsidentschaft von Hardin Branch 1962–63 und Raymond Waggonder 1969–70 war jeder Präsident entweder Analytiker, Mitglied der GAP oder der American Academy of Psychoanalysis gewesen.

112 Committee on Social Issues of the Group for the Advancement of Psychiatry, *The Social Responsibility of Psychiatry, A Statement of Orientation*, Report No. 13, New York 1950, S. 3.

113 Grob, *Asylum to Community*, S. 32.

114 Weigert, *Psyche*, S. 633.

115 *The Psychiatrist, His Training and Development. Report of the 1952 Conference*

on Psychiatric Education ... Organized and Conducted by the American Psychiatric Association and the Association of American Medical Colleges, Washington, D.C., 1953, S. 99.

116 Karl Menninger, »The Contribution of Psychoanalysis to American Psychiatry«, 1953, in: Barnard H. Hall, Hrsg., *A Psychiatrist's World: The Selected Papers of Karl Menninger*, New York 1959, S. 837.

117 Howard W. Potter und Henriette R. Klein, »Toward Unification of Training in Psychiatry and Psychoanalysis«, *AJP*, 108, 1951, S. 193.

118 *New York Times*, 9. Oktober 1994, S. 1.

119 Committee on Medical Education of the Group for the Advancement of Psychiatry, *Trends and Issues in Psychiatric Residency Programs, Report No. 31*, New York 1955, S. 13, 15.

120 Potter, *AJP*, S. 194.

121 GAP, *Trends and Issues*, 1955, S. 13.

122 Joan B. Woods et al., »Basic Psychiatric Literature as Determined from the Recommended Reading Lists of Residency Training Programs«, *AJP*, 124, 1967, S. 217–224, Tab. S. 223.

123 Rogow, *Psychiatrists*, S. 62, 64.

124 Brabant, *Freud / Ferenczi, Briefwechsel* I / 1, S. 52f.

125 Siehe dazu Federns frühe Artikel »The Analysis of Psychotics«, *International Journal of Psychoanalysis*, 15, 1934, S. 209–214; und »Psychoanalysis of Psychoses«, *Psychiatric Quarterly*, 17, 1943, S. 3–19. Laut Meng machte auch Federn in seinen frühen Arbeiten die Mutter für die Genese von Psychosen verantwortlich, siehe Meng in: Federn, *Thirty-Five Years of Freud*, S. 28.

126 Um jede Versuchung einer »Glättung« zu umgehen, wurde dieses Zitat so wortgetreu wie möglich wiedergegeben: »I feel but rarely the urge to go far ahead of the attitude of inquiry to a need of finality which will take care of its own lack of necessity.« A.d.Ü. Meyer an Abraham Myerson, 26. Nov. 1937, zitiert in: Gerald N. Grob, *The Inner World of American Psychiatry, 1890–1940: Selected Correspondence*, New Brunswick 1985, S. 132.

127 Donald L. Burnham, »Orthodoxy and Eclecticism in Psychoanalysis: The Washington-Baltimore Experience«, in: Quen, Hrsg., *American Psychoanalysis*, S. 88–91.

128 Zu Sullivans Zeit an der Sheppard-Klinik siehe Bliss Forbush, *The Sheppard & Enoch Pratt Hospital, 1853–1970: A History*, Philadelphia 1971, S. 80f., 106–109. Eine erste Darstellung seiner Ansichten lieferte Harry Stack Sullivan selbst: »The Modified Psychoanalytic Treatment of Schizophrenia«, *AJP*, 11. 1931, S. 519–540.

129 Amer. Pa. Soc. Bull., 1, 1938, S. 122f.

130 Zu Fromm-Reichmann siehe Peters, *Psychiatrie im Exil*, S. 173–188.

131 Frieda Fromm-Reichmann, »Notes on the Development of Treatment of

Schizophrenics by Psychoanalytic Psychotherapy«, *Psychiatry* 11, 1948, S. 265.

132 John Neill, »Whatever Became of the Schizophrenogenic Mother?«, *American Journal of Psychotherapy*, 44, 1990, S. 502.

133 Bertram Lewin, *The Psychoanalysis of Elation*, London 1951, S. 137.

134 Sandor Rado, »The Problem of Melancholia«, *International Journal of Psychoanalysis,* 9, 1928, S. 423. Rado bezog sich darauf auch in »An Anxious Mother: A Contribution to the Analysis of the Ego«, ibid., S. 225.

135 Melanie Klein, »A Contribution to the Psychogenesis of Manic-Depressive States«, 1934, in: Klein, *Contributions to Psycho-Analysis, 1921–1945*, London 1948, Neuauflage 1964, S. 284.

136 »Bulletin«, *Amer. Pa. Assn. J.*, 6, 1958, S. 692. 600 Mitglieder wie Anwärter zeigten gleichermaßen Interesse, im Rahmen dieses Programmes zu unterrichten.

137 F. A. Freyhan, »Vier Jahrzehnte klinische Psychiatrie – aus persönlicher Sicht«, *Fortschritte der Neurologie und Psychiatrie*, 47, 1979, S. 437. Nach seiner Rückkehr nach Deutschland wurde »Fritz« Freyhahn einer der Gründungsväter der Psychopharmakologie.

138 Karl Menninger, *Selected Papers*, S. 851.

139 Karl Menninger, *The Vital Balance: The Life Process in Mental Health and Illness*, New York 1963, S. 33.

140 Lothar B. Kalinowksy in: Ludwig J. Ponfratz, Hrsg., *Psychiatrie in Selbstdarstellungen*, Bern 1977, S. 158.

141 Frieda Fromm-Reichmann ging nach Aussage eines ihrer Studenten davon aus, »daß es zwischen den Menschen keine qualitativen Unterschiede im Hinblick auf Psychosen und ähnliches gäbe, sondern ausschließlich quantitative«. Ralph M. Crowley, »Frieda Fromm-Reichmann: Recollections of a Student«, *Psychiatry,* 45, 1982, S. 106. Siehe auch Mitchell Wilson, »DSM-III and the Transformation of American Psychiatry: A History«, *AJP*, 150, 1933, S. 400.

142 Ellenberger, *Bull. Menninger Clinic*, S. 43.

143 Ibid., S. 49.

144 Kalinowsky, *Selbstdarstellungen*, S. 161. Aus den Berichten dieses Projekts wird nicht ersichtlich, um welche Art von Patienten es sich hier gehandelt haben könnte, da ausschließlich aus Anstalten überwiesene Kandidaten einer »Topektomie« [»umschriebene Rindenexzision«; A.d.Ü.] unterzogen wurden. Aber auch das Neurologische Institut des Presbyterian Hospital führte Lobotomien durch, und es kann gut sein, daß unter den Patienten auch von Analytikern überwiesene waren. Siehe Fred A. Mettler und Columbia-Greystone Associates, Hrsg., *Selective Partial Ablation of the Frontal Cortex*, New York 1949, das auf S. 16f. 49 Patienten auflistet. Der Bericht von Lawrence Pool und Robert G. Heart spricht von 58 Patienten: »To-

pectomy«, *Psychosurgery, 1st International Conference (Aug. 4th–7th, 1948)*, Lissabon 1949, S. 328f.

145 Israel Zwerling et al., »Personality Disorder and the Relationships of Emotion to Surgical Illness in 200 Surgical Patients«, *AJP*, 112, 1955, S. 273.

146 Siehe Judd Marmor, *Psychiatrists and Their Patients: A National Study of Private Office Practice*, Washington 1975, S. 34f.

147 Herman M. van Praag, *»Make-Believes« in Psychiatry or The Perils of Progress*, New York 1993, S. 10f.

148 Laut einer APA-Studie waren 1970 10 Prozent aller amerikanischen Psychiater Psychoanalytiker. Franklyn N. Arnhoff und A. H. Kumbar, *The Nation's Psychiatrists – 1970 Survey*, Washington, D.C., 1973, Tab. 7, S. 6.

149 Hale, *Journal of the History of the Behavioral Sciences*, 1978, S. 312, Anm. 15.

150 Diese Statistik basiert auf einer Stichprobe unter 97 Psychiatern in sechs Staaten, die schon 1941 praktiziert hatten und 1962 noch immer aktiv waren, aus: *Biographical Directory of Fellows and Members of the American Psychiatric Association as of May 8, 1962,* New York 1963. Da der Schwerpunkt hier auf Analytiker gelegt wurde, die 1941 noch jung gewesen waren, überrascht es, daß beinahe zwei Drittel von ihnen zu dieser Zeit ausschließlich Anstaltsarbeit geleistet haben sollen.

151 Arnhoff und Kumbar, *The Nation's Psychiatrists*, S. 16.

152 Robert A. Dorwart et al., »A National Study of Psychiatrists' Professional Activities«, *AJP*, 149, 1992, S. 1502. 1982 waren es 3,7 Prozent gewesen.

153 Leon Eisenberg, »Mindlessness and Brainlessness in Psychiatry«, *BJP*, 149, 1986, S. 498.

154 Siehe Grob, *Asylum to Community*, S.278; und Jeremy Lazarus, »The Goldwater Rule Revisited«, *Psychiatric News*, 5. Aug. 1994, S. 14.

155 Siehe z. B. Hale, *J. Hist. Behav. Sci.*, S. 300.

156 John Demos, »Oedipus and America: Historical Perspectives on the Reception of Psychoanalysis in the United States«, *Annals of Psychoanalysis*, 6, 1978, S. 23–39.

157 Zur Rolle dieser »two great stresses« bei der Genese psychosomatischer Krankheiten unter Juden siehe Edward Shorter, *From the Mind into the Body: The Cultural Origins of Psychosomatic Symptoms*, New York 1994, S. 92–94.

158 John Murray Cuddihy, *The Ordeal of Civility: Freud, Marx, Lévi-Strauss, and the Jewish Struggle with Modernity*, New York 1974, S. 46.

159 Robert Musil, *Der Mann ohne Eigenschaften, Erstes Buch*, Hamburg 1952, S. 388. Musil bezog diesen Begriff zwar auch auf Nichtjuden, hielt Juden aber für wesentlich stärker »durchseelt«.

160 Beller, *Wien und die Juden 1867–1938*, S. 227.

161 Paul Harmat, »Die zwanziger Jahre – die Blütezeit der Budapester psychoanalytischen Schule«, *Medizinhistorisches Journal*, 23, 1988, S. 360. Als Quelle für die »Geheimlehre« zitiert er István Vas.

162 Hilda C. Abraham und Ernest L. Freud, Hrsg., *Sigmund Freud / Karl Abraham: Briefe 1907–1926*, 2. Ausg., Frankfurt am Main 1980, S. 47, 57.

163 Brabant, *Freud / Ferenczi, Briefwechsel I / 2 1912–1914*, S. 118.

164 Salomo Friedländers Fabel »Der operierte Goj« (1922) wird nacherzählt von Oskar Panizza, *Der Korsettenfritz: Gesammelte Erzählungen*, München 1981, S. 287. Zu Friedländer siehe Sander L. Gilman, *The Case of Sigmund Freud: Medicine and Identity at the Fin de Siècle*, Baltimore 1993, S. 39–41.

165 Max Müller, *Erinnerungen: Erlebte Psychiatriegeschichte, 1920–1960*, Berlin 1982, S. 23.

166 Stransky, »Autobiographie«, S. 557. Stransky hatte selbst seine Vorbehalte gegen das Judentum und fühlte sich von dieser Bemerkung daher durchaus geehrt. Über Jungs Antisemitismus wird noch immer debattiert. Siehe Andrew Samuels, »Psychologie nationale, national-socialisme et psychologie analytique: réflexions sur Jung et l'antisémitisme«, *Revue internationale d'histoire de la psychanalyse*, 5, 1992, S. 183–219.

167 Ernest Jones, *Free Associations: Memories of a Psycho-analyst*, New York 1959, S. 209.

168 Stransky, »Autobiographie«, S. 142–143.

169 Grotjahn, *My Favorite Patient*, S. 76.

170 Alexander, *Twenty Years*, S. 16.

171 Sarason, *Making of an American Psychologist*, S. 215.

172 John MacIver und Frederick C. Redlich, »Patterns of Psychiatric Practice«, *AJP*, 115, 1959, S. 692–697. Die Studie basierte auf einer Auswahl von 40 Ärzten.

173 Rogow, *Psychiatrists*, S. 58–59.

174 Ibid., S. 78.

175 Victor D. Sanua, »Mental Illness and Other Forms of Psychiatric Deviance among Contemporary Jewry«, *Transcultural Psychiatric Research Review*, 29, 1992, S. 197–233. Walter Weintraub und H. Aronson, »Patients in Psychoanalysis: Some Findings Related to Sex and Religion«, *American Journal of Orthopsychiatry*, 44, 1974, S. 102–108; Leo Srole et al., *Mental Health in the Metropolis: The Midtown Manhattan Study*, New York 1962, S. 300–324, schrieb: »Unserer Meinung nach beruht die Akzeptanz der Psychiatrie wahrscheinlich auf der ungewöhnlich hohen Rate von Psychoneurosen unter Juden« (S. 317).

176 Joseph Veroff, Richard A. Kulka und Elizabeth Douvan, *Mental Health in America: Patterns of Help-Seeking from 1957 to 1976*, New York 1981, Tab. 5.30, S. 172. Die Befragten sollten beantworten, ob sie irgendwann in ihrem Leben die Hilfe eines Psychiaters oder Psychologen in Anspruch ge-

nommen hatten, was meiner Meinung nach damals gleichbedeutend war mit der Frage, ob sie sich einer Psychotherapie unterzogen hatten. Der Prozentsatz von Nichtjuden umfaßt alle sechs protestantischen Konfessionen sowie Katholiken.

177 Hannah Green [Joanne Greenberg], *Ich hab dir nie einen Rosengarten versprochen. Bericht einer Heilung*, Hamburg 1978. Zu Einzelheiten über das angebliche Trauma siehe »Frieda Fromm-Reichmann Discusses the ›Rose Garden‹ Case«, *Psychiatry*, 45, 1982, S. 128–136. Zu den wahren Fakten des Falls Joanne Greenberg siehe Laurice L. McAfee, »Interview with Joanne Greenberg«, in: Ann-Louise S. Silver, Hrsg., *Psychoanalysis and Psychosis*, Madison 1989, S. 519–531.

178 Green, *Rosengarten*, S. 29.

179 American Jewish Year Book, 64, 1963, S. 16–17; *American Jewish Year Book,* 92, 1992, S. 66, zur jüdischen Erziehung von Kindern aus beiden Ehetypen, sowie S. 43–46 zu den Risikofaktoren interkultureller Ehen.

180 »A Gift to Help ...«, *New York Times*, 13. Okt. 1994, S. A18.

181 Leslie Y. Rabkin, »Mental Health ...«, in: Jack Fischel und Sanford Pinsker, Hrsg., *Jewish-American History and Culture: An Encyclopedia,* New York 1992, S. 387.

Sechstes Kapitel
Alternativen

1 [American Psychiatric Association], *One Hundred Years of American Psychiatry*, New York 1944, S. 150f.

2 John R. Lord, »The Evolution of the ›Nerve‹ Hospital as a Factor in the Progress of Psychiatry«, *Journal of Mental Science*, 75, 1929, S. 307–315, Statistiken S. 309. Der Autor war Psychiater im Horton, einer der riesigen Londoner psychiatrischen Landesanstalten.

3 Lothar B. Kalinowsky, »The Discoveries of Somatic Treatments in Psychiatry: Facts and Myths«, *Comprehensive Psychiatry*, 21, 1980, S. 428.

4 Henry Rollin, »The Dark before the Dawn«, *Journal of Psychopharmacology*, 4, 1990, S. 109f.

5 Zur Entlassungsrate siehe Morton Kramer et al., *A Historical Study of the Disposition of First Admissions to a State Mental Hospital: Experience of the Warren State Hospital during the Period 1916–1950*, Washington 1955, PHS pub. Nr. 445. Dieser Studie zufolge waren zwischen 1916 und 1935 über die Hälfte aller Patienten unter 65 (die nicht in der Anstalt verstarben) innerhalb von zwei Jahren entlassen worden. Siehe Tab. 8, S. 12. Zum niedrigen Niveau der Psychiatrie insgesamt siehe Müller, *Erinnerungen: Erlebte Psychiatriegeschichte 1920–1960*, S. 5.

6 Zu Wagner-Jaureggs Antisemitismus und seiner Entscheidung, sich der Psychiatrie zuzuwenden, siehe sein autobiographisches Manuskript mit dem Titel »Medicinische Laufbahn«, Wiener Institut für Geschichte der Medizin, Reg. Nr. HS 3290, S. 27 f., sowie Erwin Stranskys Manuskript »Autobiographie«, Reg. Nr. HS 2065, S. 172, 227–230.

7 Julius Wagner-Jauregg, »Über die Einwirkung fieberhafter Erkrankungen auf Psychosen«, *Jahrbücher für Psychiatrie und Neurologie*, 7, 1887, S. 94–131.

8 Einen detaillierten Bericht über seine Forschung bietet Magda Whitrow, *Julius Wagner-Jauregg (1857–1940)*, London 1993, S. 155–159.

9 Der letzte Teil einer mehrteiligen Reihe über diese Forschungsarbeit erschien in der ersten Januarwoche 1919 mit diversen Fallstudien. Julius Wagner-Jauregg, »Über die Einwirkung der Malaria auf die progressive Paralyse«, *PNW*, 20, 4. Januar 1919, S. 251–255.

10 1930 bot das Sanatorium Rockwinkel bei Bremen Fieberkuren gegen Schizophrenie sowie Malariakuren gegen Neurosyphilis an. Siehe Anmerkung in: »Referate«, *PNW*, 32, 29. Nov. 1930, S. 583 f.

11 Abram E. Bennett, »Evaluation of Artificial Fever Therapy for Neuropsychiatric Disorders«, *[American Medical Association] Archives of Neurology and Psychiatry*, 40, 1938, S. 1141–1158. Angesichts der eindeutigen Belege für die Effektivität der Malariatherapie bei dem Versuch, den Verlauf der Krankheit aufzuhalten und die Symptome von Neurosyphilis zu unterdrücken, ist Gerald Grobs Kommentar, daß »die Evidenz für die Effektivität der Fiebertherapie außerordentlich schwach« sei, beinahe böswillig zu nennen. Siehe Grob, *The Mad among Us: A History of the Care of America's Mentally Ill*, New York 1994, S. 180. Zur Frage der Effektivität siehe John H. Stokes et al., *Modern Clinical Syphilology*, Philadelphia 1944, S. 181, 333. Linde vermutet, daß der Erfolg der Fiebertherapie bei einer Psychose, die nicht durch progressive Paralyse hervorgerufen wurde, vermutlich nur einem Placebo-Effekt zu verdanken war. Ottfried K. Linde, *Pharmakopsychiatrie im Wandel der Zeit*, Klingenmünster 1988, S. 94.

12 Zum Pro und Kontra der Malariatherapie siehe Stokes, *Modern Clinical Syphilology*, S. 333–347.

13 Siehe Edward Shorter, *The Health Century*, New York 1987, S. 40–44.

14 John Mahoney et al., »Penicillin Treatment of Early Syphilis«, *American Journal of Public Health*, 33, Dez. 1943, S. 1387–1391.

15 Siehe Stokes, *Modern Clinical Syphilology*, passim. Der erste Bericht über die Wirksamkeit von Penizillin bei Neurosyphilis war: Stokes et al., »The Action of Penicillin in Late Syphilis Including Neurosyphilis ...«, *JAMA*, 126, 9. Sept. 1944, S. 74–79. Normalerweise überwindet das Penizillin die Blut-Hirn-Schranke nur, wenn die Hirnhaut entzündet ist, wie es bei Neurosyphilis gewöhnlich der Fall ist. Siehe Alfred Gilman und Louis Goodman, Hrsg., *Goodman and Gilman's The Pharmacological Basis of Therapeutics*, 8. Ausg., New York 1990, S. 1070.

16 Stokes, *Syphilology*, S. 1265.
17 Stokes, *JAMA*, 1944, S. 76.
18 John Haslam, *Observations on Madness and Melancholy*, 2. Ausg., London 1809, S. 324, 328.
19 Montagu Lomax, *The Experiences of an Asylum Doctor*, London 1921, S. 99. Crotonöl wurde auch als Züchtigungsmaßnahme verabreicht; siehe S. 100.
20 Eugène Asse, Hrsg., *Lettres de Mlle. de Lespinasse*, Paris 1876, S. 14. Zu Opium allgemein siehe Matthias M. Weber, »Die ›Opiumkur‹ in der Psychiatrie: Ein Beitrag zur Geschichte der Psychopharmakotherapie«, *Sudhoffs Archiv*, 71, 1987, S. 31–61, insbes. S. 44f. zur Arbeit der Familie Engelken, Besitzer mehrerer Privatkliniken bei Bremen.
21 Siehe Nancy Tomes, *A Generous Confidence: Thomas Story Kirkbride and the Art of Asylum-Keeping, 1840–1883*, Cambridge 1984, S. 194f.
22 Alexander Wood, »A New Method of Treating Neuralgia by the Direct Application of Opiates to the Painful Points«, *Edinburgh Medical and Surgical Journal*, 82, 1855, S. 267.
23 Siehe Hermann Grunau, *Über Frequenz, Heilerfolge und Sterblichkeit in den öffentlichen preußischen Irrenanstalten von 1775 bis 1900*, Halle 1905, S. 34. Hier wird 1863 als das Jahr erwähnt, in dem die subkutane Injektion von Morphium erstmals in deutschen Irrenanstalten durchgeführt wurde.
24 Robert Lawson, »On the Physiological Actions of Hyoscyamine«, *West Riding Paper Lunatic Asylum Medical Reports*, 5, 1875, S. 40–84; siehe auch »A Contribution to the Investigation of the Therapeutic Actions of Hyoscyamine«, *Practitioner*, 17, 1876, S. 7–19.
25 Siehe Béla Issekutz, *Die Geschichte der Arzneimittelforschung*, Budapest 1971, S. 132.
26 Alan Norton, »Depression«, *BMJ*, 2, 18. Aug. 1979, S. 429.
27 Zur Geschichte des Chloralhydrat siehe Linde, *Pharmakopsychiatrie*, S. 60–65.
28 *Aerztlicher Bericht der Privat-Heilanstalt des Dr. Albin Eder von dem Jahre 1888*, Wien 1889, Fall 11, S. 267.
29 Virginia Woolf an Vita Sackville-West, 6. März 1928, *A change of Perspective, The Letters of Virginia Woolf*, Bd. 3: *1923–1928*, Hrsg. Nigel Nicolson, London 1977, S. 469.
30 Heinz E. Lehmann, »Before They Called It Psychopharmacology«, *Neuropsychopharmacology*, 8, 1993, S. 294.
31 Mental Health Institute, Independence, Iowa, »Days of Yore«, *MS*, 1993, S. 6.
32 Evelyn Waugh, *Gilbert Pinfolds Höllenfahrt. Ein Genrebild*, Zürich 1987. Der Protagonist nahm eine Mischung aus Brom und Chloralhydrat.
33 Anmerkung in Edward H. Sieveking, »Analysis of Fifty-Two Cases of

Epilepsy«, *Lancet*, 2, 1857, S. 138. Zu Einzelheiten über Lococks Arbeit und die Anwendung von Bromid siehe Robert J. Joynt, »The Use of Bromides for Epilepsy«, *American Journal of Diseases of Children*, 128, 1974, S. 362f.; sowie R. H. Balme, »Early Medical Use of Bromides«, *Journal of the Royal College of Physicians*, 10, 1976, S. 205–208.

34 W. Petit, »Du bromure de potassium dans les maladies nerveuses«, *Progrès médical*, 19, 28. Feb. 1891, S. 177.

35 Charles A. Roberts, »Myths and Truths in Psychiatry«, Rede vor der Canadian Psychiatric Association, Oktober 1991, *Archive des Queen Street Mental Health Centre*, Toronto, S. 15.

36 Die wenigen über Macleods Leben erhaltenen Fakten suchte mir dankenswerterweise Jo Currie von der Edinburgher Universitätsbibliothek heraus. Macleod wurde 1847 in Woolwich geboren, beendete sein Medizinstudium 1875 und promovierte 1880 mit einer Doktorarbeit über den »hepatischen Abszeß«. Zu seinen diversen Stellungen in Shanghai, wo er zumindest bis 1919 blieb, siehe *Medical Directory*, 1906, S. 1570.

37 Neil Macleod, »Morphine Habit of Long Standing Cured by Bromide Poisoning«, *BNJ*, 2, 10. Juli 1897, S. 76f.

38 Zusammengestellt aus mehreren Informationen in Neil Macleod, »Cure of Morphine, Chloral, and Cocaine Habits by Sodium Bromide«, *BMJ*, 1, 15. Apr. 1899, S. 896–898, sowie »The Bromide Sleep: A New Departure in the Treatment of Acute Mania«, *BMJ*, 2, 20. Jan. 1900, S. 134–136 (»Fall 8«, S. 135).

39 Macleod, *BJM*, 1900, S. 134–136.

40 Wilhelm Griesinger erreichte zum Beispiel mit der Anwendung einer Chloroformnarkose eine zeitweilige Remission von Depressionen und Manie. Siehe *Die Pathologie und Therapie der psychischen Krankheiten*, (1861 / 1867), Neuauflage Amsterdam 1965, S. 489.

41 Siehe Philip M. Ragg, »The Bromide Sleep in a Case of Mania«, *BMJ*, 2, 3. Nov. 1900, S. 1309–10. Ragg merkte an, seine guten Heilerfolge stünden im Widerspruch zu Thomas Cloustons Behauptung, daß Brom bei der Behandlung einer akuten Manie unwirksam sei. Siehe auch Wolff, »Trionalcur«, *Zentralblatt für Nervenkrankheiten und Psychiatrie*, 24, 1901, S. 281–283; er setzte in einer Anstalt bei Beirut nicht Bromid, sondern ein Sulfonderivat ein.

42 Emil Fischer und Joseph von Mering, »Über eine neue Klasse von Schlafmitteln«, *Therapie der Gegenwart*, 44, 1903, S. 97–101.

43 Linde, *Pharmakopsychiatrie*, S. 71–72; Kristina Goder, *Zur Einführung synthetischer Schlafmittel in die Medizin im 19. Jahrhundert*, Frankfurt am Main 1985, S. 44–53. In den Vereinigten Staaten erhielt die Winthrop Chemical Company die Lizenz zur Herstellung von Veronal.

44 W. Fischer, »Über die Wirkung des Veronal«, *Therapeutische Monatshefte*, 17, 1903, S. 393–395.

45 Hermann von Husen, »Über Veronal«, *PNW*, 6, 7. Mai 1904, S. 59.

46 Jane Hillyer, *Reluctantly Told*, New York 1935, S. 8.

47 Roberts, »Myths and Truths«, S. 15 f.

48 William Sargant und Eliot Slater, *An Introduction to Physical Methods of Treatment in Psychiatry*, Edinburgh 1944, S. 112.

49 Epifanio verabreichte erstmals am 15. März 1913 der 19jährigen manischen Patientin F. L. eine Dosis Luminal. Vier Tage lang erhielt sie Injektionen, bis sie endlich schläfrig wurde. Sie schlief bis zum 9. April, erholte sich allmählich von einer Depression, die daraufhin offensichtlich eingesetzt hatte, und wurde gegen Ende Juni entlassen. Zwei Jahre später war ihre manisch-depressive Erkrankung nicht wieder ausgebrochen. Siehe Giuseppe Epifanio, »L'ipnosi farmacologia prolungata e sua applicazione per la cura di alsune psicopatie«, *Rivista di patologia nervosa e mentale*, 20, 1915, Fall 1, S. 280–282.

50 Zu Klaesis Persönlichkeitsstruktur und zur Rolle von Cloetta siehe Müller, *Erinnerungen*, S. 16, 405–407.

51 Zu den Einzelheiten über den Fall »Karoline S.« siehe Jakob Klaesi, »Über die therapeutische Anwendung der ›Dauernarkose‹ mittels Somnifen bei Schizophrenen«, *Zeitschrift für die gesamte Neurologie und Psychiatrie*, 74, 1922, S. 557–592, dieser »Fall 3« S. 573. In seinen Memoiren ging Klaesi noch ausführlicher darauf ein, siehe »Jakob Klaesi«, in: Ludwig J. Pongratz, Hrsg., *Psychiatrie in Selbstdarstellungen*, Bern 1977, S. 165–193, »Versuchsfall« S. 183–185.

52 G. de M. Rudolf wies später darauf hin, daß bei 20 Prozent der schizophrenen Patienten eine Spontanheilung stattgefunden und Klaesis Somnifen-Therapie bestenfalls Zufallsprodukte hervorgebracht habe. »Experimental Treatments of Schizophrenia«, *Journal of Mental Science*, 77, 1931, S. 767–791.

53 Zwei der 24 von Müller mit Somnifen behandelten Patienten starben; unter den 33, die er mit dem Barbiturat Dial behandelte, entwickelten sich bei dreien zwar lebensbedrohliche Komplikationen, aber keiner starb daran. Max Müller, »Die Dauernarkose mit flüssigem Dial bei Psychosen, speziell bei manisch-depressivem Irrsein«, *Zeitschrift für die gesamte Neurologie und Psychiatrie*, 107, 1927, S. 528. Zu den 5 Prozent und zu seiner »Resignation« siehe Müller, *Erinnerungen*, S. 17.

54 Die 22 anderen von Rudolf erforschten Schizophreniebehandlungen wurden alle aufgrund ihrer Toxidität oder Erfolglosigkeit ad acta gelegt. *Journal of Mental Science 1931*.

55 Siehe z. B. Harold D. Palmer und Alfred L. Paine, »Prolonged Narcosis as Therapy in the Psychoses«, *AJP*, 12, 1932, S. 143–164: »Die wortgetreuen Berichte von Patienten, die einer solchen Behandlung unterzogen wurden, waren von großem Wert für das Verständnis der Dynamik ihrer Psychosen« (S. 153).

56 Eliot Slater, »Psychiatry in the ›Thirties‹«, *Contemporary Review*, 226, 1975, S. 74.
57 »Referate: das Sanatorium Rockwinkel«, *PNW*, 32, 29. Nov. 1930, S. 583f.
58 Harry Stack Sullivan, »The Modified Psychoanalytic Treatment of Schizophrenia«, *AJP*, 11, 1931, S. 533.
59 Kalinowsky, *Comprehensive Psychiatry 1980*, S. 429. Eine Einschätzung dieser Methode bieten G. Windholz und L. H. Witherspoon, »Sleep as a Cure for Schizophrenia: A Historical Episode«, *History of Psychiatry*, 4, 1993, S. 83–93. Tatsächlich hatte die Schlafkur kaum Erfolg bei Schizophrenen, gab jedoch bei affektiven Störungen durchaus Anlaß zu Hoffnungen.
60 Versuche mit der Schlaftherapie setzten sich auch nach dem Zweiten Weltkrieg fort. Reserpin, eine 1954 von Nathan Kline in die Psychiatrie eingeführte antipsychotische Droge, wurde erstmals in Burghölzli für den Heilschlaf eingesetzt. Die Mortalitätsrate durch Thrombosen war jedoch offenbar ziemlich hoch. Siehe David Healys Interview mit Jules Angst, S. 3f. Ich danke Dr. Healy, daß er mir eine Kopie dieses Interviews zur Verfügung stellte.
61 Ewen Cameron, »Psychic Driving«, *AJP*, 112, 1956, S. 502–509.
62 Anne Collins, *In the Sleep Room: The Story of the CIA Brainwashing Experiments in Canada*, Toronto 1988, S. 126f. Meiner Meinung nach ist die oft erwähnte Tatsache, daß Cameron dies im Auftrag der CIA betrieb, völlig irrelevant, weil er dieselben Experimente auch ohne die Finanzierung durch die CIA gemacht hätte.
63 D. Ewen Cameron et al., »The Depatterning Treatment of Schizophrenia«, *Comprehensive Psychiatry*, 3, 1962, S. 65–72.
64 *New York Times*, 9. September 1967, S. 31.
65 Max Müller schrieb im Vorwort zu seinem Buch *Die körperlichen Behandlungsverfahren in der Psychiatrie, Bd. I: Die Insulinbehandlung*, Stuttgart 1952: »Geboren aus dem Streben nach ärztlicher Aktivität auch der Geisteskrankheit gegenüber, getragen vom Willen, zu helfen und zu heilen, ist diese Wirkung nur zu verstehen im Rahmen der Gesamtentwicklung der Psychiatrie seit der Jahrhundertwende. An Stelle des Dogmas von der Unheilbarkeit der Geisteskrankheit, an Stelle des resignierten Hütens und Pflegens der Kranken tritt der Glaube an therapeutische Möglichkeiten, tritt das heiße Bemühen, auch auf diesem bisher brachliegenden Gebiet der vornehmsten ärztlichen Tätigkeit zu ihrem Recht zu verhelfen.«
66 Manfred Sakel, »Neue Behandlung der Morphinsucht«, *Deutsche Medizinische Wochenschrift*, 56, 17. Okt. 1939, S. 1777f.
67 David M. Cowie et al., »Insulin and the Mental State of Depression – A

Preliminary Report«, *Journal of the Michigan State Medical Society*, 22, Sept. 1923, S. 383. Das Ganze war ein Sturm im Wasserglas. Folgestudien in Ann Arbor zeigten, daß man mit Insulin keinen Einfluß auf Depressionen ausüben konnte. David M. Cowie et al., »Insulin and Mental Depression«, *[American Medical Association] Archives of Neurology and Psychiatry*, 12, 1924, S. 522–533.

68 Siehe Annibale Puca, »La insulino-terapia nei malati die mente«, *Rassegna di studi psichiatrici*, 16, 1927, S. 461–468; sowie Paul Schmidt, »Über Organtherapie und Insulinbehandlung bei endogenen Geistesstörungen«, *Klinische Wochenschrift*, 7, 29. April 1928, S. 839–842. Einen Überblick über die Geschichte des Insulinschocks in der Psychiatrie gibt Müller, *Körperliche Behandlungsverfahren*, S. 1–3. Müller war entschlossen, die Glaubwürdigkeit Sakels zu untergraben.

69 Manfred Sakel, »Neue Behandlung der Morphinsucht«, *Zeitschrift für die gesamte Neurologie und Psychiatrie*, 143, 1933, S. 506–534. Er betonte jedoch, daß er aus seinen wenigen Beobachtungen keine allzu weitgehenden Schlüsse ziehen wollte.

70 Karl Theo Dussik, Kommentar (S. 1252f.) zu D. Ewen Cameron und R. G. Hoskins, »Experiences in the Insulin-Hypoglycemia Treatment of Schizophrenia«, *JAMA*, *109*, 16. Okt. 1937, S. 1246–1249.

71 Siehe Sakels 13teilige Reihe »Schizophreniebehandlung mittels Insulin-Hypoglykämie sowie hypoglykämischer Schocks«, *Wiener Medizinische Wochenschrift*, beginnend mit Ausg. 34, 3. Nov. 1934, S. 1211 f., endend mit Ausg. 85, 9. Feb. 1935, S. 179f. Es gibt keinen Hinweis, daß Sakel sich vorangegangener Insulinversuche bei der Behandlung von Psychosen bewußt gewesen wäre. Siehe F. E. James, »Insulin Treatment in Psychiatry«, *History of Psychiatry*, 3, 1992, S. 221–235.

72 Manfred Sakel, *Neue Behandlungsmethode der Schizophrenie*, Wien 1935, S. 111. Die 13teilige Reihe, auf der dieses Buch basierte, enthielt diese Statistik nicht.

73 Diese Tagebuchseite ist abgebildet in: Linde, *Pharmakopsychiatrie*, S. 99.

74 Müller, *Erinnerungen*, S. 136. Der in Wien herrschende Antisemitismus mag bei diesen gehässigen Reaktionen eine Rolle gespielt haben. Josef Berze, ehemaliger Direktor der Wiener Steinhof-Anstalt und Katholik, galt allgemein als Anführer der Hetzkampagne gegen Sakel. Siehe auch dessen Artikel »Die Insulin-Chok-Behandlung der Schizophrenie«, *Wiener Medizinische Wochenschrift*, 83, 2. Dez. 1933, S. 1365–69. Stransky, der für die Insulinbehandlung eintrat (und Jude war) erinnerte sich, daß Berze eine äußerst schwierige Persönlichkeit gewesen sei, siehe »Autobiographie«, S. 292.

75 Peters kam zu der Ansicht, daß der Grund für Sakels Überheblichkeit gegenüber anderen Psychiatern aus Exilantenkreisen die Ablehnung seiner

Mitgliedschaft in der APA gewesen sei. Siehe Uwe Henrik Peters, »Die Einführung der Schockbehandlung und die psychiatrische Emigration«, *Fortschritte der Neurologie und Psychiatrie*, 60, 1992, S. 358.

76 Zu Sakels Leben und der Geschichte der Insulinschockbehandlung siehe Walter Freeman, *The Psychiatrist*, New York 1968, S. 31–39; sowie Linde, *Pharmakopsychiatrie*, S. 96–103.

77 Müller, *Erinnerungen*, S. 152. Müller war zwar in vieler Hinsicht engagiert, doch deshalb nicht weniger antisemitisch als der Durchschnittsschweizer. Sakel nannte er einen »richtigen Ostjuden«, und dessen »grenzenlosen Ehrgeiz« begründete er mit den typischen »Unterlegenheitsgefühlen seiner Rasse« (S. 153–154).

78 Siehe seinen Bericht beim Weltkongreß für körperliche Behandlungsverfahren in Münsingen, »Erfahrungen mit der Insulinbehandlung in England«, *Schweizer Archiv für Neurologie und Psychiatrie*, 39, Erg.Bd., 1937, S. 178f.

79 Isabel G. H. Wilson, *Study od Hypoglycaemic Shock Treatment in Schizophrenia* (Bericht datiert 1936), London 1937, S. 60.

80 Interview mit Eliot Slater (1981), in: Greg Wilkinson, Hrsg., *Talking about Psychiatry*, London 1993, S. 4.

81 Farrar-Privatarchiv: Brief von J. Allan Walters an C. B. Farrar vom 11. Juli 1937. David Neil Parfitt schrieb einen Artikel über die Barbituratnarkose: »Treatment of Psychosis by Prolonged Narcosis«, *Lancet*, 1, 22. Feb. 1936, S. 424–426. Zur Einführung der Insulinkomabehandlung in Großbritannien siehe James, *History of Psychiatry*, 1992, S. 221–235.

82 Norton, *BMJ*, 1979, S. 429.

83 Sargant und Slater, *Physical Methods*, S. 16–38. Bei einer Studie mit 160 Schizophrenen, an denen die neuen Behandlungsmethoden getestet wurden, und einer 80köpfigen Kontrollgruppe, die die übliche Klinikbehandlung erfuhr, fand Linford Rees am Whitechurch Hospital in Cardiff heraus, daß die Insulinkomabehandlung allen anderen körperlichen Behandlungsverfahren – ebenso wie der Entscheidung, der Natur ihren Lauf zu lassen – eindeutig überlegen war. Siehe Rees, »A Comparative Study of the Value of Insulin Coma, Electroronarcosis, Electro-Shock and Leucotomy in the Treatment of Schizophrenia«, *Premier Congrès Mondial de Psychiatrie, Paris, 1950, Bd. 4: Thérapeutique Biologique*, Paris 1952, S. 303–308.

84 Joseph Wortis, *Fragments of an Analysis with Freud*, New York 1954, S. 110. Manchmal wird behauptet, daß D. Ewen Cameron die Insulinkomabehandlung als erster in den Vereinigten Staaten am Worcester State Hospital eingeführt habe. Tatsache aber ist, daß Cameron und seine Mitarbeiter erst im März 1936 damit begannen. Siehe Cameron und R. G. Hoskins, »Some Observations on Sakel's Insulin-Hypoglycemia Treatment of Schizophrenia«, *Schweizer Archiv für Neurologie und Psychiatrie*, 39, Erg.Bd., 1937, S. 180–182.

85 Joseph Wortis, »On the Response of Schizophrenic Subjects to Hypoglycemic Insulin Shock«, Vortrag vor dem Jahrestreffen der New Yorker Society of Clinical Psychiatry, 12. Nov. 1936, *JNMD*, 85, Apr. 1937, S. 446–456.

86 Joseph Wortis, »Early Experiences with Sakel's Hypoglycemic Insulin Treatment of the Psychoses in America«, *Schweizer Archiv für Neurologie und Psychiatrie*, 39, Erg. Bd., 1937, S. 208.

87 Manfred Sakel, »The Origin and Nature of the Hypoglycemic Therapy of the Psychoses«, *Bulletin of the New York Academy of Medicine*, Ser. 2, 13, 1937, S. 97–109.

88 Berichtet von Michael Shepherd, *Journal of Psychopharmacology*, 1990, S. 131. Cameron hatte seine eigenen Erfahrungen mit der Insulintherapie beim Münsinger Kongreß 1937 vorgestellt. Siehe Cameron und Hoskins, »Some Observations ...« (dieses Papier wurde jedoch eingeschickt und nicht in Form eines Vortrages veröffentlicht).

89 William L. Laurence, »Tribute to Manfred Sakel«, in: Max Rinkel, Hrsg., *Biological Treatment of Mental Illness*, New York 1966, S. 38. Uwe Henrik Peters verweist darauf, daß Ruth Wilmanns (später Wilmanns-Lidz), eine junge Psychiaterin und jüdische Exilantin aus Heidelberg, die Insulinschockbehandlung an der Phipps Clinic eingeführt hatte. Siehe Peters, *Fortschritte der Neurologie und Psychiatrie*, 1992, S. 359.

90 Walter Freeman, *Psychiatrist*, S. 35.

91 Slater, *Contemporary Review*, 1975, S. 74.

92 Roberts, »Myths and Truths«, S. 17f.

93 Zu den sich gleichenden Resultaten von Insulin und Barbituraten siehe Brian Ackner et al., »Insulin Treatment of Schizophrenia: A Controlled Study«, *Lancet*, 2, 23. März 1957, S. 607–611. Eine historische Evaluation, die eher zugunsten von Insulin abschließt, bietet W. A. Cramond, »Lessons from the Insulin Story in Psychiatry«, *Australian and New Zealand Journal of Psychiatry*, 21, 1987, S. 320–326.

94 Zu Meduna siehe Max Fink, Hrsg., »Autobiography of L. J. Meduna«, *Convulsive Therapy*, 1, 1985, S. 43–57, 121–135. Siehe auch Fink, »Meduna and the Origins of Convulsive Therapy«, *AJP*, 141, 1984, S. 1034–1041.

95 A. Glaus, »Über Kombinationen von Schizophrenie und Epilepsie«, *Zeitschrift für die gesamte Neurologie und Psychiatrie*, 135, 1931, S. 450–500.

96 Meduna, *Convulsive Therapy*, S. 54.

97 Zur langen Geschichte von Kampfer bei der Behandlung von Psychosen siehe Linde, *Pharmakopsychiatrie*, S. 106f.; sowie Walter Sneader, »The Prehistory of Psychotherapeutic Agents«, *Journal of Psychopharmacology*, 4, 1990, S. 115–119.

98 Lsazlo Joseph (sic!) Meduna, »The Convulsive Treatment: A Reappraisal«, in: Arthur M. Sackler et al., Hrsg., *The Great Physiodynamic Therapies in Psychiatry: An Historical Reappraisal*, New York 1956, S. 76–90.

99 Ladislas von Meduna, »Versuche über die biologische Beeinflussung des Ablaufes der Schizophrenie«, *Zeitschrift für die gesamte Neurologie und Psychiatrie*, 152, 1935, S. 235–262, L. Z.s Fall S. 237f. Meduna nennt als Einweisungsjahr »1933«, doch vorliegende Nachweise legen nahe, daß es bereits 1930 war.

100 Meduna, *Convulsive Therapy*, S. 122.

101 Meduna, *Zeitschrift für die gesamte Neurologie*, 1935, S. 237. Sein abschließender Bericht über diese Therapie erschien unter dem Titel *Die Konvulsionstherapie der Schizophrenie*, Halle 1937.

102 Linde, *Pharmakopsychiatrie*, S. 107.

103 Müller, *Erinnerungen*, S. 244.

104 Ibid., S. 73f.

105 Henry R. Rollin, *Festina Lente: A Psychiatric Odyssey*, London 1990, S. 69.

106 Freeman, *Psychiatrist*, S. 41f.

107 Zu Medunas Zeit in Chicago siehe Herbert L. Jackman, »Epilogue to the Autobiography of L. J. Meduna«, *Convulsive Therapy*, 1, 1985, S. 136–138.

108 Peter G. Cranford, *But for the Grace of God: The Inside Story of the World's Largest Insane Asylum, Milledgeville!*, Augusta 1981, S. 82–85; und Bliss Forbush, *The Sheppard & Enoch Pratt Hospital 1853–1970: A History*, Philadelphia 1971, S. 123.

109 Zum früheren Einsatz von Strom in der Psychiatrie siehe z. B. A. W. Beveridge und E. B. Renvoize, »Electricity: A History of Its Use in the Treatment of Mental Illness in Britain During the Second Half of the 19th Century«, *BJP*, 153, 1988, S. 157–162; sowie Norman Endler, »The History of EKT«, in: Endler und Emmanuel Persad, Hrsg., *Electroconvulsive Therapy: The Myths and the Realities*, Toronto 1988, S. 3–30.

110 Unter den vielen Nachrufen auf Cerletti wird der von Henri Baruk verfaßte seinem Leben wohl am ehesten gerecht: Baruk, »Nécrologie, Le professeur Ugo Cerletti (1877–1963)«, *Bullettin de l'académie nationale de médicine*, 150, Nov. 1966, S. 574–579.

111 Zitat aus Ferdinando Accornero, »Testimonianza Oculare sulla Scoperta dell'Elletroshock«, *Pagine di Storia della Medicina*, 14, 1970, S. 38. Zu Cerlettis Leben siehe A. Novelletto, »Cerletti, Ugo«, *Dizionario biografico degli italiani*, Bd. 23, Rom 1979, S. 759–763.

112 Siehe Ugo Cerletti, »Electroshock Therapie«, *Journal of Clinical and Experimental Psychopathology*, 15, 1954, S. 191–217.

113 Einige Informationen zu diesem Thema verdanke ich persönlichen Gesprächen mit Professor Lamberto Longhi.

114 Siehe Accorneo, *Pagine di Storia della Medicina*, S. 39ff.

115 Müller, *Erinnerungen*, S. 170. Zu den Vorträgen auf diesem Kongreß siehe »Bericht über die wissenschaftlichen Verhandlungen auf der 89. Versammlung der Schweizerischen Gesellschaft für Psychiatrie in Münsingen b. Bern am 29–31. Mai 1937: Die Therapie der Schizophrenie, Insulin-

schock, Cardiazol, Dauerschlaf«, *Schweizer Archiv für Neurologie und Psychiatrie*, 39, Erg.heft, 1937, S. 1–238. Binis »Ricerche sperimentali sull'accesso epilettico da corente elettrica« auf S. 121–122. Bini erwähnte am Ende tatsächlich, daß die Gruppe an der römischen Klinik vorhabe, Versuche am Menschen zu machen.

116 Accornero, *Pagine di Storia della Medicina*, S. 43.

117 Ibid.

118 Ibid., S. 43–48; siehe auch Cerletti, »Electroshock Therapy«, S. 193 f., sowie Cerletti, »Old and New Information about Electroshock«, *AJP*, 107, 1950, S. 87–94. Kalinowsky selbst glaubte zwar, beim ersten EKT-Versuch anwesend gewesen zu sein, tatsächlich war es aber der zweite. Siehe Kalinowsky, *Comprehensive Psychiatry*, S. 430–431. Siehe auch Endler, »The History of ECT«.

119 Ugo Cerletti und Lucio Bini, »L'Elletroshock«, *Archivio generale di neurologia*, 19, 1938, S. 266–268. Am 28. Mai 1938 stellten die Autoren einen ersten Kontakt mit der Medizinischen Akademie von Rom in diesem Zusammenhang her.

120 Cerletti, »Electroshock Therapy«, S. 194.

121 W. H. Shepley und J. S. McGregor, »The Clinical Applications of Electrically Induced Convulsions«, *Proceedings of the Royal Society of Medicine*, 33, 1940, S. 267–274. Der britischen Öffentlichkeit stellte Kalinowsky die EKT mit einem Artikel vor: »Electric-Convulsion Therapy in Schizophrenia«, *Lancet*, 2, 9. Dez. 1939, S. 1232 f. Fast gleichzeitig hatte auch eine Forschergruppe des Bristol's Burden Neurological Institute im nahegelegenen Barnwood House Mental Hospital in Gloucester mit der EKT begonnen. Sie hatte sich ihre Apparatur von einer Londoner Firma bauen lassen. Siehe G. W. T. Fleming et al., »Electric-Convulsion Therapy of Schizophrenia«, *Lancet*, 2, 30. Dez. 1939, S. 1253–1255. Zu Kalinowskys Erinnerungen über dieses Thema siehe Richard Abrams, »Interview with Lothar Kalinowsky, M.D.«, *Convulsive Therapy*, 4, 1988, S. 25–39.

122 E. B. Strauss und Angus MacPhail, »Treatment of Out-Patients by Electrical Convulsant Therapy with a Portable Apparatus«, *BMJ*, 2, 7. Dez. 1940, S. 779–782.

123 Kalinowsky, in: Pongratz, Hrsg., *Psychiatrie in Selbstdarstellungen*, S. 155–157; siehe auch Endler, »ECT«, S. 21.

124 Norton, *BMJ*, S. 430.

125 Felix Post, »Then and Now«, *BJP*, 133, 1978, S. 83.

126 Sargant und Slater, *Physical Methods*, S. 64.

127 David J. Impastato und Renato Almansi, »The Electrofit in the Treatment of Mental Disease«, *JNMD*, 96, 1942, S. 395–409; siehe auch Impastato, »The Story of the First Electroshock Treatment«, *AJP*, 116, 1960, S. 1113 f. Auch Douglas Goldman vom Longview Hospital beansprucht

die Einführung des Verfahrens in Nordamerika für sich. Siehe »History of Psychopharmacology in North America«, *Psychiatry Journal of the University of Ottawa*, 14, 1989, S. 266f. Ebenso früh – März 1940 – wurde es aber auch von Victor E. Gonda angewendet, siehe »Treatment of Mental Disorders with Electrically Induced Convulsions«, *Diseases of the Nervous System*, 2, 1941, S. 84–92.

128 Siehe Endler, »ECT«, S. 22.

129 Die Autoren eines einflußreichen Lehrbuchs über die drei Schocktherapien hielten wenig von der EKT und sprachen sich bei der Schizophreniebehandlung deutlich für den Insulinschock aus. Siehe Lucie Jessner und V. Gerard Ryan, *Shock Treatment in Psychiatry: A Manual*, New York 1941, S. 102, 122.

130 Harry Stack Sullivan, *Conceptions of Modern Psychiatry*, Washington, D.C., 1947 (Erstausgabe 1940), S. 73, Anm. 51.

131 Group for the Advancement of Psychiatry, *Shock Therapy*, Report Nr. 1, 15. Sept. 1947, S. 1.

132 Group for the Advancement of Psychiatry, *Revised Electro-Shock Therapy Report*, Report Nr. 15, August 1950.

133 Einen Überblick über diese Diskussion bietet L. Bruce Boyer, »Fantasies Concerning Convulsive Therapy«, *Psychoanalytic Review*, 39, 1952, S. 252–270.

134 Robert P. Knight schilderte diese Entscheidungsfrage in seiner präsidialen Ansprache an die American Psychoanalytic Association im Dezember 1952. Die ablehnende Haltung der klinisch ausgebildeten Psychiater zur Psychotherapie einerseits und die ablehnende Haltung der in den psychoanalytischen Instituten und entsprechend orientierten Fachbereichen ausgebildeten Psychoanalytiker gegenüber der EKT-Behandlung andererseits habe »einen noch größeren Keil zwischen die Praktiker der sogenannten körperlichen Behandlungsverfahren und die Praktiker der Psychoanalyse« getrieben. Siehe Knight, »The Present Status of Organized Psychoanalysis in the United States«, *American Psychoanalytic Association Journal*, 1, 1953, S. 217.

135 Arnold A. Rogow, *The Psychiatrists*, New York 1970, S. 79.

136 Rollin, *Journal of Psychopharmacology*, 1990, S. 111f.

137 Diese Geschichte berichtet Walter Sneader, *Drug Discovery: The Evolution of Modern Medicines*, Chichester 1985, S. 128.

138 Abram E. Bennett, »Preventing Traumatic Complications in Convulsive Shock Therapy by Curare«, *JAMA*, 114, 27. Jan. 1940, S. 332–324.

139 G. Holmberg und S. Thesleff, »Succinyl-Choline-Iodide as a Muscular Relaxant in Electroshock Therapy«, *AJP*, 108, 1952, S. 842–846. Beide Wissenschaftler gehörten dem Karolinska Institut von Stockholm an.

140 Lothar B. Kalinowsky, »Convulsive Shock Treatment«, in: Silvano Arieti, *American Handbook of Psychiatry*, Bd. 2, New York 1959, S. 1510.

141 Louis Casamajor, »Notes for an Intimate History of Neurology and Psychiatry in America«, *JNMD*, 98, 1943, S. 607. Casamajor hatte bei Kraepelin studiert und vertrat einen eindeutig organisch-psychiatrischen Ansatz.

142 O. Lindvall, »Transplants in Parkinson's Disease«, *European Neurology*, 31, Erg.Heft. 1, 1991, S. 17–27.

143 Michael A. Jenike et al., »Cingulotomy for Refractory Obsessive-Compulsive Disorder«, *Archives of General Psychiatry*, 48, 1991, S. 548–555; sowie Lee Baer et al., »Cingulotomy in a Case of Concomitant Obsessive-Compulsive Disorder and Tourette's Syndrome«, ibid., 58, S. 73 f.

144 Zu Burckhardt siehe Marco Mumenthaler, »Medizingeschichtliches zur Entwicklung der Neurologie in der Schweiz«, *Schweizer Archiv für Neurologie und Psychiatrie*, 138, 1987, S. 15–30; sowie Christian Müller, »Gottlieb Burckhardt, the Father of Topectomy«, *AJP*, 117, 1960, S. 461–463. Christian Müller, selbst Psychiater, war Max Müllers Sohn.

145 Siehe »Application de l'hypnotisme au traitement des maladies mentales«, eine Zusammenfassung der von Burckhardt behandelten Fälle, offenbar dem Jahresbericht von Préfargier entnommen: *Revue de l'hypnotisme*, 3, 1889, S. 56–59.

146 Gottlieb Burckhardt, »Über Rindenexcisionen, als Beitrag zur operativen Therapie der Psychosen«, *Allgemeine Zeitschrift für Psychiatrie*, 47, 1891, S. 463–548. Eine genaue Zusammenfassung von Burckhardts Arbeit und seinen Daten bietet German E. Berrios, »Psychosurgery in Britain and Elsewhere: A Conceptual History«, in: Berrios und Hugh Freeman, Hrsg., *150 Years of British Psychiatry, 1841–1991*, London 1991, S. 180–196.

147 Siehe Albert Molls Brief an August Forel, 11. August 1890, in: Hans H. Walser, Hrsg., *August Forel, Briefe / Correspondance, 1864–1927*, Bern 1968, S. 242 f.

148 Siehe z. B. William Ireland, »German Retrospect«, *Journal of Mental Science*, 37, 1891, S. 613 f.

149 Siehe Berrios, »Psychosurgery«, S. 182–185.

150 Karl Bonhoeffer verweist auf diese Operationen in seiner um 1940 verfaßten Autobiographie: J. Zutt et al., Hrsg., *Karl Bonhoeffer zum hundertsten Geburtstag*, Berlin 1969, S. 57. Im *Index-Medicus* für diese Jahre ist kein Artikel von Mirkulicz über dieses Thema zu finden.

151 Valentin Magnan, *Les Dégénérés*, Paris 1895, S. 219.

152 Zitiert in Elliot S. Vallenstein, *Great and Desperate Cures: The Rise and Decline of Psychosurgery and Other Radical Treatments for Mental Illness*, New York 1986, S. 78. Mein Bericht über Moniz basiert auf dieser und der Studie von Berrios sowie auf Stanley Fingers *Origins of Neuroscience: A History of Explorations into Brain Function*, New York 1994, S. 290–296.

153 In einer frühen englischsprachigen Darstellung seiner Ergebnisse veröffentlichte Moniz nur Einzelheiten über drei von insgesamt achtzehn Pa-

tienten aus einer zweiten Reihe operativer Experimente: Moniz, »Prefrontal Leucotomy in the Treatment of Mental Disorders«, *AJP*, 93, 1937, S. 1379–1385. Sein Bericht über die Entwicklung dieses Verfahrens enthielt keine Daten und war voller wortreicher Spekulationen über hypothetische Wirkungsweisen: Moniz, »How I Came to Perform Prefrontal Leucotomy«, *Psychosurgery, First International Conference, 4.–7. Aug. 1948*, Lissabon 1949, S. 15–21; siehe auch Valenstein, *Great and Desperate Cures*, S. 113.

154 Einen konzisen und kenntnisreichen Überblick über die Geschichte der psychochirurgischen Methoden bietet Victor W. Swayze, II., »Frontal Leukotomy and Related Psychosurgical Procedures in the Era before Antipsychotics (1935–1954): A Historical Overview«, *AJP*, 152, 1995, S. 505–515, bes. Tab. S. 509.

155 Vallenstein, *Great and Desperate Cures*, S. 229.

156 Sargant und Slater, *Physical Methods*, S. 145.

157 Joseph W. Friedlander und Ralp S. Banay, »Psychosis Following Lobotomy in a Case of Sexual Psychopathy«, *Archives of Neurology and Psychiatry*, 59, 1948, S. 319.

158 Cranford, *Milledgeville*, S. 157.

159 Gerald N. Grob, *From Asylum to Community: Mental Health Policy in Modern America*, Princeton 1991, S. 130.

160 David Crossley, »The Introduction of Leucotomy: A British Case History«, *History of Psychiatry*, 4, 1993, S. 562.

161 Obwohl die Zahl der Lobotomien Anfang der fünfziger Jahre rapide sank, wurde das Verfahren an sich noch mindestens ein Jahrzehnt beibehalten. 1961 wurden in den psychiatrischen Kliniken von Ontario noch 58 Lobotomien durchgeführt (1953 waren es 157 gewesen). Siehe Roger Baskett, »The Life of the Toronto Psychiatric Hospital«, in: Edward Shorter, Hrsg., *TPH: History and Memories of the Toronto Psychiatric Hospital*, Toronto 1996, S. 96–153, sowie Anm. 239 S. 152.

162 Ewen Alexander, »A Perspective of the 1940s«, *Surgery and Neurology*, 28, 1987, S. 320.

163 Grob, *Asylum to Community*, S. 131.

164 Finger, *Origins of Neuroscience*, S. 294.

165 Siehe Edward Shorter, »Private Clinics in Central Europe, 1850–1933«, *Social History of Medicine*, 3, 1990, S. 159–195, bes. S. 177, 181.

166 Siehe David Kennedy Henderson, *The Evolution of Psychiatry in Scotland*, Edinburgh 1964, S. 95–100.

167 Caspar Max Brosius, *Aus meiner psychiatrischen Wirksamkeit*, Berlin 1878, S. 23–27.

168 Theodor Kirchhoff, *Deutsche Irrenärzte*, Bd. 2, Berlin 1924, S. 104–106.

169 Grob, *Asylum to Community*, S. 239–240.

170 Johannes Bresler führte die einzelnen Gründungsdaten von psychiatrischen Ambulanzen in deutschen Krankenhäusern auf: »Eine oberschlesische Nervenklinik«, *PNW*, 26, 9. Aug. 1924, S. 104–106.

171 Einen Überblick über die britischen Gesetzeslagen im Gesundheitssystem bietet Kathleen Jones, *Asylums and After: A Revised History of the Mental Health Services: From the Early 18th Century to the 1990s*, London 1993.

172 Ibid., S. 137–138.

173 Zu Thomas Percy Rees' Leben siehe *Munk's Roll*, Bd. 5, S. 344f.; sowie das Interview mit Edward Hare in: Wilkonson, *Talking about Psychiatry*, S. 62–63.

174 Joshua Bierer, »Psychotherapy in Mental Hospital Practice (Being the Preliminary Report of a Full-Time Psychotherapist in a Public Mental Hospital)«, *Journal of Mental Science*, 86, 1940, S. 928–952. Zu Einzelheiten über Bierers Leben siehe Raghu Gaind, »Bierer Obituary«, *International Journal of Social Psychiatry*, 31, 1985, S. 82f.

175 Joshua Bierer, »From Psychotherapy to Social and Community Psychiatry«, *International Journal of Social Psychiatry*, 26, 1980, S. 77–79.

176 Joshua Bierer, »Group Psychotherapy«, *BMJ*, 1, 14. Feb. 1942, S. 216.

177 Diese Details stammen aus: Bierer, *J. Ment. Sci.*, 1940, S. 933f.; und Bierer, »A Self-Governed Patients' Social Club in a Public Mental Hospital«, *J. Men. Sci.*, 87, 1941, S. 419–424. Kein Geschichtsschreiber der Sozialpsychiatrie und therapeutischen Gemeinschaft ist Bierer gerecht geworden. N. P. Mannings kurzer geschichtlicher Überblick über diese Bewegung erwähnt ihn zum Beispiel nicht einmal, siehe »Innovation in Social Policy – the Case of the Therapeutic Community«, *Journal of Social Policy*, 5, 1976, S. 265–279.

178 Bierer, *J. Ment. Sci.*, 1940, S. 934. Wegen der Kriegsumstände ließ Bierer nach zwei Jahren von seinem Experiment in Runwell wieder ab. Siehe Bierer, »Introduction of the Second Volume«, *International Journal of Social Psychiatry*, 2, 1956, S. 5–11.

179 Siehe Maxwell Jones, *Social Psychiatry: A Study of Therapeutic Communities*, London 1952, S. 2, 13.

180 Interview mit Maxwell Jones, in: Wilkonson, *Talking about Psychiatry*, S. 53f.

181 Siehe Sargant, *The Unquiet Mind*, S. 77f.

182 Ibid., S. 29.

183 Ibid., S. 30.

184 Zur Behandlung von Psychoneurosen am Northfield Military Hospital siehe Robert H. Ahrenfeldt, *Psychiatry in the British Army in the Second World War*, London 1958, S. 149–153; siehe auch den Nachruf auf Main in *Times*, 5. Juni 1990, S. 14.

185 Thomas F. Main, »The Hospital as a Therapeutic Institution«, *Menninger Clinic Bulletin*, 10, 1946, S. 67.

186 Thomas F. Main, »The Ailment«, *Medical Psychology*, 30, 1957, S. 144.

187 Ibid., S. 139.

188 H. V. Dicks, *Fifty Years of the Tavistock Clinic*, London 1970, S. 111.

189 Das war der Kern von Bierers Philosophie, auch wenn er Begriffe wie Stärkung und Normalisierung nicht verwandte. Siehe seinen Aufsatz »Theory and Practice of Psychiatric Day Hospitals«, *Lancet*, 2, 21. Nov. 1959, S. 901–902: »Die Annahme, daß unvollkommene Beziehungen das *Resultat* von Geisteskrankheit seien, ist vermutlich zu einseitig. Wir gehen mehr und mehr davon aus, daß unvollkommene oder inadäquate Beziehungen einer der *Gründe* für Geisteskrankheit sind« (S. 901).

190 D. Ewen Cameron, »The Day Hospital: An Experimental Form of Hospitalization for Psychiatric Patients«, *Modern Hospital*, 69, 1947, S. 60f. Zu Berichten über die Aktivitäten dieses »Day Center« – wie es nach 1950 genannt werden sollte – siehe D. Ewen Cameron, »The Day Hospital«, in: A. E. Bennett et al., Hrsg., *The Practice of Psychiatry in General Hospitals*, Berkeley 1956, S. 134–150; sowie A. E. Moll, »Psychiatric Service in a General Hospital with Special Reference to a Day Treatment Unit«, *AJP*, 109, 1953, S. 774–776.

191 Joshua Bierer, *The Day Hospital: An Experiment in Social Psychiatry*, London 1951, S. 10.

192 James Farndale, *The Day Hospital Movement in Great Britain*, Oxford 1961, S. 2, 5.

193 Bierer, *Lancet*, S. 901.

194 Elmer E. Southard, »Alienists and Psychiatrists: Notes on Divisions and Nomenclature of Mental Hygiene«, *Mental Hygiene*, 1, 1917, S. 569. Zu Southard siehe den Brief von David Henderson, in: »Introduction to the Second Volume«, *International Journal of Social Psychiatry*, 2, 1956, S. 8f.

195 John B. MacDonald, »Social Service and Out-Patient Relations«, *AJP*, 1, 1921, S. 141–157; sowie Owen Copp, »Some Problems Confronting the Association«, ibid., 1921, S. 1–13; und Albert M. Barrett, »The Broadened Interests of Psychiatry«, ibid., 1922, S. 1–13.

196 Siehe z. B. Arthur J. Viseltear, »Milton C. Winternitz and the Yale Institute of Human Relations: A Brief Chapter in the History of Social Medicine«, *Yale Journal of Biology and Medicine*, 57, 1984, S. 869–889.

197 Paul Schilder, »Results and Problems of Group Psychotherapy in Severe Neuroses«, *Mental Hygiene*, 23, 1939, S. 87f.

198 Leo Srole et al., *The Midtown Manhattan Study*, Bd. 1: *Mental Health in the Metropolis*, New York 1962, und Thomas S. Langner und Stanley T. Michael, *The Midtown Manhattan Study*, Bd. 11: *Life Stress and Mental Health*, Glencoe 1963. Siehe auch Grob, *Asylum to Community*, S. 100–102. Zu den Kommunalstudien von New Haven siehe August B. Hollingshead und Frederick C. Redlich, *Social Class and Mental Illness: A Community Study*, New York, 1958.

199 Marvin I. Herz, »The Therapeutic Community: A Critique«, *Hospital and Community Psychiatry*, 23, 1972, S. 69.

200 Farndale, *Day Hospital Movement*, S. 1. Lawrence Friedman erwähnt in seiner Studie über die Menninger-Klinik einen Patientenrat und andere Details, die zu einer therapeutischen Gemeinschaft gehörten. Der »Patientenclub« der ambulanten Patienten war vermutlich das funktionelle Äquivalent einer Tagesklinik. Siehe Friedman, *Menninger: The Family and the Clinic*, Lawrence 1990, S. 275.

201 Zur Genesis des »Mental Retardation and Community Mental Health Centers Construction Act« von 1963 siehe Grob, *From Asylum to Community*, S. 216–234.

202 Einen Nachweis für die Durchsetzungskraft des gemeinschaftsorientierten Denkens in den britischen Gesundheitsfürsorgekreisen bietet Lindsay Prior, *The Social Organization of Mental Illness*, London 1993. Er betrachtet die »gemeindezentrierten Dienste« als Höhepunkt der Psychiatrie im 20. Jahrhundert (S. 1).

Siebtes Kapitel
Die zweite biologische Psychatrie

1 Richard von Krafft-Ebing, »Untersuchungen über Irresein zur Zeit der Menstruation: ein klinischer Beitrag zur Lehre vom periodischen Irresein«, *Archiv für Psychiatrie*, 8, 1878, S. 93, synoptische Karte der 19 Fälle S. 94–97.

2 Emil Kraepelin, *Psychiatrie*, 8. Ausg., Bd. 3, T. 2, Leipzig 1913, S. 918.

3 Thomas Cloutson. »The Neuroses of Development, Lecture III«, *Edinburgh Medical Journal*, 37, 1891, S. 108.

4 Ibid., 36, 1891, S. 600f.

5 Zitat aus dem Vorwort des Medical Research Council zu Eliot Slaters *Psychotic and Neurotic Illnesses in Twins*, London 1953, S. iii.

6 Siehe Peter McGuffin et al., *Seminars in Psychiatric Genetics*, London 1994, S. 88f.

7 Francis Galton, »The History of Twins, as a Criterion of the Relative Powers of Nature and Nurture«, *Fraser's Magazine*, NS, 12, November 1875, S. 566. Siehe auch C. G. Nicholas Mascie-Taylor, »Galton and the Use of Twin Studies«, in: Milo Keynes, Hrsg., *Sir Francis Galton, FRS: The Legacy of His Ideas*, London 1993, S. 119–218.

8 Hans Luxenburger, »Vorläufiger Bericht über psychiatrische Serienuntersuchungen an Zwillingen«, *Zeitschrift für die gesamte Neurologie und Psychiatrie*, 116, 1928, S. 297–326, Tab. S. 313.

9 Zu Luxenburger siehe Thomas Haenel, *Zur Geschichte der Psychiatrie: Gedanken zur allgemeinen und Basler Psychiatriegeschichte*, Basel 1982, S. 176–168.

10 Kenneth S. Kendler und Scott R. Diehl, »The Genetics of Schizophrenia: A Current Genetic-Epidemiologic Perspective«, *Schizophrenia Bulletin*, 19, 1993, S. 262.

11 Zu Rosanoff siehe die Nachrufe in: *AJP* 99, 1943, S. 616f. und 773f.

12 Aaron J. Rosanoff et al., »The Etiology of So-Called Schizophrenic Psychoses«, *AJP*, 91, 1934, S. 247–286.

13 Aaron J. Rosanoff, »The Etiology of Manic-Depressive Syndromes with Special Reference to Their Occurence in Twins«, *AJP*, 92, 1935, S. 758.

14 Robert N. Proctor schreibt über die psychiatrischen Erbforscher nach Galton verächtlich: »Zwillingsstudien bewiesen angeblich die Erblichkeit von allem, von der Epilepsie über die Kriminalität bis hin zum Erinnerungsvermögen, von der Hernie über die Tuberkulose bis hin zu Krebs, Schizophrenie oder der Tendenz zur Scheidung.« Siehe *Racial Hygiene: Medicine under the Nazis*, Cambridge 1988, S. 42. Paul Weindling hingegen begnügt sich nicht mit der Kritik an Zwillingsstudien, sondern verteufelt gleich den gesamten Forschungsansatz: »Eine Bandbreite von Krankheiten wie Epilepsie, Schwachsinn und Hysterie wurde wie jedes andere abweichende Verhalten einfach den geheimnisvollen Mächten der Erbanlagen zugeschrieben.« Siehe *Health, Race and German Politics*, Cambridge 1989, S. 82. Tatsache aber ist, daß alle Bestandteile dieser Liste – abgesehen von »Schwachsinn« und »Hysterie«, sofern man sie als eine chronische psychosomatische Erkrankung betrachtet – eine genetische Komponente haben. Selbstverständlich bestreitet niemand, daß die Nationalsozialisten die Zwillingsforschung für die Zwecke ihrer Rassenhygiene ebenso mißbraucht haben wie die Physik für die Zwecke ihrer Raketenproduktion. Dennoch kann man weder die Physik noch die genetische Psychiatrie einfach vom Tisch fegen, nur weil sie mißbraucht werden können.

15 Henry A. Bunker hat in seinem Überblick über den wissenschaftlichen Beitrag von Amerikanern für Rosanoff nur eine flüchtige Anmerkung inmitten Hunderter ausführlicher Referenzen übrig. Siehe »American Psychiatric Literature during the Past One Hundred Years«, in: American Psychiatric Association, Hrsg., *One Hundred Years of American Psychiatrie*, New York 1944, S. 275. In Walter E. Bartons Index erscheint Rosanoffs Name überhaupt nicht, dafür gibt es 15 Verweise auf ihn selbst und 12 auf William Menninger, siehe: *The History and Influence of the American Psychiatric Association*, Washington 1987.

16 Franz J. Kallmann, *The Genetics of Schizophrenia: A Study of Heredity and Reproduction in the Families of 1,087 Schizophrenics*, New York 1938.

17 Kallmann, »The Genetic Theory of Schizophrenia: An Analysis of 691

Schizophrenic Twins Index Families«, *AJP*, 103, 1946, S. 309–322, Zahlen S. 7, 313. Kallmanns Lebenswerk ist zusammengefaßt in seinem Buch *Heredity and Health and Mental Disorder: Principles of Psychiatric Genetics in the Light of Comparative Twin Studies*, New York 1953.

18 Franz J. Kallmann, »The Genetics of Psychoses«, in: *Premier Congrès Mondial de Psychiatrie Paris 1950*, Paris 1952, Bd. 6, S. 12–20; zur Diskussion siehe S. 57–74.

19 Ein erwähnenswertes Beispiel dafür war Slaters Studie *Psychotic and Neurotic Illnesses in Twins*.

20 Siehe McGuffin, *Seminars Psychiatric Genetics*, Tab. 5.1, S. 88.

21 Seymor S. Kety et al., »The Types and Prevalence of Mental Illness in the Biological and Adoptive Families of Adopted Schizophrenics«, *Journal of Psychiatric Research*, 6, Erg.bd., 1, Nov. 1968, S. 361.

22 Seymor S. Kety und Loring J. Ingraham, »Genetic Transmission and Improved Diagnosis of Schizophrenia from Pedigrees of Adoptees«, *Journal of Psychiatric Research*, 26, 1992, S. 247–255.

23 Kety et al., »Mental Illness in the Biological and Adoptive Relatives of Schizophrenic Adoptees: Replication of the Copenhagen Study in the Rest of Denmark«, *Archives of General Psychiatry*, 51, 1994, S. 442–455.

24 A. Bertelsen et al., »A Danish Twin Study of Manic-Depressive Disorders«, *BJP*, 130, 1977, S. 330–351.

25 Svenn Torgersen, »Genetic Factors in Anxiety Disorders«, *Archives of General Psychiatry*, 40, 1983, S. 1085–1089.

26 Michael Bohman et al., »An Adoption Study of Somatoform Disorders, III. Cross-Fostering Analysis and Genetic Relationship to Alcoholism and Criminality«, *Archives of General Psychiatry*, 41, 1984, S. 872–878; sowie C. Robert Cloninger et al., »Symptom Patterns and Causes of Somatization in Men: II. Genetic and Environmental Independence from Somatization in Women«, *Genetic Epidemiology*, 3, 1986, S. 171–185.

27 Oguz Arkonac und Samuel B. Guze, »A Family Study of Hysteria«, *NEJM*, 268, 31. Jan. 1963, S. 239–242; sowie C. Tobert Cloninger und Samuel B. Guze, »Hysteria and Parental Psychiatric Illness«, *Psychological Medicine*, 5, 1975, S. 27–31.

28 Eine Zusammenstellung bietet Robert Plonim, »Genetic Risk and Psychosocial Disorders: Links Between the Normal and Abnormal«, in: Michael Rutter und Paul Casaer, Hrsg., *Biological Risk Factors for Psychosocial Disorders*, Cambridge 1991, S. 101–138, Tab. 5.1 S. 107.

29 Robert Plomin und Denise Daniels, »Why Are Children in the Same Family So Different From One Another?«, *Behavioral and Brain Sciences*, 10, 1987, S. 1.

30 Shengbiao Wang et al., »Evidence for a Susceptibility Locus for Schizophrenia on Chromosome 6pter-p22«, *Nature Genetics*, 10, 1995, S. 41–46.

31 Wade H. Berrettini et al., »Chromosome 18 DNA Markers and Manic-Depressive Illness: Evidence for a Susceptibility Gene«, *Proceedings of the National Academy of Science USA*, 91. 1994, S. 5918–5921; siehe auch Richard E. Straub, »Possible Vulnerability Locus for Bipolar Affective Disorder on Chromosome 21q22.3«, *Nature Genetics*, 8, 1994, S. 291–294.

32 Arturas Petronis und James L. Kennedy, »Unstable Genes-Unstable Mind«, *AJP*, 152, 1995, S. 164–172.

33 Otto Loewi und E. Navratil, »Über humorale Übertragbarkeit der Herznervenwirkung. X. Mitteilung. Über das Schicksal des Vagusstoffs«, *Pflügers Archiv für die gesamte Physiologie*, 214, 1926, S. 678–688.

34 Siehe A. M. Fiamberti, »L'Acétylcholine dans la physio-pathogénèse et dans la thérapie de la schizophrénie«, *Premier Congrès Mondial de Psychiatrie Paris 1950*, Bd. 4, S. 16–22; sowie Fiamberti, »Sul meccanismo d'àzione terapeutica della ›burrasca vascolare‹ provocate con derivati della colina«, *Giornale di psichiatria e di neuropatologia*, 67, 1939, S. 270–280.

35 Heinz Lehmann, »The Introduction of Chlorpromazine to North America«, *Psychiatric Journal of the University of Ottawa*, 14, 1989, S. 263–365.

36 Zur Geschichte des Chlorpromazin siehe die Monographie von Judith P. Swazey, *Chlorpromazine in Psychiatry: A Study of Therapeutic Innovation*, Cambridge 1974, die auf der bahnbrechenden Studie von Anne E. Caldwell aufbaut: *Origins of Psychomarmacology from CPZ to LSD*, Springfield 1970; siehe auch Caldwell, »History of Psychopharmacology«, in: William G. Clark und Joseph del Giusice, Hrsg., *Principles of Psychopharmacology*, 2. Ausg., New York 1978, S. 9–40.

37 Swazey, *Chlorpromazine*, S. 79, Zitat aus Swazeys Interview mit Laborit.

38 Ibid., S. 100–103.

39 Diese Geschichte berichtet Henri Laborit in seinem Buch *La Vie antérieure*, Paris 1989, S. 91 f. Anwesend bei diesem Experiment war auch der einzelgängerische Hypnotherapeut und Quasi-Psychoanalytiker Léon Chertok, damals Psychiater am Villejuif. Am Ende bat Chertok, das Chlorpromazin an Patienten im Villejuif ausprobieren zu dürfen, was jedoch abgelehnt wurde. Später beschwerte er sich: »Damit war mir verwehrt, einer der Pioniere [der Psychopharmakologie] zu werden.« Léon Chertok, »30 Ans Après: la petite histoire de la découverte des neuroleptiques«, *Annales médico-psychologiques*, 140, 1982, S. 974.

40 Aus Swazey, *Chlorpromazine*, S. 117.

41 Henri Laborit et al., »Un nouveau stabilisateur végétatif (le 4560 RP)«, *Presse médicale*, 60, 13. Feb. 1952, S. 208.

42 Joseph Hamon, Jean Paraire und Jean Velluz, »Remarques sur l'action du 4560 R.P. sur l'agitation maniaque«, *Annales médico-psychologiques*, 110, März 1952, S. 332–335, ein Bericht über das Treffen der Pariser Medizinisch-Psychologischen Gesellschaft am 25. Februar 1952.

43 Die ersten, die einen klinischen Großversuch ausschließlich mit Chlorpromazin machten, waren die Pariser Psychiater J. Sigwald und D. Bouttier. Der am 18. Februar 1952 begonnene Test endete mit dem 48. Patienten. Allerdings veröffentlichten sie ihre Studie erst 1953, womit bewiesen war, wie wichtig eine sofortige Drucklegung ist, wenn man sich einen ersten Platz in der Medizin sichern will. Siehe »Le Chlorhydrate de chloro-3 ...«, *Annales de médicine*, 54, 1953, S. 150–182.

44 Jean Delay, Pierre Deniker und J.-M. Harl, »Utilisation en thérapeutique psychiatrique d'une phénothiazine d'action centrale élective (4560 RP)«, *Annales médico-psychologiques*, 110 (2), 1952, S. 112–120.

45 Jean Delay, Pierre Deniker und J.-M. Harl, »Traitement des états d'excitation par une méthode médicamenteuse dérivée de l'hibernothérapie«, *Annales médico-psychologiques*, 110 (2), 1952, S. 267–273. Zur selben Zeit veröffentlichte Andrée Deschamps, Psychiaterin in der Anstalt Fleury-les-Aubrais und unmittelbar von Laborit inspiriert, die Ergebnisse einer achttägigen Tiefschlafkur, die sie erfolgreich bei vier Patienten mit einer Kombination aus RP 4560 und Barbituraten abgeschlossen hatte: »Hibernation artificielle en psychiatrie«, *Presse médicale*, 60, 21. Juni 1952, S. 944–946. Zweifellos wurde das Präparat zu der Zeit, in der es von Delay und Deniker getestet wurde, auch von unzähligen anderen Ärzten verabreicht.

46 In einer Lobeshymne auf Delay heißt es: »1952 beschrieben Professor Delay und sein Mitarbeiter Pierre Deniker im Rahmen einer Forschung über die therapeutischen Möglichkeiten der Schockbehandlung eine andere und neue Behandlungsmethode mit einem einfachen Medikament, genannt Chlorpromazin ... Dank der Entdeckung dieses ersten Neuroleptikums ... wandelten sich die Irrenhäuser jener Tage zu psychiatrischen Kliniken, wie man sie heute in aller Welt kennt.« Siehe »Leading Men of Science: Jean Delay«, *Triangle*, 6, 1964, S. 306–307. Laborit erhielt die ihm gebührende Anerkennung 1957, als er, wie auch Delay, Deniker, Heinz Lehmann und andere, den Lasker-Preis bekam. Auch Deniker sollte Laborit später den ihm angemessenen Rang (mehr oder weniger) zuerkennen: »Introduction of Neuroleptic Chemotherapy into Psychiatry«, in: Frank J. Ayd, Jr. und Barry Blackwell, Hrsg., *Discoveries in Biological Psychiatry*, Baltimore 1984, S. 155–165.

47 Delay, *Ann. méd.psych.*, Juni 1952, Fall 1, S. 268f., Sitzung der Medizinisch-Psychologischen Gesellschaft vom 23. Juni 1952. In diesem Aufsatz wurde Laborit erwähnt, allerdings nur im Zusammenhang mit seiner unbedeutenderen Arbeit über das Absenken der Körpertemperatur chirurgischer Patienten.

48 Caldwell, »History of Psychopharmacology«, S. 30. Ich habe hier bewußt die Geschichte des Chlorpromazin als wichtigsten historischen Beitrag zur

Geschichte der Neuroleptika hervorgehoben. Dabei darf man jedoch nicht vergessen, daß es auch andere bedeutende Beiträge gab, etwa die Reserpin-Forschung, die allerdings nur am Anfang eine wichtige Rolle spielten und sich irgendwann im Sande verloren. Zu Reserpin siehe Frances R. Frankenburg, »History of the Development of Antipsychotic Medication«, *Psychiatric Clinics of North America*, 17, 1994, S. 531–540. In der Geschichte des Reserpin spielte der Psychiater Nathan Kline eine große Rolle, der mit der Entwicklung der Monoaminooxydase-Hemmer (MAO-Hemmer) gegen Depression befaßt war – eine weitere Episode, die ich in diesem Buch stillschweigend übergehe, da die Relevanz der MAO-Hemmer immer mehr abnahm. Zu Kline siehe Heinz Lehmann, »Nathan Kline«, in: Thomas A. Ban und Hanns Hippius, Hrsg., *Psychopharmacology in Perspective*, New York 1992, S. 26–28. David Healys *History of the Antidepressants*, Cambridge 1996, faßt alle diese Episoden zusammen.

49 Siehe Simone Courvoisier et al., »Propriétés pharmacodynamiques du … 4560 R.P.«, *Archives internationales de pharmacodynamie*, 92, 1953, S. 305–361.

50 John D. M. Griffin, »An Historic Oversight«, *Canadian Psychiatric Association Bulletin*, 26 (2), April 1994, S. 5. Kajender hat ihre Arbeit nie publiziert und sich schließlich in Thunder Bay, Ontario, niedergelassen.

51 Interview mit Heinz Lehmann (S. 2), dessen Abschrift mir Dr. David Healy dankenswerterweise zur Verfügung stellte.

52 Heinz E. Lehmann und Gorman E. Hanrahan, »Chlorpromazine: New Inhibiting Agent for Psychomotor Excitement and Manic States«, *Archives of Neurology and Psychiatry*, 71, 1954, S. 227–237.

53 Heinz Lehmann, »Introduction of Chlorpromazine to North America«, S. 265.

54 Interview mit Lehmann, S. 9.

55 Lehmann, »Introduction«, S. 265.

56 Lehmann, *Archives of Neurology*, S. 231.

57 Persönliches Gespräch mit John R. Young. Zur Beteiligung von Smith Kline & French an der Geschichte von Chlorpromazin siehe Swazey, *Chlorpromazine*, S. 159–190; einige weitere Einzelheiten dazu in: Shorter, *The Health Century*, New York 1987, S. 120–126.

58 Willis H. Bower, »Chlorpromazine in Psychiatric Illness«, *NEJM*, 251, 21. Okt. 1954, S. 689–692. Swazeys Monographie erwähnt die Arbeit Bowers mit keinem Wort. William Winkelman hatte bereits vor Bauer eine Studie veröffentlicht, allerdings im wesentlichen auf Versuche bezogen, die er mit psychoneurotischen Patienten durchgeführt hatte: »Chlorpromazine in the Treatment of Neuropsychiatric Disorders«, *JAMA*, 155, 1. Mai 1954, S. 81–121. Winkelman war der Meinung, daß Chlorpromazin zwar von einigem Nutzen sei, aber »niemals als Ersatz für eine analytisch orientierte Psychotherapie verabreicht werden sollte« (S. 21).

59 Siehe dazu Swazey, *Chlorpromazine*, S. 201–207.

60 Time, 7. März 1955, S. 56.

61 Bliss Forbush, *The Sheppard & Enoch Pratt Hospital, 1853–1970: A History*, Philadelphia 1971, S. 124f.

62 Siehe Pierre Deniker, »From Chlorpromazine to Tardive Dyskinesia (Brief History of the Neuroleptics)«, *Psychiatry Journal of the University of Ottawa*, 14, 1989, S. 254.

63 Henry R. Rollin, »The Dark before the Dawn«, *Journal of Psychopharmacology*, 4, 1990, S. 113.

64 John F. J. Cade, »Lithium Salts in the Treatment of Psychotic Excitement«, *Medical Journal of Australia*, 2, 3. Sept. 1949, S. 349–352. Siehe auch Cades Bericht über seine Entdeckung in: *Discoveries in Biological Psychiatry*, S. 128–225.

65 Cade in: *Discoveries*, S. 219.

66 Mogens Schou et al., »The Treatment of Manic Psychoses by the Administration of Lithium Salts«, *Journal of Neurology, Neurosurgery and Psychiatry*, 17, 1954, S. 250–260. Die Psychiatrie der Universität Aarhus befindet sich in Risskov.

67 Mogens Schou, »Lithium: Personal Reminiscences«, *Psychiatric Journal of the University of Ottawa*, 14, 1989, S. 261.

68 Eddie Kingstone, »The Lithium Treatment of Hypomanic and Manic States«, *Comprehensive Psychiatry*, 1, 1960, S. 317–320 (Kingston war Camerons Chefarzt). Siehe auch Samuel Gershon und Arthur Yuwiler, »Lithium Ion: A Specific Psychopharmacological Approach to the Treatment of Mania«, *Journal of Neuropsychiatry*, 1, 1960, S. 229–241. Zu den Schwierigkeiten, Lithium in Nordamerika einzuführen, siehe F. Neil Johnson, *The History of Lithium Therapy*, London 1984, S. 94–104.

69 Siehe Frank J. Ayd, Jr., »The Early History of Modern Psychopharmacology«, *Neuropsychopharmacology*, 5, 1991, S. 71–84.

70 Zu Lewis und Shepherd siehe das von Felix Post geführte Interview in: Greg Wilkinson, Hrsg., *Talking about Psychiatry*, London 1993, S. 167.

71 Psychosen und Depressionen werden einer bestimmten Logik zufolge nach wie vor als eigenständige Störungen beschrieben. Es ist jedoch nicht bewiesen, daß Schizophrenie eine andere Störung ist als eine wahnhafte Depression. Eine Depression spricht beispielsweise oft gut auf Chlorpromazin an, ein Mittel, das ja angeblich nur gegen Schizophrenie wirken soll. (Siehe Donald F. Klein und Max Fink, »Behavioral Reaction Patterns with Phenothiazines«, *Archives of General Psychiatry*, 7, 1962, S. 449–459, siehe insbes. Kategorie E.) Letztlich haben wohl vor allem die Vermarktungsstrategien der Pharmakonzerne und nicht die wissenschaftlichen Erkenntnisse dafür gesorgt, daß die Unterscheidung zwischen diesen Störungen so hartnäckig aufrechterhalten wird.

72 Der ausführlichste unter den diversen Berichten Kuhns über die »Imipramin-Geschichte« ist sicher der im von Ludwig Pongratz herausgegebenen Buch *Psychiatrie in Selbstdarstellungen*, S. 219–257. Die internen Berichte von Geigy weichen von Kuhns Darstellungen etwas ab; ich danke David Healy, daß er mir in einige davon Einsicht gewährt hat.

73 Roland Kuhn, »Über die Behandlung depressiver Zustände mit einem Iminodibenzylderivat (G22355)«, *Schweizerische Medizinische Wochenschrift*, 87, 31. Aug. 1957, S. 1135–1140.

74 Ibid. International zum ersten Mal davon Notiz genommen wurde 1958, nachdem Kuhns Artikel in der wichtigsten amerikanischen Fachzeitschrift für Psychiatrie erschienen war. Siehe »The Treatment of Depressive States with G22355 (Imipramine Hydrochloride)«, *AJP*, 115, 1958, S. 459–464. Darin wurde Kuhn fälschlicherweise als »chief medical officer« vorgestellt, während er tatsächlich Oberarzt war. Heinz Lehmann unternahm die ersten Versuche mit diesem Mittel in Nordamerika. Siehe »Tricylic Antidepressants: Recollections«, in: M. J. Parnham und J. Bruinvels, Hrsg., *Psycho- and Neuro-Pharmacology*, Bd. 1, Amsterdam 1983, S. 211–216.

75 National Center for Health Statistics, H. Koch, »Drug Utilization in Office-Based Practice, A Summary of Findings. National Ambulatory Medical Care Survey, United States, 1980«, *Vital and Health Statistics*, Ser. 13, Nr. 65, Washington, D.C., März 1983, Tab. 1, S. 15 und Tab. 2, S. 17.

76 Felix Post, »Then and Now«, *BJP*, 133, 1978, S. 84f.

77 Heinrich Laehr, *Über Irrsein und Irrenanstalten*, Halle 1852, S. ix, 16.

78 Clouston, *Edinburgh Medical Journal*, 1891, S. 595.

79 Hier sollte auch die weitgehend ignorierte Pionierleistung von John William Thudichum – er lehrte am Londoner St. Thomas's Hospital – auf dem Gebiet der Neurochemie erwähnt werden. Besonders interessiert war er an der Biochemie psychischer Krankheiten. Siehe David L. Drabkin, Hrsg., *J. L. W. Thudichum, A Treatise on the Chemical Constitution of the Brain*, 1884, Neuauflage Hamden 1962.

80 C. Grabow und Felix Plaut, »Experimentelle Untersuchungen zur Frage der Antikörperbildung im Liquorraum«, *Zeitschrift für Immunitätsforschung und experimentelle Therapie*, 54, 1927, S. 335–354. Zu diesen ersten Ansätzen in der Deutschen Forschungsanstalt siehe Matthias M. Weber, »Ein Forschungsinstitut für Psychiatrie ...: Die Entwicklung der Deutschen Forschungsanstalt für Psychiatrie in München zwischen 1917 und 1945«, *Sudhoffs Archiv*, 75, 1991, S. 74–89.

81 Zu Plaut siehe David Krasner, »Smith Ely Jelliffe and the Immigration of European Physicians to the United States in the 1930s«, *Transactions and Studies of the College of Physicians of Philadelphia*, Ser. 5, 12, 1990, S. 57.

82 Denis Hill, »Electroencephalography as an Instrument of Research in Psychiatry«, *Premier Congrès Mondial de Psychiatrie*, Bd. 3, S. 164.

83 Siehe W. C. Cornig, »Bootstrapping toward a Classification System«, in: Theodore Millon und Gerald L. Klerman, Hrsg., *Contemporary Directions in Psychopathology*, New York 1986, S. 279–306.

84 Zusammenfassung des Papiers von R. E. Hemphill und M. Reiss, »The Isotopes in Psychiatry«, *Premier Congrès* ..., Bd. 3, S. 290f.

85 Zusammenfassung des Papiers von Richter, »Biochemical Changes in the Brain in Functional Activity«, *Premier Congrès* ..., Bd. 3, S. 296.

86 Siehe Wilder Penfield, *The Difficult Art of Giving: The Epic of Alan Gregg*, Boston 1967, S. 282.

87 Zu dieser Geschichte siehe Tracy J. Putnam, »The Demonstration of the Specific Anticonvulsant Action of Diphenylhydantonin and Related Compounds«, *Discoveries Biological Psychiatry*, S. 85–90. Diese Arbeit wurde in der Zeit fertiggestellt, in der diese Gruppe am Boston City Hospital forschte und Putnam Cobbs Nachfolgerin in der Leitung der Neurologie geworden war.

88 Johannes M. Nielsen und George N. Thompson, *The Engrammes of Psychiatry*, Springfield 1947. Das Buch war »den Wissenschaftlern, die sich für die neuronalen Grundlagen des menschlichen Verhaltens interessieren«, gewidmet.

89 Zur Gründung siehe Jules H. Masserman, »Preface and Dedication«, *Biological Psychiatry: Proceedings of the Scientific Sessions of the Society of Biological Psychiatry, San Francisco, May, 1958*, New York 1959, S. xv.

90 »The Society of Biological Psychiatry«, *AJP*, 111, 1954, S. 111.

91 Der Haupttitel des theologischen, nicht medizinischen Werks »Psychopharmakon« war in griechischer, der Untertitel in lateinischer Sprache gehalten. Rhegius, ein Lutheraner, starb 1541.

92 Jacques-Joseph Moreau de Tours, *Du hachisch et de l'aliénation mentale: Études psychologiques*, 1945, Neuauflage Paris 1980, S. 29f.

93 Claude Bernard, »Des effets physiologiques de la morphine et leur combination avec ceux de chloroform«, *Bulletin thérapeutique*, 77, 1869, S. 241–256.

94 Emil Kraepelin, *Über die Beeinflussung einfacher psychischer Vorgänge durch einige Arzneimittel*, Jena 1892, S. 227.

95 David I. Macht, »Contributions to Psychopharmacology«, *Johns Hopkins Hospital Bulletin*, 31, 1920, S. 167. Der heutige Gebrauch des Begriffes »Psychopharmakologie« geht jedoch nicht auf Machts Artikel zurück, sondern auf Jean Delay und Jean Thuillier, die ihn in einem 1956 verfaßten Aufsatz benutzten (gegen den Einwand Delays, dem dieser Neologismus nicht gefiel). Delay und Thuillier, »Psychiatrie expérimentale er psychopharmacologie«, *Semaine des hôpitaux de Paris*, 32, 22. Okt. 1956, S. 3187–3193. Delays Assistent Thuillier leitete das experimentalpsychiatrische Labor der Sainte-Anne-Anstalt. Der Begriff »Psychopharmako-

logie« wurde schließlich im folgenden Jahr bei einer Konferenz in Mailand sanktioniert. Siehe Thuilliers Anmerkung in: Ban und Hippius, *Psychopharmacology in Perspective*, S. 88 f.

96 Zu LSD siehe Abraham Wikler, *The Relation of Psychiatry to Pharmacology*, Baltimore 1957, S. 20–22 passim. Dies war das erste amerikanische Lehrbuch für Psychopharmakologie.

97 Wolfgang de Boor, *Pharmakopsychologie und Psychopathologie*, Berlin 1956.

98 Ban, *Psychopharmacology in Perspective*, S. xii-xiii.

99 Betty M. Twarog, »Serotonin: History of a Discovery«, *Comparative Biochemistry and Physiology*, 91C, 1988, S. 21–24. Siehe auch Twarog und Irvine H. Page, »Serotonin Content of Some Mammalian Tissues and Urine and a Method for Its Determination«, *American Journal of Physiology*, 175, 1953, S. 157–161. Ihre erste Arbeit über den Neurotransmitter Serotonin wurde 1952 eingereicht, aber erst 1954 veröffentlicht, weil sie der Herausgeber der Fachzeitschrift für unbedeutend hielt und Twarog von dieser Entscheidung nicht einmal in Kenntnis setzte.

100 Arvid Carlsson et al., »On the Presence of 3-Hydroxytyramine in Brain«, *Science*, 127, 28. Feb. 1958, S. 471. 3-Hydroxytyramin ist Dopamin. Die Arbeit wurde 1957 eingereicht. Mit dem Beginn der Spektrofluorometrie Mitte der fünfziger Jahre wurde nicht nur Carlssons Arbeit erleichtert, sondern technisch auch die Erforschung der Monoamine ermöglicht.

101 Arvid Carlsson und Margit Lindqvist, »Effect of Chlorpromazine or Haloperidol on Formation of 3-Methoxytyramine and Normetanephrine in Mouse Brain«, *Acta Pharmacol. et Toxicol.*, 20, 1963, S. 140–144.

102 Solomon H. Snyder, »The Dopamine Hypothesis of Schizophrenia: Focus on the Dopamine Receptor«, *AJP*, 133, 1976, S. 197–202. Siehe auch Snyders zuvor zitierten Aufsatz von 1974.

103 Der erste aus einer Reihe von Artikeln darüber stammte von Alfred Pletscher, Parkhurst A. Shore und Bernard B. Brodie: »Serotonin Release as a Possible Mechanism of Reserpine Action«, *Science*, 122, 26. Aug. 1955, S. 374–375,

104 Einen Gutteil meiner Einsichten darüber verdanke ich einem Interview, daß David Healy mit Arvid Carlsson führte (S. 2–3). Ich danke Dr. Healy, daß er mir eine Kopie der Niederschrift zur Verfügung stellte.

105 Elizabeth F. Marshall et al., »The Effect of Iproniazid and Imipramine on the Blood Platelet 5-Hydroxytryptamine Leven in Man«, *British Journal of Pharmacology*, 15, 1960, S. 35–41.

106 Arvid Carlsson et al., »The Effect of Imipramine of [sic] Sentral 5-Hydroxytryptamine Neurons«, *Journal of Pharmacy and Pharmacology*, 20, 1968, S. 150–151. Siehe auch Carlsson et al., »Effects of Some Antidepressant Drugs on the Depletion of Intraneuronal Brain Catecholamine Stores ...«, *European Journal of Pharmacology*, 5, 1969, S. 367–373.

107 Solomon Snyder et al., »Drugs, Neurotransmitters, and Schizophrenia«, *Science*, 184, 1974, S. 1243–1253.

108 David Healy, »The Structure of Psychopharmacological Revolutions,« *Psychiatric Developments*, 4, 1987, S. 351. Einige meiner Erkenntnisse stammen aus Healys »The History of British Psychopharmacology«, in: Hugh Freeman und German E. Berrios, Hrsg., *150 Years of British Psychiatry*. Bd. II: *The Aftermath*, London 1996, S. 61–88.

109 Siehe David T. Healy, »The Pharmacologic Era: Notes toward a History«, *Journal of Psychopharmacology*, 4, 1990, S. 152–167. Zur Rolle des Clozapins bei der Zerstörung der Dopamin-Hypothese siehe Goodman und Gilman, *Goodman and Gilman's*, S. 391.

110 Siehe Floyd E. Bloom, »Advancing a Neurodevelopmental Origin for Schizophrenia«, *Archives of General Psychiatry*, 50, 1993, S. 224.

111 Joyce A. Kovelman und Arnold B. Scheibel, »A Neurohistological Correlate of Schizophrenia«, *Biological Psychiatry*, 19, 1984, S. 1616.

112 Francine M. Benes et al., »Increased Vertical Axon Numbers in Cingulate Cortex of Schizophrenics«, *Archives of General Psychiatry,* 44, 1987, S. 1017–1021.

113 Sarnoff A. Mednick et al., »Adult Schizophrenia Following Prenatal Exposure to an Influenca Epidemic«, *Archives of General Psychiatry*, 45, 1988, S. 189–192. Siehe auch Mednick und Tyrone D. Cannon, »Fetal Development, Birth and the Syndromes of Adult Schizophrenia«, in: Mednick et al., Hrsg., *Fetal Neural Development and Adult Schizophrenia*, Cambridge 1991, S. 3–12, 227–237.

114 Christopher E. Barr et al., »Exposure to Influenza Epidemics during Gestation and Adult Schizophrenia: A 40-Year Study«, *Archives of General Psychiatry*, 39, 1990, S. 869–874.

115 Sie bilden das Hüll- und Stützgewebe des Nervensystems (Neuroglia); A.d.Ü.

116 Janice R. Stevens, »Neuropathology of Schizophrenia«, *Archives of General Psychiatry*, 39, 1982, S. 1131–1139.

117 Eve C. Johnstone et al., »Cerebral Ventricular Size and Cognitive Impairment in Chronic Schizophrenia«, *Lancet*, 2, 30. Okt. 1976, S. 924–926. Einen Gesamtüberblick bietet Herbert Y. Meltzer, »Biological Studies in Schizophrenia«, *Schizophrenia Bulletin*, 13, 1987, S. 77–111.

118 Siehe Mary Seeman, »Schizophrenia: D4 Receptor Elevation: What Does It Mean?«, *Journal of Psychiatry and Neuroscience*, 19, 1994, S. 171–176.

119 Bloom, *Archives of General Psychiatry*, 1993, S. 224.

120 Mednick und Cannon, *Fetal Neuronal Development*, S. 6–9. Siehe auch Barbara Fish et al., »Infants at Risk for Schizophrenia: Sequelae of a Genetic Neurointegrative Defect: A Review and Replication Analysis of Pandysmaturation in the Jerusalem Infant Development Study«, *Archives of General Psychiatry*, 49, 1992, S. 221–235.

121 Thomas Clouston hatte dies in der Sprache seiner Zeit so formuliert: »Jede Verzögerung von Entwicklungsprozessen, jede Art von Asymmetrie an Kopf und Gesicht sollten als Gefahrensignal für ein belastetes nervliches Erbe verstanden werden.« Clouston, *Edinburgh Medical Journal*, 1891, S. 119f.

122 Bloom, *Archives of General Psychiatry*, S. 226.

123 Godfrey D. Pearlson und Amy E. Veroff, »Computerised Tomographic Scan Changes in Manic-Depressive Illness«, *Lancet*, 2, 29. Aug. 1981, S. 470.

124 Otto Fenichel, *Outline of Clinical Psychoanalysis*, New York 1934, S. 146.

125 Lewis R. Baxter, Jr., et al., »Local Cerebral Glucose Metabolic Rates in Obsessive-Compulsive Disorder«, *Archives of General Psychiatry*, 44, 1987, S. 211–218.

126 Siehe P. K. McGuire et al., »Functional Anatomy of Obsessive Compulsive Phenomena«, *BJP*, 164, 1994, S. 459–468; sowie Scott L. Rauch et al., »Regional Cerebral Blood Flow Measured during Symptom Provocation in Obsessive-Compulsive Disorder using Oxygen 15-Labeled Carbon Dioxide and Positron Emission Tomography«, *Archives of General Psychiatry*, 51, 1994, S. 62–70.

127 Rudolf Hoehn-Saric et al., »Effects of Fluoxetine on Regional Cerebral Blood Flow in Obsessive-Compulsive Patients«, *AJP*, 148, 1991, S. 1243–1245.

128 National Advisory Mental Health Council, *Approaching the 21st Century: Opportunities for NIMH Neuroscience Research. Report to Congress on the Decade of the Brain*, Rockville, 1988, S. 2.

129 Siehe Edward Shorter, *Bedside Manners: The Troubled History of the Doctor-Patient Relationship*, New York 1985, Neuauflage mit einem neuen Vorwort unter dem Titel *Doctors and Their Patients: A Social History*, New Brunswick 1991.

130 Siehe Sherry Hirsch et al., Hrsg., *Madness Network News Reader*, San Francisco 1974, S. 81, 91.

131 Zur Geschichte der antipsychiatrischen Bewegung in den USA siehe Norman Dain, »Psychiatry and Anti-Psychiatry in the United States«, in: Mark S. Micale und Roy Porter, *Discovering the History of Psychiatry*, New York 1994, S. 415–444; Gerald N. Grob, *From Asylum to Community*, S. 262–268 und 279–287; sowie Digby Tantam, »The Anti-Psychiatric Movement«, in: German E. Berrios und Hugh Freeman, *150 Years of British Psychiatry, 1841–1991*, London 1991, S. 333–347.

132 Einen kurzen Überblick bietet Mitchell Wilson, »DSM-Ill and the Transformation of American Psychiatry: A History«, *AJP*, 150, 1993, S. 399–410.

133 Thomas S. Szasz, *The Myth of Mental Illness*, rev. Ausg. New York 1974 (Erstausgabe 1960), S. xxiii.

134 Erving Goffman, *Asylums: Essays on the Social Situation of Mental Patients and Other Inmates*, New York 1961, S. 14, 67f., 111. Laut Goffman basierte »die Vorstellung, den Verstand verlieren zu können«, einzig »auf kulturell abgeleiteten und sozial geprägten Stereotypen« (S. 132).

135 Ken Kesey, *Einer flog über das Kuckucksnest*, aus dem Amerikanischen von Hans Hermann, Frankfurt am Main 1971, S. 28.

136 Thomas J. Scheff, *Being Mentally Ill: A Sociological Theory*, Chicago 1966, S. 28, 92f., 96.

137 Samuel B. Guze, *Why Psychiatry Is a Branch of Medicine*, New York 1992, S. 14.

138 Ronald D. Laing, *Das geteilte Selbst. Eine existentielle Studie über geistige Gesundheit und Wahnsinn*, Erice 1974, S. 202.

139 Ronald D. Laing, *Phänomenologie der Erfahrung*, aus dem Englischen übersetzt von Klaus Figge und Waltraud Stein, Frankfurt am Main 1969, S. 115, 118.

140 Ronald D. Laing, »The Invention of Madness«, *New Statesman*, 73, 16. Juni 1967, S. 843. Foucaults Buch entsprach seiner Doktorarbeit, erschienen unter dem Titel *Folie et déraison: Histoire de la folie à l'âge classique*, Paris 1961.

141 Laurice L. McAfee, »Interview with Joanne Greenberg«, in: Ann-Louise S. Silver, Hrsg., *Psychoanalysis and Psychosis*, Madison 1989, S. 527–528.

142 William A. White, »Presidential Address«, *AJP*, 5, 1925, S. 1–20.

143 Albert Deutsch, *The Shame of the States*, New York 1948, S. 28, 42f., 49.

144 *Time*, 20. Dez. 1948, S. 41.

145 Morton Kramer et al., *A Historical Study of the Disposition of First Admissions to a State Hospital: Experience of the Warren State Hospital during the Period 1916–50*, Washington, D.C., 1955, siehe Tab. 3, S. 13. Die Zahl der Entlassungen war ständig angestiegen; bereits in den Jahren 1916–25 waren 55 Prozent innerhalb von fünf Jahren entlassen worden.

146 Siehe P. John Mathai und P. S. Gopinath, »Deficits of Chronic Schizophrenia in Relation to Long-Term Hospitalization«, *BJP*, 148, 1985, S. 509–516.

147 Siehe K. Heinrich, »Psychopharmakologie seit 1952«, *Fortschritte der Neurologie und Psychiatrie*, 62, 1994, S. 31–39.

148 Siehe Frank J. Ayd, Jr., »Henry Brill«, in: Ban, *Psychopharmacology in Perspective*, S. 2f.

149 Siehe U.S. Bureau of the Census, *Historical Statistics of the United States, Colonial Times to 1970, Bicentennial Edition, part 2*, Washington, D.C., 1975, Tab. B-426, S. 84; sowie Center for Mental Health Services and National Institute of Mental Health, R. W. Manderscheid und M. A. Sonnenschein, Hrsg., *Mental Health, United States, 1992*, DHHS Pub. Nr. (SMA) 92–1942, Washington, D.C., 1992, Tab. 1.2, S. 24. Die Zahlen für 1955 und 1970 beziehen sich auf die jährlich am 1. Juli durchgeführte Zählung der aktuel-

len Belegung in Nervenkliniken, die Zahlen für das Jahr 1988 auf die Anzahl der zur Verfügung stehenden Betten. Trotz der unterschiedlichen Zählweisen sollte hier ein Vergleich möglich sein.

150 DHHS, Center for Mental Health Services, Richard W. Redick et al., »The Evolution and Expansion of Mental Health Care in the United States Between 1955 and 1990«, *Data Highlights, Mental Health Statistical Note, no. 210*, Mai 1994, S. 1.

151 Siehe E. Fuller Torrey, *Nowhere to Go: The Tragic Odyssey of the Homeless Mentally Ill*, New York 1988, S. 25–29, 126–128.

152 Ibid., S. 7–9, 11.

153 Siehe H. Richard Lamb und Victor Goertzel, »Discharged Mental Patients: Are They really in the Community?«, *Archives of General Psychiatry*, 24, 1971, S. 29–34.

154 Einer der ersten, der sich schlechten Gewissens mit diesem Problem auseinandersetzte, war George E. Crane, »Clinical Psychopharmacology in Its 20th Year: Late, Unanticipated Effects of Neuroleptics May Limit Their Use in Psychiatry«, *Science*, 181, 1973, S. 124–128.

155 Zeitungsbericht von 1984, zitiert in: Torrey, *Nowhere to Go*, S. 33.

156 Henry R. Rollin, *Festina Lente: A Psychiatric Odyssey*, London 1990, S. 92.

157 *United States Mental Health* 1992, S. 21.

158 *United States Mental Health* 1994, S. 38.

159 Lucy Freeman, »We're Overdoing Shock Treatments«, *Science Digest*, 43, Sept. 1953, S. 26–29. Dieser Beitrag war eine Zusammenfassung ihres Buches *Hope for the Troubled*.

160 Peter G. Cranford, *But for the Grace of God: The Inside Story of the World's Largest Insane Asylum, Milledgeville!*, Augusta 1981, S. 86f., 108, 149.

161 Goffman, *Asylums*, S. 81.

162 Kesey, *Kuckucksnest*, S. 21f.

163 L. Ron Hubbard, *Dianetics: The Modern Science of Mental Health*, Los Angeles 1950, S. 97f., 151, 193f., 318, 367–369, 383. Erstmals erschien die Darstellung der »Dianetik« als Artikel unter dem Titel »Dianetics, The Evolution of a Science«, *Astounding Science Fiction*, Mai 1950, S. 43f.

164 Church of Scientology of California, *What Is Scientology?*, Los Angeles 1978, S. 98.

165 William J. Winslade et al., »Medical, Judicial, and Statutory Regulations of ECT in the United States«, *AJP*, 141, 1984, S. 1350.

166 Siehe »Attack on Electroshock«, *Newsweek*, 17. März 1975, S. 86; »Court Stays Curb on Shock Therapy«, *New York Times*, 3. Jan. 1975, S. 20; »Curb on Therapy Stirs a Dispute«, *New York Times*, 6. Apr. 1975, S. 18.

167 »Berkeley Voters Ban ECT«, *Science News*, 122, 13. Nov. 1982, S. 309; »Electroshock Therapy on Trial«, *Science Digest*, 92, Okt, 1984, S. 14.

168 »Bill Would Ban ECT in Texas«, *Psychiatric News*, 21. Apr. 1995, S. 1, 34.

169 Haroutun M. Babigian und Laurence B. Guttmacher, »Epidemologic Considerations in Electroconvulsive Therapy«, *Archives of General Psychiatry*, 41, 1984, S. 246–253, siehe Tab. 2, S. 247.

170 Zu diesen Ereignissen siehe Max Fink, »Die Geschichte der EKT in den Vereinigten Staaten in den letzten Jahrzehnten«, *Nervenarzt*, 64, 1993, S. 689–695.

171 Fred. H. Frankel, »Electro-Convulsive Therapy in Massachusetts: A Task Force Report«, *Massachusetts Journal of Mental Health*, 3, 1973, S. 18f.

172 American Psychiatric Association, *Report of the Task Force on Electroconvulsive Therapy*, Washington, D.C., Mai 1978, S. 3, 11, 12, 161–162.

173 Max Fink, »Convulsive and Drug Therapies of Depression«, *Annual Review of Medicine*, 32, 1981, S. 405–412. Finks ausgesprochen paradoxe Schlußfolgerung lautete wörtlich: »Obwohl die EKT eindeutig wirksamer ist als trizyklische Antidepressiva und Monoaminooxydasehemmer, lassen die zusätzlichen Schwierigkeiten bei der Anwendung einer EKT, z. B. das Bild, das sich die Öffentlichkeit von ihren spezifischen Gefahren macht, oder die Bequemlichkeit, mit der sich medikamentöse Therapien durchführen lassen, ihre Anwendung im allgemeinen präferierbar erscheinen« [sic!] (S. 410).

174 National Institutes of Health, Office of Medical Applications of Research, »Elektroconvulsive Therapy«, *Consensus Development Conference Statement*, 5 (11), 1985, S. 2f. Der Bericht wurde zusammen mit Auszügen aus den Redebeiträgen erneut abgedruckt in: *Psychopharmacology Bulletin*, 22, 1986, S. 445–502. Siehe auch »Electroconvulsive Therapy«, *JAMA*, 254, 18. Okt. 1985, S. 2103–2108.

175 Siehe John Pippard und Les Ellam, *Electroconvulsive Treatment in Great Britain, 1980*, London 1981; sowie die Zusammenfassung dieses Berichts in *Lancet*, 2, 21. Nov. 1981, S. 1160f. Allerdings hieß es dort, daß die in Großbritannien eingesetzten Techniken und Apparaturen völlig veraltet gewesen seien, siehe: »ECT in Britain: a Shameful State of Affairs«, ibid., 28. Nov. 1981, S. 1207f.

176 American Psychiatric Association, *The Practice of Electroconvulsive Therapy: Recommendations for Treatment, Training, and Privileging: A Task Force Report*, Washington, D.C., 1990, S. 7f.

177 Laurence B. Guttmacher, *Concise Guide to Psychopharmacology and Electroconvulsive Therapy*, Washington, D.C., 1994, Tab. 5–1, S. 122.

178 Robert A. Dorwart et al., »A National Study of Psychiatrists' Professional Activities«, *AJP*, 149, 1992, S. 1503.

179 Norman S. Endler, *Holiday of Darkness: A Psychologist's Personal Journey out of His Depression*, New York 1992, S. 1499–1505.

180 Zu diesen Benennungen siehe Hagop S. Akiskal und William T. McKin-

ney, Jr., »Psychiatry and Pseudopsychiatry«, *Archives of General Psychiatry*, 28, 1973, S. 370.

181 Samuel B. Guze, »Biological Psychiatry: Is There Any Other Kind?«, *Psychological Medicine*, 19, 1989, S. 315.

182 Ross J. Baldessarini, »Drugs and the Treatment of Psychiatric Disorders«, in: *Goodman and Gilman*, 8. Ausg., S. 385.

Achtes Kapitel
Von Freud zu Prozac

1 William E. Narrow et al., »Use of Services by Persons with Mental and Addictive Disorders: Findings from the National Institute of Mental Health Epidemiologic Catchment Area Program«, *Archives of General Psychiatry*, 50, 1993, S. 95–107, Statistik S. 95.

2 Mark Olfson und Harold Alan Pincus, »Outpatient Psychotherapy in the United States, I: Volume Costs and User Characteristics«, *AJP*, 151, 1994, S. 1281–88, siehe Tab. 2, S. 1285.

3 Siehe Joseph Veroff et al., *Mental Health in America: Patterns of Help-Seeking from 1957 to 1976*, New York 1981, S. 79. Der Anteil der Hilfesuchenden in der Bevölkerung erhöhte sich von 14 Prozent im Jahr 1957 auf 26 Prozent im Jahr 1976.

4 Siehe z. B. Ronald Mac Keith und Martin Bax, Hrsg., *Minimal Cerebral Dysfunction*, London 1963. Diese bei einem Symposium vorgetragene Diagnose wurde nach langem Hin und Her schließlich für unangebracht erklärt, solange keine konkreten Nachweise für Hirnfunktionsstörungen vorlagen.

5 American Psychiatric Association, *DSM-II: Diagnostic and Statistical Manual of Mental Disorders*, 2. Ausg., Washington 1968, S. 50.

6 Ibid., 3. Ausg., 1980, S. 41. In der äußerst heterogenen Gruppe von Kindern, bei denen ADD diagnostiziert wurde – hauptsächlich Jungen –, gab es angeblich einen harten Kern, bei dem eine genetisch bedingte organische Schädigung des Gehirns festgestellt werden konnte. Siehe Joseph Biederman et al., »Family-Genetic and Psychosocial Risk Factors in DSM-III Attention Deficit Disorder«, *Journal of the American Academy of Child and Adolescent Psychiatry*, 29, 1990, S. 526–533. Siehe auch Hans C. Lou et al., »Focal Cerebral Dysfunction in Developmental Learning Disabilities«, *Lancet*, 335, 6. Jan. 1990, S. 8–11. Zur Geschichte dieser Diagnostik siehe Russell J. Schachar, »Hyperkinetic Syndrome: Historical Development of the Concept«, in: Eric A. Taylor, Hrsg., *The Overactive Child*, Oxford 1986, S. 19–40.

7 New York Times, 13. Jan 1996, S. A9. Ritalin, das 1955 synthetisiert worden war, wurde zwei Jahre später zunächst gegen das kindliche »hyperkinetische Verhaltenssyndrom« verschrieben. Siehe Maurice W. Laufer und Eric Denhoff, »Hyperkinetic Behavior Syndrome in Children«, *Journal of Pediatrics*, 50, 1957, S. 463–474. Die Autoren gaben jedoch Amphetaminen den Vorzug. Die ersten, die sich begeistert für Ritalin zur Kontrolle hyperaktiver (»gestörter«) Kinder aussprachen, waren C. Keith Conners und Leon Eisenberg (beide Psychiater an der Johns Hopkins University), »The Effects of Methylphenidate on Symptomatology and Learning in Disturbed Children«, *AJP*, 120, 1963, S. 458–464.

8 »Media Coverage Can Trigger Stress Disorders in Kids«, *Medical Post*, 13. Juni 1995, S. 34.

9 Cross-National Collaborative Group, »The Changing Rate of Major Depression: Cross-National Comparisons«, *JAMA*, 268, 2. Dez. 1992, S. 3098–3104. Zu den langfristigen Trends bei der Darstellung von Depression siehe Edward Shorter, »The Cultural Face of Melancholy«, in: *From the Mind into the Body: The Cultural Origins of Psychosomatic Symptoms*, New York 1994, S. 118–148.

10 »National Depression Screening Day Sets Records in 1993«, *Psychiatric News*, 1. Apr. 1994, S. 11.

11 S. M. Schappert, »Office Visits to Psychiatrists: United States, 1989–1990«, *Advance Data from Vital and Health Statistics*, Nr. 237, Hyattsville 1993, Tab. 6, S. 6.

12 Narrow, *Arch. Gen. Psych.*, 1993, S. 101.

13 Beispielhaft für die Kritiker dieser angeblichen Störung seien hier genannt: Harold Mersekey, »The Manufacture of Personalities: The Production of Multiple Personality Disorders«, *BJP*, 160, 1992, S. 327–340; und Herman M. van Praag, *»Make-Believes« in Psychiatry, or the Perils of Progress*, New York 1993, S. 203–209.

14 Allen J. Frances et al., »An A to Z Guide to DSM-IV Conundrums«, *Journal of Abnormal Psychology*, 100, 1991, Zitat S. 410: »previously subthreshold Patients«.

15 Robert S. Wallerstein, »The Future of Psychotherapy«, *Bulletin of the Menninger Clinic*, 55, 1991, S. 430f.

16 Siehe Shorter, *Moderne Leiden*, S. 51–64.

17 Hagop S. Akiskal und William T. McKinney, Jr., »Psychiatry and Pseudopsychiatry«, *Archives of General Psychiatry*, 28, 1973, S. 372.

18 Adolf Meyer, »Historical Sketch and Outlook of Psychiatric Social Work«, 1922, in: Eunice E. Winters, Hrsg., *Collected Papers of Adolf Meyer*, Bd. 4, Baltimore 1952, S. 237–240.

19 *Proceedings of the National Conference of Social Work, 47th session, 1920*, Chicago 1920, S. 256, 378.

20 E. Fuller Torrey, *Nowhere to Go: The Tragic Odyssey of the Homeless Mentally Ill*, New York 1989, S. 164.

21 Stuart A. Kirk und Herb Kutchins, *The Selling of DSM: The Rhetoric of Science in Psychiatry*, New York 1992, S. 8.

22 Siehe Harry Specht, »Social Work and the Popular Psychotherapies«, *Social Service Review*, 64, 1990, S. 345.

23 Ibid., S. 346.

24 Carl R. Rogers, *Klientenzentrierte Gesprächspsychotherapie. Client-Centered Therapy*, München 1972.

25 Carl R. Rogers, »In Retrospect: Forty-Six Years«, *American Psychologist*, 29, 1974, S. 115f.

26 Zitat der abschließenden Bemerkung Spechts über Rogers, *Soc. Serv. Review*, 1990, S. 351.

27 Rogers, *American Psychologist*, S. 117.

28 Laut einer Information, die ich von der American Psychological Association bekam, hatte sie im Januar 1996 genau 6574 Mitglieder.

29 Group for the Advancement of Psychiatry, *Psychotherapy in the Future*, Bericht Nr. 133, Washington, D.C., 1992, S. 1.

30 Ronald C. Kessler et al., »Lifetime and 12-Month Prevalence of DSM-III-R Psychiatric Disorders in the United States«, *Archives of General Psychiatry*, 51, 1994, S. 8f. Es wurden Amerikaner zwischen 15 und 54 Jahren befragt. Siehe Tab. 2, S. 12.

31 Ibid., Tab. 4, S. 14.

32 Province of Ontario, Premier's Council on Health, Well-Being and Social Justice, *Mental Health in Ontario: Selected Findings from the Mental Health Supplement to the Ontario Health Survey*, Toronto 1994, S. 40.

33 Daniel Freedman, Vorwort zu Lee N. Robins und Darrel A. Regier, Hrsg., *Psychiatric Disorders in America*, New York 1991, S. xxiii.

34 Siehe z. B. »Congress Takes First Step ...«, *Psychiatric News*, 7. Juli 1995, S. 1.

35 Henry Ellenberger, »A Comparison of European and American Psychiatry«, *Bulletin of the Menninger Clinic*, 19, 1955, S. 48.

36 R. E. Kendell et al., »Diagnostic Criteria of American and British Psychiatrists«, *Archives of General Psychiatry*, 25, 1971, S. 128.

37 Mitchell Wilson, »DSM-III and the Transformation of American Psychiatry: A History«, *AJP*, 150, 1993, S. 403. Wilson hatte Spitzer interviewt und seine Bemerkungen anschließend paraphrasiert.

38 Zu Stengel siehe F. A. Jenner, »Erwin Stengel: A Personal Memoir«, in: Berrios und Freeman, *150 Years of British Psychiatry*, S. 436–444. Siehe auch das Interview mit Felix Post in Wilkinson, *Talking about Psychiatry*, S. 603.

39 Erwin Stengel, »Classification of Mental Disorders«, *Bulletin of the World Health Organization*, 21, 1959, S. 603.

40 Morton Kramer, »Cross-National Study of Diagnosis of the Mental Disorders: Origin of the Problem«, *AJP*, 125 (Suppl. 10), 1969, S. 1–11; Heinz Lehman, ibid., »Discussion: A Renaissance of Psychiatric Diagnosis?«, S. 46.

41 Donald W. Goodwin und Samuel B. Guze, *Psychiatric Diagnosis*, 1974, 4. Ausg., New York 1989, S. vii.

42 American Medico-Psychological Association and National Committee for Mental Hygiene, *Statistical Manual for the Use of Institutions for the Insane,* New York 1918. Siehe auch Gerald N. Grob, »Origins of DSM-I: A Study in Appearance and Reality«, *AJP*, 148, 1991, S. 421–431, bes. S. 426; sowie Theodore Millon, »On the Past and Future of the DSM-Ill: Personal Recollections and Projections«, in: Millon und Gerald L. Klerman, Hrsg., *Contemporary Directions in Psychopathology: Toward the DSM-IV*, New York 1986, S. 30–34.

43 National Conference on Nomenclature of Disease, H. B. Logie, Hrsg., *A Standard Classified Nomenclature of Disease*, New York 1933; von den drei Seiten zum Thema »Geisteskrankheiten« sind zwei den Psychosen gewidmet. Der amerikanische Neurologenverband billigte diese kurze Liste von »Psychoneurosen, Neurosen, Fehlanpassung« usw. (S. 88–90). Siehe dazu das Vorwort des amerikanischen Psychiaterverbands, *Diagnostic and Statistical Manual, Mental Disorders*, Washington, D.C., 1952, S. v–vi: »DSM-I«.

44 *DSM-I*, S. vii. Alle Zitate aus den diversen DSM-Versionen wurden hier aus dem Englischen übersetzt.

45 Ibid., S. xii.

46 Ibid., S. 31.

47 Beim Entwurf der *DSM-II* wurde darauf geachtet, die amerikanische Nosologie in Übereinstimmung mit der ICD (International Classification of Diseases) zu bringen. Siehe Millon, *Contemporary Directions*, S. 34–36. Millons Behauptung, daß die Konzeptoren der *DSM-II* »auf Theorie basierende Positionen vermeiden« wollten, ist eher unwahrscheinlich (S. 35).

48 *DSM-II*, S. 39.

49 Zu den »Neo-Kraepelinianern« siehe Gerald Klerman, »The Contemporary American Scene: Diagnosis and Classification of Mental Disorders, Alcoholism and Drug Abuse«, in: Norman Sartorius et al., Hrsg., *Sources and Traditions of Classification in Psychiatry*, Toronto 1990, S. 92–128.

50 George Winokur und Paula Clayton, *The Medical Basis of Psychiatry*, Philadelphia 1986.

51 John P. Feighner et al., »Diagnostic Criteria for Use in Psychiatric Research«, *Archives of General Psychiatrie*, 26, 1972, S. 57–63 (die Kriterien für Depression S. 58).

52 Robert Spitzer et al., »Research Diagnostic Criteria«, *Archives of General*

Psychiatry, 35, 1978, S. 773–782. Spitzer und seine Kollegen legten diese RDC-Kriterien beispielsweise auch ihrem Beitrag zu einer Diskussion über die Möglichkeiten zugrunde, Schizophrenie und andere Psychosen zu diagnostizieren: Siehe Spitzer et al., »Schizophrenia and Other Psychotic Disorders in *DSM-III*«, *Schizophrenia Bulletin*, 4, 1978, S. 500f.

53 Siehe Ronald Bayer, *Homosexuality and American Psychiatry: The Politics of Diagnosis*, New York 1981, S. 101 f.

54 Siehe dazu Stuart A. Kirk und Herb Kutchins, *The Selling of DSM. The Rhetoric of Science in Psychiatry*, New York 1992, S. 79.

55 Siehe Millon, *Contemporary Directions*, S. 36–38. Schon 1970 hatte Millon Sabshin gedrängt, das *DSM-II* wesentlich grundlegender zu revidieren (S. 36).

56 Ronald Bayer und Robert L. Spitzer, »Neurosis, Psychodynamics, and *DSM-III*«, *Archives of General Psychiatry*, 42, 1985, S. 188.

57 *DSM-III*, Zitat S. 3, Feldversuch S. 5.

58 Kenneth S. Kendler et al., »Independent Diagnoses of Adoptees and Relatives as Defined by *DSM-III* in the Provincial and National Samples of the Danish Adoption Study of Schizophrenia«, *Archives of General Psychiatry*, 51, 1994, S. 464.

59 Gerald L. Klerman, »The Advantages of *DSM-III*«, *AJP*, 141, 1984, S. 542. Siehe auch Klerman, »Is the Reliability of *DSM-III* a Scientific or a Political Question?«, *Social Work Research*, 23, 1987, S. 3.

60 Wilson, *AJP*, 1993, S. 399.

61 M. Bourgeois, »Connaissance et usage du *DSM-III*«, in: Pierre Pichot, Hrsg., *DSM-III et psychiatrie française*, Paris 1985, S. 51–59; zur typischen Einstellung französischer Anstaltspsychiater siehe S. 51–52.

62 H.-U. Wittchen et al., Hrsg. und Übers., *Diagnostisches und Statistisches Manual psychischer Störungen: DSM-III-R*, Weinheim 1989, siehe Einführung des Übersetzers, S. x.

63 Kirk, *Selling of DSM*, S. 118, 199. American Psychiatric Association, *Diagnostic and Statistical Manual of Mental Disorders, 4th Ed: DSM-IV*, Washington, D.C., 1994. Die tatsächliche Zahl der numerischen Schlüssel im *DSM-IV* abzüglich der »V«-Codes beträgt 374. Herb Kutchins und Stuart Kirk versichern, daß der Nettozuwachs 5 beträgt, und auch ich bin bereit, ihre mathematische Berechnung zu akzeptieren: »*DSM-IV*: Does Bigger and Newer Mean Better?«, *Harvard Mental Health Letter*, Mai 1995, S. 4–6.

64 Siehe Herman van Praags Kritik über diesen »Run auf neue Störungen« in seinem Artikel »Make-Believes«, *Psychiatry*, S. 250 passim.

65 Philippe Pinel, *Traité médico-philosophique sur l'aliénation mentale*, 2. Ausg., Paris 1809, S. xx-xxi, 138f.

66 Millon, *Contemporary Directions*, S. 50–51.

67 Ich danke Mitchell Weiss für diesen Hinweis.
68 George E. Vaillant, »The Disadvantages of *DSM-III* Outweigh Its Advantages«, *AJP*, 141, 1984, S. 543.
69 *DSM-II*, S. 44.
70 Millon, *Contemporary Directions*, S. 50f.
71 Siehe Wilson, *AJP*, 1993, S. 406f.; sowie Bayer und Spitzer, *Arch. Gen. Psych.*, 1985.
72 *DSN-III*, S. 9. Auch aus »phobischer Störung« wurde zum Beispiel »phobische Neurose« (S. 225).
73 Wilbur J. Scott, »PTSD in *DSM-III*: A Case in the Politics of Diagnosis and Disease«, *Social Problems*, 37, 1990, S. 308.
74 American Psychiatric Association, *Diagnostic and Statistical Manual of Mental Disorders, 3d. rev. ed.: DSM-III-R*, Washington, D.C., 1987, S. 367–369, 371–374.
75 *DSM-IV*, S. 715–718. Ein Meinungsaustausch über den wissenschaftlichen Nutzen des *DSM-IV* ist nachzulesen in: Kutchins und Kirk, *Harvard Mental Health Letter*, May 1995, S. 4–6, sowie die Reaktion darauf von Allen Frances et al., »*DSM-IV*: Its Value and Limitations«, *Harvard Mental Health Letter*, Juni 1995, S. 4–6.
76 Wilson, *AJP*, 1993, S. 407.
77 Nathan G. Hale, Jr., *The Rise and Crisis of Psychoanalysis in the United States: Freud and the Americans*, 1917–1985, New York 1995, S. 355.
78 Einen Bericht über die therapeutische Effektivität der wichtigsten Psychotherapien bietet die American Psychiatric Association, Commission on Psychiatric Therapies, Bd. 2: *The Psychosocial Therapies*, Washington, D.C., 1984.
79 Hans J. Eysenck, »The Effects of Psychotherapy: An Evaluation«, *Journal of Consulting Psychology*, 16, 1952, S. 319–324. Zu den wachsenden Zweifeln an der Effektivität der formalen psychotherapeutischen Systeme im Gegensatz zu Spontanheilungen und Placebobehandlungen, siehe Leslie Prioleau et al., »An Analysis of Psychotherapy versus Placebo Studies«, *Behavioral and Brain Sciences*, 6, 1983, S. 275–310. Die Autoren schreiben: »Dreißig Jahre nachdem Eysenck (1952) erstmals das Thema der Effektivität von Psychotherapie angesprochen hat ..., ist uns noch immer kein einziger überzeugender Nachweis bekannt, daß die Erfolge einer Psychotherapie diejenigen übertreffen, die bei Kranken mit Placebos erzielt wurden« (S. 284).
80 Wallerstein, *Bull. Menninger Clin.*, 1991, S. 423, 425, 430, 433.
81 Bertram S. Brown, »The Life of Psychiatry«, *AJP*, 133, 1976, S. 492.
82 Kenneth Z. Altshuler, »Whatever Happened to Intensive Psychotherapy?«, *AJP*, 147, 1990, S. 430.
83 Indirektes Zitat aus Milton Greenblatt und Myron R. Sharaf, »Poverty and Mental Health: Implications for Training«, in: Noland D. C. Lewis

und Margaret O. Strahl, Hrsg., *The Complete Psychiatrist: The Achievements of Paul H. Hoch*, Albany 1968, S. 688.

84 Ibid., S. 692.

85 Eine 1988–89 durchgeführte Umfrage ergab, daß »nur noch 2,7 Prozent der ambulanten Patienten aller Psychiater eine Psychoanalyse machten«. Siehe Robert A. Dorwart et al., »A National Study of Psychiatrists' Professional Activities«, *AJP*, 149, 1992, S. 1503. Wie hoch der Prozentsatz praktizierender Analytiker genau war, ist unbekannt, da viele Psychiater sich einst einer Lehranalyse unterzogen hatten, später jedoch von der Psychoanalyse abwandten.

86 Fritz Redlich und Stephen R. Kellert, »Trends in American Mental Health«, *AJP*, 135, 1978, S. 26.

87 Linda Hills, »Changing Trends in the Application of Psychoanalytic Principles to a Psychiatric Hospital«, *Bulletin of the Menninger Clinic*, 32, 1968, S. 210–211. Unglücklicherweise deuteten die Menningers die Zeichen der Zeit falsch und wandten sich von der Psychoanalyse der Sozialpsychiatrie, aber nicht der biologischen Psychiatrie zu. Siehe Lawrence J. Friedman, *Menninger: The Family and the Clinic*, Lawrence 1990, S. 264f.

88 Turan Itil, »Fritz Flügel«, in: T. A. Ban und Hanns Hippius, Hrsg., *Psychopharmacology in Perspective*, New York 1992, S. 18.

89 Daniel S. Jaffe et al., »Survey of Psychoanalytic Practice 1976«, *American Psychoanalytic Association Journal*, 26, 1978, S. 619, 620.

90 Ibid., S. 618.

91 Bruce Cohen, »Watch the Clock ...«, *Psychiatric News*, 4. Feb. 1994, S. 14.

92 Paul Gray, »The Assault on Freud«, *Time*, 29. Nov. 1993, S. 47–50.

93 Zur spezifischen Behandlungweise in der Chestnut Lodge siehe Sandra G. Boodman, »The Mystery of Chestnut Lodge«, *Washington Post Magazine*, 8. Okt. 1989, S. 18f., insbes. S. 23, 41.

94 Zu Einzelheiten über den Osherhoff-Fall siehe Gerald L. Klerman, »The Psychiatric Patient's Right to Effective Treatment: Implications of Osherhoff v. Chestnut Lodge«, *AJP*, 147, 1990, S. 409–418; siehe auch Klerman, »The *Osherhoff* Debate: Finale«, *AJP*, 148, 1991, S. 387–389.

95 Siehe Robert Pear, »M.D.s Are Making Room for Others among the Ranks of Psychoanalysts«, *New York Times*, 19. Aug. 1992, S. C12. 1989 waren es bereits 17 Prozent. Siehe James Morris, »Psychoanalytic Training Today«, *American Psychoanalytic Association Journal*, 40, 1992, S. 1185–1210.

96 Robert Michels, »Psychoanalysis and Psychiatry – The End of the Affair«, [New York Academy of Psychoanalysis] *Academy Forum*, 25, 1981, S. 9.

97 Adolf Grünbaum, »Does Psychoanalysis Have a Future? Doubtful«, *Harvard Mental Health Letter*, 11 (4), Okt. 1994, S. 4.

98 »Centre Offers Course«, *Medical Post*, 11. Okt. 1994, S. 27.

99 Konferenz der APA im Dezember 1952, »Scientific Committees: Evaluation of Psychoanalytic Therapy«, *American Psychoanalytic Association Bulle-*

tin, 9. April 1953, S. 331. Die Komiteevorsitzende Jean G. N. Cushing stellte bei der Sitzung im Mai 1953 den förmlichen Antrag, die Angelegenheit als schwebendes Verfahren (Ibid., S. 730 »in abeyance«) zu betrachten.

100 Robert P. Knight, »The Present Status of Organized Psychoanalysis in the United States«, *American Psychoanalytic Association Journal,* 1, 1953, S. 219f.

101 »Committee Reports«, (Treffen vom Dez. 1954), *Amer. Pa. Assoc. Bull.,* 11 (1), April 1955, S. 327.

102 »Central Fact-Gathering Committee« (Treffen vom April 1956), *Amer. Pa. Assoc. Bull.* 12 (2), Okt. 1956, S. 712.

103 »Central Fact-Gathering Committee« (Treffen vom Dez. 1957), *Amer. Pa. Assoc. Bull.,* 14 (1), April. 1958, S. 362.

104 David A. Hamburger et al., »Report of Ad Hoc Committee on Central Fact-Gathering Data of the American Psychoanalytic Association«, *Amer. Pa. Assoc. Journal,* 15, 1967, S. 841–861.

105 Eysenck, *Journal of Consulting Psychology,* 1952, siehe Tab. 1, S. 321, Zitat S. 322.

106 William Mayer-Gross, Eliot Slater und Martin Roth, *Clinical Psychiatry,* London 1954, S. 17.

107 Donald F. Klein, »Anxiety Reconceptualized«, in: Klein und Judith G. Rabkin, Hrsg., *Anxiety: New Research and Changing Concepts,* New York 1981, S. 239. Kleins Mißtrauen gegenüber der Psychoanalyse wurde noch verstärkt, als feststand, daß Panik-Patienten auf Imipramin, nicht aber Chlorpromazin reagierten.

108 Philip R. A. May und A. Hussain Tuma, »The Effect of Psychotherapy and Stelazine on Length of Hospital Stay …«, *JNMD,* 139, 1964, S. 362–369. Statistisch gesehen, hatte nur die Medikamententherapie einen erkennbaren Einfluß auf die Dauer des Klinikaufenthalts. Psychotherapeutisch behandelte Patienten waren von den unbehandelten Kontrollpatienten nicht zu unterscheiden, und die Kombination aus Medikamenten und einer Psychotherapie war statistisch ohne Bedeutung.

109 Seymor Fisher und Roger P. Greenberg, *The Scientific Credibility of Freud's Theories and Therapy* (1977), Neuauflage New York 1985, S. 395. Obwohl die seit 1977 betriebene Forschung die Autoren veranlaßte, in einer Neubewertung etwas positiver von der Psychoanalyse zu sprechen, hielten sie Freuds grundlegendes Konzept einer auf Einsicht beruhenden Psychotherapie nach wie vor für mangelhaft: »Daß sich Patienten über ihre Motivationen oder Dynamiken bewußt werden, hat sich von geringerem Wert für eine [positive] Veränderung erwiesen, als einst von Freud postuliert.« Fisher und Greenberg, *Freud Scienfically Reappraised: Testing the Theories and Therapy,* New York 1996, S. 282.

110 Adolf Grünbaum, *The Foundations of Psychoanalysis: A Philosophical Cri-*

tique, Berkeley 1984; und Grünbaum, *Validation in the Clinical Theory of Psychoanalysis: A Study in the Philosophy of Psychoanalysis*, Madison 1993.

111 Richard Webster, *Why Freud Was Wrong: Sin, Science and Psychoanalysis*, New York 1995.

112 Grünbaum, *Harvard Mental Health Letter*, 1994, S. 5.

113 Hans J. Eysenck, *Decline and Fall of the Freudian Empire* (1985), London 1991, S. 207.

114 Peter D. Kramer, »The New You«, *Psychiatric Times*, März 1990, S. 45–46.

115 Peter D. Kramer, *Listening to Prozac*, New York 1993, S. xvi passim.

116 Kessler, *Archives of General Psychiatry*, 1994, S. 12.

117 Siehe hierzu Shorter, *Bedside Manners*, S. 3, 8.

118 Dieser Bericht über die Entstehungsgeschichte des Mittels Meprobamat stützt sich hauptsächlich auf Bergers eigene Erinnerungen. Siehe [Gespräch mit] Frank M. Berger, »The ›Social Chemistry‹ of Pharmacological Discovery: The Miltown Story«, *Social Pharmacology*, 2, 1988, S. 189–204, Zitat S. 191; siehe auch Berger, »Anxiety and the Discovery of the Tranquilizers«, in: Frank J. Ayd, Jr., und Barry Blackwell, Hrsg., *Discoveries in Biological Psychiatry*, Baltimore 1984, S. 115–119.

119 Berger, *Social Pharmacology*, S. 192f.

120 Siehe Frank Ayd, »The Early History of Modern Psychopharmacology«, *Neuropsychopharmacology*, 5, 1991, S. 71–84.

121 S. J. Perelman, *The Road to Miltown or, Under the Spreading Atrophy*, New York 1957. Bei diesen köstlichen Kurzgeschichten geht es allerdings nicht um das Medikament Miltown.

122 Mickey C. Smith, *Small Comfort: A History of the Minor Tranquilizers*, New York 1985, Tab. 5.1, S. 67.

123 »›Ideal‹ in Tranquility«, *Newsweek*, 29. Okt. 1956, S. 63.

124 Der folgende Bericht basiert auf Willy Haefely, »Alleviation of Anxiety: The Benzodiazepine Saga«, in: M. J. Parnham und J. Bruinvels, Hrsg., *Psycho- and Neuro-Pharmacology*, Bd. 1, Amsterdam 1983, S. 270–306; Leo H. Sternbach, *The Benzodiazepine Story*, Basel 1980 (Neuauflage des 1978 erschienenen Artikels unter demselben Titel aus: *Progress in Drug Research*, 22, S. 229–266); und Sternbachs »The Discovery of Librium«, *Agents and Actions*, 2, 1972, S. 193–196. Darüber hinaus konnte ich mit Sternbach persönlich über diese Entwicklung sprechen.

125 Irvin M. Cohen, »The Benzodiazepines«, in: Ayd, *Discoveries in Biological Psychiatry*, S. 130.

126 Haefely, *Psycho- and Neuro-Pharmacology*, S. 274.

127 Lowell O. Randall, »Pharmacology of Methaminodiazepoxide«, *Diseases of the Nervous System*, 21 (Suppl. Nr. 3), 1960, S. 7.

128 Siehe Joseph M. Tobin et al., »Preliminary Evaluation of Librium (Ro-5–0690) in: *The Treatment of Anxiety Reactions, Diseases of the Nervous System*, 21 (Suppl. Nr. 3), 1960, S. 11–19, sowie andere Papiere zu Librium,

die im November 1959 zum »Symposium on Newer Antidepressant and Other Psychotherapeutic Drugs« der University of Texas in Galveston eingereicht wurden. Siehe auch Cohen in *Discoveries Biological Psychiatry*. Tobin und Cohen haben Chlordiazepoxid gleichzeitig klinisch eingeführt.

129 Sternbach, *Benzodiazepine Story*, S. 43.

130 Zu den Nebenwirkungen nach dem Absetzen von Librium siehe Leo H. Hollister et al., »Withdrawal Reactions from Chlordiazepoxide (›Librium‹)«, *Psychopharmacologia*, 2, 1961, S. 63–68.

131 Sternbach, *Benzodiazepine Story*, S. 7.

132 Hugh J. Parry et al., »National Patterns of Psychotherapeutic Drug Use«, *Archives of General Psychiatry*, 28, 1973, Tab. 6, S. 775.

133 National Center for Health Statistics, »Office Visits of Psychiatrists: National Ambulatory Medical Care Survey, United States 1975–1976«, *Vital and Health Statistics, Advance Data*, Nr. 28, 25. Aug. 1978, Tab. 4, S. 4. Shappert, *Vital and Health Statistics, Advance Data*, 1993, Tab. 10, S. 11. Die Zahl für 1980 war 36 Prozent, siehe National Center for Health Statistics, H. Koch, »Drug Utilization in Office-Based Practice ... 1980«, *Vital and Health Statistics*, Ser. 13, Nr. 65, Washington, D.C., März 1983, Tab. 10, S. 28.

134 Smith, *Small Comfort*, S. 217.

135 NCHS, »Drug Utilization«, S. 15.

136 David Healy, »The History of British Pharmacology«, in: Freeman und Berrios, Hrsg., *150 Years*, Bd. II, S. 74.

137 *DSM-II*, S. 39.

138 Donald F. Klein, »Delineation of Two Drug-Responsive Anxiety Syndromes«, *Psychopharmacologia*, 5, 1964, S. 397–408.

139 *DSM-III*, S. 230–231.

140 Gerald L. Klerman, »Overview of the Cross-National Collaborative Panic Study«, *Archives of General Psychiatry*, 45, 1988, S. 407–412. Zu Upjohn und Alprazolam siehe David Healy, *Images of Trauma: From Hysteria to Post-Traumatic Stress Disorder*, London 1993, S. 230–231; sowie Healy, »The Psychopharmacological Era: Notes toward a History«, *Journal of Psychopharmacology*, 4, 1990, S. 152–167. Healy und andere haben behauptet, daß auch Ciba-Geigy versucht habe, sein Antidepressivum Clomipramin als ein Mittel zu verkaufen, das speziell gegen Zwangserkrankungen wirke.

141 Siehe die Auseinandersetzung zwischen Befürwortern und Kritikern von Alprazolam: Isaac M. Marks et al., »Alprazolam and Exposure Alone and Combined in Panic Disorder with Agoraphobia«, *BJP*, 162, 1993, S. 776–787; zu den Befürwortern zählten David A. Spiegel et al., »Comment on the London / Toronto Study of Alprazolam and Exposure in Panic Disorder with Agoraphobia«, ibid., S. 788–789; Marks et al. veröffentlichten eine Replik dazu auf S. 790–794. Zu einer vorangegangenen Auseinandersetzung siehe Marks, »The ›Efficiency‹ of Alprazolam in Panic Disorder and Agoraphobia: A Critique of Recent Reports«, *Archives of*

General Psychiatry, 46, 1989, S. 668–670; sowie die Reaktion der Forscher dazu auf S. 670–672.

142 »The Promise of Prozac«, *Newsweek*, 26. März 1990, S. 39.

143 John H. Gaddum, »Drugs Antagonistic to 5-Hydroxytryptamine«, in: G. E. W. Wolstenholme und Margaret P. Cameron, Hrsg., *Ciba Foundation Symposium on Hypertension*, London 1954, S. 77.

144 Merton Sandler und David Healy, »The Place of Chemical Pathology in the Development of Psychopharmacology«, *Journal of Psychopharmacology*, 8, 1994, S. 124.

145 Siehe jedoch D. W. Woolley und E. Shaw, die beide am New Yorker Rockefeller Institute for Medical Research forschten, »A Biochemical and Pharmacological Suggestion about Certain Mental Disorders«, *Proceedings, National Academy of Science*, 40, 1954, S. 228–231. In diesem Artikel behaupten die Autoren, daß »Serotonin eine bedeutende Rolle bei geistigen Prozessen spielt und die Unterdrückung seiner Wirkung zu geistigen Störungen führt« (S. 230). Siehe auch Woolleys Rekonstruktion dieser Geschichte in: *The Biochemical Bases of Psychoses, or the Serotonin Hypothesis about Mental Diseases*, New York 1962, S. 189–192.

146 Bernhard B. Brodie und Parkhurst A. Shore, »A Concept for a Role of Serotonin and Norepinephrine as Chemical Mediators in the Brain«, *Annals of the New York Academy of Sciences*, 66, 1957, S. 631–642. Zum Zitat siehe Robert Kanigel, *Apprentice to Genius: The Making of a Scientific Dynasty*, New York 1986, S. 101.

147 Alec Coppen et al., »Potentiation of an Antidepressive Effect of a Monoamine-Oxidase Inhibitor by Tryptophan«, *Lancet*, 1, 12. Jan. 1963, S. 79–81. Tryptophan ist eine Vorstufe des Serotonins. Im Jahr darauf wechselte Coppen an das West Park Hospital, wo er für den Rest seines Berufslebens bleiben sollte.

148 Undatiertes Transkript eines Gesprächs, das David Healy mit Coppen führte, S. 7. Ich danke Dr. Healy, daß er mir eine Abschrift zur Verfügung gestellt hat.

149 Arvid Carlsson et al., »Effects of Some Antidepressant Drugs on the Depletion of Intraneuronal Brain Catecholamine Stores …«, *European Journal of Pharmacology*, 5, 1969, S. 367–373.

150 Siehe Alec Coppen et al., »Zimelidine: A Therapeutic and Pharmacokinetic Study in Depression«, *Psychopharmacology*, 63, 1979, S. 199–202; sowie Arvid Carlsson et al., Hrsg., *Recent Advances in the Treatment of Depression; Proceedings of an International Symposium, Corfu, Greece, April 16–18, 1980*, Kopenhagen 1981; und *Acta Psychiatrica Scandinavica*, Suppl. 290, Bd. 63, 1981. Zu Carlssons Behauptung, daß ihm das Recht des Entdeckers gebühre, siehe seine Abhandlung, »A Historical Note on the Development of Zimelidine, the First Selective Serotonin Reuptake Inhibitor«, *European Psychiatry*, 11, Suppl. 4, 1996, S. 235.

151 Siehe Steven E. Hyman und Eric J. Nestler, *Molecular Foundations of Psychiatry*, Washington, D.C., 1993, S. 127.

152 David T. Wong et al., »A Selective Inhibitor of Serotonin Uptake: Lilly 110140 ...«, *Life Sciences*, 15, 1974, S. 471–479. Zur Geschichte der Fluoxetin-Entwicklung bei Lilly siehe: Pharmaceutical Manufacturers Association, *The Discoverers Awards*, 1993, Washington, D.C., 1993. Siehe auch Bryan B. Molloy et al., »The Discovery of Fluoxetine«, *Pharmaceutical News*, 1, Juni 1994, S. 6–10. Weitere Informationen erhielt ich von Joachim F. Wernicke, einem Psychiater, der von 1984 bis 1988 zum Stab von Lilly gehörte. Allerdings mußte ich einige Details dieser komplexen Geschichte verkürzt wiedergeben.

153 Louis Lemberger et al., »The Effect of Nisoxetine (Lilly Compound 94939), a Potential Antidepressant, on Biogenic Uptake in Man«, *British Journal of Clinical Pharmacology*, 3, 1976, S. 215–220. Siehe auch M. J. Schmidt und J. F. Thornberry, »Noreprephine-Stimulated Cyclic AMP Accumulation ...«, *Archives internationales de pharmacodynamie et de thérapie*, 229, 1977, S. 42–51.

154 Das Akronym SSRI kam in Umlauf mit der Publikation von John P. Feighner und William F. Boyer, Hrsg., *Selective Serotonin Re-uptake Inhibitors*, Chichester 1991.

155 Louis Lemberger et al., »Pharmacologic Effects in Man of a Specific Serotonin-Reuptake Inhibitor«, *Science*, 199, 1978, S. 436–437. Mit dieser Forschungsreihe konnte Lilly verifizieren, daß das Fluoxetin die Serotonin-Wiederaufnahme beim Menschen hemmt, ohne Auswirkungen auf den Blutdruck zu haben.

156 Der erste klinische Bericht, der veröffentlicht wurde, war so negativ, daß man sich fragt, weshalb Lilly die Weiterentwicklung des Medikaments betrieb. Bei keinem der drei getesteten Patienten zeigte sich die gewünschte Reaktion, einer entwickelte sogar eine schwere Dystonie. Siehe Herbert Y. Meltzer et al., »Extrapyramidal Side Effects and Increased Serum Prolactin Following Fluoxetine, a New Antidepressant«, *Journal of Neural Transmission*, 45, 1979, S. 165–175.

157 John P. Feighner, »The New Generation of Antidepressants«, *Journal of Clinical Psychiatry*, 44, 1983, S. 49–55, und Tab. 2, S. 51.

158 »Gilding Lilly«, *Barron's*, 12. Mai 1986, S. 15, 63. Lillys Forscher David Wong versicherte dem Autor, daß der Konzern ungeachtet der Begeisterung, die diese Entdeckung über den Gewichtsverlust ausgelöst hatte, niemals das Interesse an Depression verloren habe.

159 Zu den Feldversuchen siehe William Boyer und John P. Feighner, »An Overview of Fluoxetine, A New Serotonin-Specific Antidepressant«, *Mount Sinai Journal of Medicine*, 56, 1989, S. 136–140.

160 In Belgien wurde Prozac bereits 1986 zugelassen.

161 James L. Hudson und Harrison G. Pope, Jr., »Affective Spectrum Disorder: Does Antidepressant Response Identify a Family of Disorders with a Common Pathophysiology?«, *AJP*, 147, 1990, S. 558.
162 Zitiert von Colette Dowling, *You Mean I Don't Have to Feel This Way? New Help for Depression, Anxiety and Addiction* (1991), New York 1993, S. 20.
163 Schappert, *Advance Data*, 1993, Tab. 7, S. 7; 43,1 Prozent aller Patienten suchten ihren Arzt wegen eines Stimmungstiefs auf.
164 »The Personality Pill«, *Time*, 1. Okt. 1993, S. 53.
165 Schappert, *Advancve Data*, 1993, Tab. 14, S. 13.
166 *New York Times*, 13. Dez. 1993, S. 1.
167 »The Culture of Prozac«, *Newsweek*, 7. Feb. 1994, S. 41.
168 »Listening to Eli Lilly«, *Wall Street Journal*, 31. März 1994, S. B1. 1993 rangierte Prozac unter den ersten 20 Markenartikeln, die von amerikanischen Ärzten verschrieben wurden. Die beiden ersten auf der Liste waren Amoxillin und Tylenol. D. A. Woodwell und S. M. Schappert, »National Ambulatory Medical Care Survey: 1993 Summary«, *Advance Data from Vital and Health Statistics*, Nr. 270, Hyattsville 1995, Tab. 21, S. 14.
169 *Newsweek*, 1990, S. 41.
170 Healy, *Journal of Psychopharmacology*, 1990, S. 159.
171 *Encyclopedia of Associations*, 1996, S. 1794f.
172 Pierre Deniker, »The Neuroleptics: A Historical Survey«, *Acta Psychiatrica Scandinavica*, 82. Suppl. 358, 1990, S. 87.
173 Association of American Medical Colleges, *AAMC Data Book*, Washington, D.C., 1995, Tab. B 13, F1 (ohne Seitenangaben); sowie die Daten über die PGY-1-Facharztausbildung; die 1327 offenen Ausbildungsplätze wurden fast alle mit ausländischen Medizinern besetzt.
174 Auch ein Leitartikel in *Lancet* stellte diese Frage: »Molecules and Minds«, *Lancet*, 343, 19. März 1994, S. 681 f.
175 Mark F. Longhurst, »Angry Patient, Angry Doctor«, *Canadian Medical Association Journal*, 123, 1980, S. 598.
176 Kelly Kelleher et al., »Major Recent Trends in Mental Health in Primary Care«, *Mental Health, United States*, 1994, S. 149–164, siehe Tab. 9.6; »Mean Duration of Physician-Patient Contact, by Speciality, 1989«, S. 155.
177 Robert Wood Johnson Foundation, *Special Report: Medical Practice in the United States*, Princeton 1981, Tab. 2,4, S. 25.
178 Lester Luborsky et al., »Comparative Studies of Psychotherapies: Is it True That ›Everyone Has Won and All Must Have Prizes‹?«, *Archives of General Psychiatry*, 32, 1975, S. 1004.
179 Argument des Autors, besprochen in *Bedside Manners*.
180 Kenneth S. Bowers, *Hypnosis for the Seriously Curious*, Monterey 1976, S. 152.

NAMENREGISTER

Bildnachweis:

Alan Mason Chesney Medical Archives of the Johns Hopkins Medical Institutions: 171; Associated Press: 315; Archiv für Kunst und Geschichte, Berlin: 19; Dawson UK Ltd.: 89; Hoffmann-La Roche: 477; Institut für Geschichte der Medizin der Ruprecht-Karls-Universität Heidelberg: 27, 29, 71, 119; Institut für Geschichte der Medizin, Wien: 125, 151, 293; Karl-Sudhoff-Institut für Geschichte der Medizin und Naturwissenschaften, Bildersammlung: 26; Madness Network News: 411, 415; McGill University Archives: 377; Menninger Clinic: 273; Mississippi State Hospital: 187; Museo del Prado: 337; Museum Dr. Guislain: 321; Nachlaß Dr. C.B. Farrar: 159; Österreichische Nationalbibliothek: 39; Sigmund Freud Copyrights: 227; Sigmund Freud Museum: 137; Süddeutscher Verlag Bilderdienst: 205, 397; William L. Helfand Collection, Philadelphia Museum of Art: 392; Time Inc./interTOPICS: 463; Tobis Filmkunst: 425; Ullstein Bilderdienst: 61, 109, 193, 195; UPI/Corbis-Bettmann: 341; Verlag Hans Huber AG, Bern: 30, 95; Verlag von Johann Ambrosius Barth, Leipzig: 67, 229, 347.

Die amerikanische Originalausgabe erschien 1997 unter dem Titel
›A History of Psychiatry. From the Era of the Asylum to the Age of Prozac‹
bei John Wiley & Sons, New York

Redaktion: Bettina Abarbanell, Potsdam
Register: Saskia Pütz, Berlin
Umschlaggestaltung: Ott + Stein, Berlin
Umschlagreproduktion: CitySatz & Nagel, Berlin
Buchgestaltung: Ⓢ sans serif, Berlin
Gesetzt aus der Bembo
Reproduktionen: Mega-Satz-Service, Berlin
Druck und Bindung: Clausen & Bosse, Leck
Printed in Germany 1999
ISBN 3-8286-0045-X